D1822581

दलित साहित्य : वेदना और विद्रोह

दलित साहित्य
वेदना और विद्रोह

सम्पादक
डॉ. शरणकुमार लिंबाले

अनुवाद-सम्पादक
डॉ. सूर्यनारायण रणसुभे

वाणी प्रकाशन

वाणी प्रकाशन
4695, 21-ए, दरियागंज, नयी दिल्ली 110 002
फ़ोन : +91 11 23273167 फ़ैक्स : +91 11 23275710
शाखाएँ
अशोक राजपथ, पटना 800 004, बिहार
कॉफ़ी हाउस कैम्पस, महात्मा गांधी मार्ग, इलाहाबाद 211 001, उत्तर प्रदेश
महात्मा गांधी अन्तरराष्ट्रीय हिन्दी विश्वविद्यालय, वर्धा 442 001, महाराष्ट्र
सुल्तानिया रोड, मोतिया पार्क, भोपाल 462 001, मध्य प्रदेश
www.vaniprakashan.com
marketing@vaniprakashan.in
sales@vaniprakashan.in

DALIT SAHITYA : VEDNA AUR VIDROH
Edited by Dr. Sharan Kumar Limbale
Translation-Edited by Dr. Suryanarayan Ransubhey

ISBN : 978-93-5000-468-5
Criticism

© शरणकुमार लिंबाले
प्रथम संस्करण 2010
आवृत्ति 2020

मूल्य : ₹ 695

इस पुस्तक के किसी भी अंश को किसी भी माध्यम में प्रयोग करने के लिए प्रकाशक से लिखित अनुमति लेना अनिवार्य है।

सिटी प्रेस, दिल्ली-110 095 में मुद्रित

वाणी प्रकाशन का लोगो मक़बूल फ़िदा हुसेन की कूची से

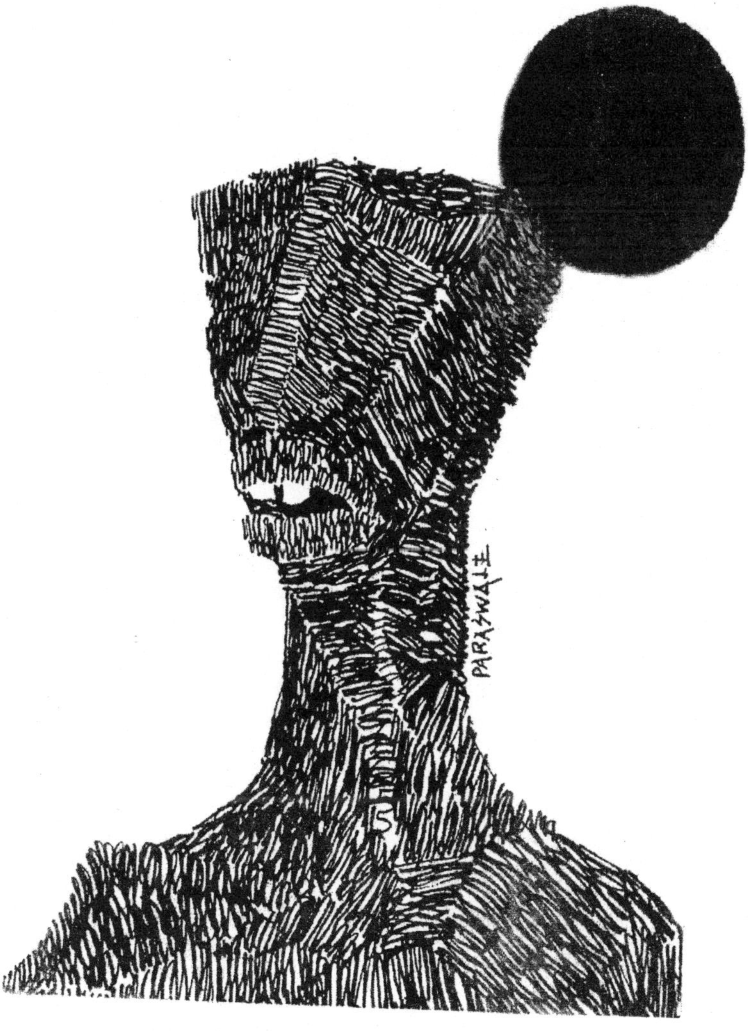

अनुक्रम

अनुवादक संपादक की ओर से

बीसवीं सदी के आठवें दशक से भारत की विभिन्न भाषाओं में समाज के उस तबके ने लिखना शुरू किया, जिन्हें परम्परा ने ज्ञान और शिक्षा के क्षेत्र से दूर रखा था। महात्मा गौतम बुद्ध की मृत्यु के तीन-चार सौ वर्षों बाद इस देश की समाज-व्यवस्था फिर से वर्ण व्यवस्था में बंदिस्त होने लगी। बड़ी निर्ममता से समाज के एक बहुत बड़े तबके को साहित्य-संस्कृति से न केवल दूर रखा गया, अपितु उन पर अन्याय-अत्याचार भी शुरू हुए। यह आग्रह किया गया कि इस समाज से सेवा कार्य लिया जाए, कठोर श्रम करा लिया जाए और बदले में इतना ही दिया जाए कि वे श्रम कार्य हेतु जिन्दा रहें। परिणामतः साहित्य संस्कृति का क्षेत्र मुट्ठी भर लोगों तक सीमित रहा। मध्यकाल में निर्गुण सन्तों ने इस विषमता और भेदभाव के विरोध में आवाज बुलन्द की। परन्तु उनका सारा आक्रोश आध्यात्मिक क्षेत्र में प्रवेश हेतु था। जीवन के अन्य क्षेत्रों में होनेवाले अन्याय को लेकर वे बहुत सम्वेदनशील नहीं थे। इस देश में अंग्रेजी शिक्षा के साथ नई मूल्यावस्था भी आने लगी। अंग्रेजों ने सेना तथा अन्य सीमित क्षेत्रों में मनुष्य की गुणवत्ता के अनुसार प्रवेश देना शुरू किया। शिक्षा के क्षेत्र में सबको प्रवेश देने की नीति अपनायी। परिणाम स्वरूप जो सैकड़ों बर्षों से इन क्षेत्रों से नकारे गए सम्वेदनशील लोग थे, वे इन नए मूल्यों के आलोक में जीवन को देखने लगे। और तब उन्हें इस विषम समाज-व्यवस्था की असलियत का पता चला। महाराष्ट्र में जोतिबा फुले पहले व्यक्ति थे, जिन्होंने प्रचलित व्यवस्था का विवेचन-विश्लेषण करते हुए यह सिद्ध किया कि यह व्यवस्था कैसे मनुज-विरोधी है और मुट्ठी भर लोगों के हित सम्बन्धों को ही इस व्यवस्था ने कैसे सँभाला है। उनके लेखन-प्रबोधन से नाकारे गए वर्ग को सोच की एक नयी दृष्टि मिली। म. फुले अछूत, अस्पृश्य, आदिवासी, विमुक्त और स्त्री जीवन की भयानक स्थिति से चिन्तित थे। इन वर्गों में शिक्षा के प्रचार-प्रसार हेतु वे प्रतिबद्ध थे। यहीं से विद्रोह और नकार की हिम्मत इन तबकों में धीरे-धीरे आने लगती है। फुले की इसी परम्परा को डॉ. बाबासाहब आम्बेडकर तथा शाहू

महाराज आगे ले जाते हैं। डॉ. बाबासाहब ने तो भारतीय समाज व्यवस्था तथा हिन्दू धर्म का गहन अध्ययन कर उसकी विसंगतियों को, पाखण्ड को उजागर किया। इस वर्ग को उन्होंने एक मन्त्र दिया–पढ़ो, संगठित हो जाओ और संघर्ष करो। विषम सामाजिक व्यवस्था के स्थान पर समतावादी समाज का स्वप्न लेकर आम्बेडकर जी जीवनपर्यन्त सक्रिय रहे। डॉ. बाबासाहब का आग्रह था कि दलित समाज जीवन के प्रत्येक क्षेत्र में अपने कर्तव्य की मुद्रा अंकित करे। उनका प्रबोधन विशुद्ध मानवतावाद हेतु था। वे किसी वर्ण या जाति के विरोध में नहीं बोल रहे थे, अपितु उस मानसिकता के विरोध में संघर्षरत थे, जो मनुष्य-मनुष्य में भेद करती है। प्रत्येक समुदाय को सभी प्रकार के अवसर उपलब्ध करा देनेवाली व्यवस्था के वे पक्षधर थे। मनुष्य अपने श्रम तथा गुणवत्ता के अनुसार किसी भी क्षेत्र को चुन सकता था ऐसी व्यवस्था उन्हें चाहिए थी। गुणवत्ता के अनुसार वह अपना क्षेत्र चुने और उसमें कठोर परिश्रम करे इस पर वे बल दे रहे थे। उनके निरन्तर प्रयत्न के कारण महाराष्ट्र का दलित समाज शिक्षा के क्षेत्र में संघर्ष करता रहा। जब यह पीढ़ी साहित्य-संस्कृति क्षेत्र में प्रवेश कर गयी, तब उन्हें तीव्रता से अनुभव हुआ कि इस पारम्परिक साहित्य में बहुसंख्यकों के जीवनानुभव व्यक्त नहीं हुए हैं। अपने जीवनानुभवों को औरों तक पहुँचाने की उत्कट इच्छा इनमें पैदा हुई। और इसी के परिणामस्वरूप दलित साहित्य का विस्फोट सबसे पहले मराठी में हुआ। इसका अर्थ यह नहीं कि अन्य भारतीय भाषाओं में इसके पूर्व दलित अपनी व्यथा को लिख ही नहीं रहे थे। कहीं-कहीं अपवाद रूप में कुछ दलित लिख रहे थे, वह प्रकाशित भी हो रहा था, परन्तु इक्के-दुक्के द्वारा लिखना अलग बात है। इस लेखन का अपना एक दर्शन है–इस दर्शन का सम्बन्ध भारतीय हिन्दू समाज-व्यवस्था के साथ है, इस दर्शन-दृष्टि को आधार बनाकर लिखना अलग बात है। दलित-साहित्य के प्रेरणास्रोत महात्मा फुले तथा डॉ. बाबासाहब आम्बेडकर जी का जीवन-दर्शन है। इस दर्शन को प्रमाण मानकर लिखा गया साहित्य ही दलित साहित्य होगा। इसका विस्फोट मराठी में हुआ। परिणाम स्वरूप इसी प्रदेश में इस साहित्य के स्वरूप को लेकर, इसकी अवधारणा को लेकर, इसके प्रेरणास्रोतों को लेकर बहस शुरू हो गई। इस दलित-विमर्श का केनवास बहुत बड़ा था।

साधारणतया 1935-36 से साहित्य विषयक यह विमर्श खुद डॉ. बाबासाहब ने शुरू किया था। वहाँ से लेकर 1999 तक इस पर निरन्तर विमर्श होता रहा। आज भी यह विमर्श जारी है। मराठी में दलित साहित्य विस्फोट हो जाने के बाद इसकी चर्चा देश के विभिन्न कोनों में शुरू हुई। साहित्य में यह जो नया प्रवाह आया, उससे आरम्भ में तो पाठक और समीक्षक चौंक गए। परन्तु बाद में उन्होंने अनुभव किया कि इस साहित्य ने अनुभूति के नए क्षितिजों को स्पर्श किया है।

और यह साहित्य विशुद्ध यथार्थ पर खड़े होकर दलितेतरों को आत्मपरीक्षण के लिए ललकार रहा है। मराठी की दलित कृतियों का हिन्दी में अनुवाद शुरू हो गया। मराठी दलित साहित्य को हिन्दी में ले जानेवाले आरम्भ के अनुवादकों में से मैं भी एक हूँ। हिन्दी में इसके अनुवाद आने के बाद, अन्य भारतीय भाषाओं में यह साहित्य अनुवाद के माध्यम से जाने लगा। परिणामस्वरूप इस साहित्य को लेकर प्रत्येक भारतीय भाषा में बहस शुरू हो गई। इस बहस के कई आयाम थे। प्रस्थापितों ने इस पर कई आरोप लगाए। साहित्य में जातीयता-वर्ण व्यवस्था लाने का यह बहुत ही असाहित्यिक प्रयत्न है से लेकर क्या गैर दलित दलित सम्वेदना को अभिव्यक्त नहीं कर सकते—यहाँ तक के ये प्रश्न हैं। इस साहित्य ने साहित्य विषयक सभी पारम्परिक धारणाओं के सम्मुख चुनौती खड़ी कर दी है। इस साहित्य को लेकर अनेक गलत कहानियाँ भी पैदा की जाने लगीं। यह कहिए कि यह पूरी बहस अराजकता की स्थिति तक चली गयी थी, और आज भी उसमें कोई बहुत बड़ा गुणात्मक अन्तर नहीं आया है।

जिस मराठी में इस साहित्य का जन्म हुआ, वहाँ इस बहस की क्या स्थिति है? 1936 से 1999 तक महाराष्ट्र में दलित साहित्य को केन्द्र में रखकर विभिन्न मंचों पर से साहित्य सम्मेलन होते रहे हैं। यह सिलसिला आज भी जारी है।

1990 के बाद महाराष्ट्र के अनेक विश्वविद्यालयों में दलित साहित्य का अध्ययन-अध्यापन भी शुरू हुआ। इसके कारण इस विषय पर अनेक समीक्षा ग्रन्थ भी प्रकाशित होने लगे। उन ग्रन्थों के कारण इस साहित्य के और भी नए आयामों का उद्घाटन होता रहा। मराठी के प्रतिष्ठित लेखक, कवि, सम्पादक, उपन्यासकार, कहानी लेखक डॉ. शरणकुमार लिम्बाले जी को लगा कि दलित साहित्य विषयक इस पूरी बहस की नींव में इस क्षेत्र के विद्वत्नों द्वारा दलित साहित्य सम्मेलनों के अवसर पर दिए गए भाषण हैं। इन भाषणों में इस साहित्य के सन्दर्भ में जैसे अनेक प्रश्न उठाए गए हैं, ठीक इसी प्रकार अनेक प्रश्नों के उत्तर भी हैं। इसी कारण उन्हें लगा कि बीसवीं सदी के अन्त तक इस विषय पर जो चिन्तन हुआ है, उसे एक स्थान पर लाया जाए और अध्येताओं को उपलब्ध कराया जाए। इस दृष्टि से उन्होंने मराठी में एक ग्रन्थ का सम्पादन किया जिसका शीर्षक है—'शतकातील दलित-विचार।' डॉ. बाबा साहेब आम्बेडकर द्वारा 1936 में दिए गए एक महत्त्वपूर्ण भाषण को इस ग्रन्थ के आरम्भ में रखा गया है, बीज भाषण के रूप में। इस भाषण में डॉ. आम्बेडकर जी ने इस प्रश्न की चर्चा की है कि वे हिन्दू धर्म को त्याग कर बौद्धधर्म क्यों स्वीकार करने जा रहे हैं। इस बहाने उन्होंने हिन्दू धर्म में जो विषमता के तत्त्व हैं, उनका सूक्ष्मता से विश्लेषण किया है। मराठी में धर्म-परिवर्तन के लिए एक छोटा सा अच्छा शब्द है—धर्मान्तर। एक धर्म को छोड़कर दूसरे धर्म में प्रवेश करना—यह

उसका अर्थ है। यह शब्द इतना उचित लगा कि अनुवादक ने इसी शब्द का प्रयोग हिन्दी में किया है। इस भाषण का दलित साहित्य के साथ गहरा सम्बन्ध इस तरह है कि हिन्दू व्यवस्था में दलित की क्या स्थिति है इसे दलित और सवर्ण दोनों ठीक से जान लें। इसी कारण इसे बीज भाषण के रूप में यहाँ रखा गया है। इसके बाद दलित साहित्य सम्मेलन के दो उद्घाटकीय भाषण दिए गए हैं। अण्णाभाऊ साठे तथा पु.ल. देशपाण्डे मराठी साहित्य क्षेत्र के दिग्गज हैं। इस साहित्य के सम्बन्ध में उनके विचार भी जान ले, इस उद्देश्य से उन्हें यहाँ संकलित किया गया है।

इसके बाद कुल 35 अध्यक्षीय भाषण दिए गए हैं। ये अध्यक्षीय भाषण समय-समय पर दलित साहित्य के जो अधिवेशन हुए, उस अवसर पर दिए गए हैं। इनमें बौद्ध साहित्य सम्मेलन के अध्यक्षीय भाषण 8 (आठ), दलित साहित्य सम्मेलन के अध्यक्षीय भाषण 9 (नौ) हैं। मराठी में एक त्रैमासिक पत्रिका निकलती है 'अस्मितादर्श' इसके सम्पादक डॉ. गंगाधर पानतावणे हैं। 1980 से वे अस्मितादर्श लेखक-पाठक सम्मेलन करते हैं। इन सम्मेलनों के अध्यक्ष पद से दिए गए 7 (सात) भाषण यहाँ संकलित हैं। मराठी में दलित नाट्य आन्दोलन भी रहा है। उसके सम्मेलन भी होते हैं। ऐसे 5 (पाँच) नाट्य सम्मेलनों के अध्यक्षीय भाषण यहाँ दिए गए हैं। 1988 से दलित-आदिवासी-आँचलिक साहित्य सम्मेलन भी होने लगे। उनके अध्यक्षों के दो भाषण यहाँ दिए गए हैं। इसके अलावा मराठी साहित्य सम्मेलन के अध्यक्षपद से दिया एक भाषण, विद्रोही, परिवर्तन तथा आम्बेडकरी साहित्य सम्मेलन के अवसर पर दिए गए अध्यक्षीय भाषण भी यहाँ दिए गए हैं। इन भाषणों को इस ग्रन्थ में संकलित करते समय डॉ. शरणकुमार लिंबाले का यह प्रयत्न रहा कि यहाँ ऐसे ही भाषण दिए जाएँ, जिनमें दलित साहित्य के सम्बन्ध में गम्भीर निरूपण हो तथा इस निरूपण से दलित साहित्य से सम्बन्धित विविध आयाम उद्घाटित हों। उन अनेक प्रश्नों के उत्तर भी इन भाषणों से पाठकों-समीक्षकों को मिल जाएँगे, जो आरम्भिक दौर में उठाए गए थे तथा आज भी उठाए जा रहे हैं। इन भाषणों को संकलित करते समय, मौलिकता, चिन्तन प्रधानता तथा विश्लेषण क्षमता पर ही बल दिया गया है। वर्ण, जाति, धर्म के परे जाकर केवल जीवन तथा साहित्य विषयक प्रश्नों का यथार्थ विवेचन जिन्होंने किया है, उनके भी भाषण यहाँ दिए गए हैं। एक ओर संस्कृत के महान पण्डित लक्ष्मण शास्त्री जोशी जी का अत्यन्त मौलिक भाषण यहाँ है तो दूसरी और पैन्थर के प्रमुख तथा श्रेष्ठ कवि नामदेव ढसाल का भाषण भी यहाँ है। दलित साहित्य के साहित्यशास्त्र को लेकर अत्यन्त सूक्षमता से विवेचन करनेवाला श्री यशवन्त मनोहर का बौद्धिक ऊँचाइयों को स्पर्श करनेवाला भाषण भी यहाँ है। दलित

साहित्य की सभी विधाओं की चर्चा यहाँ है। हिन्दी में अभी दलित थिएटर पनपा नहीं है। मराठी में दलित थिएटर के बहाने भारतीय नाट्यशास्त्र के वर्णवादी पहलुओं पर किस प्रकार प्रकाश डाला गया है, इसे आप यहाँ पढ़ सकेंगे।

स्वतन्त्रता के बाद जिन विभिन्न तबकों से सम्वेदनशील लोग उभरने लगे वे अन्ततः साहित्य संस्कृति के बारे में क्या सोचते हैं, इसे जानने हेतु ये सभी भाषण बहुत बड़ी भूमिका निभाते हैं।

इसमें कोई सन्देह नहीं कि इनमें से अनेक भाषणों में मराठी साहित्य के दर्जनों सन्दर्भ आए हैं। प्रत्येक सन्दर्भ का स्पष्टीकरण नहीं दिया गया है। जहाँ बहुत जरूरी लगा वहाँ कुछ का संकेत कर दिया गया है।

ये सभी भाषण इस बात के प्रमाण हैं कि मराठी के चिन्तक (सवर्ण और दलित) दलित साहित्य की ओर कितनी तटस्थता, निर्ममता से देखते हैं। अपनी सीमाओं को उन्होंने खुले दिल से स्वीकार किया है।

सन् 2001 में डॉ. शरण कुमार लिंबाले का यह सम्पादन मराठी में प्रकाशित हुआ। 464 पृष्ठों के इस ग्रन्थ का मराठी में अभूतपूर्व स्वागत हुआ। सन् 2007 में इसका दूसरा संस्करण निकालना पड़ा।

मैं पाठक तथा समीक्षक के रूप में हिन्दी तथा मराठी दलित साहित्य के साथ गहरे रूप से जुड़ा हुआ हूँ। मैंने यह अनुभव किया कि हिन्दी प्रदेशों के सवर्ण अभी भी इसकी ओर पूर्वग्रह से, उपेक्षा से देखते हैं। एक साहित्य प्रवाह के रूप में इसे वे स्वीकारने की मानसिकता में नहीं हैं। दूसरी बात इस साहित्य के प्रति उनके मन में अनेक प्रश्न हैं। ये प्रश्न जैसे अनुभूति को लेकर हैं, वैसे अभिव्यक्ति को लेकर भी हैं। कुछ साहित्य शास्त्रीय प्रश्न भी हैं। दलित-साहित्य पर जो भी विमर्श हिन्दी में हो रहा है, उसमें अराजकता की स्थिति है। ऐसी अवस्था में यह जरूरी है कि यह साहित्य जिस भूमि में जन्मा, वहाँ इसके सम्बन्ध में क्या सोचा गया, इसे जान लिया जाए। अध्येताओं को इसमें दलित साहित्य की विभिन्न परिभाषाएँ मिलेंगी, प्रेरणास्रोत की चर्चा मिलेगी तथा सूक्ष्म साहित्यशास्त्रीय प्रश्नों से मराठी चिन्तक कैसे जूझ रहे हैं, इसका भी अहसास हो जाएगा।

प्रस्तुत ग्रन्थ को हिन्दी में लाना एक व्यक्ति के लिए असम्भव तो नहीं परन्तु बहुत समय लेनेवाला काम था। इसलिए मैंने इसके अनुवाद का कार्य 22 ऐसे व्यक्तियों में बाँटा जो दोनों भाषाओं के जानकार भी हैं तथा विचारों से प्रगतिशील इनमें से आधा दर्जन तो अवकाश प्राप्त प्राध्यापक हैं और आधा दर्जन से भी अधिक महात्मा गाँधी अन्तराष्ट्रीय हिन्दी विश्वविद्यालय, वर्धा के अनुवाद विभाग के छात्र। पिछले करीब चार माह से इस काम में मैं डूब गया था। आज उससे मुक्त होते समय मैं सार्थकता का अनुभव कर रहा हूँ। महात्मा गाँधी अन्तरराष्ट्रीय हिन्दी वि. वि. श्री शैलेश कदम का बहुत बड़ा सहयोग इस

काम में मिला, उनके प्रति आभार। शेष सभी मेरे मित्र हैं और अधिकांश मेरे भूतपूर्व छात्र।

सर्वाधिक आभारी मैं और डॉ. शरणकुमार लिंबाले, वाणी प्रकाशन के अरुण माहेश्वरी जी के हैं क्योंकि इस ग्रन्थ को प्रकाशित करने के लिए वे तुरन्त तैयार हुए।

पाठकों, समीक्षकों से प्रतिक्रियाओं की उम्मीद के साथ।

–डॉ. सूर्यनारायण रणसुभे

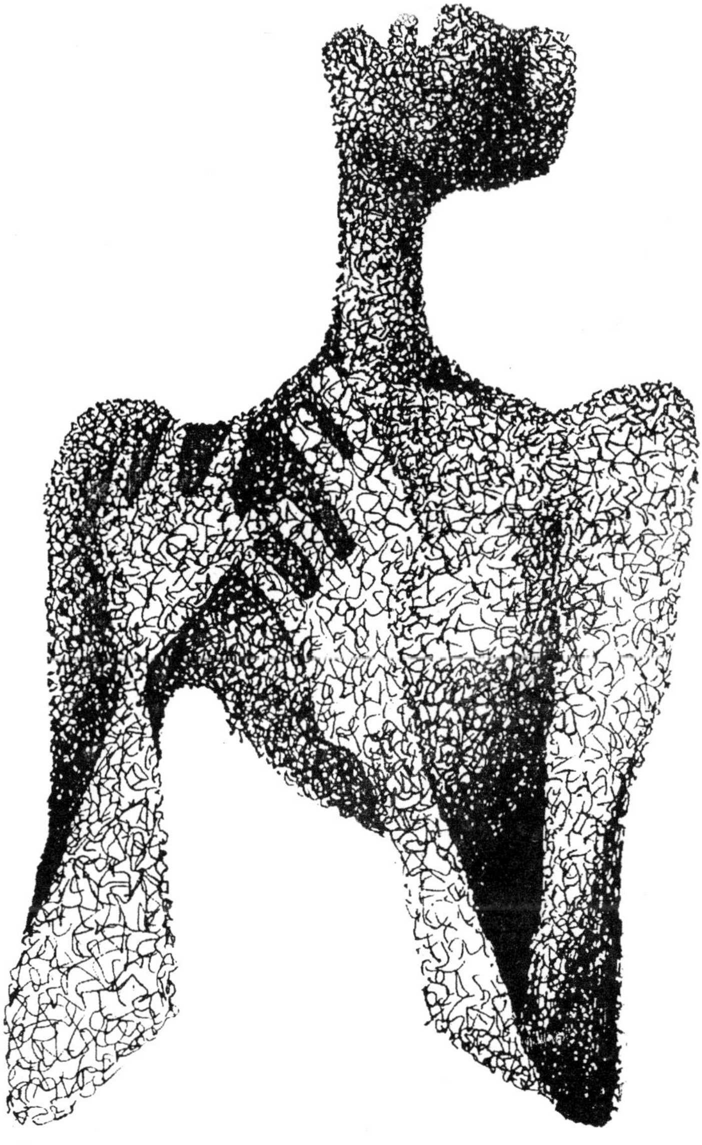

प्रस्तावना

डॉ. शरणकुमार लिंबाले

॥ 1 ॥

भारतवर्ष में बीसवीं सदी को 'स्वतन्त्रता' की सदी के रूप में पहचाना जा सकता है। इस सदी का पूर्वार्ध राजनीतिक स्वतन्त्रता से प्रेरित संग्राम का था तो उत्तरार्द्ध सामाजिक स्वातन्त्र्य हेतु किए गए अनेक आन्दोलनों से व्याप्त था। बीसवीं सदी राजनीतिक और सामाजिक स्वतन्त्रता आन्दोलन की गोद में फली-फूली। स्वतन्त्रता को सामाजिक और राजनीतिक रूप में विभाजित नहीं किया जा सकता। राजनीतिक और सामाजिक स्वातन्त्र्य ही 'पूर्ण स्वातन्त्र्य' है। दूसरे शब्दों में इसे 'प्रजातन्त्र' कह सकते हैं। बीसवीं सदी के पूर्वार्द्ध में राजनीतिक गुलामी के विरुद्ध गरम-नरम आन्दोलन हुए। उत्तरार्द्ध में सामाजिक गुलामी के विरुद्ध कई आन्दोलन हुए। यह आन्दोलन के इतिहास की सदी थी। इस सदी में हुए महात्मा गाँधी के आन्दोलन को राजकीय स्वतन्त्रता का प्रतीक कह सकते हैं, तो डॉ. बाबासाहब आम्बेडकर के आन्दोलन को सामाजिक स्वतन्त्रता का प्रतीक कह सकते हैं। गाँधीजी देश स्वतन्त्र करना चाहते थे तो बाबासाहब मनुष्य। गाँधीजी और आम्बेडकर बीसवीं सदी के भारत के दो चेहरे हैं।

इसी सदी में दुनिया को दहला देनेवाले दो विश्वयुद्ध हुए। कई राष्ट्र इसी सदी में आजाद हुए। 'जनतन्त्र' और 'मानव अधिकार' इस सदी की साँस थीं।

इक्कीसवीं सदी 'सूचना प्रौद्योगिकी' के रूप में हमारी जिन्दगी में प्रवेश कर रही है। भूमण्डलीकरण, मुक्त अर्थव्यवस्था और निजीकरण के अनुकूल विचारों से विकास का विचार प्रस्तुत किया जा रहा है। मुद्रा स्फीति, वैश्विक बैंक और विदेशी जनसंचार माध्यमों के तहत हमारी पारम्परिक जीवनशैली परिवर्तित हो रही है। 'कम्प्यूटर' और 'अंग्रेजी' इस सदी के दो कदम हैं। इन्टरनेट, उपग्रह और फायबर-ऑप्टिक जैसे आधुनिक तन्त्र से 'ज्ञान और सूचना' के क्षेत्र में क्रान्ति हो रही है। एक नया 'वर्च्युअल वर्ल्ड' मूर्त हो रहा है।

प्राचीन भारत में ज्ञान का एकाधिकार एक वर्ग के पास था। उसी का नए रूप में उदय हो रहा है। उच्चस्तरीय ज्ञान और तन्त्रज्ञान का लाभ वही वर्ग उठाने वाला है जो सम्पन्न है। दुनिया में जहाँ सूचना प्रौद्योगिकी का स्फोट हो रहा है वहाँ दूसरी ओर आज भी अज्ञान के अन्धकार में छटपटानेवाला विराट मानव समाज हमारे सामने है। सामाजिक विषमता, दरिद्रता और निरक्षरता यह पिछली सदी की देन इस सदी में भी व्यवहृत है। इन्टरनेट के कारण जहाँ दुनिया को जोड़नेवाली गतिमान व्यवस्था का उदय हुआ वहाँ मनुष्य को मनुष्य से तोड़नेवाली अमानुष जातिव्यवस्था चिरंजीव हो रही है। पिछली सदी का सामाजिक विषमता का इतिहास और इक्कीसवीं सदी के भविष्य का अन्दाज लिए बगैर आमूल परिवर्तन के विचार को प्रस्तुत नहीं किया जा सकता।

॥ 2 ॥

प्राचीन वाङ्मय में विश्व की उत्पत्ति को लेकर कई चमत्कारिक कथाएँ पायी जाती हैं। ऋग्वेद को सबसे प्राचीन संहिता माना जाता है। ऋग्वेद के छठे मण्डल की नब्बे स्थान की ऋचा 'पुरुषसूक्त' नाम से पहचानी जाती है। इसमें विश्व की निर्मिति का वर्णन किया गया है। कई धर्मग्रन्थों में संसार की उत्पत्ति को लेकर अजब वर्णन मिलता है।

'ईश्वर ने अपने मुँह से ब्राह्मण, भुजा से क्षत्रिय, जाँघ से वैश्य और पैरों से शूद्र की निर्मिति की है।' ऐसा वर्णन पुरुषसूक्त के बारहवें श्लोक में पाया जाता है। हिन्दू धर्म के सूत्र के अनुसार वर्ण व्यवस्था ईश्वर निर्मित है। हिन्दू समाज का विषमता के आधार पर श्रेणीबद्ध चार वर्गों में विभाजन किया गया है। इसे आदर्श समाज व्यवस्था के रूप में गौरवान्वित किया गया है।

सूर्य प्रचण्ड गति से परिभ्रमण कर रहा था तब उसके टुकड़े हुए। पृथ्वी और चन्द्र ये उसके टुकड़े हैं। ये अत्यधिक तप्त टुकड़े सूर्य का परिभ्रमण करने लगे। तप्त पृथ्वी का गोला धीरे-धीरे ठण्डा हुआ और उस पर जीवसृष्टि का निर्माण हुआ। इस पृथ्वी पर बन्दर से मानव का विकास हुआ इस पर संसार के किसी भी धर्मग्रन्थ ने विश्वास नहीं रखा है।

आर्य लोग पश्चिम से हिन्दुस्थान में आए। आर्य टोलियों ने हिन्दुस्थान के मूल निवासियों पर हमले किए, उन्हें हरा दिया। आर्यों ने पराजित लोगों पर गुलामी लादकर उन्हें गुलाम बना दिया। बाबासाहब आम्बेडकर इस इतिहास को स्वीकार नहीं करते। उनके मतानुसार, 'शूद्र आर्य वंश के थे। उन्होंने ब्राह्मणों पर अत्याचार किया इसलिए ब्राह्मणों ने उनका यज्ञोपवीत संस्कार करने से इन्कार कर दिया। इससे शूद्रों का सामाजिक स्तर गिर गया।'

चातुर्वर्ण्य व्यवस्था में श्रम का कड़ा विभाजन किया गया था। 'ब्राह्मण

ज्ञानार्जन और विद्यार्जन करें; क्षत्रिय युद्ध तथा देश की रक्षा करें; वैश्य व्यापार-उद्योग करें तथा शूद्र त्रैवर्णिकों की सेवा-चाकरी करें'–ऐसा आदेश हिन्दू धर्मशास्त्र में दिया गया है। हिन्दू समाज में शूद्र से भी अतिशूद्र तीन वर्ण मिलते हैं–अस्पृश्य, खानाबदोश और आदिवासी जनजातियाँ।

हिन्दू समाज में हजारों सालों से अतिशूद्रों का अत्यधिक शोषण हुआ है। अछूतों की छाया, स्पर्श और वाणी तक तिरस्कृत मानी गई। पशु से भी उसे हीन माना गया। उसकी रोटी, कपड़ा और मकान घटिया स्तर का हो, इस पर कड़ी नजर रखी गई। अस्पृश्य को ज्ञान और शिक्षा, सत्ता और सम्पत्ति से हेतुपूर्वक दूर रखा गया। उसकी बस्ती, पनघट तथा श्मशान तक अलग रखा गया। सभी क्षेत्रों में उसे औरों से अलग तथा दोयम स्थान दिया गया। उसकी संस्कृति पर आघात किए गए। उसे हक और अधिकारों से वंचित रखा गया। अस्पृश्य को मनुष्य के रूप में जीने की मनाही की गई।

खानाबदोश जातियों पर तो अस्पृश्यों से भी भयावह अन्याय-अत्याचार हुए हैं। अस्पृश्यों का गाँव के बाहर ही क्यों न हो, घर है, अलग ही सही पनघट है, श्मशान है, लेकिन खानाबदोशों की दशा इससे भयावह और दहलानेवाली है। खानाबदोश जातियों को जीने के लिए निरन्तर घूमना पड़ता है। उन्हें एक स्थान पर बसेरा करने नहीं दिया जाता। उनको चोर-अपराधी के रूप में सन्देह से देखा जाता है। इन जातियों को गुजारा करने के लिए भीख माँगनी पड़ती है या चोरी करनी पड़ती है। जन्मतः व्यक्ति को अपराधी बनाने वाली यह व्यवस्था स्वयं अपराधी है।

आदिवासी जनजातियाँ तो वन्य पशु का जीवन जीती पायी जाती हैं। देश, राष्ट्र, राज्य, संविधान और जनतन्त्र के अर्थ से वे पूरी तरह बेखबर हैं। नागरी समाज से दूर जनजातियाँ नागरी समाज के शोषण का शिकार हुई हैं। जमींदारों और साहूकारों का क्रूर छल सहती ये जनजातियाँ वन्य जीवन जी रही हैं। ये जनजातियाँ दरिद्रता, अज्ञान, अन्धविश्वास, निरक्षरता, बीमारी और शोषण के दुष्चक्र में पिस रही हैं।

हिन्दू धर्म ने सवर्ण जातियों को जन्मसिद्ध यथेच्छ अधिकार दे दिये हैं लेकिन दलित जाति-जनजातियों को मनुष्यता तक से वंचित रखा है। यह विषम व्यवस्था मनुष्यद्रोही और समाज-विघातक है।

॥ 3 ॥

वैदिक काल से विषम प्रस्थापित व्यवस्था का विरोध हुआ है। चार्वाक, बुद्ध, महावीर, गुरु नानक, रामानुज, कबीर, बसवेश्वर, महात्मा फुले, ई. वी. रामस्वामी पेरियार और बाबासाहब आम्बेडकर–विद्रोह की यह परम्परा रही है। प्राचीन काल से भारतवर्ष में

रूढ़ीवादी-प्रगतिशील, वैदिक-अवैदिक ऐसी दो संस्कृतियाँ व्यवहृत रही हैं।

गौतम बुद्ध ने हिन्दू धर्म व्यवस्था को जबरदस्त नुकसान पहुँचाया। बौद्ध विचार प्रणाली में जाति व्यवस्था को कोई स्थान नहीं है। बौद्ध धर्म समता का समर्थन करने वाला और विषमता को नकारने वाला धर्म है। बुद्ध ने जाति प्रथा का विरोध क़र संघ में सभी को प्रवेश दिया। बुद्ध का वर्णाश्रम पद्धति पर विश्वास नहीं था। सभी मनुष्य समान हैं, मनुष्य-मनुष्य में कोई भेद नहीं है, जन्म से कोई उच्च-नीच नहीं होता, ऐसी बुद्ध की विचार प्रणाली है। बौद्ध विचार से जाति की दीवारों में दरारें पड़ गई।

कबीर विद्रोही सन्त थे। उन्होंने रुग्ण रूढ़ियों का निषेध कर उनकी भर्त्सना की। कबीर परम्परा को धिक्कारते हैं। पोथी पण्डितों की कड़ी टीका करते हैं। कबीर को ब्राह्मण-शूद्र भेद अस्वीकार था। कबीर के दोहों में विषमता और पाखंडीपन के प्रति दग्ध सन्ताप पाया जाता है।

मराठी साहित्य में महानुभाव सम्प्रदाय का साहित्य और सन्त साहित्य अक्षर वाङ्‌मय के रूप में पहचाना जाता है। महानुभाव सम्प्रदाय के सन्तों ने भी जाति व्यवस्था का विरोध किया है। चक्रधर स्वामी ने परम्परागत चातुर्वर्ण्य व्यवस्था का विरोध किया। अन्धविश्वास तथा विधिनिषेध पर प्रहार कर सभी को संन्यास लेने का अधिकार दे दिया। ब्राह्मण उच्च तो अछूत होता है यह चक्रधर को गलत लगता है। वे कहते हैं, "उत्तम म्हणजे ब्राह्मण : आन अधम म्हणजे मातंग ऐसे म्हणे : परि तोही मनुष्य देही आन निष्पत्तिकारकची असे : परि वृथा कल्पना करी :" इस कारण महानुभाव सम्प्रदाय ने कर्मठता और चातुर्वर्ण्य व्यवस्था के विरुद्ध विद्रोह का रुख अपनाया।

दलित सन्त चोखामेला, कर्मामेला, बंका महार तथा सोयराबाई ने भी अपने अभंगों से (मराठी काव्य प्रकार जिन्हें सन्त कवियों ने प्रयुक्त किया) आर्त वेदना को वाणी दी है। दलित सन्तों के अभंगों में जाति व्यवस्था की कसक व्यक्त हुई है। चोखोबा को लगता है कि पूर्वजन्म के पाप से 'महार' जाति में जन्म मिला।

हिन्दू धर्म द्वारा शूद्र-अतिशूद्रों के शोषण को दैवी अधिष्ठान दिया गया था। जिससे शूद्र-अतिशूद्रों को अपना दुःख, दैन्य और दरिद्रता यह अपने नसीब के पूर्वजन्म का संचित ही लगता था। 'ईश्वर ने ही हमें अस्पृश्य जन्म दिया है अतः उसके विरुद्ध विद्रोह नहीं किया जा सकता' ऐसी पक्की धारणा परम्परा से चली आ रही थी।

महाराष्ट्र में तेरहवीं सदी में कई सामाजिक स्तरों से अलग-अलग जाति के सन्तों का उदय हुआ। गोरा कुम्हार, विसोबा खेचर, सावता माली, नरहरी सुनार, सेना नाई, चोखा महार आदि सन्तों ने अपने अभंगों से भक्ति भाव को प्रस्तुत किया। इन सन्तों ने जातिभेद और अस्पृश्यता के विरुद्ध संघर्ष नहीं

किया। उन्हें सामाजिक समस्या की तुलना में वेदान्त धर्म की महत्ता का गान ही महत्त्वपूर्ण लगा। ईश्वर के दरबार में सन्त समान थे लेकिन व्यवहार में अलबत्ता उनका स्थान परम्परागत था।

॥ 4 ॥

आर्यों के पश्चात् हिन्दुस्थान में शक, कुषाण, हूण, तुर्क, मुगल, ईरानी और अफगान वंश के लोग आए। उन्होंने यहाँ के लोगों पर अपनी सत्ता और संस्कृति लाद दी। हिन्दुस्थान पर अनेक विदेशी हमले हुए लेकिन मुसलमानों के हमले दूरगामी परिणाम करनेवाले साबित हुए। हिन्दू-मुस्लिम सत्ता का सम्बन्ध केवल युद्ध की हार-जीत तक सीमित नहीं था तो उनमें वैवाहिक सम्बन्धों का भी रिश्ता था। हिन्दुस्थान में आते समय मुसलमान एक हाथ में 'तलवार' तो दूसरे हाथ में 'कुरान' लेकर आए थे। उन्होंने हिन्दुस्थान में अपने धर्म और संस्कृति का जबरदस्ती प्रचार किया। प्राचीन काल से हिन्दू-मुसलमानों में संघर्ष और साहचर्य की संस्कृति रही है। इन सम्बन्धों का निरन्तर इतिहास आधार रहा है। इस्लाम के आक्रमण और प्रचार से जिस प्रकार हिन्दू समाज के सामने एक चुनौती निर्माण हुई उसी प्रकार हिन्दू समाज की विद्यमान जाति व्यवस्था का ढाँचा भी चरमराने लगा। महाराष्ट्र में सन्तों का उदय इस पृष्ठभूमि पर होने से बहुजन समाज से बड़ी मात्रा में सन्त पैदा हुए और उन्होंने आध्यात्मिक अभिव्यक्ति को प्रकट किया। मुस्लिम सत्ता पूरे हिन्दुस्थान पर कब्जा करने में जुट गई थी। छत्रपति शिवाजी महाराज ने महाराष्ट्र में मुसलमान साम्राज्य पर प्रतिबन्ध लगाया। मुसलमानी सत्ता में दिल्ली से लेकर गली तक अनेक मस्जिदों का निर्माण हुआ। हिन्दू के छल से त्रस्त कई अछूतों ने मुसलमान धर्म स्वीकार किया। इस्लाम और मुसलमान ने यहाँ की जमीन में जड़ पकड़ ली।

सोलहवीं शती में हिन्दुस्थान में और एक विदेशी सत्ता और संस्कृति ने प्रवेश किया। वह थी अंग्रेजी और अंग्रेज। उसके एक हाथ में 'तराजू' तो दूसरे हाथ में 'बाइबिल' था। ब्रिटिश राजसत्ता से इसका यकीन हुआ कि तलवार की तुलना में तराजू के परिणाम दूरगामी होते हैं। हिन्दुस्थान में अंग्रेज राजसत्ता आई और जीवन के सभी क्षेत्रों में परिवर्तन होने लगा। इससे हिन्दू समाज में अनेक स्थित्यन्तर हुए। 'इस्लाम' और 'ईसाई' इन दो विदेशी संस्कृतियों के विराट घेरे में हिन्दू समाज इतना उलझ गया कि आगे चलकर 'स्वधर्म', 'स्वदेशी', 'स्वभाषा' और 'स्वराज्य' हिन्दुस्थान के राजनीतिक जीवन के निर्णायक हथियार बन गए।

अंग्रेजों ने स्थानीय रियासतदारों से व्यापार के लिए सनद प्राप्त की। हिन्दुस्थान में अपने माल-गोदाम खोल दिए। उन्हें 'कच्चा माल और बाजार' प्राप्त

करने के लिए हिन्दुस्थान पर वर्चस्व स्थापित करने की उनकी इच्छा हुई। विलासी रियासतदार, उनकी निठल्ली सुरक्षा व्यवस्था, सस्ते दाम में मिलनेवाले मजदूर और सैनिक देखकर ईस्ट इण्डिया कम्पनी ने अपने पैर फैलाना शुरू किया।

अंग्रेजों ने सर्वप्रथम हिन्दू वर्ण व्यवस्था को नकार दिया और जाति पंचायत के अधिकार पर आपत्ति जताई। प्रशासन, शिक्षा, लश्कर, कानून और सत्ता स्थापित करने हेतु उन्होंने प्रयास शुरू किया। उन्होंने हिन्दुस्थान के लोगों को शिक्षित बनाकर अपने लिए नौकर-वर्ग का निर्माण किया। हिन्दुस्थान के लोगों को सेना में भर्ती कर अपने लिए लश्कर का गठन किया। हिन्दुस्थान में पाठशालाएँ शुरू कीं। प्रशासकीय दफ्तर खोल दिए। न्यायालय की स्थापना की। डाक, तार और रेल जैसे आधुनिक सुधार लाए। हिन्दुस्थान का कच्चा माल विदेश में भेजना और वहाँ से पक्का माल हिन्दुस्थान में लाकर बेचने की मुहिम शुरू की। इससे यहाँ की अर्थव्यवस्था और उद्योग मरणासन्न हो गए। छोटी-मोटी बीमारियाँ, संक्रामक रोग और सूखे से यहाँ का आम आदमी पिस गया। ऐसे मजबूर हालात में फँसे लोगों को ईसाई धर्म में लाने का प्रयास शुरू हुआ। जगह-जगह चर्च स्थापित हुए। हिन्दू के जुल्म से परेशान अनेक अस्पृश्यों ने धर्मान्तर कर ईसाई धर्म को स्वीकार किया।

हिन्दू धर्म ने अपने ही धर्म बान्धवों का अमानुष छल कर उन्हें 'इस्लाम' और 'ईसाई' धर्म में धकेल दिया यह इतिहास है।

इस सन्दर्भ में पेशवाओं का उदाहरण दिया जा सकता है। पेशवा काल में अस्पृश्यों पर असीम अत्याचार हुए। रास्ते पर चलते समय अस्पृश्य न थूके इसलिए उसके गले में मटका बाँधने की सख्ती की गई थी। रास्ते पर चलते समय अस्पृश्य के पैरों के निशान उठ न पाएँ इसलिए उसकी कमर पर झाड़ू बाँधने की सख्ती की गई थी। यह मनुष्यता की क्रूर विडम्बना ही थी। इसी काल में ब्रिटिशों ने अस्पृश्यों को लश्कर में भर्ती कर उनके हाथ में हथियार दिए। एक ओर स्वकीय सत्ता अछूतों के गले में मटका बाँधती है तो दूसरी ओर विदेशी सत्ता उनके हाथ में हथियार थमा देती है, यह अन्तर जानना आवश्यक है।

सन् 1818 में ब्रिटिशों ने जब पेशवा पर चढ़ाई की तब ब्रिटिश फौज के महार सैनिकों ने अपनी वीरता का प्रदर्शन कर पेशवाओं को पराजित कर दिया। महारों ने एक तरह से प्रतिशोध ही लिया था। अंग्रेजों ने लड़ाई में शहीद हुए महान सैनिकों के पराक्रम का सम्मान करने के उद्देश्य से उनके स्मरणार्थ कोरेगाँव में विजय स्तम्भ का निर्माण किया।

ब्रिटिशों ने हिन्दुस्थान की कई रियासतें नष्ट कीं। निःसन्तान रियासतदारों की रियासतों का विलीनीकरण किया गया। दुर्बल रियासतदारों के यहाँ अपनी फौज तैनात कर अपने साम्राज्य का विस्तार किया गया। दिन-ब-दिन ब्रिटिश सत्ता अधिक आक्रामक और क्रूर बनने लगी।

ब्रिटिशों की फौज में हिन्दू, मुसलमान और अछूतों की भी भर्ती हुई थी। अंग्रेज फौज के सामने देशी रियासतदार पस्त हो गए थे। बेचैन और नाराज रियासतदारों ने अंग्रेजों के विरुद्ध विद्रोह करना तय किया। जनता भी अंग्रेजों के जुल्मो सितम से त्रस्त हो चुकी थी। ब्रिटिश फौज में असन्तोष फैलाने हेतु बन्दूक के कारतूस में गाय और सूअर की चरबी होने का समाचार फैलाया गया। इसके चलते ब्रिटिश फौज के हिन्दू-मुसलमान सैनिक विद्रोह में शामिल हुए। ब्रिटिश फौज के हिन्दुस्थानी सैनिकों का विद्रोह बन्दूक के कारतूस में लगाई चरबी के विरुद्ध था, इस पर गौर करना होगा। सन् 1857 का यह आन्दोलन कई कारणों से असफल हुआ। लेकिन इस विद्रोह से जन आन्दोलन का उदय हुआ। अंग्रेजों के ख़िलाफ़ लोग इकट्ठा होने लगे। 1857 के विद्रोह के कारण इंग्लैण्ड की रानी को घोषणापत्र द्वारा आश्वासन देना पड़ा कि हिन्दुस्थान की जनता के 'धार्मिक' मामलों में हस्तक्षेप नहीं किया जाएगा।

ब्रिटिश फौज के हिन्दू सैनिकों को अस्पृश्य सैनिकों के साथ काम करना पड़ता था। ब्रिटिश फौज में अस्पृश्यता का पालन नहीं किया जाता था। इससे हिन्दू सैनिकों के मन में अशौच की भावना उत्पन्न हो रही थी। अतः हिन्दू सैनिक ब्रिटिश अधिकारियों की और शिकायतें करने लगे। इसके तहत सन् 1890-91 के दरमियान ब्रिटिशों ने अस्पृश्यों को लश्कर में भर्ती न करने का निर्णय लिया।

गोपाल बाबा वलंगकर सन् 1886 में ब्रिटिश लश्कर से निवृत्त हो चुके थे। उन्होंने सेवानिवृत्ति के बाद अस्पृश्य समाज की सेवा करने के उद्देश्य से 'अनार्य दोष परिहार' संघटना स्थापित की थी। उन्होंने सन् 1888 में 'विटाळ विध्वंसन' (अशौच विध्वंसन) नामक पुस्तिका लिखकर अस्पृश्यता की भयावहता पर प्रकाश डाला था। उन्हें अस्पृश्यों पर लश्कर में पाबन्दी लगाने की खबर मिली। उन्होंने महात्मा फुले और बाबा पद्मनजी से भेंट कर चर्चा की और सन् 1894 में ब्रिटिश सरकार को निवेदन प्रस्तुत किया। उन्होंने अपने निवेदन में यह उल्लेख किया, "अस्पृश्यों को लश्कर में भर्ती करना होगा। अस्पृश्यों ने समय-समय पर ब्रिटिशों के पक्ष में लड़कर अपनी वीरता सिद्ध की है। अतः ब्रिटिश सरकार अस्पृश्यों की लश्कर भर्ती पर पाबन्दी न लगाए।"

गोपाल बाबा वलंगकर के पश्चात् किसन फागू बन्दसोडे और शिवराम जानबा काम्बले ने अस्पृश्यों के सुधार-कार्य में महत्त्वपूर्ण योगदान दिया है। अस्पृश्यों की उपजातियों में होनेवाला तनाव नष्ट करना, उनमें रोटी-बेटी व्यवहार शुरू करना, उन्हें मृत पशु का माँस खाने से परावृत्त करना तथा उनमें संघटना का एहसास निर्माण करने के लिए किसन फागू बन्दसोडे, गणेश आक्काजी गवई और शिवराम जानबा काम्बले ने कार्य किया। उन्होंने अस्पृश्यों के लिए पाठशाला, वाचनालय और छात्रावास शुरू किया, अस्पृश्यों की सभा और संघटना स्थापित की,

अछूतों की सभा और परिषदों का आयोजन किया, अछूतों के प्रश्नों को वाणी देने के लिए समाचार पत्र निकाले और लेखन आदि कार्य किया। 'अस्पृश्यों ने ब्रिटिश सरकार की ईमानदारी से सेवा कर शौर्य दिखाया है। अतः ब्रिटिश सरकार अस्पृश्यों को सेना में भर्ती करे। अस्पृश्यों को मौका दिया जाए तो वे बहादुरी दिखाएँगे।' ऐसा निवेदन उन्होंने ब्रिटिशों को दिया था। किसन फागू बन्दसोडे ने सन् 1900 के दरमियान समाज कार्य शुरू किया था। सन् 1907 में उन्होंने अस्पृश्यों की लड़कियों के लिए 'चोखा मेला कन्या पाठशाला' शुरू की। लड़कों के लिए छात्रावास शुरू किया। ब्रिटिश हुकूमत में महार जाति ने हल्का काम छोड़कर बड़े पैमाने पर रेल, लोकनिर्माण विभाग और मिल में काम करना शुरू किया। इससे अस्पृश्यों में मजदूर वर्ग की संख्या बढ़ गई। महार मजदूरों पर मालिकों और सवर्णों द्वारा अक्सर अन्याय ही होता था। किसन फागू बन्दसोडे ने महार मजदूरों की समस्याएँ दूर करने हेतु प्रयास किए। उन्होंने सन् 1888 से सन् 1922 तक 'मजदूर पत्रिका' चलाई। सन् 1919 में 'अन्त्यज समाज' संस्था की स्थापना की। किसन फागू बन्दसोडे ने कविता, लेख, तमाशा और नाटक जैसी विधाओं में लेखन कर अस्पृश्यों की समस्याओं पर प्रकाश डाला, अस्पृश्यों को सजग बनाया और संघर्ष किया।

शिवराम जानबा काम्बले ने सन् 1903 में पुणे जिले के सासवड में 51 गाँव के महारों को इकट्ठा कर सभा का आयोजन किया। अस्पृश्यों द्वारा अपने अधिकार के लिए किया गया यह पहला संघठित और वैध प्रयास था। सन् 1908 में उन्होंने 'सोमवंशीय मित्र' नामक मासिक पत्रिका शुरू की। सन् 1910 में उन्होंने जेजुरी में महार जाति की भव्य परिषद आयोजित कर आवाहन किया कि महार अपनी लड़कियों को 'देवदासी' के रूप में ईश्वर को समर्पित न करें। उन्होंने अपने लेखन से एक ओर अस्पृश्यों के अन्धविश्वासों पर प्रहार किया तो दूसरी ओर सवर्ण तथा ब्रिटिशों द्वारा होनेवाले अन्याय के खिलाफ न्याय की माँग की।

किसन फागू बन्दसोडे, गणेश आक्काजी गवई और शिवराम जानबा काम्बले के समाजकार्य को महर्षि विट्ठल रामजी शिन्दे का समर्थन था। महर्षि शिन्दे के सहयोग और मार्गदर्शन से यह मण्डली प्रभावित हुई थी। उन्नीसवीं सदी तक दलित आन्दोलन ने संघठित सामूहिक रूप नहीं लिया था। इसी कारण तकतीर्थ लक्ष्मण शास्त्री जोशी ने अपने भाषण में कहा है, "उन्नीसवीं सदी तक दलित आत्मप्रकाश खो बैठा था। बीसवीं सदी में उसे अन्यायमूलक समाज रचना का एहसास हो रहा है।" उन्नीस सदियाँ अज्ञान के अन्धकार में लड़खड़ानेवाले दलित को बीसवीं सदी में आत्मतेज से स्वयंप्रकाशित होने के कारण खोजने आवश्यक हैं। इसके बिना दलित आन्दोलन की मूल जड़ का पता नहीं चलेगा।

॥ 5 ॥

ब्रिटिशों के आगमन के पश्चात् हिन्दुस्थान की पुरानी राजसत्ता और समाज व्यवस्था ढहने लगी। 'अंग्रेजी' और 'ईसाई' धर्म के प्रचार से जीवन के सभी क्षेत्रों में एक नयी अस्मिता का उदय हुआ। ब्रिटिश काल सामाजिक प्रबोधन के लिए अनुकूल था। इसी काल में हिन्दुस्थान के सन्दर्भ में राजनीतिक और सामाजिक पुनर्रचना का विचार प्रस्तुत किया गया। इसी काल में सामाजिक और राजनीतिक सुधार को गति मिली। वर्ण व्यवस्था के लोढ़े के नीचे रौंदनेवाली विषम समाजव्यवस्था और राजा-माण्डलिक के अधिकार में होनेवाले छोटे राज्यों का इसी काल में ह्रास हुआ।

इस्लाम के आक्रमण से जैसे सन्तों के आन्दोलन का उदय हुआ उसी प्रकार ब्रिटिशों के आगमन से समाज सुधारकों के आन्दोलन का उदय हुआ। एक आन्दोलन पूरी तरह आध्यात्मिक था तो दूसरे आन्दोलन को अध्यात्म का आधार था। महात्मा फुले का 'सार्वजनिक सत्यधर्म' हो, बाबासाहब आम्बेडकर का 'बौद्ध धम्म' हो या महात्मा गाँधी का 'रामराज्य' हो, यह यथार्थ है कि स्वातन्त्र्यपूर्व हिन्दुस्थान के आन्दोलन धर्म के अधिष्ठान पर ही खड़े हुए। हिन्दुस्थान के आन्दोलन धर्म से अलग नहीं हो पाए हैं। हिन्दुस्थान में धर्म को छोड़कर किसी भी सन्दर्भ पर समग्रता से विचार नहीं किया जा सकता। परमहँस सभा, प्रार्थना समाज, आर्य समाज और ब्राह्मो समाज जैसी संस्थाओं ने नए सामाजिक मूल्य स्थापित करने के प्रयास किए।

राजा राममोहन राय को स्त्री सुधार का जनक कहा जाता है। उन्होंने सबसे पहले सती-प्रथा के विरुद्ध आवाज उठायी। इतना ही नहीं उन्होंने विधवा विवाह का भी समर्थन किया। सन् 1828 में उन्होंने 'ब्रह्म समाज' की स्थापना की। 'निर्गुण ईश्वर सभी का पिता है' यह उनका वचन था। उन्होंने मूर्तिपूजा का विरोध किया और 'सर्व धर्म समभाव' का समर्थन किया। उन्होंने सतीप्रथा, बालविवाह और कन्या विक्रय का विरोध किया तो अन्तरजातीय विवाह का समर्थन किया। उन्होंने भेद नीति का भी विरोध किया। राजा राममोहन राय के आन्दोलन से अंग्रेजों ने सन् 1829 में कानूनन सती प्रथा पर पाबन्दी लगायी। सन् 1837 में अंग्रेजों ने कानून पारित कर ठगी के धन्धे पर पाबन्दी लगायी और सन् 1843 में गुलामों का व्यापार बन्द किया। गोपाल हरि देशमुख 'लोकहितवादी' उन्नीसवीं सदी के एक शीर्षस्थ समाज सुधारक थे। वे स्त्री-पुरुष समता और स्त्री-शिक्षा के हिमायती थे। वे जातिभेद के भी विरोधी थे। सन् 1867 में विश्वबन्धुता के भाव से 'प्रार्थना समाज' की स्थापना हुई। प्रार्थना समाज ने 'दलितों की सेवा ही ईश्वर सेवा' इस व्रत को अपनाया। आत्माराम दादोबा तर्खडकर और भास्कर दादोबा तर्खडकर इन बन्धुओं ने 'प्रार्थना समाज' की स्थापना कर अस्पृश्यों के लिए

पाठशालाएँ शुरू कीं। अनाथालय की स्थापना की। विधवाओं के लिए 'विधवा विवाह संघ' और 'विधवाश्रम' शुरू कर पीड़ितों की सेवा की। महादेव गोविन्द रानडे को आधुनिक महाराष्ट्र के प्रणेता के रूप में पहचाना जाता है। वे परम्परा से रिश्ता न तोड़कर आधुनिक मूल्यों का प्रसार करने के हिमायती थे। उन्होंने परिवार में स्त्री का निम्न स्थान तथा समाज में दलितों के निम्न स्थान पर आपत्ति उठाकर कठोर प्रहार किया। सन् 1875 में स्वामी दयानन्द सरस्वती ने 'आर्य समाज' की स्थापना की। उन्होंने अस्पृश्यता का विरोध किया। परधर्म में गए लोगों के शुद्धिकरण का विचार प्रस्तुत किया। आर्य समाज ने वैदिक परम्पराओं का पुनरुज्जीवन किया। गोपाल गणेश आगरकर व्यक्ति स्वातन्त्र्य और सामाजिक समता के कट्टर समर्थक थे। बाल विवाह, जरठ कुमारी विवाह, केशवपन जैसी रूढ़ियों पर भी उन्होंने प्रबल हमला किया। आगरकर के विचार अस्पृश्यता विरोधी थे। स्वामी विवेकानन्द समान अधिकार के समर्थक थे। उनकी समाजवादी विचारों पर श्रद्धा थी। स्वामीजी की यह राय थी कि 'अछूतों को जितनी शिक्षा की आवश्यकता है उतनी ब्राह्मणों को नहीं है। यदि ब्राह्मणों की शिक्षा के लिए एक अध्यापक की जरूरत है तो अछूतों की शिक्षा के लिए दस अध्यापकों की जरूरत है।' राम मनोहर लोहिया ने नारी, शूद्र और आदिवासियों के हित का विचार किया। उनकी यह ठोस भूमिका थी कि 'स्त्री', शूद्र और आदिवासियों को केवल समान अधिकार देने से काम नहीं चलेगा, उन्हें तो अग्रक्रम देना होगा। शूद्र, हरिजन और गिरजन की उन्नति के बगैर देश का भविष्य नहीं है।' इस काल के समाजसुधारक सनातनी समाज के होने से उनके विचार और कार्य की सीमा थी। इस परिप्रेक्ष्य में महात्मा फुले का कार्य विद्रोही लगता है।

महात्मा जोतिबा फुले कृतिशील चिन्तक और विद्रोही समाजसुधारक थे। उन्होंने सन् 1848 में सार्वजनिक जीवन में प्रवेश किया। इसी वर्ष उन्होंने पुणे में लड़कियों के लिए पाठशाला शुरू की। स्वयं की पत्नी सावित्रीबाई फुले को शिक्षित बनाकर शिक्षिका बनाया और अपने सामाजिक कार्य में सम्मिलित कर लिया। सन् 1852 में अस्पृश्यों की लड़कियों के लिए पाठशाला शुरू की। 1856 में कानूनन पुनर्विवाह को स्वीकृति मिल गई। तत्पश्चात् महात्मा फुले ने पुणे के सारसबाग में पुनर्विवाह का आयोजन कर उसे सफल बनाया। विधवा का केशवपन न किया जाए इसलिए उन्होंने पुणे के नाई समाज के लोगों के सहयोग से हड़ताल का आयोजन किया। ब्राह्मण विधवा और कुँवारी माताओं के अवैध सम्बन्ध से उत्पन्न बच्चों की हत्या न हो इसलिए उन्होंने सन् 1883 में 'बालहत्या प्रतिबन्धक गृह' शुरू किया। इतना ही नहीं, एक ब्राह्मण कुँवारी माता के बच्चे को गोद लिया। अस्पृश्यों को पीने का पानी मिले इसलिए उन्होंने सन् 1868 में स्वयं के घर का पानी का हौज खुला कर दिया। ईश्वर तथा धर्म के नाम पर ब्राह्मण

द्वारा आम आदमी का शोषण न हो इसलिए उन्होंने सन् 1873 में 'सार्वजनिक सत्य धर्म' की स्थापना कर 'सत्य ही ईश्वर है' ऐसा घोषित किया।

महात्मा फुले ने विपुल लेखन किया। उन्होंने 'तृतीय रत्न' (नाटक 1855), 'पवाड़ा छत्रपति शिवाजी भोसले यान्चा' (1869), 'ब्राह्मणाचे कसब' (1869), 'गुलामगिरी' (1873), 'शेतकयाचा आसूड' (1883), 'सत्सार अंक 1,2' (1885), 'इशारा' (1885), 'सार्वजनिक सत्यधर्म' (1891) तथा अखण्डादि काव्य रचना कर स्त्री, शूद्र तथा अतिशूद्रों की व्यथा-वेदना को वाणी दी और विषम व्यवस्था को फटकारा।

महात्मा फुले का कार्य प्रस्थापित व्यवस्था को हादसा पहुँचानेवाला था। फुले दम्पति ने पीड़ा और छल सहकर समाजसेवा की। समाज में व्यवहृत अन्धविश्वास, पाखण्ड, दैन्य और दासता के विरुद्ध आजीवन संघर्ष किया। फुले के कार्य और विचार का केन्द्र आम आदमी था।

उन्नीसवीं सदी का यह प्रबोधन युग था। इस काल में मानवतावाद, जनतान्त्रिक मूल्य, व्यक्ति स्वातन्त्र्य, वैज्ञानिकता, सामाजिक और धार्मिक दास्यविमोचन के लिए आन्दोलन हुए। इस काल की पीढ़ी ने 'शिक्षा और समाज सुधार' के महत्त्व को भलीभाँति जान लिया। 'शिक्षा अखण्ड रूप में समाज निर्मिति का कार्य है। मनुष्य का निर्माण करनेवाली शिक्षा सभी को मिलनी चाहिए तथा शिक्षा से समाज में समानता स्थापित होनी चाहिए' इसी उद्देश्य से प्रेरित होकर महाराष्ट्र के समाजसुधारकों ने कार्य किया।

महर्षि विट्ठल रामजी शिन्दे बीसवीं सदी के एक महत्त्वपूर्ण समाजसुधारक थे। सन् 1906 में उन्होंने 'डिप्रेस्ड क्लास मिशन' की स्थापना की। उनकी माँग थी कि 'अस्पृश्यों को स्वतन्त्र प्रतिनिधित्व न दिया जाए।' अस्पृश्यों के स्वतन्त्र निर्वाचन क्षेत्र से भी उनका विरोध था। उनकी भूमिका थी कि जाति-धर्म के नाम से दूरी न बढ़ पाए। उन्होंने मानवनिर्मित भेद और उच्च-नीचता का कड़ा विरोध किया। अस्पृश्यों की उन्नति के लिए तथा अस्पृश्यता निर्मूलन के लिए उन्होंने अपनी सेवा आजन्म समर्पित की। सभा, सम्मेलन और परिषदों में उन्होंने बड़े जोश के साथ समता का विचार प्रस्तुत किया। महर्षि धोंडो केशव कर्वे ने स्त्री-शिक्षा को अपना जीवित कार्य माना। समाज में विधवाओं की बदतर दशा देख उनके पुनर्वास कार्य को गति दी। उन्होंने 'अनाथ बालिका आश्रम' की स्थापना की। देहातों की महिलाओं को शिक्षा मिले इसलिए ग्रामीण क्षेत्र में शैक्षिक संस्थाएँ शुरू कीं। उन्होंने स्त्री-शिक्षा को ईश्वर की प्रार्थना माना। राजर्षि शाहू नरेश ने महात्मा फुले के कार्य से प्रेरणा लेकर सामाजिक कार्य किया। उन्होंने जरूरतमन्द और मेधावी छात्रों के लिए अपनी रियासत में छात्रावास शुरू किए। गरीब छात्रों को शिक्षा के लिए आर्थिक सहयोग दिया। शाहू महाराज को जातीयता और अस्पृश्यता मंजूर नहीं थी। उन्होंने अपनी रियासत में अस्पृश्यों के

लिए आरक्षित जगह रखी। अस्पृश्यों की परिषदों के लिए वे स्वयं उपस्थित रहे। इससे 'धेडों का राजा' कहकर उनकी आलोचना की गई। सन्त गाडगे महाराज ने अपने अभंग और कीर्तन के माध्यम से भोली जनता को सजग किया। उन्होंने अपने प्रवचन से अन्धविश्वास, कामचोर वृत्ति, व्यसनाधीनता और जातिभेद की कड़ी आलोचना की। सन्त गाडगे महाराज स्वयं पिछड़े वर्ग के और निर्धन थे। इस निर्धन सन्त ने गरीब और जरूरतमन्द लोगों के लिए मुम्बई में धर्मशाला बनवाई। बहुजन समाज के बच्चों को शिक्षा मिले इसलिए शैक्षिक संस्थाएँ स्थापित कीं। गरीबों के लिए जगह-जगह पर अन्नछात्रालय खोल दिए। सन्त गाडगे महाराज के कार्य से प्रेरणा लेकर सन्त तुकडोजी महाराज, कर्मवीर भाऊराव पाटील, पंजाबराव देशमुख और बाबासाहब आम्बेडकर ने शिक्षा प्रसार का कार्य किया। कर्मवीर भाऊराव पाटील ने ग्रामीण समाज की शैक्षिक जरूरत पूरी करने के लिए रयत शिक्षा संस्था की स्थापना की। उनकी यह भूमिका थी कि 'खेती को पानी और बच्चों को शिक्षा यही हमारे समाज की भूख है। छात्रावस्था में ही जातीयता का दफन करना चाहिए।'

स्वातन्त्र्यपूर्व काल में स्वतन्त्रता सेनानी ब्रिटिशों के विरुद्ध लड़ रहे थे तो समाजसुधारक अनिष्ट प्रथाओं के विरुद्ध। सन् 1885 तक सामाजिक परिषद के वार्षिक सम्मेलनों का आयोजन राष्ट्रीय कांग्रेस के मण्डप में ही होता था। तत्पश्चात् मात्र राजनीति और समाजसुधार में अन्तर आ गया। इसी के चलते 'पहले सामाजिक या राजनीतिक सुधार' यह विवाद चरमसीमा पर पहुँच गया। समाज सुधारक सामाजिक मुक्ति से भारत का राजनीतिक उन्नयन करना चाहते थे। उन्हें ऐसा लगता था कि सामाजिक सुधार के बिना आजादी मिलेगी तो वह सनातनियों के हाथों में जाएगी। इससे एक के स्वराज्य और दूसरे को गुलामी मिलेगी। उनकी यह राय थी कि समाज व्यवस्था में सुधार लाए बगैर हम राजनीतिक सुधार के लिए काबिल नहीं बन पाएँगे, और सामाजिक विषमता को बरकरार रख प्राप्त हुई आजादी सच्ची आजादी नहीं है। स्वतन्त्रता सेनानी पहले राजनीतिक सुधार महत्त्वपूर्ण मानते थे। बाबासाहब आम्बेडकर की यह माँग थी कि राजनीतिक सुधार का अस्पृश्यों को न्यायोचित हिस्सा मिलना चाहिए। राजनीतिक स्वतन्त्रता की जंग लड़नेवालों को 'सर्वप्रथम देश को आजाद कर बाद में सामाजिक सुधार करना' उचित लग रहा था। स्वतन्त्रता के आगे उन्हें सुधार गौण लगते थे।

महात्मा गाँधी ने अस्पृश्यता निर्मूलन कार्य को महत्त्वपूर्ण मानकर सन् 1932 में 'हरिजन सेवक संघ' की स्थापना की। कराची अधिवेशन में यह घोषित किया गया कि स्वतन्त्रता प्राप्ति के पश्चात् अस्पृश्यों को औरों की तरह समान अधिकार दिए जाएँगे। इसी समय महात्मा गाँधी ने कहा कि अस्पृश्यता हिन्दू धर्म पर कलंक है। लेकिन शिक्षा संस्था, मन्दिर, पनघट तथा अन्य सार्वजनिक स्थान पर अस्पृश्यों को प्रवेश मिलना चाहिए, इससे आगे उनके कार्य की व्याप्ति नहीं

दिखाई देती। इसी कारण भाई माधवराव बागल ने अपने भाषण में कहा है, "गाँधीजी अस्पृश्यों की बस्ती में रहे लेकिन अस्पृश्यों के जीवन और महत्त्वाकांक्षा से वे समरस नहीं हो पाए।"

स्वातन्त्र्यवीर सावरकर ने भी रुग्ण परम्परा, रूढ़ि और अन्धविश्वासों पर प्रहार किया। वे पोथीनिष्ठा के विरोधी थे। उनकी यह भूमिका थी कि पाठशाला में स्पृश्य-अस्पृश्य बच्चे मिल-जुलकर रहें तथा रोटी व्यवहार छोड़ देना चाहिए। अस्पृश्यों के मन्दिर प्रवेश का भी उन्होंने समर्थन किया।

स्त्री और अस्पृश्यों की शिक्षा का व्रत लेनेवाले अण्णासाहब शिन्दे, बहुजन समाज की शिक्षा के लिए दिन-रात खटनेवाले पंजाबराव देशमुख, हरिजनों को मन्दिर में प्रवेश मिलना चाहिए इसलिए सत्याग्रह करनेवाले साने गुरुजी और अस्पृश्यों की वेदना और समस्याओं को अपने साहित्य में वाणी देनेवाले श्री. म. माटे प्रभृति की गोद में महाराष्ट्र की प्रबोधन परम्परा पली है। सन्त चोखोबा, गोपाल बाबा वलंगकर और सन्तश्रेष्ठ गाडगे महाराज इस पृष्ठभूमि पर डॉ. बाबासाहब आम्बेडकर का कार्य और उनके विचार क्रान्तिकारी लगते हैं।

॥ 6 ॥

डॉ. बाबासाहब आम्बेडकर के जीवन कार्य का सिंहावलोकन किया जा सकता है लेकिन उनके द्वारा तमाम बहिष्कृत वर्ग में जगायी स्वाभिमान की अस्मिता का लेखा-जोखा असम्भव है। इस युगपुरुष ने इतिहास का निर्माण किया। जिनके दर्शन से कई चिन्तक-लेखक प्रभावित हुए। उनके कार्य से यह काल प्रभावित हुआ। उनके जीवन ने विराट समाज को पर्याप्त विश्वास दे दिया। बाबासाहब केवल एक महामानव का नाम नहीं वे तो सजग हुए मूक समाज के और लड़ाकू आन्दोलन के प्रतीक हैं। यह मनुष्य को मनुष्यता प्रदान करनेवाला एक विचार है। बाबासाहब ने दलितों के लिए आजीवन संघर्ष किया। उनकी जंग सर्वव्यापी थी। इसके राजनीतिक, सामाजिक, शैक्षिक, आर्थिक, धार्मिक आदि सन्दर्भ थे।

बाबासाहब आम्बेडकर ने सन् 1919 में साउथ ब्यूरो कमीशन के सामने अस्पृश्यों के राजनीतिक अधिकार की कैफियत प्रस्तुत कर अपने सार्वजनिक जीवन की शुरुआत की। 1920 में उन्होंने अस्पृश्यों के प्रश्न को मंच प्रदान करने हेतु 'मूकनायक' पत्र शुरू किया। इसी वर्ष नागपुर में आयोजित अस्पृश्यों की परिषद में छत्रपति शाहू महाराज ने 'अस्पृश्यों को अपना नेता मिला है' इन शब्दों में बाबासाहब आम्बेडकर को गौरवान्वित किया। इसी समय तिलक युग का अस्त होकर गाँधी युग का उदय हो रहा था।

सन् 1923 में बाबासाहब आम्बेडकर विदेश से उच्चशिक्षा लेकर स्वदेश

लौटे। 1924 में उन्होंने 'अखिल बहिष्कृत हितकारिणी सभा' की स्थापना की। सवर्णों ने अस्पृश्यों को अपने पनघट पर पानी पीने पर पाबन्दी लगायी थी इसलिए बाबासाहब आम्बेडकर ने सन् 1927 में महाड के 'चवदार तालाब' पर पानी पीने के लिए सत्याग्रह किया। यह सत्याग्रह केवल पीने के पानी के लिए नहीं था बल्कि समता का अधिकार जताने के उद्देश्य से था। महाड के चवदार तालाब के सत्याग्रह के पश्चात् सवर्णों ने तालाब में गोमूत्र डालकर उसका शुद्धिकरण किया। बाबासाहब आम्बेडकर ने फिर एक बार महाड में सत्याग्रह कर 'मनुस्मृति' को खुलेआम जला दिया था। इसी काल में बाबासाहब आम्बेडकर ने 'सायमन कमीशन' को निवेदन प्रस्तुत कर अस्पृश्यों के राजनीतिक अधिकारों की माँग की थी। सन् 1930 में उन्होंने नासिक के कालाराम मन्दिर में अस्पृश्यों को प्रवेश मिले इसलिए सत्याग्रह किया। यह सत्याग्रह केवल मन्दिर प्रवेश के लिए नहीं था अपितु इसके पीछे हम हिन्दू हैं, 'हमें भी अन्य हिन्दुओं की तरह हिन्दू के मन्दिर में जाने का अधिकार है' यह भूमिका थी। स्वातन्त्र्यवीर सावरकर ने कालाराम मन्दिर प्रवेश सत्याग्रह को समर्थन दे दिया था। ब्राह्मणेतर आन्दोलन के दिनकरराव जवलकर बीमार होने के बावजूद इस सत्याग्रह में शामिल हुए थे। सवर्णों ने अस्पृश्यों के मन्दिर प्रवेश का विरोध किया था। कालाराम मन्दिर प्रवेश सत्याग्रह कई साल चला लेकिन दलितों को मन्दिर में प्रवेश नहीं दिया गया। इसी दौरान ब्रिटिश सरकार ने गोलमेज परिषदों में अस्पृश्यों के लिए स्वतन्त्र निर्वाचन क्षेत्र की माँग की। सन् 1932 में जातीय निर्णय घोषित हुआ और सिक्ख, मुस्लिम, ईसाई, ऍंग्लो इण्डियन तथा रियासतदारों के साथ अस्पृश्यों के लिए भी स्वतन्त्र निर्वाचन क्षेत्र घोषित हुआ। महात्मा गाँधी ने इसके प्रति तीव्र विरोध जताया। उनकी यह धारणा थी कि स्वतन्त्र निर्वाचन क्षेत्र होने से अस्पृश्य हिन्दू से हमेशा के लिए कटे रहेंगे। अतः उन्होंने इसके ख़िलाफ़ 20 सितम्बर, 1932 को पुणे की यरवडा जेल में आमरण अनशन शुरू किया। 26 सितम्बर, 1932 को बाबासाहब आम्बेडकर ने पुणे करार पर हस्ताक्षर किए और स्वतन्त्र निर्वाचन क्षेत्र छोड़ दिया। महात्मा गाँधी ने दलितों के लिए आरक्षित जगह रखने की माँग को स्वीकृति दी।

हिन्दुओं द्वारा दलितों पर होनेवाले जुल्म में कोई कमी नहीं हो रही थी। अतः बाबासाहब आम्बेडकर ने हिन्दुओं में परिवर्तन लाने की अपेक्षा हिन्दू धर्म का त्याग करने की ठान ली और सन् 1935 में धर्मान्तर की घोषणा की। उन्होंने घोषित किया, "मैं हिन्दू के रूप में पैदा हुआ जो मेरी मजबूरी थी लेकिन मैं हिन्दू के रूप में मरूँगा नहीं।" इससे चारों ओर हो-हल्ला मच गया। केवल बहिष्कृत समाज की राजनीति की अपेक्षा सम्पूर्ण शोषित वर्ग की राजनीति करने के उद्देश्य से वाबासाहब आम्बेडकर ने 1936 में 'मजदूर पार्टी' की स्थापना की। उसमें भी

उन्हें पर्याप्त सफलता नहीं मिली। दूसरे विश्वयुद्ध के कारण पूरे देश का राजनीतिक माहौल परिवर्तित हुआ था। स्वतन्त्रता आन्दोलन चरमसीमा पर पहुँचा था। सन् 1942 में महात्मा गाँधी ने अंग्रेजों के विरुद्ध 'भारत छोड़ो आन्दोलन' की घोषणा की। पूरा देश इस आन्दोलन में सक्रिय हुआ था। देश को स्वतान्त्र्य मिलेगा तो उस पर हिन्दुओं का अधिकार होगा और हिन्दू सत्ता पर आएँगे तो अस्पृश्यों के हित की रक्षा नहीं होगी। यह सोचकर देश के सभी दलित नेता इकट्ठा हुए और उन्होंने सन् 1942 में 'शेड्यूल्ड कास्ट फेडरेशन' की स्थापना की।

सन् 1947 में भारत आजाद हुआ। बाबासाहब आम्बेडकर को महाराष्ट्र में कांग्रेस के उम्मीदवार से चुनाव में हार सहनी पड़ी। तब उन्हें मुस्लिम लीग के समर्थन से पश्चिम बंगाल से चुनाव जीतना पड़ा। बाबासाहब का संविधान समिति में चयन हुआ। उन्होंने आजाद भारत का संविधान बनाने के लिए अथक परिश्रम किया। इससे उन्हें 'संविधान के शिल्पकार' के रूप में गौरवान्वित किया जाता है। लेकिन स्वतन्त्र भारत के मन्त्रिमण्डल में बाबासाहब आम्बेडकर को उनकी योग्यता के अनुरूप पद नहीं मिला। उनके द्वारा प्रस्तुत किया गया 'हिन्दू कोड बिल' भी मंजूर नहीं हो पाया। दलितों पर होनेवाले अन्याय-अत्याचार में भी कमी नहीं आई। बाबासाहब ने यह पहचान लिया कि रूढ़ीवादी सत्ता में रहकर परिवर्तन की लड़ाई जारी रखना असम्भव है और इसी कारण उन्होंने अपने मन्त्रीपद से इस्तीफा दे दिया। उन्होंने अपने लाखों शिष्यों के साथ 14 अक्टूबर, 1956 को 'बौद्ध धम्म' की दीक्षा ले ली। इसके उपरान्त 6 दिसम्बर, 1956 में उनका निर्वाण हुआ।

बाबासाहब आम्बेडकर दलित इतिहास के युगपुरुष हैं। उन्होंने मृतप्राय समाज में स्वाभिमान का तूफान जगाया। भूखे-तंगदस्त लोगों को क्रान्तिकारी बनाया। सभा, सम्मेलन, परिषद, सत्याग्रह और अधिवेशन द्वारा दलित अस्तित्व और अस्मिता की लड़ाई को गतिशील बनाया। पत्रकारिता, पार्टी, संघटना और समाजसेवा के माध्यम से संघर्ष जारी रखा। उनकी वाणी और लेखनी, उनका जीवन और कार्य, उनका धम्म और कानून-नीति, उनके आन्दोलन और माँगें, इसी से स्वातन्त्र्योत्तर काल के दलित आन्दोलन और दलित साहित्य का जन्म हुआ।

॥ 7 ॥

स्वातन्त्र्योत्तर काल लोक आन्दोलन का है। कालानुरूप इस काल के आन्दोलन के स्वरूप में भी परिवर्तन हुआ है। इस काल में दलित, खानाबदोश, आदिवासी, स्त्री, मजदूर तथा असंघठित मजदूरों के प्रश्नों को लेकर युवकों ने संघठित होकर आन्दोलन शुरू किए। आजादी देश की अन्तिम इकाई तक पहुँचे इस उद्देश्य से कई 'संघटनाएँ' निर्माण हुईं तथा 'सत्याग्रह' हुए।

स्वातन्त्र्योत्तर काल में लोगों की बढ़ती समस्याएँ और असन्तोष से नए नेतृत्व का उदय हुआ। नए नेता और कार्यकर्ताओं ने स्वातन्त्र्य, समता और न्याय के अधिकार के लिए संघर्ष शुरू किया। इससे लोक आन्दोलनों का निर्माण हुआ। हमारा देश डेढ़ सौ साल विदेशियों का गुलाम था लेकिन दलित हजारों सालों से स्वकीयों के गुलाम बनकर जी रहे थे। विदेशियों के साथ लड़ना आसान होता है क्योंकि उनके ख़िलाफ़ सभी स्वकीय संघठित होते हैं लेकिन स्वकीयों के ख़िलाफ़ लड़ाई बड़ी जटिल होती है, क्योंकि स्वकीयों के ख़िलाफ़ लड़ते समय आन्दोलन सर्वव्यापी होने की सम्भावना कम ही होती है। इसी कारण इस आन्दोलन के सामने अनेक जटिल चुनौतियाँ आयीं। आसान रूप में हल होनेवाले सीधे प्रश्न विकट बने और लम्बे समय तक अनिर्णीत रहे।

स्वातन्त्र्योत्तर दलित संघटनाओं को ब्रिटिशकालीन भारत के प्रबोधन के आन्दोलन की वैचारिक विरासत मिली है। दलितों की समस्याओं के साथ स्वातन्त्र्योत्तर काल में निर्मित तत्सम प्रश्नों पर विचार करना भी आवश्यक बन जाता है। दलित आन्दोलनों के साथ अन्य प्रगतिशील आन्दोलनों पर विचार करना भी युक्तिसंगत बन जाता है। क्योंकि प्रगतिशील आन्दोलन भी दलितों के साथ कई आन्दोलनों में सक्रिय रहे हैं। इसी कारण स्वातन्त्र्योत्तर काल में दलित आन्दोलन कभी अकेला नहीं हो पाया।

स्वातन्त्र्योत्तर काल और दलित समाज

15 अगस्त, 1947 को देश आजाद हुआ। इस काल का यथार्थ भयावह था। पूरा विश्व द्वितीय विश्वयुद्ध के परिणामों से झुलस रहा था। हमारा देश भी उससे अछूता नहीं रह पाया। हमारे देश को आजादी के साथ विभाजन की विभीषिका को सहना पड़ा। विभाजन से हुए जातीय दंगे और निर्वासन से जातीय जटिलता उत्पन्न हुई। असुरक्षितता के भय से भारतीय मनुष्य लड़खड़ा गया था। इसके उपरान्त महात्मा गाँधी की हत्या से गाँवों में दंगों का बवाल उठा। दुबारा जातीय तनाव को खाद मिल गई।

एक ओर अपना देश आज़ाद होने से पूरी जनता के मन में स्वतन्त्रता को लेकर आकांक्षाएँ बढ़ गईं। नया समाज और नए राष्ट्र निर्माण की उम्मीद बढ़ गई। पंचवर्षीय योजनाएँ, चुनाव, सत्ता का विकेन्द्रीकरण, लोककल्याणकारी योजना तथा शिक्षा के प्रसार से भारतीय जनजीवन में आमूलचूल परिवर्तन हुआ। प्रजातान्त्रिक प्रणाली के कारण आम आदमी हक और अधिकार की भाषा समझने लगा। निचले तबके में अब जबरदस्त जागृति आ गई।

आजादी मिलने से सभी प्रश्न हल हो जाएँगे ऐसी आशा जगी थी, लेकिन समय के साथ अनेक समस्याएँ उत्पन्न हुईं। बेरोजगारी, दरिद्रता, बढ़ती आबादी, जातीय दंगे, भ्रष्टाचार, जातिकेन्द्रित राजनीति तथा उससे जाति को प्राप्त हुआ

महत्त्व, रूढ़ीवादी शक्ति का कुहराम, अत्याचार और अकाल के कारण दलित का स्वतंत्रता पर का भरोसा कम होने लगा। स्वतन्त्रता के पश्चात् रोजी रोटी के प्रश्न, बढ़ते अत्याचार-अन्याय, महँगाई और बढ़ती आबादी ने आम आदमी के मन में असन्तोष के बीज की जड़ जमाई। शिक्षा का सार्वत्रीकरण, एक मनुष्य एक मूल्य तत्त्व का प्रसार, ज्ञान, विज्ञान और कानून के प्रसार के कारण आम आदमी को संघर्ष और संघटना की जरूरत महसूस होने लगी। अपने प्रश्नों को हल करने के उद्देश्य से जन आन्दोलन गतिशील बन गया।

गाँव, तहसील, जिला, राज्य और राष्ट्र स्तर पर लोकतान्त्रिक समाजवाद की चर्चा शुरू हुई। ग्रामपंचायत, पंचायत समिति, जिला परिषद, नगर निगम, सहकारी संस्था, राज्य और केन्द्र शासन में लोगों की भागीदारी बढ़ गई। 'अपना विकास हो तथा स्वतन्त्रता का लाभ मिले' इसलिए पिछड़े समाज तथा प्रदेश में आन्दोलन शुरू हुए। सत्ता और शिक्षा के विकेन्द्रीकरण के साथ समाज जीवन के कई मूक वर्ग जाग्रत होकर अपने विकास की दिशा खोजने लगे।

स्वातन्त्र्योत्तर दलित आन्दोलन डॉ. बाबासाहब आम्बेडकर के विचार और कार्य की प्रेरणा से खड़ा हुआ। धर्मान्तर से दलितों की मानसिकता में क्रान्तिकारी परिवर्तन हुआ। दलितों को नई आत्मदृष्टि मिली। अधिकांश दलितों ने हिन्दू धर्म का त्याग किया। हिन्दू देवी-देवता को नकार दिया। हिन्दू समाज में व्यवहृत प्रथा-परम्परा का विरोध किया। त्रैवर्णिकों की सेवा, चाकरी से इन्कार किया। धर्मान्तर का विचार सुदूर देहातों में पहुँचा। इसके चलते गाँवों में सामाजिक तनाव बढ़ गया। कुछ स्थानों पर सवर्णों ने दलितों को बहिष्कृत किया। उनका छल किया। गाँव में प्रवेश पर पाबन्दी लगाई। उन्हें काम देना बन्द किया। उनकी नाकाबन्दी की गई। बावजूद इसके दलितों ने गुलामी को स्वीकार नहीं किया। ग्रामीण दलित और सवर्ण के संघर्ष से परिवर्तन की नई हवा निकल पड़ी।

परिवार का मुखिया गुजरने पर जैसे परिवार की दुरवस्था होती है वैसी ही दशा डॉ. बाबासाहब आम्बेडकर के निर्वाण से दलित समाज की हुई। दलित आन्दोलन की दशा यतीम बच्चे की तरह हो गई। दलित समाज में एक रिक्तता निर्मित हुई।

आम्बेडकर के अनुयायियों का रिपब्लिकन आन्दोलन

बाबासाहब आम्बेडकर के महानिर्वाण के बाद उनके वारिस का प्रश्न उपस्थित हुआ। आम्बेडकर परिवार के श्रीमती सविता आम्बेडकर, भैयासाहब आम्बेडकर और मुकुन्दराव आम्बेडकर के नाम पर विचार हुआ लेकिन नेता मण्डली ने आम्बेडकर परिवार के नेतृत्व को स्वीकार नहीं किया। हर दलित नेता यही चाहता था कि दलित आन्दोलन का नेतृत्व अपनी ओर हो। हर कोई अपने आपको प्रति

आम्बेडकर समझने लगा। नेतृत्व के कारण कलह उत्पन्न हुआ। अन्ततः सामूहिक नेतृत्व की संकल्पना सामने आई। सभी इस पर सहमत हुए कि किसी एक नेता की अपेक्षा सामूहिक नेतृत्व से आन्दोलन चलाया जाएगा।

सन् 1957 से पहले ही रिपब्लिकन पार्टी की स्थापना करना तय हुआ था। लेकिन डॉ. बाबासाहब आम्बेडकर की मृत्यु से समाज में निर्माण रिक्तता, नेतृत्व का विवाद और बिल्कुल नजदीक आए आम चुनाव के कारण प्रेसिडियम ने शेड्यूल्ड कास्ट फेडरेशन के नाम से चुनाव में हिस्सा लिया। शे. का. फे. ने संयुक्त महाराष्ट्र आन्दोलन में हिस्सा लिया था। इससे 1957 के आम चुनाव में महाराष्ट्र की जनता ने शेड्यूल्ड कास्ट फेडरेशन के छह उम्मीदवारों का लोकसभा के लिए चयन किया। कर्नाटक, मद्रास और गुजरात से भी पार्टी के एक-एक उम्मीदवार को सफलता मिली। पार्टी के नौ सांसद लोकसभा में गए तो देश के राज्य विधि मण्डल पर शेड्यूल्ड कास्ट फेडरेशन के बीस सदस्यों ने चुनाव में सफलता पाई। इनमें कर्नाटक से दो, मुम्बई से तेरह और पंजाब से पाँच थे।

3 अक्तूबर, 1957 को नागपुर की दीक्षाभूमि पर शेड्यूल्ड कास्ट फेडरेशन का अन्तिम अधिवेशन हुआ। इस अधिवेशन में हजारों लोगों की उपस्थिति में, तालियों की गूँज के साथ शेड्यूल्ड कास्ट फेडरेशन को बरखास्त कर 'रिपब्लिकन पार्टी ऑफ इण्डिया' नामक नए राजनीतिक पार्टी की स्थापना की गई।

रिपब्लिकन पार्टी ने भारत की सभी दुर्बल इकाइयाँ, अल्प भूधारक, भूमिहीन मजदूर, श्रमिक तथा अल्पसंख्यकों को संघटित कर उन्हें सामाजिक और आर्थिक न्याय देने की घोषणा की। लेकिन रिपब्लिकन पार्टी के नेताओं में अधिक समय एकता न रह पाई। सन् 1959 में रिपब्लिकन पार्टी में दो दल हो गए। इनमें से एक दल का नेतृत्व बी.सी. काम्बले ने तो दूसरे दल का नेतृत्व दादासाहब गायकवाड ने किया।

भूमिहीनों का सत्याग्रह

'भूमिहीनों को खेती करने हेतु शासन को बंजर जमीन देनी होगी' इस माँग को लेकर सन् 1953 से ही शेड्यूल्ड कास्ट फेडरेशन ने सत्याग्रह शुरू किया था। 7 मार्च, 1960 को महाराष्ट्र के तत्कालीन मुख्यमन्त्री यशवन्तराव चव्हाण को रिपब्लिकन पार्टी के शिष्टमण्डल ने निवेदन दिया और भूमिहीन लोगों का प्रश्न प्रस्तुत किया। इसके साथ ही बौद्धों को सुविधाएँ, महँगाई की रोकथाम, झोंपड़पट्टियों में सुधार, आरक्षित जगहों के अनुशेष की पूर्ति, अस्पृश्यता निर्मूलन कानून की कड़ाई से तामीली, लोकसभा के केन्द्रीय सभागृह में बाबासाहब आम्बेडकर का तैलचित्र लगाया जाए जैसी माँगों को लेकर समय-समय पर सत्याग्रह किया। दलितों को अपने प्रश्नों को लेकर संघठित किया तथा शासन व जनता का ध्यान केन्द्रित किया। सन् 1964 का भूमिहीनों का सत्याग्रह देशव्यापी होने से अधिक महत्त्वपूर्ण

माना जाता है। 1 अक्तूबर, 1964 को देश के विविध प्रदेशों से हजारों दलितों ने संसद पर मोर्चा निकालकर तत्कालीन प्रधानमन्त्री लालबहादुर शास्त्री को अपनी माँगों का ज्ञापन प्रस्तुत किया। इस सत्याग्रह की रणनीति एन. शिवराज ने बनाई थी। लेकिन सत्याग्रह के पहले ही उनकी मृत्यु होने से इसका नेतृत्व दादासाहब गायकवाड ने किया। उसी समय दलितों ने जिला कचहरी, पुलिस थाना, तहसील दफ्तर तथा शासकीय कार्यालयों पर मोर्चा निकालकर ज्ञापन प्रस्तुत किए।

रिपब्लिकन एकता और विघटन

सन् 1959 में रिपब्लिकन पार्टी के 'दुरुस्त' और 'नादुरुस्त' ऐसे दो गुट बन गए। दुरुस्त गुट का नेतृत्व बी.सी. काम्बले ने किया तो नादुरुस्त गुट का नेतृत्व दादासाहब गायकवाड की ओर था। भैयासाहब आम्बेडकर के आवाहन के अनुसार रिपब्लिकन पार्टी का विघटन टालने हेतु आर. डी. भण्डारे ने 1958 में मनोमिलन का पहला प्रयास किया लेकिन बी. सी. काम्बले ने उसे खारिज कर दिया। 1962 के चुनाव को मद्देनजर रखते हुए कांग्रेस और रिपब्लिकन पार्टी में सन् 1961 में समझौता हुआ। दादासाहब गायकवाड के गुट द्वारा सत्तासीन पार्टी से समझौता करने से बड़ी तादाद में उनके गुटों की ओर कार्यकर्ता आकर्षित हुए। बी. सी. काम्बले का सत्ता से दूर होने के कारण धीरे-धीरे उनके गुट का प्रभाव कम होता गया। 1962 के चुनाव में दोनों गुटों से एक भी उम्मीदवार को सफलता नहीं मिली। सन् 1965 में आर.डी. भण्डारे ने दादासाहब गायकवाड के गुट को छोड़कर कांग्रेस में प्रवेश किया। 1966 में दा. ता. रूपवते ने बी. सी. काम्बले के गुट को छोड़कर दादासाहब गायकवाड के गुट में प्रवेश किया। आम चुनाव को मद्देनजर रखकर दा. ता. रूपवते ने 1967 में दो गुटों में दिलजमाई करने के प्रयास शुरू किए। उन्होंने एकता परिषद् आयोजित की। इसमें केवल दादासाहब गायकवाड ही उपस्थित रहे इसलिए एकता नहीं हो पाई। 1970 में दादासाहब गायकवाड और बॅरिस्टर खोब्रागडे में एकता हो इसलिए बाबू हरदास आवले ने एकता का प्रयास किया लेकिन सफलता नहीं मिली। दादासाहब गायकवाड की मृत्यु के उपरान्त सन् 1970 में बॅरिस्टर खोब्रागडे ने अपने नाम से अलग गुट स्थापित किया। दादासाहब गायकवाड की मृत्यु के पश्चात् उनका गुट रा. सु. गवई दल से पहचाना जाने लगा। 1971 में बी. सी. काम्बले ने रिपब्लिकन एकता का प्रयास किया लेकिन किसी ने प्रतिसाद नहीं दिया क्योंकि इसके पहले बी. सी. काम्बले ने रिपब्लिकन एकता के लिए कोई प्रतिसाद नहीं दिया था। 1974 में एकता की पुरजोर कोशिश हुई। सभी नेताओं ने एकता की शपथ ली। एक साथ मिलकर काम करने का जनता को अभिवचन दिया लेकिन सत्ता स्पर्धा के चलते यह एकता नहीं हो पाया।

1984 में प्रकाश आम्बेडकर के नेतृत्व का उदय हुआ। प्रकाश आम्बेडकर बाबासाहब आम्बेडकर के पौत्र होने से दलित जनता ने उनका नेतृत्व स्वीकार कर गुट बनानेवाले नेताओं को नकार दिया। प्रकाश आम्बेडकर ने रिपब्लिकन नेताओं को एकता करने की अपेक्षा दलित जनता को अपने नेतृत्व में लाने का प्रयास किया। उन्होंने अपनी पार्टी को 'रिपब्लिकन पार्टी ऑफ इण्डिया' कहने की बजाय उसे 'भारतीय रिपब्लिकन पार्टी' ऐसा नामकरण कर दिया। पूरे महाराष्ट्र में भारिप की शाखाएँ स्थापित हुईं। 1985-86 में प्रकाश आम्बेडकर ने सभी विरोधी पार्टियों के साथ समझौता कर नान्देड़ का उपचुनाव लड़ा लेकिन वे हार गए।

'रिपब्लिकन पार्टी से सभी गुटों में एकता हुए बगैर पक्ष का भविष्य नहीं है' यह समझकर दलित जनता ने रिपब्लिकन पार्टी के एकता की माँग की। दलित लेखक, कवियों ने गुटबाजी के खिलाफ कलम उठाई। 1989 में हुए लोकसभा चुनाव में रिपब्लिकन पार्टी अपना खाता तक नहीं खोल पाई। इस हार से दलित जनता में असन्तोष की भावना उत्पन्न हुई। रिपब्लिकन नेता एकता करें इसलिए दलित युवकों ने अनशन शुरू किया। लोगों की भावनाएँ तीव्र हो गईं। लोकक्षोभ बढ़ा। 1990 के विधानसभा चुनाव को मद्देनजर रखकर पुनश्च रिपब्लिकन एकता की प्रक्रिया आरम्भ हुई। प्रकाश आम्बेडकर, रामदास आठवले और रा. सु. गवई की सुकाणू समिति स्थापित की गई तथा बत्तीस सदस्यों की एक अस्थायी समिति स्थापित की गई। दलित पैंथर, मास मूवमेण्ट, दलित मुक्ति सेना जैसी दलितों की सामाजिक संघटनाएँ भी बरखास्त की गईं और 6 जनवरी, 1990 को रिपब्लिकन पार्टी की एकता घोषित हुई। 1990 के आम चुनाव में जनता दल या कांग्रेस को समर्थन दिया जाए यह प्रश्न उपस्थित हुआ।

केन्द्र में जनता दल की सरकार थी। इस सरकार को भारतीय जनता पार्टी का बाहर से समर्थन था। प्रधानमन्त्री विश्वनाथ प्रतापसिंह ने संसद के केन्द्रीय सभागार में बाबासाहब आम्बेडकर की प्रतिमा लगाई थी। बाबासाहब आम्बेडकर को मरणोत्तर 'भारतरत्न' दे दिया। 'मण्डल आयोग' पर अमल करने की घोषणा की। इसके चलते दलित जनता का जनता दल की ओर झुकाव था लेकिन महाराष्ट्र में कांग्रेस की सत्ता थी। और यथार्थ यह था कि महाराष्ट्र में जनता दल का सत्ता पर आना असम्भव था। इसके चलते 1990 में विधानसभा चुनाव में समर्थन को लेकर विवाद खड़ा हुआ और रिपब्लिकन एकता टूट गयी। रामदास आठवले के 'रिपब्लिकन पार्टी ऑफ इण्डिया' पार्टी ने कांग्रेस के साथ समझौता किया तो प्रकाश आम्बेडकर के 'भारतीय रिपब्लिकन पार्टी' ने स्वतन्त्र रूप में चुनाव लड़ा। इस चुनाव में दोनों गुट बुरी तरह हार गए। विदर्भ से मात्र रिपब्लिकन पार्टी खोब्रागडे गुट के उम्मीदवार उपेन्द्र शेण्डे जीत पाए। कांग्रेस द्वारा आठवले गुट को दी गई बारह जगहों पर आर. पी. आइ. के उम्मीदवार पराजित हुए।

महाराष्ट्र में चुनाव के बाद कांग्रेस की सत्ता अस्तित्व में आई। मुख्यमन्त्री शरद पवार ने रामदास आठवले को अपने मन्त्रिमण्डल में स्थान दिया और उन्हें समाज कल्याण मन्त्री का पद दे दिया। पूरे महाराष्ट्र में एक सामान्य कार्यकर्ता को मन्त्रीपद मिलने की घटना की प्रशंसा हुई। आन्दोलन में सक्रिय कार्यकर्ता के मन्त्री बनने से अब हमारी समस्याएँ हल होंगी, इस आशा से आन्दोलन में जोश आया। कांग्रेस पार्टी ने रामदास आठवले के गुट को विधान परिषद की एक जगह देने की हामी भरी। इसके चलते टी. एम. काम्बले को विधान परिषद में नियुक्त किया गया। इसी दौरान गंगाधर गाडे के रामदास आठवले से मतभेद हुए और उन्होंने पार्टी छोड़कर दुबारा दलित पैंथर संघटना शुरू की। मुम्बई से कीर्ति ढोले, नागपुर से अशोक शंभरकर, प्रसेनजित ताकसाण्डे आदि कार्यकर्ताओं ने 'दलित पैंथर' की छावनियाँ शुरू कीं। राजा ढाले ने 'मास मूवमेण्ट' संघटना का 'सम्यक क्रान्ति' नामकरण कर नयी संघटना शुरू की। इसी दरमियान विश्वनाथ प्रतापसिंह ने प्रकाश आम्बेडकर को राज्यसभा की सदस्यता बहाल की।

1992 में डॉ. बाबासाहब आम्बेडकर जन्मशताब्दी और महात्मा फुले की स्मृति शताब्दी मनाई जा रही थी। इस शताब्दी के अवसर पर महाराष्ट्र शासन की ओर से सालों से पिछड़ता आया नामान्तर का प्रश्न हल करने की माँग ठोस होने लगी। रामदास आठवले के कांग्रेस शासन में शामिल होने से लग रहा था कि यह प्रश्न हल होगा। कांग्रेस रिपब्लिकन समझौता ने अपने चुनाव के घोषणापत्र में नामान्तर का आश्वासन दिया था लेकिन कांग्रेस ने लोकमत का कारण बताकर नामान्तर करना टाल दिया। इससे दलित समाज में वैफल्य आया। दलित आन्दोलन की ओर से रामदास आठवले के मन्त्रीपद के इस्तीफे की माँग की जाने लगी। जगह-जगह पर नामान्तर को लेकर दलितों ने आत्मदहन करना शुरू किया। अन्ततः रामदास आठवले ने मीआद देकर इस्तिफा दिया और यह शर्त रखी, यदि 14 अप्रैल, 1994 से पहले नामान्तर नहीं होगा तो इस्तीफा ग्राह्य मान लिया जाए। लेकिन उसके पूर्व अर्थात् 14 जनवरी, 1994 में नामान्तर का प्रश्न हल हुआ और आठवले का मन्त्रीपद अबाधित रहा। 1994 में शरद पवार ने अपने मन्त्रिमण्डल का विस्तार किया। उसमें रिपब्लिकन पार्टी को स्थान नहीं दिया गया। लेकिन कांग्रेस ने आठवले गुट के अनिल गोण्डाणे का विधान परिषद पर चयन कर दिया।

नामान्तर का प्रश्न हल होने से पूरे महाराष्ट्र में आठवले की प्रशंसा हुई। इससे उनकी प्रतिभा निखर गई। उनकी राजकीय महत्ता बढ़ गई। लेकिन कांग्रेस में होनेवाले दलित नेताओं को यह रास नहीं आया। उन्होंने कांग्रेस-रिपब्लिकन समझौते के ख़िलाफ़ आवाज उठाई। कांग्रेस में होनेवाले दा. ता. रूपवते, एकनाथ गायकवाड आदि दलित नेताओं ने रिपब्लिकन पार्टी की बढ़ती माँगों का विरोध किया।

1995 के विधानसभा चुनाव कांग्रेस-रिपब्लिकन समझौता और शिव सेना-भाजपा समझौता ने लड़ाए। इस बार कांग्रेस ने रिपब्लिकन पार्टी को केवल छह जगहें दीं। जगहों को लेकर मतभेद हुए। उम्मीदवारी न मिलने से आर.पी. आए. के अनेक कार्यकर्ताओं ने बगावत की। आठवले के उम्मीदवारी निर्णय पर आक्षेप लेकर भाई संगारे और दयानन्द हाण्डोरे ने पार्टी छोड़ दी। चुनाव में शिव सेना-भाजपा को बहुमत प्राप्त हुआ। रिपब्लिकन पार्टी के किसी भी गुट के उम्मीदवार को इस बार सफलता नहीं मिली।

शिवसेना-भाजपा समझौता का शासन सत्ता में आया। शासन ने पूर्व शासन द्वारा लिए गए, मराठवाड़ा विश्वविद्यालय के नामान्तर के निर्णय में हेर-फेर नहीं किया लेकिन नामान्तर के दौरान दलितों द्वारा सवर्णों पर दायर मुकदमे खारिज करने का निर्णय लिया। इससे दलितों में असन्तोष फैल गया। इस निर्णय के पश्चात् महाराष्ट्र में कुछ स्थानों पर बाबासाहब आम्बेडकर के पुतले की विडम्बना की गई। इससे दलितों का खून खौल उठा। इसी दौरान प्रकाश आम्बेडकर की सांसद की मीआद खत्म हुई थी। रामदास आठवले के मन्त्रीपद की मीआद पूरी हुई थी और टी. एम. काम्बले के विधायक का काल समाप्त हुआ। आर. पी. आय नेता सत्ता से दूर हुए तो पुनः उन्हें एकता की जरूरत महसूस होने लगी। 6 दिसम्बर, 1995 को चैत्यभूमि पर इकट्ठा हुई दलित जनता ने एकता की माँग की। पुनः सुलह शुरू हो गई। 25 दिसम्बर, 1995 को रिपब्लिकन नेता इकट्ठा हुए और उन्होंने एकता की घोषणा की। इस एकतावादी रिपब्लिकन पार्टी के नेतृत्व हेतु नौ सदस्यों का अध्यक्षीय मण्डल नियुक्त किया गया। इसमें रा. सु. गवई, प्रकाश आम्बेडकर, रामदास आठवले, नामदेव ढसाल, राजा ढाले, बी. सी. काम्बले, घनश्याम तलवटकर, जोगेन्द्र कवाडे और टी. एम. काम्बले का समावेश किया गया। निर्णय का पूरा अधिकार इस मण्डल को दिया गया। यह एकता 1996 के लोकसभा के आम चुनाव को मद्देनजर रखकर हुआ। अब तक के इतिहास के परिप्रेक्ष्य में इस एकता को लेकर भी दलितों के मन में सन्देह था। रिपब्लिकन पार्टी ने एकता के उपरान्त कांग्रेस के साथ समझौता किया। इससे रिपब्लिकन पार्टी के रामदास आठवले, रा. सु. गवई, जोगेन्द्र कवाडे और प्रकाश आम्बेडकर का सांसद के रूप में चयन हुआ। इस चुनाव में किसी भी पार्टी को निर्विवाद बहुमत नहीं मिला। भारतीय जनता पार्टी ने अपने घटक दलों के समर्थन पर राष्ट्रीय सरकार की स्थापना की लेकिन वह अल्पजीवी साबित हुई। पुनश्चः चुनाव घोषित हुए। इस बार कांग्रेस में दरार पड़ गई थी। सन् 1999 के आम चुनाव में प्रकाश आम्बेडकर, रा. सु. गवई और जोगेन्द्र कवाडे ने सोनिया कांग्रेस को समर्थन दिया तो रामदास आठवले ने शरद पवार के राष्ट्रवादी कांग्रेस के साथ समझौता किया। पुनश्च रिपब्लिकन पार्टी का विघटन हुआ। इक्कीसवीं सदी की दहलीज पर यह पार्टी विघटन से ग्रसित है।

रिपब्लिकन पार्टी की सीमा

1960 के पश्चात् रिपब्लिकन पार्टी का एक दल सत्ता के साथ रहा तो दूसरा दल सत्ताविरोधी। रिपब्लिकन पार्टी की सत्ता के लिए और सत्ताधारी पार्टी के साथ समझौता होने से इस पार्टी का स्वतन्त्र कार्यक्रम नहीं रह पाया। कार्यकर्ता सत्ता में मशगूल हुए। कुछ कार्यकर्ताओं ने सत्ताधारी पार्टी में प्रवेश किया। सत्ता में होनेवाली साझेदारी और नेतृत्व की महत्त्वाकांक्षा के चलते कार्यकर्ताओं में असन्तोष उत्पन्न हुआ। नेतृत्व की स्पर्धा बढ़ गई। रिपब्लिकन पार्टी का एकता चुनाव सामने रखकर होने से वह अल्पजीवी साबित हुआ। नेतृत्व की स्पर्धा, सत्ता में साझेदारी, स्वार्थ और अहंकार के कारण रिपब्लिकन पार्टी में अक्सर दलगत राजनीति होती रही।

रिपब्लिकन पार्टी ने चुनाव की राजनीति को महत्त्व दिया। इस पार्टी के अधिकांश नेता नवबौद्ध समाज के थे। इसी कारण इसे एकता जातीय पक्ष के रूप में पहचाना जाने लगा। अन्य राजनीतिक दलों ने अन्य जाति-उपजातियों को अपनी ओर आकर्षित किया। इससे महार जाति के सिवा अन्य जाति-जनजातियाँ रिपब्लिकन पार्टी की ओर आकर्षित नहीं हो पाईं। रिपब्लिकन पार्टी के नेताओं के बीच का विवाद, सत्ता स्पर्धा, स्वार्थ और गुटबाजी के कारण दलित जनता का विश्वास कम होता गया। रिपब्लिकन पार्टी के नेताओं ने अपने नेतृत्व से परे अन्य दलित जाति-जनजातियों की ओर गम्भीरता से ध्यान नहीं दिया।

रिपब्लिकन पार्टी सर्वहारा वर्ग की होने से आर्थिक दृष्टि से कमजोर थी। इसी कारण चुनाव के अर्थकारण में इस पार्टी को गतिरोध हुआ। भारतीय चुनाव की राजनीति में किसी भी एक जाति का उम्मीदवार अपनी जाति के वोटों पर चुनकर नहीं आ सकता। उसे अन्य जातियों के वोट हासिल करने पड़ते हैं। रिपब्लिकन पार्टी अल्पसंख्यक जाति की होने से उसे चुनाव के लिए अनिवार्य बहुमत प्राप्त करना असम्भव हुआ। रिपब्लिकन पार्टी के नेता अपने पार्टी की एक जातीवादी प्रतिमा बदलने में असफल रहे। इसके तहत भारतीय राजनीति में निरन्तर रिपब्लिकन पार्टी पिछड़ गई।

दलित युवाओं के आन्दोलन

स्वातन्त्र्योत्तर काल में दलित युवकों ने कई संघटनाएँ स्थापित कीं। अनेक आन्दोलनों में सक्रिय हिस्सा लिया। इसमें दलित युवकों के दो आन्दोलन बहुचर्चित हुए। इसमें पहला 'दलित साहित्य आन्दोलन' तो दूसरा 'दलित पैंथर आन्दोलन' था। यह दो आन्दोलन स्वातन्त्र्योत्तर काल के दलित युवकों के मानसिक आन्दोलन के प्रतीक हैं।

'मूकनायक' से 'महानिर्वाण' तक अर्थात् सन् 1920 से 1956 तक का काल डॉ. बाबासाहब आम्बेडकर की कलम, वाणी और कर्तृत्व से प्रभावित रहा। बाबासाहब ने गाँव पंचायत से लेकर गोलमेज परिषद तक अछूतों की कैफियत प्रस्तुत की। अस्पृश्यों के समान अधिकार के लिए पानी से लेकर ईश्वर से तक संघर्ष किया। बाबासाहब के कार्य से पूरा दलित समाज प्रभावित हुआ। फिर इससे दलित लेखक कैसे अपवाद रह सकता है? दलित लेखकों ने बाबासाहब के विचार-कार्य को गौरवान्वित करना शुरू किया। इसके मूर्तिमन्त उदाहरण के तौर पर दलित शाहिरों का उल्लेख किया जा सकता है। शाहिरों ने अपने जलसों के माध्यम से समाज में आन्दोलन का चैतन्य निर्माण किया। इस काल के लेखन में प्रबोधन का प्रचार मिलता है। बाबासाहब के कार्यकाल को दलित आन्दोलन के इतिहास का 'नवजागरण पर्व' कह सकते हैं। बन्धु माधव, शंकरराव खरात, ना.रा. शेण्डे और अण्णाभाऊ साठे इस प्रबोधन पर्व के प्रमुख लेखक रहे।

बाबासाहब आम्बेडकर ने दलित समाज के लड़कों की उच्च शिक्षा हेतु सन् 1946 में मुम्बई में सिद्धार्थ महाविद्यालय और 1949 में औरंगाबाद में मिलिन्द महाविद्यालय शुरू किया। इन महाविद्यालयों से शिक्षा लेनेवाली दलितों की पहली पीढ़ी बाबासाहब के विचारों से प्रभावित थी। इस पीढ़ी का दलित युवक अपनी भावनाओं को शब्दबद्ध करने का प्रयास कर रहा था। मिलिन्द महाविद्यालय के इस काल में प्रकाशित वार्षिकांकों से इसके प्रमाण मिलते हैं।

आरम्भिक काल में सवर्ण प्रकाशक-सम्पादक दलित लेखकों का लेखन नहीं छापते थे। दलित लेखकों के लेखन की कोई खबर नहीं ली जाती। बावजूद दलित लेखक लिखते रहे। इसी के चलते 2 मार्च, 1958 को दादर के बंगाली हाईस्कूल के सभागार में दलित लेखकों का पहला साहित्य सम्मेलन आयोजित किया गया। इस सम्मेलन में यह प्रस्ताव मंजूर हुआ कि 'दलित साहित्य का सांस्कृतिक महत्त्व जानकर उसकी उचित खबर लेनी होगी।'

स्वातन्त्र्योत्तर काल का दलित युवा वर्ग शिक्षित हुआ। उन्हें संघटना और संघर्ष का महत्त्व रास आने लगा। 'भारतीय स्वतन्त्रता और संविधान से हमारे प्रश्न हल होंगे', इस आशा का भ्रम भंग हुआ। ज्ञान, विज्ञान और कानून से एक ओर दलित समाज में जबरदस्त जागृति आई तो दूसरी ओर दारिद्र्य और जाति व्यवस्था ने दलित समाज को जर्जर बना दिया। शिक्षा का प्रचार, आन्दोलन का दबाव और प्राप्त परिस्थिति के विरुद्ध संघर्ष के तहत दलित युवकों ने प्रस्थापित विषम समाज रचना के प्रति होनेवाला 'सन्ताप' और 'क्रोध' अपनी कलम से अभिव्यक्त किया। इसी लेखन को 'दलित साहित्य' के नाम से पहचाना जाने लगा।

बाबासाहब आम्बेडकर के विचार कार्य से दलित समाज को अपनी गुलामी का एहसास हुआ। उनकी वेदना को वाणी मिली। क्योंकि इस मूक समाज को

बाबासाहब के रूप में मूकनायक मिला। दलितों की वेदना न वैयक्तिक है, न एक दिन की है। यह वेदना हजारों लोगों की और हजारों सालों की है। इसी कारण वह व्यक्त होते समय सामूहिक रूप में अभिव्यक्त होती है। दलित साहित्य की वेदना यह अकेले 'मैं' की वेदना नहीं है। वह बहिष्कृत समाज की वेदना है। इसी कारण इस वेदना का स्वरूप सामाजिक बन गया है।

दलित साहित्य का 'नकार' और 'विद्रोह' दलितों की वेदना से उपजा है। यह नकार और विद्रोह लाद दी गई अमानवीय व्यवस्था के विरुद्ध है। यह नकार जिस विषम व्यवस्था ने दलितों का शोषण किया उस व्यवस्था के विरुद्ध है। इस विरोध का स्वरूप दुधारू है। विषम व्यवस्था को नकारते हुए समता, स्वातन्त्र्य, न्याय और बन्धुता की माँग करनेवाला यह विचार है। वेदना को नकारने पर अगली अटल अवस्था 'विद्रोह' की होती है। इस विद्रोह का जन्म 'मैं मनुष्य हूँ, मुझे मनुष्य के सभी अधिकार चाहिए' इस चेतना से हुआ है।

दलित लेखक सामाजिक सरोकार के दायित्व से लिखता है। उसके लेखन से कार्यकर्ता का जोश और निष्ठा अभिव्यक्त होती है। दलित लेखक आन्दोलन में सक्रिय कार्यकर्ता-कलाकार है। वह अपने साहित्य को आन्दोलन मानता है। उसका सरोकार 'समग्र ब्रोकन मेन' से है।

बाबूराव बागूल का 'जेंव्हा मी जात चोरली होती' (जब मैंने जाति चुराई थी) कथा संग्रह, नामदेव ढसाल का 'गोलपीठा' काव्य संग्रह, प्र. ई. सोनकाम्बले, दया पवार, लक्ष्मण माने और लक्ष्मण गायकवाड की आत्मकथाएँ, दत्ता भगत और प्रेमानंद गज्वी के नाटक, रावसाहब कसबे और गंगाधर पानतावणे का वैचारिक लेखन, अण्णा भाऊसाठे का 'फकीरा', अशोक हटकर का 'मेलेलं पाणी', उत्तम बन्डू तुपे का 'झुलवा', ना. म. शिन्दे का 'जातीला जात वैरी' और नामदेव काम्बले का 'राघववेळ' उपन्यास दलित साहित्य के सौन्दर्यस्थल हैं।

दलित लेखकों ने दलित साहित्य के आन्दोलन के लिए सहेतु प्रयास किए। दलित लेखकों ने अपनी संघटनाएँ स्थापित कीं। दलित साहित्य संसद, दलित साहित्य परिषद, बौद्ध साहित्य परिषद, दलित नाट्य परिषद, फुले-आम्बेडकर पंचायत; ग्रामीण, दलित, आदिवासी साहित्य महासभा, प्रगतिशील विचार मंच, परिवर्तन साहित्य महामण्डल जैसी दलित लेखकों की कई संस्थाएँ और संघटनाएँ स्थापित हुईं। दलित साहित्य सम्मेलन, बौद्ध साहित्य सम्मेलन का आयोजन कर दलितों ने दलित साहित्य आन्दोलन को गतिमान बनाया। पत्रिकाएँ, अनियतकालिक, दैनिक, साप्ताहिक, मासिक, विशेषांक, संगोष्टी, व्याख्यान और पुस्तक प्रकाशन जैसे उपक्रमों से दलित साहित्य आन्दोलन विकसित हुआ।

दलित साहित्य की यात्रा और इतिहास में 'अस्मितादर्श' त्रैमासिक पत्रिका का स्थान अनन्य असाधारण रहा है। डॉ. गंगाधर पानतावणे ने दूरदृष्टि रखकर अपनी

जेब से रुपए लगाकर यह त्रैमासिक चलाया। हर साल 'अस्मितादर्श लेखक-पाठक सम्मेलन' आयोजित कर दलित लेखक-पाठकों में सुसम्वाद निर्माण किया गया और दलित साहित्य के विकास को गति दी। विलास वाघ की 'सुगावा' मासिक पत्रिका और प्रकाशन ने दलित साहित्य के विद्रोही मंच के रूप में कार्य किया।

दलित पैंथर

बाबासाहब आम्बेडकर के निर्वाण के बाद कुछ समय दलित आन्दोलन शिथिल पड़ा। दलित समाज सिटपिटा गया था। लेकिन 'दलित पैंथर' के उदय से दलित आन्दोलन पुनः गतिमान हुआ।

दलित पैंथर की स्थापना 9 जुलाई, 1972 को अर्थात् आज़ादी के पच्चीस साल बाद और बाबासाहब के निर्वाण के डेढ़ दशक गुजरने के बाद हुई है। इस काल में एक ओर दलितों पर अन्याय, अत्याचार हो रहा था तो दूसरी ओर इस जुल्म का पर्दाफाश करनेवाला मजबूत संघटन दलितों के पास नहीं थी। शिक्षा, विज्ञान, कानून, आम्बेडकरी वैचारिक विरासत और आन्दोलन से दलित युवाओं के मन में आत्मसम्मान की भावना प्रबलता से फैल रही थी। दलित को डरानेवाले प्रश्न हल नहीं हो रहे थे। बाबासाहब के विचारों की विरासत ली रिपब्लिकन पार्टी को सत्ता, स्वार्थ, सामंजस्य और गुटबाजी की धुन लग गई थी। जाति निर्मूलन के प्रश्न पर प्रखरता से लड़नेवाली संघटना का होना समय की माँग थी।

इसी काल में हर शहर में उच्च शिक्षा लेनेवाले दलित युवक संघटित हुए। हर महाविद्यालय में रिपब्लिकन विद्यार्थी संघटना की स्थापना हुई। इन संघटनाओं के माध्यम से दलित छात्र सामाजिक प्रश्नों पर संघर्ष करने लगे। लेकिन यह आन्दोलन अलग-अलग और अपर्याप्त थे। उसकी शक्ति महाविद्यालय के होस्टल तक ही सीमित थी। महाराष्ट्र के कई दलित युवक शहरों के छात्रावास में केन्द्रित हुए थे। इस परिप्रेक्ष्य में 'दलित पैंथर' का उद्भव यह एक अपरिहार्य घटना थी।

हर शहर में दलित युवाओं की स्वतन्त्र संघटनाएँ थीं। इसी कारण इन संघटनाओं को दिशा और लक्ष्य नहीं था। देश के किसी भी हिस्से में दलितों पर अन्याय होता तो दलित युवाओं की संघटना उस पर प्रतिक्रिया व्यक्त करती थी। यह प्रतिक्रिया स्थानिक स्तर पर ही अभिव्यक्त होती थी। उन्हें राज्यस्तरीय स्वरूप नहीं मिल पा रहा था। उनका प्रभाव नहीं पड़ रहा था। 'दलित पैंथर' की स्थापना से यह संघटनात्मक आवश्यकता पूरी हुई।

दलित पैंथर मानो दलितों पर होनेवाले अन्याय के ख़िलाफ़ तीखी प्रतिक्रिया ही थी। बाबासाहब आम्बेडकर के प्रति असीम श्रद्धा, दलित समाज के प्रति असीम आत्मीयता, सामाजिक विषमता के प्रति संतप्त युवक आदि के चलते अल्पसमय

में ही 'दलित पैंथर' संघटना का पूरे राज्य में विस्तार हुआ। गाँव-गाँव में पैंथर की छावनियाँ स्थापित हुईं। पैंथर्स के तीखे भाषण, भीड़ खींचनेवाली तूफानी सभाएँ, मारपीट, मोर्चा, पुलिस केस आदि से दलित पैंथर संघटना चर्चित बन गई। बाबासाहब की मृत्यु के पश्चात् सुस्त बने समाज को पैंथर एक नई चिंगारी लगने लगी।

नामदेव ढसाल, ज. वि. पवार, राजा ढाले, रामदास सोरटे, लतीफ खाटीक, अविनाश महातेकर, अर्जुन डांगले, प्रहलाद चेंदवणकर, भाई संगारे, अरुण काम्बले, रामदास आठवले, गंगाधर गाडे, उमाकान्त रणधीर, दयानन्द मस्के, प्रीतमकुमार शेगाँवकर और टी. एम. काम्बले आदि पैंथर नेताओं ने दलित पैंथर के आन्दोलन को गति दी। अपने प्रश्नों को लेकर मोर्चा निकालना, निदर्शन, बन्द, सभा, मन्त्रियों की गाड़ियों के सामने लेटना, विधानसभा में छलाँग लगाना, काला स्वतन्त्रता दिवस मनाना, जहाँ दलितों पर अन्याय हुआ है वहाँ जाकर अन्याय करनेवाले से जबाब माँगना इस से दलित युवाओं में दलित पैंथर संघटना प्रिय बन गई। नामदेव ढसाल और ज. वि. पवार दलित पैंथर का 'विद्रोह' नामक मुखपत्र चलाते थे। इसमें दलितों के प्रश्नों को लेकर विद्रोही लेखन प्रकाशित होता था।

नामदेव ढसाल ने सुनील दीघे नामक नक्सलवादी कार्यकर्ता के सहयोग से दलित पैंथर का 'घोषणापत्र' तैयार किया। इसका राजा ढाले ने विरोध किया। उनके मतानुसार यह घोषणापत्र कम्युनिस्ट विचारों से प्रभावित था।

1977 के आम चुनाव में दलित पैंथर के समर्थन को लेकर नामदेव ढसाल और राजा ढाले में मतभेद हुए। इस विवाद से ही राजा ढाले ने 'दलित पैंथर' संघटना बरखास्त की और नई 'मास मूवमेण्ट' नामक संघटना की स्थापना की। इससे दलित पैंथर का विभाजन हुआ। दलित पैंथर (नामदेव ढसाल) और 'मास मूवमेण्ट' (राजा ढाले) यह दो गुट बन गए। इससे अनेक कार्यकर्ता पसोपेश में पड़ गए।

दलित पैंथर की बरखास्ती के पश्चात् अरुण काम्बले, भाई संगारे, रामदास आठवले, उमाकान्त रणधीर, एसेम प्रधान, प्रीतमकुमार शेगाँवकर, वामन निम्बालकर, दयानन्द मस्के और टी. एम. काम्बले जैसे नेताओं ने पैंथर की बरखास्ती पर आपत्ति जताकर दलित पैंथर संघटना को बनाए रखने की भूमिका स्पष्ट की। दलित पैंथर का जाल पूरे देश में फैला था। अतः 'दलित पैंथर' का पुनर्जीवन करके 'भारतीय दलित पैंथर' नामक नयी संघटना का नामकरण किया गया। इस संघटना के अध्यक्ष के रूप में अरुण काम्बले का चयन किया गया।

नामान्तर आन्दोलन

डॉ. बाबासाहब आम्बेडकर ने मराठवाड़ा क्षेत्र को कर्मभूमि माना। मराठवाड़ा जैसे पिछड़े क्षेत्र में उच्च शिक्षा की आवश्यकता को भाँपकर उन्होंने औरंगाबाद में 'मिलिन्द महाविद्यालय' की स्थापना की। इस पहल के कारण वे मराठवाड़ा के

शैक्षिक आन्दोलन के प्रवर्तक बन गए। मराठवाड़ा की भूमि में डॉ. बाबासाहब आम्बेडकर के कार्य का उचित स्मारक हो इसलिए मराठवाड़ा विश्वविद्यालय को 'डॉ. बाबासाहब आम्बेडकर' नाम दिया जाए ऐसी माँग की गई। इस माँग को आगे बढ़ाने में औरंगाबाद के दलित पैंथर्स का बड़ा योगदान रहा। मराठवाड़ा की जनता ने पैंथर्स की माँग का स्वागत किया। दलित पैंथर ने नामान्तर की माँग को लेकर मराठवाड़ा के विविध क्षेत्र के मान्यवरों के हस्ताक्षर लेने की मुहिम शुरू की। दिन-ब-दिन नामान्तर आन्दोलन व्यापक बनता गया। दलित पैंथर ने अपनी माँग को लेकर गंगाधर गाडे के नेतृत्व में विश्वविद्यालय पर जुलूस निकाला। मराठवाड़ा विश्वविद्यालय की कार्यकारिणी ने दलित पैंथर की माँग पर गौर किया और मराठवाड़ा विश्वविद्यालय का नामान्तर 'डॉ. बाबासाहब आम्बेडकर विश्वविद्यालय' किया जाए इस आशय का प्रस्ताव पारित किया। नामान्तर आन्दोलन के कार्यकर्ताओं की यह पहली सफलता थी। 24 सितम्बर, 1977 को नामान्तर की माँग को लेकर 'विद्यार्थी, नागरिक नामान्तर कृति समिति' ने व्यापक जुलूस निकाला और औरंगाबाद के उपआयुक्त को निवेदन प्रस्तुत किया। इस जुलूस का नेतृत्व कॉमरेड चन्द्रगुप्त चौधरी, डी. एल. हिवराले, सुभाष लोमटे, प्रा. बापूराव जगताप और प्राचार्य मोहगाँवकर ने किया। इस जुलूस में म. भि. चिटणीस, प्राचार्य राजाराम राठोड, अॅड. नानासाहेब शिन्दे आदि प्रतिष्ठित मण्डली ने उपस्थिति लगाई। पैंथर के साथ अन्य राजनैतिक और गैरराजनैतिक पार्टियाँ भी शामिल हुई। इससे नामान्तर की माँग को बल मिलता गया। साथ ही नामान्तर विरोधी भावना भी भड़क उठी। गोविन्दभाई श्रॉफ, अनन्तराव भालेराव और नरहर कुरून्दकर जैसी प्रतिष्ठित सवर्ण मण्डली ने नामान्तर विरोधी रुख अपनाया। इसके चलते महाराष्ट्र शासन भी पसोपेश में पड़ गया। दलित पैंथर ने 15 अगस्त, 1977 को नामान्तर की माँग को लेकर मन्त्रालय पर जुलूस निकाला। इस जुलूस में महाराष्ट्र से कई कार्यकर्ता शरीक हुए। आज़ाद मैदान पर पुलिस ने जुलूस रोककर लाठी चार्ज किया।

नामान्तर आन्दोलन की फलश्रुति के रूप में 27 जुलाई, 1978 को महाराष्ट्र राज्य विधिमण्डल के अधिवेशन के अन्तिम दिन दोनों सभागृहों में बहुमत से नामान्तर प्रस्ताव पारित किया गया और मराठवाड़ा में दलित विरोधी दंगे शुरू हुए। इन दंगों में दीन-दलितों के घर उद्ध्वस्त हुए। पूरा जनजीवन बाधित हो गया। जनार्दन मोवाडे, पोचीराम काम्बले जैसे कार्यकर्ता मारे गए। भारतीय दलित पैंथर ने मराठवाड़ा विश्वविद्यालय को डॉ. बाबासाहब आम्बेडकर का नाम दिया जाए इसलिए लम्बी जंग लड़ी। सन् 1976 से 1994 के काल में भारतीय दलित पैंथर ने अपनी माँग लोगों के सामने रखी। नामान्तर संघर्ष से दलित आन्दोलन को नया आयाम मिला। नामान्तर की जंग दलितों की अस्मिता की प्रतीक थी। इस संघर्ष में अन्य जातियाँ भी शामिल हुई थीं। आदिवासी, खानाबदोश, जनजातियाँ रास्ते पर उतर आईं। नामान्तर

आन्दोलन में दलितेतर समतावादियों का भी सहभाग था। पैंथर ने नामान्तर को लेकर सन् 1977 में मुम्बई में तथा 1978 में दिल्ली में निकाला जुलूस और 1979 में औरंगाबाद में नामान्तर के लिए किया सत्याग्रह यह तीन घटनाएँ पैंथर के इतिहास में उल्लेखनीय हैं। नामान्तर प्रश्न पैंथर के लिए अस्तित्व की लड़ाई बन गया। नामान्तर आन्दोलन का संघर्ष समाज प्रबोधन का भी था।

समतावादी संघटन मराठवाड़ा विश्वविद्यालय को डॉ. बाबासाहब आम्बेडकर नाम दिया जाए इसलिए सत्याग्रह कर रहे थे। बाबासाहब आम्बेडकर संविधान के शिल्पकार हैं उन्होंने मराठवाड़ा में शिक्षा की नींव रखी इसलिए विश्वविद्यालय को उनका नाम दिया जाए ऐसी उनकी माँग थी। नामान्तर विरोधी लोग इसका विरोध कर रहे थे। उनकी भूमिका थी कि मराठवाड़ा यह हमारे प्रदेश का नाम है और वह हमारी अस्मिता है इसलिए मराठवाड़ा विश्वविद्यालय का नामान्तर न किया जाए। सवर्णों के किए अन्याय-अत्याचार के सामने न झुककर दलितों ने लगातार अपनी माँग जारी रखी। दलित युवकों ने नामान्तर के लिए आत्मदहन किया। नान्देड़ के गौतम वाघमारे नामक पैंथर कार्यकर्ता के आत्मदहन से नामान्तर का प्रश्न जटिल बन गया। अन्ततः महाराष्ट्र शासन ने 14 जनवरी, 1994 को मराठवाड़ा विश्वविद्यालय का 'डॉ. बाबासाहब आम्बेडकर मराठवाड़ा विद्यापीठ' ऐसा नाम विस्तार किया।

मास मूवमेन्ट

राजा ढाले ने दलित पैंथर बरखास्त कर नयी 'मास मूवमेण्ट' नामक संघटना स्थापित की। दलित पैंथर में राजा ढाले का नेतृत्व स्वीकारनेवाले कार्यकर्ता इस संघटना में दाखिल हुए। राजा ढाले और ज.वि. पवार ने 'मास मूवमेण्ट' संघटना चलाई। इस संघटना का प्रभाव मुम्बई और नासिक क्षेत्र में ही सीमित था। इस संघटना ने राजनीति की अपेक्षा सामाजिक प्रश्नों को महत्त्वपूर्ण मानकर अपने कार्य की शुरुआत की। इस संघटना ने दलित पैंथर से भी उग्र रूप धारण करने का सीमित मात्रा में प्रयास किया। भारतीय दलित पैंथर संघटना व्यापक सामाजिक-राजनीतिक बुनियाद पर खड़ी थी। पैंथर के पास दिन-रात खटनेवाले कार्यकर्ताओं की फौज थी। भारतीय दलित पैंथर युवकों में लोकप्रिय बन गई थी। परिणामस्वरूप 'मास मूवमेण्ट' संघटना सीमित क्षेत्र में ही अपना प्रभाव बना सकी। दलित पैंथर (नामदेव ढसाल), मास मूवमेण्ट (राजा ढाले), भारतीय दलित पैंथर (रामदास आठवले) और दलित मुक्ति सेना (प्रा. जोगेन्द्र कवाडे) जैसी दलित युवाओं की संघटनाएँ कार्यरत हुईं।

दलित मुक्ति सेना

प्रा. जोगेन्द्र कवाडे ने 'दलित मुक्ति सेना' नामक दलित युवकों की उग्र संघटना

स्थापित की। प्रा. कवाडे के जुझारू और विद्रोही भाषण के कारण दलित युवक 'दलित मुक्ति सेना' में शामिल होने लगे। प्रा. कवाडे ने नामान्तरण आन्दोलन में उग्र भूमिका निभाई। उन्होंने नागपुर से औरंगाबाद तक 'लाँग मार्च' का आयोजन किया। इस लाँग मार्च में हजारों युवक शामिल हुए। पूरे महाराष्ट्र में जगह-जगह पर लांग मार्च का आयोजन किया गया। इस लाँग मार्च में कई प्रगतिशील संघटनाओं के कार्यकर्ताओं का सहभाग था। जगह-जगह लाँग मार्च रोककर कार्यकर्ताओं को गिरफ्तार किया गया। प्रा. कवाडे के 'जुझारू' रुख से जगह-जगह उन पर जिला बन्दी का आदेश लागू किया गया। प्रा. कवाडे ने दलित-मुस्लिमों में एकता स्थापित करने के उद्देश्य से 25 जनवरी, 1994 को 'दलित मुस्लिम अल्पसंख्यांक सुरक्षा महासंघ' की स्थापना की।

मण्डल आयोग का संघर्ष

सन् 1953 में ख्यातलब्ध गाँधीवादी नेता काकासाहब कालेलकर की अध्यक्षता में 'पिछड़ा वर्ग आयोग' की स्थापना की गई थी। कालेलकर आयोग ने देश की 2399 जातियों को अन्य पिछड़ी जातियों का दर्जा देने की सिफारिश की लेकिन उस पर अमल नहीं हुआ। 1977 के आम चुनाव में जनता पार्टी ने अपने घोषणापत्र में कालेलकर आयोग की सिफारिश पर अमल करने का आश्वासन दिया था। केन्द्र और कई राज्यों में जनता पार्टी की सरकार सत्ता में आई। बिहार में कर्पूरी ठाकुर ने सत्ता में आते ही अन्य पिछड़े वर्ग को 26 प्रतिक्षत आरक्षित जगह की सिफारिश की और बिहार में आरक्षित जगह के विरुद्ध तीव्र आन्दोलन हुआ। आरक्षित जगह के अमल को लेकर जनता पार्टी में तीव्र मतभेद हुए। इस प्रश्न पर पर्दा डालने के लिए तत्कालीन प्रधानमन्त्री मोरारजी देसाई ने सन् 1978 में दूसरे 'पिछड़ा वर्ग आयोग' की स्थापना की। इस आयोग के अध्यक्ष न्यायाधीश बी. पी. मण्डल को बनाया गया।

मण्डल आयोग ने भारत में कुल 3743 जातियों को अन्य पिछड़ी जातियों के रूप में घोषित किया। इसमें महाराष्ट्र की 272 जातियों का समावेश किया गया। 1987 में मण्डल आयोग का प्रतिवेदन आते ही गुजरात और बिहार में आरक्षित जगह के विरुद्ध आन्दोलन हुआ। दलित तथा प्रगतिशील संघटनाओं ने मण्डल आयोग को लेकर आन्दोलन शुरू किया। दलित आन्दोलन इसके केन्द्र में रहा।

13 अगस्त, 1990 को तत्कालीन प्रधानमन्त्री विश्वनाथ प्रताप सिंह ने मण्डल आयोग लागू करने की घोषणा की और पूरे देश में आरक्षित जगहों के विरुद्ध आन्दोलन शुरू हुआ। सवर्ण छात्रों ने आत्मदहन किया। केन्द्र में जनता दल और भाजपा समझौता का शासन था। जब मण्डल आयोग तेजी पर आया तब भाजपा अध्यक्ष लालकृष्ण आडवानी ने रामजन्मभूमि के लिए रथयात्रा निकाली। पूरे देश से यह यात्रा गुजर रही थी। लेकिन बिहार के तत्कालीन मुख्यमन्त्री

लालूप्रसाद यादव ने बिहार में यह यात्रा रोक दी। बिहार में जनता दल की सरकार थी। इस बात को लेकर भाजपा ने जनता दल से समर्थन वापस लिया और केंद्र में जनता दल की सरकार गिर गई। मण्डल आयोग पर अमल नहीं हो पाया। विश्वनाथ प्रताप सिंह की सरकार गिर गई तो काँग्रेस की मदद से चन्द्रशेखर ने सरकार बनाई। चन्द्रशेखर की सरकार अल्पकाल ही सत्ता में रही।

1991 के आम चुनाव के प्रचार के दौरान एक चुनावी सभा में राजीव गाँधी की हत्या हुई। इससे आम चुनाव में काँग्रेस को लोगों की सहानुभूति मिली और बहुमत से काँग्रेस पार्टी सत्ता में आई। प्रधानमन्त्री पी. वी. नरसिंहराव ने मण्डल आयोग पर अमल किया। केन्द्र सरकार के साथ राज्य सरकार ने भी अपने राज्य में मण्डल आयोग लागू किया।

रिडल्स प्रकरण

1976 में महाराष्ट्र शासन ने शिक्षामन्त्री सदानन्द वर्दे की अध्यक्षता में डॉ. बाबासाहब आम्बेडकर का समग्र लेखन और भाषण प्रकाशित करने के लिए 24 सदस्यों की सलाहकार समिति नियुक्त की थी। उसमें आम्बेडकर के राजनीतिक शिष्य, अनुसन्धाता और प्रसिद्ध लेखकों का समावेश किया गया था। सलाहकार समिति के साथ सम्पादक मण्डल भी नियुक्त किया गया था।

14 अप्रैल, 1987 को डॉ. बाबासाहब आम्बेडकर के अप्रकाशित साहित्य का चौथा खण्ड प्रकाशित हुआ। इस ग्रन्थ के परिशिष्ट में 'द रिडल्स ऑफ राम एण्ड कृष्ण' प्रकरण अन्तर्भूत किया गया था। इसको लेकर बवाल मच गया। दैनिक 'लोकसत्ता' के सम्पादक माधव गडकरी ने 3 नवम्बर, 1987 के अंक में 'चौफेर' स्तम्भ में लेख लिखकर 'रिडल्स प्रकरण' की आलोचना की। और 'रिडल्स' के निमित्त से पूरे महाराष्ट्र का माहौल गर्म हुआ। अमरावती की मण्डली ने उच्च न्यायालय के नागपुर खण्डपीठ में रिट याचिका दाखिल की। अमरावती के मराठा महासंघ ने 'रिडल्स' की प्रति तक जला दी। शिक्षामन्त्री ने विधानसभा में 16 नवम्बर, 1987 को उक्त परिशिष्ट निकाल दिए जाने का निर्णय जाहिर किया और सम्पादन समिति के प्रा. अरुण काम्बले तथा भालचन्द्र फडके ने अपने पद का इस्तीफा सरकार को प्रस्तुत किया। अभिव्यक्ति स्वातन्त्र्य के लिए लड़नेवाले बाबासाहब आम्बेडकर के लेखन को हटाने का निर्णय सन्तापजनक था इसलिए दलित संघटना ने आन्दोलन शुरू किया। प्रजातान्त्रिक प्रवृत्ति ने 'लेखक का अभिव्यक्ति स्वातन्त्र्य अबाधित रहना चाहिए' ऐसा आग्रह किया। कई दलित संघटनाएँ इकट्ठा हुईं और 'अभिव्यक्ति स्वातन्त्र्य' के समर्थन के लिए मुम्बई में प्रचण्ड जुलूस निकाला। 'दैनिक केसरी' ने दलितों का पक्ष लिया। परिवर्तनवादी प्रक्षुब्ध जनमानस डॉ. बाबासाहब आम्बेडकर के पक्ष में खड़ा हुआ। अन्ततः

समझौता हुआ और डॉ. बाबासाहब आम्बेडकर का लेखन यथावत लोगों को विचारार्थ उपलब्ध हुआ। यह दलित आन्दोलन की सफलता थी।

'रिडल्स' विवाद के पश्चात् महात्मा फुले के विरुद्ध प्रकाशित लेखन से पुनः महाराष्ट्र में बवाल मच गया। ग. वा. बेहरे सम्पादित पुणे से प्रकाशित 'साप्ताहिक सोबत' के 11 दिसम्बर, 1988 के अंक में बाल गांगल ने महात्मा फुले की बदनामी की। महात्मा फुले ने बहुजन, दलित कृषक समाज को सामाजिक क्रान्ति का नया हथियार दिया। अछूत तथा स्त्रियों की मुक्ति के लिए जनप्रवाह का विरोध सहकर समाजकार्य किया। फुले-आम्बेडकर विचार महाराष्ट्र के समाज-सुधार, इतिहास का धधकता पर्व है। बाल गांगल ने 'यह कैसा महात्मा? यह तो फुले नामक दुर्गंधी!' नामक लेख लिखकर फुले की निन्दा की। यह लेखन अशास्त्रीय रीति से और द्वेषमूलक वृत्ति से किया गया था। इससे पूरे महाराष्ट्र में सन्ताप का उद्रेक हुआ और फुले की बदनामी करनेवाले लेखन की बड़ी मात्रा में निन्दा की गई। हरी नरके, रमेश ढावरे आदि लेखकों ने इस सन्दर्भ में अनुसन्धान किया और मौलिक ग्रन्थ प्रकाशित किए। 'रिडल्स विवाद' के पश्चात् 'फुले का विवाद' दूसरा पड़ाव था। इस बार भी दलित संघटनों ने फुले के विचारों का जोरदार समर्थन किया। महाराष्ट्र में सामाजिक, सांस्कृतिक, राजनीतिक और शैक्षिक क्षेत्र में होनेवाले परिवर्तनों को लेकर एक गुट असन्तुष्ट है, यह बात स्पष्ट हो गई।

स्वातन्त्र्योत्तर काल के अन्तिम दशक का आरम्भ बाबासाहब आम्बेडकर जन्मशती और महात्मा फुले स्मृति शताब्दी वर्ष से हुआ। इस निमित्त से दलित संघटनों ने कई उपक्रमों और कार्यक्रमों का आयोजन किया। इसी दौरान कई दिनों से घिसटता आया नामान्तर का प्रश्न हल हुआ। 3 अक्तूबर, 1957 से अर्थात् 'रिपब्लिकन पार्टी ऑफ इण्डिया' पार्टी की स्थापना से 14 जनवरी, 1994 तक अर्थात् 'मराठवाड़ा विश्वविद्यालय' को डॉ. बाबासाहब आम्बेडकर का नाम देने तक का काल दलित संघटन की नींव की निर्मिति का काल है। यह काल दलित नेतृत्व और दलित संघटना की कसौटी का काल था।

कांशीराम जी की संघटनाएँ

सन् 1977 से कांशीराम ने महाराष्ट्र के दलित आन्दोलन का नेतृत्व करने का प्रयास किया। कांशीराम जब महाराष्ट्र की प्रशासनिक सेवा में थे तब उन्होंने फुले, आम्बेडकर और शाहू महाराज के विचारों का अध्ययन किया था। उन्होंने महाराष्ट्र में अपना कार्य शुरू किया लेकिन उन्हें सन्तोषजनक प्रतिसाद नहीं मिला। उन्होंने उत्तर प्रदेश में दलितों का आन्दोलन शुरू किया। कांशीराम ने 'बहुजन समाज पार्टी' की स्थापना कर सभी दलितों को संघटित किया। जातिवादी, मनुवादी प्रवृत्ति

पर जोरदार हमला किया। उत्तर प्रदेश की दलित जनता संघटित हुई और **कांशीराम** का नेतृत्व राष्ट्रीय स्तर पर चर्चित हुआ।

कांशीराम ने सरकारी कर्मचारियों की 'बामसेफ' नामक दलित सामाजिक संघटना स्थापित की। उन्होंने 'डी. एस. फोर' दलित सामाजिक संघटना स्थापित की और दलित पैंथर को विकल्प देने का प्रयास किया। उन्होंने 'साप्ताहिक बहुजन नायक' पत्र के माध्यम से अपनी संघटना के उद्देश्य और रवैये का प्रचार किया। कांशीराम को विदर्भ से काफी संख्या में अनुयायी वर्ग मिला।

1996 के विधानसभा चुनाव में 'समाजवादी पार्टी' और 'बहुजन समाज पार्टी' को बहुमत प्राप्त हुआ। इससे कांशीराम की लोकप्रियता बढ़ गई। दलित मुस्लिम जनता कांशीराम के नेतृत्व की ओर बड़ी आशा से देखने लेगी। उत्तर प्रदेश की सत्ता पर सपा-बसपा की मिलीजुली की सरकार आई। लेकिन सत्ता को लेकर मुलायम सिंह और कांशीराम में विवाद हुआ और कांशीराम ने मुलायम सिंह से समर्थन वापिस लिया। इससे सपा-बसपा की सरकार गिर गई। तत्पश्चात् बसपा ने भाजपा का समर्थन लेकर सरकार बनाई और मायावती मुख्यमन्त्री बन गईं। बसपा और भाजपा की युती वैचारिक दृष्टि असंगत थी। इसी कारण मायावती की सरकार केवल साढ़े चार माह में गिर गई। बहुजन समाज पार्टी का भारतीय जनता पार्टी के साथ समझौता करने के कारण कांशीराम और मायावती के राजनीतिक मौकापरस्ती के बारे में दलित संघटना और विचारकों के मन में सन्देह और असन्तोष का निर्माण हुआ। महाराष्ट्र में दलित जनता को कांशीराम का नेतृत्व आशा की किरण लग रहा था, लेकिन उनके भाजपा से किए समझौते से कांशीराम तथा उनकी पार्टी के बारे में दलित समाज की सहानुभूति और विश्वास का ह्रास हुआ। उत्तर भारत में कांशीराम के नेतृत्व के साथ ही रामविलास पासवान का नेतृत्व भी दलितों को प्राप्त हुआ है। पासवान ने 'दलित सेना' की स्थापना की जिसकी महाराष्ट्र में भी कुछ शाखाएँ मिलती हैं। इस पर गौर करना होगा कि महाराष्ट्र को छोड़कर दक्षिण भारत से राष्ट्रीय स्तर का दलित नेतृत्व खड़ा नहीं हो पाया।

गैर महारों की स्थिति

सभी अछूत जातियों में एकता नहीं है। इतना ही नहीं इन जातियों में तक जातीयता मिलती है। जाति-उपजातियों तक में ईर्ष्या, मत्सर और स्पर्धा पाई जाती है। महार या नवबौद्ध समाज शिक्षित है, संघटित है, वह संघर्ष कर रहा है। इससे वह सभी अछूत जातियों में शीर्षस्थ समाज है। बाबासाहब आम्बेडकर के आन्दोलन और धर्मान्तर से अछूत जाति की तुलना में नवबौद्ध समाज में अधिकांश मात्रा में जागृति आई। इससे इसी समाज को सरकारी और राजनीतिक सुविधाएँ मिलीं।

सभी क्षेत्रों में नवबौद्ध समाज प्रगति पथ पर है। इसकी तुलना में नवबौद्ध के सिवा जो अछूत समाज है वह नवबौद्ध समाज से दूर जा रहा है। उसने धर्मान्तर नहीं किया। उसने नवबौद्धों का नेतृत्व नहीं स्वीकारा। इसके विरुद्ध महारेतर अछूत जातियाँ स्वयं का स्वतन्त्र संघटन बना रही हैं। मातंग समाज ने अण्णाभाऊ साठे और लहूजी वस्ताद को अपना दैवत मानकर अपने समाज की संघटनाएँ स्थापित कीं। ढोर समाज ने वीरशैव को पुनर्जीवित किया है और वीरशैव कक्कया के नाम से संघटनाएँ स्थापित हो रही हैं। कांग्रेस, भाजपा, शिवसेना जैसी पार्टियाँ चुनावी टिकट देते समय जानबूझकर महारेतर को नजदीक करते दिखाई देते हैं। ऐसा होने पर भी फुले-आम्बेडकर आन्दोलन में अनेक महारेतर कार्यकर्ता निष्ठा से सक्रिय मिलते हैं।

दलित महिला आन्दोलन

इस व्यवस्था ने दलितों को गुलाम बनाया है। दलित स्त्री तो गुलामों की गुलाम है। जब-जब दलितों पर अन्याय-अत्याचार होता है, तब-तब दलितों की साधन-सम्पत्ति के साथ दलितों की स्त्रियों पर भी हमला होता है। दलित स्त्री मुक्ति आन्दोलन फुले-आम्बेडकर विचार कार्य से शुरू होता है।

स्वातन्त्र्योत्तर काल की दलित संघटनाओं में दलित स्त्रियों की भागीदारी बढ़ रही है। लेकिन दलित महिलाओं की स्वतन्त्र संघटना प्रभावपूर्ण नहीं मिलती। दलित संघटनाएँ दलित स्त्रियों के न्याय प्रश्नों पर संघर्ष करती मिलती हैं; रिपब्लिकन पार्टी, दलित पैंथर जैसी संघटनाओं से दलित महिला कार्यकर्ता कार्य कर रही हैं। इस सन्दर्भ में शान्ताबाई दाणी का रिपब्लिकन पार्टी का कार्य उल्लेखनीय है।

दलित लेखकों ने दलित आन्दोलन के लिए लेखन किया है। दलित महिला लेखिकाओं के लेखन से दलित साहित्य समृद्ध हुआ है। सुगन्धा शेण्डे, कुमुद पावडे, ज्योति लांजेवार, बेबी काम्बले, शान्ताबाई काम्बले, उर्मिला पवार, मीनाक्षी मून, सुरेखा भगत, प्रतिभा गेडाम, प्रज्ञा लोखण्डे के साथ रूपा कुलकर्णी का कार्य और लेखन दलित स्त्री आन्दोलन के परिप्रेक्ष्य में महत्त्वपूर्ण साबित होता है।

खानाबदोशों का आन्दोलन

महाराष्ट्र में 42 खानाबदोश जनजातियाँ हैं। इनमें से 28 खानाबदोश और 14 गुनहगार जनजातियाँ हैं। इन 42 जनजातियों की, उपजातियों की संख्या लगभग 200 तक है। संस्कृति-रूढ़ि, परम्परा, भाषा, व्यवसाय और प्रादेशिकता के कारण इन जनजातियों में एकरूपता नहीं है। हर जनजाति की भाषा, रहन-सहन और रस्मों-रिवाज में अन्तर है।

अंग्रेजी राजसत्ता में खानाबदोश जनजातियों के स्वच्छन्द जीवन पर कई बन्धन लगाए गए। ये जनजातियाँ निरन्तर घुमक्कड़, चोरी करनेवाली होने से आम लोगों में इनके बारे में सन्देह और डर था। 1871 में ब्रिटिशों ने कानून पारित किया और चोरी करके उदरभरण करनेवाली जनजातियों को 'क्रिमिनल जनजाति' घोषित किया। इसके चलते इन जनजातियों को जन्मतः क्रिमिनल समझा जाने लगा। अपराधी जनजातियों की यायावरी पर पाबन्दी लगाकर उन्हें बाड़ के अन्दर कैद किया गया। ऐसे कारावास को 'सेटलमेण्ट' के रूप में पहचाना जाता था। विविध राज्यों में ऐसे 52 सेटलमेण्ट्स थे। अंग्रेजों ने इन जनजातियों को इकट्ठा कर उनके पुनर्वास का प्रयास किया। भारत आज़ाद होने पर जब डॉ. बाबासाहब आम्बेडकर विधि मन्त्री थे, तब 1952 में ब्रिटिशों द्वारा पारित कानून रद्द कर क्रिमिनल जनजातियों को 'विमुक्त' किया गया।

ये जनजातियाँ भीख माँगना, चोरी करना, रास्ते पर जादू के प्रदर्शन, कसरत, साँप, बन्दर, बैल और तोता इनके खेल दिखाना, भविष्य बताना, नब्ज परीक्षा करना, औषधि वनस्पति बेचना, सूई, पिन, भिलावाँ, काले मणी, पोत, ओखली, पिण्डा, खल-बट्टा, सूप, डगरा, टोकरी जैसी वस्तुएँ बेचकर उपजीविका चलाती हैं। यही उनका जीवनक्रम है। ये जनजातियाँ भीख माँगनेवाली, समय आने पर चोरी करनेवाली तथा घुमक्कड़ होती हैं। लोगों में पूर्वाग्रहदूषित भावना होने से इन जनजातियों के लोगों को गाँव में काम नहीं मिलता। लोग उन्हें सन्देह से देखते हैं। इसके तहत इन जनजातियों की जिन्दगी पुलिस का डर, गाँववालों की सन्देह वृत्ति और अस्थिरता से ग्रस्त मिलती है।

वसन्तराव नाईक जब महाराष्ट्र के मुख्यमन्त्री थे तब 'बंजारा' जनजाति में काफी सुधार हुआ। आगे चलकर सुधाकरराव नाईक महाराष्ट्र के मुख्यमन्त्री बने। इससे जनजातियों के सुधार को गति मिली। स्वातन्त्र्योत्तर काल में खानाबदोश जनजातीय समाज की संघटनाएँ स्थापित हुईं। ये संघटनाएँ संबंधित जनजाति के नेता-कार्यकर्ताओं ने स्थापित की थीं। इन संघटनाओं का कार्य अपनी जनजाति तक ही सीमित था।

दलित साहित्य और दलित पैंथर आन्दोलन से दलितों में चेतना निर्मित हुई थी। दलित साहित्य बहुचर्चित हो गया था। दलित लेखकों की आत्मकथाएँ प्रकाशित हो रही थीं। उन पर लगातार विमर्श हो रहा था। इसी दौरान लक्ष्मण माने की 'उपरा' आत्मकथा प्रकाशित हुई और उसे साहित्य अकादमी का पुरस्कार प्राप्त हुआ। लक्ष्मण माने को फोर्ड फाउण्डेशन की फेलोशिप मिली। इससे उन्हें काफी ख्याति मिली। इस काल में लक्ष्मण माने सतारा के 'समाजवादी युवक दल' में कार्य कर रहे थे।

लक्ष्मण माने खानाबदोश जनजाति के लेखक होने से खानाबदोश जनजातियों

की उनसे अपेक्षा बढ़ी और सभी खानाबदोश जनजातियों की एक संघटना स्थापित करने का विचार तय हुआ। बालकृष्ण रेणके, लक्ष्मण माने, मोतीराज राठोड, आसाराम जाधव, लक्ष्मण गायकवाड, व्यंकप्पा जाधव, दौलतराव भोसले, ना. वा. माने और मूलचन्द भाट इन कार्यकर्ताओं ने इकट्ठा होकर खानाबदोश जनजातियों की संघटना स्थापित की। लक्ष्मण माने और बालकृष्ण रेणके ने इस संघटना के प्रमुख नेता के रूप में जिम्मेदारी स्वीकारी।

खानाबदोश जनजातीय आन्दोलन ने सभा, परिषद्, जुलूस और सत्याग्रह जैसे कार्यक्रमों से अपनी संघटना का निर्माण किया। अपने प्रश्न पर जनमानस जाग्रत किया। इससे खानाबदोश-जनजातियों पर अन्याय करनेवाली पुलिस और गुण्डों पर धाक जम गई। खानाबदोश-जनजातियों को अपनी अस्मिता का एहसास हुआ और वे अपने हक-अधिकार के लिए संघर्ष में सम्मिलित हुए।

अपराधी को सजा होनी चाहिए लेकिन पूरी जनजाति को अपराधी करार कर उसका छल करना, पुलिसी अत्याचार करना सर्वतः अवैध है। ऐसी मानसिकता के कारण ही ढोकी और मानवत में पारधियों की अमानुष हत्या की गई। मोतीराज राठोड ने इस जुल्म के खिलाफ सन् 1982 में सन्देहास्पद गुनहगार अत्याचार निर्मूलन परिषद का आयोजन किया। इस परिषद् में पाँच हजार लोगों ने अच्छा जीवन जीने की सामूहिक प्रतिज्ञा की थी। इस परिषद् में अपराध की प्रतीक 'बेड़ी' और भिक्षा की प्रतीक 'झोली' का दहन किया गया। इसी साल पण्डित जवाहरलाल नेहरू की जयन्ती के दिन महाराष्ट्र में दस स्थानों पर खानाबदोश जनजातियों ने रास्ते पर ही गृहस्थी सजा दी। 'गृहस्थी शुरू, रास्ता बन्द' ऐसी वह घोषणा थी। आन्दोलन की यह माँग थी कि हम गृहस्थी कैसी और कहाँ करें? इस आन्दोलन में अनेक कार्यकर्ताओं को गिरफ्तार किया गया।

खानाबदोश जनजातियों की शोधयात्रा

15 अगस्त, 1986 को खानाबदोश जनजातियों की शोधयात्रा का आरम्भ हुआ। यह शोधयात्रा लातूर, उमरगा, सोलापुर, पुणे और मुम्बई इस रास्ते से रवाना हुई। इस शोधयात्रा का नेतृत्व लक्ष्मण माने और बालकृष्ण रेणके ने किया।

15 अगस्त, 1986 को स्वतन्त्रता दिवस मनाया जा रहा था उसी दिन लातूर से यह शोधयात्रा चल निकली। लक्ष्मण गायकवाड ने शोधयात्रा की पूरी तैयारी की थी। इस शोधयात्रा में खानाबदोश जनजातियाँ अपनी परम्परागत वेशभूषा में शामिल हुई थीं। सपेरे गले में साँप लपेटकर, बहुरूपी पुलिस के नकली वेश में तो मसनजोगी गेरुए वस्त्र पहनकर शामिल हुए थे।

गाँव-गाँव में आम लोगों ने शोधयात्रा का स्वागत किया। आर्थिक सहयोग दिया। शोधयात्रा में पैदल चलनेवाले कार्यकर्ताओं के भोजन का प्रबन्ध किया।

उनका सम्मान किया। गाँव-गाँव में सभा का आयोजन होने लगा। संघटना के कार्यकर्ता खानाबदोश जनजातियों के प्रश्न प्रस्तुत करते। जगह-जगह पर नगर परिषद द्वारा शोधयात्रा का भव्य स्वागत हुआ। समाचार-पत्र में समाचार छप गए। शोधयात्रा ने महाराष्ट्र की जनता का ध्यान अपनी ओर खींचा।

यह शोधयात्रा खानाबदोश-जनजातियों के प्रश्नों पर जनमानस जाग्रत करने के उद्देश्य से निकाली गई थी। लेकिन शोधयात्रा से संघटना में दरार पड़ने लगी। शोधयात्रा का नेतृत्व कौन करे, पहले भाषण कौन करे, पोस्टर्स और पत्रकों पर किसका नाम छापा जाए, शोधयात्रा में मिले रुपए कैसे खर्च हुए जैसे विवाद से लक्ष्मण माने, बालकृष्ण रेणके ओर मोतीराज राठोड ऐसे तीन दल निर्माण हुए। सभी की गलतफहमी दूर कर एकता हुई लेकिन कार्यकर्ताओं में असन्तोष कायम रहा।

सन् 1986 में खानाबदोश जनजातियों के कार्यकर्ताओं ने 'अब जेल ही हमारा घर' कहकर आन्दोलन किया। उनका कहना था कि 'हमें जेल में बन्द करो। हम चोर हैं। अपराधी हैं। हमें बाहरी दुनिया में पुलिस और गुण्डे जीने नहीं देते।' कई खानाबदोश-जनजाती के लोगों ने नासिक रोड जेल पर धावा बोल दिया। सभी को गिरफ्तार कर छोड़ दिया गया। सन् 1987 में चालिसगाँव में 'बोरीया बिस्तर अधिवेशन' का आयोजन किया गया। इतने विशाल खण्डप्राय देश में खानाबदोश-जनजातियों के सिर पर छत नहीं है? हम ऐसे कितने दिन रहेंगे? जैसे प्रश्न इस अधिवेशन में उठाये गए। 'हमें एक गाँव दो और हमारा सख्ती से पुनर्वास करो' कहकर बोरिया-बिस्तर के साथ जुलूस निकाला गया। कार्यकर्ताओं ने शपथ ली की गाँव-सीवान लिये बगैर हम चुप नहीं बैठेंगे।

सन् 1988 में महाराष्ट्र के खानाबदोश-जनजातीय आन्दोलन के हजारों कार्यकर्ताओं ने मुम्बई के उच्च न्यायालय पर जुलूस निकाला। महाराष्ट्र शासन और भारत सरकार को प्रतिवादी कर याचिका दायर की। 3 अगस्त, 1988 को मुम्बई की उच्च अदालत ने ऐतिहासिक फैसला सुना दिया कि सबूत के बिना इन जनजातियों पर सन्देह कर गिरफ्तार नहीं किया जाएगा।

महाराष्ट्र की विधानसभा में और विधान परिषद् में खानाबदोश जनजातियों का प्रतिनिधि होना आवश्यक था। तत्कालीन मुख्यमन्त्री शरद पवार ने विधान परिषद् पर खानाबदोश जनजातीय संघटना का एक प्रतिनिधि लेने का आश्वासन दिया। इससे कार्यकर्ताओं में विधान परिषद् का सदस्य बनने की होड़ शुरू हुई। कार्यकर्ताओं की अपेक्षाएँ बढ़ी। सन् 1990 में लक्ष्मण माने की विधान परिषद् सदस्य के रूप में नियुक्ति हुई और खानाबदोश-जनजातीय कार्यकर्ताओं में फूट पड़ गई। संघटना में शिथिलता आई।

सन् 1990 के बाद लक्ष्मण माने ने सत्ता में रहकर खानाबदोश-जनजातियों के लिए रचनात्मक कार्य किया। उन्होंने 'विमुक्तायन' नामक शोधग्रन्थ लिखा।

सन् 1993 में लक्ष्मण गायकवाड ने 'खानाबदोश-जनजातीय संघर्ष महासंघ' की स्थापना की और स्वतन्त्र रूप में कार्य शुरू किया। उन्होंने 9 अगस्त, 1997 को मन्त्रालय पर 'हायतोबा' जुलूस निकाला। खानाबदोश-जनजाती के लोग बड़ी संख्या में शोर मचाते मन्त्रालय पर निकाले जुलूस में शामिल हुए थे। लक्ष्मण गायकवाड और पश्चिम बंगाल की ज्ञानपीठ पुरस्कार प्राप्त लेखिका महाश्वेता देवी ने खानाबदोश-जनजातियों पर पुलिस द्वारा किए अन्याय के विरुद्ध आवाज उठायी।

खानाबदोश-जनजातियों से आए लेखकों ने साहित्य के माध्यम से अपनी व्यथा-वेदना को वाणी दी। लक्ष्मण माने के 'उपरा', 'बन्द दरवाजा' और 'पालावरचं जग', लक्ष्मण गायकवाड का 'उचल्या' (उठाईगीर), दादासाहब मोरे का 'गबाल' (डेराडंगर) और 'विमुक्त', वैजीनाथ कलसे का 'ऐरणीच्या घना', गुलाब बाघमोडे का 'रानभैरी', आत्माराम निराम राठोड का 'ताण्डा', भीमराव गस्ती का 'बेरड' और 'आक्रोश', किशोर शान्ताबाई काले का 'कोल्हाटयाचं पोर' (छोर कोल्हाटी का) और अशोक पवार का 'बिराड' जैसी रचनाओं में खानाबदोश-जनजातियों का विदारक और विस्फोटक जीवन प्रकट हुआ है।

आदिवासी आन्दोलन

आदिवासी समाज प्रादेशिक और सांस्कृतिक दृष्टि से भारतीय जनजीवन से अलग है। कातकरी, कोलाम, कोरकू, गोण्ड, दुबला, ताडवी, परधान, पावरा, ठाकुर, भिल्ल, महादेव कोली, माडिया, वारली, गोवारी जैसी 47 जाति-प्रजातियों में आदिवासी समाज विभाजित है। यह समाज अज्ञान, अन्धविश्वास, निरक्षरता, दरिद्रता, बेकारी, अस्वच्छता, ऋणग्रस्तता और शोषण के चक्र में पिस गया है। 'आकाश से टपका और धरती पर गिरा' ऐसी उनकी श्रद्धा है। 'बामन का जन्म पाओगे तो लिख-लिखके मरोगे लेकिन आदिवासी (कातोडी जनजाति) का जन्म पाओगे तो जंगल का राजा बनोगे' ऐसा इस समाज का विश्वास है। कुछ आदिवासी जनजातियों में रोटी व्यवहार की पाबन्दी है। यह समाज अनिष्ट प्रथा और परम्परा में फँसा है।

आदिवासी समाज में शिक्षा का अनुपात अत्यल्प है। इस समाज का आज भी जादूटोने पर विश्वास है। इस समाज के सभी व्यवहार 'जाति पंचायत' द्वारा नियन्त्रित होने से आदिवासियों में 'जाति पंचायत' की धाक पाई जाती है। आदिवासी 'भूमिपुत्र' होने के बावजूद 50 प्रतिशत समाज भूमिहीन है। उनके अधिकार में होनेवाली कृषि विकसित नहीं है। कई आदिवासी, 'बदलती कृषि' करते हैं। इससे उन्हें खेती में हानि सहनी पड़ती है। कुछ आदिवासी स्थिर खेती तो करते हैं लेकिन आधुनिक कृषि से बेखबर हैं। इसके चलते उत्पादन सीमित होता है। परिणामस्वरूप आदिवासी निरन्तर ऋण लेता है और जिन्दगीभर ऋण चुकाता है। आदिवासियों के अज्ञान का लाभ उठाकर बाहरी लोगों ने उनकी जमीन

पर कब्जा किया है। जमींदार, छोटे व्यापारी, जंगल के ठेकेदार और सरकारी अधिकारियों से आदिवासियों का शोषण होता है। शासन द्वारा वन सम्पत्ति को राष्ट्रीय सम्पत्ति घोषित किया गया है। इसके चलते शासन द्वारा भी आदिवासियों की वन सम्पदा के पारम्परिक अधिकार पर आपत्ति आई है। वन काटने पर भी पाबन्दी लगाई गई है।

आदिवासियों को उद्योग का प्रशिक्षण नहीं मिलता। वह शहर में आकर मजदूर बनता है। उसकी ओर 'बनमानुष' के रूप में देखा जाता है। इससे नागरी जीवन में उसकी दमघुटी होती है। रोजगार की उपलब्धता न होने से आदिवासियों में असीम दरिद्रता, कर्ज निकालने की प्रवृत्ति और भुखमरी पाई जाती है। प्रादेशिक, आर्थिक, राजनीतिक, सामाजिक और सांस्कृतिक दृष्टि से आदिवासियों में पिछड़ापन मिलता है।

ब्रिटिश काल में ईसाई मिशनरियों द्वारा आसाम, नागालैण्ड, मिजोरम आदि क्षेत्रों में धर्म प्रसार करने से अनेक आदिवासियों ने धर्मान्तर किया। 1922 में गुजरात में ठक्कर बाप्पा ने 'भिल्ल सेवा संघ' की स्थापना कर आदिवासियों में समाज सुधार लाने का आन्दोलन चलाया। सन् 1988 में काकासाहब बर्वे और शंकरराव ठकार ने खानदेश में 'भिल्ल सेवा मण्डल' की स्थापना कर आदिवासियों में जागृति लाने का प्रयास किया। गोदूताई परूलेकर और शामराव परूलेकर ने आदिवासियों में रहकर समाज कार्य किया। गोदूताई परूलेकर ने अपनी 'जेव्हा माणूस जागा होतो' किताब में आदिवासियों में काम करते समय आए विदारक अनुभवों को प्रस्तुत किया है।

नागा तथा मिजो आदिवासियों ने ब्रिटिशों के खिलाफ स्वतन्त्र राज्य के लिए संघर्ष किया। स्वातन्त्र्योत्तर काल में भी आदिवासियों ने अपने राजनीतिक हक और अधिकार के लिए संघर्ष किया है। बिहार के आदिवासियों ने 'झारखण्ड' राज्य के लिए लोक आन्दोलन खड़ा किया। 'बोडोलैण्ड' की माँग भी आदिवासियों द्वारा ही की जाती है। महाराष्ट्र के आदिवासियों में भी यातायात और शिक्षा के कारण द्रुत गति से परिवर्तन हो रहा है।

स्वातन्त्र्योत्तर काल में केन्द्र और राज्य सरकार ने आदिवासियों के विकास के लिए शासकीय योजनाएँ क्रियान्वित की हैं। ये योजनाएँ व्यक्ति विकास पर आधारित हैं। इससे सामाजिक विकास की गति धीमी पाई जाती है। गाँव, तहसील और जिला स्तर के नेतृत्व को महत्त्व प्राप्त हो रहा है और जाति पंचायत का नियन्त्रण शिथिल हो रहा है। केन्द्र तथा राज्य शासन में आदिवासियों को मन्त्रीपद मिलने से उससे इस समाज का विकास प्रभावित हुआ है। जिला परिषद, पंचायत समिति और ग्रामपंचायत में आदिवासी प्रतिनिधित्व कर रहे हैं। इससे आदिवासी नेताओं को ध्यान देना सम्भव हुआ है। शासन द्वारा पारित कुल कानून, अधिकतम

जमीन धारणा कानून, साहूकारी नियन्त्रण कानून, आदिवासी जमीन हस्तान्तर पाबन्दी कानून, आदिवासी आर्थिक विकास कानून जैसे कानून से आदिवासी शोषण काबू में आया है। पालेमोड योजना, ऋण आबन्टन, एकाधिकार अनाज खरीदी, न्यूक्लिअस बजट, प्रशिक्षण योजना, निवासी पाठशाला, छात्रावास जैसी आदिवासी विकास की योजना-उपयोजना क्रियान्वित की जा रही है। इससे आदिवासियों के परम्परागत औजार, फसल, वेशभूषा और रस्मों-रिवाज में परिवर्तन हो रहा है। नागरी जीवन और यन्त्र के सम्पर्क से वन जीवन पर परिणाम हो रहा है। सप्ताह के बाजार में होनेवाली वस्तुओं की खरीदी-बिक्री से आदिवासी लोकसम्पर्क में आ रहे हैं और उनके रहन-सहन, विचार में अन्तर आ रहा है। कृषि, सामाजिक और शैक्षिक संस्था द्वारा किए कार्य से आदिवासियों में परिवर्तन की लहर आई है। हाटी, पाडा, वाडा और गाँव केन्द्रित आदिवासियों का वन्य जीवन अँगड़ाई ले रहा है। अनिष्ट प्रथा और परम्पराओं का ह्रास हो रहा है। आदिवासी विकास योजना-उपयोजना से पीने का पानी, यातायात के लिए सड़क, पाठशाला के लिए इमारत और स्वास्थ्य सेवा जैसे प्रश्न हल हो रहे हैं। यद्यपि आदिवासी और नागरी जीवन के बीच का सामाजिक अन्तर मिट रहा है लेकिन आदिवासी के मूलभूत प्रश्न अभी कायम हैं। उनका सही इतिहास नहीं लिखा गया। इसी कारण वाहरू सोनवणे ने अपने भाषण में कहा है, "बिरसा मुण्डा, तण्ट्या भिल्ल, खाज्या नाईक, रामदास महाराज, भागोजी नाईक और उमाजी नाईक ने स्वतन्त्रता आन्दोलन में अंग्रेजों के ख़िलाफ़ लड़ाई की लेकिन उनका उल्लेख नहीं होता।" वाहारू सोनवणे का यह अफसोस बेचैन करनेवाला है।

स्वातन्त्र्योत्तर काल में कई सामाजिक कार्यकर्ताओं ने आदिवासियों में रहकर उनमें सुधार लाने का प्रयास किया है। इसमें नक्सलवादी युवा बड़ी तादाद में रहे हैं। नक्सलवादियों की हिंसक कार्रवाइयों के कारण सरकार इस आन्दोलन का दमन कर रही है। कई प्रगतिशील संघटनाएँ और संस्थाएँ आदिवासियों के लिए काम कर रही हैं। इसमें शहादा की श्रमिक संघटना का कार्य उललेखनीय है। आदिवासी आन्दोलन के इतिहास में कुमार शिरालकर का योगदान भी महत्त्वपूर्ण रहा है।

दलित आन्दोलन और दलित साहित्य के दबाव से आदिवासी युवाओं में साहित्य और आन्दोलन की प्रेरणा बढ़ गई है। वाहरू सोनवणे, भुजंग मेश्राम, विनायक तुमराम और नजुबाई गावीत आदि आदिवासी लेखक अपने अनुभवों को उजागर कर रहे हैं। इसी से भविष्य का आदिवासी आन्दोलन गतिशील बनेगा।

बीसवीं सदी और दलित

बीसवीं सदी को दो अर्धशतकों में विभाजित करना समीचीन होगा। इसका पूर्वार्ध परतन्त्रताविरोधी एहसास से ओतप्रोत है तो उत्तरार्ध स्वतन्त्रता और जन आन्दोलनों

से प्रभावित है। इस सम्पूर्ण सदी का दलित परिप्रेक्ष्य में अन्वय लगाने पर यही कहना होगा कि यह महान सदी थी। क्योंकि इस सदी ने दलितों को आम्बेडकर के विचार और प्रेरणा दी है। बाबासाहब आम्बेडकर द्वारा दलितों की मुक्ति हेतु छेड़ी जंग बीसवीं सदी का प्राण है। इस सदी का आम्बेडकरी आन्दोलन और विचार आगे की सदियों के लिए पथप्रदर्शक है।

पूर्वार्ध अर्थात् प्रथम अर्धसदी का आन्दोलन हम हिन्दू हैं, हमें अन्य हिन्दुओं की तरह समान हक और अधिकार चाहिए इस विचार से प्रेरित था तो दूसरी अर्धसदी का दलित आन्दोलन हिन्दू धर्म को त्याग कर बौद्ध धर्म का अनुसरण करनेवाला था। प्रथम अर्धसदी का महाड चवदार तालाब सत्याग्रह और नासिक के कालाराम मन्दिर प्रवेश का सत्याग्रह अभूतपूर्व है तो दूसरी अर्धसदी में दीक्षाभूमि पर हुआ धर्मान्तर और मराठवाड़ा विश्वविद्यालय का नामान्तर यह महान घटनाएँ हैं। पूरी सदी पर बाबासाहब आम्बेडकर का प्रभाव पाया जाता है। बाबासाहब आम्बेडकर के विचार और उनकी प्रेरणा से निर्माण विचार को समझे बगैर इस सदी की विचारशैली को नहीं समझा जा सकता। इस काल की नब्ज पकड़ने के लिए, फुले, आम्बेडकर के विचारों को नापना के लिए इस काल में सम्पन्न दलित साहित्य सम्मेलन के अध्यक्षीय भाषण उपयुक्त साबित हो सकते हैं। क्योंकि दलित आन्दोलन के प्रतिसाद दलित साहित्य में मुखर हुए हैं। इसी कारण अरुण साधू ने कहा है, "आम्बेडकर के पश्चात् कई कारणों से दलित अस्मिता की जंग क्षीण और दुर्बल हो रही थी। उस काल में दलित साहित्य ने ही बल दिया। दलित आन्दोलन और दलित साहित्य परस्पर वैचारिक रसद की पूर्ति करनेवाली सांस्कृतिक संघटनाएँ हैं।"

बाबासाहब आम्बेडकर के विचार और आन्दोलन की जिस तरह हिंदूत्ववादियों ने आलोचना की उसी प्रकार दलित साहित्य और आन्दोलन की भी आलोचना हुई। बाबासाहब आम्बेडकर के विचार और आन्दोलन के साथ जिस तरह प्रगतिशील गैर दलित थे उसी प्रकार दलित साहित्य और दलित आन्दोलन के साथ प्रगतिशील गैर दलित थे और हैं। महात्मा फुले, राजर्षि शाहू महाराज, भाई माधवराव बागल, यशवन्तराव चव्हाण और बाबा आढाव यह परम्परा दलितों के पक्ष में पाई जाती है। तो माईसाहेब आम्बेडकर, गंगाधर नीलकण्ठ, सहस्त्रबुद्धे, म. भ. चिटणीस, भालचन्द्र फडके, गं. बा. सरदार, पु. ल. देशपाण्डे और रूपा कुलकर्णी यह भी एक परम्परा दलितों के पक्ष में पाई जाती है। इस सदी के दलित विचारों का जन्म दलित और प्रगतिशील गैर दलित के विचार-कार्य से हुआ है। उसी का प्रतिनिधित्व प्रस्तुत ग्रन्थ करता है।

बाबासाहब आम्बेडकर की यह भूमिका है कि जो वेद और शास्त्र तर्कबुद्धि नकारते हैं उन्हें सुरंग लगानी चाहिए। जो वेद और शास्त्र नीति नकारते हैं उन्हें सुरंग लगानी चाहिए। नीति और तर्कबुद्धि को नकार देनेवाले विचारों के ख़िलाफ़ विद्रोह करना चाहिए यह आम्बेडकरी विचार सूत्र है। इसी कारण अण्णा भाऊ साठे कहते

हैं, "जो दलित को विद्रूप करता है, उसे दलित भी विद्रूप करता है।" वैदिक काल से संघर्षरत अवैदिक परम्परा का पुनर्वसन करने के लिए हजारों वर्ष के विषम विचारों का उत्खनन और हनन करना आवश्यक बन जाता है। इसी कारण दादासाहब रूपवते ने कहा है, "इस देश ने एक वर्ग को ज्ञान का ठीकेदार बनाने की किमया ढूँढ़ डाली है।" इस एक वर्ग की ठीकेदारी और एकाधिकार को नष्ट करना हो तो जनार्दन वाघमारे के मतानुसार "राजनीतिक सत्ता के साथ सांस्कृतिक सत्ता भी दलितों के हाथ में आए बगैर सही युगान्तर नहीं होगा।" और सही युगान्तर के लिए बाबुराव बागूल का यह मत समीचीन है, "जब तक अस्पृश्यता और दासता है तब तक दलित साहित्य का आन्दोलन जारी रखना होगा।" दलित साहित्य की लड़ाई विषम व्यवस्था के विरुद्ध है। रा. ग. जाधव के शब्दों में, "दलितों को समझने के साथ ही गैर दलितों को समझने-समझाने का यह प्रयास है।"

मराठी साहित्य ने दलितों की बस्ती में रहने से इन्कार किया था। दलित साहित्य ने प्रथमतः दलित मनुष्य को अपने साहित्य का नायक बनाया। मनुष्य को केन्द्र माना। रा. ग. जाधव के शब्दों में, "यहाँ के धर्म-दर्शन ने कभी भी मनुष्य का गीत मन से नहीं गाया। उन्होंने कभी मनुष्य पर विश्वास नहीं जताया। इस मनुष्य द्रोही व्यवस्था का दफन करने के लिए गुलाम को गुलामी का एहसास करा देना होगा। यह सरोकार अपनाने के लिए लेखकों के पास दया पवार की भाषा में, निश्चित दर्शन नहीं होगा तो वह शोषण का अन्वयार्थ नहीं लगा पाएगा।" दलितों को शोषण का समग्र एहसास कराने के लिए दलित अस्मिता महत्त्वपूर्ण है।

भालचन्द्र फडके के शब्दों में, 'दलित साहित्य की प्रकृति विद्रोह की है।' दलित साहित्य में पाया जानेवाला विद्रोह विस्फोटक है। वह विषमता को नकारनेवाला और समता की माँग करनेवाला है। इस विद्रोह को समझने के लिए शंकरराव खरात का मत समीचीन है, 'दलित साहित्य की ओर दलित एहसास के रूप में देखना चाहिए।' अन्यथा 'दलित साहित्य का अलग चूल्हा किसलिए?' 'दलित साहित्य को अलग सौन्दर्यशास्त्र की जरूरत क्यों?' 'गैर दलित लेखक कल्पना से दलित साहित्य नहीं लिख सकता?' ऐसे भोले प्रश्न अनायास उठना स्वाभाविक है। इसी कारण नामदेव ढसाल ने कहा, 'मराठी साहित्य की जड़ता के ख़िलाफ़ का समर्थ द्रष्टा उच्चार दलित साहित्य की अभिव्यक्ति का है।' यह विद्रोह जैसे मराठी साहित्य की जड़ता के खिलाफ था वैसे ही दलितों का शोषण करनेवाली सवर्ण व्यवस्था के विरुद्ध भी था।

इक्कीसवीं सदी और दलित

'एड्स और वाय टू के' का प्रचार करके बीसवीं सदी खत्म हुई और 'सूचना प्रौद्योगिकी' का घोष करती इक्कीसवीं सदी दहलीज पर खड़ी है। बीसवीं सदी के आरम्भ में

भी उसका 'अत्याधुनिक', 'प्रगत' सदी के रूप में बोलबाला हुआ, इक्कीसवीं सदी के बारे में भी वैसा ही कहा जाता है। बीसवीं सदी के आरम्भ में बंगाल विभाजन को लेकर हिन्दू-मुस्लिम दंगे हुए। इस सदी के अन्त में भी 'मुम्बई बम धमाका सत्र' और 'बाबरी मस्जिद गिराना' इन दो कारणों से हिन्दू-मुस्लिम दंगे हुए। इस सदी के मध्य में भी देश विभाजन होने से हिन्दू-मुस्लिम दंगे हुए। यह पूरी सदी हिन्दू-मुस्लिम तनाव से ग्रस्त मिलती है। यह तनाव कभी कश्मीर प्रश्न से, कभी भारत-पाकिस्तान क्रिकेट से तो कभी मस्जिद पर लगाए भोंपू से उग्र रूप धारण करता पाया जाता है। जब मुस्लिम विरोधी माहौल गर्म होने लगता है तब हिंदूत्ववादी मानसिकता 'हिन्दू-हिन्दू, भाई-भाई' या 'गर्व से कहो हम हिन्दू हैं' जैसी घोषणाएँ देती मिलती है। अन्य समय में अलवत्ता यही हिन्दू अपने ही दलित हिन्दू भाइयों को दुश्मन मानकर बेहिचक अत्याचार करते पाया जाता हैं। एक ओर 'मुसलमान' तो दूसरी ओर 'दलित' को निरन्तर तंग करनेवाली यह व्यवस्था है। इसी सदी के अन्त में ईसाइयों पर भी ऐसे ही हिंसात्मक हमले हुए हैं। एक ओर मदर टेरेसा को भारतीय लोगों की समाजसेवा करने के उपलक्ष्य में नोबेल से सम्मानित किया जाता है तो दूसरी ओर ईसाई धर्म प्रचारक ग्रॅहम स्ट्यूअर्ट स्टेन्स और उनके बच्चों की अमानुष हत्या की जाती है। एक ओर राष्ट्रीय स्वयंसेवक संघ के अध्यक्ष सुदर्शन 'ईसाई स्वदेशी गिरजाघर स्थापन करें' ऐसी घोषणा करते हैं तो दूसरी ओर भारतीय जनता पार्टी के अध्यक्ष बंगारू लक्ष्मण सलाह देते हैं कि 'मुसलमान भाजपा से अलिप्त न रहें।' एक ओर हिंसक कार्रवाइयाँ करना और ऐसी आतंक की पृष्ठभूमि पर 'हमारी सत्ता को मान्य करो' ऐसा धमकाना किसका द्योतक है? एक ओर इस देश ने बाबासाहब आम्बेडकर को 'संविधान के शिल्पकार' के रूप में स्वीकार किया है। उन्हें 'भारतरत्न' देकर उनका सम्मान किया है तो दूसरी ओर जगह-जगह पर उनके पुतलों की बेइज्जती की जाती है। इसी कारण गंगाधर पानतावणे ने कहा है, 'हमारे ऊर्जा केन्द्र को ही नष्ट करने का षड्यन्त्र रचा जा रहा है।'

नामान्तर और मण्डल आयोग के अमल के लिए दलितों को बहुत बड़ी कीमत चुकानी पड़ी है। और यह यथार्थ है कि दलितों का कोई भी प्रश्न बड़ी कीमत चुकाए बगैर हल नहीं होता। इस सदी में दलितों की अमानुष हत्याएँ हुई हैं। दलितों की झोंपड़ियाँ जलाई गई। इस सदी का चेहरा दलितों के खून से लथपथ है। इस सदी में हुई दलित, आदिवासी और खानाबदोश-जनजातियों की हत्याएँ मनुष्यता पर कलंक हैं।

उन्नीसवीं सदी के समाज सुधारकों का कार्य इस सदी में शिथिल पाया जाता है। यहाँ राजनीतिक साम्राज्य खत्म होकर आर्थिक साम्राज्य का उदय मिलता है। आर्थिक प्रश्न पर विमर्श मिलता है तो सामाजिक प्रश्न यथावत पाए जाते हैं। महात्मा फुले का ब्राह्मणेतर आन्दोलन इस सदी में अपना अस्तित्व नहीं रख पाया।

इसके विरुद्ध 'मराठा महासंघ' की स्थापना हुई। महात्मा गाँधी की हत्या के साथ प्रगतिवादी परम्पराएँ लुप्त होती मिलती हैं। शेष प्रगतिशील शक्तियों को दलित आन्दोलन ने अलग रखकर परास्त किया है। इतना ही नहीं, दलितों ने दलितों को कभी हिन्दुत्ववादी करार करके तो कभी मार्क्सवादी करार कर बहिष्कृत किया है। दूसरी ओर हिन्दुत्ववादियों द्वारा 'आम्बेडकर और हेडगेवार' की साझा शोभायात्रा निकालने का चित्र भी मिलता है।

असीम जनसंख्या, आकाश को छूनेवाली महँगाई, सभी क्षेत्रों में व्यापक बेरोजगारी, मन्दी की तीव्र लहर और आस-पास फैले भोगवाद के रसायन से हिंसा, भ्रष्टाचार और अनाचार फैल सकता है। बीसवीं सदी के आरम्भ में तिलक-गाँधी की चर्चा थी तो इक्कीसवीं सदी के पहले राष्ट्रीय नेताओं द्वारा किया गया भ्रष्टाचार, शासकीय अधिकारियों की ठगी और राजनेताओं की लूट के साथ वीरप्पन, हर्षद मेहता और दाऊद इब्राहिम के अपराध के साये से अँधेरा फैल रहा है। भ्रष्टाचार केवल शासकीय अधिकारी और राजनेताओं तक सीमित न रहकर क्रिकेट जैसे खेल के 'मैच फिक्सिंग' तक पहुँचा है। एक ओर पोलिओ निर्मूलन हो रहा है तो दूसरी ओर पर्यावरण का विध्वंस हो रहा है। एक ओर 'कौन बनेगा करोड़पति' और 'विश्वसुन्दरी' प्रतियोगिताओं का आयोजन हो रहा है तो दूसरी ओर एकतरफा प्यार से होनेवाली लड़कियों की हत्याएँ और ऋणग्रस्त किसानों की आत्महत्याएँ हैं।

निजीकरण और बढ़नेवाली बेरोजगारी के कारण भविष्य में दलित युवाओं के सामने जानलेवा प्रश्न उपस्थित होंगे। इस सदी ने मनुष्य को गरीबी की चरमसीमा पर पहुँचा दिया है। हफ़्ता, अपहरण, रिश्वत और काले रुपयों की चंगुल में आज का वर्तमान स्थिर हुआ है। 'रिडल्स', 'फायर' या 'वॉटर' हो, भारतीय स्वतन्त्रता आन्दोलन का इतिहास हो या संविधान के पुनर्विचार हेतु नियुक्त आयोग हो, यह सब इस सदी का एक तरह से वैचारिक दमन ही है।

नारियों को तैंतीस प्रतिशत आरक्षण दिए जानेवाला 'महिला आरक्षण बिल' इस सदी के इतिहास में धूल में पड़ गया है। 'हिन्दू कोड बिल' से 'महिला आरक्षण बिल' तक का विवरण देखने पर यह चित्र स्पष्ट होता है कि स्वतन्त्र भारत में भी नारियों का किस तरह से शोषण किया जाता है।

इक्कीसवीं सदी विज्ञान-तकनीकी की है। 'जनुक' और 'क्लोनिंग' की खोज इस सदी की साँस है। स्टार वॉर इस सदी की जन्मकुण्डली है। एक ओर विश्वमानव और विश्वसमाज की चर्चा हो रही है तो दूसरी ओर पूरे विश्व को राख में तब्दील करने की वैज्ञानिक स्पर्धा चल रही है। इनफर्मेशन सुपर हायवे के कारण मानव के आचार-विचार शैली में आमूलचूल परिवर्तन होनेवाला है। विकसनशील राष्ट्र लश्कर की दृष्टि से दुर्बल तो आर्थिक दृष्टि से पराधीन हैं। ऐसे गरीब राष्ट्रों पर महासत्ता अपने मूल्य और अपनी संस्कृति लादनेवाली है। इसमें गरीब राष्ट्रों की देशीयता और

स्वायत्तता अनायास नष्ट होनेवाली है। बहुराष्ट्रीय कम्पनियों द्वारा यहाँ की व्यवस्था नियन्त्रित की जानेवाली है। एक असुरक्षित डर से इस सदी का संक्रान्तिकाल बेचैन है।

इस सदी की सन्ध्यावेला में दलितों की राजनीतिक पार्टी फूट के कारण दुर्बल हुई है। दलित युवाओं की दलित पैंथर, मास मूवमेण्ट, दलित मुक्ति सेना जैसी लड़ाकू संघटनाएँ मृतप्राय हुई हैं। दलित लेखक दलित साहित्य को 'दलित साहित्य, बौद्ध साहित्य, प्रबुद्ध साहित्य, परिवर्तनवादी साहित्य या आम्बेडकरवादी साहित्य' कहा जाए इस द्वंद्व में गुमराह हुआ है। अपना स्वार्थ सुरक्षित रखने के लिए कुछ दलित शक्तियाँ पुनरुज्जीवनावादी शक्ति के साथ हाथ मिला रही हैं। इसी कारण योगीराज वाघमारे लिखते हैं, 'बाबासाहब के पश्चात् अच्छा नेतृत्व क्यों नहीं इसकी खोज-खबर लेनी चाहिए।' योगीराज वाघमारे के इस प्रश्न का उत्तर इक्कीसवीं सदी ही देगी। आज दलित आन्दोलन इक्कीसवीं सदी की ओर उड़ान भरने की तैयारी में है। यह टेक-ऑफ की अवस्था है। इतना ही।

अनुवाद : डॉ. गिरीश काशिद, बार्शी

मुक्ति कोन पथे?

—डॉ. बाबासाहब आम्बेडकर

[अखिल मुम्बई इलाखा महार परिषद्, मुम्बई, 1936]

आप यह जान चुके होंगे कि यह परिषद् मैंने धर्मान्तर की जो घोषणा की है उस पर विचार करने हेतु जान-बूझकर आयोजित की है। मेरी दृष्टि से धर्मान्तर अत्यन्त आत्मीय विषय है। चूँकि आपका भविष्य उस पर निर्भर होने से मुझे यह विषय महत्त्वपूर्ण भी लगता है। और आप सभी इससे सहमत हैं, इसमें दो राय नहीं। वरना इतनी बड़ी तादाद में आप यहाँ इकट्ठा नहीं होते। आप सभी को यहाँ देखकर मुझे बहुत खुशी हो रही है।

आप सब इससे परिचित हैं कि धर्मान्तर की घोषणा के बाद हमारे लोगों ने कई स्थानों पर छोटी-मोटी सभाओं का आयोजन कर इस विषय पर अपनी राय प्रकट की है। लेकिन आज तक इकट्ठा होकर विचार-विमर्श कर धर्मान्तर के प्रश्न पर निर्णयात्मक चर्चा करने का मौका आपको नहीं मिला है। और ऐसे मौके की आपसे भी ज्यादा मुझे जरूरत थी। आप सभी को यह स्वीकार करना होगा कि धर्मान्तर की मुहिम सफल बने इसलिए पूर्व नियोजन की अत्यन्त आवश्यकता है। धर्मान्तर यह कोई लड़कखेल नहीं है, न ही वह शौक है अपितु यह प्रश्न मनुष्य जीवन की सफलता से सम्बद्ध है। एक बन्दरगाह से दूसरे बन्दरगाह तक जहाज ले जाने के लिए जितनी तैयारी नाविक को करनी पड़ती है उतना ही पूर्वनियोजन धर्मान्तर के लिए करना होता है। इसके सिवा यह किनारा छोड़ दुसरे किनारे तक पहुँचना असम्भव होगा लेकिन जैसे नौका में यात्रियों की संख्या का अन्दाज लिए बगैर नाविक सामान इकट्ठा करने का प्रयास नहीं करता उसी तरह मैं पसोपेश में हूँ। धर्मान्तर करने के लिए कितने लोग तैयार हैं इसका अन्दाज लगाये बिना मुझे धर्मान्तर का पूर्वनियोजन करना असम्भव है लेकिन हम सभी की ऐसी सामूहिक परिषद् हुए बगैर लोकमानस की टोह लगाना असम्भव था। अर्थात इस बहाने जनमत की टोह लेने का मौका प्राप्त हुआ है। इस सन्दर्भ में मैंने जब

मुम्बई के कार्यकर्ताओं से चर्चा की तब उन्होंने खर्चा या परिश्रम की शिकायत न कर बड़ी खुशी से परिषद् के आयोजन की जिम्मेदारी स्वीकार की। हमारे श्रद्धेय नेता और स्वागत समारोह के अध्यक्ष मान्यवर रेवजी दगडू डोलस को यह जिम्मेदारी निभाते समय जो कष्ट सहने पड़े उसकी पूरी हकीकत उन्होंने अपने भाषण में विस्तार से बयान की है। उन्होंने तमाम परेशानियाँ सहकर मेरे लिए इस सभा का जो मौका मुहैया किया उसके लिए मैं परिषद् के स्वागत मण्डल के प्रति कृतज्ञ हूँ।

कुछ लोगों को यह सन्देह हो सकता है कि यदि मेरी धर्मान्तर की घोषणा सभी अछूतों के लिए है तो मैंने सभी अछूतों की अपेक्षा केवल महार जाति की ही सभा क्यों बुलाई? अतः जिन प्रश्नों पर विमर्श करने के लिए इस सभा का आयोजन किया गया है, उससे पहले इस आक्षेप का उत्तर देना मुझे मुनासिब लगता है। सभी अछूतों के अलावा केवल महार जाति की सभा के आयोजन के पीछे कई कारण हैं। पहली बात यह कि इस परिषद् में किसी भी प्रकार की माँग नहीं करनी है। न सरकार से कुछ राजनीतिक अधिकार माँगने हैं न ही हिन्दू लोगों से कुछ सामाजिक अधिकार की माँग करनी है। इस परिषद् के सामने मूल प्रश्न अपने जीवन की दिशा तय करना तथा अपनी जिन्दगी की रूपरेखा निश्चित करना है। अर्थात् इस प्रश्न को हर जाति द्वारा हल किया जा सकता है और हर जाति स्वतन्त्र रूप में हल करें यही बेहतर होगा। सभी अछूतों की एकत्रित सभा न बुलाने के पीछे यह एक कारण रहा है। केवल महार जाति की परिषद के आयोजन के पीछे दूसरा भी एक कारण रहा है। धर्मान्तर की घोषणा की घटना को आज लगभग दस मास पूरे हो चुके हैं। इस दरमियान पर्याप्त मात्रा में लोकजागृति का कार्य हो चुका है। मुझे लगता है कि अब जनमत आजमाने का समय आ गया है। और मेरे मतानुसार सभा का आयोजन करना यह एक सीधा और आसान तरीका है। धर्मान्तर के प्रश्न को अन्जाम देने से पहले जो आवश्यक प्रयास करने हैं उसके पूर्व जनमत की टोह लेना मुझे अत्यन्त आवश्यक लगता है। और मेरी यह राय है कि एक-एक जाति की सभा से आजमाए जनमत से जो विश्वास मिल सकता है, वह आम अछूतों की सभा के आयोजन से नहीं मिल सकता। क्योंकि 'अछूत परिषद्' नाम से सभा बुलाने पर भी वह अछूतों की प्रतिनिधि सभा नहीं हो सकती। वैसा न हो और जनमत विश्वास कर सके इसलिए केवल महार लोगों की सभा का आयोजन किया गया है। इस सभा में अन्य जातियों का अन्तर्भाव न करने से उनका कोई नुकसान नहीं हो सकता। यदि वे धर्मान्तर करना चाहते हैं, तो इस सभा में उनका अन्तर्भाव न होने से कोई बाधा नहीं आएगी। जैसे महार जाति की सभा का आयोजन किया गया उसी प्रकार अन्य अछूत जातियों को भी ऐसी सभाओं का आयोजन कर अपनी राय प्रकट करने का विकल्प खुला है। मैं उन्हें सूचित करता हूँ कि वे ऐसी सभाओं का

आयोजन करें। और इसके लिए मैं अपनी ओर से पूरा सहयोग दूँगा।

धर्मान्तर का विषय जितना महत्त्वपूर्ण है उतना ही जटिल है। यह आम आदमी के बस की बात नहीं है। और आम आदमी को यह विषय समझाना भी आसान बात नहीं है। मैं यह भलीभाँति जानता हूँ कि आप सभी का विश्वास न हो तो धर्मान्तर को मूर्त रूप देना केवल असम्भव है। इसलिए जितनी सहजता से इस विषय का प्रस्तुतीकरण सम्भव है, उतनी सहजता से मैं उसे प्रस्तुत करने जा रहा हूँ।

धर्मान्तर पर सामाजिक और धार्मिक दोनों दृष्टि से विचार करना चाहिए। इस पर ऐहिक दृष्टि के साथ तात्त्विक दृष्टि से भी विचार करना होगा। लेकिन धर्मान्तर पर किसी भी परिप्रेक्ष्य में विचार करने से पहले अस्पृश्यता और उसका यथार्थ स्वरूप जानना अत्यन्त आवश्यक है। इसके सिवा मेरी धर्मान्तर की घोषणा का अर्थ आप समझ नहीं पायेंगे। इसके यथार्थ रूप से आप परिचित हैं। इसलिए पहले आपको आप पर होनेवाले जुल्मों की याद दिलाना आवश्यक लगता है। सरकारी पाठशाला में बच्चों को दाखिल करने का अधिकार बताने पर स्पृश्य हिन्दुओं द्वारा मारपीट के उदाहरण निरन्तर घटित होने से सभी परिचित हैं। लेकिन मारपीट के कुछ कारण तो ऐसे हैं, जिनका उल्लेख करें तो हिन्दुस्तान के बाहर रहने वाले लोग स्तम्भित होंगे। ऊँची पोशाक पहनने पर मारपीट हो जाने का उदाहरण ऐसा ही है। गहने पहनने पर मारपीट की जाती है। पानी लाने के लिए ताँबा-पीतल के बर्तन इस्तेमाल करने पर मारपीट की जाती है। जमीन खरीदी करें तो बस्ती जलाई जाती है। जनेऊ पहना जाए तो भी मारपीट सहनी पड़ती है। मरे जानवर न उठाएँ या उनका माँस न खाएँ तब भी मारपीट की जाती है। पैरों में जूते-जुर्राबें पहनकर गाँव में जाने पर, स्पृश्य हिन्दू को जुहार न करने पर, शौच को जाते समय लोटे में पानी ले जाने पर तक छल किया जाता है। हाल ही में पंचों की संगत में चपाती परासेने पर मारपीट की गई। इस तरह के जुल्म और अमानुष व्यवहार के कई उदाहरण आपने सुने होंगे। आपमें से कुछ लोगों को यह भुगतना भी पड़ा होगा। आप इससे भी अवगत हैं कि जहाँ मारपीट करना असम्भव होता है वहाँ आपके ख़िलाफ़ वहिष्कार के शस्त्र का उपयोग किया जाता है। आपको मजूरी नहीं मिलने देते, आपके जानवरों को खेत से गुजरने की पाबन्दी लगाई जाती है, आपको गाँव में प्रवेश नहीं दिया जाता था। इस तरह आपकी नाकेबन्दी कर स्पृश्य हिन्दू लोगों द्वारा आपको परेशान करने का स्मरण आप में से काफी लोगों को होगा। लेकिन ऐसा क्यों होता है? इसकी जड़ में क्या है? मेरे मतानुसार आप में से बहुत कम लोग इसे जानते होंगे। और मेरे मतानुसार वह जानना अत्यन्त आवश्यक है।

ऊपर जो कलह के उदाहरण दिए गए हैं, उनसे व्यक्ति के गुणअवगुणों का

कोई सम्बन्ध नहीं है। वह दो व्यक्ति के बीच का कलह नहीं है। अछूत-प्रश्न यह वर्ग कलह है। वह स्पृश्य और अस्पृश्य इन दो समाज के बीच का कलह है। यह किसी व्यक्ति द्वारा दूसरे व्यक्ति पर किए गए अन्याय का प्रश्न नहीं है अपितु एक वर्ग द्वारा दूसरे वर्ग पर किए जानेवाले अन्याय का प्रश्न है। इस वर्गसंघर्ष के पीछे सामाजिक स्तर का सम्बन्ध है। एक वर्ग दूसरे वर्ग के साथ कैसे पेश आता है, इस प्रकार का यह कलह है। उपरोक्त उदाहरणों से यही बात स्पष्ट होती है कि आप उच्च वर्ग के साथ व्यवहार करते समय बराबरी का आग्रह करते हैं इसीलिए यह संघर्ष निर्माण होता है। यदि ऐसा न होता तो चपाती का भोज देने से, ऊँची पोशाक पहनने से, जनेऊ पहनने से, ताँबा-पीतल के बर्तन में पानी लाने से ऐसा कलह नहीं होता। जो अछूत चपाती खाता है, ऊँची पोशाक पहनता है, ताँबे के बर्तन का उपयोग करता है, घोड़े से बारात ले जाता है वह उच्च वर्ग का क्या नुकसान करता है? वह तो स्वयं की जेब से रुपए खर्च करता है। बावजूद इसके उच्च वर्ग को उसकी करनी से ईर्ष्या क्यों होती है? इस ईर्ष्या का एक ही कारण है, ऐसी समता से उनकी मानहानि होती है, आप निम्न हैं, अपवित्र हैं, आपको अपनी औकात नहीं भूलनी चाहिए तभी वे आपको चैन से रहने देंगे। आप मर्यादा का उल्लंघन करें तो कलह आरम्भ होता है। उपरोक्त उदाहरणों से एक और बात स्पष्ट होती है कि अछूत का प्रश्न नैमित्तिक न होकर स्थायी है। स्पष्ट भाषा में कहें तो स्पृश्य और अस्पृश्य के बीच का कलह निरन्तर है और वह स्थायी बना रहेगा। क्योंकि उच्च वर्ग के मतानुसार जिस धर्म ने आपको निम्न स्तर दिया है वह धर्म सनातन है। कालानुरूप उसमें कोई परिवर्तन नहीं हो सकता। आप आज जैसे निम्न हैं वैसे आपको कायम रहना होगा। अर्थात स्पृश्य-अस्पृश्य के बीच का संघर्ष कायम रहनेवाला है। प्रश्न यह है कि इस संघर्ष में आप कैसे टिके रहेंगे। और मेरे मतानुसार इस पर विचार किए बगैर आपको कोई चारा नहीं है। आप में से जो लोग हिन्दू लोगों की मर्जी पर आश्रित रहना चाहते हैं, उनका सेवाधर्म स्वीकार कर जीना चाहते हैं, उन लोगों को इस प्रश्न पर विचार करने की जरूरत नहीं। लेकिन जो स्वाभिमान की जिन्दगी जीना चाहते हैं, जो समता की जिन्दगी जीना चाहते हैं, उन्हें इस प्रश्न पर विचार किए बगैर चारा नहीं। इस संघर्ष में अपनी अस्मिता बनाये रखने के लिए कौन-सा पैंतरा लेना होगा इस पर विचार करना आवश्यक है। फिर इस संघर्ष में हमारी अस्मिता कैसे बनी रहेगी? मुझे तो यह प्रश्न हल करने में कोई कठिनाई महसूस नहीं होती। यहाँ इकट्ठा हुए सभी लोगों को एक बात कबूल करनी होगी कि संघर्ष में जिसका सामर्थ्य होता है, उसी की जीत होती है। और जिसमें सामर्थ्य न हो, उसे सफलता की उम्मीद नहीं रखनी चाहिए। और इस बात से सभी भलीभाँति परिचित हैं उसके पुष्ट्यर्थ सबूत देने की आवश्यकता नहीं है। अतः आपको यह तय करना होगा कि इस संघर्ष से छुटकारा पाने के लिए क्या आपमें पर्याप्त सामर्थ्य है? मनुष्य के पास तीन तरह का सामर्थ्य

होता है—मनुष्यबल, द्रव्यबल और मानसिक बल। इन तीनों में से आपके पास कौन सा बल है? मनुष्यबल की दृष्टि से आप अल्पसंख्यक हैं जो स्पष्ट है। मुम्बई इलाके में अस्पृश्य वर्ग की जनसंख्या एक अष्टमांश इतनी ही है और वह भी संगठित नहीं है, परस्पर जाति भेद के चलते उसमें संघर्ष शक्ति का पूर्णतः अभाव है। वह न संघटित है, न एक स्थान पर बसा है। वह देहात तथा सुदूर अंचलों में बिखरा है जो अल्पसंख्यक होने के कारण संकटग्रस्त अस्पृश्य वर्ग की दृष्टि से उसका कोई उपयोग नहीं है। द्रव्यबल की दृष्टि से भी आप के हालात बदतर ही हैं। अतः यह कहना होगा कि आपकी न व्यापार में गति है, न उद्योग में। न आपको नौकरी है, न ही खेती। उच्च वर्ग के लोग जो कुछ देते हैं, उसी पर आज आपका गुजारा होता है। न आपके पास रोटी है, न कपड़ा है। फिर आपके पास द्रव्यबल कैसे होगा? अन्याय होने पर कोर्ट-कचहरी में इन्साफ माँगने का सामर्थ्य भी आज आप में नहीं है। आप में से हजारों लोग कोर्ट-कचहरी का खर्चा सह पाने की औकात न होने से हिन्दुओं द्वारा होने वाला छल, उपहास और जुल्म चुपचाप सहते हैं। आपमें मानसिक बल का तो इससे भी ज्यादा अभाव है। सैकड़ों साल उच्च वर्ग की सेवा में बिताने से, सैकड़ों सालों से उपहास, तिरस्कार को चुपचाप सहन करने से आप उन्हें जवाब देने की, प्रतिकार करने की हिम्मत हार चुके हैं। आपके आत्मविश्वास, उत्साह और महत्त्वाकांक्षा का समूल नाश हो गया है। आप सब पस्त, दीन और निस्तेज बन गए हैं। चारों तरफ निराशा का और डरपोक वृत्ति का माहौल है। हम कुछ कर सकते हैं, ऐसा विचार तक किसी के मन में नहीं आता।

मेरे द्वारा यथार्थ का किया गया यह वर्णन सत्य होगा तो उससे निकलनेवाला सिद्धान्त आप सभी को स्वीकार करना होगा। वह यह कि आप अपनी सामर्थ्य पर निर्भर रहेंगे तो आप जुल्म का मुकाबला नहीं कर पायेंगे। और इसमें बिल्कुल सन्देह नहीं है कि आपमें सामर्थ्य न होने से आप पर जुल्म होता है लेकिन इस इलाके में केवल आप ही अल्पसंख्यक नहीं है। गाँव में जिस तरह महार-मातंग के दो-चार घर होते हैं उसी तरह मुसलमानों के भी एक-दो ही घर होते हैं लेकिन उन्हें कोई परेशान नहीं करता। लेकिन आप पर अलबत्ता निरन्तर जुल्म किया जाता है। इसका कारण क्या है? मुसलमानों के दो घर होते हुए उन्हें कोई छेड़ता नहीं। लेकिन आपके दस घर होते हुए आपका छल किया जाता है। आखिर ऐसा क्यों होता है? यह प्रश्न अत्यन्त महत्त्वपूर्ण है। आपको इसकी सही खोज करनी होगी। मेरे मतानुसार उसका उत्तर यह है कि उन दो मुसलमान घरों के पीछे पूरे हिन्दुस्तान के मुसलमान समाज की शक्ति और सामर्थ्य होने का एहसास हिन्दू लोगों को होने से उन दो मुसलमान घरों के साथ छेड़खानी करने का हिन्दुओं का साहस नहीं होता। उन दो घरों के साथ छोड़खानी करें तो पंजाब से मद्रास तक के मुसलमान समाज द्वारा उनकी रक्षा करने का भरोसा होने से वे दो मुसलमानों के घर निर्भयता से जिन्दगी जीते हैं। लेकिन

आपके बारे में हिन्दू लोगों को पक्का विश्वास होता है कि आपकी कोई मदद नहीं करेगा, आपकी रक्षा करने कोई नहीं आएगा, न आपको रुपयों की मदद होगी और न अधिकारी आपकी मदद करेंगे। तहसीलदार और पुसिल उन्हीं की होने से स्पृश्य-अस्पृश्य संघर्ष में वे अपनी जाति का ही पक्ष लेते हैं। उन्हें विश्वास होता है कि वे अपने कर्तव्य के प्रति वफादारी नहीं निभाते। आपकी इस बेबस दशा के कारण ही हिन्दू लोग आप पर जुल्म करते हैं। मैंने अब तक जो विवेचन किया उससे दो बातें स्पष्ट होती हैं। पहली यह कि सामर्थ्य के सिवा आपको इस जुल्म का प्रतिकार करना असम्भव है। दूसरी बात यह कि आज आपके पास प्रतिकार हेतु आवश्यक सामर्थ्य नहीं है। यह दो बातें सिद्ध होने पर तीसरी बात अनायास सामने आती है कि इसके लिए आवश्यक सामर्थ्य आपको बाहर से ही हासिल करनी होगी। आप यह सामर्थ्य कैसे प्राप्त करेंगे? यह वाकई अहं प्रश्न है और इस पर आपको तटस्थ होकर सोचना होगा।

मुझे तो ऐसा महसूस होता है कि इस देश के जाति-भेद और धर्म-भेद का लोगों के मन तथा नैतिकता पर एक विलक्षण परिणाम हुआ है। इस देश में दुःख, दरिद्रता और क्लेश को लेकर किसी को खेद नहीं होता। और हो भी तो उसे दूर करने के लिए कोई प्रयास नहीं करता। अपने धर्म या जाति के भाइयों पर दुःख, दरिद्रता का, जुल्म का प्रसंग आये तो मात्र उसे दूर करने के लिए लोग सहयोग करते हैं। यह नैतिकता की दृष्टि चाहे जितना विकृत हो लेकिन वह व्यवहृत है, जिसे हम नजरअन्दाज नहीं कर सकते। जिस गाँव में अछूत लोगों पर हिन्दुओं द्वारा जुल्म होता है उस गाँव में अन्य धर्म के लोग नहीं होते, ऐसी बात नहीं है। अछूतों पर होनेवाला जुल्म अन्यायकारक होता है, इससे वे भी सहमत होते हैं। लेकिन अन्याय होते हुए भी वे उनका सहयोग नहीं करते। इसका कारण क्या होगा? आप यदि उन्हें प्रश्न करेंगे कि आप हमें सहयेाग क्यों नहीं करते? तो वे कहेंगे, आपके संघर्ष में हम टाँग क्यों अड़ायें? वे ऐसा भी कहेंगे कि यदि आप हमारे धर्म के होते तो हम आपको जरूर सहयोग देते। इससे आप यह बात जान सकते हैं कि किसी अन्य समाज से रिश्ता जोड़े बगैर, किसी अन्य धर्म में शामिल हुए बगैर आपको बाहरी सामर्थ्य नहीं मिल सकता। अर्थात् यह स्पष्ट है कि आपको धर्मान्तर कर किसी अन्य समाज में शामिल होना होगा। वरना जब तक आपमें सामर्थ्य नहीं तब तक आपको तथा आपकी आनेवाली पीढ़ी को आज की दीन परिस्थिति में जीना होगा।

इससे भौतिक कल्याण के लिए धर्मान्तर की आवश्यकता स्पष्ट होती है। अब आध्यात्मिक दृष्टि से धर्मान्तर कितना आवश्यक है इस सन्दर्भ में मैं अपने विचार बताना चाहूँगा। धर्मपण्डितों ने धर्म की कई परिभाषाएँ बताई हैं। लेकिन इन सबमें अर्थपूर्ण और सर्वस्वीकृत ऐसी एक ही परिभाषा है, 'जिससे पूरी जनता

का धारण होता है, वही धर्म है'। यह धर्म की सच्ची परिभाषा है। धर्म की यह परिभाषा मैंने नहीं की है। यह परिभाषा सनातनी हिन्दुओं के अग्रणी लोकमान्य तिलक ने ही की है। अतः धर्म की परिभाषा के बारे में चालबाजी करने का आरोप मुझ पर कोई नहीं कर पाएगा। यह परिभाषा मैंने नहीं की है लेकिन वह मुझे विवाद के लिए मान्य है, ऐसी भी बात नहीं है। मुझे वह मंजूर है। धर्म को लेकर मेरी भी यही राय है कि समाज की धारणा के लिए लगाये गए बन्धन को ही धर्म कहना होगा। तत्त्वतः या तार्किक रूप में यह परिभाषा यद्यपि उचित लगती है लेकिन इस परिभाषा से यह स्पष्ट बोध नहीं होता कि समाज की धारणा के लिए समाज के बन्धन किस तरह होने चाहिए। अतः प्रश्न बना रहता है कि समाज की उचित धारणा के लिए समाज के बन्धन कैसे होने चाहिए और यह प्रश्न धर्म की परिभाषा से अधिक महत्त्वपूर्ण है। क्योंकि धर्म और अधर्म किसे कहें यह परिभाषा पर निर्भर न होकर बन्धन के हेतु और उसका स्वरूप कैसा होना चाहिए इस पर विचार करते समय समाज और व्यक्ति का तात्विक दृष्टि से सम्बन्ध क्या और कैसा हो यह प्रश्न अनायास उपस्थित होता है। इस प्रश्न को लेकर आधुनिक समाजशास्त्रियों ने तीन तरह से विवेचन किया है। कुछ विद्वानों के मतानुसार व्यक्ति सुखी रहे यही समाज संघटना का अन्तिम उद्देश्य होता है। कुछ विद्वान ऐसा मानते हैं कि व्यक्ति को उसके अन्तर्गत गुण और शक्ति को विकसित कर उसे परिपूर्ण बनाने हेतु मदद हो यह समाज संघटना का अन्तिम उद्देश्य होना चाहिए। तो कुछ विद्वानों के मतानुसार समाज संघटना का प्रधान उद्देश्य व्यक्ति की उन्नति या उसका सौख्य न होकर आदर्श समाज का निर्माण करना यही है। हिन्दू धर्म की राय इन तीनों मतों से अलग है। हिन्दू धर्म में व्यक्ति को कोई स्थान नहीं है। हिन्दू धर्म की रचना वर्ग व्यवस्था पर खड़ी है। हिन्दू धर्म में एक व्यक्ति दूसरे व्यक्ति के साथ कैसा आचरण करे इसकी सीख नहीं मिलती। एक वर्ग दूसरे वर्ग के साथ कैसा बर्ताव करे, इसको लेकर हिन्दू धर्म में बन्धन हैं। और जिस धर्म में व्यक्ति को प्रधानता नहीं दी जाती वह धर्म मुझे स्वीकार नहीं है। यद्यपि व्यक्ति को समाज की आवश्यकता है लेकिन समाज की धारणा यह धर्म का अन्तिम ध्येय नहीं बन सकता। मेरे मतानुसार व्यक्ति का विकास यही समाज का सही ध्येय है। मनुष्य यदि समाज का हिस्सा है, वह समाज की एक इकाई होने के बावजूद उसका और समाज का सम्बन्ध शरीर और अवयव, गाड़ी और उसका पहिया इनमें स्थित सम्बन्धों जैसा नहीं है, ऐसा मुझे लगता है।

पानी की बूँद सागर में मिलाने पर जिस तरह उसका लोप हो जाता है, वैसे मनुष्य केवल समाज में रहने से उसका लोप नहीं हो सकता। उसका जीवन तो स्वतन्त्र होता है। उसका जन्म समाज की सेवा के लिए न होकर आत्मोन्नति करने के लिए है। इसी कारण प्रगत राष्ट्र में एक मनुष्य दूसरे मनुष्य को अपना

गुलाम नहीं बना सकता। जिस धर्म में व्यक्ति को प्रधानता नहीं दी जाती वह धर्म मुझे स्वीकार नहीं है। और हिन्दू धर्म में व्यक्ति की प्रधानता न होने से वह धर्म मुझे स्वीकार्य नहीं है। उसी प्रकार जिस धर्म में एक वर्ग विद्या दान करे, दूसरा वर्ग रक्षा, तीसरा व्यापार करे और चौथा केवल सेवा करे ऐसा विधान हो वह धर्म मुझे स्वीकार नहीं है। विद्या हर किसी को प्राप्त हो, शस्त्र की भी सभी को ज़रूरत है। अर्थ सभी को चाहिए। जो धर्म यह तथ्य भूलता है और जो एक को सज्ञान करने के लिए दूसरे को अज्ञान में रखता है वह धर्म न होकर लोगों को बौद्धिक दासता में रखने का षड्यन्त्र है। जो धर्म एक के हाथ में हथियार देकर दूसरे को निःशस्त्र करता है वह धर्म न होकर एक के द्वारा दूसरे को पराधीनता में रखने की साजिश है। जो धर्म कुछ लोगों को धन सम्पादन करने की राह खुली कर औरों को अपनी उपजीविका के लिए दूसरों पर निर्भर रहने की आज्ञा देता है वह धर्म स्वार्थपरायण है। हिन्दू धर्म की चातुर्वर्ण्य व्यवस्था ऐसी ही है। उसके बारे में मैंने अपनी राय स्पष्ट बताई है। आप विचार करें कि यह हिन्दू धर्म आपका हितैषी है? धर्म का मूल उद्देश्य व्यक्ति की आत्मोन्नति का पोषक वातावरण उत्पन्न करना है। यह मान्य करें तो हिन्दू धर्म में आपकी कभी आत्मोन्नति नहीं हो पाएगी।

व्यक्ति के विकास के लिए सहानुभूति, समता और स्वातन्त्र्य इन तीन बातों की आवश्यकता है। क्या आपको लगता है कि हिन्दू धर्म में इन तीनों में से एकाध बात आपके लिए उपलब्ध है?

सहानुभूति की दृष्टि से देखें तो कहना पड़ेगा कि चहुँ ओर अकाल ही है। आप इससे भलीभाँति परिचित होंगे कि आप कहीं पर भी जाते हैं तो कोई आपके साथ आत्मीयता से पेश नहीं आता। हिन्दू लोगों की आपके प्रति आत्मीयता नहीं है। बल्कि वे आपको पराये से भी पराया मानते हैं। एक ही गाँव में रहनेवाले स्पृश्य और अस्पृश्यों का परस्पर सम्बन्ध पड़ोस में रहनेवाले दो भाइयों जैसा नहीं होता। उन्हें तो परस्पर विरोधी दो सेना के दल ही कहना पड़ेगा। हिन्दुओं को मुसलमान लोग जितने अपने लगते हैं, उसकी तुलना में आपके प्रति आत्मीयता नहीं है। हिन्दू और मुसलमान लोकल बोर्ड में, कानून कौन्सिल में, व्यापार में परस्पर सहयोग करते हैं लेकिन आपके साथ हिन्दू लोगों के सद्भावपूर्ण बर्ताव का क्या कोई उदाहरण मिलता है? अपितु आपकी ओर अक्सर उनकी कड़ी निगाह होती है। आपमें से किसी को अदालत में न्याय माँगने की नौबत आई होगी या पुलिस के पास मदद माँगने गए होंगे तो वे अनुभव से बताएँगे कि हिन्दू की कड़ी निगाह का परिणाम कितना विघातक होता है। क्या आपको विश्वास है कि अदालत में आपको इन्साफ मिलेगा, पुलिस आपका सहयोग करेगी? और यदि ऐसा नहीं है तो ऐसी मानसिकता बनने का क्या कारण है? मेरे मतानुसार इस अविश्वास का कारण एक मात्र यही है कि हिन्दू लोगों में आपके प्रति किसी भी

प्रकार की सहानुभूति न होने से वे अपने अधिकार का सदुपयोग करेंगे ऐसी आपको आशा नहीं है। यदि यह यथार्थ है तो ऐसे शत्रुत्व से भरे माहौल में रहने से आपका क्या लाभ होगा?

यह प्रश्न वाकई बड़ा अजीब है। अस्पृश्यता का मूर्त रूप तो अन्तराल में ही है। ऐसी विषमता कहीं भी दिखाई नहीं देगी। अस्पृश्यता जैसी उग्र विषमता दुनिया के इतिहास में कहीं नहीं मिलेगी। अपने स्तर के अनुकूल न होने पर कोई अपनी बेटी दूसरे के घर नहीं ब्याहना चाहता, कोई उसके साथ सहभोज नहीं लेता। इस तरह का असमानता का बर्ताव हमें देखने को मिलता है। लेकिन एक व्यक्ति द्वारा दूसरे व्यक्ति को स्पर्श न कर उसे पतित मानने की प्रथा हिन्दू धर्म और हिन्दू समाज के सिवा क्या अन्यत्र कहीं मिल सकती है? जिसके स्पर्श से मनुष्य अपवित्र होता है, जिसके स्पर्श से पानी अपवित्र होता है, जिसके स्पर्श से ईश्वर अपवित्र होता है उस प्राणी को मनुष्य में गिना जाए ऐसा कोई कह सकता है? अस्पृश्य व्यक्ति की ओर देखने का नजरिया और कुष्ठपीड़ित व्यक्ति की ओर देखने के नजरिये में क्या अन्तर है? यद्यपि कुष्ठपीड़ित व्यक्ति के प्रति लोगों के मन में घृणा होती है लेकिन सहानुभूति तो होती है। लेकिन आपके प्रति मात्र सहानुभूति नहीं होती और ऊपर से घृणा भी होती है यानी कुष्ठपीड़ित व्यक्ति से भी आपकी दशा दयनीय है। गाँवों में आज भी एकाध स्पृश्य व्यक्ति उपवास के बाद भोजन करते समय महार की वाणी सुनने पर अन्न ग्रहण नहीं करता। आपका शरीर और आपके शब्द इतने कलंकित माने जाते हैं। कुछ लोग कह रहे हैं कि अस्पृश्यता हिन्दू धर्म का कलंक है। लेकिन सच कहें तो इसमें कोई तथ्य नहीं है। क्योंकि एक भी हिन्दू ऐसा नहीं मानता कि हिन्दू धर्म कलंकित है। बहुजन हिन्दू समाज आप ही को कलंकित, दूषित और अपवित्र मानता है। आपकी ऐसी दशा क्यों हो गई। मुझे लगता है कि आपके हिन्दू धर्म में रहने से आपकी ऐसी दशा हुई। आपमें से जो मुसलमान हुए उन्हें हिन्दू अछूत नहीं मानते। आपमें से जो ईसाई हुए उन्हें हिन्दू लोग अछूत नहीं मानते। उन्हें निम्न नहीं मानते। हाल ही में त्रावणकोर में घटित घटना विचारणीय है। वहाँ के थिया जाति के अस्पृश्य लोगों को रास्ते पर चलने की पाबन्दी थी। आप जानते ही होंगे कि कुछ दिन पहले उन्होंने सिक्ख धर्म का स्वीकार किया। जो अस्पृश्य उन रास्तों पर चल नहीं सकते थे वे सिक्ख बने तो उन पर की पाबन्दी शिथिल की गई। इससे यही सिद्ध होता है कि आपकी अस्पृश्यता और विषमता का मूल कारण आपका हिन्दू धर्म के साथ होनेवाला सम्बन्ध है।

इस विषमता के अन्याय का सांत्वन करने के लिए कुछ स्पृश्य लोग अस्पृश्यों को कहते हैं कि आप शिक्षित बनो फिर हम आपको स्पृश्य मानेंगे! आप स्वच्छ रहें फिर आपको स्पृश्य मानेंगे! और समता का व्यवहार करेंगे! लेकिन हम

सब अनुभव से यह जानते हैं कि अज्ञानी, दरिद्री और अस्वच्छ महार की दशा में और शिक्षित, सम्पन्न और स्वच्छ महार की दशा में कोई अन्तर नहीं है। यदि यह प्रश्न नजरअन्दाज करें तो भी शिक्षा लिए बगैर, हाथ में रुपए होने पर, देह पर पोशाक होने पर ही मान-सम्मान मिलनेवाला है तो आम महार क्या करें? जिसे शिक्षा नहीं मिल पाती, जिसे रुपये नहीं मिल पाते और जो अच्छी पोशाक नहीं कर पाता वह महार समानता कैसे प्राप्त करे? ईसाई और मुसलमान धर्म में जो समता की सीख दी गई है उसका सम्बन्ध विद्या, धन, पोशाक, पराक्रम जैसे बाह्य उपादानों से बिल्कुल नहीं है। दोनों धर्म व्यक्ति में होनेवाले मनुष्यत्व को ही महत्त्वपूर्ण मानते हैं। वे यह मानते हैं कि मनुष्यत्व सभी के लिए आदरणीय होना चाहिए और कोई किसी का न अवमान करे न उसे निम्न माने। हिन्दू धर्म में ऐसी सीख का पूर्णतः अभाव है। जिस धर्म में मनुष्य के मनुष्यत्व का और उसकी इन्सानियत का कोई मूल्य नहीं है, उस धर्म का क्या लाभ? और उसके गले पड़ने से क्या साध्य होगा? कुछ हिन्दू लोग इसके उत्तर के रूप में उपनिषद का सबूत देते हैं। उसका 'ईश्वर सर्वत्र व्याप्त है' यह तत्त्व बताकर शेखी बघारते हैं। विज्ञान और धर्म इन दोनों में पूर्णतः अन्तर है। कोई तथ्य विज्ञान का तत्त्व है या धर्म की सीख है इस पर विचार करना चाहिए। समाज में सभी के लिए एक ईश्वर यह विज्ञान का सिद्धान्त है। धर्म के तत्त्व का सम्बन्ध बर्ताव से होता है लेकिन विज्ञान से नहीं होता। 'ईश्वर सर्वत्र व्याप्त है' यह धर्म की सीख न होकर विज्ञान का तत्त्व है। हिन्दू लोग उसके अनुसार बर्ताव नहीं करते यह सबूत ही है। बावजूद हिन्दू लोगों का ऐसा आग्रह ही होगा कि यह तत्त्वज्ञान का सिद्धान्त न होकर धर्म की नींव है और इसीलिए हमारा धर्म श्रेष्ठ है तो इसके लिए यही उत्तर है कि उनसे ज्यादा नीच लोग दुनिया में कोई नहीं होंगे। मुँह से ईश्वर का नाम जपनेवाले और मनुष्य की विडम्बना करनेवाले लोगों का 'मुँह में राम बगल में छुरी' या 'बातें महानुभाव की और करनी कसाई की' जैसे दुष्ट लोगों में ही समावेश करना होगा। सर्वत्र एक ही ईश्वर माननेवाले और दूसरी ओर मनुष्य को पशुतुल्य माननेवाले लोगों की संगत मत करो! चींटियों को चीनी खिलानेवाले और मनुष्य को पानी के बिना मारनेवाले लोग पाखंडी हैं, उनकी संगत मत करो। उनकी संगत से आप पर हुए परिणामों को आप नहीं जानते। आप बेइज्जत हुए, आपका मान-सम्मान चला गया। सच कहें तो हिन्दू समाज में आपको मान-सम्मान नहीं है ऐसा कहना यथार्थ के प्ररिप्रेक्ष्य में अपर्याप्त लगता है। आपको न केवल हिन्दू लोग नीच मानते हैं अपितु मुसलमान और ईसाई तक आपको नीच मानते हैं। वैसे इस्लाम और ईसाई धर्म में श्रेष्ठ-कनिष्ठ, उच्च-नीच ऐसा भेद जाग्रत करनेवाली सीख नहीं है। बावजूद उसके वे आपको कनिष्ठ मानते हैं। इसका कारण क्या हो सकता है? इसका कारण यही है कि हिन्दू लोग आपको नीच मानते हैं

इसीलिए मुसलमान और ईसाई आपको नीच मानते हैं। यदि हम अछूत को अपनी बराबरी का मानें तो हिन्दू लोग हमें अस्पृश्यों के जैसा ही निम्न मानेंगे इसी डर से मुसलमान और ईसाई आपको हिन्दू की तरह अछूत मानते हैं। हिन्दू समाज में हमें हीन माना गया है। हिन्दुओं के विषमतापूर्ण बर्ताव से पूरे हिन्दुस्थान में हमें हीन माना गया है। इस अपमानास्पद स्थिति को टालने के लिए, यह कलंक दूर करने लिए, नरदेह को सार्थ बनाने के लिए हिन्दू धर्म और हिन्दू समाज को त्याग देना यही एकमात्र उपाय है।

कुछ लोग ऐसा कह सकते हैं कि हर नागरिक को कानूनन व्यवसाय की जो स्वतन्त्रता है वह आपको भी है। हर नागरिक को कानूनन जो व्यक्ति स्वातन्त्र्य है, वह आपको भी है। लेकिन क्या वाकई इसमें तथ्य है? इस पर आपको गहराई से विचार करना होगा। जिस व्यक्ति को समाज परम्परागत व्यवसाय के सिवा व्यवसाय नहीं करने देता उसे व्यक्ति स्वातन्त्र्य होने की बात कहना कहाँ तक संगत है? जिसे सम्पत्ति प्राप्त करने का कोई रास्ता नहीं है उसे तुम्हारी सम्पत्ति को कोई हाथ नहीं लगायेगा ऐसा कहना क्या उचित है? जन्मतः अपवित्र होने से जिसे नौकरी में प्रवेश नहीं मिलता, जिसके नियंत्रण में नौकरी करने में लोगों को अपमान लगता है ऐसे व्यक्ति को तुम्हें नौकरी पर अधिकार जताने का स्वातन्त्र्य है ऐसा कहना तो उसका मजाक करने जैसा ही है। अतः ऐसा कहना होगा कि कानून से कई अधिकार दिए होंगे लेकिन समाज उसका उपयोग करने देगा तभी उन अधिकारों की सार्थकता है। कानून द्वारा अछूतों को अच्छी पोशाक पहनकर घूमने का अधिकार दिया है। लेकिन हिन्दू समाज ऐसे कपड़े पहनने ही नहीं देता तब उस अधिकार का क्या लाभ? कानून ने अछूतों को ताँबा-पीतल के बर्तन में पानी लाने का अधिकार दे दिया है। लेकिन हिन्दू समाज उन्हें धातु के बर्तन का इस्तेमाल ही करने नहीं देता तो उस अधिकार का क्या लाभ? कानून ने अछूतों को अपने घर की छत खपैरल की बनाने का अधिकर दे दिया है। लेकिन हिन्दू समाज उन्हें खपरैल नहीं डालने देता तो उस अधिकार का क्या लाभ? ऐसे कई उदाहरण बताये जा सकते हैं। निष्कर्ष यह कि समाज जिसका उपयोग करने देगा वही अपना अधिकार मानना होगा। जिस अधिकार को समाज का विरोध है, एतराज है वह अधिकार कानून द्वारा दिए जाने पर भी उसका कोई लाभ नहीं है। अर्थात अछूत लोगों को कानूनी स्वतन्त्रता की अपेक्षा सामाजिक स्वतन्त्रता जरूरी है। और आपको जब तक सामाजिक स्वातन्त्र्य नहीं मिलेगा तब तक कानून चाहे जितनी स्वतन्त्रता दे, कोई लाभ नहीं होगा। कुछ लोग कहते हैं कि आपको शारीरिक स्वातन्त्र्य है। यद्यपि यह सच है कि आप जहाँ काननू की मनाई नहीं वहाँ जा सकते हैं तथा बोल सकते हैं। लेकिन इससे क्या लाभ होगा? मनुष्य को शरीर

के साथ मन भी होता है। उसे जितनी शारीरिक स्वातन्त्र्य की आवश्यकता होती है उतनी ही मानसिक स्वातन्त्र्य की भी है। केवल शारीरिक स्वातन्त्र्य होने से कोई लाभ नहीं है। अन्ततः मानसिक स्वातन्त्र्य महत्त्वपूर्ण है। वैसे कहा जाए तो शारीरिक स्वातन्त्र्य किसलिए होता है? हर कोई अपने मन मुताबिक व्यवहार कर पाए इसलिए ही ना? कैदी के पैरों की बेड़ियाँ खोलकर उसे मुक्त करने का मतलब क्या होता है? उद्देश्य यही होता है कि वह बाह्य जगत् में मुक्त मन से संचार करे और अपने में स्थित कर्तृत्व का पूरा लाभ उठाए। लेकिन जिस मनुष्य का मन गुलाम है, उसके लिए बाह्य स्वातन्त्र्य का क्या लाभ? मानसिक स्वतन्त्रता यही सही स्वतन्त्रता है। जिनका मन गुलाम है वह कैदी न होने के बावजूद कारावास में है। जिसका मन स्वतन्त्र नहीं वह जिन्दा होने के बावजूद मरा हुआ है। मन की स्वतन्त्रता जिन्दा होने का सबूत है। लेकिन मानसिक स्वतन्त्रता है, वह लुप्त नहीं हुई है, इसका क्या सबूत है? मानसिक स्वतन्त्रता किसे कहेंगे? मेरे मतानुसार वही व्यक्ति आज़ाद है जो सजग बुद्धि से अपने हक, अधिकार और दायित्व को जान लेता है। जो परिस्थिति का दास न होकर उस पर काबू पाने में सक्षम होता है। जो रूढ़ि-परम्परा का दास नहीं हुआ, जो अन्धानुयायी नहीं बना, जिसके विचार की ज्योति बुझ नहीं पाई वह आज़ाद है। जो पराधीन नहीं हुआ, जो दूसरे की बुद्धि से आचरण नहीं करता, जो कार्यकारणभाव को समझे बगैर किसी पर विश्वास नहीं करता, जो अपने हक पर आँच आने से उसकी रक्षा के लिए सजग होता है, जो प्रतिकूल जनमत से डरता नहीं, जिसमें दूसरे के हाथ की कठपुतली न बने ऐसी बुद्धि और प्रतिभा होती है, वही व्यक्ति मेरे मतानुसार स्वतन्त्र है। ऐसा व्यक्ति अपनी जिन्दगी का उद्देश्य और उसका उपयोग औरों के इशारे पर नहीं करता। वह अपनी बुद्धि से अपनी जिन्दगी का उद्देश्य क्या होना चाहिए तथा अपनी जिन्दगी किस कार्य में किस तरह व्यतीत करें यह स्वयं तय करता है। मेरे मतानुसार निष्कर्षतः जो पूर्णतः स्वाधीन है, वही मनुष्य स्वतन्त्र है।

इस दृष्टि से देखा जाए तो क्या आप स्वतन्त्र हैं? आपकी जिन्दगी और उसका उद्देश्य क्या आपके हाथ में है? मेरे मतानुसार आपको स्वातन्त्र्य तो नहीं है लेकिन आप गुलाम हैं, सेवक हैं। इतना ही नहीं तो आपकी दासता की कोई सीमा नहीं है। हिन्दू धर्म में किसी को भी विचार स्वातन्त्र्य नहीं हो सकता। जो मनुष्य हिन्दू धर्म में रहेगा उसे अपने विचार स्वातन्त्र्य को त्याग देने के सिवा कोई चारा नहीं है। चूंकि उसे वेद के अनुसार ही आचरण करना पड़ता है। वेद में वैसी आज्ञा न हो तो स्मृति की आज्ञा का पालन करना होगा। स्मृति में उसका उल्लेख न हो तो महाजनों का आदेश सिर माथे पर मानना होगा। हिन्दू धर्म में बुद्धि और विचार को प्रधानता नहीं है और उसके विकास को भी मौका नहीं है। हिन्दू को

किसी-न-किसी की गुलामी करनी ही पड़ती है। 'वेदों' की गुलामी करनी होगी, 'स्मृति' का आचरण करना होगा या महाजनों की बात माननी होंगी। उसे बुद्धि का बिल्कुल उपयोग नहीं करना चाहिए। इसी कारण आप जब तक हिन्दू धर्म में हैं तब तक आपको विचार स्वातन्त्र्य प्राप्त नहीं हो सकता। इस पर कोई ऐसा कहेगा कि हिन्दू धर्म ने केवल आपका ही मानसिक स्वातन्त्र्य छीन लिया ऐसी बात नहीं तो हिन्दू धर्म को प्रमाण माननेवाली सभी जातियों का मानसिक स्वातन्त्र्य छीन लिया है। यद्यपि हिन्दू धर्म के कारण सभी बौद्धिक गुलामी के शिकंजे में अटक गए हैं लेकिन इससे ऐसा नहीं मान सकते कि सभी समदुःखी हैं। क्योंकि इस बौद्धिक गुलामी के परिणाम सभी को समान रूप में भुगतने नहीं पड़ते। इस गुलामी का स्पृश्य वर्ग के भौतिक सुख पर कोई अनिष्ट परिणाम नहीं हो सकता। यद्यपि वे वेदों के गुलाम हैं, स्मृति के दास हैं, महाजनों के गतानुगतिक हैं तो भी वेद, स्मृति और महाजनों ने हिन्दू समाज की व्यवस्था में उन्हें उच्च स्थान बहाल किया है। औरों पर हुकूमत जताने का उन्हें अधिकार दे दिया है। और यह वादातीत सत्य है कि हिन्दू धर्म की रचना वरिष्ठ वर्ग के हिन्दुओं ने वरिष्ठ वर्ग के हिन्दुओं के सम्वर्धन हेतु अनुकूल बनाई है। वे जिसे धर्म कहते हैं उसमें आपको गुलाम की भूमिका दी गई है। इतना ही नहीं, इस गुलामी से आपकी मुक्ति न हो पाए ऐसा नियोजन भी इस धर्म ने किया है। इसी कारण हिन्दू धर्म की इस बौद्धिक गुलामी से मुक्त होने की आपको जितनी आवश्यकता है उतनी हिन्दुओं को नहीं है। इस दृष्टि से विचार करें तो हिन्दू धर्म दोनों दृष्टि से आपके लिए हानिकर है। इस धर्म ने आपका मानसिक स्वतन्त्रता छीनकर आपको गुलाम बनाया है और इसी धर्म ने आपको गुलामी की दशा में धकेल दिया है। यदि आपको स्वातन्त्र्य चाहिए तो आपको धर्मान्तर ही करना होगा।

आज जो छुआछूत निर्मूलन का आन्दोलन शुरू हुआ है उसको लेकर ऐसी आलोचना की जाती है कि अस्पृश्य वर्ग में जो विभिन्न जातियाँ मिलती हैं उन जातियों में परस्पर छुआछूत का पालन किया जाता है। महार, मातंग एक दूसरे के हाथ का खाना नहीं खाते। दोनों मेहतर जैसी जाति को अछूत मानकर छुआछूत का पालन करते हैं। लेकिन छुआछूत माननेवाली उच्च ज़ाति को आप छुआछूत को छोड़ दो कहने का क्या अधिकार है। आप आपसी जातिभेद और अस्पृश्ता छोड़ दो फिर हमारे पास न्याय माँगने आ जाओ ऐसी मासूम सलाह दी जाती है लेकिन हम पर किया गया आरोप पूर्णतः झूठा है। अस्पृश्य वर्ग में अन्तर्भूत कुछ लोग छुआछूत मानते हैं इससे इन्कार नहीं किया जा सकता। लेकिन इस अपराध के वे जिम्मेदार हैं ऐसा मानना पूर्णतः झूठ है। छुआछूत का उदय अस्पृश्य लोगों से नहीं हुआ है। छुआछूत का जन्मदाता तो उच्च वर्गीय हिन्दू समाज ही है। उन्होंने ही छुआछूत का रिवाज शुरू किया है। छुआछूत मानने का रिवाज उच्च वर्ग के

हिन्दू लोगों ने ही बनाया है। यह बात सच है कि छुआछूत के रिवाज की जिम्मेदारी उच्च वर्ग की ही है। अस्पृश्य वर्ग उसका कतई जिम्मेदार नहीं है। अस्पृश्य वर्ग के लोग छुआछूत को लेकर उच्च वर्ग द्वारा पढ़ाये पाठ ही का अनुकरण करते हैं। यदि वह पाठ झूठा है तो उस पाप के जिम्मेदार वह पाठ पढ़ानेवाले लोग ही हैं। जिन्होंने उसका अनुकरण किया वे उसके लिए कतई दोषी नहीं हैं। यद्यपि यह उत्तर समर्पक है लेकिन इससे स्वयं मुझे सन्तोष नहीं है। जिस कारण से हममें छुआछूत का प्रवेश हुआ है उसके हम जिम्मेदार न हों तो भी हमारे बीच जो छुआछूत है उसका निषेध न करना, उसे यथावत बनाए रखना इष्ट नहीं है। भले ही अस्पृश्यता और छुआछूत के निर्माण में हम जिम्मेदार नहीं हैं लेकिन उसके निर्मूलन की जिम्मेदारी हम पर ही है। और मुझे इसका सन्तोष है कि आप सभी ने इस जिम्मेदारी को पहचान लिया है। और मुझे विश्वास है कि महार जाति में ऐसा कोई नेता नहीं है जो छुआछूत का समर्थन करता है। यदि तुलना ही करनी है तो वह नेताओं में ही करनी होगी। यदि महार जाति के शिक्षित वर्ग और ब्राह्मणों के शिक्षित वर्ग की तुलना करें तो यह बात सभी को स्वीकार करनी होगी कि अस्पृश्य वर्ग का शिक्षित वर्ग जातिभेद निर्मूलन के लिए अधिक अनुकूल पाया जाता है। इतना ही नहीं, यह बात कृति से भी सिद्ध की जा सकती है। महार जाति का शिक्षित वर्ग इस सुधार के लिए अनुकूल है यह सिद्ध किया जा सकता है। आज महार जाति में एक भी ऐसा मनुष्य नहीं मिलेगा, जो महार-मातंग में रोटी-बेटी-व्यवहार का विरोध करता होगा। और मुझे बड़ा सन्तोष होता है कि आपने आपसी जातिभेद के निर्मलून की आवश्यकता को पहचान लिया है। इसके लिए मैं आपको बधाई देता हूँ। लेकिन अछूतों में होनेवाले जातिभेद के निर्मूलन का प्रयास सफल कैसे होगा? क्या आपने इस पर विचार किया है? सहभोज लेने से या अपवाद के रूप में सहविवाह करने से जातिभेद का निर्मूलन नहीं हो सकता। जातिभेद एक मानसिक स्थिति है, एक मानसिक व्यथा है। यह मानसिक व्यथा जड़ने का कारण हिन्दू धर्म की सीख है। हम जो छुआछूत मानते हैं उसका मुख्य कारण यह है कि हम जिस हिन्दू धर्म में रहते हैं वह धर्म ही हमें वैसा करने को कहता है। कोई चीज या पदार्थ कड़आ हो तो उसे मीठा किया जा सकता है। वह खारा या कसैला हो तो उसकी रुचि बदली जा सकती है। लेकिन जहर का अमृत नहीं किया जा सकता। अतः हिन्दू धर्म में रहकर जातिभेद का निर्मलून करेंगे ऐसा कहना यानी जहर का अमृत करेंगे ऐसा कहना ही है।

अर्थात जिस धर्म में एक मनुष्य दूसरे मनुष्य को गंदा माने ऐसी सीख दी जाती है उस धर्म में हम जब तक रहेंगे तब तक हमारे मन में होनेवाली जातिभेद की भावना नष्ट होना केवल असम्भव है। अस्पृश्यों में स्थित जातीवाद को नष्ट करना हो तो धर्मान्तर यही एकमात्र उपाय है।

मैंने अब तक आपके सामने धर्मान्तर की कारणमीमांसा को प्रस्तुत किया है। और मुझे आशा है कि यह कारणमीमांसा आपके लिए विचार प्रवर्तक साबित होगी। जिन लोगों को यह कारणमीमांसा गहरी और जटिल लगती है उनके लिए यह विषय आसानी से समझ में आए इसलिए मैं कुछ सहज, सरल विचार आपके सामने प्रस्तुत करनेवाला हूँ। इस धर्मान्तर में नया ऐसा क्या है? सही रूप में देखें तो हिन्दुओं का और आपका सामाजिक सम्बन्ध क्या है? हिन्दुओं से मुसलमान लोग जितने दूर है उतने ही आप भी दूर हैं। ईसाई समाज हिन्दुओं से जितना अलग है उतने ही आप हिन्दू लोगों से अलग हैं। जिस प्रकार हिन्दू लोगों का ईसाई और मुसलमान लोगों के साथ रोटी-बेटी व्यवहार नहीं होता वैसा ही आपके साथ भी नहीं होता। आज भी हिन्दू तथा आपका समाज दो अलग समाज हैं। अतः ऐसा कोई नहीं कह सकता या किसी को ऐसा नहीं लगेगा कि धर्मान्तर करने से एक समाज के दो टुकड़े किए गए हैं। आज आप जिस तरह अलग हैं उसी तरह धर्मान्तर करने पर भी अलग ही रहेंगे। धर्मान्तर से नया कुछ नहीं होनेवाला है। यदि यह सच है तो धर्मान्तर का डर औरों को क्यों लगता है यह मेरी समझ में नहीं आता। दूसरी निर्विवाद बात यह है कि आपको यदि धर्मान्तर का महत्त्व रास नहीं आया है लेकिन नामान्तर का महत्त्व अभी सभी को रास आया है। आपमें से किसी को भी तुम्हारी जाति कौन-सी है? ऐसा पूछने पर वह चोखामेला, हरिजन आदि बताता है। लेकिन महार नहीं बताता। नामान्तर करने की आवश्यकता के बिना कोई नामान्तर नहीं करेगा। इस तरह के नामान्तर करने का कारण बिल्कुल आसान है। अपरिचित व्यक्ति को अस्पृश्य और स्पृश्य का भेद बताना असम्भव है। जब तक जाति का पता नहीं होता तब तक स्पृश्य हिन्दू के मन में किसी भी प्रकार की दूषित भावना उत्पन्न नहीं होती। यात्रा के दौरान अपरिचित स्पृश्य और अस्पृश्य परस्पर भाईचारे के साथ व्यवहार करते हैं। उनमें हुक्का-पानी चलता है। साथ में खान-पान होता है। लेकिन उसी मनुष्य को जिसके साथ व्यवहार कर रहा है उसकी जाति का पता चलने पर और वह अस्पृश्य है ऐसा समझने पर उसके मन में तिरस्कार उत्पन्न होता है। वह झुँझलाता है और मुझे ठगाया गया इसलिए गुस्सा होता है और यात्रा के दौरान हुई मैत्री का रूपान्तर गाली गलौज और मारपीट में होता है। मुझे विश्वास है कि काफी लोगों को इसका अनुभव आया होगा। और आप सभी जानते हैं कि ऐसा क्यों होता है। आपको जो जातिवाचक नाम मिले हैं उन नामों को इतनी दुर्गंध जड़ गई है कि उनका उच्चारण करने तक से स्पृश्य लोगों को उबकाई आती है। और इसलिए आप स्वयं को महार न कहकर, चोखामेला कहकर लोगों को ठगने का प्रयास करते हैं। लेकिन आप इससे भलीभाँति परिचित हैं कि ऐसा करने से लोगों को नहीं ठग सकते। क्योंकि चोखामेला कहें या हरिजन कहें, लोग जो समझना है वही समझते

हैं। आपके बर्ताव से ही आपने सिद्ध किया है कि आपको नामान्तर की जरूरत है। मुझे आपसे केवल इतना ही पूछना है कि यदि आपको नामान्तर करना आवश्यक लगता है तो धर्मान्तर करने में क्या आपत्ति है? धर्मान्तर एक तरह से नामान्तर ही है। और धर्मान्तर से होनेवाला नामान्तर आपके लिए अधिक लाभदायी होगा। स्वयं को मुसलमान, ईसाई, बुद्ध या सिक्ख कहलवाना धर्मान्तर तो है ही लेकिन नामान्तर भी है और सच कहें तो यह सही नामान्तर है जिसमें दुर्गंध नहीं है। यह नामान्तर आमुलाग्र है। उसकी खोज कोई नहीं कर सकता लेकिन चोखामेला, हरिजन जैसे नामान्तर का कोई अर्थ नहीं है। पुराने नामों की गन्दगी नये नाम को लगे बगैर नहीं रहेगी। आप जब तक हिन्दू धर्म में रहेंगे तब तक आपको नामान्तर करना ही पड़ेगा क्योंकि केवल हिन्दू कहने से काम नहीं चलेगा। हिन्दू यह कोई मनुष्य प्राणी है इस रूप में कोई नहीं पहचानता। महार बताने से भी काम नहीं चलेगा। अतः मेरा आपसे यह प्रश्न है कि ऐसी बीच की स्थिति में रहने की अपेक्षा, आज एक तो कल दूसरा नामान्तर करने की अपेक्षा आप धर्मान्तर कर स्थायी रूप में नामान्तर क्यों नहीं करते?

धर्मान्तर का आन्दोलन शुरू हुआ तभी से अनेक लोगों ने इस आन्दोलन के विरुद्ध कई आपत्तियाँ उठाई हैं। इन आपत्तियों में कितना सत्य है इस पर विचार करना आवश्यक है। कुछ हिन्दू लोग धार्मिकता का दिखावा करते हुए आपको ऐसा बताते हैं कि धर्म यह उपभोग की वस्तु नहीं है। हम जैसे आज एक कोट पहनते हैं। तो कल दूसरा पहनते हैं उस तरह धर्म में परिवर्तन नहीं किया जा सकता। 'आप हिन्दू धर्म को उतार फेंककर दूसरे धर्म में जा रहे हैं तो इतने दिन हिन्दू धर्म में रहनेवाले आपके पूर्वज क्या मूर्ख थे?' कुछ विद्वानों ने ऐसा प्रश्न उपस्थित किया है। मेरे मतानुसार इसमें कोई तथ्य नहीं है। केवल पूर्वजों का धर्म होने से उससे चिपककर रहो ऐसा कहना तो किसी मूर्ख को ही शोभा देगा। कोई भी समझदार मनुष्य इस भूमिका का समर्थन नहीं करेगा। केवल पूर्वजों का धर्म होने से धर्मान्तर न करो ऐसा कहनेवाले लोगों ने इतिहास नहीं पढ़ा होगा। आरम्भिक आर्य के वैदिक धर्म में गोमांस भक्षण, शराब पीना और खुला आचरण इन तीन बातों में ही मुख्यतः धर्म इकट्ठा हुआ था। हिन्दुस्थान के लोगों ने हजारों साल इस धर्म का पालन किया और आज भी कुछ ब्राह्मण लोगों को उस धर्म को अपनाने की सनक सवार होती है। केवल पूर्वजों के धर्म का ही पालन करना था तो हिन्दुस्थान के लोगों ने वैदिक धर्म छोड़कर बुद्ध धर्म को स्वीकार क्यों किया वैदिक धर्म को छोड़कर जैन धर्म क्यों अपनाया? हमारे पूर्वजों ने इस धर्म में जिन्दगी बिताई लेकिन वे लोग सन्तोष से या खुशी से उसमें रहे ऐसा नहीं कह सकते। इस देश में सुदीर्घ काल तक चातुर्वर्ण्य संस्था अबाध रूप में चली थी। इस चातुर्वर्ण्य व्यवस्था में ब्राह्मण विद्यार्जन करें, क्षत्रिय

लड़ाई करें, वैश्य रुपये कमाएँ और शूद्र सेवा करें, ऐसी नियमबद्ध जीवनशैली थी। इस जीवनशैली में शूद्र लोगों के पास न विद्या थी, न धन था और न ही शस्त्र-अस्त्र थे। आपके पूर्वजों को ऐसी विपन्न और निःशस्त्र हालत में रहना पड़ा। अतः कोई भी समझदार व्यक्ति ऐसा नहीं कहेगा कि उन्होंने यह धर्म खुशी के साथ स्वीकार किया होगा। आपके पूर्वजों को इस धर्म के ख़िलाफ विद्रोह करना सम्भव था? वे विद्रोह कर सकते थे लेकिन उन्होंने विद्रोह न कर खुशी से इस धर्म को स्वीकार किया होता तो ऐसा कह सकते थे कि उन्होंने यह धर्म सन्तोष से स्वीकार किया था। लेकिन यथार्थ में देखें तो यही स्पष्ट होता है कि वे असहाय होने से ही उन्हें इस धर्म में रहना पड़ा। इस दृष्टि से देखा जाए तो हिन्दू धर्म हमारे पूर्वजों का धर्म न होकर यह उन पर जबरदस्ती लाद दी गई गुलामी थी। इस गुलामी से मुक्त होने के साधन उन्हें उपलब्ध नहीं थे इसलिए वे इस गुलामी के विरुद्ध विद्रोह नहीं कर पाए। इससे उन्हें गुलामी में ही रहना पड़ा। इसलिए उन्हें कोई दोष नहीं देगा। हर कोई उनके प्रति सहानुभूति ही जतायेगा। लेकिन वर्तमान पीढ़ी के साथ ऐसी जबरदस्ती कोई नहीं कर सकता। वे तो पूरी तरह स्वतन्त्र हैं। स्वतन्त्रता का उपयोग कर वे स्वयं को मुक्त नहीं करेंगे तो उनके जैसा नीच, अधम, पराश्रित दूसरा कोई नहीं होगा, ऐसा खेद के साथ कहना पड़ेगा।

केवल पूर्वजों का धर्म होने से चिपककर रहो ऐसा कहना तो मूर्खता है। कोई भी समझदार व्यक्ति इसका समर्थन नहीं करेगा। जिस परिस्थिति में मनुष्य अटक चुका है उसी में वह आजीवन रहे ऐसा कहना मनुष्य को नहीं, पशु को ही शोभा देता है। मनुष्य और पशु में यदि कोई अन्तर है तो वह यही है कि पशु अपनी प्रगति नहीं कर सकता और मनुष्य अपनी प्रगति कर सकता है। धर्मान्तर एक प्रकार का स्थित्यन्तर है। और धर्मान्तर किए बगैर यदि प्रगति असम्भव है तो धर्मान्तर आवश्यक है। केवल पिता का धर्म यह तथ्य प्रगतिप्रिय मनुष्य के लिए बाधा नहीं बन सकता। धर्मान्तर के विरुद्ध और एक मुद्दा बताया जाता है कि धर्मान्तर यह एक तरह का पलायन है। कुछ लोगों का कहना है कि आज हिन्दू धर्म के कई लोग हिन्दू धर्म में सुधार करने के लिए तैयार हैं, उसके माध्यम से छुआछूत का निर्मूलन किया जा सकता है। और ऐसी स्थिति में धर्मान्तर करना पूरी तरह अनुचित है। हिन्दू धर्म के सुधारकों को लेकर किसी की क्या धारणा है यह मैं नहीं जानता लेकिन मेरे मन में उनके प्रति नफरत है। मुझे उनका अच्छा अनुभव है और इन बावले लोगों से मैं ऊब चुका हूँ। जिन लोगों को अपनी जाति में रहना है, अपनी जाति में मरना है, अपनी जाति में विवाह करना है ऐसा कहनेवाले लोग हम जातिभेद को नष्ट करनेवाले हैं ऐसी झूठी डींग हाँकते हैं। और उस बकवास पर अस्पृश्य लोग विश्वास नहीं करते इसलिए उनका सन्तप्त होना

मुझे अचरज में डालता है। इन लोगों की बकवास सुनने पर मुझे अमरीका के नीग्रो लोगों की मुक्ति के लिए अमरीका के कुछ गोरे सुधारकों द्वारा किए गए प्रयासों की याद आती है। किसी समय अमरीका के नीग्रो लोगों की दशा हिन्दुस्थान के अस्पृश्य वर्ग की तरह ही थी। अन्तर केवल इतना है कि उनकी गुलामी कानून ने प्रस्थापित की थी तो आपकी गुलामी धर्म द्वारा प्रस्थापित है। अमरीका के कुछ सुधारक इन नीग्रो लोगों को गुलामी से मुक्त करने के लिए प्रयास कर रहे थे। लेकिन क्या नीग्रो को गुलामी से मुक्त करनेवाले समाजसुधारकों की और हिन्दू समाजसुधारकों की तुलना की जा सकती है? काले शिद्दी लोगों को गुलामी से मुक्ति के लिए अपने ही खून के गोरे अमरीकन सुधारकों ने कड़ा संघर्ष किया। उन्हें गुलामी में रखा जाए ऐसा कहनेवाले असंख्य गोरे लोगों की जान ली और अपने प्राणों का बलिदान किया। इतिहास के इस प्रसंग को पढ़ने के उपरान्त हमारे समाजसुधारकों की कृति देखें तो कहना पड़ता है कि 'कहाँ राजा भोज और कहाँ गंगू तेली।' अपने आपको सुधारक माननेवाले हिन्दुस्थान के अस्पृश्यों के हिमायती लोगों से ऐसा पूछने को जी करता है कि 'अमरीका के गोरे लोगों ने नीग्रो की मुक्ति के लिए आपस में जो गृहकलह किया उसके लिए आप तैयार हैं? और इसके लिए तैयार न हो तो व्यर्थ बकवास करने से क्या लाभ है? हिन्दुओं में अस्पृश्यों की उन्नति के लिए सबसे बड़े महात्मा गाँधी की पहुँच कहाँ तक है?' अंग्रेज सरकार के खिलाफ निःशस्त्र प्रतिकार द्वारा जंग छेड़नेवाले महात्मा गाँधी अस्पृश्य वर्ग पर जुल्म करनेवाले हिन्दुओं के मन को चोट पहुँचाने के लिए तक तैयार नहीं हैं। इसके ख़िलाफ़ सत्याग्रह करने के लिए तैयार नहीं हैं। इतना ही नहीं उनके खिलाफ कानूनन कार्रवाई के लिए तक तैयार नहीं हैं। मेरी समझ में नहीं आता कि ऐसे सुधारकों का क्या उपयोग है। कुछ लोग अस्पृश्यों की सभा में बड़े जोश से स्पृश्य लोगों को गालियाँ देंगे। कुछ सभा में आकर कहेंगे कि भाइयो स्वच्छ रहो, शिक्षित हो जाओ, आत्मनिर्भर बनो...आदि। यदि कोई अपराधी है तो स्पृश्य वर्ग ही है। गलती वही करता है। लेकिन वे स्पृश्य वर्ग की सभा का आयोजन कर उनके कान उमेठते हैं तो हराम साबित होंगे। आप हिन्दू धर्म में रहकर अपनी जंग जारी रखो, हम और आप मिलकर उसे सफल बनायेंगे ऐसा कहनेवाले सुधारकों को दो बातों की याद दिलाना आवश्यक लगता है।

पिछले विश्वयुद्ध में एक अमरीकन और अंग्रेज व्यक्ति में लड़ाई को लेकर हुआ सम्वाद मेरे पढ़ने में आया है। वह उद्बोधक होने के कारण इस समय उसका उल्लेख करना प्रासंगिक लगता है। उस सम्वाद का विषय लड़ाई कब तक जारी रखी जाएगी इसको लेकर था। अमरीकन सज्जन के प्रश्न का उत्तर देते हुए अंग्रेज व्यक्ति ने बड़े रौब के साथ बताया, अन्तिम फ्रेंच व्यक्ति को मौत के घाट उतारने तक हम यह लड़ाई जारी रखेंगे। हिन्दू समाज के सुधारक जब कहते हैं कि हम

अस्पृश्यता का आन्दोलन तब तक जारी रखेंगे तब मुझे तो उसका अर्थ यही लगता है कि अन्तिम अस्पृश्य मरने तक उनकी जंग जारी रहेगी। दूसरों का शरीर हथेली पर लेकर युद्ध को निकलनेवाले सैनिक से विजयश्री की आशा करना कितना उचित है यह तय करना आपके लिए कठिन नहीं है। यदि हमारी जंग में हम ही मरनेवाले हैं तो गलत जंग लड़ने से क्या लाभ है। हिन्दू समाज में सुधार लाना हमारा ध्येय नहीं और यह हमारा कार्य नहीं है। हमारा ध्येय तो अपने लिए स्वतन्त्रता प्राप्त करना है। इससे परे हमें कुछ लेना-देना नहीं है। यदि धर्मान्तर करने से हमें स्वतन्त्रता मिल सकती है तो हिन्दू समाज के सुधार आन्दोलन की जिम्मेदारी हम अपने ऊपर क्यों लें? और उस आन्दोलन में हम अपनी सामर्थ्य, शक्ति और द्रव्य की आहुति क्यों दें? हिन्दू समाज में सुधार लाना अस्पृश्यता निर्मलून आन्दोलन का मुख्य उद्देश्य है ऐसी गलतफहमी आप बिल्कुल न करें। अस्पृश्यता निर्मूलन आन्दोलन का मुख्य उद्देश्य तो अस्पृश्यों को सामाजिक स्वतन्त्रता दिलवाना है। और इसमें कोई सन्देह नहीं कि वह स्वतन्त्रता धर्मान्तर के सिवा प्राप्त नहीं होगी। मुझे यह स्वीकार है कि अस्पृश्य समानता का अधिकार चाहते हैं और उनके आन्दोलन का प्रधान उद्देश्य यही है। लेकिन यह समानता प्राप्त करने के लिए उन्हें हिन्दू धर्म में ही रहना होगा वरना उन्हें समानता प्राप्त नहीं होगी ऐसा कोई नहीं कह सकता। मुझे समानता प्राप्त करने की दो राहें दिखाई देती हैं। हिन्दू धर्म में रहकर समानता प्राप्त करें या धर्मान्तर कर समानता प्राप्त कर सकते हैं। हिन्दू धर्म में रहकर समानता प्राप्त करनी होगी तो केवल अछूत समस्या को दूर करने से काम नहीं चलेगा। जब रोटी-बेटी व्यवहार होगा तभी समानता प्राप्त हो सकती है। अर्थात् चातुर्वर्ण्य व्यवस्था नेस्तनाबूत होनी चाहिए और ब्राह्णी धर्म का विध्वंस होना चाहिए। क्या यह सम्भव है? और यदि यह असम्भव है तो हिन्दू धर्म में रहकर समानता के व्यवहार की अपेक्षा करने में कहाँ समझदारी है? और क्या इस प्रयास में आपको सफलता मिल सकती है? इसकी तुलना में धर्मान्तर की राह काफी आसान है। हिन्दू समाज मुसलमान समाज के साथ समानता से पेश आता है। हिन्दू समाज ईसाई समाज के साथ भी समानता का व्यवहार करता है। अर्थात् धर्मान्तर से सहजता के साथ सामाजिक समता प्राप्त हो सकती है। यदि यह सच है तो धर्मान्तर जैसी सीधी, सरल राह को आप क्यों नहीं अपनाते! मेरे मतानुसार धर्मान्तर अस्पृश्य लोगों के साथ हिन्दुओं के लिए भी सुखकर है। आप जब तक हिन्दू धर्म में रहेंगे तब तक आपको रोटी-बेटी व्यवहार के लिए संघर्ष करना पड़ेगा। और जब तक यह संघर्ष जारी रहेगा तब तक आपमें और उनमें संघर्ष बना रहेगा। और आप परस्पर दुश्मन बन जाएँगे। धर्मान्तर करने पर संघर्ष जड़ से ही खत्म हो जाएगा। आपको उनके मन्दिर पर हक जताने का न अधिकार रहेगा न जरूरत। सहभोजन, सहविवाह जैसे सामाजिक

अधिकारों के लिए संघर्ष करने का कोई कारण नहीं रहेगा। और यह संघर्ष मिट जाएगा तो परस्पर स्नेह बढ़कर सौहार्दता निर्मित होगी। आज मुसलमान और ईसाई तथा हिन्दू समाज के परस्पर सम्बन्धों को ही देखिए। हिन्दू लोग आपकी तरह ही मुसलमान या ईसाई लोगों को अपने मन्दिर में प्रवेश नहीं करने देते, आप ही की तरह उनके साथ रोटी-बेटी व्यवहार नहीं करते। बावजूद इसके उनमें और हिन्दू धर्म में आज जो स्नेह है वह आप में और हिन्दुओं में नहीं है। इस अन्तर का मुख्य कारण यह है कि आप हिन्दू धर्म में होने से आपको हिन्दू लोगों से धार्मिक और सामाजिक अधिकार के लिए झगड़ना पड़ता है। लेकिन वे हिन्दू धर्म से बाहर होने के कारण उन्हें अपने धार्मिक और सामाजिक अधिकार के लिए हिन्दू लोगों से संघर्ष करने की जरूरत नहीं होती। दूसरी बात यह कि उन्हें हिन्दू समाज में किसी भी तरह के सामाजिक अधिकार नहीं हैं। अर्थात उनके साथ रोटी-बेटी व्यवहार नहीं होता लेकिन हिन्दू समाज उनके साथ असमानता का व्यवहार नहीं करता। यदि धर्मान्तर से समता प्राप्त हो सकती है, धर्मान्तर से हिन्दू और अस्पृश्य में सौहार्दता उत्पन्न हो सकती है तो यह समता की सीधी और सरल राह अपनाने में अस्पृश्य लोगों को क्या हर्ज है? इस दृष्टि से देखा जाए तो धर्मान्तर का निर्णय सही स्वतन्त्रता की ओर ले जानेवाला है और उससे सही समता प्राप्त होनेवाली है। धर्मान्तर यह पलायनवाद नहीं है। वह कायरता का निर्णय न होकर समझदारी का निर्णय है।

धर्मान्तर को लेकर और एक प्रश्न उपस्थित किया जाता है। कुछ हिन्दू लोग ऐसी दलील पेश करते हैं कि जातिभेद से त्रस्त होकर धर्मान्तर करने में कोई अर्थ नहीं है। वे कहते हैं कि कहीं भी जाओ जातिभेद तो रहेगा ही। और खेद के साथ स्वीकार करना पड़ता है कि हिन्दुस्थान के अन्य धर्मीय समाज में भी जातिभेद का प्रवेश हो चुका है। लेकिन इस पाप के जिम्मेदार हिन्दू लोग ही हैं। इस बीमारी की जड़ उन्हीं में पाई जाती है। उसका संसर्ग अन्य लोगों में हुआ है जो उनकी मजबूरी है। यद्यपि ईसाई और मुसलमान समाज में भी जातिभेद पाया जाता है लेकिन वह हिन्दू धर्म की तरह है, ऐसा नहीं कह सकते। इसमें पर्याप्त अन्तर पाया जाता है। सबसे पहले यह मानना होगा कि हिन्दू और ईसाई समाज में होनेवाला जातिभेद उस समाज का अभिन्न अंग नहीं है। आप कौन हैं? इसका उत्तर मैं मुसलमान या ईसाई हूँ कहने से सभी को सन्तोष होता है। 'तुम्हारी जाति कौन सी है?' ऐसा प्रश्न नहीं पूछा जाता लेकिन किसी भी हिन्दू को 'तुम कौन हो?' ऐसा प्रश्न पूछा जाए तो 'मैं हिन्दू हूँ' इस उत्तर से किसी को सन्तोष नहीं होता। अपितु 'तुम्हारी जाति कौन सी है?' ऐसा प्रश्न पूछा जाता है और उसका उत्तर दिए बगैर किसी को भी उसके अस्तित्व को लेकर सन्तोष नहीं होता। उपरोक्त विवेचन से यही सिद्ध होता है कि हिन्दू समाज में जाति को प्रधानता

दी जाती है तो मुसलमान और ईसाई समाज में उसे गौण माना जाता है। हिन्दू समाज में और मुसलमान तथा ईसाई समाज में स्थित जातिभेद में एक और महत्त्वपूर्ण अन्तर पाया जाता है। हिन्दू समाज के जातिभेद की जड़ में हिन्दुओं का धर्म है लेकिन मुसलमान और ईसाई समाज के जातिभेद की जड़ में उनके धर्म का अधिष्ठान नहीं है। यदि हिन्दू जातिभेद का निर्मूलन करने की बात करते हैं तो उनका धर्म रोड़ा बन जाता है। लेकिन ईसाई और मुसलमान लोग उनमें प्रचलित जातिभेद के निर्मूलन का उपक्रम शुरू करें तो उनका धर्म आपत्ति नहीं उठाता। हिन्दू लोग जब तक धर्मनाश नहीं करते तब तक जाति विध्वंस करना असम्भव है। मुसलमान और ईसाई लोगों को जातिनाश के लिए धर्मनाश करना जरूरी नहीं है। जाति निर्मूलन के कार्य में उनका धर्म आपत्ति नहीं उठायेगा। ऐसे कार्य के लिए निष्कर्ष नहीं निकाल सकते। यदि जातिभेद अनिष्ट है तो जिस समाज में जातिभेद की तीव्रता नहीं है या जिस समाज में जाने पर उसका शीघ्र और सहज निर्मूलन किया जा सकता है उस समाज में जाना ही तर्कपूर्ण सिद्धान्त मानना होगा।

कुछ हिन्दू लोग कहते हैं कि केवल धर्मान्तर से क्या होगा? आप अपनी आर्थिक और शैक्षिक स्थिति में सुधार लाने का प्रयास करो। इससे हममें से कुछ लोग धोखा खा सकते हैं। और इसीलिए मुझे इस पर विचार करना आवश्यक लगता है। पहली बात यह कि आपकी आर्थिक और शैक्षिक दशा में सुधार लाने का प्रयास कौन करेगा? आप या आपको ऐसा उपदेश देनेवाला? मुझे लगता है कि जो हिन्दू लोग आपको ऐसा उपदेश देते हैं वे डींग हाँकने के सिवा कुछ नहीं करेंगे। और आपके लिए कुछ करने की उनकी मानसिकता भी नहीं है। अपितु हर हिन्दू अपनी जाति तक सीमित विचार कर उसकी स्थिति में सुधार लाने के लिए दौड़धूप कर रहा है। ब्राह्मण वर्ग ब्राह्मण नारियों के लिए प्रसूतिगृह, ब्राह्मण लड़कों के लिए छात्रवृत्ति तथा ब्राह्मणों की नौकरियों का जुगाड़ बिठाने में मशगूल है। सारस्वत, कायस्थ, मराठा वही कर रहे हैं। हर कोई अपनों के लिए और जिसका कोई नहीं उसका ईश्वर ऐसी दशा है। आपकी उन्नति आपको ही करनी है, दूसरा कोई आपकी मदद नहीं करेगा। यदि ऐसे हालात हैं तो लोगों की बातों पर ध्यान देने से क्या साध्य होगा? केवल गुमराह कर कालक्षेप करना ही उनका उद्देश्य है। यदि आपकी दशा में आपको ही सुधार लाना है तो हिन्दू लोगों के तर्क-वितर्क पर ध्यान देने की कोई आवश्यकता नहीं है। और उन्हें उपदेश करने का कोई अधिकार नहीं है। केवल इतना कहकर इस प्रश्न को मैं छोड़ देना नहीं चाहता, तो उसका खण्डन करना मुझे आवश्यक लगता है।

हिन्दू लोगों की विचारशून्यता पर मुझे अचरज होता है। हिन्दुस्थान के सिक्ख, मुसलमान और ईसाई पूर्वाश्रम में हिन्दू ही थे और वे भी अधिकांशतः शूद्र और अस्पृश्य ही थे। जिन हिन्दू लोगों ने हिन्दू धर्म छोड़कर सिक्ख या ईसाई धर्म

स्वीकार किया, उनका कोई विकास नहीं हुआ ऐसा तो आलोचक नहीं कहना चाहते? और यह असत्य होगा तो धर्मान्तर से उनका उत्कर्ष हुआ यह स्वीकारना पड़ेगा। और ऐसा स्वीकार करने पर धर्मान्तर से अस्पृश्यों का कोई कल्याण नहीं होगा ऐसा कहना कितना यथार्थ होगा इस पर उन्हें सोचना होगा। धर्मान्तर से कुछ नहीं होगा ऐसा कहने का अर्थ यही होगा कि धर्म बिल्कुल निरर्थक संकल्पना है। यदि धर्म निरर्थक संकल्पना है, उससे कोई लाभ-हानि नहीं है ऐसा जिनका कहना है वे अस्पृश्यों को हिन्दू धर्म में ही रहें ऐसा आग्रह क्यों करते हैं? 'केवल धर्मान्तर करने से क्या होनेवाला है?' ऐसा प्रश्न करनेवाले हिन्दुओं को 'केवल स्वराज्य से क्या होगा?' ऐसा प्रश्न करना गलत नहीं होगा।

हिन्दुस्थान के लोगों की भी अस्पृश्य लोगों की तरह आर्थिक और शैक्षिक प्रगति आवश्यक है। यदि यह सच्चाई है तो केवल स्वराज्य से क्या लाभ और केवल स्वराज्य से देश का कोई फायदा होगा तो धर्मान्तर से भी अस्पृश्यों का फायदा ही होगा। गम्भीरता से सोचें तो सभी को यह स्वीकार करना होगा कि हिन्दुस्थान के लिए जितना स्वराज्य का महत्त्व है उतना ही महत्त्व अस्पृश्यों के लिए धर्मान्तर का है। धर्मान्तर और स्वराज्य इन दोनों का अन्तिम उद्देश्य एक ही है। यदि स्वतन्त्रता प्राप्ति और स्वातन्त्र्य मनुष्य के लिए आवश्यक है तो जिस धर्म से अस्पृश्यों को स्वतन्त्रता प्राप्त हो सकती है उस धर्मान्तर को निरर्थक नहीं कह सकते।

यहाँ पर मुझे इस पर विचार करना भी समीचीन लगता है कि पहले आर्थिक उन्नति या धर्मान्तर चाहिए। पहले आर्थिक उन्नति होनी चाहिए ऐसा कहनेवाले लोगों का मत मुझे रास नहीं आता। पहले धर्मान्तर फिर आर्थिक उन्नति या पहले आर्थिक उन्नति और फिर धर्मान्तर यह विवाद पहले राजनीतिक उन्नति या सामाजिक उन्नति इस विवाद की तरह निरर्थक है। समाज की उन्नति हेतु कई साधनों की आवश्यकता होती है और वह सभी साधन अपने स्थान पर महत्त्वपूर्ण होते हैं। उसमें किसी एक का उपयोग पहले और किसी एक का उपयोग दूसरे क्रम पर नहीं रख सकते। बावजूद उसके क्रम की जिद करें तो पहले धर्मान्तर या आर्थिक उन्नति इसका उत्तर मैं पहले धर्मान्तर यही दूँगा। आपके ऊपर जब तक अस्पृश्यता का कलंक है तब तक आपकी उन्नति कैसे हो सकती है? यदि आपमें से कोई दुकान खोले और लोगों को पता चले कि दुकानदार अस्पृश्य है तो उससे कोई माल नहीं खरीदेगा। आपमें से कोई नौकरी हेतु आवेदन पत्र भेजता है और आवेदक के अस्पृश्य होने का पता चलता है तो उसे नौकरी नहीं मिलेगी। यदि आपमें से कोई खेती खरीदना चाहे तो आपके अस्पृश्य होने के कारण आपको कोई खेती बेचना नहीं चाहता। आप आर्थिक उन्नति की कोई भी राह अपनायेंगे तो आपके अस्पृश्य होने से आपको उसमें सफलता नहीं मिलेगी। अर्थात्

अस्पृश्यता आपकी उन्नति की राह का रोड़ा है, उसे दूर किए बगैर आपकी राह सुकर नहीं हो सकती। और धर्मान्तर के बिना यह बाधा दूर नहीं होगी। आपमें से कुछ युवा आज शिक्षा लेने को लालायित हैं। उनके लिए हर तरह से रुपये जमा कर रहे हैं। इन रुपयों की लालच से कई लोगों में अस्पृश्य रहकर ही प्रगति करने की मानसिकता दिखाई देती है। लेकिन इन युवाओं को मेरा यह प्रश्न है कि यदि शिक्षा लेकर आपको आपकी शिक्षा के अनुरूप नौकरी मिलने की राह खुली नहीं है तो आप शिक्षा लेकर क्या करोगे? हममें से अधिकांश शिक्षित लोग आज बेरोजगार हैं। इसका क्या कारण है? मेरे मतानुसार इस बेरोजगारी का कारण अस्पृश्यता ही है। अस्पृश्यता के कारण ही आपकी नारियों को सम्मान नहीं मिलता। अस्पृश्यता के कारण दी आपके गुणों को नजरअन्दाज किया जाता है। अस्पृश्यता के कारण ही आपको सेना से निकाला गया। अस्पृश्यता के कारण ही आपको चपरासी की नौकरी नहीं मिलती। अस्पृश्यता के कारण आपको अच्छा ओहदा नहीं मिलता। अस्पृश्यता यह एक तरह का शाप है। उससे आप विदग्ध हो चुके हैं और बरबाद हुए हैं। ऐसी दशा में आप गुणों का सम्पादन कैसे करेंगे? और करेंगे तो भी उसका क्या उपयोग? यदि आप चाहते हैं कि आपके गुणों का सम्मान हो, आपकी शिक्षा का उपयोग हो, आपके लिए आर्थिक विकास की राह खुली हो तो पहले आपको अस्पृश्यता का निर्मूलन करना होगा अर्थात् धर्मान्तर करना होगा।

यहाँ तक हमने धर्मान्तर के विरोधकों द्वारा प्रस्तुत कारणों पर विचार किया। अब मैं धर्मान्तर के प्रति सहानुभूति रखनेवाले कुछ लोगों द्वारा प्रस्तुत शंकाओं का निराकरण करने का प्रयास करूँगा। मैंने ऐसा सुना है कि हमारी महार जाति के कई लोगों को इसका डर है कि हमारे इनाम का क्या होगा। ऐसा भी सुनने में आया है कि गाँव-गाँव में उच्च जाति के धर्मान्तरविरोधी लोगों ने ऐसा हौआ खड़ा किया है कि आप धर्मान्तर करेंगे तो आपका इनाम चला जाएगा। ऐसे हल्के गैर कानूनी काम के अधिकार चले जाने का मुझे स्वयं को कोई खेद नहीं है। और आप सभी लोग इससे भलीभाँति परिचित हैं। चूँकि यह अधिकार तो महार जाति को अधोगति की ओर ले जानेवाला है। मैं पिछले दस सालों से अपनी राय लोगों के सामने प्रस्तुत कर रहा हूँ। और मुझे लगता है कि जिस दिन आप इस बेड़ी से मुक्त होंगे उस दिन आपकी मुक्ति की राह खुल जाएगी। बावजूद जो लोग इनाम की इच्छा रखते हैं, उन्हें मैं आश्वस्त कर सकता हूँ कि धर्मान्तर से आपके उस अधिकार को कोई हानि नहीं पहुँचेगी। इस सन्दर्भ में मैं 1850 के कानून का उल्लेख करना चाहूँगा। उस कानून के अनुसार किसी भी व्यक्ति के केवल धर्मान्तर करने से उसके वारिस या जायदाद के अधिकार में बाधा नहीं आ सकती। और जिन्हें कानून का आधार पर्याप्त नहीं लगता वे नगर जिले की परिस्थिति पर गौर करें। नगर जिले के कई महार लोग ईसाई

बन गए हैं। कुछ स्थानों पर तो एक ही घर के कुछ लोग ईसाई बन गए हैं तो कुछ महार ही रहे हैं। लेकिन जो ईसाई हुए उनका इनाम का अधिकार बाधित नहीं हुआ है। और नगर के महार लोग आपको इसका सबूत दे सकते हैं। अतः धर्मान्तर से महार इनाम को हानि नहीं पहुँचेगी।

दूसरा सन्देह राजनीतिक अधिकार को लेकर है। कई लोगों को सन्देह है कि धर्मान्तर करने पर हमारे राजनीतिक अधिकारों का क्या होगा। ऐसा कोई नहीं कह सकेगा कि मैं अस्पृश्य वर्ग को प्राप्त राजनीतिक अधिकारों के महत्त्व से अनभिज्ञ हूँ। यह राजनीतिक अधिकार प्राप्त करने के लिए मैंने जितनी दौड़धूप और प्रयास किए उतनी किसी और ने नहीं की हैं। लेकिन मुझे लगता है कि राजनीतिक अधिकारों पर ही पूरा बल लगाना उचित नहीं है। क्योंकि वे राजनीतिक अधिकार 'यावच्चन्द्र दिवाकरौ' की शर्त पर नहीं दिए गए हैं। वह कभी न कभी खत्म हो जाएँगे। अंग्रेज सरकार द्वारा दिए गए निर्णय के अनुसार हमें दिए राजनीतिक अधिकारों की सीमा बीस साल तय की गई थी। यद्यपि 'पुणे करार' में ऐसी सीमा तय नहीं हुई है लेकिन वह सीमा असीम है ऐसा कोई नहीं कह सकता। जो लोग राजनीतिक अधिकारों पर बल देते हैं वे यह सोचें कि यह राजनीतिक अधिकार खत्म होने पर क्या होगा। जिस दिन यह राजनीतिक अधिकार खत्म होंगे उस दिन आपको सामाजिक सामर्थ्य पर ही निर्भर रहना होगा। और मैंने पहले ही बताया है कि यह सामर्थ्य आपमें नहीं है। यह सामर्थ्य धर्मान्तर के बिना आपको प्राप्त नहीं होगी। केवल आज का विचार करने से काम नहीं चलेगा। क्षणिक लाभ के चंगुल में फँसकर शाश्वत हित का विचार न करना अन्ततः पीड़ादायी होगा। ऐसे में सभी को इस पर विचार करना होगा कि शाश्वत हित और लाभ किसमें है। मेरे मतानुसार शाश्वत हित की दृष्टि से धर्मान्तर यही सही उपाय है। उसके लिए यदि राजनीतिक अधिकारों की आहुति देने की नौबत आ जाए तो भी कोई हर्ज नहीं। लेकिन धर्मान्तर करने से हमारे राजनीतिक अधिकारों को हानि पहुँचने की बात मेरी समझ में नहीं आती। आप चाहे जहाँ जाएँ आपके राजनीतिक अधिकार आपके साथ रहेंगे। इसको लेकर मुझे तो कोई सन्देह नहीं लगता। आप मुसलमान बन जाएँगे तो आपके अधिकार मुसलमान के रूप में आपको मिलेंगे। आप ईसाई बने तो ईसाई के रूप में अधिकार प्राप्त होंगे। और सिक्ख बन जाओगे तो सिक्ख के रूप में वह प्राप्त होंगे। राजनीतिक अधिकार तो जनसंख्या पर निर्भर होते हैं। जिस समाज की जनसंख्या बढ़ेगी उसके राजनीतिक अधिकार भी बढ़ेंगे। हमारे हिन्दू समाज से चले जाने के कारण हमारी पन्द्रह जगहें हिन्दुओं के हिस्से में चली जाएँगी ऐसा भ्रम कोई न पाले। हम मुसलमान बन जाएँगे तो आज मुसलमान लोगों को जितनी जगह हैं उसमें पन्द्रह का इजाफा ही होगा। ईसाई बनेंगे तो उनकी जगह में बढ़त होगी। अर्थात हम

जिधर जाएँगे उधर हमारे राजनीतिक अधिकार चले जाएँगे। अतः इसमें घबराने की कोई जरूरत नहीं। लेकिन हम यदि धर्मान्तर न कर हिन्दू धर्म में ही रहेंगे तो हमारे अधिकार सुरक्षित रह पाएँगे या नहीं इसका आपको जरूर विचार करना होगा। मान लो कि ऐसा कानून पारित हो जाए कि हिन्दू लोग अस्पृश्यता का पालन न करें, वरना वह गुनाह होगा। और ऐसा कानून पारित किए जाने पर आपको ऐसा प्रश्न पूछा कि हमने अस्पृश्यता का कानूनन निर्मूलन किया है, अब आप अस्पृश्य नहीं रहे हैं। हाँ, आप गरीब और दरिद्र हैं, आपकी तरह अन्य जातियाँ भी दरिद्र हैं। लेकिन ऐसी दरिद्र जातियों को हमने अलग राजनीतिक अधिकार नहीं दिए हैं। फिर आपको ही क्यों दिए जाएँ? इस प्रश्न का आप क्या उत्तर देंगे इस पर आपको विचार करना होगा। मुसलमान तथा ईसाई लोग इसका उत्तर सहजता से दे सकते हैं। हमारा समाज दरिद्री है, अज्ञानी है, पिछड़ा है इसलिए हमें अलग राजनीतिक अधिकार दिए हैं, ऐसी बात नहीं है तो हमारा धर्म अलग है, इसलिए हमें राजनीतिक अलग अधिकार मिलने चाहिए, ऐसा समर्पक उत्तर वे दे सकते हैं। जब तक आप हिन्दू समाज और धर्म में हैं तब तक हमारा समाज और धर्म अलग है, इसलिए हमें राजनीतिक अधिकार मिलने चाहिए, ऐसी भूमिका आप नहीं ले सकते। जिस दिन आप धर्मान्तर कर हिन्दू समाज से अलग होंगे उस दिन आप ऐसी भूमिका ले सकते हैं। तब तक यह असम्भव है। और मुझे लगता है कि जब तक आप ऐसी स्वतन्त्र भूमिका लेकर अपने राजनीतिक अधिकारों की माँग नहीं करेंगे तब तक आपके राजनीतिक अधिकार शाश्वत हैं, उसे कोई धोखा नहीं है ऐसा समझना अज्ञानता है। इस दृष्टि से देखने पर ऐसा कहना होगा कि धर्मान्तर राजनीतिक अधिकारों का विरोधी न होकर राजनीतिक अधिकारों के संवर्धन की राह है। आप हिन्दू धर्म में रहेंगे तो आपके राजनीतिक अधिकार बाधित होंगे। आप अपने राजनीतिक अधिकार सुरक्षित रखना चाहते हैं तो धर्मान्तर करो। धर्मान्तर से ही वे सुरक्षित रहेंगे।

मैं तो धर्मान्तर करने का फैसला कर चुका हूँ। और मेरा धर्मान्तर किसी भी प्रकार के भौतिक लाभ हेतु नहीं है। ऐसी कोई बात नहीं जिसे मैं अस्पृश्य रहकर प्राप्त नहीं कर सकूँगा। मेरे धर्मान्तर के पीछे आध्यात्मिक भावना के सिवा और कोई भावना नहीं है। हिन्दू धर्म मेरी बुद्धि को रास नहीं आता। हिन्दू धर्म मेरे स्वाभिमान के खिलाफ है। आपको केवल आध्यात्मिक तथा भौतिक लाभ के लिए धर्मान्तर करना आवश्यक है। कुछ लोग धर्मान्तर के भौतिक लाभ की संकल्पना पर हँसते हैं, मजाक उड़ाते हैं। ऐसे लोगों को मूर्ख कहने में मुझे कोई संकोच नहीं होता। मृत्यु के बाद आत्मा का क्या होगा यह बतानेवाला धर्म अमीरों के लिए उपयोगी होता है। खाली समय में वे धर्म पर विचार कर मनोरंजन कर सकते हैं। जीवित होते हुए जिन्हें सौख्य मिला उन्हें उनकी मृत्यु के पश्चात् उनके

सुख का विचार करनेवाला धर्म अच्छा लगना स्वाभाविक है। लेकिन किसी विशिष्ट धर्म में रहने से जिनकी बरबादी हुई, वे धर्म का भौतिक दृष्टि से विचार न करें तो क्या आँख मूँदकर आकाश निहारते रहें? इन अमीर और खाली लोगों के वेदान्त की गरीबों को क्या उपयोगिता है? मैं तो आपको स्पष्ट रूप में यह बताना चाहूँगा कि मनुष्य धर्म के लिए नहीं तो धर्म मनुष्य के लिए है। मनुष्यता प्राप्त करनी है तो धर्मान्तर करो। स्वतन्त्रता प्राप्त करना चाहते हो तो धर्मान्तर करो। संघटना करनी है तो धर्मान्तर करो। सामर्थ्य, समता और स्वातन्त्र्य प्राप्त करना चाहते हो तो धर्मान्तर करो। सुख से जीना चाहते हैं तो धर्मान्तर करो। जिस धर्म में आपकी मनुष्यता की कोई कीमत नहीं उसमें आप क्यों रहते हैं? जिस धर्म में आपको शिक्षा नहीं मिलती उसमें क्यों रहते हो? जो धर्म आपको मन्दिर में प्रवेश नहीं देता, जो धर्म आपको पानी तक मुहैया नहीं करता, जो धर्म आपको नौकरी मिलने में बाधा पहुँचता है, जो धर्म पग-पग पर आपको अपमानित करता है उसमें आप क्यों रहते हैं? जिस धर्म में मनुष्य के साथ मनुष्यता का व्यवहार करने की पाबन्दी है वह धर्म न होकर धर्म की विडंबना है। जिस धर्म में मनुष्यता को अधर्म माना जाता है वह धर्म न होकर रोग है। जिस धर्म में अमंगल पशु का स्पर्श स्वीकार्य है लेकिन मनुष्य को अछूत माना जाता है वह धर्म नहीं, पागलपन है। जो धर्म एक वर्ग को विद्यार्जन का अधिकार नहीं देता, धन संग्रह तथा शस्त्र ग्रहण करने को मनाही करता है वह धर्म न होकर मनुष्य के जीवन की विडम्बना है। जो धर्म अशिक्षितों को अशिक्षित रखता है, निर्धनों को निर्धन ही रहने की सीख देता है वह धर्म नहीं, सजा है। धर्मान्तर को लेकर जो-जो प्रश्न उत्पन्न हो सकते हैं उनका मैंने अपनी बुद्धि के अनुसार विवेचन करने का प्रयास किया है। इस प्रश्न पर मेरे द्वारा किया विवेचन उकसानेवाला होने की सम्भावना है लेकिन मैंने पहले ही इस विषय का परिपूर्ण विवेचन करने की बात तय की थी। धर्मान्तर को लेकर विरोधकों ने जो मुद्दे उपस्थित किए थे उनको उत्तर देना आवश्यक था। और मेरी यह स्पष्ट राय है कि धर्मान्तर की सार्थकता समझे बगैर कोई भी धर्मान्तर न करे। कोई साशंक न रहे तथा किसी के मन में कोई सन्देह न रहे इसलिए इस प्रश्न पर मुझे विस्तार से विवेचन करना पड़ा। मेरे विचार आपको कितनी मात्रा में रास आए यह तो मैं नहीं जानता लेकिन आशा करता हूँ कि आप उस पर गौर करेंगे। जो रास आए वह बोलकर लोकप्रियता हासिल करना यह व्यावहारिक मनुष्य को शोभा देता है। लेकिन नेता लोगों को यह शोभा नहीं देगा। मेरे मतानुसार जो लोगों का भला और बुरा किसमें है यह निर्भयता और निर्भीकता से लोकोपवाद की परवाह न कर प्रस्तुत करता है वही सच्चा नेता होता है। आपका हित किसमें है यह बताना मेरा दायित्व है। आपको वह रास न आए तो भी मुझे बताना पड़ेगा। मैंने अपना कर्तव्य निभाया है। अब इस प्रश्न पर निर्णय लेना आपका कर्तव्य है।

धर्मान्तर के प्रश्न को मैंने जान-बूझकर दो हिस्सों में विभाजित किया है। हिन्दू धर्म का त्याग करना या हिन्दू धर्म में ही रहना यह उसका पूर्वार्ध है। त्याग करने की स्थिति में कौन सा धर्म स्वीकार करें या नए धर्म की स्थापना करें यह उसी प्रश्न का उत्तरार्ध है। मैं आज केवल पहले प्रश्न पर आपका निर्णय जानना चाहता हूँ। क्योंकि इसके निर्णय के बिना दूसरे प्रश्न पर विचार करना या उस पर निर्णय लेना व्यर्थ है। अतः आप सोच-समझकर निर्णय बता दें। इसके लिए मैं आपको दूसरा मौका नहीं दे पाऊँगा। आज की सभा में आप जो निर्णय लेंगे उसी के आधार पर मैं अगला कार्यक्रम तय करूँगा। यदि आप धर्मान्तर के विरुद्ध निर्णय लेते हैं तो प्रश्न यहीं खत्म हो जाएगा। फिर मैं स्वयं के बारे में निर्णय ले लूँगा। यदि आप धर्मान्तर का निर्णय करते हैं तो आप सभी को संघटित रूप में धर्मान्तर करने का आश्वासन देना होगा। धर्मान्तर का निर्णय होने पर हर कोई अपने मनमुताबिक अलग-अलग धर्म में जाने की सोचेगा। धर्मान्तर का निर्णय होने पर मैं धर्मान्तर के कार्य से दूर रहना चाहूँगा। मेरी इच्छा है कि आप सब मेरे साथ आएँ। हम जिस धर्म में जाएँगे उसमें हमारी उन्नति के लिए जो कष्ट उठाने पड़ेंगे, परिश्रम करना पड़ेगा उसके लिए मैं तैयार हूँ। लेकिन मैं बता रहा हूँ इसलिए भावुक बनकर धर्मान्तर मत करो। यदि आपका विवेक इसे स्वीकार करे तभी आप हामी भरें। यदि आप मेरे साथ न आने का निश्चय करते हैं तो भी मुझे दुख नहीं होगा। उल्टे जिम्मेदारी टल जाने से मुझे खुशी ही होगी। लेकिन यह अन्तिम मौका है इसे आप याद रखेंगे। आप जो निर्णय लेंगे उस पर आनेवाली पीढ़ी का भविष्य तय होगा। यदि आप आज स्वतन्त्र होने का निश्चय करेंगे तो भावी पीढ़ी स्वतन्त्र होगी। आप पराधीन रहने का निश्चय करेंगे तो आनेवाली पीढ़ी भी पराधीन रहेगी इसलिए आपकी जिम्मेदारी अधिक कठिन है।

इस अवसर पर आपको क्या बताया जाए इसका विचार करते समय भगवान बुद्ध ने मृत्युपूर्व अपने भिक्खु संघ को बताये 'महापरिनिब्बानसुत्तान्ति' उपदेश का स्मरण होता है। एक बार भगवान बुद्ध बीमारी से उठकर विहार की छाया में फैलाये गए आसन पर बैठे थे तब उनका शिष्य आयुष्यमान आनन्द उनके पास आया और अभिवादन कर एक ओर बैठकर उसने कहा, "भगवन्त को मैंने सुख में भी देखा है और बीमारी में भी देखा है। भगवन्त की बीमारी से मेरा शरीर शीशे की तरह जड़ बन गया है, मुझे दिशाभ्रम हुआ है। मुझे धर्म सूझ नहीं रहा है। लेकिन सन्तोष यह है कि भिक्खु संघ को कुछ बताए बगैर भगवन्त का परिनिर्वाण नहीं होगा।" इस पर भगवान बुद्ध ने उत्तर दिया, "आनन्दा! भिक्खु संघ मुझसे क्या चाहता है। आनन्दा! मैंने कोई पर्दा रखकर धर्मोपदेश किया नहीं है।" तथागत ने आचार्यमुष्टि नहीं रखी है।" उसने पूछा कि तथागत भिक्खु संघ के बारे में क्या बताएँगे? तो वे बोले, "आनन्दा, स्वयं दीपक की तरह स्वयंप्रकाशित

बनो! पृथ्वी की तरह परप्रकाशित मत बनो! स्वयं पर विश्वास रखो, औरों के अंकित मत बनो! सत्य पर विश्वास करो! सत्य का ही आश्रय लो! और किसी की शरण में मत जाओ।" मैं भी बुद्ध के ही शब्दों का आधार लेकर आपको ऐसा सन्देश देता हूँ कि आप ही अपना आधार बनो! स्वयं की ही बुद्धि सत्य का आधार लो! सत्य की ही शरण में जाओ! और किसी की शरण में मत जाओ! इस अवसर पर आप भगवान बुद्ध का यह उपदेश याद रखेंगे तो मुझे विश्वास है कि आपका निर्णय गलत नहीं होगा।

अनुवाद : डॉ. गिरीश काशिद, बार्शी

पृथ्वी दलितों की हथेलियों पर खड़ी है

—अण्णाभाऊ साठे

[दलित साहित्य सम्मेलन, मुम्बई 1958]

कुछ लोग यह प्रश्न उठा रहे हैं कि 'दलित साहित्यकारों को अलग सम्मेलन का आयोजन कर अलग सूबा बनाना क्या जरूरी है?' कुछ लोग तो यहाँ तक मानते हैं कि अस्पृश्यता निर्मूलन का कानून बनने से आज 'दलित' शब्द ही निरर्थक बन गया है। यदि यह सब स्वीकार करें तो यह प्रश्न उठता है कि ऐसा पूछनेवाले क्या दलितों को मनुष्य मानते हैं? इस में दलितों का भी एक वर्ग है जिसे वे स्वीकार नहीं करते परिणामस्वरूप यह प्रश्न अधिक उलझता है। यदि केवल महाराष्ट्र का विचार करें तो दलितों का एक बड़ा वर्ग महाराष्ट्र में है और इनकी जीवनशैली अलग है। अर्थात् यह वर्ग इस देश में अगुआ है और उसके न्यायपूर्ण संघर्ष से पूरा समाज प्रभावित होता है। यह वर्ग इस देश की सांस्कृतिक धरोहर है। लेकिन वह शोषित, मेहनत करनेवाला दलित होने के नाते अलग है और उपेक्षित भी। ऐसे दलितों को अपने जीवन का स्पष्ट प्रतिबिम्ब साहित्य में दिखाई नहीं देता। मूलतः साहित्य दर्पण की तरह पारदर्शी होना चाहिए। दलितों की केवल इतनी ही इच्छा है कि साहित्य में अपने जीवन का स्पष्ट प्रतिबिम्ब दिखाई दे। और अपना चेहरा जैसा है वैसा दिखाई देने की अपेक्षा रखना गैर नहीं। लेकिन लहरों से तालाब में पड़ी छाँव जिस प्रकार लम्बी और डाँवाडोल दिखाई देती है, उसी प्रकार आज दलित जीवन साहित्य में दिखाई देता है। यह दलित वर्तमान समाज का हृदय है। यह मनुष्य कड़ी मशक्कत का कार्य क्यों करता है, यह जब तक साहित्यकार की समझ में नहीं आता तब तक वह दलित साहित्य की रचना नहीं कर पाएगा।

दलित वर्ग के व्यापक जीवन को समझने के लिए साहित्यकार के पास दिव्य-दृष्टि का होना अनिवार्य है। उसे इस वर्ग के प्रति वफादार होना चाहिए। उसे वस्तुनिष्ठ होना चाहिए। साथ ही दलित वर्ग के न्यायपूर्ण संघर्ष पर और उसकी अन्तिम सफलता पर उसका विश्वास होना चाहिए। अर्थात् उस साहित्यकार को ध्येयवादी होने के साथ ही सृजनशील भी होना चाहिए।

'मनुष्य क्यों जीता है?' 'वह जीने के लिए क्यों छटपटाता है?' इस पर हमें विचार करना चाहिए। इस छटपटानेवाले पतित को हम डरपोक समझते हैं, जो ऊँचाई पर गगन को छूनेवाली बिजली के मीनार पर खड़ा रहकर बिजली के तार जोड़ता है, खदान में खड़ी चट्टान पर चढ़कर सुरंग में आग लगाता है या इस्पात का रस उबालनेवाली भट्ठी पर निर्भयता से संचार करता है। इन सभी स्थानों पर वह मृत्यु के साथ जूझता है। कई बार मृत्यु से उसका मुकाबला होता है और वह शहीद बन जाता है। यह जीने-मरने की अनोखी रीत है। इसे साहित्यकार को समझना चाहिए। सुरंग को आग लगाते हुए मरना, इस्पात के रस में डूबकर मरना या बिजली के करण्ट से मरना और शेअर बाजार में कंगाल होने पर मरना इन में साहित्यकार को निर्णय करना होगा कि श्रेष्ठ मृत्यु कौन-सी है।

दलितों में भी सभी भावनाएँ अन्यों की तरह निरन्तर जाग्रत होती हैं लेकिन अन्यों की तुलना में वह कुछ अलग होता है। क्योंकि वह केवल हाड़-माँस का गोला न होकर निर्मितिक्षम होता है। वह वास्तव दुनिया में कड़ी मशक्कत कर दौलत के पहाड़ खड़े करता है। इसी कारण ऐसे महान मानव पर महाकाव्य रचनेवालों का उसे इन्तजार होता है। एक पेड़ तले बीवी और दो बच्चों के साथ तीन पत्थरों का चूल्हा बनाकर मटके में अन्न पकाकर उनका पालन-पोषण करनेवाला दलित ऊपर से फटेहाल होने पर भी उसकी गृहस्थी बसाने की इच्छा अन्ततः पवित्र होती है। कुटुम्ब व्यवस्था के प्रति उसके मन में आस्था होती है। पूँजीवादी व्यवस्था द्वारा उसके परिवार को पेड़ के नीचे से खदेड़ा जाता है। हमें उसका निरीक्षण करना चाहिए, उसकी कारणमीमांसा की पड़ताल करनी चाहिए और तत्पश्चात् ही उस फटेहाल पर लिखना चाहिए। और लिखते समय सजगता बरतनी चाहिए। कारण यह कि समाज की धमनियों में दलित व्याप्त है। यदि काव्यमय भाषा में कहा जाए तो 'यह संसार, यह पृथ्वी शेषनाग के सिर पर नहीं अपितु दलितों की हथेलियों पर खड़ी है।' इस दलित का जीवन पत्थर से रिसनेवाले झरने की तरह होता है। उसे नजदीक से अनुभूत करने पर ही उस पर लिखना चाहिए। क्योंकि सन्त तुकाराम ने ठीक ही कहा है—'जावे त्याच्या वंशा तेंव्हा कळे' (किसी के वंश में जन्म लेने पर ही उसकी व्यथा का पता चलता है।)

इसी कारण दलितों पर लिखनेवाले को प्रथमतः उनके साथ प्रामाणिक होना चाहिए। दलित गुलाम नहीं, संसार उसी के बलबूते पर खड़ा है इसे अनुभूत करना चाहिए। इसके जीवन को उन्नत स्तर पर ले जाने की कोशिश करनी होगी। और उसके लिए साहित्यकार का निरन्तर जनता के साथ होना अनिवार्य है। क्योंकि जो कलाकार जनता के साथ होता है उसी के साथ जनता होती है। जो जनता से मुँह फेर लेता है उससे जनता भी मुँह फेर लेती है। संसार के सभी श्रेष्ठ कलाकारों ने साहित्य को तीसरी आँख के रूप में स्वीकार किया है। और यह

तीसरी आँख अक्सर भविष्योन्मुख तथा जनता के साथ होनी आवश्यक है।

पिछले दिनों मराठी जनता ने मराठी भाषा के अस्तित्व हेतु अनूठा आन्दोलन चलाया। वास्तव में यह संघर्ष मराठी साहित्य के लिए था और है। इस संघर्ष में सोलह साल की कई युवतियाँ शहीद हुईं। इस संघर्ष में जो कलाकार जनता के साथ थे उन्होंने इस महाभारत का गान किया। किसी की कविता की आरी धारदार बन गई। किसी की शायरी ने वीर रस का बयान किया, तो किसी ने मराठी भाषा की महत्ता का गान किया। इन कलाकरों को महाराष्ट्र कभी नहीं भूलेगा। लेकिन जो कलाकार जनता के साथ नहीं होता, बन्द कमरे में अपनी कला का सृजन करता है उसकी कला जनता की हो ही नहीं सकती। क्योंकि बन्द कमरे में निर्मित कला जाँघ पर के चिह्न गिनती है और ऐसी कला हम दलितों की हो ही नहीं सकती। संघर्ष के चिह्न गिननेवाली कला हमारी है। अर्थात् वह हमारा साहित्य है। उसी के साथ जिस कलाकृति में दलित स्त्री के गाल पर के तिल का वर्णन होता है वह हमारी कलाकृति है। जो कलाकार ध्येयहीन होता है, जनता से सरोकार नहीं रखता उस पक्ष का क्या होता है? इसके कई उदाहरण दिए जा सकते हैं। हम उसी का चित्रण करते हैं जो हमें दिखाई देता है। कला वर्गातीत हो, प्रचारातीत हो ऐसा दावा करनेवाले कलाकारों की आज कमी नहीं है। जिसने जनता को पहचाना नहीं वह उसे विद्रूप करता है। साहित्य में इसके विपुल उदाहरण मौजूद हैं।

एक बारह वर्ष की लड़की का नर-बिल्ले से प्रेम करना और उसके द्वारा अपनी कामवासना की पूर्ति करने की इच्छा रखना—ऐसी कहानी के बारे में क्या कहा जाए? क्या यह मनुष्य को राक्षस बनाने के लिए काफी नहीं? एक क्लर्क सन्तति नियमन हेतु स्वयं पर शस्त्रक्रिया कर लेता है बावजूद उसकी पत्नी के तीसरी बार पाँव भारी हो जाते हैं तो वह कुढ़ता रहता है। फिर क्या वह स्त्री व्यभिचारणी नहीं है? ऐसी कथाओं से हम क्या सीखें? महिला मण्डल की अध्यक्षा पूने से मुम्बई आते समय गाड़ी में मिले एक मनुष्य के साथ इश्क लड़ाती है। क्या यह मनुष्य की विडम्बना नहीं? इस कमला फड़के की कहानियों में कहाँ है मराठी मनुष्य, दलित तो दूर ही। फड़के दम्पति का समग्र साहित्य 'ऐसा' ही है। इसका अर्थ यह कि जो ध्येय को नजरअन्दाज करता है वह जनता को विद्रूप लगता है। कुछ लोग हाथ में मनोविश्लेषणवाद की राँपी लेकर मनुष्य की खाल उधाड़ रहे हैं। इसी कारण दलितों के अलग साहित्य सम्मेलन का आयोजन किया जा रहा है। मनोविश्लेषणवादी अपने साहित्य का समर्थन करते हुए कहते हैं—जीवन के दो पहलू होते हैं, जिनमें से एक का हम गहराई में जाकर परामर्श लेते हैं। लेकिन नासिक में गंगा और गटर दोनों हैं। हमें गंगा की तरह निर्मल साहित्य चाहिए। हमें मंगलता चाहिए। हमें मराठी साहित्य की महान परम्परा पर गर्व है।

मराठी साहित्य का आरंभ हमारे जीवनसंघर्ष से निर्मित हुआ है। जब दलितों

की छाँव तक अछूत मानी जाती थी तब महानुभावपन्थीय साहित्यकारों ने सभी को ज्ञान प्राप्त हो, इसका समर्थन किया। उन्होंने ज्ञान को ही मोक्ष मानकर आन्दोलन चलाया। इसी कारण वे हमारे साहित्यकार हैं। 'मनुष्य को मनुष्य की तरह जिन्दगी जीने का अधिकार है' ऐसा दावा प्रस्तुत कर जिन्होंने दलितों की भाषा में सुन्दर ज्ञानेश्वरी लिखी वे हमारे साहित्यकार हैं। राह भटका दलित बच्चा गोद में उठानेवाले एकनाथ हमारे साहित्यकार हैं। जो दलितों को गोद में उठाता है वह दलितों के मुँह में बसता है और जो दलितों को विद्रूप करता है उसे दलित विद्रूप करता है, यह इतिहास है।

शब्दों को आकार देना आसान होता है लेकिन उसमें आत्मा को ढालना कठिन होता है। अर्थात् कुछ लेखकों को यह सहज साध्य होता है। लेकिन भाव के पीछे होनेवाली इतिहास-परम्परा को खोजना और उसका अर्थ लगाना अत्यधिक कठिन होता है। हम दलित लेखकों को ऐतिहासिक परम्परा को खोजना चाहिए। हम अपने वर्ग के ईमान को जानकर उस पर लांछन न लगे इसकी चिन्ता कर साहित्य-सृजन करेंगे। दलितों का जीवन सुखी एवं समृद्ध बनाने हेतु विचार करेंगे। हम अपनी कला से दलितों के जीवन को प्रगतिशील बनाने का प्रयास करेंगे।

कुछ विद्वान कहते हैं कि अस्पृश्यता कानूनन समाप्त कर देने से 'दलित' प्राणी अस्तित्व में नहीं है। लेकिन यह केवल भ्रम है। एक गाँव में सामूहिक कुएँ पर दलितों के पानी भरने पर उच्चवर्णीय हिन्दुओं के दिल धड़कते हैं। जब तक महार-मातंग की बाल्टी पानी में होती है तब तक वे अपनी बाल्टी कुएँ में नहीं डालते। कई होटलों में 'खास' व्यवस्था होती है। युगों से प्रचलित मान्यताएँ एक क्षण में नष्ट नहीं होतीं। इसी कारण हम दलित साहित्यकारों को दलितों के यथार्थ जीवन के सभी जुल्मों से मुक्त करनेवाले नये साहित्य का निर्माण करना होगा। एक स्थान पर गोर्की ने कहा है, शब्द और कल्पना के साधनों पर खड़ी कला की सच्ची विशेषता मानवी गलतियों का ज्ञान करना होता है ऐसा नहीं कहा जा सकता। मनुष्य को बाह्य जीवन की परिस्थिति से उन्नत स्तर पर ले जाने का प्रयास करना, उसे वास्तव संसार के अपमानित करनेवाले बन्धनों से मुक्त करना और तुम गुलाम नहीं वास्तव संसार के मालिक हो, तुम अपने जीवन के स्वतन्त्र निर्माता हो ऐसा एहसास देना साहित्य का मूल उद्देश्य है। इस अर्थ में साहित्य क्रान्तिकारी होता है। इसी कारण परिपूर्ण साहित्य निर्माण करना और अपनी लेखनी दलितों के प्रति समर्पित करना हमारा दायित्व है।

अनुवाद : गिरीश काशिद, बार्शी

शब्द जब हथियार बनते हैं...

–पु. ल. देशपाण्डे

[दलित साहित्य सम्मेलन, चन्द्रपुर, 1989]

पलभर के लिए मनुष्य को हँसानेवाला, जिसे पढ़कर मन खुश हो ऐसा लेखनकार्य करनेवाला, रंगमंच से मनोरंजन करनेवाला, सुखी मध्यवर्ग में प्रिय मेरे जैसा लेखक आप लोगों ने एक आत्मीय दोस्त माना इससे मैं बहुत सन्तुष्ट हुआ। मनुष्य जीवन में मनुष्यत्व की पूर्ति करनेवाली 'मित्रता' की अनुभूति अधिक सुन्दर होती है। रवीन्द्रनाथ ने जीवन की प्रथम पंक्ति से मिलनेवाली दूसरी पंक्ति के रूप में इस मित्रता को अर्थपूर्ण उपाधि दी है। यमक के बिना जिस प्रकार कविता को पूर्णत्व प्राप्त नहीं होता उसी प्रकार मनुष्य मन की बात है। दूसरे से यमक के समान जुड़े बिना मनुष्य जीवन को सम्पूर्णता नहीं मिलती। इस यमक के मिलन में बाधा लानेवाली शक्तियों ने मानव जीवन में अनेक दुःखों का निर्माण किया है

डॉ. बाबासाहब आम्बेडकर की प्रेरणा से विद्रोही साहित्य के रणवाद्य बजने लगे। बरसों से जारी परम्परा को आँखें मूँदकर स्वीकार करनेवाले साहित्य से सम्बन्धित, कला से सम्बन्धित, समीक्षा से सम्बन्धित ही नहीं बल्कि प्रत्यक्ष इतिहास से सम्बन्धित कल्पनाओं का इसने बम के धमाके की तरह विरोध किया और ज्वाला के इन्द्रधनुष की तरह मराठी साहित्य के आकाश में यह नया साहित्य चमकता हुआ नजर आने लगा। वह रोशनी किसी को नये युग की तरह लगी तो किसी को विध्वंस के सांकेतिक अन्तिम नक्षत्र की तरह नजर आई। 'अगर एक नया शब्द सीखोगे, तो उस शक्ति से पूरे संसार में उथल-पुथल मचेगी' केशवसुत की इस काव्यपंक्ति से मैं भली-भाँति परिचित हुआ।

इससे पूर्व दलित जीवन की त्रासदी का चित्रण नहीं हुआ ऐसा नहीं। इस सन्दर्भ में माटे मास्टर का उल्लेख मैं जरूर करूँगा। लेकिन यह दर्शन और आम्बेडकर की प्रेरणा पर खड़े इन नये कवि-कथाकारों और आत्मकथाकारों से निर्मित दर्शन में जमीन-आसमान का अन्तर था। आजतक घटित होनेवाले इस दर्शन की पृष्ठभूमि सद्हेतु की थी। उसका प्रयोजन सवर्ण समाज में दलितों के

प्रति सहानुभूति जगाना था। उस समाज में पुराने, रुग्ण शोषक समाज को उखाड़ देने की शक्ति निर्माण हो ऐसी आँच नहीं थी। जोतिबा फुले ने इस सन्ताप को जगाने की जी तोड़ कोशिश की। आगरकर ने भी यह प्रयास किया। चिंगारी थी लेकिन दावानाल का अभाव था।

बाबासाहब ने एक नया शब्द पढ़ाया और उससे पुरानी दुनिया को पलटने का सामर्थ्य रखनेवाले साहित्य का निर्माण हुआ। वह शब्द था, 'धम्म'। 'धम्म' इस शब्द ने समाज में मनुष्य की श्रेष्ठता बाबासाहब ने केवल एक धर्म को त्यागकर दूसरे धर्म का स्वीकार नहीं किया, वरन् उन्हें जहाँ विशुद्ध प्रज्ञा और करुणा का अपूर्व मिश्रण मिला उस दर्शन का स्वीकार किया। अन्धविश्वास पर आधारित जीवनशैली को नकारा और प्रेम तथा विशुद्ध बुद्धि पर चलनेवाली जीवनशैली को अपनाया। इस बुद्धिनिष्ठ जीवनशैली का नाम 'धम्म' है। इसमें बुद्धि को रास न आनेवाले आचारों को स्थान नहीं है। बाबासाहब ने स्पष्ट ही लिखा है कि धम्म में प्रार्थना, तीर्थयात्रा, कर्मकाण्ड, विधि, यज्ञ को स्थान नहीं है। कल्पना से निर्मित ईश्वर के दरबार में समानता का कोई अर्थ नहीं।

जिस शोषित समाज में चैतन्य उत्पन्न करना केवल असम्भव बात थी, तत्कालीन समाज के नेताओं की दृष्टि उस समाज पर दया करना या उनके दुःख को देखकर सहानुभूति से आँसू बहाने के आगे नहीं जाती थी। ऐसे समाज को 'आपको मनुष्य की तरह स्वतन्त्र जीने का अधिकार है। वह किसी मेहरबानी नहीं, वह आपका अधिकार है और संघर्ष की तैयारी रखकर वह आपको प्राप्त करना होगा' ऐसा ठोस विचार प्रस्तुत करनेवाले बाबासाहब को सामाजिक शोषण की जड़ पर कुदाल चलानेवाला भारत का पहला क्रान्तिकारक कहना होगा। उनके पूर्व के प्रगतिशील विचारकों की 'समानता' की संकल्पना में कई कारणों से सीमाएँ थी। हमारे देश में 'समाज' इस संकल्पना की अपेक्षा जन्मसिद्ध जाति अधिक प्रबल है। प्रगतिशील चिन्तक ऐसी जाति के बन्धन में पले, वहाँ के रूढ़ि-अन्धविश्वास से निर्मित अमानुष पारिवारिक जीवन से वे प्रभावित थे। उन अनिष्ठ रूढ़ियों का वे लोग जोश से विरोध तो करते लेकिन गाँव के बाहर जीनेवालों के दुःख की तीव्रता अत्यन्त भयावह थी। सामाजिक समता का एहसास रखनेवाले चिन्तकों की कल्पना से यह परे थी। एक मनुष्य स्वयं के वर्णवर्चस्व और धनवर्चस्व से दूसरे मनुष्य को जो यातनाएँ देता है वह तो भुगतनेवाला ही जानता है।

पूर्वजन्म, प्रारब्ध जैसी संकल्पनाएँ मस्तिष्क में जबरदस्त आतंक के साथ ऐसी ठूँस दी गईं थीं कि उसके ख़िलाफ विस्फोट हो सकता है ऐसी कल्पना करने तक सामर्थ्य का शोषित समाज में नहीं बचा था। उद्धत लोगों की एड़ी के तले रौंदे दिए जानेवाले मनुष्य को मनुष्यता के मूलभूत हक के लिए लड़नेवाले सैनिक रूप में खड़ा करना एक कसौटी थी। बाबासाहब ने यह करके दिखाया। मुझे यदि

कोई पूछेगा कि भारत की सामाजिक क्रान्ति की किस घटना से आप प्रभावित हैं तो मैं बता दूँगा महाड के चवदार तालाब के सत्याग्रह के लिए अपनी झोंपड़ी के बाहर विलक्षण निर्धार से जो कदम उठे, वह घटना है। वह हर कदम स्वयं को मानवतावादी कहनेवाला है। हर कोई उसे एक महान क्रान्ति का कदम मान सकता है। वह कदम अपने पूरे अहं को भूलकर सिर झुकाने के काबिल है।

मुझे अक्सर लगता है कि चवदार तालाब का पानी सभी को उपयोग में लाने की बाबासाहब की घोषणा 'अन्ध-रुग्ण परम्परा का पालन करनेवाले सवर्णों को विशुद्ध सुन्दर मनुष्य बनने हेतु दिया हुआ एक सुनहरा मौका था।' रूढ़िग्रस्त, अभागी लोग इसके पीछे की महानता पहचान नहीं पाए। लेकिन जिन्हें अँधेरे की अपेक्षा उजाले का ही डर लगता है उनके सामने चूल्हा जलाने से कोई लाभ नहीं। इस सत्याग्रह की सफलता-असफलता को लेकर राजनीतिज्ञ चाहे जो सफाई दें लेकिन यह सर्वसम्मति से स्वीकार करना होगा कि अपने दुःख-दर्द को हम अपनी ताकत से वाणी दे सकते हैं यह आत्मविश्वास उन्होंने दलित समाज में निर्माण किया। और यह आत्मविश्वास इस सत्याग्रह की सबसे बड़ी फलनिष्पत्ति है। मुझे लगता है, आज हम जिसे विद्रोही दलित साहित्य कहते हैं उसकी निर्मिति की प्रेरणा बाबासाहब द्वारा जगाये इस आत्मविश्वास से उत्पन्न हुई है।

मुझे जब दलित कविता, आत्मकथा या कथाओं से इस अनुभूति का दर्शन हुआ तब मैं 'समाज' शब्द को आज तक हम कितने संकुचित रूप में प्रयुक्त करते रहे हैं इस एहसास से शर्मिन्दा हुआ। अपने ही देश के एक व्यापक मनुष्य समाज का भयावह जीवन हमें तीव्रता से स्पर्श नहीं कर पाया यह खेद मेरे मन में दलित साहित्य से ही उत्पन्न हुआ। मैंने इसके पहले कई बार कहा है कि दलित साहित्य को लेकर मेरी निजी प्रतिक्रिया कृतज्ञता की है। यह स्वयं पर कोड़े की फटकार लगा लेने का नाट्यपूर्ण प्रकार है, ऐसा मुझ पर आरोप लगाया गया। लेकिन आज भी लक्ष्मण गायकवाड भीमराव गस्ती, शरणकुमार लिम्बाले की पुस्तकें चहुँओर से सताये गये लोगों के जीवन से मेरा रिश्ता जोड़ती हैं। मुझे इनकी पहचान नहीं थी। राजनेता कई बार आम आदमी शब्द का उच्चार करते हैं। लेकिन यह आम आदमी क्या है इसका मन को घायल करनेवाला दर्शन दलित साहित्य से होता है। विद्रोही कविता को सुलगती चिंगारी जैसे शब्द कौन सी वेदना से मिले हैं इसका स्पष्ट चित्र आँखों के सामने मूर्त हुआ। बाबासाहब ने इस द्वेष की मीमांसा करते हुए लिखा था, "मैं अन्याय, और धोखाधड़ी करनेवालों से घृणा करता था। मैं अपने आलोचकों को बताना चाहूँगा कि मेरी घृणा की भावना ही मेरा सही सामर्थ्य है।" यह द्वेष ही मेरा सामर्थ्य है इन शब्दों में उन्होंने अपनी विद्रोही भाषा का वर्णन किया था। एक पल लगा कि इस उद्गार के मूल में मुझे केशवसुत की पंक्तियाँ सुनाई दे रही हैं, 'गाँठ बनाकर बनाई सुन्दर ढेलाबाँस। कठिन शब्दों की होगी इन

ढेलों से मारपीट!' कविता से उभरा यह जोश एक वृन्दगायन जैसा चहुँओर पहुँचा। इस कथा-साहित्य और कविता ने कवि के अभिप्रेत से नये रिश्ते जोड़ दिए। क्योंकि यह जंग किसी एक जाति के ख़िलाफ नहीं था वरन् एक अमानुष वृत्ति के विरुद्ध था। मनुष्य-मनुष्य में परस्पर आत्मीयता उत्पन्न करना यह कला का महान कार्य है।

बाबासाहब ने यह घोषित किया कि, इस समाज ने धर्म के नाम पर चुपचाप खटनेवाले शूद्र वर्ण का निर्माण किया। वह सम्मान के साथ जीने की हिम्मत न करें इसलिए उसे अछूत घोषित कर, जानवर से भी हीन जीवन जीने को उसे मजबूर किया, उस धर्म में मैं नहीं रहूँगा। जिस आचरण पद्धति में केवल अन्ध रूढ़ि पालन को धर्म माना जाता है उस धर्म को त्यागकर उन्होंने बुद्ध की 'धम्म' विचारधारा को अपनाया। दैवी चमत्कार, ईश्वर, आत्मा, यज्ञयाग, पूर्वजन्म जैसी बातों का स्पष्ट रूप से इन्कार किया। बौद्ध धर्म के महायान पन्थ तक में प्रार्थना, पूजा, मनौती आदि का प्रवेश हुआ था। इससे उस पन्थ की सनातनी मण्डली ने भी बाबासाहब को बौद्ध धर्मीय के रूप में स्वीकार करते समय कम हो-हल्ला नहीं मचाया। लेकिन उनका 'धम्म' परिवर्तन कुर्सी के लोभ से किया गया नहीं था। उन्होंने अपनी अगाध प्रज्ञा, व्यापक अनुभव और दुष्ट परम्परा के शिकार अपने बान्धवों के साथ अपार करुणा से धम्म का स्वीकार किया था। उनका बुद्ध 'निर्भय मन से हर विचार ज्ञानाग्नि की कसौटी पर परखकर स्वीकार करो' ऐसा अपने अनुयायियों को बतानेवाला मानवी इतिहास का पहला धम्म संस्थापक था। यह बुद्ध भक्तों से अन्धी उपासना की माँग करनेवाला नहीं था। वह न मनौती से प्रसन्न होनेवाला था और न ही पूजा से प्रसन्न होकर भक्त को वरदान देनेवाला था। 'मैं जो कहता हूँ उसे सुनो' ऐसा कहनेवाला ईश्वर नहीं था। केवल 'मामनुस्मर' कहनेवाला नेता नहीं था। आम्बेडकर ने बुद्ध को और बुद्धिप्रामाण्य माननेवाले धम्म को इसलिए स्वीकार किया क्योंकि उन्हें स्वर्ग में जगह कहाँ मिलेगी यह चिन्ता नहीं थी। ऐसे ईश्वर के स्तुतिस्तोत्र गाने की उन्हें आवश्यकता नहीं लगी। क्योंकि निर्वाण की संकल्पना में स्वर्ग को जगह ही नहीं थी। 'विकार से मुक्ति' यही निर्वाण है, यही उनकी धारणा थी। उनका निर्वाण 'निर्दोष जीवनशैली' से सम्बद्ध था। वे जीवन में जिसे नैतिकता मानते थे उसका सम्बन्ध मनुष्य के प्रत्यक्ष लोक के परस्पर व्यवहार से था।

उनका धम्म दैवी संयोग की परवाह नहीं करता था। प्रज्ञा और करुणा पर अधिष्ठित सामाजिक सरोकार मानता था। गाँधी के बारे में कहा जाता है, 'उन्होंने राजनीति को अध्यात्म से जोड़कर उन्नत बनाया।' तो बाबासाहब के बारे में 'उन्होंने राजनीति का आमूलचूल रूप में मानवीकरण किया' यह कहना होगा, और इसी कारण हम जिसे दलित साहित्य कहते हैं उसका अधिष्ठान भी मानवी जीवन

में प्रज्ञा और करुणा को सर्वश्रेष्ठ माननेवाला होना चाहिए! बाबासाहब ने दलित जीवन को यह अधिष्ठान दिया। इसी कारण मैं अक्सर कहता आया हूँ कि यह बाबासाहब की प्रेरणा है। उन्होंने प्रज्ञा को प्रधानता दी इसलिए इस साहित्य को निर्भयता का तेज प्राप्त हुआ। इस साहित्यिक प्रकटन के सत्य को विलक्षण प्रकाश प्राप्त हुआ। इस प्रकाश से पाठकों को दलित जीवन का जो विदारक दर्शन हुआ उस विद्रोह की कविताओं से सशक्त वृन्दगान सुनाई देने लगा। इससे साहित्य, कला, सौन्दर्य, जीवन, समाज इन सभी रूढ़ियों को हादसा पहुँचने लगा। उसके चलते परम्परा से चली आई साहित्य समीक्षा की कल्पना को पुनः एक बार परखने की आवश्यकता महसूस होने लगी। शब्दों के तराशे, सुखकर नादमाधुर्य की जगह एक ताण्डव ने ली। एक ओर ताकतवर सेना खड़ी हो और सेना की पहली पंक्ति प्रतिपक्ष पर शरवृष्टि करें ऐसा युद्ध शुरू हुआ—

धर्म परम्परा और ग्रन्थ
समूल बदल जाए
उबलनेवाला कोलतार और गिट्टी डालकर
सूर्य पर घुमाया जाये रोड रोलर
उसे घने अन्धकार में
न दिखाई दे मन्दिर
न दिख पाए धर्मग्रन्थों के अक्षर
मनुष्य का ही फैल जाए उज्ज्वल प्रकाश
और मनुष्य ही मनुष्य के गले मिले।

(उत्पात : शरणकुमार लिंबाले)

जिस कण्ठ से यह सुर फूटा वह कवि मनुष्यता को नकारेवाली दुनिया का सन्तप्त निवासी था। उसके सुर से उतना ही प्रखर सम्वाद करनेवाली ध्वनि निकली—

फूलों से खेलने की उम्र में अंगारों से खेला हूँ
इस जहरीली हवा को पीकर मैं तूफान बना हूँ,
क्या आपको यह रास आएगा?

यह शरसन्धान जैसा शब्दसन्धान था। एक नये जोश से उभरे कवि, कहानीकार, आत्मकथा-उपन्यासकारों ने इस प्रतिभा सृष्टि से जिस यथार्थ को प्रकट किया वह साहित्य अभूतपूर्व था क्योंकि उस लेखन के पीछे की आम्बेडकरी प्रेरणा अभूतपूर्व थी। साहित्य की इस प्रेरणा के पूर्वज खोजते समय चार्वाक का कृतज्ञता से उल्लेख करना पड़ेगा। यह प्रेरणा पूर्णतः जड़वादी है। भोली श्रद्धा को ठुकरानेवाली है। अन्धविश्वास के मकड़जाल को झटककर वैयक्तिक और सामाजिक जीवन स्वच्छ रखने के उद्देश्य से आगे आई है। इन सैनिकों के हाथों में शब्द ही एकमात्र

हथियार हैं। मनुष्य को अन्तरबाह्य बदलनेवाला इतना प्रभावी हथियार दूसरा कोई नहीं है। जहाँ धर्म, वर्ण और वर्ग ये शक्तियाँ मनुष्य को छलने हेतु अन्याय रूप में प्रयुक्त की जाती हैं, वहाँ ऐसी प्रवृत्ति को नष्ट करने के लिए हथियार के रूप में जब शब्दों का प्रयोग किया जाता है तभी दलित साहित्य का जन्म होता है। उस साहित्यकार का जन्म कौन सी जाति या धर्म में हुआ इसका यहाँ कोई सम्बन्ध नहीं है। शोषण, उपेक्षा, जन्म के आधार पर उच्च-नीच भेद माननेवाली परम्परा को नष्ट करने के लिए उद्यत साहित्य केवल मनुष्यता को मानता है। फिर वह विद्रोह स्त्री-मुक्ति को लेकर हो, स्पृश्यास्पृश्य भेद को लेकर हो, आदिवासी शोषण को लेकर हो, खानाबदोशों की यातनाओं को लेकर हो या नर्क का आतंक और स्वर्ग की ललक दिखाकर ठगनेवाले बुवा-बाबा के बारे में हो, इन अनिष्ट बातों के विरोध में विद्रोह की भूमिका लेकर जो साहित्य खड़ा रहता है वह दलित साहित्य है। 'दलित' शब्द की व्याप्ति को न समझनेवालों को दलित सम्मेलन अलग सूबा लगता है, लेकिन यह विचारधारा नयी नहीं। 'मनुष्य को मनुष्य के रूप में प्रतिष्ठा मिलनी चाहिए' यह वैश्विक विचार लेकर संघर्ष करनेवाले आम्बेडकर को हिन्दू समाज ने अछूतों के नेता कहकर फेन्स में बन्द कर दिया था। उनकी प्रेरणा से निर्माण हुए साहित्य को भी इसी प्रकार का लेबल लगाकर उसकी व्यापकता को संकुचित किया जाए, इसमें आश्चर्य नहीं है। इस साहित्य की मूल प्रतिज्ञा 'बहुजन हिताय, बहुजन सुखाय' है। ऐसे में बहुजन के लोकमंगल का विचार साहित्य में आने पर उसे कला कहने से इन्कार करना अर्थात् उस निर्मिति के पीछे की प्रेरणा का इन्कार करने जैसा है। यथार्थ से प्रामाणिकता बनाए रखकर पग-पग पर होनेवाले अन्याय के ख़िलाफ़ आवाज उठाने के उद्देश्य से प्रेरित साहित्य जन्मतः दोयम स्तर का होने का हिसाब प्रस्तुत करनेवालों को दलित साहित्य शब्द तो खटकेगा ही।

एक वर्ग ऐसा मानता है कि मनुष्य द्वारा मनुष्य पर किए अन्याय की दखल लेना साहित्य की जिम्मेदारी नहीं है। दूसरा एक वर्ग ऐसा है जिसे इस अन्याय और भीषणता का एहसास ही नहीं है, जो अपने विलासी जीवन में मशगूल है। तीसरा संख्या की दृष्टि से एक बड़ा वर्ग है जिस पर धर्म, रूढ़ि, परम्पराओं का इतना जबरदस्त प्रभाव है कि आज भी उनके इस आचरण के विरुद्ध कोई आवाज उठाता है तो उसे दबाने के लिए यह मण्डली पूरी शक्ति के साथ खड़ी हो जाती है। इस शक्ति ने अपने देश में ही नहीं पूरी दुनिया में कोहराम मचाया है। आतंक का माहौल निर्माण किया है। उसके स्वरूप के बारे में बताने की आवश्यकता नहीं है। यह रूढ़ीवादी शक्तियाँ जरा-सी आहट होते ही तुरन्त इकट्ठा हो जाती हैं। पुराण के मायावी राक्षस के पास होनेवाली सिद्धियाँ इनके पास हैं। संघर्ष को भोथरा बनाने की साजिश के कई पैंतरे इनके पास हैं। जनमानस पर बड़ी मात्रा में प्रभाव

डालनेवाला मीडिया इनके हाथ में है। संतप्त कलाकार के हाथ की मशाल निकालकर अनायास उसके हाथ में रातरानी का पुष्पगुच्छ देने का जादू सत्तासीन मण्डली ने किया है। ऐसे में इस धोखे से सजग रहने के लिए समान विचारधारा के लोगों का इकट्ठा होना आवश्यक है। परस्पर मेलजोल, कथा-कविता, संगीत के रसास्वाद में कुछ समय बिताने में क्या बुरा है? लेकिन मुझे लगता है कि हमारे सम्मेलन का मुख्य उद्देश्य 'आत्मपरीक्षण' होना चाहिए। उपेक्षा की साझी वेदना हमें एक मंच पर ले आई है। इस आत्मपरीक्षण को केवल साहित्य समीक्षा के मापदण्ड से नाप नहीं सकते क्योंकि दलित साहित्य फुरसत के समय पढ़ने की विधा नहीं है। यह दलित जीवन से जुड़ा और उनके जीवन से अलग न होनेवाला साहित्य प्रकार है। जीवन से सम्वाद के साथ-साथ राजनीतिक, आर्थिक, सामाजिक, धार्मिक इन सभी सन्दर्भों से जुड़ा यह साहित्य प्रकार है। अमुक-तमुक से अलिप्त रहने की ऐयाशी इस जीवन के लिए अनुकूल नहीं है। ऐसे में यह सावधानी बरतनी होगी कि आम्बेडकरप्रणीत जीवन के विशुद्ध बुद्धिनिष्ठ दर्शन से हम दूर तो नहीं जा रहे हैं? ऐसी सन्देहास्पद घटनाएँ घटित हो रही हैं। महत् प्रयास से त्याग दिया गया परम्परा का अन्धानुकरण, पूजा-प्रार्थना, तीर्थयात्रा, मनौती का जुआ हम अपनी गर्दन पर तो चढ़ानेवाले नहीं हैं? ऐसा सन्देह दलित जीवन का बारीकी से अध्ययन करनेवाले विद्वानों के मन में उत्पन्न हो रहा है। इस परिवर्तन का अर्थ तो केवल एक पुरोहितायी के स्थान पर दूसरी पुरोहितायी का विराजमान होना होगा। केवल हाँकनेवाला गडरिया बदलेगा, हमारी दशा मात्र भेड़ की तरह ही होगी।

दोस्तो, मनुष्य पर परम्परा से चिपकाए गए किसी भी लेबल को न देखते हुए केवल मनुष्य के रूप में मनुष्य से प्यार करनेवाली फौज की संख्या आज भी अत्यन्त सीमित है। प्रकृति के अनबूझ रहस्य को मैं बुद्धि की कसौटी पर परखकर खोज लूँगा, उसका कर्तृत्व ईश्वर पर सौंपकर निश्चिंत नहीं रहूँगा ऐसा विचार करनेवालों की संख्या तो उससे भी कम है। सच कहें तो दुनिया में सही अल्पसंख्यक नीतिवान नास्तिक ही हैं। ऐसे समय बाबासाहब के मन्दिर बनाये जाने लगे हैं। दीक्षाभूमि पर परिमंगल की तरह मेले लगेंगे तो ईसाई, बुद्धिष्ठ अन्धविश्वासियों को विज्ञाननिष्ठा की हार देखनी पड़ेगी। बाबासाहब जैसा ग्रन्थप्रेमी वर्तमान काल में लाखों में एकाध ही मिलेगा। लेकिन जिन्दगी की उनकी यात्रा मात्र ग्रन्थ से ग्रन्थ की ओर नहीं हुई थी। ग्रन्थ से जीवन की ओर और जीवन से ग्रन्थ की ओर ऐसी उनकी परिक्रमा चल रही थी। मेरे मतानुसार जीवन से प्रेरणा लेकर पुनःजीवन को सार्थक बनानेवाला साहित्य निर्माण करने की प्रेरणा आपको मिले यही इस साहित्य सम्मेलन का उद्देश्य है।

अनुवाद : डॉ. गिरीश काशिद, बार्शी

बुद्ध–भारतीय अस्मिता का उदात्त आविष्कार

–ग. त्र्यं. माडखोलकर

[बौद्ध साहित्य सम्मेलन, नागपुर 1962]

इस सम्मेलन पर ऐसा आरोप लगाया गया है कि बौद्ध साहित्य का अलग तथा विशेष सम्मेलन आयोजित करने की आवश्यकता क्यों है? मुझे लगता है, महाराष्ट्र में आयोजित साहित्य सम्मेलनों तथा उनमें होनेवाली चर्चाओं का स्वरूप देखते हुए इन आरोपों के बारे में सावधानीपूर्वक विचार करें तो इन सम्मेलनों की आवश्यकता विश्वसनीय लगेगी।

पिछले सौ वर्षों से महाराष्ट्र में बुद्ध के चरित्र एवं दर्शन का अध्ययन, अनुसंधान और चिन्तन निरन्तर चल रहा है। इसका अवलोकन किए बगैर आज हमें किस प्रकार का बौद्ध साहित्य निर्मित करना है, इसकी यथार्थ कल्पना नहीं आएगी। महाराष्ट्र में बुद्ध और उनका धम्म इस पर जो साहित्य सृजित हुआ है, वह कुछ अँग्रेजी में और कुछ मराठी में है। यह साहित्य 1. अनूदित 2. ऐतिहासिक 3. अनुसन्धानपरक तथा 4. प्रतिपादित–इन चार प्रकारों में विभक्त किया जा सकता है। अनूदित साहित्य में धर्मपरक साहित्य, जातक कथाएँ, बुद्ध चरित्र एवं उनके धम्म का परिचय, पाली भाषा के चुनिन्दा ग्रन्थों के कुछ हिस्सों का अनुवाद आदि साहित्य का समावेश होता है। ऐतिहासिक साहित्य में–बुद्ध का चरित्र, बौद्ध धर्म का इतिहास आदि साहित्य का समावेश होता है। अनुसन्धानपरक साहित्य इन दोनों की तुलना में अधिक विवादग्रस्त रहा है। प्रस्तुत साहित्य वैद्य, राजवाड़े, चान्दोरकर, केतकर आदि विख्यात संशोधकों द्वारा निर्मित होने के कारण इसे अलग महत्त्व प्राप्त हुआ है। प्रतिपादित साहित्य में बुद्ध और उनके धम्म की महत्ता लोगों के मानस पर अंकित किये जाने के उद्देश्य से लिखे गये साहित्य का समावेश होता है।

पिछले सौ साल के बौद्ध साहित्य के जिस निर्माता का वास्तव में शिरोमणि के रूप में वर्णन करना चाहिए ऐसे महाराष्ट्र के एकमात्र ग्रन्थकार प्रा. धर्मानन्द कौसाम्बी ही हैं। आधुनिक महाराष्ट्र में बौद्ध धर्म का उनके जैसा कोई दूसरा

तपस्वी प्रतिपादक नहीं हुआ है। भगवान बुद्ध की ही तरह प्रेरित होकर उन्होंने युवावस्था में ही गृहत्याग किया था। बुद्ध के पावन स्पर्श से पुनीत पवित्र स्थानों की उन्होंने श्रद्धापूर्वक वन्दना की। दुनिया के प्रमुख देशों में संचार कर वहाँ के देशों में उपलब्ध बौद्ध ग्रन्थों का तथा साहित्य का अध्ययन किया। अमरीका जैसे पश्चिमी राष्ट्र के विश्वविद्यालयों में वहाँ के अध्यापकों के साथ मिलकर बौद्ध ग्रन्थों का अनुसन्धान तथा सम्पादन किया। अपनी इसी धर्म जिज्ञासा के बारे में प्रा. कौसाम्बी कहते हैं, "बुद्ध पर मेरी श्रद्धा अधिकाधिक बलवती होती गई, गृहस्थ जीवन से जैसे-जैसे ऊब महसूस होती गई, वैसे-वैसे मेरी श्रद्धा दृढ़मूल होती गई। ऐसा लगने लगा कि, बुद्ध ही मेरा सर्वस्व है। कितनी ही विपदाएँ आएँ, कितने ही संकट के प्रसंग आएँ, बुद्ध के उपदेश का ज्ञान मुझे हुआ अर्थात मेरा जन्म सार्थक हुआ, ऐसा मुझे लगने लगा।" उनके इस कथन से उनकी धर्म जिज्ञासा की वृत्ति का तीव्रता के साथ बोध होता है। साथ ही उनकी ग्रन्थ रचना हेतु कारणीभूत श्रद्धा की गूढ़ता का भी पता चलता है। आश्चर्य की बात है कि, बुद्ध और उनका दर्शन–इन दोनों पर स्थित उनकी श्रद्धा, बुद्ध के चरित्र में आयी अत्युक्ति, विसंगति और तर्कनिष्ठता के अभाव जैसे दोषों का विश्लेषण करते समय बाधा नहीं बन पाई है। दोषों को त्यागकर अत्यन्त नयी मौलिक दृष्टि से बुद्ध चरित्र लिखने के उनके संकल्प में यह श्रद्धा बाधक भी नहीं हुई। बुद्ध का चरित्र हो या दर्शन–दोनों का अनुसंधान और स्पष्टीकरण उन्होंने स्वतन्त्र बुद्धि से ही किया है। बड़ोदा संस्थान के भूतपूर्व अधिपति स्मृतिशेष राजर्षि सयाजीराव महाराज गायकवाड़ के आश्रम में और उनके प्रोत्साहन से बौद्ध धर्म पर जो ग्रन्थ उन्होंने लिखे तथा नागपुर के 'नवभारत ग्रन्थमाला' हेतु बुद्ध के चरित्र पर दो भागों में जो ग्रन्थरचना की है, वह उनकी बौद्ध धर्म पर लिखी गई ग्रन्थसम्पदा में उनके पाण्डित्य और मौलिक अनुसंधान से परिपूर्ण है। पर सिर्फ इतना ही कार्य उन्होंने किया है, ऐसी बात नहीं है। बल्कि प्रो. चि. वै, राजवाड़े, प्रो. डॉ. पु. वि. बापट, प्रा. चि. वि. जोशी, प्रा. ना. के. भागवत जैसे बौद्ध धर्म के ग्रन्थकार अध्येता, शिष्य तैयार कर महाराष्ट्र के विश्वविद्यालयों में बौद्ध धर्म के अध्यापन की उज्ज्वल परम्परा का सूत्रपात भी किया।

डॉ. आम्बेडकर ने छह वर्ष पूर्व जो धम्मचक्र प्रवर्तन इस नागपुर शहर में किया, उससे निर्मित नये मराठी बौद्ध समाज की दृष्टि से पिछले सौ वर्षों में निर्मित विविध प्रकार का बौद्ध साहित्य उनके लिए कितना उपयोगी है, इसका भी हम तटस्थता से विचार करें, ऐसा मुझे लगता है। यह साहित्य जो मात्र अनूदित साहित्य है, उसके अनुवाद की सरसता अथवा निर्दोषत्व के बारे में मतभेद हो सकते हैं किन्तु उसका उपयोग आज भी हो सकता है, ऐसा कहते समय मेरे मन में कोई सन्देह नहीं। ऐतिहासिक तथा अनुसन्धानपरक जो साहित्य वैद्य,

चान्दोरकर, राजवाडे, केतकर आदि अनुसंधाताओं ने लिखा है, उनके बारे में ऐसा कहा नहीं जा सकता। एक तो पिछले पैंतीस वर्षों में हुए अनुसन्धान के आलोक में 'बुद्ध का चरित्र और दर्शन' में जो नया स्वरूप सामने आया है, उससे इन अनुसन्धान कर्त्ताओं के अनेक अनुमान और सिद्धान्त कालबाह्य हो गए हैं। दूसरी बात यह है कि मात्र वैदिक एवं चातुर्वर्ण्य के आदेश के कारण इनमें से कुछ अनुसंधान कर्त्ताओं ने बुद्ध के सम्बन्ध में अथवा उनके दर्शन के सम्बन्ध में जो अन्धाधुन्ध प्रतिपादन किया है, वह पूर्वग्रह होने से त्याज्य है। अब रही प्रतिपादक साहित्य की बात, वह अब बहुत अधिक नहीं है, जो कुछ है, बदलती परिस्थितियों में आकर्षक एवं उपयोगी नहीं है। इस बारे में एक और बात ध्यान में रखनी होगी, वह यह है कि 1956 में डॉ. आम्बेडकर के धम्मचक्र प्रवर्तन करने से पूर्व ये जो चार प्रकार का मराठी बौद्ध साहित्य निर्मित हुआ था, वह केवल ऐतिहासिक और तात्विक बुद्धि से निर्मित था। महाराष्ट्र में उस समय बौद्ध धर्म के अनुयायियों की संख्या नहीं के बराबर थी, इसलिए बौद्ध धर्म मराठी समाज की बड़ी जनसंख्या के नित्य आचरण में लाया जानेवाला जाग्रत धर्म है, इस दृष्टि से उसकी ओर देखने की बिल्कुल आवश्यकता नहीं थी। अर्थात् बौद्ध धर्म के दैनिक आचरण के सम्बन्ध में लोगों को शास्त्रशुद्ध जानकारी देने वाला तथा मार्गदर्शन करनेवाला अधिकृत धार्मिक साहित्य बिल्कुल निर्मित नहीं हुआ है। इसलिए अन्ततः मैं निस्संदिग्ध होकर कह सकता हूँ कि बुद्ध का चरित्र और उनके धर्म का चिन्तन और उसकी चर्चा पिछले सौ वर्षों से महाराष्ट्र में जारी है। उसमें से कुछ विचार प्रर्वतक, तात्विक और ऐतिहासिक साहित्य का निर्माण हुआ है, तो भी डॉ. आम्बेडकर के धम्म चक्र प्रवर्तन से उदित हुए नये वर्धिष्णु बौद्ध समाज के लिए उसका उपयोग होगा, ऐसी सम्भावना नहीं है। इसलिए मेरी समझ के अनुसार इस सम्मेलन के सामने सबसे महत्त्वपूर्ण प्रश्न यही है कि बौद्ध धर्म के नित्य धर्माचरण पर सुबोध और सुलभ पुस्तकों को तत्काल तैयार करना। ऐसी कुछ पुस्तकें पुणे और नागपुर इन दोनों स्थानों पर प्रकाशित हुई हैं, किन्तु वे पुस्तकें आम स्त्री-पुरुषों की वाचन क्षमता को ध्यान में रखकर तैयार की हैं, ऐसा मुझे नहीं लगता। मैंने अनुभव किया कि इनकी भाषा में और मुद्रण में भी दोष हैं। दैनिक धर्माचरण, धर्मविधि, संस्कार और नित्य अध्ययन हेतु धर्मग्रन्थों की संहिता (Text) अधिकृत और मुद्रण शुद्ध होनी चाहिए। इस प्रकार की संहिता (Text) तैयार करने के लिए अर्थात नित्य उपयोगी धार्मिक पुस्तकों का लेखन, सम्पादन और प्रकाशन करने हेतु बौद्ध धर्मीय विशेषज्ञों की समिति गठित होना आवश्यक है। इसके अलावा समूची महराष्ट्र की बौद्ध जनता को स्वीकृत आचरण के योग्य धार्मिक पुस्तकों की संहिता और रचना असम्भव है–ऐसा मुझे लगता है। इसी अवस्था में व्यक्तिगत प्रयत्न अराजकता का निर्माण करने के लिए कारण हो सकते हैं। किसी भी नये

वर्धिष्णु धर्म को दैनिक आचरण के धर्मग्रन्थों के सन्दर्भ में या धर्म के बारे में अराजकता पैदा होना हानिकारक है। इसलिए इस परिषद के द्वारा बौद्ध धर्म के बारे में संस्कार-व्रतों, त्योहारों आदि के सम्बन्ध में अधिकृत सर्वमान्य संहिता की पुस्तकें तैयार करने हेतु समिति का गठन करना आवश्यक है। महाराष्ट्र में मराठी ईसाई समाज की बाइबिल सोसायटी ने जिस पद्धति से अधिकृत संहिता की धार्मिक पुस्तकें तैयार की हैं, ऐसा ही कार्य यदि इस परिषद द्वारा किया जाए तो महाराष्ट्र के नवोदित बौद्ध धर्म में एकरूपता और स्थिरता आने में मदद मिलेगी। धार्मिक पुस्तकें प्रकाशित करने सम्बन्धी आज जो व्यक्तिगत प्रयत्न हो रहे हैं, वे तात्कालिक आवश्यकताओं की पूर्ति के लिए सन्तोषजनक भले ही लगें, किन्तु धार्मिक साहित्य लोगों तक पहुँचाना, यही धर्माचरण और धर्मप्रचार का सही उपाय है।

संस्कृत, पाली, सिंहली, ब्राह्मी, चीनी, तिब्बती आदि भाषाओं में जो बौद्ध साहित्य है, उसमें से चुनिन्दा ग्रन्थों को मराठी भाषा में लाना आवश्यक है। यह बात सही है कि, बौद्ध धर्म का अधिकांश साहित्य पाली और संस्कृत इन दो भाषाओं में ही है, अन्य भाषाओं का साहित्य अनुवाद स्वरूप उन देशों में उत्पन्न नये-नये पन्थ तथा उनके साहित्य का आवश्यक हिस्सा मराठी भाषा में लाना आज की आवश्यकता है। आज स्थिति ऐसी है कि प्रा. धर्मानन्द कौसाम्बी, प्रा. चि. वि. जोशी, प्रो. के. ना. भागवत आदि चिन्तकों ने तथा पाली भाषा के पण्डितों ने जो कुछ बौद्ध साहित्य मराठी में अनुवादित करके लाया है, उतना ही लोगों के सामने है। किन्तु बौद्ध साहित्य का पाली और संस्कृत इन दोनों भाषाओं के विस्तार को देखते हुए लगता है समन्दर में से काँवड़ियाँ भरकर लाना, अकेले-दुकेले का काम नहीं है, उसके लिए बाइबल सोसायटी जैसी संस्था की स्थापना करनी होगी। ऐसी संस्था को सरकार और विश्वविद्यालयों से आर्थिक सहयोग मिलेगा, ऐसा मुझे विश्वास है। किन्तु इस प्रकार की संस्था गठित करने की जिम्मेदारी महाराष्ट्र के बौद्ध समाज के गुरुओं और नेताओं को हिम्मत से उठानी पड़ेगी, अर्थात् उनका कर्त्तव्य ही है, ऐसा मैं मानता हूँ। प्रातिनिधिक बौद्ध साहित्य के अनुवाद को प्रकाशित करते समय अनुवाद की पद्धति, परिभाषा, संहिता, सम्पादन आदि कार्य बौद्ध धर्म के विशेषज्ञों द्वारा ही होना चाहिए। यह कार्य करने के लिए बौद्ध धर्म के नेताओं को ही पहल करनी चाहिए। इसके बिना बौद्ध धर्म के ऐतिहासिक और धार्मिक मानक ग्रन्थों का प्रकाशन और प्रचार महाराष्ट्र में नहीं होगा।

महाराष्ट्र में बौद्ध साहित्य के अध्ययन तथा निर्माण के लिए मूलभूत दिशा देने की दृष्टि से एक और महत्त्वपूर्ण कार्य होना चाहिए, वह यह है कि, बौद्ध दर्शन और साहित्य के अध्ययन, अध्यापन और अनुसन्धान के लिए महाराष्ट्र के विश्वविद्यालयों में चेअर अर्थात् अध्यासन स्थापित करना आवश्यक है। डॉ. भाण्डारकर और प्रा. कौसाम्बी के प्रयास से मुम्बई विश्वविद्यालय के उच्च पाठ्यक्रम

में पाली भाषा को स्थान दिये जाने के कारण बौद्ध साहित्य के अध्ययन की परम्परा की शुरूआत हुई है किन्तु इतने से काम नहीं चलेगा। पचास वर्ष पूर्व मुम्बई विश्वविद्यालय में जिस समय पाली भाषा का प्रवेश हुआ, उस समय एक प्राचीन मृतभाषा तथा उस भाषा के लुप्त धर्मग्रन्थ के साहित्य का स्वेच्छा से अध्ययन करने की व्यवस्था हुई। इतना ही नहीं महाराष्ट्र के एक सुंसगठित जाग्रत समाज ने बौद्ध धर्म की दीक्षा ली है, जिससे पाली भाषा और बौद्ध साहित्य के अध्ययन को एक नया आयाम मिलेगा। इतना ही नहीं महाराष्ट्र के जाग्रत लोक-समाज द्वारा बौद्ध धर्म में प्रवेश लेने से इस धर्म के शास्त्रीय अध्ययन को गति देने की जिम्मेदारी महाराष्ट्र के विश्वविद्यालयों और सरकार पर आ गई है। क्योंकि, पाली अब मृत भाषा न रहकर महाराष्ट्र में नये रूप में उदित बौद्ध धर्म की जीवन्त भाषा बन गई है। उस भाषा का साहित्य अब एक लुप्त होते धर्म का साहित्य नहीं रहा, महाराष्ट्र के विश्वविद्यालयों और सरकार इन दोनों को डॉ. आम्बेडकर के धम्मचक्र प्रवर्तन से उत्पन्न नयी स्थिति को ध्यान में रखते हुए पाली भाषा और बौद्ध साहित्य के अध्ययन तथा अध्यापन की ओर अधिक ध्यान देना होगा। इस प्रकार का चेअर स्थापित करने के लिए पाँच-छह लाख रुपये लगेंगे। पर यह परिषद तथा अखिल महाराष्ट्र के बौद्ध समाज की प्रातिनिधिक संस्थाओं के द्वारा युनिवर्सिटी ग्राण्ट कमीशन के सामने प्रस्ताव रखा जाए, तो निश्चित रूप से आर्थिक मदद मिल सकती है, यह बिल्कुल असम्भव नहीं है। फिर नागपुर जैसे गरीब विश्वविद्यालय को बौद्ध साहित्य का अध्यासन निर्माण करना होगा।

इस प्रकार के अध्यासन—नागपुर और मुम्बई विश्वविद्यालय में स्थापित होने से बौद्ध दर्शन और साहित्य के अध्ययन, अध्यापन और अनुसंधान को गति मिलेगी। जिससे नये बौद्ध पण्डितों की परम्परा महाराष्ट्र में निर्माण होगी और बौद्ध धर्म के पुनर्जीवन तथा प्रसार को भी गति मिलेगी।

'बौद्ध धर्म का पुनर्जीवन' इस शब्द प्रयोग के पीछे एक विशिष्ट हेतु है, जो आपकी समझ में आएगा, ऐसा मेरा विश्वास है। महाराष्ट्र में बौद्ध धर्म अतिथि नहीं है बल्कि वैदिक और जैन इन दो धर्मों के समान ही बौद्ध धर्म का यह प्राचीन निवास स्थान है। इसके सबूत रूप में सैकड़ों गुफाएँ, विहार और स्तूप कोल्हापुर से नागपुर तक सह्याद्रि और सतपुड़ा के आँचल में दिखाई देते हैं। इतना ही नहीं, जिस प्रकार एक परिवार में अनेक भाई सन्तोष से रहते हैं, उसी प्रकार सह्याद्रि या सतपुड़ा की गुफाओं में हिन्दू और बौद्ध गुफाएँ साथ-साथ उकेरी हुए नजर आएँगी। इसलिए मैं कहता हूँ कि, महाराष्ट्र के लिए बौद्ध धर्म नया नहीं है। महाराष्ट्र में वह अतिथि नहीं हे।

डॉ. आम्बेडकर के धम्मचक्र प्रवर्तन से वह अपने पुराने घर लौटा है, इतना ही। पर उसके पुनरागमन और पुनरुज्जीवन से भारत में प्रचलित बौद्ध धर्म पर

क्या असर होगा, यह आज कहना कठिन है। धर्म के इतिहास में एक घटना बार-बार दिखाई देती है कि, जब भी किसी कारणवश किसी भी धर्म में ग्लानि आती है तब असाधारण कर्तृत्व के धर्मपुरुष के आगमन से उस धर्म को नया मोड़ मिल जाता है। उसके पुरुषार्थ से धर्म का पुनरुद्धार होता है, पर साथ ही धर्म से काल गणना और पन्थ भी निर्मित होते हैं। पुनरुस्थान करने में डॉ. बाबासाहब आम्बेडकर ने जो अलौकिक कार्य किया है और अपने स्वयं के बलबूते पर बौद्ध धर्म का पुनर्गठन किया है वह उनके कार्य की स्वाभाविक परिणति ही थी, ऐसा मुझे लगता है। बल्कि डॉ. बाबासाहब आम्बेडकर के बौद्ध धर्म की नयी व्याख्या के कारण वह धर्म अधिक बुद्धिवान और प्रवृत्तिपरक हुआ है। उस धर्म में बाबासाहब द्वारा किया गया वांछनीय परिवर्तन इतिहास में चिरस्मरणीय रहेगा। इस दृष्टि से बौद्ध धर्म को उनके द्वारा दिया गया नया मोड़ और उसकी व्याख्या इन दोनों को मराठी जनता के सामने स्पष्ट करने के उत्तरदायित्व को निभाने हेतु बौद्ध साहित्य परिषद को उत्साह से आगे बढ़ाने की आवश्यकता है।

अन्त में एक ही बात आग्रहपूर्वक तथा विनम्रता से कहना चाहूँगा कि, भगवान बुद्ध ने अपने धर्म का मध्यम मार्ग ऐसा नामकरण किया और इस मार्ग का दिग्दर्शन करने हेतु प्रज्ञा और करुणा को जो महत्त्वपूर्ण स्थान उन्होंने अपने धर्म में दिया है, उसे मद्देनजर रखते हुए दूसरे के साथ भाईचारा और सहिष्णुता का आचरण करने में ही उनके उपदेशों की सफलता है। हम वैदिक रहें, जैन, बौद्ध, लिंगायत, महानुभाव, कबीर पन्थी या सिख रहें, हम सब इसी भारतभूमि की सन्तानें हैं, एक ही भारतीय संस्कृति की उपज हैं, एक ही भारतीय राष्ट्रीयत्व के अधिकारी हैं, इस बात को ध्यान में रखना होगा। भगवान बुद्ध और डॉ. आम्बेडकर को अपने भारतीयत्व, भारतीय परम्परा और भारतीय राष्ट्रीयता का अत्यन्त अभिमान था। महामहिम राष्ट्रपति डॉ. राधाकृष्णन के कथन के अनुसार—"भगवान बुद्ध भारतीय अस्मिता के उदात्त आविष्कार के रूप में दुनिया में मण्डित हुए हैं।" निष्कर्षतः हम सब किसी भी धर्मपन्थ के हों, हम भारतीय संस्कृति की सहोदर सन्तानें हैं। इसी एकता की भावना से हम एक-दूसरे के साथ सहयोग से व्यवहार करें। भगवान बुद्ध और डॉ. आम्बेडकर इन दोनों के उपदेशों का रहस्य इनकी भारतीय संस्कृति के प्रति निष्ठा में दिखाई देता है।

अनुवाद : डॉ. सतीश यादव, रेणापूर

विद्रोह का इतिहास अर्थात् दलित साहित्य

–दादासाहेब रूपवते

[बौद्ध साहित्य सम्मेलन, सोलापुर, 1964]

मराठी साहित्य का इतिहास बहुत पुराना नहीं है। दलित समाज में उत्पन्न सन्त कवियों को छोड़ दें तो अन्य लोगों का साहित्य हाल ही का साहित्य है। इसके दो कारण हो सकते हैं। प्रथम कारण यह कि इस देश के इतिहास का अर्थ औरों का सब कुछ दबाकर उस पर खड़ा महल है। झूठा इतिहास लिखने में इस देश का हाथ कोई पकड़ नहीं सकता। इस कारण दलितों का सारा साहित्य प्रकाश में नहीं आ सका। उसे भूमिगत किया गया।

दूसरा कारण दलितों को निरक्षर बनाये रखने में हिन्दू संस्कृति ने अपनी संस्कृति का जबरदस्त उपयोग किया। हिन्दू धर्म के मूलभूत धर्मग्रन्थ ने ही आज्ञा दे रखी है कि अस्पृश्य ज्ञानार्जन न करें। संस्कृत बोलने पर जिह्वा काटने की और ज्ञान सुनने पर कानों में सीसे का तप्त रस उँड़ेलने की सजा इस देश के कट्टरपन्थी धर्म ने कही है। एक वर्ग को ज्ञान का एकाधिकारी बनाने का चमत्कार इस देश ने खोज निकाला। ज्ञान को प्रवाह की तरह जीवनदायी एवं मुक्त होना चाहिए। किन्तु यहाँ ज्ञान को रोककर रखा गया। ऐसा देश और धर्म संसार भर में ढूँढ़ने पर भी नहीं मिलेगा।

ज्ञान से वंचित रखे जाने से दलित साहित्य निर्मित नहीं कर सके। इस विचित्र समाज व्यवस्था के विरोध में दलित समाज ने निरन्तर विद्रोह किया है। इस विद्रोह का इतिहास ही दलितों का साहित्य है।

किसी भी समाज को अपना उद्धार करना हो तो समाज मन में ही क्रान्ति घटित होने की आवश्यकता होती है। मन का इन्जन दौड़े बिना, उसका ईंधन प्रज्वलित हुए बिना रेल के डिबों की शृंखला गतिशील नहीं होगी। यह बात समाज मन और सामाजिक आन्दोलन के सन्दर्भ में सही है। किसी भी आन्दोलन के लिए पहले समाज की मानसिकता तैयार करनी होती है। मन की क्रान्ति ही सामाजिक क्रान्ति में प्रतिफलित होती है। मानसिकता बनाने का काम यानी कोंकण की

खेती में राब डालने जैसा है। गलत विचारों के जन्तु, दुष्ट परम्पराओं का कूड़ा-करकट आदि को हटाकर नये विचारों का राब डालना होता है। यह कार्य जिन हथियारों से कर सकते हैं, उनमें साहित्य का स्थान अटल एवं अचल है।

बाबासाहब ने इसे पहचाना था। हमारे जलसाकारों को वे इसी दृष्टि से प्रोत्साहित करते थे। नेताओं के अनेक व्याख्यानों से समाज मन पर जो परिणाम होता है उससे कई गुना अधिक कार्य सामाजिक जलसा के एक कार्यक्रम से हो सकता है—ऐसा बाबासाहब कहा करते थे। कला और साहित्य के सामर्थ्य को बाबासाहब ने जाना था।

कला, कला के लिए अथवा जीवन के लिए कला यह विवाद दलित समाज के जीवन में, क्रान्ति प्रवृत्त जनसमूह के पुनरुत्थान में आ ही नहीं सकता। जीने के लिए, स्वाभिमान के लिए, स्वतन्त्रता के लिए प्रयत्नशील, स्वयं को मुक्त करके विश्वमुक्ति का नारा देनेवाले समाज को अपने पास के सभी हथियार अपने लक्ष्य प्राप्ति के लिए प्रयुक्त करने पड़ते हैं। प्रलय में फँसे मनुष्य को अपनी मुक्ति के लिए दृढ़ मन से, तेजस्वी सामर्थ्य से और सम्पूर्ण शक्ति को संगठित कर चरमकोटि के प्रयास करने पड़ते हैं। अपनी सम्पूर्ण चतुराई और शक्ति इस उद्देश्य से संगृहीत करनी होती है। मुलायम, रंगीन स्वप्नों में मशगूल होकर इन्सान जी नहीं सकता। रोम जलते समय बाँसुरी बजानेवाला नीरो सर्वनाश का काव्य लिखेगा पर जीवन की दृष्टि से वह पूर्णतया काव्य का विनाश ही सिद्ध होगा।

'समाजोन्नति के लिए कला' इस लक्ष्य से प्रेरित होकर साहित्यिक दौर से गुजरनेवाले लोगों में साहित्य-गुणों से रहित लेखन करनेवाले लोग कम ही होते हैं और वह स्वाभाविक भी है। 'लक्ष्य के लिए कला' अथवा 'जीवन के लिए कला' इस मत के कलाकारों को उद्देश्यपूर्ति एवं कलात्मकता का संयोग साधना होता है। इस संयोग को साध्य करना अर्थात् अक्षय मिठास का श्रीखण्ड बनाना ही है। कभी चीनी अधिक होगी तो कभी खटाई। असली कलाकार इस रसोई में सफल होता है। कला के माध्यम से प्रचार कर इस लक्ष्य को प्रत्यक्ष करना आसान नहीं।

दलित समाज के अधिकांश साहित्यकार इस लक्ष्य को अधिकांशतः प्राप्त कर सके हैं। बाबासाहब आम्बेडकर ने जिस क्रान्तिकार्य का आरम्भ किया, वह हमारे आधुनिक साहित्यकारों के लिए प्रेरणास्थान, भक्तिस्थान सिद्ध हुआ। यह क्रान्तिकार्य पूरा करने के लिए जरूरी है कि हम अपना सब कुछ दाँव पर लगा दें। जल, स्थल, काष्ठ, पाषाण अर्थात् सर्वत्र हमें समाज का उद्धार दिखाई दे। कोई क्रान्ति तभी चरम सफलता तक पहुँचती है जब क्रान्ति के लिए तैयार किए जानेवाले जन मानस में वह पहले घटित होती है। इस मानसिक क्रान्ति को प्रत्यक्ष कराने में हमारे साहित्यकार सही भूमिका निभा सकते हैं। जरूरी है कि सभी क्षेत्र के हमारे साहित्यकार तैयार रहें, आगे आएँ। जनसेवा के, मानव मुक्ति के मन्दिर में वे अपनी कला की पूजा स्थापित करें।

अनुवाद—डॉ. नागनाथ कुण्टे, लातूर

सामाजिक जीवन के संघर्ष को मद्देनजर रखकर ही साहित्य निर्माण किया जाए

–घनश्याम तलवटकर

[बौद्ध साहित्य सम्मेलन, अहमदनगर, 1965]

आज जिस कालखण्ड में यह सम्मेलन हो रहा है, वह कालखण्ड मानव समाज के जीवन में प्रचण्ड उथल-पथल करनेवाला कालखण्ड है। संसार की सभी सताई हुई, पीड़ित जनता न्याय, स्वातन्त्र्य एवं सुखसमृद्धि का जीवन तथा शान्ति बनाये रखने के लिए संघर्षरत हैं तो दूसरी ओर विश्व की रूढ़ीवादी शक्ति उसे दबाने का निर्रथक प्रयास कर रही है। विश्व में आज प्रगतिशील शक्ति का सामर्थ्य दिन-ब-दिन बढ़ रहा है और प्रतिक्रियावादी शक्तियों का सामर्थ्य घटता जा रहा है। हजारों वर्षों से गुलामी की शृंखला में जकड़ा हुआ हमारा दलित समाज बाबासाहब की प्रेरणा से जाग्रत होकर स्वातन्त्र्य और समता का जीवन जीने की भावना से सभी प्रकार की विषमता के विरोध में संघर्ष के लिए तैयार है। वह शैक्षिक, सांस्कृतिक, सामाजिक एवं राजनीतिक क्षेत्रों में सर्वांगीण प्रगति की दिशा में तेजी से आगे बढ़ रहा है। आज का यह साहित्य सम्मेलन उसकी प्रगतिशील यात्रा का ही द्योतक है।

इस प्रसंग में साहित्य सम्बन्धी प्रचलित धारणाओं को जान लेना आवश्यक है। साहित्य मानव जीवन की विभिन्न अवस्थाओं में विचारों एवं भावनाओं की अभिव्यक्ति है। इस अभिव्यक्ति से सौन्दर्य का निर्माण होता है। इस अभिव्यक्ति के समय साहित्य में जीवन के शाश्वत मूल्य व्यक्त होते हैं। अर्थात् जीवन से साहित्य निर्माण होता है और साहित्य में जीवन का मूल्यांकन होता है। इससे स्पष्ट होता है कि जीवन ही साहित्य का मूलाधार है।

साहित्य प्रयोजन के सम्बन्ध में विभिन्न लोगों के भिन्न-भिन्न विचार हैं। कुछ लोगों के अनुसार साहित्य का प्रयोजन जीवन कलह में मनोरंजन करना मात्र है तो अन्यों के अनुसार साहित्य जीवन की प्रेरणादायी शक्ति है। मेरे मतानुसार भी जीवन की प्रेरक शक्ति ही साहित्य का सही प्रयोजन है। क्योंकि जीवन में

संघर्ष है, इस संघर्ष से जीवन सम्बन्धी आस्था बनाये रखने में साहित्य सहायक होता है। व्यक्ति-जीवन में जैसे यह घटित होता है उसी प्रकार समाज जीवन में भी घटित होता है; क्योंकि व्यक्ति-व्यक्ति से ही समाज बनता है और उसी कारण व्यक्ति जीवन का संघर्ष समाज जीवन का संघर्ष बनता है। यह संघर्ष निरन्तर चलता रहता है तथा इस संघर्ष से ही मानव जीवन का लगातार विकास होता रहता है। इस विकास के लिए ही साहित्य सृजन की आवश्यकता होती है। इस दृष्टि से मराठी साहित्य की ओर देखा जाए तो क्या दिखाई देता है? इस पर संक्षेप में विचार करना जरूरी है।

मराठी साहित्य का आरम्भ मुकुन्दराज एवं ज्ञानेश्वर से हुआ ऐसा माना जाता है। ज्ञानेश्वर ने भगवद्गीता पर अपना भाष्य मराठी में 'भावार्थ दीपिका' नाम से लिखा। इसी ग्रन्थ को ज्ञानेश्वरी कहा जाता है। मराठी साहित्य में इस ग्रन्थ का स्थान अद्वितीय है। ज्ञानेश्वर से पहले सातवीं शताब्दी में हुए शंकराचार्य के गीता की समीक्षा का आधार लेकर तेरहवीं शताब्दी में ज्ञानेश्वरी लिखी गई। उन्होंने स्पष्ट कहा है कि 'भाष्यकारातु वाट पुसुतु' (भाष्यकारों से रास्ता पूछते-पूछते) मैंने यह ग्रन्थ लिखा है।

शंकराचार्य ने सातवीं शताब्दी में बौद्धधर्म की समतावादी विचारधारा के विरोध में हिन्दू धर्म के रहस्यमय दर्शन का प्रसार करने हेतु गीता भाष्य लिखा। उसमें वर्ण व्यवस्था का फिर से समर्थन करते हुए प्रकृति में दिखाई देनेवाले भेद मात्र भ्रम हैं, वह माया है ऐसा प्रतिपादन कर ब्रह्म ही चिरन्तन एवं सत्य तत्त्व है ऐसा कहा है। उनका सिद्धान्त है—'ब्रह्म सत्यं जगन्मिथ्या'।

इसी दर्शन को जनसामान्य तक पहुँचाने के लिए, उसे जनाभिमुख करने के लिए ज्ञानेश्वर ने अपना ग्रन्थ संस्कृत में न लिखकर प्राकृत भाषा अर्थात् मराठी में लिखा। वेदान्त दर्शन का प्रतिपादन करते समय बहुजन समाज में प्रचलित बौद्ध धर्म के नीति तत्त्वों पर ज्ञानेश्वर को विवश होकर गौर करना पड़ा। बौद्ध धर्म की अहिंसा अर्थात् मनुष्य जीवन में मनुष्य से किस प्रकार व्यवहार करें इससे सम्बन्धित नीतितत्त्व। ज्ञानेश्वर ने ओवी (एक छन्द) के माध्यम से अहिंसा के नीति तत्त्व का प्रतिपादन किया। ज्ञानेश्वरी में दैवी सम्पत्ति का वर्णन नीति पर जोर देनेवाला है।

इससे स्पष्ट होता है कि ज्ञानेश्वर ने अपने ग्रन्थ में इच्छा या अनिच्छा से बौद्ध नीति तत्त्वों का समर्थन किया है, उसी प्रकार अपने ग्रन्थ के लिए प्राकृत भाषा मराठी को स्वीकार कर उन्होंने बुद्ध का ही अनुकरण किया है। बुद्ध ने बहुजनों के लिए अपना धर्म पाली भाषा में प्रतिपादित किया है। उपर्युक्त विवेचन से स्पष्ट होता है कि समाज जीवन का प्रभाव साहित्य पर किस प्रकार होता है तथा साहित्य में समाज जीवन किस प्रकार अभिव्यक्त होता है।

ज्ञानेश्वरी से प्रेरणा प्राप्त कर सन्त कवियों ने जो साहित्य सृजन किया है, उसमें भी प्रमुखतः नीति तत्त्वों पर ही जोर दिया गया है। सन्तों के कार्यों के सम्बन्ध में डॉ. बाबासाहब आम्बेडकर ने एक स्थान पर लिखा है कि, "सन्तों का आन्दोलन नैतिक पुनरुत्थान का ही आन्दोलन था।"

सन्तों के इस आन्दोलन के परिणाम स्वरूप निर्माण हुए साहित्य में दलितों के प्रति व्यक्तिगत भूतदया का दृष्टिकोण व्यक्त हुआ है। सामाजिक विषमता समाप्त करने का सामर्थ्य उनके साहित्य में नहीं है। भक्ति के क्षेत्र में ही वे समानता निर्माण कर सके।

सन्तों की इस शृंखला में समाज के विभिन्न स्तर के सन्त कवि हैं। जैसे महाराष्ट्र में चोखामेला, सोयराबाई, बंका महार एवं निर्मला, अन्य प्रदेशों में कबीर, तिरुवल्लुवर, रोहिदास (रैदास) आदि सन्त कवियों को गिनाया जा सकता है। इन दलित सन्त कवियों का साहित्य समाज जीवन में उनके द्वारा अनुभूत दुःख अन्तःकरण के प्रबल मनोवेग की अभिव्यक्ति है। इसी प्रकार के साहित्य का सृजन करनेवाले अनेक दलित सन्त कवि इस काल में हुए होंगे लेकिन अस्पृश्यता के कारण उन्हें अपने साहित्य को सँभालकर रखने का अवसर नहीं मिला।

सन्त साहित्य का काल 13वीं शती से 17वीं शती तक माना जाता है। सन्त काल के पश्चात मोरोपन्त, वामन पण्डित, मुक्तेश्वर आदि पन्त कवियों का साहित्य निर्माण हुआ। लेकिन उस साहित्य का बहुजन समाज के जीवन से सम्बन्ध नहीं रहा।

समाज जीवन से वास्तविक सम्बन्ध जोड़नेवाला सन्त या शाहिरी साहित्य ही है। शाहिरी साहित्य प्राचीन काल से चला आ रहा बहुजन समाज का साहित्य है। इस प्रकार का साहित्य सृजन करनेवाले महाराष्ट्र के अनेक मशहूर शाहिर आज अज्ञात हैं, किन्तु उनकी काव्यसम्पदा बहुजन समाज ने अपने सीने से लगाये रखी है। वर्तमान शाहिरों में उच्च कोटि के शाहिर अण्णाभाऊ साठे का यहाँ मैं सम्मानपूर्वक उल्लेख करना चाहूँगा। उन्होंने मात्र काव्य के क्षेत्र में ही नहीं साहित्य की विभिन्न विधाओं में प्रभावी साहित्य निर्माण किया है। यह दलित वर्ग के लिए अभिमानास्पद है।

आधुनिक साहित्य में समाज जीवन का चित्रण करनेवाला साहित्य दिन-ब-दिन प्रचुर मात्रा में लिखा जा रहा है। दलितों के जीवन पर भी साहित्य लिखा गया है। उसके दो भेद हैं—एक गैर दलित साहित्यकारों द्वारा लिखा गया दलित साहित्य और दूसरा दलित साहित्यकारों द्वारा लिखा गया दलित साहित्य। गैर दलित साहित्यकारों ने दलितों के सम्बन्ध में सहानुभूति और दया भाव से लिखा है, क्योंकि दलितों का जीवन उनका अनुभूत न होने से उस जीवन का यथार्थ चित्रण दलित साहित्यकार ही कर सकते हैं।

इसलिए नवोदित दलित साहित्यकारों से मेरा अनुरोध है कि वे सामाजिक जीवन के संघर्ष को मद्देनजर रखकर ही साहित्य सृजन करें। आज दलित जनता ने बौद्ध दर्शन को स्वीकार कर नव-जीवन का गठन करने की आकांक्षा रखी है। वह नव साहित्य के निर्माण में प्रेरक होगी इसमें कोई आशंका नहीं। इस परिवर्तन की प्रतीति कराना ही इस सम्मेलन का प्रमुख उद्देश्य है।

अनुवाद : डॉ. नागनाथ कुण्टे, लातूर

साहित्यिकों को विद्रोही बनना होगा!

—म. ना. वानखेडे

[बौद्ध साहित्य सम्मेलन, भुसावल, 1967]

आज तक के साहित्य में दलितों की उपेक्षा ही हुई है। प्राचीनतम संस्कृतिवाले इस भारत में अपने समाज का अन्तरंग पहचाननेवाला साहित्यिक निर्माण नहीं हुआ। यह बेहद अफसोस की बात है। रामायण और महाभारत भारतीय संस्कृति की धरोहर मानी जाती हैं। यह यदि अक्षर महाकाव्य है, तो भी इनमें हमारा समाज-जीवन दिखाई नहीं देता। यह महाकाव्य एकतरफा, वर्गवादी दृष्टिकोण से लिखा गया है। जिस राम ने शम्बूक को मारा, वह राम हमारा आदर्श कैसे हो सकता है? जिस महाभारत में गीता है और जिस गीता में भी हमारा जीवन नहीं और न वह हमारे लिए है। निम्न वर्ग के पात्रों के मुख में संस्कृत भाषा अपवित्र होगी, इसलिए ऐसे पात्रों के लिए उन्होंने प्राकृत भाषा का प्रयोग किया है। मराठी का सन्त साहित्य मात्र परमार्थिक है। वेदान्त धर्म की पताका ज्ञानेश्वर ने फहराई। तुकाराम, चोखा मेला ने तक सामाजिक प्रश्नों को सुलझाया नहीं। वैयक्तिक और ईश्वर विषयक विचार ही उन्होंने व्यक्त किए। एकनाथ द्वारा महार जाति के एक बच्चे को उठाकर गोद लेने से समूचे समाज की उन्नति हुई, ऐसा नहीं। महानुभव साहित्य यदि अवैदिक भी हो, जाति को न माननेवाला भी हो, तो भी वह साहित्य सामाजिक जीवन में व्यापक परिवर्तन नहीं ला सका। बल्कि वह खुद एक जाति बन कर रह गया। रामदास ने स्पष्ट रूप से ब्राह्मण धर्म का जयगान किया। 'बाह्मण वेद मूर्तिमन्त। ब्राह्मण तोधि भगवन्त।' ('ब्राह्मण वेदमूर्तिमान, ब्राह्मण ही भगवान।') अर्थात ब्राह्मण पूजन से ही सही गति प्राप्त होती है, ऐसा उन्होंने कहा—'जरी ब्राह्मण मूढ़मती। तरी तो जगदवन्द्य।' ('यदि ब्राह्मण मूढ़मति है तो भी वह विश्ववन्द्य है।') इस तरह से उन्होंने ब्राह्मणों को श्रेष्ठ साबित करने का प्रयास किया और 'अन्तज शब्द ज्ञाता बरवा। परी तो नेऊन काय करावा।' ('शूद्र शब्दज्ञाता अच्छा। पर वह लेकर क्या करें।') इस प्रकार से अस्पृश्यों को पैरोंतले रौंदा। महाराष्ट्र धर्म के प्रणेताओं को सामाजिक समता की आँच महसूस नहीं हुई।

उनके भूतदयावादी दृष्टिकोण के कारण ही समानता पर आश्रित नव-समाज का निर्माण नहीं हो सका, बल्कि वह कर्मकाण्ड का शिकार हो गया। अतः चातुर्वर्णियों का सामाजिक बन्धन और अधिक दृढ़ हो गया।

शाहिरी (वीर-शृंगार काव्य) हमने निर्माण की। तमाशा हम दलितों की अभिव्यक्ति का साधन था। तमाशा! यह कला हमने निर्माण की। मराठी साहित्य में मध्यवर्गीय सफेदपोश ब्राह्मण समाज का ही चित्रण हैं। क्योंकि रचनाकार उसी वर्ग का था। उन्हें कुछ हद तक स्त्रियों का दुःख महसूस हुआ। हरिभाऊ ने स्त्री परवशता का चित्रण 'पण लक्षात कोण घेतो' ('परन्तु ध्यान देता है कौन?') में किया है। देवल ने 'शारदा' में 'आम्ही गायी जातीच्या। नाही आम्हा वाचा।' ('हम गायें जाति की। नहीं हमें वाणी।') इस प्रकार से स्त्रियों के दुःख को उन्होंने वाणी दी, परन्तु उन्हें भी हम दलितों की वेदना का अहसास नहीं हुआ।

1930 से 40 के दशक में सबसे पहले जो आँचलिक साहित्य निर्माण हुआ, उनमें भी हमारा जीवन नहीं है। और न उसमें व्यक्त आँचालिक जीवन वास्तविक है। शहरों में बैठकर रूमानियत की ऐनक से देखकर लिखा गया यह आँचलिक जीवन है।

साहित्य का जीवन के साथ सम्बन्ध बहुत ही निकट का है। साम्यवादी रचनाकारों का जीवन के प्रति देखने का दृष्टिकोण वर्गवाद पर आधारित है। जीवन की वास्तविकता का परिचय इन मराठी रचनाकारों को हुआ ही नहीं। साम्यवाद से या गाँधीवाद से प्रेरित हुए मराठी साहित्य में भी हमारा जीवन नहीं है। इन मानवतावादियों के साहित्य के अछूतोद्धार में माँ का ममत्व नहीं है। दाई की भूतदया है और यह भूतदया स्वाभिमान को कुचलनेवाली होती है।

द्वितीय विश्व युद्धोत्तर कालखण्ड में मराठी साहित्य में जो नूतन प्रवाह आया उसमें जीवन-चित्रण के बजाय अभिव्यक्ति के तन्त्र की विविधता पर जोर दिया गया।

आज भी हमारे मराठी साहित्यकारों को अपने समाज का साक्षात्कार नहीं हुआ है। परन्तु शंकरराव खरात और अण्णाभाऊ साठे हमारे और केवल हमारे ही समाज का चित्रण साहित्य के द्वारा कर रहे हैं। यह स्वाभिमान की बात है। अपने समाज-जीवन का चित्रण करने वाला साहित्य भविष्य के लिए एक उम्मीद की किरण बन सकता है। उन्होंने अपने जीवन की सृजनात्मक अभिव्यक्ति की। यह तो केवल शुरुआत है, अगली जिम्मेदारी हम सभी की है।

समाज और जीवन का निकट सम्बन्ध है। साहित्य जीवन का अंग है। अन्ततः साहित्य समाज से अलग नहीं रह सकता। अच्छी साहित्यिक रचनाएँ आशय और अभिव्यक्ति इन दोनों से अलग हो नहीं सकतीं। साहित्यिक रचनाओं का परीक्षण करते समय सुविधा के लिए ऐसे भेद किए जाते हैं। यह जीवनावलोकन जितना अधिक प्रामाणिक, उत्कट एवं सामर्थ्यवान होगा, उतना ही वह अपने आप में कलारूप को धारण करेगा। समाज-मन को संस्कारित करने का बहुत बड़ा

सामर्थ्य साहित्य में होता है। साहित्य नव-समाज निर्माण के लिए क्रान्ति ला सकता है। आज हमारे बौद्ध समाज में मानव स्वतन्त्रता के लिए क्रान्ति पर्व का आरम्भ हुआ है। सामान्य वर्ग के महापुरुष डॉ. बाबासाहब आम्बेडकर ने अपने जीवन की बहुत बड़ी कीमत चुकाकर इस क्रान्तिचक्र को गति दी। अछूतपन मानव संस्कृति का एक आश्चर्य है। अछूतवृत्ति का मतलब मानवतावाद पर लगा कलंक। अस्पृश्यता का मतलब विवेकहीनता का चरम बिन्दु। अस्पृश्यता मानवी मन को लगा महारोग है। शताब्दियों से मानवीयता के दरिया में बद से बदतर हालत में रहे अछूत समाज में बाबासाहब ने स्वाभिमान जगाया। हमारे भीतर की अस्मिता जगायी। समग्र मानव जाति को लाभप्रद हो ऐसी मानवीयता से परिपूर्ण बौद्ध दृष्टि उन्होंने दी। भगवान गौतम बुद्ध का मतलब विश्व को एक माला में पिरोनेवाली एक डोर, विश्व का अखंड विश्वास। विश्व का अन्तिम विकल्प इन दो महापुरुषों के कारण क्रांति की ओर अग्रसर हुए, हमारे समाज को सहायक और प्रेरक साबित हो, ऐसा साहित्य हम बौद्धजनों को निर्माण करना चाहिए। बौद्ध समाज-क्रान्ति के साहित्यकारों को यह जिम्मेदारी उठानी चाहिए।

क्रान्ति के लिए साहित्य प्रेरणा बन सकता है। इससे सम्बन्धित विश्व इतिहास में घटित दो घटनाओं का उल्लेख किया जा सकता है–

(1) 10 मई 1774 से 5 अक्तूबर 1789 के बीच घटित फ्रांस की राज्य क्रान्ति में रूसो, वॉल्तेयर के साहित्य का बहुत बड़ा योगदान रहा। उनके द्वारा की गयी नव-समाज क्रान्ति के निर्माण में से उत्पन्न स्वतन्त्रता, समता और बन्धुता इन तत्त्वों को आगे चलकर समग्र मानव समुदाय ने स्वीकार किया। हमारा प्रजातन्त्र इन्हीं तत्त्वों पर आधारित है।

(2) अक्तूबर 1917 को रूस में घटित क्रान्ति को विश्वविख्यात साहित्यिक टॉलस्टॉय, मैक्सिम गोर्की और दोस्तोव्हस्की के क्रान्तिकारी विचारों ने ही जन्म दिया था। क्रान्ति के बाद भी मायकोव्हस्की तथा लॉक आदि का साहित्य नव-समाज स्थिर बनाने में महत्त्वपूर्ण योगदान था।

इन दो उदाहरणों की तरह बौद्ध साहित्यिकों को अपने नव-समाज निर्माण के स्वप्न को वास्तव में परिवर्तित करने के लिए पूरी क्षमता के साथ आगे आना होगा।

सामाजिक धारणा में साहित्य का बहुत बड़ा योगदान होता है। साहित्य समाज की एक जरूरत है। समाज-जीवन में परिवर्तन लाने में साहित्य एक महत्त्वपूर्ण भूमिका निभाता है। नव समाज की धारणा को बाइबिल की पुरानी मान्यताओं ने, साथ ही ईसाई समाज की धारणा को नव-मान्यताओं ने बहुत बड़ी प्रेरणा दी है। यह बाइबिल ग्रन्थ केवल धार्मिक ग्रन्थ नहीं है, बल्कि उसमें साहित्यिक मूल्य भी हैं। इसी प्रकार से नये समाज की धारणा के लिए डॉ. बाबा साहब आम्बेडकर ने 'बुद्ध आणि त्यान्चा धम्म' ('बुद्ध और उनका धम्म') यह

महान ग्रन्थ अपने जीवन के अन्तिम दिनों में लिखा। उसमें साहित्यिक मूल्य भी हैं। यह बौद्ध समाज की क्रान्ति के लिए प्रेरक और महान ग्रन्थ है। यह महान ग्रन्थ बौद्ध साहित्य परम्परा का मूलस्रोत है। टी. एस. इलियट ने अपने 'ट्रेडिशन एण्ड इण्डिविज्युअल टैलेण्ट' इस लेख में कहा है–'अच्छे रचनाकार को पारम्परिक विरासत की आवश्यकता होती है।' इसी प्रकार से बौद्ध दृष्टि की पारम्परिक विरासत को हम बौद्ध साहित्यिकों को स्वीकारना होगा।

यहाँ पर इस बात को समझना होगा कि, कानून, राज्यशास्त्र, समाजशास्त्र जैसी अनेकविध ज्ञान शाखाओं में निष्णात बाबासाहब को साहित्य में भी रुचि थी। अंग्रेजी तथा मराठी साहित्य का उन्हें अच्छा ज्ञान था। उन्होंने सन्त साहित्य पढ़ा था। साथ ही हरिभाऊ आपटे का भी साहित्य उन्होंने पढ़ा था। ज्ञानेश्वर, मुक्तेश्वर इनका केवल भाषा वैभव उन्हें भाता था। बाबासाहब ने 21.04.1940 को 'आशा प्रमोद' इस साप्ताहिक के सम्पादक ह. वि. देसाई को जो साक्षात्कार दिया, उससे उनका साहित्य विषयक दृष्टिकोण ध्यान में आ जाता है। उस साक्षात्कार में बाबासाहब ने कहा है–"दिल बहलाव के लिए कभी भी कुछ भी पढ़ा नहीं, पढ़ता नहीं। कथात्मक साहित्य की अपेक्षा ठोस साहित्य मैंने पढ़ा है। कुछ सीखने के लिए मैं साहित्य पढ़ता हूँ, दिल बहलाव के लिए नहीं।" Which instructs me amuses me! राजनीति के बाद शौकिया तौर पर I would do literary work. इसी साक्षात्कार में बाबासाहब ने 'एक स्वतन्त्र उपन्यास लिखनेवाला हूँ' ऐसा मन्तव्य भी व्यक्त किया था। बाबासाहब को कला के प्रति रुचि थी। वायलिन सीखने का भी उन्होंने प्रयास किया था। चित्रकारिता का शौक तथा शिल्पकला की दृष्टि भी उन्हें थी। बाबासाहब की इन कलाओं की रुचि-अरुचि का प्रसारण हमें अपने समाज में करना होगा।

आज पश्चिमी साहित्य में सामान्य रूप में एक ही आशय पर बार-बार लेखन होने से साहित्य में उत्साह दिखाई नहीं देता। विषय की खोज में साहित्यिक अश्लीलता एवं कामुकता की ओर आकर्षित हुआ है। परन्तु हमें विषय की कोई कमी नहीं, और विषय की खोज के लिए हमें अपने समाज के बाहर जाने की भी आवश्यकता नहीं है।

पाश्चात्यों के अनुकरण से आज के मराठी साहित्यिकों का रुझान लैंगिकता और उदासीनता की ओर चल पड़ा है। परन्तु उनकी मुख्य वजह यह है कि उनके जीवन मूल्य ही ढह चुके हैं। हिन्दू समाज की मायथॉलॉजी आज पंगु बन गयी है। समग्र समाज की एकात्मता उस कारण भंग हो रही है। इसलिए हमें अपना ही एक 'रामायण' और 'महाभारत' निर्माण करना होगा।

पाश्चात्य साहित्य का एक उदाहरण दिया जा सकता है–टी. एस. इलियट की 'Waste land' यह निराशाजनक कविता ईसाई और पश्चिमी मायथॉलॉजी की चौखट में बिठायी गयी है। उस मायथॉलॉजी के आधार पर मनुष्य में विश्वास

निर्माण करने का आग्रह यह कविता करती है। मानवीय ज्ञान की दृष्टि से मायथॉलॉजी पर समाज की बहुत-सी श्रद्धा निर्भर रहती है। एक समाज का वह आधार होती है। आज हमारे भारत देश में हिन्दू मायथॉलॉजी अपनी आवश्यकता पूरी नहीं कर सकती, इसलिए हमें प्रतिक्रियात्मक रूप में जातक कथाओं का आधार लेना होगा। जातक कथा और आज के जीवन का समन्वय हमें खोजना होगा।

नीग्रो और बौद्ध समाज की सामाजिक स्थिति एक समान ही है। आज तक अपमान सहने वाला किन्तु बिल्कुल अभी-अभी जाग्रत हुआ यह नीग्रो समाज है। अमेरिकी साहित्य में नीग्रो को स्थान तो था, परन्तु वह स्थान उपहासात्मक था। मार्क ट्वेन के 'हकलवेरी फीन' इस उपन्यास में उपन्यास का नायक और नीग्रो मनुष्य की करीबी सोहबत बतायी गयी है। वुइल्यम फॉकनर के उपन्यासों में नीग्रो की तुलना ईसा मसीह के साथ ही गई है। इन समग्र नीग्रो समाज के चित्रण में उनकी समानता की जद्दोजहद तथा उनके साथ होनेवाला ईर्ष्याभरा व्यवहार कहीं भी व्यक्त नहीं होता। 1930 के दशक में रिचर्ड राइट इस नीग्रो साहित्यिक ने तैश में आकर 'द नेटिव्ह सन' नामक उपन्यास लिखा। नीग्रो का दमन करने पर क्या दुष्परिणाम होंगे? इसका सार्थक चित्रण इस उपन्यास में किया गया है। इधर जेम्स बाल्डविन इस नीग्रो साहित्यिक ने अपने उपन्यासों में प्रमुखतः नीग्रो के प्रश्नों को वाणी दी है। परन्तु हमारे इधर नीग्रो के समान साहित्य का निर्माण नहीं हुआ है। बाबासाहब के पश्चात हमारे समाज की व्यथा, द्वेष, आक्रोश, अन्याय इन सभी के प्रति मन को उद्वेलित करनेवाला सक्षम साहित्य हमने कहाँ निर्माण किया?

हम बौद्धजनों का जीवन का आकलन एक विशिष्ट दिशा में हुआ है। जीवन की ओर देखने की हमारी दृष्टि निश्चित हुई है। दुःख बौद्ध दृष्टि का एक मूल भाव है। यह दुःख असीम और अनेक प्रकार का है। स्वतन्त्रता, समता और बन्धुता इनके बगैर होनेवाली मानव मन की प्रताड़ना और दमन असीमित है। इस दुःख का निवारण हो सकता है; परन्तु उसके लिए ईश्वर, आत्मा, कर्मठता या पाप-पुण्य जैसी बेतुकी और अपरिपक्व कल्पनाओं के वश में जानेवाली भाव विवशता की आवश्यकता नहीं है। यहाँ बुद्धि ही प्रमाण है। प्रत्यक्ष प्रमाण है। विज्ञान की कसौटी पर खरा उतरनेवाला जीवन का वास्तविक चित्रण अपेक्षित है। साथ ही जीवन अनित्य है। जीवन में बदलाव आता है। जीवन गतिमान है, इस पर बौद्ध तत्त्व की श्रद्धा है। सबसे महत्त्वपूर्ण बात यह कि, समग्र प्राणी जगत के प्रति अखण्ड करुणा, मानवता विषयक विश्वव्यापी दयाभाव यह जीवन का जैसे मूलस्रोत है, वैसे ही साहित्य की जो प्रेरणा है वह केवल बौद्ध समाज तक सीमित नहीं है। समग्र विश्वकल्याण का विचार उसकी तह में है। जीवन के इस अन्तिम अहसास का साहित्यिक आविष्कार जितनी मात्रा में हमारे बौद्ध साहित्यिक क्षमतावान, प्रत्ययकारी और प्रभावपूर्ण ढंग से कर सकेंगे उतना अन्य साहित्यकार नहीं कर

सकेगा। आज युग का रुख बदला है। आज तक अपने आप को उच्चवर्णीय कहनेवालों को सबक सिखाने का वक्त आया है। यह बौद्ध दृष्टि केवल हिन्दुत्व के विरोध से, अभावात्मक रूप से निर्माण नहीं हुई है, बल्कि मानवता के कल्याण से उत्पन्न भावरूप और विधायक स्वरूप की है।

बौद्ध साहित्यिकों को जीवन से सम्बन्धित बौद्ध दृष्टि की रक्षा करनी होगी। इस बौद्ध निष्ठा से तात्पर्य न प्रचार है न बौद्धवाद। साहित्य की परिणति आविष्कार कुशलता में ही होती है। और आविष्कार कुशलता को किसी भी प्रकार की बौद्ध दृष्टि का प्रतिरोध नहीं, बल्कि उसके लिए अनुकूल ही है। बौद्ध दृष्टि से तात्पर्य अनुभूति देनेवाली गन की एक लहर है। और अनुभूति के स्वभाव और सामर्थ्य के अनुसार उसका आविष्कार होता है। उसी के अनुरूप उसे कलात्मकता का भी रूप प्राप्त होता है।

हमारे अधिकतर बौद्ध साहित्यिक आंचलिक परिवेश से आये हैं, और उसी वातावरण में विचरनेवाले हैं। ऐसे में उन्हें अपने आंचलिक समुदाय का चित्रण करते समय शहरी संस्कृति का मुलम्मा उस पर न हो, मिलावट न हो। आंचलिक जीवन की ओर मात्र सहानुभूति की नजर से न देखें। आंचलिक समुदाय अशिक्षित होगा, परन्तु वह सुशिक्षितों से भी अधिक सुसंस्कृत हो सकता है। उनका स्वतन्त्र और समग्र स्पर्शी जीवन है। उनकी अपनी खुद की संस्कृति है। भाषा है। उनकी भाषा अधिक अर्थवान है। नगरीय भाषा की अपेक्षा अधिक अर्थवत्ता उसमें है। उस भाषा के द्वारा जीवन की वास्तविक स्थिति का जितना प्रभावपूर्ण ढंग से चित्रण किया जा सकता है, वह नगरीय भाषा से रत्तीभर भी कम नहीं होता। आंचलिक भाषा अशुद्ध नहीं होती। आंचलिक जीवन का रेखांकन स्थूल रूप से न किया जाए। उनका भाषाई अटपटापन और उनके रहन-सहन के तौर-तरीकों का मतलब आंचलिक जीवन नहीं है, बल्कि उनमें थर्रानेवाला चैतन्य साहित्यकारों को शब्दों में बाँधने आना चाहिए। सहानुभूति की भावना से आंचलिक जीवन की ओर देखने की दृष्टि अब बदलनी चाहिए।

नगरीय वातावरण में विचरण करनेवाला जो बौद्ध समाज है, धीरे-धीरे उसका आंचलिक जीवन से सम्बन्ध टूट जाता है। फिर उनका एक स्वन्तन्त्र वर्ग बन सकता है। खुद की संस्कृति का विस्मरण उन्हें हो जाता है। वातावरणानुसार वह बदलता जाता है। बौद्ध समाज के लिए यह एक खतरा है। इसे ध्यान में रखना होगा।

साहित्यिकों पर बहुत बड़ी जिम्मेदारी है। बाबासाहब का समग्र जीवन समाज के लिए त्याग दिया है। बाबासाहब का यह समर्पण व्यर्थ न हो इसे गम्भीरता से हमें समझना होगा। सुशिक्षित वर्ग को ग्राम वासियों की उन्नति के लिए नेतृत्व स्वीकारना चाहिए। साथ ही अन्य समाज के साथ विचरण करते समय

अपनी संस्कृति की पहचान प्रभावी रूप से बनानी चाहिए। अपने भीतर स्थित अस्मिता और करुणा से अन्य समाज को जीतना होगा। बौद्ध जीवन की इन गतिविधियों की प्रतिध्वनि साहित्यिकों में गूँजनी चाहिए। बौद्ध साहित्य परिषद ऐसे कितने ही उपक्रमों का आयोजन कर सकेगी। बौद्ध-जन के साहित्य को सभी प्रयासों के द्वारा संघटित करना होगा। हमें अपने साहित्य की परम्परा अविराम जारी रखनी होगी। साहित्य का समग्र रूप से विचार-विमर्श होना चाहिए। सृजनशील साहित्य के साथ-साथ अन्य साहित्य को भी एक संघ बनाना होगा। समग्र रूप से 'भीमभारत' का या 'भीमयान' का निर्माण करना होगा। इन सब कार्यों में अनेक बाधाएँ होने के बावजूद दृढ़ता और एकनिष्ठा से साहित्य परिषद को यह नया विश्व खड़ा करना होगा। बौद्ध साहित्य परिषद की ओर से अध्येताओं का निर्माण करना होगा। साहित्य को समर्पित मासिक पत्रिकाएँ निकालनी होंगी। परीक्षाओं का आयोजन करना होगा। उसके लिए पाठ्य-पुस्तकों का निर्माण आवश्यक है। बौद्ध समाज में क्रान्ति का प्रसारण होगा ऐसी साहित्य निर्मित और उस साहित्य का प्रचार-प्रसार करना होगा।

बौद्ध समाज-क्रान्ति के अन्तर्गत साहित्य सृजन यह एक आयाम है। भगवान गौतम बुद्ध और डॉ. आम्बडेकर इस क्रान्ति के प्रवर्तक हैं। उनके संदेश के साथ हमें प्रामाणिक रहना होगा। अपने मार्ग में जितनी बाधाएँ आएँगी, उतनी हमारी जिज्ञासा बढ़ानी होगी। हमारा समाज और हमारा देश आज बहुत बड़ी आपात् स्थिति की संक्रमण अवस्था से गुजर रहा है। आज हमारे देश का राजनीतिक जीवन दोलायमान अवस्था में है। सामाजिक समता का पुरस्कार करनेवाले प्रगतिशील नेतृत्व की आज हमें आवश्यकता है। नव-समाज निर्माण की हमारी क्रान्ति केवल हमीं तक सीमित न हो, बल्कि समग्र देश की स्वतन्त्रता के लिए और प्रगति के लिए हो। नव-भारत के निर्माण के लिए हम हैं। इसलिए हमें अपने दायित्वों के प्रति रत्तीभर भी पीछे नहीं रहना चाहिए। प्रजातन्त्र के लिए अनुकूल एवं अखण्ड समाज निर्माण करने के लिए बौद्ध धर्म का स्वीकार समग्र भारतीयों को करना होगा। तभी स्वतन्त्रता, समता और बन्धुता का लक्ष्य साकार होगा। इस नये चेतना के साथ नव मानव, नव समाज एवं नव भारत का निर्माण करने के लिए समग्र भारतीयों को सक्षम होना पड़ेगा। इसलिए प्रत्येक को विद्रोही बनना होगा।

अनुवाद : प्रा. विजयकुमार रोडे, लातूर

उच्चवर्णीय साहित्यकारों ने अन्यायमूलक समाज-व्यवस्था के खिलाफ विद्रोह क्यों नहीं किया?

–वसन्त राजस

[बौद्ध साहित्य सम्मेलन, सतारा रोड 1968]

जिस समाज के लिए ज्ञान एवं मानव जीवन के सभी भाण्डार हमेशा के लिए बन्द थे, जिनकी अभिलाषाएँ पस्त हो चुकी थीं, जीवन भंग हो चुका था, और प्रतिभा जंग खा गयी थी, समाज में कुत्ते और बिल्ली से भी बदतर जिनकी स्थिति थी, और जिन्हें मानवीयता के हक नकारे गये थे, दलित केवल उच्चवर्णीयों की सेवा करने के लिए ही जन्मा है, उसे अन्य कोई भी अधिकार नहीं; ऐसी स्वार्थी एवं पाखण्डतापूर्ण शिक्षा देनेवाले सनातन, रूढ़िवादी हिन्दू धर्म ने जिनके जीवन को मिट्टी में मिलाया, उसी मिट्टी का सोना बनाकर उसमें अस्मिता प्रज्वलित की, विगत हज़ारों वर्ष ध्येयहीन, कृतित्त्वहीन परन्तु इन्सानियत के साथ रहे दलितों के अन्धकारमय जीवन में प्रकाश जिसने निर्माण किया, उस कीमियागर के आगे सर सम्मान से झुक जाता है। मृतप्राय हुआ वही दलित समाज आज प्रतिभा की मशाल लिये जीवन में दफनाए तथा दबाए गये अपने इतिहास, संस्कृति एवं साहित्य की खोज में 'हम भी कुछ कम नहीं' यह समग्र विश्व को दिखाने के लिए अपने शास्त्रों को प्रज्वलित कर आगे बढ़ा ही नहीं, बल्कि अपनी स्वतन्त्र साहित्य संस्था स्थापित कर अपना एक विशिष्ट स्थान निर्माण कर चुका है। साहित्य क्षेत्र में उसने कदम रखा और इस क्षेत्र में भी उसने चमत्कार कर बतलाया है। यह देख किसे आश्चर्य नहीं होगा।

दलित एवं बौद्धों के प्रति उच्चवर्णियों के मन में पहले जैसा ही आज भी मनमुटाव और घृणा है। हिन्दुओं ने जातियाँ निर्माण कर अस्पृश्यों के धार्मिक, सामाजिक और आर्थिक क्षेत्र में जैसे अवरोध पैदा किए, वैसे ही साहित्य में भी किए। वही पाखण्डी एवं जातीय वृत्ति सफेदपोश साहित्यकारों में भी थी, और आज भी है। इसलिए मराठी साहित्य में हम दलितों की; बौद्ध साहित्यकारों की तथा

इनके द्वारा निर्मित साहित्य की उपेक्षा ही की जाती थी। हम पर होनेवाले अन्याय, उपेक्षा एवं साहित्य में स्थित भ्रष्टाचार खत्म कर हमारे जीवन की व्यथा और उपेक्षा की आवाज बुलन्द करने के लिए हमें स्वतन्त्र साहित्य संस्था की आवश्यकता थी, तब म. फुले और डॉ. बाबा साहब आम्बेडकर के प्रभावपूर्ण और प्रखर आन्दोलन से ही दलित समाज में बुद्धिवादी, विचारक, कलाकार तथा प्रतिभासम्पन्न साहित्यकारों की एक नयी पीढ़ी निर्माण हुई। इस पीढ़ी ने दलितों की कथा-व्यथा को समझा। उनके चिन्तन तथा विचार-मन्थन से जीवन सम्बन्धी विचार, नूतन कल्पनाएँ, न्याय हकों की पूर्तता तथा दायित्व का अहसास ये सुप्त शक्तियाँ जाग्रत हुईं और वैचारिक चिनगारी निर्माण हुई। ऐसे समय में उपरोक्त विचारों से प्रभावित साहित्यकारों ने एकजुट होकर 1950 में मुम्बई में 'दलित साहित्य संघ' की स्थापना की। आगे 1953 में इस संस्था को 'महाराष्ट्र दलित साहित्य संघ' ऐसा व्यापक नाम दिया गया।

महत्वाकांक्षाओं से प्रेरित हुए गुट ने स्थानिक मराठी दलित एवं उपेक्षित समाज को जाग्रत करने के लिए तथा महाराष्ट्र की मिट्टी में दबे हुए इतिहास एवं साहित्य को प्रकाश में लाने के लिए संस्था के कार्य का प्रचार और प्रसार किया। रणपिसे, अडसूल कई कठिनाइयों को सहकर प्रतिकूल परिस्थिति में भी दीर्घकाल तक संस्था के रथ को निष्ठा के साथ आगे ले गए। परन्तु 1957 के बाद इस कार्य को नयी दिशा मिली और कार्य को मूर्त रूप प्राप्त हुआ। 1958 में मुम्बई में संस्था का प्रथम ऐतिहासिक सम्मेलन सम्पन्न हुआ और उसकी प्रतिध्वनि समग्र महाराष्ट्र में गूँजी। उसके अच्छे-बुरे परिणाम दलितों की प्रतिमा जलाकर, उस राख के ढेर पर हजारों वर्षों से ज्ञान का ठेका लिए बैठे उच्चवर्णियों पर हुए बगैर नहीं रहा। परिणाम स्वरूप मराठी साहित्यकारों में खलबली मची और क्रिया-प्रतिक्रियाएँ व्यक्त हुईं।

साहित्य सम्मेलनों का आयोजन प्रतिवर्ष होता है। उसमें साहित्य के विभिन्न आयामों पर अनुकूल-प्रतिकूल चर्चा होती है। उस पर बहुत कुछ कहा भी जाता है, और लिखा भी जाता है। परन्तु इसका प्रयोजन क्या है? क्या इससे मानव जीवन के बुनियादी प्रश्न हल होते हैं? क्या इससे मानव जीवन सफल होता है? क्या इससे साहित्य सृजन के लिए प्रेरणा मिलती है? ऐसे कई प्रश्न उपस्थित हो जाते हैं। परन्तु इन प्रश्नों के अर्थपूर्ण उत्तर देना यदि सरल न भी हो, तो भी साहित्य सम्मेलनों से मनुष्य के कर्त्तृव्य तथा जीवन के लिए प्रेरणा मिलती है। साहित्यकार और पाठक के विचारों का आदान-प्रदान होकर स्नेह बढ़ता है। साहित्य की अभिरुचि का ज्ञान होकर व्यक्ति सामान्य जीवन की सतह से ऊपर उठता है। जिस समाज का साहित्य है, उसका भविष्य उज्ज्वल होता है, और उसका आविष्कार साहित्य से होता है। इसे जाँचने-परखने के लिए साहित्य

सम्मेलनों का आयोजन आवश्यक है, ऐसा मुझे लगता है। पर हम प्रतिवर्ष देखते हैं कि, प्रत्येक साहित्य सम्मेलन में भाषा, शुद्ध-लेखन, प्रचलित राजनीति, साहित्य से असम्बन्धित और सदा ही गरजनेवाला और बरसनेवाला अश्लीलता का प्रश्न जैसे विशिष्ट प्रस्ताव आते हैं। परन्तु धार्मिक या सामाजिक समता का, मानव कल्याण का प्रस्ताव क्यों नहीं आता? अच्छा! प्रस्ताव तो पारित होते हैं, परन्तु आगे क्या? प्रतिवर्ष यह प्रश्न आता ही है। मराठी साहित्य की यही परम्परा और पद्धति है। मात्र शब्दों को माँजना और मूल बातों को छोड़ प्रतिपक्ष वालों की कमियाँ निकालना यह हमेशा की पद्धति है। इतना ही नहीं कुछ ऐसे भी अजीबोग़रीब प्रस्ताव आते हैं कि उनका साहित्य के साथ तनिक भी सम्बन्ध नहीं होता। 1909 में बड़ौदा में हुए महाराष्ट्र साहित्य परिषद के साहित्य सम्मेलन में 'पुराने ऐतिहासिक काग़जातों को तथा पेशवाओं के दफ़्तर की रक्षा की जाए, ऐसा न करने पर राष्ट्र का बहुत बड़ा अहित होगा' ऐसा प्रस्ताव पारित किया गया और राजवाड़े ने वरिष्ठ माधवराव पेशवा से द्वितीय बाजीराव के कार्यकाल तक के काग़ज़ातों को, दफ़्तर एवं दैनन्दिनी को जाँचकर छह सौ पन्नों का एक ग्रन्थ तैयार किया, और महाराष्ट्र साहित्य परिषद ने उसे प्रकाशित किया। यदि यह साहित्य का विषय हो सकता है, तो मुस्लिमों के या अंग्रेजों के दफ्तर जाँचने का प्रस्ताव क्यों नहीं आना चाहिए? यह भी इतिहास का एक हिस्सा है। परन्तु उससे कौन-सा साहित्य समृद्ध हो सकेगा? साहित्यकारों के सम्मुख मानव जीवन से सम्बन्धित समृद्ध साहित्य निर्माण कर, जीवन सुखमय बनाने का मूल उद्देश्य होना चाहिए।

साहित्य का मतलब एक विशिष्ट तन्त्र से रेखांकित किया गया। मानव जीवन। समाज-जीवन का प्रतिबिम्ब। परन्तु मराठी साहित्य में क्या यह दृष्टिगोचर होता है? साहित्य राष्ट्र की तेजस्विता की तथा नैतिकता की बुनियाद है! मानव हृदय में उदात्त विचार और श्रेष्ठ भावनाओं की उत्पत्ति साहित्य से ही होती है। साहित्य वैचारिक पूँजी देकर मानव मन को समृद्ध बनाता है। मानव को विपन्नावस्था से सम्पन्नावस्था की ओर, निष्क्रियता से कर्त्तव्य की ओर, विकार से विचार की ओर और विषमता से समता की ओर जो ले जाता है, और मानव मन को समृद्ध करता है, वही श्रेष्ठ साहित्य होता है। परन्तु क्या आज तक मराठी साहित्य में ऐसा हुआ है? इस पर विचार करने पर ऐसा दिखाई देता है कि, आज तक अधिकतर साहित्यकारों ने सत्य को छोड़, असत्य की ही पैरवी की है। मानव जीवन के मूल दर्शन की ओर अनदेखा कर उस पर कृत्रिम और बनावटी दर्शन का मुलम्मा चढ़ाया गया है। मानव जीवन में स्थित अन्याय, असत्य, अज्ञान, अन्ध श्रद्धा और विषमता के विरोध में विद्रोह कर समता, स्वतन्त्रता, करुणा एवं बन्धुता का पुरस्कार करनेवाले समृद्ध साहित्य का निर्माण करने के बजाय निकृष्ट, दिशाहीन और दमन करनेवाला साहित्य लिखकर समाज को पाखण्डी दर्शन सिखाया

गया है। जो वास्तव में नहीं है, ऐसे काल्पनिक साहित्य का निर्माण कर सफेदपोशों ने साहित्य में स्थित स्वर्ग को नरक बनाया है, ऐसा यदि कहा जाए तो अतिशयोक्ति नहीं होगी। क्योंकि 'सत्यं, शिवं, सुन्दरम्' यह साहित्य की आत्मा है। इन तीनों गुणों से युक्त साहित्य ही श्रेष्ठ साहित्य है, परन्तु मराठी साहित्य में इसका विपर्यास दिखाई देता है। उसमें मानव जीवन की खोज, बोध और लक्ष्य का अभाव है। मराठी साहित्य में सौन्दर्य की सजावट तो है, परन्तु सत्यं और शिवं यह औषधीय तत्त्व उसमें न होने के कारण इस सौन्दर्य को मराठी साहित्य पर आयी सूजन ही कहना अधिक उचित है।

साहित्य का मूल अधिष्ठान सत्य पर आधारित होना चाहिए। उसमें सत्यं, शिवं, सुन्दरम् की प्रतिभा दिखाई देनी चाहिए। साहित्य के इस प्राणतत्त्व को त्यागकर साहित्य का निर्माण करना सम्भव नहीं है। यदि बगैर इनके साहित्य का निर्माण होता है तो वह मौलिक साहित्य नहीं होगा। साहित्य में जीवन से सम्बन्धित भावनाओं की, कल्पनाओं की तथा सौन्दर्य की विविध छटाएँ अवश्य व्यक्त होनी चाहिए, बशर्ते अभिव्यक्ति का आधार अनुभूति और यथार्थ हो। परन्तु हमारे मराठी साहित्यकार बिल्कुल यही बात भूलते हैं, और काल्पनिक, सुन्दर, कृत्रिम तथा दिशाहीन साहित्य का निर्माण करते हैं। पारिवारिक जीवन के सुखदुःखात्मक लेखन पर आज का साहित्यकार अधिक बल देता है। परन्तु यह दुःख जिस विषम समाज-रचना तथा धार्मिक पाखण्डता के कारण निर्माण हुआ, उस पर कोई भी कुछ लिखता नहीं। मर्म पर कोई उँगली रखता नहीं। इन दिनों साहित्य में वणिक वृत्ति निर्माण हुई है। जो बिकता है, वह लिखा जा रहा है; और जिसमें लोगों की रुचि है उसे रचाने की ओर आज के सफेदपोश साहित्यकारों का रुझान है। परन्तु क्या ऐसा साहित्य मानव जीवन को उन्नत और समृद्ध बना पाएगा? क्या इससे भारतीय संस्कृति विकसित होगी? यह महत्त्वपूर्ण सवाल है।

इस देश का मानव जीवन विषमता, दुःख, स्वार्थ तथा द्वेष से सना हुआ है। इसकी वजह हिन्दू धर्म की शिक्षा है। धर्म, संस्कृति, भाषा तथा समाज में अपना स्थान, अंग्रेज सत्ता और राजनीतिक आन्दोलन आदि के बारे में आज तक के साहित्यकारों ने लिखा है। अपनी कलम एवं प्रतिभा खर्च की। परन्तु उसी उच्चवर्णीय साहित्यकारों ने इस देश की अन्यायमूलक समाज व्यवस्था का विरोध और धार्मिक पाखण्ड के खिलाफ विद्रोह क्यों नहीं किया? क्यों अपनी प्रतिभा खर्च नहीं की? वजह सिर्फ यही कि वे भी उसी परम्परा से जुड़े, रूढ़ियों के गुलाम तथा पुरानी मान्यताओं को अपनाने वाले होने के कारण परिस्थितियों पर मात नहीं कर सके। फिर भी कुछ लोगों ने इस व्यवस्था के खिलाफ आवाज उठाने की कोशिश की। उस पर लिखा गया, बातें की गयीं। परन्तु वृत्ति के अनुरूप कृति नहीं बन पायी है। इसलिए ये कोशिशें भी बीच में ही अदृश्य हो गयीं।

मुकुन्दराय से पेशवा के अन्तिम शाहिर तक 12वीं से 18वीं शताब्दी तक निर्मित पुराना साहित्य और अंग्रेज कार्यकाल से आज तक निर्मित मराठी साहित्य इस तरह मराठी साहित्य के दो हिस्से बनते हैं। इसमें बहुत ही विविधता है। पुराने साहित्य में शंकराचार्य का अद्वैत और आस्तिकवाद प्रमुख है। इसी प्रकार से ज्ञानेश्वर, मुक्तेश्वर, एकनाथ, तुकाराम, मोरोपन्त, रामदास आदि सन्त कवियों ने तथा साहित्यिकों ने रामायण, महाभारत और भागवत आदि पुराणकथाओं पर बल देकर उन्हीं-उन्हीं आख्यानों को लेकर साहित्य निर्माण किया। साहित्य का प्रकार अलग, परन्तु विषय एक ही था। इसी से भक्तिमार्गीय सन्त साहित्य का निर्माण हुआ। इसके बाद पन्त साहित्य का निर्माण हुआ। तत्पश्चात आपटे, गडकरी, भाण्डरकर, आगरकर, फुले आदि के प्रगतिशील साहित्य का समाज जीवन पर सार्थक परिणाम हुआ। उनके साहित्य में सामाजिक विषय और सुधार का आशय था। फिर भी उन्होंने विशेष तौर पर (आगरकर, फुले को छोड़) मध्यवर्ग तथा सफेदपोश वर्ग पर लिखा। 1950 से मराठी साहित्य में नवकथा एवं नवकाव्य ऐसे दो नये प्रवाह निर्माण हुए। विषय की उनकी विशिष्ट चौखट को 'रत्नाकर' मासिक-पत्र ने तोड़ा। इस कारण भाषा और कथा को नया आकार प्राप्त हुआ। 'यशवन्त' मासिक पत्र ने भी यही कार्य किया। उस काल में लघुकथाओं को तन्त्र की प्रतिष्ठा प्राप्त हो गयी थी। तब 'कथा के लिए तन्त्र या तन्त्र के लिए कथा' और 'कला के लिए कला या जीवन के लिए कला' यह विवाद खूब चर्चा में रहे। इस तरह मराठी साहित्य कई मोड़ों से गुजरते हुए आगे चल रहा है।

जिस तरह से उच्चवर्णियों ने दलितों को शूद्र करार देकर गाँव के बाहर हजारों वर्ष दूर रखा, उसी तरह साहित्यिक क्षेत्र में भी उन्हें दूर रखा गया। यह समाज साहित्य में भी उपेक्षा का ही विषय बन गया था। परन्तु 1927 के अस्पृश्य मुक्ति-संग्राम से और डॉ. बाबासाहब आम्बेडकर के क्रान्तिपर्व से दलितों की प्रतिभा प्रोत्साहित हुई। अपने साथ होनेवाले अन्याय के विरोध में उन्होंने साहित्य के द्वारा अपनी आवाज बुलन्द की। 'जोहार मायबाप जोहार, हा सन्त घरचा महार, ऊस डोंगा परि, रस नहे डोंगा, काय भुललाशी वरलिया रंगा' अर्थात (सलाम! मालिक सलाम! मैं सन्त घर का अछूत, सौन्दर्य से युक्त न सही, पर गुणों से युक्त मैं, क्या यह तुम भूले हो?) ऐसे शब्दों में चोखामेला ने प्रथम आवाज उठायी।

इन दिनों सफेदपोश वर्ग के साहित्यकारों ने अपने कथात्मक साहित्य के द्वारा दलित, बौद्ध, आदिवासी तथा अन्यों के जीवन पर बहुत कुछ लिखा है, परन्तु वह काल्पनिक, विसंगत और विकृत है! उच्चवर्ग के साहित्यकार दलित जीवन पर न लिखें यह हमारा कहना नहीं, वे जरूर लिखें, परन्तु वह लेखन अनुभूति तथा जीवन के एहसास से युक्त हो। लेकिन ऐसा नहीं होता। क्योंकि उन रचनाकारों को दलितों के जीवन का अनुभव नहीं रहता। रहता है केवल कल्पना विलास।

मात्र कल्पनाओं के आधार पर वे दलितों के जीवन-चित्रण में रंग भरते हैं। इस कारण उनके साहित्य में यथार्थ का अभाव दिखाई देता है।

डॉ. बाबासाहब आम्बेडकर का समग्र साहित्य समझने के पश्चात यह स्पष्ट होता है कि उसमें विषय का गहन अनुसंधान, मूलभूत तार्किक अभिव्यक्ति, असत्य पर प्रखर टिप्पणी, शास्त्रशुद्ध बहस और मानव जीवन की खोज, बोध और लक्ष्य है। बौद्धिक सामर्थ्य के बलबूते पर विषय के मूल गर्भ को स्पर्श करने की उनकी प्रवृत्ति रही है। अपने साहित्य के द्वारा समृद्ध मानव जीवन तैयार करना यह उनका स्थायीभाव था। अन्यों की तरह विषय का खण्डन-मण्डन करते समय मूल बातों को छोड़ प्रतिद्वंद्वी पर प्रहार करने की उनकी वृत्ति नहीं रही। विषय की समाप्ति सफलता से करना यह उनके तेजस्वी और प्रभावपूर्ण कलम का करतब था। इसीलिए बाबासाहब ने अपने विचार, कलम और वाणी के द्वारा शुतुरमुर्ग की तरह रेत में मुँह धँसाकर बैठे, दक़ियानूसी विचारोंवाले स्वार्थी साहित्यकारों की वाणी को पंगु बनाया और मानव जीवन का आविष्कार करनेवाले साहित्य का निर्माण कर साहित्य में अपना आम्बेडकरी साहित्य-सम्प्रदाय निर्माण किया। भारतीय समाज और राजनीति में आम्बेडकरवाद का निर्माण हुआ।

मेरे दलित एवं बौद्ध साहित्यिक भाइयो और बहनो! आप पर अब बहुत बड़ी जिम्मेदारी है। अब हम एक नये और बदलते युग में विचरण कर रहे हैं। संक्रमण अवस्था से गुजर रहे हैं। आप समाज के रक्षक और साहित्य के सिपाही हैं। ऐसे में साहित्यकार के रूप में आप पर जो जिम्मेदारी है, उसे विशिष्ट रूप से आपको निभाना होगा। यह करते समय आपने जो देखा, अनुभव किया और वह जो आप को जँचा उसी पर वास्तविकता से लिखें। पाठकों को भानेवाला तथा अन्तःकरण को सुलगानेवाला ही साहित्य लिखें। आपका साहित्य केवल भावना और कल्पनाओं की अपेक्षा बुद्धि सापेक्ष होना चाहिए। वह विविध गुणों से युक्त हो साथ ही पाठकों को उसके प्रति अपनत्व का भाव महसूस होना चाहिए। आपका साहित्य आन्दोलन जितना स्वहित का होगा उतना ही राष्ट्रहित का भी होगा! यह आन्दोलन बाबासाहब के कृतित्व तथा उत्साह के उन्मेष से निर्माण हुआ है। शून्य से उत्पन्न हुआ है। इसके लिए तपस्या, अनुसंधान, शास्त्रशुद्ध वैचारिकता, ऐतिहासिक आधार तथा सात्विक अधिष्ठान की जरूरत है। उसके साथ-साथ युगीन हालात, समाज-जीवन और मानव स्वभाव का सही चित्रण करना भी आपका महत्त्वपूर्ण कार्य है। आप कहानी, उपन्यास लिखें, कविता तथा पँवाड़ा गाएँ, परन्तु उसके लिए लिखा गया और उच्चारित किया गया हर शब्द समाज का कल्याण करेगा यह खयाल रखें। जो अभी तक किसी ने कहा नहीं, लिखा नहीं, ऐसे विषयों पर आप लिखें। परन्तु अपने साहित्य में आप ब्राह्मणी या सफेदपोश साहित्यकारों की नकल न करें। मात्र सौन्दर्यवाद का शिकार न होकर समाज

जीवन का बुद्धिवादी और यथार्थवादी दृष्टिकोण से निरीक्षण कर गुण-दोषात्मक चित्र का रेखांकन करें। कृतित्व से नेतृत्व का निर्माण करें। मानव की प्रथम अवस्था में मानव जीवन में धर्म का जो स्थान था, वही स्थान साहित्य का भी है। यह हमें जानना होगा, समझना होगा।

राजनीति, व्यक्तिवाद तथा व्यक्तिगत स्वार्थ के लिए अपने साहित्य की बलि न चढ़ाएँ। ऐसा करना साहित्य के लिए बेमानी होगा और उसमें खुद का विनाश होगा। इसलिए साहित्यकारो, होशियार! फिलहाल समाज में चल रही राजनीति की होली में घुसकर बदन पर रंग और भाल पर गन्ध लगाकर अपनी प्रतिभा शक्ति और कलम को भोथरा मत कीजिए। न खुद पर जबर्दस्ती करे, न अपनी प्रतिभा को गिरवी रखे। और सबसे महत्त्वपूर्ण बात यह कि अपनी बुद्धि और प्रतिभा पर विकारों की काई न चढ़े, इस बात का खयाल रखें। अपनी साहित्य संस्था को राजनीति से दूर रखें। अच्छे-बुरे को परखें और किसी की प्रशंसा, निन्दा या मान-अपमान की परवाह किए बगैर निष्ठा, दृढ़ता, लगन, एकात्मता और समाज के भवितव्य के अहसास के साथ साहित्य लिखें।

अनुवाद : प्रा. डॉ. विजयकुमार रोडे, लातूर

क्या मराठी साहित्य में क्रान्ति का सामर्थ्य है?

–रतनलाल सोनग्रा

[बौद्ध साहित्य सम्मेलन, बेलगाँव, 1969]

महाराष्ट्र ने शिवछत्रपति के समय सामाजिक समता का प्रयास किया लेकिन पेशवाओं के काल में फिर से विषमता का युग शुरू हुआ। अस्पृश्यों पर अमानवीय जुल्म हुए। महाराष्ट्र का इतिहास यह कोई सम्राटों और पेशवाओं का इतिहास नहीं है। सर्वसामान्य मराठी मनुष्य कैसे जी रहा था, यह देखना सच्चे इतिहासकार का कर्त्तव्य है।

साहित्य में समाज का प्रतिबिम्ब होता है–ऐसा माना जाता है। फिर भी वह प्रतिबिम्ब यथार्थ ही होगा यह नहीं कहा जा सकता। उसी प्रकार यदि वह मात्र प्रतिबिम्ब हो तो साहित्यकार की प्रेरणा, प्रज्ञा और प्रतिभा क्या करती है? मात्र प्रतिबिम्ब से परिस्थिति के दर्शन होंगे, सहृदयों को अफसोस होगा; पर मानवी मन में विराट परिवर्तन निर्माण करने का, उसे उदात्त बनाने का जो सामर्थ्य साहित्य में होता है, उसका क्या? साहित्य में बहुत बड़ी शक्ति है। वाल्टेअर और रूसो के साहित्य ने फ्रेंच राज्यक्रान्ति की। कार्ल मार्क्स की कलम ने आधी दुनिया को झकझोर दिया। श्रीमती स्टो के एक उपन्यास ने अमेरिका में गृहयुद्ध की चिनगारी भड़का दी। अमेरिकी गुलामों के जीवन पर स्टो ने सुन्दर उपन्यास लिखा। अमेरिका में वह अत्यधिक जनप्रिय हुआ और गुलामों के जीवन के सम्बन्ध में आम जनता में असीम सहानुभूति पैदा हुई। एक बार अब्राहम लिंकन की, श्रीमती स्टो से भेंट हुई। उसे देखते ही अब्राहम लिंकन ने कहा, 'तो इतनी-सी छोटी ने अमेरिका में क्रान्ति की ज्वाला भड़का दी'। एक महान नेता ने साहित्य के सामर्थ्य को स्वीकृति दी। क्या मराठी साहित्य में यह सामर्थ्य है।

मराठी साहित्य की परम्परा उज्ज्वल है। मुकुन्दराज के विवेक सिन्धू से लेकर कवि यशवन्त के 'छत्रपति शिवराय' तक साहित्य समृद्ध होता गया है। साहित्य की इस समग्र निर्माण प्रक्रिया में प्रत्येक साहित्यकार की श्रेष्ठता सिद्ध करने के लिए प्रबन्ध लिखे जाएँ तो भी वे अधूरे ही रहेंगे। इतना सब होते हुए भी बौद्ध साहित्य

परिषद का प्रयोजन किसलिए इसे हमें देखना है। मराठी साहित्य के सम्मान के पहले अधिकारी सन्त कवि हैं। चक्रधर, ज्ञानेश्वर, एकनाथ, तुकाराम इन सन्त कवियों की परम्परा वन्दनीय है। पर आगे चलकर उनका साहित्य कण्ठस्थ करने का, पूजा और सम्प्रदाय का साहित्य बनकर रह गया। ज्ञानेश्वरी कण्ठस्थ करना और उसके पदों का अलग-अलग अर्थ लगाना यही चिन्तकों का काम बन गया। भगवत्‌गीता मराठी में लाने के परिणामस्वरूप जुल्म सहनेवाले ज्ञानेश्वर समाधिस्त हो गए। तुकाराम की गाथा इन्द्रायणी में डूबी। एकनाथ के भागवत को अपेक्षा उनकी गवळण (एक गीत प्रकार) का अधिक बोलबाला हुआ। कीर्तनियों की सुविधा हुई। सन्त साहित्य ने शोषित, पीड़ित, सताये हुए, ठगे गए समाज को आध्यात्मिक राहत दी और भक्तों को प्रत्येक जाति के लिए एक-एक सन्त बाँटकर दिया। सन्तों ने जाति व्यवस्था नष्ट करने का प्रयास किया लेकिन भक्तों ने अपने-अपने सन्तों को अपना लिया। दर्जियों ने नामदेव को लिया, सुनारों ने नरहरि को अपनाया। मालियों ने सावता माली को तो चमारों ने रविदास को अपनाया। इतने सारे सन्तों के होते हुए भी जातिवाद बढ़ता ही रहा। पददलित सन्तों ने अपने आर्त्त उद्‌गार अपनी भाषा में व्यक्त किए। सन्त चोखामेला, सन्त बंका, कर्ममेळा, सोयरा, रविदास, तिरुवल्लूर, नन्दगार, सक्कलनैर और क्रान्तिदूत कबीर आदि ने समता का दर्शन करवाया। उच्चवर्णीय सन्तों का साहित्य समाज परिवर्तन का साहित्य नहीं बन सका। वह समाजपुरुष के जख्म पर मारी हुई फूँक मात्र थी और पोथी पण्डितों की पेट भरने की डकार थी।

मुक्तेश्वर, वामन पण्डित, मोरोपन्त इन पन्त कवियों ने अपने भाषा प्रभुत्व से सरस्वती की उपासना की। महाभारत की कथाओं और प्रसंगों का अपनी कलात्मक शैली में वर्णन किया। उनकी कुशाग्र बुद्धि और काव्य-कुशलता के प्रति आश्चर्य भाव निर्माण होता है। लेकिन पन्त कवियों को सामान्य मनुष्य की ओर देखने की आवश्यकता नहीं थी, क्योंकि उनका साहित्य उनके ही बौद्धिक विलास के लिए था। ऐसा कहा जाता है कि एक कवि ने ऐसा काव्य लिखा जिसे एक सिरे से सीधे पढ़ा जाए तो रामकथा और दूसरे सिरे से पढ़ा जाए तो कृष्णकथा. ..उसकी इस अलौकिक काव्य-कलाबाजी के लिए आदर होना स्वाभाविक है। लेकिन यह सब स्वांतः सुखाय था। यह एक बौद्धिक कलाबाजी थी। उसमें सहानुभूति का अंश नहीं था, बल्कि क्लिष्ट कल्पना विलास का प्लास्टर था। सर्वसामान्य दलितों का, उनके सुख-दुःखों का दर्शन उसमें सम्भव ही नहीं था उनका वह कार्य साहित्य का था ही नहीं।

सन्त-पन्त और तन्त-पन्तों के बाद महाराष्ट्र के सामाजिक जीवन में बिखराव आ गया। ऐयाश लोगों के हाथों में सत्ता केन्द्रित हो गई। गरीब वर्ग पीसा जा रहा था। उनके जीवन का शोषण कर राजमहलों में श्रृंगार की महफिलें जमने लगीं। इन शाहिरों ने श्रृंगार की बरसात की। सरस्वती को मथुरा की ग्वालिन बना

दिया। उन्हें समाज को उत्तेजित करना नहीं था, जाग्रत करना नहीं था, अपितु शृंगार सुरा में मदमस्त कराना था। शृंगार दर्शन पौरुष का लक्षण है किन्तु यह शृंगार पौरुष का न होकर पराजितों का था। अग्निदास जैसा अपवादात्मक शाहिर ही समाज को फटकार सकता था। समृद्ध, सम्पन्न, समर्थ समाज में शृंगार, लावणी की बहार आई होती; परन्तु रावबाजी के विषम, अवरुद्ध असमर्थ काल में लावणी चार दीवारों के भीतर ही नाची। निर्धनों का शोषण होता रहा। प्रजा की लूट होती रही। अस्पृश्यों की छाया पड़ने पर नहाना चलता रहा। परिणामस्वरूप दलितों के गले में मटके आ गए। साहित्य, काव्य, कला ये शब्द मात्र सत्ताधीशों के लिए थे। जनजीवन कुण्ठित हुआ था। इन्सानियत मृतप्राय-सी हो गयी थी।

अंग्रेजों का राज आया। नये-नये सुधार हुए। साहित्य में नये क्षितिज दिखाई देने लगे। सामाजिक दुःखों को वाणी मिली। चिपळूणकर, परांजपे, तिलक आदि ने राष्ट्रीय विचारों की चेतना जगायी। बाबा पद्मनजी ने 'यमुना पर्यटन' नामक मराठी का पहला उपन्यास लिखा। महात्मा फुले का उदय इस युग की सबसे महत्त्वपूर्ण घटना है। महात्मा फुले महाराष्ट्र के पहले क्रान्तिकारक थे। सामाजिक समता और न्याय के लिए उन्होंने निरन्तर संघर्ष किया। महात्मा फुले जैसा युगद्रष्टा क्रान्तिकार युगों-युगों में एकाध ही पैदा होता है। उन्होंने दलितों के दुःखों को पहचाना, उनकी पीड़ा और सम्वेदना को जाना। पुराणपन्थी, प्रतिगामी एवं परोपजीवी कट्टरपन्थियों को आड़े हाथों लिया। प्रचण्ड विरोध के बावजूद उन्होंने आम जनता को अन्याय के विरोध में संघर्ष की शक्ति दी। समाजवाद में नये जगत् के विचार फैलने लगे। देशभक्ति के आन्दोलनों का दौर शुरू हुआ।

दलित साहित्य से क्या तात्पर्य है? जो जन्म से दलित हैं उसके द्वारा लिखा गया या दलितों के प्रति सहानुभूति से लिखा गया साहित्य? इस प्रश्न पर विचार विमर्श किया जाए तो अपवादात्मक उदाहरण देकर परिभाषा की दिक्कत होगी। दलितों के जीवन की झाँकी दिखानेवाला, उनको मनुष्य के रूप में जीने का अवसर देनेवाला, मनुष्य मन की करुणा जगानेवाला साहित्य दलित साहित्य है। वैसे देखा जाए तो वाल्मीकि और व्यास भी पददलितों के साहित्यकार हैं। एक मछुआरा और दूसरा मछुआरी का पुत्र। इस कारण साहित्यकारों की पूर्व परम्परा भी अपनी ही है, अभिजात वर्ग की नहीं। क्रौंच पक्षी की छटपटाहट को देखकर, उसकी करुणा में से ही साहित्य का पहला अंकुर फूटा। इसीलिए जो साहित्य मनुष्य के मन में करुणा जगाता है, जीवन के प्रति आस्था निर्माण करता है, मनुष्य को पशुत्व से देवत्व की ओर ले जाता है, वही दलित साहित्य—बौद्ध साहित्य!

तुलनात्मक दृष्टि से दलितों का साहित्य बहुत कम है, पर जिनको जीने के लिए निरन्तर संघर्ष करना पड़ता है, उनसे साहित्य की प्रचुर निर्मिति कैसे होगी? पीढ़ी-दर-पीढ़ी जिनका जन्म कठोर परिश्रम में बीता, वे कलम का लालित्य

कैसे दिखाएँ? फिर भी उनके प्रयास महत्त्वपूर्ण हैं। उनके यथार्थ जीवन का परिचायक हैं। उनका अनुभव आन्तरिक है उनकी अभिव्यक्ति ईमानदार है। हमारा साहित्य खूब लिखा गया है पर छपा नहीं, प्रकाशित नहीं हुआ।

एक बौद्ध भिक्षु था। उसकी आयु सत्तर के आस-पास थी। उसे भगवान बुद्ध के ग्रन्थ का जापानी भाषा में अनुवाद करना था। उसके लिए दस हजार रुपये लागत की आवश्यकता थी। उसने दस वर्षों तक परिश्रम करके दस हजार रुपये जमा किए। दुर्भाग्य से उस साल उस गाँव में अकाल पड़ा। ग्रन्थ के अनुवाद का कार्य स्थगित हुआ। उसने वह पूँजी अकाल पीड़ितों में बाँट दी। फिर दस वर्ष परिश्रम करके उसने दस हजार रुपये इकट्ठे किए। फिर से प्रकृति का प्रकोप हुआ और गाँव में बाढ़ आई। उसने वह पूँजी बाढ़ पीड़ितों में बाँट दी। लोगों ने उसे पागल करार दिया। उसने फिर पूँजी इकट्ठा की। अब वह नब्बे वर्ष का बूढ़ा हो चुका था। उस वर्ष कोई आपत्ति नहीं आई। ग्रन्थ का अनुवाद पूरा हुआ। लेकिन उस ग्रन्थ पर लिखा था तृतीय संस्करण।

अनुवाद : डॉ. नागनाथ कुण्टे, लातूर

साहित्य में भी कड़ी जातीयता का पालन किया जाता है

–नामदेव व्हटकर

[बौद्ध साहित्य सम्मेलन, कोल्हापुर, 1970]

दलित कौन इसका स्पष्टीकरण होना जरूरी है। मेरे हिसाब से आजकल जिन्हें नवबौद्ध, हरिजन, गिरिजन, घुमक्कड़, विमुक्त-जमात तथा अन्य पिछड़े वर्ग आदि कहा जाता है, इन सबको मिलाकर जो एक बहुजन समाज बनता है, वही 'दलित' शब्द की कक्षा में आता है।

दलितों की संख्या महाराष्ट्र में कितनी है? जिन्हें केवल पिछड़ा वर्ग कहा जाता है, उनकी ही संख्या देखिए। सन् 1965-66 साल के महाराष्ट्र राज्य के समाज कल्याण मन्त्रालय ने एक अहवाल प्रसिद्ध किया है, जिसमें महाराष्ट्र की कुल जन संख्या 3 करोड़ 1 लाख में से 94 लाख 74 हजार अर्थात् एक तिहाई जनसंख्या पिछड़े वर्गों की है। महाराष्ट्र के इस एक तिहाई जनसंख्या वाले पिछड़े वर्ग का साहित्य जिसे कहा जाता है—वह किसी काल में था या नहीं और क्या आज भी है, इस प्रश्न की खोज भी हम चलते-चलते करते जाएँगे।

आर्यों का इस देश में आगमन होने से पूर्व दस्यु नामक जाति यहाँ शासन करती थी। वे पराजित होने के कारण शूद्र हो गए। इस प्रागैतिहासिक सामाजिक इतिहास का हिस्सा छोड़कर रामायण-महाभारत के प्राचीन काल में हम आते हैं, तो रामायण में कहीं शम्बूक ऋषि और शबरी मिलते हैं। कृष्ण के तो जम्बावती नामक चाण्डाल कन्या को अपनी रानी बनाने का उल्लेख पाली अठ्ठकथा में विस्तार से मिलता है। तत्पश्चात संस्कृत नाटक 'मृच्छकटिकम्' का रचयिता शूद्रक सन् 248 का आभीरवंशीय राजा शूद्र रहा होगा ऐसा कुछ विद्वानों का मत है। आगे ईसा की सातवीं-आठवीं शती में मराठी बोली, भाषा के रूप में विकसित होने के प्रमाण सन् 763 के चिकुर्डे स्थित शिलालेख से प्राप्त होते हैं। मराठी मूलतः सामान्य स्त्री-पुरुषों की भाषा है और उस भाषा में ज्ञानेश्वरी लिखी गयी। इस कारण ज्ञानेश्वर का 'शके बाराशे बारोत्तरे' में छल होता रहा। 'ज्ञानदेवे रचिला पाया, तुका झालासे

कळस' ऐसे सन्त कवियों ने मिलकर जिस मन्दिर की सृजना की उस मन्दिर का एक महत्त्वपूर्ण पत्थर चोखामेला इस महार जाति के संत ने बिठा दिया है। 'ऊस डोंगा परि, रस नोहे डोंगा। काय भुललासी वरिलिया रंगा' ऐसी शुद्ध भक्ति की दिशा चोखामेला ने ही दिखलाई है। महाराष्ट्र के बाहर उत्तर में रविदास चमार, दक्षिण में हरळय्या चमार, ककय्या ढोर, चेन्नया महार और मादिगा आदि सन्त भक्तों ने चौदहवीं-पन्द्रहवीं शती में मानवीय भावनाओं को शब्दबद्ध किया था।

इतिहास-पुराणों का प्राचीन काल छोड़कर अगर हम विगत सौ वर्षों के बीच के काल पर नजर डालते हैं, तो मराठी लावणी वाङमय का उस काल के महारों-मागों ने ही पालन-पोषण किया, यह किसी को भी स्वीकार करना पड़ेगा। मराठी में एक पुरानी कहावत है कि–'ब्राह्मण के घर लिखना, किसानों के घर दाना और महार-मातंगों के घर गाना।' महार-मातंगों के घर में ही मराठी गीत पलते-बढ़ते गये। आजकल की लावणी रचना में पट्ठे बापूराव कुलकर्णी का नाम अधिक लिया जाता है। पट्ठे बापूराव का जन्म 1868 में रेठरे बुद्रुक में हुआ। करीब तीस साल के बाद पट्ठे बापूराव लागों की सुनाई देने लगे। इस पट्ठे बापुराज के पिता की पीढ़ी में जिला सांगली के पेठ सावळज गाँव के उमा और बाबाजी नामक दो मातंग कवियों ने जिस वग* की रचना की, वह मराठी भाषा के काव्यसाहित्य का उत्कृष्ट नमूना है। मराठी के किसी भी मान्यता प्राप्त साहित्यकार ने आज तक इसका कभी उल्लेख तक नहीं किया है। इसी उमाजी का लड़का तात्या सावळजकर सन् 1900 के आस-पास मुम्बई में पट्ठे बापूराव के साथ तमाशा मण्डली में सामना किया करता था।

पिछड़े वर्ग के साहित्यिक कलाकार की दृष्टि से विगत सौ सालों के चार ही कालखण्ड किए जाते हैं। 1870 से 1895 यह उमा-बाबाजी का मोहन बटाव के वग का कालखण्ड था। 1895-1920 के काल को तात्या सावळजकर, कवि भाऊ फक्कड और शिवा-सम्भा कौल्हापूरकर इन कवि तमाशगीर कलाकारों के काल के रूप में स्वीकार करना पड़ेगा। 1920 से 1945 यह डॉ. भीमराव रामजी आम्बेडकर के उदय का कालखण्ड है। इस काल में दलित वर्ग के साहित्यिकों ने लावणी, छक्कड़ भेदिक* इन्हें भेद कर मराठी गद्य में प्रवेश किया। महापण्डित डॉ. आम्बेडकर के अनेक वैचारिक ग्रन्थ देश-विदेश में प्रकाशित हुए। 'मूकनायक' साप्ताहिक निकला और 1945 से 1970 के अन्तिम कालखण्ड में स्मृतिशेष अण्णाभाऊ साठे, शंकरराव खरात, ना. रा. शेण्डे जैसे विख्यात साहित्यिक-शिल्पी अपने-अपने अंचल में तेजोदीप फैलाने लगे।

उन्नीसवीं शती के अन्तिम दशक में मुम्बई के एल्फिस्टन थियेटर में दलितवर्गीय कवि-शाहिरों का आमना-सामना हुआ करता था। उनमें से 28 जून

* वग–मराठी का एक काव्य प्रकार कथाकाव्य।

* छक्कड़ भेदिक–मराठी का एक छन्द प्रकार।

1898, 7 मई 1899, 16 सितम्बर 1904 के भेदक जंगी सामनों (लढ़त) के विज्ञापन मेरे पास हैं। उनमें से एक-दो विज्ञापनों के नमूने मैं आपके सम्मुख प्रस्तुत करता हूँ, जो इस प्रकार हैं–

'रविवार ता. 7 मई 1899 की रात्रि में ग्राण्ट रोड एल्फिस्टन थिएटर में आगन्या महार पेठ नेरलेकर, तुरेवाला कृष्णा महार कलगीवाला, राघ्या महार इन्दुरीकर इन तीनों की गण* से मुजरे तक की, ताल से ताल, सुर से सुर, स्वाँग से स्वाँग का बड़ा जंगी सामना।'

अगले 1904 के विज्ञापन का मजमून कुछ इस प्रकार है–**'महार सक्या देगावकर लोकप्रिय राघ्या संसारा की लावणी, प्रेक्षक जन हो, यह सक्या देश के बड़े-बड़े शहरों में खूब चर्चित है, जिसका अभिनय सरस हुआ करता है।'**

हाँ, देशभर में प्रसिद्ध इन कवियों का नामोल्लेख कृष्ण्या, राघ्या, सक्या जैसे बेइज्जती से किया जाता है। एक श्रीधर कृष्ण कुलकर्णी लावणी की रचना करने लगे कि उनका उल्लेख पट्ठे बापूराव नाम से आदर के साथ किया जाता है। न्यायरत्नों और साहित्यसम्राटों द्वारा सराहनीय पुरस्कार दिया जाता है, परन्तु उनसे भी पूर्व जिन्हें मराठी काव्य में श्रीधर कवि की पंक्ति में बिठाना होगा–ऐसा सुन्दर वन वर्णन अपने मोहना बटाव इस वग में करनेवाले उमा-बाबाजी माँग का नामोल्लेख गलती से भी कोई मराठी साहित्यिक क्या कभी करता है?

इसके आगे नामोल्लेख करना हो कसा~या* का। दूसरा नमूना स्वयं पट्ठे बापूराव ने ही अपने बालमित्रों पर एक लावणी तैयार की है–वह देखिए;

'बाळया मांग का, काल्या भंगी का, भांग्या म्हार का हो
घोंड्या कवठ्या का, कोंड्या कुसगाँव का, पांड्या कुरकुंभ का
महाद्या चमार का, साध्या कुम्हार का, दाद्या लुहार का हो
चांद्या पिंजारी, बंध्या वंजारी, गेंद्या डकलवार का हो।'

ऐसे एक दो नहीं, सैकड़ों उदाहरण दिए जा सकते हैं। कोई यह भी प्रश्न करेगा कि 'महाराष्ट्र में 'मराठी साहित्य संघ' यह साहित्यिकों की मान्यवर संस्था होते हुए पुनः इन दलित साहित्यिकों का अलग संसार किसलिए?' इस प्रश्न के उत्तर के रूप में महाराष्ट्र के आज के सभी साहित्यकारों से मुझे उलटा प्रश्न करना है कि लगभग विगत पच्चीस-तीस सालों में पिछड़े वर्गों के अनेक लेखक, कवि, समीक्षक साहित्यिक के रूप में कम-अधिक मात्रा में मान्यता प्राप्त कर चुके हैं। इनमें से कितने साहित्यकारों को आपने महाराष्ट्र के शारदा मन्दिर या दरबार में मान-सम्मान से बुलाया है? जिनका साहित्य विश्व में विशेष कुछ नहीं, ऐसे कई लोग साहित्य शारदा के दरबार में महत्त्वपूर्ण पदों पर विराजमान हैं, ऐसे लोग आपको चलते हैं।

---

* गण–तमाशा से पहले देवताओं का प्रशस्ति गीत।

* कसा~या–एक निम्न जाति जो काँसे आदि के बरतन बनाकर बेचती है।

आपको केवल आपके गाँव के, आपके ही गुट के चाहिए। जिस क्षेत्र में जातीयता को आश्रय नहीं, उस साहित्य क्षेत्र में भी बड़ी जातीयता का पालन किया जाता है। इस बात का क्या हमें क्रोध नहीं आना चाहिए? जिस काल में वेदविद्या का अधिकार नहीं था, हमारी एक पीढ़ी ने अपमान और यातनाओं को झेलते हुए शिक्षा ग्रहण की। तत्पश्चात पाठशाला की निचली सीढ़ी के भी नीचे जूतों-चप्पल के पास बैठकर दूर से फेंकी हुई छड़ी की मार खाते-खाते हमने शिक्षा का श्रीगणेश किया और कितनी आशा-आकांक्षाओं से साहित्यिक होने का कठिन प्रयास कर हम सरस्वती के मन्दिर की ओट में आ गए। परन्तु आपको हमारा स्पर्श भी नहीं चाहिए। पिछले तीस-पैंतीस वर्षों में हजारों वर्षों से दलित रहे इस वर्ग में अनेक विचारक और साहित्यिक निर्माण हुए। बारह वर्षों से यह साहित्य संघ चल रहा है। परन्तु इन बारह वर्षों में इस दलित वर्ग के साहित्यिकों को करीब बुलाया जाए ऐसी इच्छा महाराष्ट्र के एक भी साहित्यिक को नहीं हुई। उल्टे अनुल्लेख से मारने का ही जान-बूझकर प्रयत्न जहाँ-वहाँ किया जा रहा है। दलित वर्ग में जन्म लेनेवाले साहित्यिकों के साथ इस क्षेत्र में आज भी पहले जैसा ही व्यवहार किया जाता है। इसलिए हमें यह अलग मंच प्रस्तुत करना पड़ा है।

आज़ादी के वर्ष में जन्मी पीढ़ी आज महाविद्यालयीन शिक्षा लेकर युवावस्था में विचरण कर रही है। इस पीढ़ी के बाल्यकाल से देश में सामाजिक और राजनीतिक उलटफेर कुछ अधिक ही हुए हैं। जीवन का काफी मन्थन हुआ है। साहित्य का सम्बन्ध मानवी जीवन और भावनाओं के साथ होता है। इस जीवन और भावना पर परिणाम करनेवाले अनेक विधान अनेक नियम और घटनाएँ घटित हो रही हैं। सबका जीवन सुखी करने हेतु सैकड़ों प्रयास हो रहे हैं। उनमें से कुछ असफल हुए, बावजूद इसके सफलतम प्रयास भी कम नहीं हुए। इन सफल प्रयासों के परिणाम पिछड़े वर्गों की शिक्षा में देख सकते हैं। आजकल दलित वर्ग के अनेक युवक सुशिक्षित होकर मान-सम्मान के ऊँचे ओहदों पर भी विराजमान हो रहे हैं। इनके पीछे अशिक्षित भाई-बन्धु, चाचा-मामा और उसके आगे गिरगाँव-सदाशिव पेठ का उच्चभ्रू समाज इन दोनों के बीच गहरी और कठिन खाई में खड़ी यह पीढ़ी है। कई बार इनका भूतकाल से मिलाप नहीं होता और न ही अगले इन्हें स्वीकारते हैं, ऐसी एक नयी समस्या आजकल की सुशिक्षित युवा पीढ़ी के सामने है। परन्तु इन समस्याओं ने किसी भी काल में किसी को भी नहीं बख्शा है। अलबत्ता इस बदलाव की प्रक्रिया में उन समस्याओं द्वारा उग्र रूप धारण कर आगे आना स्वाभाविक है। समस्याएँ हैं, इसलिए बौरा उठना, पलायन करना यह कमज़ोरी का लक्षण है। अतः समस्याओं से लड़ना ही जीवन का लक्ष्य प्राप्त करना है। ऐसा जीवन जीते समय भावनाओं की जो हिलोरें उठती हैं, उसका यथार्थ चित्रण आपको अपनी कहानियों, कविताओं, नाटकों में करना चाहिए। खुद के अन्तरंग की गहराई में जाइए, अंतर्मुख

हो जाइए। पहले खुद की नज़र को विशाल मानवता के पंख लगाइए, स्वयं का घर संसार, पड़ोसियों आदि की भावनाओं के तह से छोटी-छोटी उड़ानें भर लीजिए, आरम्भ की यह छोटी उड़ानें, आगे चलकर विशाल मानवता के अंतरिक्ष में आपको लेकर जाएँगी। ऐसे हुआ तो ही आपकी कृति सदियों तक राह चलते आगे बढ़ती जाएगी।

आज तक संसार की किसी भी भाषा के साहित्य के मोटे रूप में चार विभाग हुआ करते थे—कहानी, उपन्यास, काव्य और नाटक। वर्तमान विज्ञान-युग में इन चारों साहित्य प्रकारों के तन्त्र में आमूल परिवर्तन हो रहा है। कहानी कहने के बाद उसमें कहानी के घटना के बीज होने चाहिए, ऐसी आजतक की धारणा थी। परन्तु विगत कुछ वर्षों से जिसमें कुछ भी घटित नहीं होता, ऐसी कहानियाँ हैं। लिखने की एक नयी व्यवस्था प्रचलित हो रही है। इसी प्रकार से उपन्यास लिखने के नव-नवीन प्रकार उत्पन्न हो रहे हैं। फुटकल कविताओं का काल पीछे छूट गया। नवकाव्य क्षणकाव्य और कणिक* काल सामने आ गया है। नाटकों ने चलते-फिरते रंगमंच बना लेने की कुछ नयी बात को स्वीकार किया है। अगर कल घूमता रंगमंच आया तो भी आश्चर्य मत कीजिए। आज तक उपेक्षित हुए दलित साहित्यिकवर्गीय को इस नव-नवीन तन्त्र का सूक्ष्मता से अध्ययन कर उसे आत्मसात करने की ओर स्वयं का ध्यान आकर्षित करना होगा।

इसी के साथ रूढ़ साहित्य में विज्ञानकी के दो नये प्रवाह और सम्मिलित हुए हैं। यह भी ध्यान में रख लें। वे दो प्रकार हैं, आकाशवाणी साहित्य और फिल्मी साहित्य। आकाशवाणी के लिए केवल आवाज़ के माध्यम से प्रभाव निर्माण करनेवाला लेखन कैसे किया जाए और फिल्म के लिए कैमरा, रेकॉर्डिंग आदि से छनकर सफल साहित्य निर्माण करने की व्यवस्था कौन-सी है इसका अभ्यास हमारे नवयुवक साहित्यिकों को अवश्य करना चाहिए। मैं तो यह कहूँगा कि हे पिछड़े वर्ग के साहित्यिक जन, अब पीछे न रहे, सब के आगे तुम ही चलो।

परन्तु आगे कदम बढ़ाते हुए गहन अध्ययन की शक्ति इतनी होनी चाहिए कि किसी भी तथाकथित उच्चवर्णियों की तुलना में खड़ा किया जाए तो आप उनसे कंगन भर ही सही, सरस हों। साहित्य में कोई आरक्षण नहीं देता। जिसकी, उसकी योग्यता पर ही नम्बर लगने का यह क्षेत्र है। इसलिए यथार्थ अक्षर-साहित्य की फसल जहाँ उगती है, उस भूमि को पहचानिए और उसपर खड़े रहिए। साहित्यिक मूल्यों के अभ्यास से पूर्व उस भूमि की सेवा-तैयारी करो, उसमें भावात्मक निरीक्षण के बीज बो डालो।

जिस वर्ग में हमने जन्म लिया है, उस पिछड़े वर्ग को साहित्य क्या चीज़ होती है, यह मालूम नहीं। चार पैसे कमाना छोड़कर कुछ तो भी पागलों जैसे लड़ते बैठते हैं, इस प्रकार का मजाक और इस प्रकार की उपेक्षा पीठ पीछे होती है और

* कणिक—छोटा, अल्प।

आगे का समाज भी हमें कोई कीमत देने के लिए तैयार नहीं होता। मनस्वास्थ्य के लिए आवश्यक या पूरक ऐसी गहनता, अध्ययन की सम्भावना, साधन-सामग्री और वातावरण नहीं। फिर भी दरिद्रता के इस प्रसाद को एक चुनौती की तरह स्वीकार कीजिए। हम में से किसी एक की भिक्षा की कटोरी में आज या कल का काल ऐसा कुछ डाल देगा जो सभी के लिए काफी होकर भी शेष रहेगा।

अनुवाद : प्रा. अर्जुन कसबे, रेणापूर

यहाँ जिन्हें विद्रोह करना चाहिए था; उन्होंने विद्रोह नहीं किया

—बाबुराव बागुल

[बौद्ध साहित्य सम्मेलन, महाड, 1971]

आप लोगों से मुझे काफी प्रेम मिला है, इसका मुझे अनेक सन्दर्भों से अनुभव है। मैं भी आप लोगों पर तुकाराम जैसा प्रेम करता हूँ। मेरे लेखन का नायकत्व मैंने आपको दिया है। आपका चरित्र गान करने का मैंने निश्चय किया है। कारण आपका गीत आज तक किसी ने गाया ही नहीं है। आपका गीत गानेवाला कोई नहीं था ऐसा नहीं है। परन्तु यह सही है कि जिन्हें आपके गीत गाने चाहिए थे, उनके गले स्वतन्त्र नहीं थे। मेरा गला, मेरी आवाज स्वतन्त्र है। इस कारण आपके गीत गाने का मैंने निश्चय किया है। इस दुर्भाग्यशाली देश में आपका और मेरा जन्म एक ही जेल में हुआ है। बाबासाहब के पूर्व हम सब अन्धकार में जीते थे। एक ही दुःख में बंदिस्थ थे। हम सबको अब प्रकाश मिला है। परन्तु अस्पृश्यता गई नहीं है। दुःख समाप्त नहीं हुआ। इस कारण दलित साहित्य भी कभी समाप्त नहीं होगा। अस्पृश्यता से, दासयता से, विषमता से और दुःखों से दलित साहित्य का बैर है। जब तक अस्पृश्यता, दास्यता इस देश में और विश्व में रहेगी तब तक दलित साहित्य रहेगा, यह निश्चित है। मनुष्य की मुक्ति के गीत गानेवाला, मनुष्य को महान माननेवाला, वंश, वर्ण और जाति श्रेष्ठत्व का कठोरता से विरोध करनेवाला जो साहित्य होता है, वह दलित साहित्य होता है। इसके पूर्व कभी मेरे एक मित्र ने हम वंशवादी हैं, ऐसी गालियाँ हमें दी थीं। हम पहले से कह रहे हैं कि "हम वंशवादी कैसे हो सकते हैं? वंश और वंशवाद कितना भयंकर होता है, इसका हमें अनुभव है, इस कारण हम उसका विरोध करते हैं। डॉ. बाबासाहब ने जब से अपने आन्दोलन का प्रारम्भ किया तबसे हम वर्ण और वंशवाद का विरोध कर रहे हैं। इसके अनेक सबूत हमारे पास हैं।"

हम तुच्छतावादी नहीं हैं। हमारे लेखन में किसी भी जाति के विरुद्ध प्रचार नहीं है। कुल मिलाकर हम इस विषम सामाजिक, मानसिक, तथा वैचारिक

व्यवस्था के विरुद्ध हैं। यहाँ हमें काफी कठिन काम करना पड़ रहा है। यहाँ के सुधारकों को, बुद्धिजीवियों को अपने-अपने शत्रु दिखाई दे रहे थे। उन्होंने जिनको शत्रु माना था अथवा जिनको वे शत्रु मान रहे थे, उनके शत्रु उनके सामने थे। मार्क्सवादियों को और समाजवादियों को उनके शत्रु सामने दिखायी देते थे। अनेक राजनीतिक दलों को उनके दुश्मनों की पहचान थी परन्तु हमारा दुश्मन तो अदृश्य है। वह ग्रन्थों में, भाषा में, शब्दों में, विचारों में, मन में है। हमारा दुश्मन शक्तिशाली और सर्वव्यापी होकर भी अदृश्य है। इन अदृश्य दुश्मनों के साथ हमारा युद्ध चल रहा है।

यह युद्ध वैसे काफी वर्षों से अर्थात् ब्रिटिशसत्ता जब यहाँ थी तब से शुरू है। अनेक हिन्दू समाजसुधारकों ने इस अदृश्य दुश्मन पर प्रहार किया है। परन्तु वे प्रहार शक्तिशाली नहीं थे। हिन्दू परिवार, उनमें भी मध्यवर्गीय हिन्दू परिवारों की उन्हें उन्नति करनी थी, वह उन्होंने की। उनके सुख-सुविधा की उन्होंने व्यवस्था की। यह सब कुछ करते समय उन्हें काफी छल सहना पड़ा। उन्होंने छल सहा भी और उसमें से मध्यवर्गीय हिन्दू परिवार की उन्नति का रथ आगे बढ़ता गया।

बड़े खेद से कहना पड़ता है कि, हमारे समाज सुधारकों ने सम्पूर्ण भारतीय समाज का विचार कभी किया ही नहीं। विचारों के लिए यूरोप के सुधारकों की तरह, यहाँ के सुधारक फाँसी पर नहीं गए। यहाँ परिवर्तन के लिए अनुकूल सत्ता नहीं थी। सत्ता अनुकूल होकर भी किसी भी समाजसुधारक ने सम्पूर्ण समाज की पुनर्रचना का, अस्पृश्यता नष्ट करने का विचार कभी किया ही नहीं। इसके पीछे उनकी जाति निष्ठता यही महत्त्वपूर्ण कारण था। उन्हें भय जाति बहिष्कार का था। उन्हें तो पहले से चली आ रही पारम्परिक व्यवस्था चाहिए थी; क्योंकि उस समाज रचना ने उन्हें जो चाहिए, वह दे दिया था। जिन्हें सब कुछ मिलता है, वे विद्रोह के विचार कैसे रख सकेंगे? और इसी कारण डॉ. बाबासाहब आम्बेडकर जैसे तेजस्वी विचार किसी ने रखे नहीं हैं।

भारतीय असन्तोष के जनक लोकमान्य तिलक और उनके साथ-संग रहनेवाले लोग बहिष्कार के डर से काम कर रहे थे। यह अपने भारतीय नेतृत्व का विशेष गुण है। हमारा नेतृत्व आज भी शिक्षा और अन्य सुविधा न होने के कारण सीमित है। हिन्दू संस्कृति और धर्म तो सभी को मौका और शिक्षा देने के विरोध में है। राष्ट्रीय आन्दोलन का इतिहास देखा जाए तो यह स्पष्ट दिखायी देगा कि जब-जब किसी जाति को शिक्षा के अवसर मिलते रहे, तब-तब उस जाति में नेतृत्व निर्माण हुआ और यह नेतृत्व एक-दूसरे के विरुद्ध लड़ता रहा। उन्हें एक-दूसरे के विरुद्ध लड़ना नहीं चाहिए ऐसा प्रयत्न प्रारम्भ में किसी नेता ने नहीं किया। सभी लोगों का विकास हो जाएगा, देश की उन्नति, प्रगति होगी ऐसा विचार और कार्य किसी ने किया ही नहीं है। गाँधी भी इसके लिए अपवाद नहीं हैं। डॉ. बाबासाहब

आम्बेडकर के नेतृत्व में जैसे-जैसे अस्पृश्य एकत्र होकर आने लगे, वैसे-वैसे ही राष्ट्रीय सभा में अस्पृश्यता का प्रश्न अधिक मात्रा में उठने लगा। इतिहास में ऐसा ही घटित हुआ है। अनेक प्रकार के धर्मों ने यहाँ एक दूसरों पर आक्रमण किए हैं। आन्दोलन के बाद समाज में बदलाव करने के किसी की इच्छा नहीं हुई। इसका कारण यह है कि हिन्दू समाज की रचना ही ऐसी है कि यहाँ सामान्य लोगों को कीमत नहीं है। उन्हें मनुष्य माना ही नहीं जाता। बाकी लोगों को जीने के अधिकार हैं लेकिन इन्हें नहीं। जिन्होंने आक्रमण किए वे आए, गद्दी पर बैठे। सत्ता के कारण धन उनकी ओर अपने आप आता रहा। हिन्दू समाज की रचना राजसत्ता की पूरक रही है। हिन्दू के अनेक तत्त्व सामंतशाही के पोषक हैं। इस कारण अस्पृश्यता की व्यवस्था जैसी है वैसी ही रहने दी। क्योंकि शोषण की सर्वोत्तम व्यवस्था अस्पृश्यता के उत्पादकों ने कर रखी थी। यह सब कुछ उस वक्त की सत्ता को चाहिए ही था।

हम पहले से कहते रहे हैं कि हिन्दू धर्म ने सामन्ती व्यवस्था में जन्म लिया है। उसने सामन्ती व्यवस्था को शक्तिशाली बनाया और उसी मनोवृत्ति का पोषण भी किया। सामन्ती व्यवस्था में स्त्री और गुलामों को कुछ भी स्थान नहीं था। हिन्दू धर्म में भी उन्हें कहीं भी स्थान नहीं था।

स्त्री और गुलामों को स्थान देने के लिए आज तक किसी ने भी अधिक प्रयत्न नहीं किए। हिन्दू सन्तों के कार्य का आज काफी गौरव किया जाता है, परन्तु हिन्दू सन्तों ने भी स्त्री और शूद्रों के लिए कभी आन्दोलन नहीं किया। बावजूद इसके स्त्री के बारे में उन्होंने गलत प्रचार किया। उसके सम्बन्ध में नफरत निर्माण हो, इस प्रकार का वातावरण निर्माण किया गया। अस्पृश्यों को उन्होंने अपवित्र माना। किसी ने भी अस्पृश्यता के सम्बन्ध में चिन्तन नहीं किया। उलटे वे अस्पृश्यता को मान्यता देते रहे। अपने सुन्दर और सामर्थ्यशाली शब्दों के माध्यम से विचारों का जहर उन्होंने घर-घर में, मन-मन में पहुँचाया और मानवता को तोड़ने की कोशिश की। एक भी सन्त ने कर्मवाद का, पुनर्जन्म का विरोध नहीं किया। आत्मा, स्वर्ग, नर्क यह क्या है यह कभी पूछा नहीं गया। अपने आस-पास का दुख भगवान ने दिया है अथवा सामन्ती व्यवस्था के कारण मिला है, यह कभी देखा ही नहीं गया। वैसे तो यहाँ के सन्त राजसत्ता से बँधे हुए थे। यहाँ के सन्त धनसत्ता, राजसत्ता के नौकर बनकर काम करते हैं, ऐसा चित्र दिखाई देता है। यहाँ के कुशल और क्रूर समाज रचनाकारों ने ऐसी कुछ रचना की थी कि उस रचना को सन्तों ने मान्यता दी और बहुत कठोर पद्धति से स्त्री की निन्दा की। स्त्री को तो उन्होंने काफी विचित्र और अलग पद्धति से चित्रित किया है।

पुनर्जन्म, कर्मवाद और मनुस्मृति के कायदे-कानून इन लोगों को मान्य होते हैं। दूसरी ओर वे सामन्ती व्यवस्था और अस्पृश्यता का पुरस्कार करते हैं।

यहाँ अनेक सन्त होकर गए। उन्होंने अपने-अपने ईश्वरों का सृजन किया। इधर समाज जैसा था वैसा ही रहा। अस्पृश्यता को मिटाने के प्रयत्न नहीं हुए। जिस प्रकार वरिष्ठ वर्ग के सन्तों ने, बुद्धिजीवियों ने अस्पृश्यता के प्रश्न पर कभी विचार ही नहीं किया, वैसे ही अस्पृश्यों ने भी अपने प्रश्नों के लिए कभी विद्रोह भी नहीं किया। बाबासाहब के आगमन तक अस्पृश्य समाज इस गुलामी को स्वीकारता रहा। जो गुलामी उन पर थोपी गयी थी, वह उन लोगों ने ही निर्माण की थी जिनके हाथों में धार्मिक, सांस्कृतिक राजसत्ता थी। ये सब उसकी समझ में नहीं आ रहा था। पिछले जन्म में पाप किया था उसका परिणाम यह जन्म है—ऐसा मानकर ये लोग जी रहे थे। कम-से-कम आगे का जन्म ठीक मिले इसलिए वे सब कुछ सहते रहे।

दलित कभी विद्रोह नहीं करेंगे—इस प्रकार का वातावरण समाज रचनाकारों ने तैयार किया था। सत्ता, संस्कृति और शिक्षा से दलितों को दूर रखा गया था। मनुष्य प्रकृति का छोटा-सा आकार है। प्रकृति सतत गतिशील रहती है। सृजनशील भी रहती है। मनुष्य को भी सतत गतिशील और सृजनशील होना चाहिए। मनुष्य का शरीर और उसकी आन्तरिक शक्ति सृजन के लिए बेचैन रहती है। बेचैन मन सृजन नहीं कर सका तो वह परेशान रहता है। मनुष्य जानवर बनता है। मैं अनेक वर्षों से गाँवों में घूमता रहता हूँ। वहाँ मैंने देखा मनुष्य को मानवीय शरीर है, परन्तु वे दरिन्दे बने हैं। मानवी शक्ति का, श्रम का, बुद्धि का संहार देखकर मैं क्रोधित होता हूँ। यहाँ क्रोधित होकर भी उपयोग नहीं है। जिन्होंने यह सब षड्यन्त्र किए हैं; उन्हें आनन्द मिलता होगा। मिली हुई लूट पर वे जी रहे होंगे। दलितों को जहर देकर समाप्त किया गया था। इसका परिणाम यह हुआ कि विदेशी आक्रामक यहाँ विजयी हो रहे थे।

कभी तो सृजन करना चाहिए। भीतरी शक्ति को प्रगट करने आना चाहिए। मनुष्य के नाते जीना आना चाहिए। हाथ में हथियार लेकर जीने का मजा लेना चाहिए। आदिवासी और घुमन्तू लोगों की ताकत यहाँ बेकार में खर्च हो रही है। काम और क्रोध में यहाँ की शक्ति नष्ट हो रही है। मनुष्य का अवमूल्यन भारत से ज्यादा विश्व में कहीं नहीं हुआ है।

भारत के और विश्व के गुलामों में काफी अन्तर है। इसका कारण यह है कि भारत छोड़ कर विश्व के अन्य गुलामों ने विद्रोह किया है। मार्क्स का कहना है कि भारत छोड़कर अन्य देशों का इतिहास वर्ग कलह का इतिहास है। दुःखों का कारण स्वर्ग में रहने वाला ईश्वर और अपना भाग्य इसे यहाँ माना गया। अथवा पिछले जन्म में पाप किया था इस कारण दुःख मिल रहा है, ऐसा इनका मानना था। इस कारण जिन्हें विद्रोह करना चाहिए था, उन्होंने वह किया ही नहीं। इसका परिणाम यह हुआ कि भारतीय जीवन और मनुष्य दोनों उद्वस्थ हुए।

ब्रिटिशों के यहाँ आने तक सम्पूर्ण भारतीय जीवन ऐसा ही था। ब्रिटिशों के साथ यन्त्रयुग आया। नये विचार आए, इस कारण यहाँ की सम्वेदना जाग्रत हुई। परन्तु निचले तबके के लोग शान्त थे। आज भी परम्परा द्वारा रौंदा हुआ जन शान्त ही है। बाबासाहब के आगमन के बाद निचला तबका स्फूर्ति से उठ खड़ा हुआ। इस स्फूर्ति से और बाबासाहब के विचारों से दलित साहित्य का जन्म हुआ।

दलित साहित्य बदले की भावना का साहित्य नहीं है। दलित साहित्य द्वेष प्रसारित करनेवाला साहित्य नहीं है। दलित साहित्य मनुष्यता का गीत गानेवाला साहित्य है। वह मनुष्य की मुक्ति का आवाहन करता है। इसकी ऐतिहासिक आवश्यकता है। इस कारण यह साहित्य अलग नाम धारण करता है। दलितों द्वारा लिखी कविता और अमेरिकन व्यक्ति द्वारा लिखी कविता कविता ही होती है। कविता के अच्छे, बुरे होने का प्रश्न बाद में है। यह निश्चित है कि यह कविता है। जैसी है वैसी। दलित साहित्य के नामकरण के भी एक दो कारण हैं। एक कारण आप हैं और दूसरा कारण आज तक का भारतीय साहित्य है। और वह देश है। आप लोग कैसे हैं, इस पर विचार होना चाहिए। वैसे तो आप बाबासाहब के विचारों के आन्दोलन का तेज पीकर आए हैं। चवदार तालाब का सत्याग्रह हुआ, उस समय बाबासाहब ने फ्रेंच राज्यक्रान्ति की राष्ट्रीय सभा के साथ इस सत्याग्रह की तुलना की थी। सभा में समता, स्वतन्त्रता और भाईचारा व्यक्त करनेवाले विषय पारित किए गए थे।

महाड की सभा में बोलते समय बाबासाहब ने कहा था कि क्रान्ति को यूरोप के इतिहासकारों ने बुरा कहा था। परन्तु मैं उस क्रान्ति को बुरा नहीं कहूँगा, कारण उस क्रान्ति से निर्माण हुए विचारों से यूरोप का भाग्योदय हुआ था। यूरोप का कल्याण हुआ था। बाबासाहब का कहना था कि इस सभा से देश का कल्याण होगा।

आप लोग क्रान्तिकारक हैं। बाबासाहब के विचार और आन्दोलन से आप लोगों ने बहुत कुछ नकारने को सीख लिया है। आप लोगों ने रूढ़ियाँ, अन्धश्रद्धा, ईश्वर और धर्म को नकारा है। आप में यह नकारने की शक्ति ही बहुत कुछ है। नकार देने की यह शक्ति बहुत बड़े विचारकों में भी नहीं थी।

बड़े-बड़े समाजसुधारक भी बहिष्कार से घबरा गए थे। लोकमान्य तिलक ने लोगों के मतों के आगे झुककर अपने आप को शुद्ध कर लिया था। आप लोगों ने मनुष्य को तोड़ने वाले संकेत जला दिए हैं। आन्दोलन के प्रारम्भ में आप लोगों ने अपूर्व हिम्मत दिखायी थी। जिस मनुस्मृति के आगे सभी शासक और सन्त नतमस्तक हुए थे, वही मनुस्मृति इस गाँव में जलायी गयी थी।

अनेक अर्थों में आप लोग बड़े हैं। मार्क्स जिन क्रान्तिकारियों का वर्णन करता है, उन क्रान्तिकरियों जैसे आप लोग हैं। इस कारण भगवान बुद्ध की परिभाषा में भी आप लोग सहज बैठते हैं।

आप लोगों में युग निर्माण करने की शक्ति है, इसका विश्वास हमें हुआ

है। इसी कारण आपका ही नाम साहित्य को दिया है। आप लोग आगे बढ़ने वाले हैं। भविष्य की मुट्ठी में जो है, उसे आप लोगों को लेना चाहिए। परन्तु आज हमें ऐसा दिखाई देता है कि अनेक संस्थाएँ, अनेक राजनीतिक दल और व्यक्ति इतिहास की ओर भाग रहे हैं। इतिहास के नायकों से प्राण और प्रेरणा ले रहे हैं। इतिहास में बंदिस्त युद्ध और बैर उकेरकर निकाल रहे हैं। भविष्य की ओर पीठ दिखाकर पीछे हटना जीवन्तता का लक्षण नहीं माना जाता। कारण भविष्य पर उनका विश्वास नहीं है। भविष्य पर अगर उन्हें विश्वास रखना हो तो उन्हें वर्गीय अहंकार से मुक्त होना पड़ेगा। उन्हें अपने वर्गीय अहंकार से मुक्त नहीं होना है, इस कारण वे इतिहास की और भाग रहे हैं। लेकिन आप लोग आगे जा रहे हैं, प्रकाश की खोज कर रहे हैं।

आपके पैरों तले वर्तमान है और आँखों के सामने भविष्यकाल है। आपका इतिहास, मनुष्य को मुक्ति देनेवाला इतिहास है। आपका आदर्श डॉ. बाबासाहब जैसा ज्ञान पूजक है। और करुणा का सागर भगवान बुद्ध जैसा है।

इस देश में मनुष्य का भयंकर अपमान किया गया है। एक विशिष्ट व्यवस्था ने मनुष्य को चक्रव्यूह में फँसाकर मारा है। दलित साहित्य का महत्त्वपूर्ण वैशिष्ट्य यह है कि वह मनुष्य को केन्द्र में रखता है।

दलित साहित्य मनुष्य की स्वतन्त्रता का गीत मुक्तकण्ठ से गाता है। यह साहित्य मनुष्य को महान मानता है और भगवान को मनुष्य से छोटा मानता है। मनुष्य अर्थात् महाकाव्य। मनुष्य की भावना अर्थात् महान ऋतु। मनुष्य ने ही यह विश्व सुन्दर बनाया है। मनुष्य के हाथ ही प्रगति के रथ बनाते हैं। मनुष्य के मेहनती हाथों से ही क्रान्ति जन्म लेती है। ऐसा हमारा विश्वास है। इस कारण यह युग हमें अपना लगता है। क्योंकि इस युग ने मनुष्य को मुक्ति दिलायी है।

मनुष्य को खूनी, व्यभिचारी और पापी माननेवाले लोग चींटी को महान मानते हैं। इस तुच्छता का हमें काफी अनुभव है। यह तुच्छता मनुष्य का अपमान करती है और वर्ण, जातिव्यवस्था का पुरस्कार करती है। इस विचार को पुरस्कृत करनेवाले लेखक वे ही हैं जिन्होंने किसी समय तुच्छता निर्माण की थी। एक विशिष्ट वर्ग से ये आये हैं।

इस महाड गाँव में सन् 1927 में मनुष्य का प्रतिकार प्रकट हुआ था। उस प्रतिकार का किसी लेखक ने, कवि ने चित्रण नहीं किया है। उस प्रतिकार से ही प्रकाश का जन्म हुआ था। मुक्ति प्रकट हुई थी। परन्तु एक भी मासिक पत्रिका ने इस पर कुछ भी लिखा नहीं है। 'महार माटे' कहकर जिनका गौरव किया जाता है, उस महार माटे ने भी इस सन्ताप को देखा नहीं है। भगवान बुद्ध की तरह महाड का युद्ध भी महान था, इस पर एक भी उपन्यास नहीं लिखा गया। इस प्रश्न का उत्तर खोज लेने के बाद यह निष्कर्ष स्पष्ट होता है कि यहाँ का लेखक

हिन्दू था। वह हिन्दू होने के कारण गाँव के बाहर की बस्ती में महार मांगबाड़े में वह कभी गया ही नहीं। इस सन्दर्भ में डॉ. केतकर ने कहा है कि इन विशिष्ट लोगों ने मात्र सदाशिव पेठी* साहित्य लिखा।

हिन्दुत्वादियों के आन्दोलन बढ़ने लगे तब यही लोग मुस्लिमों के विरुद्ध लिखने लगे। दूसरी ओर गाँधीवादी आन्दोलन ने जोर पकड़ा। तब हिन्दू-मुस्लिम एकता का और अस्पृश्यता को समाप्त करने का आन्दोलन गति लेने लगा। तब कुछ उपन्यासों में निचले तबके के उपनायक, नायिकाएँ आने लगीं। 'कालाराम मन्दिर सत्याग्रह' के साथ-साथ अनेक लड़ाइयाँ अस्पृश्यों ने लड़ीं परन्तु वह साहित्य में नहीं आयीं।

इस पद्धति का साहित्य निर्माण न होने का कारण यह था कि लेखक अनुभव लेने से डरते थे। जिस बहिष्कार से अनेक नेता घबरा गए, उसी बहिष्कार से लेखक भी शायद घबराते थे। अथवा उन पर महारवाड़े में न जाने के बचपन के संस्कार कारणीभूत थे?

यह संस्कार ही उन्हें वहाँ जाने के लिए रोकते थे, यही सच है। इसका परिणाम यह हुआ कि मराठी में जिस पद्धति से स्त्री का चित्रण हुआ है, वह शुद्ध पारम्परिक है। दलित साहित्य ने ये सारे संस्कार फेंक दिए। इसका परिणाम यह हुआ कि जो बहिष्कृत थे उन्हें स्थान मिला। अब मराठी साहित्य केवल विशिष्ट सदाशिव पेठी मनुष्य का साहित्य न रह कर अनेक लोगों का साहित्य बनेगा। अनेक नये शब्द और प्रतिबिम्ब मराठी में आएँगे। इसका परिणाम यह होगा कि मराठी साहित्य अत्यधिक लोगों तक पहुँच जाएगा।

अनुवाद : डॉ. संजय नवले, बार्शी

---

* सदाशिव पेठी साहित्य : सनातनी ब्राह्मणों की बस्ती पुणे के जिस हिस्से में है, उसे सदाशिव पेठ कहते हैं। ऐसी ब्राह्मणी मनोवृत्ति जिस साहित्य में व्यक्त होती है, उसे सदाशिव पेठी साहित्य कहा जाता है।

दलित साहित्यकारों को विद्रोह का झण्डा फहराना चाहिए

–गं. बा. सरदार

[दलित साहित्य सम्मेलन, मुम्बई 1978]

दलित मुक्ति आन्दोलन के सांस्कृतिक विभाग का दलित साहित्य में महत्त्वपूर्ण स्थान है; दलित मुक्ति आन्दोलन की शक्ति मूलतः उसके सांस्कृतिक विभाग में ही है। डॉ. बाबासाहब आम्बेडकर ने दलित आन्दोलन का प्रारम्भ किया, उनकी तत्त्वप्रणाली का आधार लेकर ही साहित्य में पद, पोवाडा, कथा, वग, लेख आदि का निर्माण होता रहा है। इस साहित्य का काम निश्चित ही महत्त्वपूर्ण मानना होगा। पिछले दशक में दलित साहित्य के इतिहास में एक नये युग की शुरुआत हुई है। युवा दलित लेखकों ने इस काल में एक अलग ही निर्णयात्मक मुद्रा धारण की है। उन्होंने क्रान्तिकारी विद्रोह के मार्ग से जाने का निर्णय लिया है। एक दलित कवि के अनुसार–

"दो रास्ते जिन्दगी के, जिन्दगी दो रास्तों की,
एक रास्ता भुखमरी और लाचारी का,
गठजोड़ का और अपने आपको बेचने का,
दूसरा रास्ता विद्रोह का, और सीधी पद्धति से सत्ता में जाने का,
विश्व बदलने का और अपने आपको भी बदलने का"

वैसे तो नयी पीढ़ी के दलित साहित्यकारों के लेखन में न्यूनता, असहायता का अंश दिखाई देता है। उनके हर शब्द से जीवन्तता का अहसास होता है। उनके अदम्य आत्मविश्वास में एक विलक्षण जिद दिखाई देती है। स्वप्नों को आकार देने का सामर्थ्य इस साहित्य में दिखाई देता है। यह वातावरण आशावादी है। इन लेखकों में साहित्यिक दृष्टि है। इस साहित्य को अगर योग्य दिशा मिले तो पूरे मराठी साहित्य पर इसका प्रमाण दिखाई देगा।

पिछले दशक में उत्पन्न हुई दलित साहित्यकारों की यह पीढ़ी स्वातन्त्र्योत्तर काल में पढ़-लिखकर तैयार हुई है। सामाजिक स्थिति के बारे इनकी प्रतिक्रिया

तीव्र है। इस बारे में साहित्यकारों द्वारा उन्हें समझकर लेने की आवश्यकता है। स्वतन्त्रता प्राप्ति के बाद स्वतन्त्र भारत में अच्छे दिन आएँगे, ऐसी आशा आम आदमी की थी, यह आशा पिछले तीस सालों में प्रत्यक्ष दिखाई नहीं दी। भारतीयों ने संविधान और संसदीय लोकतन्त्र को स्वीकार किया। परन्तु इस जीवन पद्धति के बहाने समाज में लोकतन्त्र तुरन्त जड़ नहीं पकड़ सका। सत्ता ही समाजपरिवर्तन का साधन है, इसे सभी दल और विचारक भूल गए। तीस साल बाद भी गरीब जनता की दरिद्रता कायम रही। आज भी दलितों की दुर्दशा का हाल सबसे अधिक है। भारतीय संविधान में अस्पृश्यता पालन यह कानूनन अपराध है। परन्तु यहाँ धार्मिक संस्कार, सामाजिक रूढ़ियाँ, जातीय अहंकार और वर्णीय सम्बन्ध, कानून के बन्धनों से भी अधिक बलशाली हैं। संविधान के भाषण में डॉ. आम्बेडकर ने संकेत दिया था कि जब तक सामाजिक और आर्थिक विषमता नष्ट नहीं होगी, तब तक यहाँ का चित्र नहीं बदलेगा। आज तो हम राजनीतिक लोकतन्त्र स्थापित कर रहे हैं। वह संकट में आने का खतरा है।

दलित युवक विषम वातावरण के कारण ही बेचैन थे। बढ़ते अत्याचार और अन्यायों का प्रतिकार कैसे करना, यह प्रश्न उनके सामने मुख्य रूप से था। चुनावों की राजनीति की निष्क्रियता वे समझ गये थे। मौजूदा सामाजिक चौखट में ये सारे प्रश्न हल नहीं होंगे इस पर उनका विश्वास था। पीढ़ी दर पीढ़ी अन्धकार में जीनेवाले दलित युवकों को अब प्रकाश किरणों की प्रतीक्षा थी। अपमानित जीवन जीना नहीं है ऐसा निश्चय करके वे मनुष्यत्व का गीत गा रहे हैं–

**"शब्दों की पूजा करता नहीं,
मैं मनुष्यों की आरती गाता हूँ,
जिनके गाँव में सूरज नहीं पहुँचा
उनके हाथों में प्रकाश देता हूँ।"**

संपूर्ण क्रान्ति की आशा लगाते हुए एक दलित साहित्यिक कहता है–

**"अब तुम ही प्रकाश पुंज बनो
और क्रान्ति का जयजयकार करो
अणुविस्फोट से बड़ा विस्फोट अब करेंगे,
दलितों की सत्ता विश्व पर स्थापित करेंगे।"**

इसी समय मराठी साहित्य में अनेक प्रतिभासम्पन्न लेखकों के स्तरीय लेखन का विस्तार हुआ। परन्तु यह साहित्य उच्चवर्णीय सफेदपोश मनोवृत्ति की शृंखला से मुक्त नहीं हुआ था। देश की स्थिति तेजी से बदल रही थी। हजारों सालों से बाँधकर रखे हुए श्वास अब बन्धनमुक्त हो रहे थे। उनकी व्यथा-वेदनाओं की और आशा-आकांक्षाओं की दखल लेने की वृत्ति इस साहित्य में नहीं थी। दलितों के

अनुभवों को पकड़ने की ताकत उनके कलम में नहीं थी। एक ओर व्यक्तिवाद तो दूसरी ओर रूढ़ीवादी शक्तियाँ। इन दो प्रवृत्तियों में बँधे हुए मराठी साहित्य के प्रांगण में हमारे दुःख, दर्द और ध्येयवाद को स्थान नहीं है, ऐसा दलित साहित्यकारों को लग रहा था। इस कारण उन्होंने विद्रोह का झण्डा खड़ा किया। इसका स्वागत हमें करना चाहिए।

दलित लेखकों की साहित्य विषयक समझ दलित साहित्य की जन्मप्रक्रिया से सुसंगत है। साहित्य को समाज परिवर्तन के एक साधन के रूप में वे देखते हैं। साहित्य से उन्हें आनन्द की अपेक्षा नहीं है। दरिद्रता और भूख, अन्याय और अत्याचार का दुःख सतत भोगनेवाले दलित समाज के सम्वेदनशील युवकों को केवल कलावादी सृजन स्वीकार्य नहीं है।

"मुझे आनन्द नहीं देती कोई भी कला
सृष्टि की अलग-अलग लीला
मैं कैसे रहूँ, शान्त, सन्तुलित
छेदने लगते हैं सारे शास्त्र, पुराण, वेदान्त
गला दबानेवाले अलग-अलग धर्मपन्थ"

इन पंक्तियों से स्पष्ट है कि दलित साहित्यकार कलावाद का क्यों विरोध करता है।

मनुष्य का मनुष्यत्व छीन लेनेवाले प्रस्थापितों से संघर्ष यह दलित साहित्य की प्रेरणा है। मनुष्य के प्राकृतिक हक को रौंदनेवाली सांस्कृतिक परम्परा के सन्दर्भ में विद्रोह उनका प्रेरक तत्त्व है। डॉ. आम्बेडकर इन लेखकों के स्फूर्तिस्थान हैं।

अंग्रेजियत और ब्राह्मणी वृत्ति के विरुद्ध डॉ. आम्बेडकर झगड़ते रहे। आज परिस्थिति भिन्न है। व्यक्तिगत सम्पत्ति और शोषण, स्पर्धा और मुनाफे पर आधारित अर्थव्यवस्था और चातुर्वर्ण्य, जातिभेद, तथा कर्मसिद्धान्त को जन्मसिद्ध अधिकार कहनेवाली धर्मसंस्था, इनके विरुद्ध दलित झगड़ते रहे। सामाजिक सम्बन्धों को जब धर्म का वैचारिक अधिष्ठान मिलता है, तब एक ओर वरिष्ठों की न्याय बुद्धि नष्ट हो जाती है, तो दूसरी ओर कनिष्ठों की विचारशक्ति मारी जाती है। इस कारण आर्थिक और सांस्कृतिक दोनों स्तरों पर संघर्ष करना और नये मूल्यों से लोगों को परिचित कराना इसे दलित साहित्यकारों ने महत्त्व दिया।

जिस साहित्य के मूल में संघर्ष और क्रान्तिकारक परिवर्तन की प्रेरणा रहती है, उसे अलग ही सामर्थ्य मिलता है। ध्येयवादी लेखक जब अपने साहित्य में अपना जीवन तत्त्व अर्पित करता है, तब उसके शब्द शस्त्र से भी तेज और परिणामकारक होते हैं। प्रत्यक्ष सामूहिक कृति के द्वारा ही समाज में नई-नई प्रवृत्तियों का जन्म होते रहता है। ऐसी प्रवृत्तियों को खोजकर उसे शब्दबद्ध करना, उसके पीछे की

प्रेरणाओं से लोगों को अवगत कराना, अलक्षित लोगों की प्रेरणा को, उनके अनुभवों को प्रत्यक्ष लाना यह साहित्य का काम होता है। आन्दोलन का उत्साह लोगों को प्रत्यक्ष कृति में सहभागी होने के लिए प्रवृत्त करता है। ऐसा देखा गया हे कि आन्दोलन समाप्त होते ही लोगों का उत्साह भी समाप्त हो जाता है। इस कारण ही सामूहिक आन्दोलन से जन्म लेने वाली नयी प्रेरणाओं को लेखक शब्द रूप में स्थायित्व देता रहता है। विशेषतः दलित लेखकों के साहित्य में स्थित स्थायी रूप की प्रवृत्ति लोगों के अन्तःकरण को छूती है। उस पर उनकी मुद्रा अंकित हो जाती है। इस दृष्टि से प्रतिभासंपन्न साहित्यकार का अपने माध्यम पर पूरा विश्वास होना चाहिए। साहित्योपासना एक व्रत के रूप में उसे स्वीकारनी चाहिए।

एक और बात दलित लेखकों को ध्यान में लेनी चाहिए कि यथार्थ में मूलभूत परिवर्तन कैसे होता है? उसमें से ध्येय सिद्धि कैसे होती है? इन प्रश्नों की उन्हें खोज करनी चाहिए। स्वतन्त्रता, समता और बन्धुभाव इस तत्त्वत्रयी का आग्रह लेकर अलग-अलग देश के तत्त्वचिन्तकों ने आधुनिक युग में नवसमाज के निर्माण का ध्येयवाद स्वीकार किया था। ऐसे आदर्श समाज का स्फूर्तिदायक चित्र जब आँखों के सामने खड़ा होता है, तब सुसंस्कृत मनुष्य की चित्तवृत्ति आनन्दित हो जाती है। साथ-ही-साथ यथार्थ की कुरूपता और निघृणता, क्षुद्रता की वृत्ति की ओर ध्यान जाने के बाद उसको चिढ़ आती है। दुर्दम्य भावनाओं के बिना क्रान्तिकारी या विद्रोही निर्माण नहीं होगा यह सच है। परन्तु क्रान्ति एक शंस्त्र है। अन्याय के खिलाफ कितनी भी चिढ़ पैदा हो जाए तो भी अन्याय कारक परिस्थितियाँ नहीं बदलतीं। इसके लिए शास्त्रशुद्ध ज्ञान का और वस्तुनिष्ठ विचारों का सन्तुलन भावनाओं के साथ होना चाहिए। आस-पास के वातावरण का सतत चिन्तन और विश्लेषण करके उसके विकास के नियम दलित लेखकों को अवगत करना चाहिए। यथार्थ की गति का अभ्यास किए बिना उसके जीर्णांश निकल नहीं जाएँगे। उसे नया आकार देना नहीं आता। इसके लिए आवश्यक सामग्री सही पद्धति से ही लेनी पड़ती है। यथार्थ के अन्तर्भूत नियमों से और उससे उपलब्ध होनेवाली साधन-सामग्री की सहायता से उस पर अधिकार प्राप्त कर लेना यही विज्ञान के प्रति निष्ठा रखनेवालों की जिम्मेदारी है। इस दृष्टि से अपना सामाजिक जीवन और उसके अलग-अलग प्रवाह, साथ-ही-साथ एक दूसरों के सम्बन्धों की अपनी समझ अत्यधिक निर्दोष, प्रगल्भ और परिपूर्ण होनी चाहिए। इसके लिए साहित्यकारों को सतत प्रयत्न करना चाहिए।

साहित्यकारों को ज्ञान साधना करनी चाहिए, ऐसा करने से उनकी कल्पना और प्रतिभा का महत्त्व थोड़ा भी कम नहीं होगा। ललित साहित्य में प्रतिभा का स्थान महत्त्वपूर्ण होता है। प्रतिभा नहीं रहेगी तो लेखन की कलात्मकता ही समाप्त होगी। मात्र क्रान्तिकारक धारणाओं के ललित कलावादी का केवल स्फूर्ति और

भावनाओं की तीव्रता पर अवलम्बित रहकर बात बननेवाली नहीं है। तो मेरे द्वारा लिखा गया साहित्य अधिक स्तरीय हो, उसमें पुनरावृत्ति न होते हुए, वह निरन्तर विकसित रहे है ऐसा प्रयत्न वे करें। इसलिए कलावादी लेखकों को अनेक विषयों का अध्ययन सतत करना चाहिए। प्रत्येक विषय का अलग-अलग पद्धति से अभ्यास करना ललित लेखकों को असम्भव है। सामाजिक प्रश्नों का मूल्यांकन करनेवाले ग्रन्थ उसे सहजता से पढ़ने को मिलने चाहिए। इस दृष्टि से दलित समाज के लेखकों को ललित वाङ्मय के साथ-साथ विचारप्रधान साहित्य के निर्माण की ओर भी ध्यान देना आवश्यक है। वैचारिक लेखन करनेवाले लेखकों को अपनी निरन्तरता शास्त्रशुद्ध तथा अद्यावत रखने की आवश्यकता है। इस सन्दर्भ में डॉ. बाबासाहब आम्बेडकर का उज्ज्वल आदर्श सभी के सामने है। राजनीति शास्त्र, अर्थशास्त्र, समाजशास्त्र, इतिहास, कानून, ऐसे अनेक विषयों का उनका अध्ययन था। मराठी भाषा और साहित्य का भी उन्होंने अध्ययन किया था। सन्त साहित्य और आगरकर, तिलक जैसे आधुनिक और श्रेष्ठ साहित्यकारों के ग्रन्थ उन्होंने रुचि से पढ़े थे। उनकी ज्ञाननिष्ठा के कारण ही उनके विरोधियों को भी उनके प्रति अधिक आदर महसूस होता था। इस सन्दर्भ में आपके सामने एक विचार रखने की इच्छा है। हमारे पुराने इतिहास, साहित्य, और धर्मग्रन्थों ने शूद्र, अतिशूद्रों पर इतना अन्याय किया है कि, वह साहित्य आज के युग में किस कारण पढ़ना चाहिए ऐसा प्रश्न अनेक बार उपस्थित किया जाता है। उच्चवर्णियों का वर्चस्व दलितों पर रहे इस हेतु पुराने धर्मग्रन्थों ने अनेक निर्बंध लगाये थे। ऐसे ग्रन्थों को नकारना और उसका निषेध करना ही योग्य होगा। डॉ. आम्बेडकर जी ने महाड की परिषद में मनुस्मृति जलायी। जिस ग्रन्थ ने हमें दरिद्रता और दैन्यता में रखने का काम किया, उसका उन्हें निषेध करना था। उन्होंने मनुस्मृति के साथ सभी हिन्दू धर्मग्रन्थों का सूक्ष्मता से अध्ययन किया था। उनकी ऐतिहासिक दृष्टि का परिचय 'हू वेअर दि शुद्राज' इस ग्रन्थ की प्रस्तावना में मिलता है।

While it is true that a non-Brahmin Scholer free from the inhibitions of the Brahmin Scholar, he is likely to go the other extreme and treat the whole literature as a collection of fables and fictions fit to be thrown on the dung heap not worthy of serious study, This is not the spirit of an historian. As has been well said an historain ought to be exact, sincere and impartial free from passion, unbiased by interest, fear, resentment or affection; and faithful to the truth which is the mother of history, the preserver of great action, the enemy of oblivion, the witness of the past, the director of the future. In short they must have an open mind, though it may not be an empty mind and readiness to examine all evidence even though it be spurious.

इस परिच्छेद में व्यक्त होनेवाला दृष्टिकोण डॉ. आम्बेडकर की ज्ञाननिष्ठा का निदर्शक है। यह ज्ञान उन्हें पुरानी समाज व्यवस्था पर प्रहार करने के लिए उपयोगी लगा। किसी भी ग्रन्थ का हम जब अध्ययन करते हैं, तब उसमें व्यक्त विचार प्रणाली को हम स्वीकारें ही ऐसा जरूरी नहीं होता। उल्टे उसके द्वारा निर्माण की गई पुरानी रूढ़ियाँ, जीवनप्रणाली के अवशेष नष्ट करने के लिए ऐसे अध्ययन की आवश्यकता होती है। इतिहास की ओर नकारात्मकता से न देखते हुए उसका परीक्षण करके ही हम उससे निकली हुई रूढ़ीवादी प्रवृत्तियों को, संस्थाओं को, सिद्धान्तों को तोड़ सकते हैं और नया इतिहास निर्माण कर सकते हैं।

विज्ञान के क्षेत्र में नव-नवीन शोध होते रहते हैं। उसी पद्धति से पुराने सिद्धान्त पीछे पड़ने लगते हैं। परन्तु सत्यान्वेषण की पद्धति में परिवर्तन होता है। वह परिवर्तन स्थायी होता है। इस वैज्ञानिक पद्धति में ही मानव का रहस्य समाया हुआ है। अनुसंधान के क्षेत्र में तो इसका महत्त्व अधिक है। परन्तु इसके योग से समग्र जीवन की ओर देखने का एक विशिष्ट दृष्टिकोण प्राप्त होता है और इस दृष्टि को स्वीकारने के सिवा सामाजिक यथार्थ का आकलन नहीं होता है। समाज परिवर्तन के उद्देश्य से लेखन करनेवाले साहित्यकारों को विज्ञाननिष्ठा और मूल्यभाव का परस्पर सम्बन्ध जान लेना चाहिए। इससे वैज्ञानिक दृष्टि आती है और प्रकाश मिलता है, परन्तु किस मूल्य और उद्देश्य की परिपूर्ति के लिए विज्ञान की शक्ति का उपयोग करना है, इसका निर्णय मनुष्य को ही करना है। लेनिन, चर्चिल, नेहरू और आम्बेडकर ये सभी विद्वान विज्ञाननिष्ठ थे परन्तु उनकी मूल्यप्रणाली एक नहीं थी। विज्ञानशक्ति और विज्ञानदृष्टि में जो अन्तर है, उसे ध्यान में लेना चाहिए, साथ ही साथ विज्ञान निष्ठा को किस मूल्य से जोड़ देना चाहिए इस पर भी हमें विचार करना चाहिए।

लेखक का अनुभव अर्थपूर्ण और आशयपूर्ण होगा तो ही उसकी अभिव्यक्ति उसे आनन्द देती है। प्रत्येक साहित्यिक कृति एक अर्थ से नवीन होती है। यह एक स्वतन्त्र शोध होता है। इस कारण कोई भी साहित्यिक कृति जैसे-जैसे आकार लेने लगती है, वैसे-वैसे उसके निर्माता को अपने मन के आशय की अधिक स्पष्ट पहचान होने लगती है। प्रत्येक लेखक को अपनी आविष्कार पद्धति दिखानी चाहिए। किसी प्रतिभासम्पन्न लेखक को अत्याधिक लोकप्रियता मिलती है, तब उसके रचना तन्त्र का अनुकरण करने की इच्छा अन्य लोगों को हो जाती है। इस पद्धति से किसी चौखट में अपने लेखन विषय को ठूँसकर भरने का प्रयत्न करें तो ऐसा लेखन कृत्रिम व निःसत्त्व बनने का खतरा रहता है। पण्डित नेहरू ने अपने 'The Discovery of India' इस ग्रन्थ में इमर्सन का एक परिच्छेद उद्धृत किया है। वह इस प्रकार है 'Insist on your self, never immitate' इस वचन सूत्र का ललित लेखकों को अक्सर स्मरण रखना चाहिए। सिवाय इसके उसके

साहित्य का चित्रण सुस्पष्ट तथा जीवन्त और प्रत्ययकारी नहीं होगा।

दलित लेखक सामाजिकता को स्वीकारते हैं। साहित्य की स्वायत्तता का तत्त्व उनकी इस भूमिका के लिए पोषक है। इस तत्त्व को बाधा नहीं आनी चाहिए इसलिए साहित्यकारों को अक्सर जाग्रत रहना चाहिए। सामाजिक जीवन में राजनीति, अर्थ, शिक्षा, साहित्य ये एक-दूसरे से सम्बन्धित विषय हैं। उनका एक-दूसरे पर कहीं न कहीं ख़ास प्रभाव रहता है। फिर भी प्रत्येक क्षेत्र के विकास के कुछ खास नियम रहते हैं। साथ-ही-साथ साहित्य क्षेत्र के अन्तर्गत का व्यापार कुछ नियमों के अनुसार होता रहता है। साहित्यकार को ये नियम आत्मसात करने चाहिए। इसका अर्थ उन्हें परम्परागत नियमों से और संकेतों से अपने आप को बाँधकर लेना चाहिए ऐसा नहीं है। कला में ही उसे अभिनव रूप देने वाले नियम अन्तर्भूत होते हैं। उसकी खोज कर ललित लेखकों को अपना साहित्य निर्माण करना चाहिए।

साहित्य का क्षेत्र स्वतन्त्र और स्वयंशासित होना चाहिए। राजनीति, अर्थसत्ता, धर्म जैसे दूसरे किसी भी क्षेत्र का उस पर आक्रमण होना ठीक नहीं है। साहित्य की लोकाभिमुखता और सामाजिक जिम्मेदारी पर कोई सोचता नहीं है। लेखक को ही यह काम करना चाहिए। साहित्य व्यक्तिनिष्ठ है या समाजसापेक्ष यह प्रश्न निरर्थक है। साहित्य कृति लेखक के व्यक्तित्त्व का रंग रूप लेकर प्रकट होती रहती है। परन्तु लेखक के व्यक्तित्त्व की बुनावट विशिष्ट सामाजिक वातावरण में होती है। इस कारण कोई भी साहित्य रूप समाजनिरपेक्ष नहीं हो सकता। व्यक्ति और समाज का नाता अटूट है। सामाजिक सम्बन्ध जब नष्ट होते हैं, तब साहित्य निर्मिति पर प्रश्नचिह्न लगाये जाते हैं और वह अत्यन्त संकुचित और एकांगी बनता है। साहित्यकार एक मूलभूत क्रान्तिकारक जीवननिष्ठा को लेकर चलता है। राजनीतिक दलों के दाँवपेंच और उससे निर्माण होनेवाले वातावरण से उसे कुछ लेना-देना नहीं होता। साहित्यकार के नाते वह एक अलग पद्धति से आकलन करता रहता है। सामाजिक क्रान्ति की लड़ाई में प्रचारात्मक साहित्य-पत्रिकाओं की जरूरत होती है। परन्तु उसका और कलात्मक साहित्य का स्तर एक नहीं होता। ललित लेखक व्यक्ति के नाते किसी दल की भूमिका से अथवा कार्यक्रम से सहमत भी हो सकता है। परन्तु साहित्य सृजन के क्षण उसकी दृष्टि राजनीतिक व्यवहार की मर्यादा पार कर सामाजिक प्रवृत्ति पर केन्द्रित रहेगी।

दलितों का विद्रोही और साहित्यिक आन्दोलन जब अधिक प्रभावपूर्ण और आक्रामक होगा, सामान्यजनों को कार्यप्रवण व प्रतिकारक्षम बनाने का सामर्थ्य जब उसमें आएगा, तब समाज के प्रस्थापित ठेकेदारों की नींद उड़ जाएगी। प्रथम वे इस आन्दोलन को शाबाशी देते रहेंगे। बुजुर्ग के नाते आशीर्वाद देकर आन्दोलन की आक्रामकता कैसे कम होगी इस पर काम करते रहेंगे। दलित साहित्यकारों

को प्रस्थापितों के विरोध का सामना करना पड़ेगा। यह विरोध दो प्रकार का होगा। सत्ता, सम्पत्ति और सामाजिक प्रतिष्ठा के आधार पर दलित लेखकों पर दबाव लाया जाएगा। यह एक प्रकार। यह प्रकार शहरों में खुले आम तथा अधिक मात्रा में नहीं होगा। दूसरा प्रकार पैसा, प्रतिष्ठा, अधिकार, यश और कीर्ति का प्रलोभन दिखाकर साहित्यकार को निष्क्रिय करना। भारत जैसे गरीब देश में ऐसे प्रलोभन से दूर रहना मुश्किल है। यहाँ क्रान्तिकारक प्रभाव क्षीण बनते जा रहे हैं। इस कारण सांस्कृतिक क्षेत्र में काम करनेवाला लेखक अकेलेपन को महसूस करता है। प्रस्थापितों के साथ जूझते हुए वह मानसिक आधार की आवश्यकता महसूस करता है। मूलतः यह संघर्ष विषम है। एक ओर सत्ता, धन, दौलत, जैसे लौकिक साधन हैं तो दूसरी ओर मात्र ध्येयनिष्ठा और नैतिक शक्ति। अपनी भूमिका काल के प्रवाह के साथ है और मानवता के उज्ज्वल भविष्य के साथ सम्बन्धित है, इस कारण आज नहीं तो कल यश मिलेगा, यह विश्वास क्रान्तिकारक लेखकों की कर्त्तव्यनिष्ठा के लिए प्रोत्साहक और पोषक है।

"Watch and pray, that ye enter not temptation, the spirit indeed in willing. But the flesh is weak." ऐसा उपदेश ईसा मसीह ने अपने शिष्यों को दिया था। कुछ भी हो हम सब हैं तो मानव। अपनी उच्च नैतिक भूमिका से हमारा चित्त विचलित नहीं होना चाहिए। इसलिए हमें बार-बार अपना आत्मपरीक्षण करना चाहिए।

"आकाश से आता रहता है प्रकाश का सार्वभौम युग, अब खुद को भी जरा तराशना चाहिए।" इस दलित कवि की भावनाओं का अर्थ यही है।

दलित साहित्य और मुक्ति के आन्दोलन में अपना साथी कौन और विरोधक कौन इसका विवेक रखने की आज आवश्यकता है। किसी विषय पर सम्पूर्ण मतैक्य होगा तो ही इकट्ठे काम किया जा सकता है, ऐसा मानकर नहीं चलेगा। सम्पूर्ण सामाजिक परिवर्तन के अभाव में हमारा कोई भी प्रश्न पूर्णतः छूटनेवाला नहीं है। समग्र क्रान्ति का कार्य काफी बड़ा है और उसकी मंजिल काफी दूर है। हिन्दूत्ववादी प्रवृत्ति के संघटन में मतभेद होने का कोई कारण नहीं है। क्रान्तिकारक आन्दोलन में मात्र विचारमन्थन, विचारसंघर्ष का महत्त्व होता है। इस दृष्टि से मतभेद एक अर्थ से जीवन्तता का लक्षण है। परन्तु इसे अधिक न खींचते हुए अलग-अलग प्रगतिशील प्रवाहों को एक साथ कैसे लाया जा सकता है, इसे देखना पड़ेगा। यह प्रवाह आखिर तक टिकना चाहिए यह जरूरी है। इस पर गम्भीरता से विचार करना आवश्यक है।

सामाजिक क्रान्ति के झण्डे तले मेहनतकश लोगों के साथ अनेक लोग आएँगे, यह स्पष्ट है। परन्तु पिछले तीस सालों में समाज के सभी विभागों से एक नया मध्यवर्ग निर्माण हुआ है। इस वर्ग को आधुनिक शिक्षा का लाभ मिलता है।

इसमें से ही बागी नेता आगे आते हैं और समय का फायदा लेनेवाले नेता भी निर्माण होते हैं। इस कारण निष्ठा रखनेवाले कार्यकर्त्ताओं को समान विचारों की खोज सर्वत्र करनी चाहिए। इस सन्दर्भ में महाड सत्याग्रह के समय ब्राह्मणों को इस सत्याग्रह में प्रवेश न दिया जाए कुछ नेताओं की इस शर्त को अमान्य करते हुए डॉ. आम्बेडकर ने जो कहा था, वह काफी महत्त्वपूर्ण है। हमारा मतभेद ब्राह्मणत्व से है। ब्राह्मण लोग हमारे दुश्मन नहीं हैं। ब्राह्मण्यग्रस्त लोग हमारे दुश्मन हैं, ऐसा हम खुले आम कहते हैं। इन भावनाओं से प्रेरित होने के कारण ब्राह्मण्यग्रस्त गैर ब्राह्मण हमें दूर का लगता है और ब्राह्मण्यरहित ब्राह्मण हमें निकट का अर्थात् अपना लगता है। हमारे मन का गठन इस पद्धति से होने के कारण हमारे सत्याग्रह में प्रत्येक व्यक्ति का स्वागत है, भले ही वह व्यक्ति किसी भी जाति का क्यों न हो।"

दलित साहित्य ने प्रारम्भ में ही लोगों का ध्यान आकर्षित किया है। उपन्यास, नाटक, कहानी, साहित्य समीक्षा ऐसे अलग-अलग साहित्य प्रकारों में वह ऊँचाई पर पहुँच रहा है। इस साहित्य ने कुछ अपेक्षाएँ निर्माण की हैं। उसे पूर्ण करने की जिम्मेदारी दलित लेखकों की है। रूढ़ीवादी प्रवृत्तियाँ इन दिनों विविध रूपों में आगे आ रही हैं।

अनुवाद : डॉ. संजय नवले, बार्शी

दलित साहित्य के स्थायित्व के लिए सर्वांगीण प्रयास होने चाहिए

–कुमुद पावडे

[अस्मितादर्श लेखक-पाठक सम्मेलन, उस्मानाबाद, 1980]

भारतीय साहित्येतिहास का आधार पाँच हजार वर्ष पूर्व की आर्य संस्कृति है; जो जन मानस में पूरी तरह से रच-बस चुकी है। विजयी आर्यों ने पराजित अनार्यों पर अपनी अनिर्बंध सत्ता, सम्पत्ति एवं सांस्कृतिक बन्धनों को जबर्दस्ती से थोपा था; इस बात को प्रमाणित करनेवाला यह इतिहास है। इस देश के मूल निवासियों को दास बना कर दस्युओं, दैत्यों, असुरों एवं दानवों के प्रति अतिशयोक्तिपूर्ण एवं एक आयामी तथा भ्रमित करनेवाले काल्पनिक साहित्य के माध्यम से उन्होंने अपनी सत्ता को स्थायी रुप में बनाये रखा; यही अनबूझ प्यास इसके मूल में है। सत्ता के बल पर यहाँ के मूल निवासियों को गुलाम बना कर अत्यन्त व्यवस्थित रूप से उनको हमेशा हमेशा के लिए दबा कर रखने की कुशलता से सत्ताधारी अच्छी तरह से वाकिफ होते हैं। फिर यह सत्ता धार्मिक हो सकती है, आर्थिक हो सकती है, सामाजिक हो सकती है या राजनीतिक। ऐसा करते समय इन गुलामों के स्वतन्त्रता, समता, न्याय जैसे मानवीय अधिकार हो सकते हैं इस बात को नकारते समय इन लोगों को अपराध-बोध का एहसास तक नहीं होता। उत्तर वैदिक काल में पराजित दासों को 'दलित' (शूद्र) के रूप में देखने की शुरुआत हो गयी और जिन-जिन पराजित गुलामों ने अपनी अस्मिता को बचाने के लिए अन्याय के खिलाफ संघर्ष किया उन-उन लोगों के माथे पर अस्पृश्यता का कलंक लगा कर उन्हें गाँव की सीमाओं के बाहर कर दिया गया। मनु के काल में, स्मृतियों के काल में यह व्यवस्था अत्यन्त क्रूर बन गयी एवं मानवीयता को घृणास्पद रूप प्राप्त हो गया। एक आदमी दूसरे आदमी के दर्शन से भी भ्रष्ट होने लगा, उसकी छाया का स्पर्श यदि रास्ते की धूल को भी होता तो वह उसका अपराध माना जाने लगा। उसकी थूक से मिट्टी भ्रष्ट होने लगी। इसीलिए कमर

में झाड़ एवं मुँह में मटका यह चित्र 1818 ई. तक इस महाराष्ट्र का भी था; जब कि पुणे के शनिवारवाडे पर अँग्रेजों का झण्डा लहरा रहा था।

अंग्रेजी शासन के प्रारम्भ के साथ ही वैचारिक स्वतन्त्रता की लहर और स्वतन्त्रता, समता, भाईचारा एवं न्याय इन मूल्यों का समर्थन होने लगा। समाज के सम्वेदनशील एवं नीर-क्षीर विवेक बुद्धि रखनेवाले लोग इन मूल्यों के प्रति सतर्क होने लगे। उनकी समझ विस्तृत होने लगी। बाळशास्त्री जाम्भेकर, लोकहितवादी, महात्मा जोतिबा फुले, कर्मवीर विठ्ठल रामजी शिन्दे, गोपाळ गणेश आगरकर आदि बुद्धिवादी विचारक हिन्दू धर्म द्वारा स्त्री एवं दलितों के लिए निर्मित विषम व्यवस्था पर वार करने के लिए तैयार हो गये। इन प्रगतिशील विचारकों ने अपनी कलम के माध्यम से परम्पराओं के प्रति अभिमान रखनेवालों पर, उनके संकुचित विचारों एवं उनके बद्ध कर्मकाण्डों एवं क्रूर रूढ़ियों पर प्रहार किया। महात्मा जोतिबा फुले केवल लिख-बोल कर चुप नहीं रहे बल्कि एक योद्धा की तरह रौद्र रूप धारण कर अपनी कृति के माध्यम से विषमता नष्ट करने पर तुल गये। इस क्रियाशील कृति में उनका पूरी तरह साथ दिया कोल्हापुर के शाहू महाराज, बड़ौदा के सयाजीराव महाराज गायकवाड, कर्मवीर विठ्ठल रामजी शिन्दे आदि ने। इन समाज-सुधारकों ने अन्य सभी समाज-सुधारों के प्रति आग्रह किया तथा महर्षि कर्वे ने ब्राह्मण वर्ग की निरोधार स्त्रियों का तथा उनकी शिक्षा का प्रश्न पर बल दिया। जिस पर जोतिबा ने भी बल दिया था। इन क्रियाशील एवं कर्मठ समाज सुधारकों में अधिकारों के लिए संघर्ष करने का माद्दा था; परंतु केवल कलम चलानेवाले कलम वीरों में दया, करुणा एवं सहानुभूति की बात थी इसके मूल में ईसाई धर्मान्तरण का डर भी प्रबल रूप में दिखाई देता था।

बाबा पद्मनजी या पण्डिता रमाबाई जैसे विद्वान ब्राह्मण वर्ग के लोग भी ईसाई हो गए तब उस समय के सभी लोगों के मन में बेचैनी व्याप्त हो गई। तब भूख की आग मिटाने के लिए दर-दर भटकनेवाले लोग, रोटी के एक टुकड़े के लिए आक्रोश करनेवाले जीव, प्रकृति द्वारा प्राप्त पानी आदि के अधिकारों से धर्म के कारण वंचित रहनेवाले लोग एवं जानवरों से भी बदतर, उपेक्षित माने जानेवाले जनसमूहों ने मानवता एवं समता का समर्थन करनेवाले ईसाई धर्म को अगर स्वीकार किया होगा तो उसमें आश्चर्य किस प्रकार का है? क्योंकि उच्चवर्णियों की गन्दी नालियों का पानी तथा शौच की दुर्गंध के कारण गाँव के बाहर का जो भूभाग अनुपयोगी बन गया था, वही भूभाग इन दलितों के रहने का ठिकाना बन गया था। पीने का पानी प्राप्त करने के लिए भी उन्हें घण्टों इन्तजार करना पड़ता था; यह रोज का ही नियम बन गया था। इसके लिए भी उन्हें बेबस होना पड़ता था। लज्जास्पद, घृणास्पद अस्पृश्यता उन पर थोपी गई थी। उनको बराबरी का स्थान देनेवाला, उन्हें मनुष्य

समझनेवाला 'आकाश का पिता' तब उन्हें अधिक निकट का लगने लगा हो तो इसमें क्या गलत था? और ईसाई धर्म ने कई दलित आदिवासियों को शिक्षा, रहन-सहन का तरीका, और समृद्ध जीवन प्रदान किया था। इसके सिवा उनकी विषमता का प्रश्न भी तुरन्त सुलझ गया था। परन्तु यह सब कुछ पाकर इन धर्मांतरित लोगों को विषमता के खिलाफ आवाज़ उठानी चाहिए थी; पर वे यह काम कर न सके। क्योंकि उन्होंने वह धर्म स्वीकारा था जो भारत के बाहर का था; अतः हिन्दू धर्म पर कुछ भी बोलने का अधिकार उन्हें नहीं है, इस प्रकार की सनातनवादियों की आक्रामक भूमिका को देखने के बाद ये लोग घबरा भी गए होंगे।

स्वयं लोकमान्य तिलक ने केसरी पत्रिका के माध्यम से इसकी तीखी आलोचना की थी। ये सारी बातें काफी परेशान करनेवाली हैं। इसके बाद विश्व के इतिहास में धर्मान्तरण का यादगार क्षण आया; 14 अक्टूबर 1956 का वह क्षण जो बौद्ध धर्म से सम्बन्धित डॉ. बाबासाहब आम्बेडकर के नेतृत्व में आया। बौद्ध धर्म में भी समता का समर्थन किया जाता है; लेकिन ईसाई धर्म का 'आकाश का पिता' इस धर्म में नहीं था; दूसरी बात मुक्त विचार करने की आज़ादी इस धर्म में थी। प्रज्ञा के बल पर करुणा एवं साहचर्य के मार्ग से जीवन की ओर देखने का दृष्टिकोण तथा जीवन जीने का मार्ग इस धर्म के द्वारा बुद्ध ने दिखाया था। समता, स्वतन्त्रता, भाईचारा एवं न्याय आदि तत्त्वों के प्रति अपना दायित्व माननेवाले बुद्धिवादी मनुष्य को इस धर्म के माध्यम से बहुत कुछ मिलनेवाला था और जिस महामानव ने इस मार्ग पर चलने का अनुभव लिया था उसने मानवीय अधिकारों के लिए शिक्षा ग्रहण कर, संगठित हो कर संघर्ष करने का महामन्त्र अपने दलित एवं पीड़ित भाई-बहनों को दिया था। इसी महामन्त्र की आधार भूमि पर वर्तमान दलित साहित्य का जन्म हुआ है। दलित साहित्य की प्रेरणा ही जनतान्त्रिक एवं कानूनी मार्ग से संघर्ष करते हुए सामाजिक न्याय एवं विकास के समान अवसर पाने के लिए है। जो हमारे अधिकार हैं, उन्हें हम अपने सामर्थ्य पर, बल पर, प्राप्त करवा लेंगे। इसके लिए अपेक्षित साहस का निर्माण करना है। अपना अधिकार जताने के लिए, इसके लिए हिम्मत जुटाने के लिए जिस अस्मिता का निर्माण होना चाहिए था वही अस्मिता एवं वही साहस दलित साहित्य से बार-बार अभिव्यक्त हो रहा है—

खून में धधकते हुए अगणित सूर्यो
कितने दिन सहनेवाले हो इन प्रतिबन्धों को?
मृत्यु तक इसी तरह रहेंगे क्या युद्धबन्दी
वह देखो रे, वह देखो मिट्टी की अस्मिता
आकाश जैसी व्यापक हो गयी

मेरी आत्मा ने इन्कलाब की आवाज बुलन्द की है
खून में धधकते हुए अगणित सूर्यो
अब हर शहर में आग लगाते चलो

(नामदेव ढसाल-गोलपीठा, पृ. 13)

इसी अस्मिता से मुर्दों में जान आयी
आज सारे श्मशान जी उठे
पत्थर की छाती पर कुरेदते हुए
कल का इतिहास

(बापुराव जगताप : 'अस्मितादर्श' दीपावली अंक, 1979)

समाज और साहित्य का अन्योन्याश्रित एवं अन्यान्य सम्बन्ध रहा है। अन्यान्य सम्बन्ध अर्थात् एक के अभाव में दूसरे का अस्तित्व ही नहीं। जिस समाज में व्यक्ति जीवन जी रहा है, उस समाज के अन्य मनुष्यों के साथ आए उसके सम्बन्ध, उस समाज की भौतिक स्थिति आदि का प्रभाव व्यक्ति के जीवन पर जाने-अनजाने होता ही है। साहित्यकार पहले मनुष्य होता है और बाद में साहित्यकार। इस समाज से वह पहले अनुभव एवं संस्कार ग्रहण करता है और बाद में उसे अपने शब्दों के माध्यम से अभिव्यक्त करता है। लाख चाहने के बाद भी वह समाज से अलग नहीं रह सकता। अपनी कलम के सहारे वह या तो यथार्थ का चित्रण करता है अथवा उसके कल्पना लोक में दिखाई देनेवाले विश्व एवं उसमें रहनेवाले लोग किस प्रकार के होंगे उस आदर्श का चित्रण करता है। अरस्तू ने कहा है कि, साहित्यकार तो समाज में उसका सम्बन्ध जिन-जिन व्यक्तियों के साथ आया है, वे जैसे हैं वैसा उनका चित्रण करता है अथवा उससे बदतर। इतना तो सच है कि उसके इस चित्रण के माध्यम से एक दिशा या एक आयाम सामने आता है। साहित्य समाज निरपेक्ष नहीं हो सकता, उसे समाज के साथ जुड़ना ही चाहिए। साहित्यिक कृति में उस काल के वास्तविक समाज जीवन का विविधमुखी चित्रण होता ही रहता है और यह वर्तमान समय की बात नहीं है बल्कि प्राचीन काल से ही यह होता आया है। अपने जीवन मूल्य, अपनी समाज व्यवस्था या अपनी शासन व्यवस्था कायम रखने के लिए जैसे साहित्य ने अपनी कलम द्वारा या वाक् परम्परा के माध्यम से कार्य किया है ठीक इसी तरह तकलीफ देनेवाली तथा कष्टप्रद स्थितियों को बदलने का कार्य भी किया है। स्त्रियों एवं दलितों के सम्बन्ध में महात्मा फुले ने जिस क्रियात्मक दृष्टि का परिचय दिया है, उसी भूमि से वर्तमान समाज ने आकार लिया है। शाहू महाराज, छत्रपति सयाजीराव महाराज गायकवाड, महर्षि विठ्ठल रामजी शिन्दे, महर्षि कर्वे आदि ने महात्मा फुले को क्रियात्मक सहयोग दिया। समाज परिवर्तन के लिए जनजागरण करनेवाले महात्मा फुले की चाबुक जैसी कलम से सृजित

भाषा विष्णु कृष्ण चिपलूणकर को गँवार और कलाहीन लगी। फुले जी का अज्ञान उनके मज़ाक का विषय हो गया। पर मराठी भाषा के इस शिवाजी की लयात्मक संस्कृत युक्त कलात्मक भाषा में जी की ऊबड़-खाबड़ भाषा का तेज नहीं, यह वास्तविकता है।

चांदी के तारों से युक्त रेशम की पैठणी को हीरे-मोतियों जैसे मूल्यवान आभूषणों से सजाकर, पैरों में रुन-झुन करते पायल पहनकर मुक्त रूप से घूमनेवाली कोमल एवं सुन्दर राजकुमारी की तरह चिपलूणकर की भाषा मोहित करती है, यह सच है; पर हाथ में चाबुक लेकर खड़ी काली-साँवली, सुगठित एवं मजबूत शरीरवाली ग्राम चण्डिका की बराबरी वह कभी भी नहीं कर सकेगी। आज भी जोतिराव की भाषा में जो ताकत है, सामर्थ्य है और उसका असर जो जनसामान्य पर पड़ता है क्या वह ताकत चिपळूणकर की भाषा में है? मनुष्य को जाग्रत करने का, पागल करने का तथा जुनून से भर देने का चमत्कार फुले के पास था; यह आश्चर्य ही है ना? मराठी भाषा के प्रति अभिमान रखनेवाले तथा शिवाजी के शिष्यों ने शिवाजी के ही वंशजों को 'दलित' मान कर उनका जीना हराम कर देने का निश्चय किया और धर्म के ठेकेदारों की भूमिका का समर्थन किया। इससे यह स्पष्ट होता है कि इन संकुचित वृत्ति के स्वतन्त्रताभिमानी देशभक्तों को स्वतन्त्रता, समता, भाईचारा एवं न्याय इन मूल्यों की क्या समझ थी? आज आज़ादी मिले 30-32 साल हो गये हैं; परन्तु इन मूल्यों का स्वीकार क्या हमारे मराठी साहित्यकारों ने किया है? संख्या में बात कहनी है तो आज भी 80 प्रतिशत साहित्यकार परम्परा के मोह में अन्धों के जैसा आचरण कर रहे हैं। अभी भी पति की चिता के साथ खुद को चिता पर चढ़ानेवाली स्त्री का वर्णन आँखों में आँसू लाता है। विलियम बेंटिक ने सती प्रथा बन्द की थी या नहीं, सन्देह उत्पन्न होता है। राजा राममोहन राय, ईश्वरचन्द्र विद्यासागर इस कुप्रथा के खिलाफ संघर्ष करते हुए डटकर खड़े थे या नहीं यह प्रश्न भी उपस्थित होता है। यदि विलियम बेंटिक के पहले का ज़माना होता तो आज भी हमारी युवतियाँ इन वर्णनों को पढ़ कर स्वेच्छा एवं आनन्द से चिता पर चढ़ कर स्वामिनी की तरह साहित्य में अमर हो गयी होतीं। पर आज केवल थोड़ी देर तक रोती हैं और कुछ समय के बाद छोटी-छोटी बातों को आधार बना कर पति के साथ लड़ती भी है। अपने ही वर्ग की स्त्रियों को देवत्व प्रदान कर हमेशा के लिए उन्हें ईमानदार गुलाम करनेवाला यह वर्ग साहित्य के माध्यम से ही अपने आदर्श जनमानस पर बिंबित करता रहता है। इन स्थितियों का मुकाबला करने के लिए पुनः जनजागरण का प्रयास किया जाने लगा है और इस कार्य का श्रेय दलित साहित्य को जाता है। जिनको गुलाम बनाया गया है उन्हें गुलामी से मुक्त होने के लिए संघर्ष करने के लिए तैयार होना चाहिए इस बात को खुद के माध्यम से दलित साहित्य ने पूरे विश्व को दिखाया है। दलितों की तरह ही इस देश में अन्याय से पीड़ित स्त्री हैं और उसमें भी जागृति निर्माण करने तथा आत्मविश्वास भर देने का श्रेय दलित साहित्य को ही है।

परम्परागत, रूढ़ एवं निश्चित विचार प्रवाह में जब कोई नया विचार प्रवाह आकर मिल जाता है तो जो उस नए विचार प्रवाह को लाया है, पहले तो उसकी प्रशंसा की जाती है। वह नया विचार प्रवाह अनजानी गति से पुराने विचार प्रवाह में मिल जाता है। परन्तु जब उस नये विचार प्रवाह के पीछे व्यक्ति नहीं व्यक्तियों का समूह खड़ा हो जाता है तो आन्दोलन खड़ा होता है और वह विचार अपनी अलग पहचान धारण करने लगता है। जैसे मराठी साहित्य में सन्त साहित्य; आध्यात्मिक समानता को महत्त्व देने वाले नए विचार को लेकर आता है, तब सन्त साहित्य के रूप में उसे अलग वर्ग में रखना पड़ा। इसी तरह स्वतन्त्रता के बाद, बाबासाहब की वैचारिक क्रान्ति के बाद, उसमें भी धर्मान्तरण एवं बौद्ध विचार प्रणाली तथा स्वतन्त्रता के कारण कई पीढ़ियों से मानवीयता एवं समानता की बात जिनके लिए नकारी गयी थी, उनमें नयी चेतना निर्माण हो गयी। उस चेतना से अस्मिता और अस्मिता से एक आन्दोलन व्यक्ति समूह के रूप में खड़ा रहा। मराठी साहित्य में नीरसता एवं स्थिरता आयी थी। इस स्थिरता को तोड़ने का काम इस आन्दोलन ने किया है। इसमें 'मनुष्य' और उसकी प्रतिष्ठा कुल, रूप, जाति, धर्म, पैसा एवं विद्वत्ता पर आधारित नहीं थी; यह प्रतिष्ठा केवल 'मनुष्य' इस एक ही मूल्य पर आधारित थी। यह विचार प्रणाली मराठी साहित्य से तालमेल नहीं रखती थी; इसीलिए मराठी साहित्य में इसके अलग वर्ग की ज़रूरत महसूस की जाने लगी। मराठी साहित्य को कभी दलितों के जीवन में झाँकने की आवश्यकता महसूस नहीं हुई थी। इस समाज रचना में कीड़े-मकोड़ों से भी बदतर जिन्दगी जीनेवाले लाखों लोगों के दुःख, व्यथा, वेदना, भूख, विषमता, अपमान एवं तकलीफ में जीनेवाले लोगों के जीवन का चित्रण करने की जरूरत इन लेखकों को कभी नहीं लगी। लेकिन इन पीड़ित लोगों में अपने घृणित जीवन को नकारने की जिद का प्रदर्शन करने की इच्छा आम्बेडकर के विचारों से उत्पन्न अस्मिता के कारण हुई और इसी के कारण दलित साहित्य का जन्म हुआ। अन्धकारमय जीवन में विषमता की नरक में मैं क्यों रहूँ? दलित साहित्यकार पूछने लगा है—

अँधेरे ने सूर्य को देखा तब
शब्दों ने हुंकार किया
नरक की कारा में कितने दिन
रहें हम
न नष्टचर्या की नाली में
सड़ रहे थे हम गतिहीन कीड़ों की तरह
अब तक

(नामदेव ढसाल, गोलपीठा, पृ. 6)

दलित साहित्य के माध्यम से अभिव्यक्त विद्रोह स्थितिशील मराठी साहित्य को हजम होनेवाला नहीं था और इसीलिए दलित साहित्य भी सन्त साहित्य की तरह अपनी अलग विशेषता के कारण अलग प्रवाह बनाता है। "केवल दलितों द्वारा दलितों के लिए लिखा साहित्य ही दलित साहित्य है" इस शब्द की व्याख्या से भी सम्भ्रम निर्माण किया जाता है। सबसे पहले दलित किसे कहा जाना चाहिए यह निश्चित करना होगा। दलित अर्थात् समाज व्यवस्था में जो अस्पृश्य (शूद्र) हैं क्या वही दलित हैं? दलित यानी जो पददलित है, जो पीसे गए हैं वे। इस देश की अन्यायपूर्ण समाज व्यवस्था; जिसमें यहाँ की धर्म व्यवस्था ने सदैव दलितों को हमेशा के लिए तोड़ने का प्रयास किया और विकास के समान अवसरों से जिन्हें दूर रखा गया है ऐसा जनसमूह; परन्तु इस जनसमूह में विद्रोह करने की क्षमता होनी चाहिए। इस विद्रोह की नींव प्रज्ञा हो तथा उसकी मूल प्रवृत्ति करुणा हो, बेचारगी नहीं; बल्कि आत्मविश्वास की अच्छाई हो। दलित शब्द का मूल अर्थ जो दबा हुआ है; यह अर्थ वर्तमान दलित साहित्य ने नकार दिया है। दलित साहित्यकार गुलामी के खिलाफ़ आन्दोलन करने के लिए तैयार हो गया है। वह बेचारगी एवं विषमता की अँधेरी गुफा में रहनेवाला नहीं है, उनके बाप-दादाओं ने जो चुपचाप सहन किया उसे वे कभी भी सहनेवाले नहीं हैं।

इन दिनों 'दलित' शब्द का अर्थ जाति वाचक अर्थ के रूप में लेने का विचार जबर्दस्त रूप से सामने आ रहा है। कुछ दलित साहित्यिक ही इस प्रकार के विचारों का प्रसार करने के निमित्त बन गए हैं। इसे ध्यान में रखना होगा कि जिस जातीयता के कारण हम कई पीढ़ियों से दब गए उसी जातीयता को हम स्वीकार नहीं कर सकते; क्योंकि जातीयता का संकुचित विचार मनुष्य की प्रज्ञा को कुण्ठित कर देता है। हम पुनः-पुनः उसी विषमता का अन्धकार निर्माण करनेवाली जातिगत व्यवस्था में बद्ध होनेवाले नहीं हैं; बल्कि हमें मिले सूर्य ने हमारे जीवन का अंधकार नष्ट कर हमें उजाले का पथिक बनाया है, अब हमारा नैतिक दायित्व है कि जो कोई अंधेरे में भटक रहे हैं पथदर्शक बन उन्हें 'अत्त दीपो भव' का संदेश दें। नागपुर के दलित साहित्य सम्मेलन के अध्यक्ष के रूप में बोलते समय डॉ. वानखेडे द्वारा उच्चरित किए हुए शब्दों की परिभाषा में केवल बौद्ध या पिछड़े हुए ही नहीं हैं बल्कि जो-जो शोषित हैं, श्रमजीवी हैं वे सभी 'दलित' शब्द की परिभाषा में समाहित होते हैं। डॉ. बाबासाहब द्वारा निर्माण किए गए जनतांत्रिक संविधान को बचाने के लिए उनके शब्दों पर यदि विचार करे तो दलित अर्थात् सामाजिक एवं आर्थिक विषमता से ग्रस्त जनसमूह को संगठित करना होगा इस बात का एहसास तुरंत हो जाता है। संविधान के प्रारंभ में ही बाबासाहब ने कहा, 26 जनवरी 1950 को हमने राजनीतिक समता प्रस्थापित की परंतु जब तक आर्थिक एवं सामाजिक समानता प्रस्थापित नहीं होती तब तक

विषम स्थितियों से ग्रस्त हम लोग हमारे ही द्वारा खड़े किए गए लोकतंत्र के दिखावे को ध्वस्त कर देंगे। तब इससे समता शब्द का मूल्य बाबासाहब की नजर में कितना था यह सहज ही स्पष्ट हो जाएगा। इसीलिए समता में वृद्धि करानेवाले अर्थ ही शब्दों को निर्देशित करते जाएँ। शब्दों की गड़बड़ी दिग्भ्रांत करनेवाली न हो। अतः दलित शब्द का अर्थ विशिष्ट जाति के अर्थ में लेने की मानसिकता दलितं साहित्य के लिए विनाशकारी है।

दूसरी बात यह है कि मार्क्सवाद, बुद्धवाद, फुलेवाद, आंबेडकरवाद आदि वादों के पोछे पड़कर हम अपने शस्त्रों को एक दूसरों के विरोध में तेज करते रहे हैं। उपर्युक्त कथन के अनुसार सामाजिक समानता के साथ-साथ आर्थिक समानता भी बाबासाहब के विचारों की दृष्टि से अपेक्षित थी। आर्थिक समानता निर्माण करने के लिए बाबासाहब ने जिस मार्ग का अवलंबन किया है वह मार्ग लोकतंत्र एवं अहिंसा का है। सामाजिक समानता स्थापित करने के लिए भी वे इसी मार्ग का अनुसरण करते हैं। बाबासाहब ने बुद्ध एवं कार्लमार्क्स के विचारों में कई जगह पर साम्य दिखा कर भी हिंसात्मक मार्ग के प्रति उन दोनों में किस प्रकार का विरोध था यह दर्शाया है। कम्युनिस्ट आर्थिक समानता स्थापित करने के लिए हिंसात्मक मार्ग का अलंबन करते हैं यह सच है पर यह बात निंदनीय है। कम्युनिस्ट आर्थिक समानता स्थापित करने के लिए हिंसात्मक मार्ग का अवलंबन करते हैं यह सच है पर यह बात निंदनीय है। मानवता का संहार कभी भी किसी भी सुसंस्कृत एवं समताधिष्ठित मन को स्वीकृत नहीं होना चाहिए। इसके सिवा मनुष्य के दुःख का कारण केवल आर्थिक विषमता ही है ऐसा नहीं; तो दुःख प्राकृतिक रूप से या भौतिक कारणों से भी उत्पन्न हो सकता है। भौतिकता का दुःख अर्थात् जन्म-मृत्यु के साथ समाज, धर्म तथा सांस्कृतिक विषमता से उत्पन्न होनेवाले दुःख का जिसमें समावेश है।

जिस समय हम सामाजिक समानता की मांग करते हैं, तब सामाजिक न्याय का सहारा लेने लगते हैं। और वह भी लोकतांत्रिक एवं मन परिवर्तन के मार्ग से जब हम जाने लगते हैं तब भी हिंसा होती ही है। आदमियों को मारा जाता है और वे आदमी हमारे होते हैं। विषमता नष्ट करने की इच्छा रखनेवाले विषमता के ही शिकार हो जाते हैं; क्योंकि परंपराओं के अंधेपन से निर्मित इन विषमताओं का समर्थन करनेवालों का मन परिवर्तित करना इस देश में कभी भी संभव नहीं है; क्योंकि समानता का समर्थन करनेवालों की तुलना में असमानता का समर्थन करनेवालों की संख्या यहाँ अधिक है। हिंसात्मक मार्ग का सहारा हमने नहीं लिया फिर भी वे इस मार्ग को स्वीकारते हैं और वर्तमान समय में देश के विभिन्न भू भागों में दलितों की हत्याओं की जो घटनाएँ घटित हो रही हैं इसे देखकर यह स्पष्ट होता है कि सामाजिक साम्यवाद लाने की इच्छा रखनेवालों को

भी इस हिंसा का सामना करना ही पड़ता है। अब चुपचाप हिंसा होते हुए देखना है या मन परिवर्तन के मार्ग पर चलना है? लोगों को मारने की प्रक्रिया व्यवस्थित रूप से एक ओर हो रही है; तब इस हिंसात्मक मानवीय संहार को क्या चुपचाप देखते रहना है? विएतनामी जनता ने जिस दूरदर्शिता का परिचय दिया वह काफी उद्‌बोधक है। वे वर्षों से संघर्षरत है वे और कहते हैं—अन्याय के खिलाफ संघर्ष करने का तथा स्व का रक्षण करने का तन्त्र हमने बुद्ध के विचारों से लिया है। बुद्ध विचार प्रणीत आर्थिक साम्यवाद यदि हमने स्वीकार किया तो इसमें गलत क्या है? श्रमिकों की राज सत्ता यदि निर्माण हो गई तो इसमें बुरा क्या है? क्योंकि मजदूर, श्रमिक, खेतिहर आदि श्रमजीवी अधिकतर हमारे ही लोग हैं, आय के कौन से साधन हमें उपलब्ध हुए हैं? बाबासाहब ने भी खेती एवं कारखानों के राष्ट्रीयकरण पर बल दिया था। मूलभूत अधिकारों के अन्तर्गत वैयक्तिक साधन सम्पत्ति के प्रश्नों पर बाबासाहब को भी ठीक उसी तरह विरोध सहना पड़ा था जैसा हिन्दू कोड बिल पारित करवाते समय करना पड़ा था। उस समय बाबासाहब की बातों पर किसी ने ध्यान नहीं दिया था। उनकी बातें सुनी नहीं गई थीं यह सच है। इसका कारण उन दिनों इस देश के लोकतन्त्र में धार्मिक पण्डों, साम्राज्यवादियों एवं जमींदारों की अधिक संख्या थी। ये लोग कभी भी आर्थिक एवं सामाजिक दृष्टि से दलित एवं पीड़ित लोगों को समान अवसर देंगे इस बात की अपेक्षा करना बेकार था। निजी सम्पत्ति नष्ट करने का हमारा प्रश्न ही कहाँ उपस्थित होता है। कई पीढ़ियों से हम भूखे एवं निर्धन लोग हैं। चोरों की बस्ती में निर्धनों को डर काहे का? यदि हम ऐसा सोचने लगे तो, तो लगता है निरर्थक वादों में पड़ कर हम अपने ही आन्दोलन को समाप्त न कर दें। इस देश में आर्थिक, सामाजिक, राजनीतिक समता बुद्ध, कबीर, फुले, आम्बेडकर के द्वारा दिखाये गये मार्ग से ही आनी चाहिए। टीटो द्वारा स्वीकारा गया कम्युनिज्म (साम्यवाद) विशेष पद्धति का था रशियन या चीनी पद्धति का नहीं था। उपरोक्त चार विद्वानों ने इस देश की नब्ज को पकड़ा है। इस देश की बीमारी का इलाज करनेवाले वे प्रवीण चिकित्सक हैं इसे ध्यान में रखना होगा। अर्थ ही मूलभूत आवश्यकता है; यह कमी दूर हुए बिना आप साहित्य, धर्म, दर्शन, संस्कृति की ओर नहीं जा सकते—

ना कुछ देखा भाव भजन में ना देखा पोथी में,
कहे कबीर सुनो भई सन्तो जो देखा सो रोटी में।

रोटी, कपड़ा, मकान मनुष्य की मूलभूत आवश्यकताएँ हैं; पर हमारी ये आवश्यकताएँ भी पूर्ण नहीं होतीं। हममें से दो-चार आदमी सुस्थिति में हैं इसका अर्थ यह नहीं होता कि मुम्बई जैसे औद्योगिक शहर में झुग्गी-झोंपड़ियों में कीड़े-मकोड़े की तरह जीवन जीनेवाले हमारे लोग एकदम समृद्ध हुए, वैभवशाली

हुए। वैभवशाली होने की बात तो सुस्थिति में रहनेवाले हमारे लोग भी नहीं कर सकते। 10-15 साल से जैसे-तैसे केवल अपनी मूलभूत ज़रूरतों को पूरा करनेवाले लोग हैं। इस वास्तविक स्थिति को और नज़रअन्दाज नहीं किया जा सकता। दरिद्र, पीड़ित एवं भूखे भाइयों के लिए हमारे पास कौन सी योजनाएँ हैं? केवल उनकी स्थिति पर प्रकाश डालनेवाले शब्द ही ना? और शब्दों के जाल में हम अपने दलित, पीड़ित, भूखे भाइयों को तो भूल जाते हैं और हम साहित्यिक आन्दोलन को भी कमज़ोर कर देते हैं और दूसरी बात मार्क्सवाद का विरोध करते-करते मनु के पास जाकर बैठते हैं। आपको यह ध्यान में रखना होगा कि इस देश में भयावह शत्रु मनु है। उसके धार्मिक, सामाजिक, आर्थिक एवं राजनीतिक रोड़ों ने हमारे सारे रास्ते रोक दिए हैं। हम इस भयावह शत्रु के निरर्थक वादों में पड़कर उसे अपना मित्र बनाने लगे हैं। जो कालबाह्य होगा उसे हमें स्वीकारना नहीं चाहिए। नामान्तर आन्दोलन के बाद महाराष्ट्र के कम्युनिस्टों को भी आर्थिक साम्यवाद के सिद्धान्त पर पुनर्विचार करने की जरूरत महसूस होने लगी है और वर्गवाद-वर्णवाद की भूमिका अर्थात् आर्थिक समता एवं सामाजिक समता को स्वीकार करना पड़ा है। आपातकाल के समय उन्होंने सीधे-सीधे लोकतन्त्र का पुरस्कार किया और तानाशाही को नकारा। बदलती हुई परिस्थिति में हमें भी हमारे निर्णयों की दिशा हमारे मार्गदर्शकों द्वारा दिखाये गये मार्ग की स्पष्ट परिभाषा करते हुए विवेक के आधार पर निश्चित करनी चाहिए।

तीसरी बात : दलित साहित्य अगर कलावादी साहित्य के स्थायित्व को ग्रहण करेगा तो फिर हमारा साहित्य आन्दोलन हमेशा के लिए समाप्त हो जाएगा यह बात हमें ध्यान में रखनी चाहिए। बुद्ध ने जैसे कहा कि सारा नश्वर है, परिवर्तनीय है; परिवर्तन जीवन का नियम है, यह जीवन का मूल मन्त्र है—इसे दलित साहित्य को हमेशा स्वीकारना चाहिए। इसके कारण नवनिर्मिति की लहरें बार-बार आती रहेंगी। नया जो निर्माण होगा वह पुराने से सम्बद्ध होगा। नये पुराने में द्वंद्व भी होगा। डरने का कोई कारण नहीं; द्वंद्व जीवन्तता का लक्षण है। परन्तु नये को उदात्तता एवं विवेक बुद्धि के साथ स्वीकारना चाहिए। उसे पूरी तरह नष्ट करने की भूमिका घातक होगी।

चौथी बात अर्थात् दलित साहित्य आन्दोलन के समाज परिवर्तन की दिशा को परखना होगा। इसके लिए साहित्य के माध्यम से विधिवत कार्यक्रमों का आयोजन करना होगा। ये अभियान लोगों की शिक्षा के लिए चलाना चाहिए। सामर्थ्य के साथ लोगों को खड़ा करना, विचार करने के लिए प्रवृत्त करना आदि कार्यक्रम व्यापक रूप में चलाने होंगे। जैसे नामान्तर आन्दोलन में जो समतावादी व्यापक रूप से सम्पूर्ण महाराष्ट्र को धक्का दे कर नई दिशा दिखा कर गए, इस प्रकार व्यापक अभियानों की दिशादर्शक रेखाएँ खींचनी होंगी। दलितों के प्रश्न

केवल दलित ही सुलझाएँगे यह संकुचित, अतिरेकी भूमिका हम नहीं स्वीकार कर सकते। आप आम्बेडकरवादी हैं क्या, फिर हमारे में शामिल हो जाइए ऐसा कहनेवाले तथाकथित महान व्यक्तियों को देखने पर नामान्तर विरोधक जिस संकुचित, भूमिका को ग्रहण करते थे लगभग वही भूमिका संकुचित जातिवादी दलित भी स्वीकारते हैं। बाबासाहब के अनेक आन्दोलनों में गैर दलित समतावादी लोग थे और महाड सत्याग्रह के समय बाबासाहब द्वारा केशवराव जेधे को दिया हुआ उत्तर प्रसिद्ध है। ब्राह्मणग्रस्त दलित एवं गैर ब्राह्मण मेरे साथ नहीं हो सकते; परन्तु ब्राह्मणत्व का त्याग करनेवाले ब्राह्मण मेरे साथ हो सकते हैं। इससे समतावादी विचारों के लोगों की बाबासाहब कितनी कदर करते थे यह दिखाई देता है।

दलित साहित्यान्दोलन के लिए सबसे बड़ा खतरा निर्माण करनेवाली एवं घातक बात यदि कोई है तो वह है व्यक्तिवाद एवं व्यक्ति का अहं जो उसे प्रतिष्ठा देता है। इसे पाने के लिए दलित साहित्यकारों में सम्वादहीनता निर्माण हो रही है और उनमें निचले स्तर की होड़ निर्माण हो गई है। मन और तन से ये साहित्यिक दूर तो होने ही लगे हैं; परन्तु बात वहाँ तक पहुँचने लगी है जहाँ एक दूसरों के मुँह तक न देखने के निश्चय होने लगे हैं। इसके कारण जब सस्ते मज़ाक, बचकानी एवं निचले स्तर की निन्दा की जाने लगती है तो दुःख होना लाजिमी है। इस निन्दा के स्तर को लेकर जब मैं सोचती हूँ तब लगता है कि बुद्ध धर्मान्तरण के कारण क्या इसके मानसिक स्तर ने ऊँचाई हासिल की है? अथवा धर्मान्तरण के पूर्व हम जैसे थे वैसे ही हैं?

दलित साहित्य को कलावादी, सौन्दर्यशास्त्रीय समीक्षा के बारे में सोचने की जरूरत नहीं है। दलित साहित्य आन्दोलन जिस ऊर्जा के साथ खड़ा हुआ है उसे स्थायी रखने के सर्वांगीण प्रयास होने चाहिए। इसके लिए हमें अपनी संकुचितता का एवं अहं की लालच का त्याग कर एक ही मंच पर आना होगा। विचारों का आदान-प्रदान होना चाहिए; तभी वैचारिक संघर्ष भी हो सकते हैं; परन्तु उन संघर्षों को हिंसात्मक रूप प्राप्त नहीं होना चाहिए।

अनुवाद : प्रा.डॉ. रमा नवले, नांदेड

पैठणी—महाराष्ट्र में बुनी जानेवाली साड़ी का एक प्रकार। महाराष्ट्र के पैठण (जि. औरंगाबाद दक्षिण) नामक गाँव में पिछले एक हजार वर्ष से यह महँगी साड़ी बुनी जाती है।

सामाजिक क्रान्ति की जरूरतों का अंकन दलित साहित्य में होना चाहिए

–तर्कतीर्थ लक्ष्मण शास्त्री जोशी

[दलित साहित्य सम्मेलन, अमरावती, 1981]

अखिल भारतीय दलित साहित्य सम्मेलन भारत तथा महाराष्ट्र के सांस्कृतिक इतिहास की महत्त्वपूर्ण घटना है। दलितों द्वारा लिखित अथवा दलितों के सन्दर्भ में निर्मित साहित्य 'दलित साहित्य' है–इस तरह की सर्वव्यापक परिभाषा के परिप्रेक्ष्य में चर्चा करना अधिक उचित और प्रासंगिक होगा। दलित साहित्य का उदय एक युगप्रवर्तक घटना है। दलितों द्वारा अपने भोगे हुए पीड़ित-दलित जीवन के सन्दर्भ को लेकर साहित्य सृजन करना मेरे मत से नये युग का शंखनाद है। सॉक्रेटीस ने मनुष्य को उपदेश दिया था कि "आस-पास के भौतिक जगत् के रहस्यों को जानने के बजाय पहले अपने आपको जान लेना अत्यावश्यक है।"

जिसका अपना प्रकाश धुँधला था, ऐसा पिछले युग का दलित और आत्मतेज से प्रदीप्त नया दलित ये उसकी पहचान के दो छोर हैं। इन दोनों में जमीन-आसमान का अन्तर है। 19वीं शती तक का भारतीय दलित वर्ग पुरातन युग का है, जिसने अपना आत्मतेज युगों-युगों से खो दिया था। उसमें गुलामी का अहसास लगभग न के बराबर था। गुलामी का दुःख गुलामी की पीड़ा या दर्द उसके मन या बुद्धि में सम्वेदना उत्पन्न नहीं कर पा रहा था। इसलिए बिना किसी शिकवे-शिकायत के वह उसे चुपचाप सहता रहा। बीसवीं सदी में उसे अहसास हुआ कि यह सब अन्याय-अत्याचार करनेवाले समाजरचना की देन है। पिछले युग की सम्वेदनशून्यता के कारण उसकी वैचारिक प्रतिक्रिया उभरकर नहीं आई। गरीबी, दुःख, दैन्य, पीड़ा और पतन के कारणों को जाननेवाला, विषम समाजव्यवस्था को सर्वांगीण सामाजिक ह्रास के लिए जिम्मेदार ठहरानेवाला आज का यह नया दलित है। यह दलित प्रतीतियुक्त चिन्तना को लिए तथा अन्तर्मुखी है। फलतः अपने ओजपूर्ण भावों को, उत्कट सम्वेदन को ज्यों-का-त्यों वहन करने वाले शब्दों में व्यक्त करने लगा

है। यह नया दलित परम्परागत विषम समाज रचना की आलोचना करने लगा है। अपने पिछड़ेपन के मूल कारण अब उसकी समझ में आने लगे हैं। चिढ़, आक्रोश, क्षोभ और संघर्ष को वह वाणी देने लगा है। इस साहित्य में जीवन के अन्तरंग को जानने की शक्ति और क्षमता आने लगी है। उसका यथार्थ सामाजिक अस्तित्व भयावह रूप में साहित्य के रंगमंच पर प्रस्तुत हो रहा है। अतः दलित साहित्य केवल दलितों का न रह कर, पीड़ितों-शोषितों की प्रखर वाणी बन गया है। दलित साहित्य दलित और अन्य स्वतन्त्र मनुष्य का साहित्य है। अनुभूति और विचार जब तक मन में ही रहते हैं, तब तक वे व्यक्तिगत होते हैं। ये दोनों प्रवाह सतत बहते रहें, क्षण-प्रतिक्षण उनका रूप और उनकी दिशा परिवर्तित होते रहने पर उन्हें स्थिर और अभिव्यक्त करनेवाली शक्ति 'शब्द' की होती है। भीतरी निजी अनुभवों का और किसी विचारों का बाहरी जगत में अवतरण शब्दों द्वारा घटित होता है। आकाश तथा प्रकाश की तरह शब्द भी सार्वजनीन हैं। मेरा घर, मेरे द्वारा लगाया गया पौधा तथा लगायी गयी बेल, मेरे द्वारा बनाया गया चित्र अथवा उकेरी गयी मूर्ति, मेरे परिश्रम से तैयार हुई खेती, मेरे द्वारा गाया गया गीत, मेरे द्वारा बजाया गया संगीत आदि सब कुछ मेरा अपना निजी है फिर भी ये सभी सार्वजनिक अनुभव और विचारों के विषय बनते हैं। आन्तरिक अनुभूति का भाव और विचारों का प्रस्फुटन शब्दों द्वारा ही होता है। अनुभूति अथवा प्रतीति यदि प्रखर हों और उत्कट हों तो वह मन के किसी कोने में या मस्तिष्क में संस्कार अथवा स्मृति रूप में शब्दों में बँध कर ही बनी रहती है। ऐसी स्थिर हुई अनुभूति जब शब्द माध्यम से बाहर निकलती है, तो साधारणीकृत होकर उसकी अपनी हो जाती है। यदि इसे कल्पना और प्रतिभा का सहारा मिल जाए तो जो कृति बनेगी उसे 'साहित्य' या 'कला' की संज्ञा प्राप्त होती है। अनुभूति द्वारा तार्किक क्षमता का निर्माण होता है, और शब्द शक्ति की सहायता से विचारों का निर्माण होता है। यदि उस विचार प्रवाह का निर्माण शब्द रूप में बहुत पैमाने पर हो अर्थात् तार्किक क्षमता द्वारा उस विचार प्रवाह को व्यापकता और सुघड़ता प्राप्त हो तो इसमें से दर्शन और विज्ञान का निर्माण होने लगता है।

सामाजिक सहकारिता का परिणाम ललित, वैचारिक अथवा वैज्ञानिक साहित्य है। भाषा सामाजिक शक्ति और समाज की निर्मिति होती है। दलितों के जीवनानुभव और विचारों का मानवसंस्कृति की विकास प्रक्रिया में अनन्य साधारण महत्त्व है। क्योंकि सम्पूर्ण जीवनजगत में मनुष्य ही सर्वश्रेष्ठ और शिखरपुरुष माना जाता है। मनुष्य ने परिवेशगत सीमाओं से मुक्ति पा ली है और जो कुछ बन्धन शेष हैं, उनसे भी छुटकारा पाने की क्षमता अर्जित कर रहा है। यह क्षमता स्वतन्त्रता के दायरे का और अधिक फैलाव करने में है। दलित व्यक्ति और दलित वर्ग से तात्पर्य है जिनकी स्वतन्त्रता पर पाबन्दी लगायी गई है। आज के मनुष्य को इन

पाबन्दियों को समझने की जरूरत है। मुसीबत में फँसे लोगों का अनुभव दूसरों के लिए मार्गदर्शक होता है। मरीजों की तकलीफें, दुःख दर्द, स्वस्थ व्यक्ति को उचित संकेत देते हैं ताकि वह उनसे बच सके। दलितों के जीवन को यदि हम नहीं जान पाए तो समग्र जीवन का ज्ञान होना सम्भव नहीं। नीम हकीम-खतरा-ए-जान की उक्ति के अनुसार आधा-अधूरा ज्ञान सबसे बड़ा खतरा है। समाज अथवा राष्ट्र में शोषित-पीड़ित, दलित समाज का होना मनुष्य की प्रगति और विकास की गति को कुण्ठित कर देता है। इससे राष्ट्र की स्वतन्त्रता का मूल्य खतरे में आ जाता है। जिस समाज को मानवता की महत्ता समझ में नहीं आयी हो ऐसा पूरा समाज अपनी स्वतन्त्रता खो देने की सम्भावना को बढ़ा लेता है। ऐसे समाज में स्वतन्त्रता का मुक्त प्रकाश ठीक से पहुँच नहीं पाता। मनुष्य के जीवनमूल्य और भावविश्व में स्वतन्त्रता का मूल्य पनप नहीं पाता। ऐसे में उसकी आजादी खतरे में पड़ कर उसका जीवन गुलामी का-सा पशुवत् हो जाता है। जिसने अपनी स्वतन्त्रता खो दी है, ऐसा मनुष्य अपने स्वरूप से च्युत हुआ है ऐसा कार्ल मार्क्स कहते हैं। पशु से मनुष्य बना प्राणी मानवताशून्य कैसे हुआ? इसका समाधान दलितों द्वारा लिखे गए ललित साहित्य में मिलने की सम्भावना अधिक है। इस साहित्य में शुद्ध मानवता की कुण्ठित आवाज सुनाई देती है। बन्धनों की भयावह, असहनीय वेदनाओं की प्रतीति हमें यहाँ प्राप्त होती है।

दलित साहित्य के सृजन में अनुभव की विविध और अचरज में डालनेवाली असीम परिधियों की अभिव्यंजना मिलती है। आगे रास्ता बन्द है, एक कदम भी रखना सम्भव नहीं है—ऐसी विवशता में मुझे सब कुछ बर्दाश्त करते हुए जीना पड़ेगा अथवा अपनी पीड़ा को रोते-कलपते कण्ठ सूखने तक आक्रोश करते, अथवा मूर्च्छित जब तक न हो तब तक कहना पड़ेगा ऐसी निराशा, उतनी ही गहरी पीड़ा और विकलता एक ओर व्यक्त होती है, तो दूसरी ओर मनुष्य प्राकृतिक सामर्थ्य का प्रतीक है, आदिमानव जब भयानक स्थितियों से मुकाबला करते हुए विजयी हुआ तभी वह संस्कृति का निर्माण कर सका, यह वास्तविकता मन पर अंकित होने लगती है। मनुष्य और समाज की पूर्णता का कल्पित चित्र प्राप्त करने के दृढ़ आत्मविश्वास के साथ विद्रोही योद्धा-सा दलित लेखक अपने अनुभवों को शब्द बद्ध कर विद्रोही साहित्य निर्माण करने लगा है। रास्ता अभी नजर नहीं आ रहा है, पर अवश्य दिखायी देगा ऐसा दृढ़ विश्वास उसे है। अथाह नदी के दूसरे किनारे पर मैं पहुँच जाऊँगा, आकाश को छूनेवाले शिखरों पर मैं चढ़ जाऊँगा, बीहड़ वन में रास्ता ढूँढ लूँगा ऐसा विश्वास उसमें दिखायी देता है। चिरन्तन सत्य की खोज करते हुए आदर्श मानव के निर्माण की राह मैं खोज लूँगा ऐसी यह आशा होती है। ऐसा नहीं कि यदि इसमें सफलता नहीं मिली तो हम दलित ही खत्म होंगे। अपितु सभी उच्चवर्ग भी टूट-फूट जाएँगे। लाचार होकर हमेशा के लिए अवनति

के गर्त में फँस जाएँगे।

यह बात इस आशा के मूल में होती है। विश्व के इतिहास में अनेक संस्कृतियाँ पनपीं, विकास में बाधाएँ आयीं और खत्म भी हुईं, कारण समाज को गुलाम बनानेवाली संस्थाएँ वे नष्ट नहीं कर पायीं इनमें से कुछ संस्कृतियाँ क्यों और कैसे बची रहीं इस बात का एहसास दलित साहित्य कराता है। जब-जब सामाजिक परिवर्तन हुए, क्रान्तियाँ हुईं तब-तब उसके मूल में वैचारिक परिवर्तन या वैचारिक क्रान्ति ही रही है। सामाजिक क्रान्ति की प्रक्रिया शुरू होती है भीतर से तथा बाहर नवीन संस्थाओं के निर्माण से। अंतरंग से विचार प्रस्फुटित होते है, इससे नयी कला और नये दर्शन की नींव बनती है और वैचारिक क्रान्ति की प्रक्रिया आरम्भ होती है। भारत में इसकी नींव मजबूत न होने से सामाजिक क्रान्ति की प्रक्रिया अवरुद्ध-सी हो गयी है। प्रतिक्रान्ति के अशुभ चिह्न दिखायी देने लगे हैं। ऐसी सम्भ्रमावस्था में सामाजिक क्रान्ति की आवश्यकता का सर्वांगीण और समग्र चित्र दलित साहित्य में प्रस्तुत होना जरूरी है।

परम्परा के खिलाफ बगावत की भावना नवनिर्माण की प्रबल आकांक्षा से जन्म लेती है। परम्परा के खिलाफ बगावत से तात्पर्य परम्परा से अलग होना नहीं है। मानव संस्कृति का इतिहास गवाह है कि आदिमानव से लेकर आधुनिक मानव तक के विकास की सर्वांगीण प्रगति की प्रक्रिया में परम्परा में जो कालबाह्य होता है, उसे नष्ट करते हुए ही चिरन्तन मूल्यों की स्थापना होती है। इस प्रकार परम्परा को शुद्ध करना और जो बेमलतब का है उसे नष्ट करते जाना ऐसी दुहरी प्रक्रिया यहाँ घटित होती है। परम्परा में जो है उसमें से क्या रखना, क्या नष्ट करना इस पर विचार होना आवश्यक है। परम्परा में विकास हेतु आवश्यक, कालातीत और अनावश्यक, कालबाह्य नष्ट करने योग्य बातों का मिश्रण होता है। आदिमानव अश्म हथियार का प्रयोग करता था। धातुनिर्माण की खोज होने पर पत्थर के हथियार पिछड़ गये लेकिन पत्थर अथवा अश्म का प्रयोग अन्य पद्धति से वह करने लगा। पेड़ों की छाल, पशुओं का चमड़ा और खाल का वस्त्रों के रूप में प्रयोग मनुष्य पहले करता था। परन्तु जब उसे कपास से सूत कातकर कपड़ा बुनने की कला ज्ञात हुई तो छाल और खाल का प्रयोग अलग ढंग से करने लगा। रगड़ने से आग की उत्पत्ति तथा आटा पीसने और सवारी के लिए पहिये की खोज और उसके प्रयोग की कुशलता सहस्रों वर्ष पूर्व मनुष्य को प्राप्त हुई। मशीनी युग आया परन्तु रगड़ने से आग निर्माण करने की पद्धति के साथ-साथ चक्की का और सवारी का चाक कायम रहा। जो कालानुरूप नहीं है उसे छोड़ना ही पड़ता है। चिरन्तन मूल्यों का अस्तित्व बनाये रखना होता है। लिपि अथवा लेखन-कला की खोज से मानव की ज्ञानसम्पदा सुरक्षित, स्थायी हो गयी और ज्ञानवृद्धि होते गयी। मनुष्य की संस्कृति में अनेक बदलाव आए, परम्पराओं में आमूलचूल परिवर्तन

हुआ लेकिन लेखन-कला ज्यों-की-त्यों बनी रही। अतीत को शब्दों की दुनिया में वर्तमान तक बाँध रखने की कला लेखन-कला कहलाती है। लेखन-कला का जब मुद्रण-कला में रूपान्तर हुआ तब वैचारिक लोकतन्त्र का उदय हुआ। प्रत्येक को अपना विचार दूसरों तक पहुँचाने का साधन उसे हासिल हुआ। इस क्रान्ति को पाँच सौ साल हो चुके हैं।

दलित साहित्य का स्वातन्त्र्योत्तर काल में निर्माण हुआ है। डॉ. बाबासाहब आम्बेडकर जैसे इने-गिने पण्डित-बुद्धिमान को छोड़ दिया जाए तो दलितों द्वारा निर्मित साहित्य स्वातन्त्र्योत्तर कालीन ही है। दलित साहित्य स्वतन्त्र विधा के रूप में प्रकट हुआ है। इसका मुख्य श्रेय डॉ. आम्बेडकर की ओर जाता है। आज पिछड़ी हुई जातियों में बौद्धिक संस्कृति के उच्च मूल्यों के प्रति आकर्षण बढ़ रहा है। उन्हें सांस्कृतिक जीवन में बड़ा ही महत्त्वपूर्ण स्थान प्राप्त होनेवाला है इसके बारे में दो राय नहीं हैं। क्योंकि उच्च बौद्धिक मूल्य मानव-जीवन की प्रगति का लक्षण है। यदि कम-से-कम एक बार इन सांस्कृतिक मूल्यों के प्रति लगाव उत्पन्न हो जाए तो मनुष्य की सर्वांगीण प्रगति के द्वार निश्चित रूप से—भले ही धीरे-धीरे पर खुल ही जाते हैं। भौतिक, सांसारिक जरूरतों की पूर्ति करना अनिवार्य है लेकिन कड़ी मेहनत, कठोर परिश्रम को सहकर भी जीवन के उच्च मूल्यों को प्राप्त करने की साधना दलित समाज के कुछ लोग करने लगे हैं। बीसवीं शताब्दी के अन्तिम दशक में नई बौद्धिक प्रवृत्तियों के पनपने हेतु अनुकूल अवसर वैश्विक संस्कृति की स्थितियों ने प्रदान किए हैं। एक नई वैश्विक संस्कृति के निर्माण की आवश्यकता मनुष्य-जगत् महसूस करने लगा है। यातायात के गतिशील साधनों के कारण दूर-दूर की राष्ट्रीय संस्कृति से वह परिचित होने लगा है। फलतः साहित्य के लिए अत्यावश्यक अनुभव की सीमाएँ किसी एक स्थान या देश तक संकुचित नहीं रह पायी हैं। दुनिया के सभी शोषित, दलित जनता का अनुभव स्थानीय, प्रान्तीय दलितों के अनुभवों से तुलना कर परख सकते हैं, जाँच सकते हैं। तब हमारी समझ में आता है कि हमारी समस्याएँ केवल हम तक ही सीमित नहीं हैं, ये तो वैश्विक प्रश्न बन गये हैं, जो मनुष्य के इतिहास तथा सामाजिक-धार्मिक परम्परा से जुड़े हुए हैं।

ललित साहित्य के मूल में जीवन की आलोचना होती है। हमारा जीवन परम्पराबद्ध है। इसलिए परम्परा का दर्शन, समाज में रूढ़ श्रद्धा, समाज रचना के मूल में कार्यरत धार्मिक संघटन आदि की क्रिया-प्रतिक्रिया की अनुगूँज साहित्य में स्पष्ट रूप से मुखरित हो तभी साहित्य सही मायने में साहित्य कहलाएगा। ऐसा ही साहित्य मन-बुद्धि को झकझोर सकेगा। हमें यह समझना होगा कि परम्परा की आलोचना तथा नए आदर्शों की स्थापना सामाजिक क्रान्ति के विचारों का अटूट अंग है।

भारतीय दलित साहित्य में प्राचीन भारतीय परम्परा से उद्धृत दो बिम्ब मिलते हैं—भारतीय समाज व्यवस्था में बहुजन समाज के बन्धन और दासता के कारुणिक चित्र-बिम्बों अथवा प्रतीक कथाओं में प्राप्त होते हैं। ये प्रतीक कथाएँ सूचित करती हैं कि समाज व्यवस्था की नींव अन्याय पर आधारित है। इस बात की पुष्टि शम्बूक तथा एकलव्य की कथा करती है। महाभारत के आदिपर्व में एकलव्य की कहानी तथा रामायण के उत्तरकाण्ड में शम्बूक की कथा आती है। रामायण और महाभारत भारतीय संस्कृति के परिचायक, उदात्त विशालता को सूचित करनेवाली प्रतिनिधिक रचनाएँ हैं। सामाजिक के रूप में युगों-युगों से आम आदमी छला गया है। इस व्यवस्था के चिरस्थायी बिम्ब एकलव्य और शम्बूक के रूप में इन दो महान ग्रन्थों ने प्रस्तुत किये हैं। जबकि भारत में स्थित दया के परम सागर कहे जानेवाले साधुसन्त भी इन दोनों महाकाव्यों के प्रति प्रेम से मुग्ध हैं। समाज की चातुर्वर्ण्य व्यवस्था गुण-कर्म विभाग पर निर्मित हुई है जो मनुष्य के यथार्थ स्वभाव के अनुरूप होने से आदर्श तथा न्याय्य है ऐसा बीसवीं शताब्दी तक भारत के अनेक दार्शनिकों ने, समाज वैज्ञानिकों ने कहा है और इसका समर्थन भी किया है। लेकिन एकलव्य या शम्बूक की कथा कैसे गुण-कर्म विभाग के तत्त्वों से कोसों दूर है, इन आदर्शों से पलायन कर कैसे इसे दफना दिया गया था इसकी गवाह ये दोनों कथाएँ हैं। हिरण्यधनु नामक निषाद राजा का लड़का (युवराज) एकलव्य था। एकलव्य को जन्मतः लक्ष्यभेद का ज्ञान प्राप्त था। कौरव-पाण्डवों के गुरु और धनुर्विद्या के आचार्य गुरुवर द्रोणाचार्य के पास यह लड़का धनुर्विद्या के अध्ययन हेतु शिष्य रूप में गया। परन्तु एकलव्य के निषाद-पुत्र अर्थात् अन्त्यज पुत्र होने से उसे शिष्यरूप में स्वीकार कर, अपनी विद्या प्रदान करने से द्रोणाचार्य ने इन्कार किया था। जन्मजात बुद्धिमान, स्वयंप्रज्ञ युवराज एकलव्य निराश होकर अपने पिता के राज्य में लौट आया। यहाँ रह कर तरह-तरह के शर-सन्धान में अपने आप निपुणता प्राप्त की। उस युग की श्रद्धा थी कि गुरु बिना सच्चा ज्ञान प्राप्त नहीं होता, इसलिए, एकलव्य ने अपने मानसगुरु द्रोणाचार्य की मृणमय मूर्ति बनायी। और जब-जब वह धनुर्विद्या का अभ्यास प्रारम्भ करता तब-तब प्रतिदिन मूर्ति को प्रणाम करता। अल्पावधि में ही वह अद्वितीय निशानेबाज हो गया। इसी दरमियान द्रोणाचार्य ने भी उधर कौरव- पाण्डव और अन्य क्षत्रिय राजकुमारों को धनुर्विद्या सिखायी द्रोणाचार्य के मत से अर्जुन जैसा अन्य कोई उत्तम शिष्य इस दुनिया में नहीं हो सकता। एक दिन की बात है, द्रोणाचार्य अपने सभी शिष्यों को लेकर महावन में गये। उनके साथ एक कुत्ता और शिकार का सामान था। एकलव्य घूमते हुए अचानक दिखायी दिया, श्यामल वर्ण, बलशाली व्यक्ति को देखकर उस पर हमला करने के इरादे से कुत्ता भौंकने लगा। कुत्ते का भौंकना बन्द करने के इरादे से एकलव्य ने बाण चलाये। एकलव्य ने केवल सात

बाणों से बिना घाव किये कुत्ते का मुँह बन्द कर दिया। यह देख कौरव-पाण्डव अचरज में पड़ गये। गुरु के पास जाकर उन्होंने सारी घटना बतायी। इसी बीच एकलव्य को द्रोणचार्य के दर्शन हुए। गुरु के सामने साष्टांग प्रणम किया और कहा, “आप ही मेरे धनुर्विद्या के गुरु हैं।” द्रोणाचार्य समझ गये कि अपने शिष्योत्तम अर्जुन से यह एकलव्य बढ़कर है। द्रोणाचार्य का अर्जुन पर असीम प्रेम था। एकलव्य का उत्कर्ष इस श्रेष्ठ ब्राह्मण को सहन नहीं हुआ। और उसने एकलव्य से गुरुदक्षिणा माँगी। द्रोणाचार्य जैसे लोभी, ईर्ष्यालु, स्वार्थी, झूठे, मक्कार पुरुष को एकलव्य पहचान नहीं पाया और “आप जो कहेंगे वह मैं गुरुदक्षिणा के रूप में दूँगा” ऐसी प्रतिज्ञा कर बैठा। बर्बर, पक्षपाती द्रोणाचार्य नामक गुरु ने एकलव्य से दाहिने हाथ का अँगूठा गुरुदक्षिणा के रूप में माँगा। एकलव्य ने अपना प्रतिज्ञापालन, वचनभंग न हो इसलिए सत्य की प्रतिष्ठा हेतु अपनी धनुर्विद्या का प्राणबिन्दु दाहिने हाथ का अँगूठा झट से काट कर गुरु के चरणों में रख दिया। यह अतिशूद्र निषाद भगवान बुद्ध के आर्य-सत्य वीर्यपारमिता का आदर्श था। उसके सम्मुख द्रोणाचार्य, हस्तिनापुर के राजपुत्रों के श्रेष्ठ आचार्य होते हुए भी शूद्र और नीच साबित होते हैं। इस देश की वर्ण व्यवस्था की नींव गुण-कर्मविभागशः को इस कृति ने हिला दिया। गुण कर्म से, बल से एकलव्य अर्जुन से सवाया ही था। परन्तु उसे अतिशूद्र की श्रेणी हस्तिनापुर राज्य के आचार्य ने दी। इससे यह साबित होता है कि गुण कर्म से विभाजित पण्डितों द्वारा गौरवान्वित आदर्श चातुर्वर्ण्य व्यवस्था का अस्तित्व भारत में कभी था ही नहीं। राजगुरु और राजा भी इसे मान्यता नहीं देते थे। सत्य की जय जिस राज्य में होती है ऐसे आदर्श राज्य रामराज्य में भी गुण-कर्म से विभाजित चार वर्णों की व्यवस्था स्वीकार्य नहीं थी। जैसे—शूद्रों में तप करने का सामर्थ्य होते हुए भी उन्हें वेद-विद्या अध्ययन का अधिकार नहीं था। इतना ही नहीं, तपश्चर्या का अधिकार शूद्रों को प्राचीन वर्ण व्यवस्था में नहीं था। यह सच रामायण के उत्तरकाण्ड की शम्बूक कथा से सामने आता है। रामायण की इस कथा को अपवादस्वरूप छोड़ दें तो कहीं भी शूद्रों को तपस्या का अधिकार नहीं है ऐसा किसी भी धर्मशास्त्र में नहीं लिखा है। अपितु सभी वर्णों का मुख्य धर्म तप ही माना गया है। शम्बूक की कथा भारतीय वर्ण व्यवस्था की धज्जियाँ उड़ाने वाली, विशेषकर रामराज्य के अन्याय की भीषण कथा है जो विचारशील, विवेकी व्यक्ति के शरीर पर रोंगटे खड़े कर देती है। पाठको, आप इस कथा को फिर से समझें—

लंकाधिपति रावण को पराजित कर सीता के साथ राम अयोध्या पधारे। उनका राज्याभिषेक वहाँ सम्पन्न हुआ। राम के शासनकाल में प्रजा का पालन सुचारु रूप से होने लगा। लोग राम के राज्य की प्रशंसा करने लगे। कुछ दिनों के बाद रामराज्य का एक वृद्ध द्विज पाँच साल के बच्चे का शव लेकर राजदरबार

में आया। उस मृत बालक की तरफ देख कर रोते हुए, छाती पीटते हुए मृत बालक को सम्बोधित करते हुए कहने लगा—"अब मैं और तुम्हारी माँ भी तुम्हारे शोक से शीघ्र ही मृत्यु को प्राप्त हो जाएँगे पुत्र विरह की यह विपदा मुझ पर कैसे आयी, यह तो मैं नहीं जानता। कारण मैंने कभी भूल से भी हिंसा नहीं की अथवा झूठ नहीं बोला।" इसके बाद राजा राम की ओर मुखरित होकर वह ब्राह्मण बोला, "अगर किसी के राज्य में असमय मृत्यु होती है, तो इसका जिम्मेदार (कारण) राजा का पाप होता है। इसलिए हे राम राजा, इस मृतक बालक को जीवित करना आपका परम कर्त्तव्य हो जाता है। आपके राज्य में ही यह बालमृत्यु हुई है। जिसका अर्थ है राज्य में पाप हो रहा है।" वृद्ध ब्राह्मण का इस तरह का आक्रोश सुनकर राजा राम का हृदय दुःख, उद्वेग से संतप्त हुआ। उन्होंने वसिष्ठ वामदेवादि मन्त्रियों को बुलवाया। सभा आयोजित की। सभा के सम्मुख द्विज के आक्रोश का कारण प्रस्तुत किया। इस सभा में देवऋषि-नारद भी उपस्थित थे। उन्हें जब सभा के प्रयोजन से अवगत कराया गया तब वे खड़े हुए और सभा को सम्बोधित करते हुए कहा, "भगवन्! आजकल द्वापर युग प्रारम्भ हो गया है। पूर्व के युग-त्रेता में स्थापित वर्ण व्यवस्था चरमरा गयी है। ऐसा प्रतीत हो रहा है इस युग का अन्त करीब आ गया है। असत्य और अधर्म बढ़ने लगा है। सम्भवतया कोई शूद्र आपके राज्य में महान तप कर रहा है। निम्न वर्ण को अर्थात् शूद्रों को तपश्चर्या का अधिकार नहीं है। राज्य में ऐसा अधर्म होने लगे तो राजा भी नरक में जाता है। इसलिए हे राजन्! आप उस शूद्र तपस्वी को ढूँढ़ें और उसे प्राणदण्ड दें जिससे यह मृत बालक पुनः जीवित हो सके।"

नारद के ये वचन सुनकर राजा राम ने उस मृत बालक के शरीर को तेल के मर्तबान में सुगन्धित द्रव्य मिलाकर सुरक्षित रखने के लिए कहा। तत्पश्चात, राजा राम ने मन ही मन पुष्पक विमान का आवाहन किया। और कहा, "हे यशस्वी अन्तरिक्षयान यहाँ पधारिये" आवाहन सुनते ही पुष्पक यान राम राजा के सम्मुख उपस्थित हुआ और प्रणाम कर विनम्रतापूर्वक श्रीराम के चरणों में निवेदन किया, "मैं सेवा के लिए प्रस्तुत हूँ।" विमान में बैठ राजा राम ने पूर्व, पश्चिम, उत्तर इन तीन दिशाओं में अपराधी को ढूँढ़ने के लिए यात्रा की। पर वह हाथ नहीं लगा। पुष्पकयान दक्षिण दिशा की ओर अग्रसर हुआ। आखिर दक्षिण के जनस्थान नासिक परिसर में नारद द्वारा कथित दीर्घकाल से तपस्यारत शूद्र मुनि दिखायी दिया। इस तपोवृद्ध के सामने यान से उतरकर दाशरथी राम ने अपना परिचय देते हुए कहा कि, "यह तपश्चर्या तुम क्यों कर रहे हो? क्या तुम्हें स्वर्ग चाहिए? तुम कौन हो? ब्राह्मण, क्षत्रिय, वैश्य या शूद्र?" इस पर उस तपस्वी ने सिर झुकाकार जवाब दिया, "मेरा जन्म शूद्र जाति में हुआ है। इस तप के बल पर मुझे सशरीर स्वर्ग लोक में जाने की आकांक्षा है। और मुझे देवत्त्व प्राप्त करना है। मैं शूद्र हूँ

और मेरा नाम शम्बूक है।"

इतना सुनते ही राम ने म्यान से चमकता हुआ खड्ग निकाला और झट से तपस्वी का सिर धड़ से अलग कर दिया। उसी क्षण अयोध्या में तैलपात्र में रखा हुआ मृत बालक जीवित हो उठा। शम्बूक का यह कथानक दक्षिण भारत के अगस्त्य आश्रम के पास घटित है। जो दण्डकारण्य में अर्थात् वर्तमान के महाराष्ट्र में है।

अनेकों के मन में प्रश्न उपस्थित होता है कि यह कथा वाल्मीकि रामायण में क्यों आयी? मुनि वाल्मीकि स्वयं मूलतः अन्त्यज थे। तपोबल से द्विजश्रेष्ठ हुए। कुछ लोगों का मत है कि वाल्मीकि धिवर अर्थात्, मछुआरे, मछली पकड़नेवाले थे। तो कुछ लोगों के मत से चाण्डाल थे। स्वामी रामदास ने अनेक स्थान पर वाल्मीकि मुनि का अन्त्यज के रूप में उल्लेख किया है। दाशरथी राम के समकालीन वाल्मीकि ने रामायण नामक महाकाव्य लिखकर, रामपुत्र लव तथा कुश को अपने आश्रम में विद्याध्ययन कराया। ऐसा स्वयं रामायण में ही लिखा है। अगर वाल्मीकि अतिशूद्र होते हुए भी तप के बल पर रामराज्य में—महर्षि बने तो फिर उसी राज्य में शूद्र का तप करना महापाप कैसे भला हो गया? हमें यह कथन असंगत-सा लगता है। पर जब हम इस कथन पर ऐतिहासिक दृष्टि से विचार करें तो विसंगति का निर्मूलन हो जाता है। शम्बूक की यह कथा रामायण के उत्तरकाण्ड में है। ऐतिहासिक दृष्टि से उत्तरकाण्ड मूल वाल्मीकि की रामायण में नहीं था। मूल वाल्मीकि रामायण युद्धकाण्ड तक ही सीमित है। इस काल तक चातुर्वर्ण्य व्यवस्था जन्मबद्ध जातिसंस्था नहीं बनी थी। इस काल में एक ही गोत्र के प्रवर्तक ऋषिकुल में चारों वर्णों के व्यवसाय किये जाते थे। जैसे अंगिरस अम्बरीश और यौवनाश्व क्षत्रिय थे। उनका वंश आगे चलकर ब्राह्मण बना, शौनक गोत्र ब्राह्मणों का है। परन्तु इसी से चारों वर्ण उत्पन्न हुए ऐसा हरिवंश पुराण में लिखा है। उदाहरण रूप में प्रस्तुत ये अपवाद नहीं हैं। गर्ग, राभ, हारित, मुद्गल, कपि, कण्व ये गोत्र क्षत्रिय थे जो ब्राह्मण बने ऐसा वायुपुराण में उल्लेख है। चातुर्वर्ण्य व्यवस्था का निर्माण समाज में धीरे-धीरे हुआ। सर्वप्रथम गणसंस्था के रूप में (Tribe) समाज रहता था। उसी समाज का श्रमविभाजन के रूप में परिवर्तन होकर ब्राह्मण, क्षत्रिय, वैश्य, शूद्र बने। ये चारों संज्ञाएँ वंशसूचक (Race) नहीं हैं बल्कि व्यवसायदर्शक हैं। इस बात की पुष्टि हेतु मैं एक उदाहरण प्रस्तुत करना चाहूँगा। भारत के सभी राज्यों के ब्राह्मण, क्षत्रिय, वैश्य शूद्र एक ही वंश के हैं ऐसा नहीं कहा जा सकता। तेलगु ब्राह्मण और कश्मीरी ब्राह्मण में एक विशिष्ट तरह का आचरणसाम्य है पर वंशसाम्य नहीं है। प्राचीन काल में हिन्दुस्थान में अनेक छोटे-छोटे राष्ट्र थे जो गणसंस्था के ही रूप थे। इन गणराज्यों का निर्देश और उनका वर्णन त्रिपिटक, महाभारत, प्राचीन शिलालेख, कौटिल्य के अर्थशास्त्र में मिलता है। ये गणराज्य राजा द्वारा शासित नहीं थे। बाद में राजाओं ने गणराज्य की जनता में फूट डाल

कर उन्हें जीत लिया और अपने राज्य में विलीन कर लिया। इस कपटतन्त्र का उल्लेख कौटिलीय अर्थशास्त्र में नीति के रूप में आया है। (साम, दाम, दण्ड, भेद) ऊपर उल्लिखित एकलव्य निषाद राजपुत्र था। इसका अर्थ यह हुआ कि निषादों का राज्य था। यवन, मागध, वैदेहक, पारशव, निषाद, अम्बष्ठ, आभीर, आभीर, आयोगव, माहिष्य, पुलिन्द, शबर आदि संकर जातियों के नाम स्मृतिग्रन्थों में आये हैं। जबकि ये मूलतः विशिष्ट प्रदेश के, उस प्रदेश में रहनेवाले मनुष्य गणों के नाम हैं। उदाहरणार्थ मागध का अर्थ है मगध राजा अथवा मगध प्रदेश के लोग। आभीर का अर्थ है एक विशेष प्रदेश या उसमें स्थित लोग। धर्मशास्त्र के संकर जाति के नाम संकर को सूचित नहीं करते। संकर से तात्पर्य है दो भिन्न वर्णों के स्त्री पुरुष मैथुन से निर्मित प्रजा। इस तरह की संकर सूचक संज्ञाएँ संकर जाति के वर्णन से मिलती नहीं हैं।

चार वर्णों के श्रमविभाजन की कल्पना भी धुँधली-सी, अस्पष्ट और गड़बड़ी की है। जैसे वैश्य और शूद्रों के व्यवसाय एक हैं। इसमें किसी तरह का तालमेल वर्णभेद से नहीं लगता। किसान, बुनकर, बढ़ई, ठठेरा, रंगरेज आदि व्यवसाय वैश्यों के हैं या शूद्रों के? बुनकर कपड़ा बुनते हैं और बेचते हैं। वे द्विजशुश्रूषा (उच्च वर्णों की सेवा का कर्म) नहीं करते। शूद्र का अर्थ है परम्परा से जिनका उपनयन संस्कार नहीं होता है वे लोग। बढ़ई, लुहार, ठठेरा, रंगरेज इस अर्थ से शूद्र ठहरते हैं। द्विजशुश्रूषा करनेवाले लोग किसी भी काल में सांख्यिकी दृष्टि से कम ही होते थे। अन्य जो सैकड़ों उत्पादक व्यवसाय हैं, उनकी आवश्यकता समाज को उपजीविका के लिए अनिवार्यतः होती है। हिन्दू समाज के तथाकथित शूद्र वर्ण में लगभग सभी अर्थोत्पादक व्यवसाय और उनसे सम्बन्धित सेवाओं का अन्तर्भाव हुआ है। इसलिए वैश्य और शूद्र वर्णभेद प्रत्यक्ष दिखाई देना मुश्किल है। दूसरी बात यह कि ब्राह्मण, क्षत्रिय, वैश्य को द्विज माना जाता है। और शूद्रों को अद्विज। द्विज का अर्थ है जिसका उपनयन संस्कार हुआ है वह। पिछले हजारों सालों से अपने आपको क्षत्रिय और वैश्य कहलानेवाली अनेकों भारतीय जातियों-उपजातियों ने उपनयन संस्कार को त्याग दिया है। अथवा कुछ तो ऐसी जातियाँ हैं जिनमें उपनयन संस्कार प्रारम्भ ही नहीं हुआ है। वेदों का अध्यापन करने का अधिकार जिस वर्ण को था वह वर्ण ब्राह्मण के रूप में सम्मानित होता था। यदि यह व्यवसाय परम्परा से चलता रहा तो वह ब्राह्मण माना जाता है। वेदों के अध्यापन के लिए वेद अध्ययन करना आवश्यक है। ऐसा वेदाध्ययन कर वेद अध्यापन करनेवाले आचार्य आज ब्राह्मणों में कितने होंगे? शायद लाखों में एक अथवा आधा भी नहीं होगा ऐसी सम्भावना है। वर्तमान में तो ऐसे लोग मिलना टेढ़ी खीर है। पिछली सदी में अथवा उससे पूर्व के मध्ययुग में शायद एक प्रतिशत मिल जाते होंगे। इसलिए जाति के अर्थ में उस-उस जाति के अर्थात् वर्णों के कर्त्तव्य पालन

करनेवाले ब्राह्मण भी अत्यल्प थे। और क्षत्रिय तो उनसे भी कम थे। चातुर्वर्ण्य की दृष्टि से हिन्दू समाज का रूप हमेशा धुँधला-सा ही रहा है। चातुर्वर्ण्य संस्था मूल रूप में नौवें शतक में भी अस्तित्व में नहीं थी ऐसा आद्य शंकराचार्य ने बिना हिचक के, बिना खेद के लिखा है।

महाभारतकाल में भी चातुर्वर्ण्य एक व्यवस्था के रूप में इस देश में नहीं थी। इस बात को अनेक स्थानों पर महाभारत में ही लिखा गया है। जैसे—वनपर्व के अजगर उपपर्व का नहुष-युधिष्ठिर सम्वाद। घटना इस प्रकार है—

पाण्डवों के वनवास काल में हिमालय के एक घने बीहड़ वन में अकेले भीम शिकार हेतु घूम रहे थे। अचानक एक विशाल अजगर ने उन पर धावा बोला और उनसे लिपट गया। उसने धीरे-धीरे भीम को निगलना प्रारम्भ किया। अजगर के चंगुल से बचने के लिए भीम ने काफी संघर्ष किया। भीम के लौट आने में देरी होने से पाण्डव चिन्ताक्रान्त हो गये। आखिरकार राजा युधिष्ठिर स्वयं भीम को ढूँढ़ने वन में गये। काफी घूमने के बाद वे एक अजगर के पास आए। युधिष्ठिर ने देखा कि अजगर रूपी नहुष ने भीम को शिकंजे में कस लिया है। अजगर के शिकंजे से भीम मुक्त होने में असमर्थ हैं। भीम के प्राण बचाने के उद्देश्य से युधिष्ठिर ने अजगर से निवेदन किया—"हे सर्पराज, मेरे प्रिय लघु भ्राता को मुक्त कीजिए। आपकी जो इच्छा होगी वह भोज्य मैं दूँगा।" युधिष्ठिर का निवेदन अजगर ने अस्वीकार करते हुए कहा, "मेरे चंगुल में जो आएगा वही मेरा भोज्य है। मुझे अन्य कुछ पसन्द नहीं है।" युधिष्ठिर जैसा ज्येष्ठ पाण्डव सम्राट इतना दयनीय होकर प्रार्थना कर रहा है यह देख अजगर ने स्वयं भीम की मुक्ति का मार्ग बताया। "युधिष्ठिर मेरे कुछ सवाल हैं, इनके सही जवाब दोगे तो मैं आपके भाई को छोड़ दूँगा।" और अजगर ने युधिष्ठिर के सम्मुख दो प्रश्न रखे।

"ब्राह्मण किसे कहा जाए? दूसरा प्रश्न है—ज्ञान का मुख्य विषय क्या है? अर्थात् कौन-सा तत्त्व जान लेने पर अन्तिम सत्य प्राप्त होगा।"

इन दो प्रश्नों के उत्तर युधिष्ठिर ने अजगर को दिये जो इस प्रकार हैं—

सत्य, दान, क्षमा, शील, दया, तप, लज्जा ये गुण जिसमें हैं वह ब्राह्मण है। दूसरे प्रश्न का उत्तर है—परब्रह्म की प्राप्ति ही ज्ञान का मुख्य विषय है। परब्रह्म ही असली ज्ञेय है। इसका ज्ञान होने से मनुष्य शोकमुक्त होता है। सुख-दुःख रहित तत्त्व ही परब्रह्म है। हे सर्पराज, इस सम्बन्ध में तुम्हें और क्या कहना है? सर्प ने कहा, "महाराज! सत्य, दान, शान्ति, दया, तप, अहिंसा आदि गुण शूद्र में भी मिलते हैं।" इस पर युधिष्ठिर ने उत्तर दिया कि, "हाँ, शूद्र में यदि ये गुण हों तो उसे ब्राह्मण माना जाए और यदि ब्राह्मण में ये गुण नहीं हैं तो वह ब्राह्मण न होकर शूद्र है।" यह उत्तर सुनते ही सर्प पुनः बोला, "यदि आचरण से ही ब्राह्मण तय करना हो तब कर्म न हो तो जाति नहीं होगी, ऐसा कहना चाहिए।"

इस पर युधिष्ठिर ने उत्तर दिया कि, "हे महासर्प! मनुष्यजाति के ब्राह्मणादि चार वर्ण ये चार जातियाँ नहीं हैं। इनको जातिरूप में निश्चित करना असम्भव है। सभी मनुष्य सन्तान उत्पन्न करते हैं। किसी एक वर्ण का पुरुष दूसरे वर्ण की स्त्री से सन्तान उत्पन्न कर सकता है। इसलिए अलग जाति निश्चित करना असम्भव है। जिस प्रकार हर कोई व्यक्ति किसी भी भाषा का प्रयोग कर सकता है, बोल सकता है। भाषा भेद जन्मजात गुण नहीं है; जन्म और मृत्यु सभी के लिए समान हैं, इसलिए सभी समान हैं। इस बात को ध्यान में रखकर वेद कहते हैं कि यज्ञ करते समय, 'हम जो कोई हैं वे यह यज्ञ कर रहे हैं।' ऐसा ऋत्त्विज को कहना होता है। इस कथन का अर्थ भी वेदों में ही बताया गया है कि क्या पता, हम ब्राह्मण हैं या अब्राह्मण? इसलिए जो कोई से सूचित किया जाए। सही जाति ज्ञात न होने से आचरण ही मुख्य होता है, जाति व्यर्थ है। हे नागराज! सभी ओर वंश संकर होते दिखायी दे रहा है।" इस पर सर्पराज ने उत्तर दिया, "दान, सत्य, अहिंसा और प्रिय भाषण मनुष्य के मोक्ष के कारण हैं। सत्य, इन्द्रियदमन, तप, दान, अहिंसा के द्वारा ही मोक्षप्राप्ति होती है, जाति या कुल से नहीं।" इतना कहकर अजगर ने भीम को अपने शिकंजे से मुक्त किया। और अगस्त्य ऋषि के शाप से प्राप्त अजगर शरीर को त्याग कर राजा नहुष ने दिव्य शरीर धारण किया और स्वर्ग चले गये।

एकलव्य, शम्बूक और महाभारत के वनपर्व के अजगर पर्व की अजगर-युधिष्ठिर सम्वाद कथा की तुलना करने पर हम पाते हैं कि भारतीय हिंदू समाज व्यवस्था का रहस्य एकलव्य और शम्बूक की कथा से ही खुलता है। एकलव्य स्वभाव-गुण से क्षत्रिय था। उस क्षात्रतेज का वध आचार्य ने किया। इसका अर्थ यह भी कि महाभारतकालीन आर्यों ने स्वभाव गुण से क्षत्रिय आर्येतर जातियों को दबा दिया। शम्बूक की कथा यह सूचित करती है कि स्वभाव-गुण से ब्राह्मण की क्षमता प्राप्त आर्येतर जातियों के बौद्धिक और मानसिक विकास पर आर्यों ने लगाम लगाया। अजगर-युधिष्ठिर सम्वाद पर भगवान बुद्ध द्वारा प्रवर्तित धर्मचक्र अर्थात वैचारिक क्रान्ति का प्रभाव लक्षित करता है।

मज्झिमनिकाय में कहा गया है कि ब्राह्मण कुमार आश्लायन और भगवान बुद्ध इन दोनों में वर्ण व्यवस्था गैर ब्राह्मण श्रेष्ठता पर चर्चा हुई। इसमें कहा गया कि सभी वर्णों के मनुष्य मानव नामक एक ही जाति के हैं। घोड़े और गधे की तरह अलग जाति के नहीं। कारण घोड़ा और गधा से जो सन्तान निर्माण होगी वह न तो घोड़ा न गधा कही जाएगी। पर सभी वर्णों की मानव सन्तान मनुष्य ही कहलाएगी। चारों वर्ण जन्मजात समान हैं। चार वर्ण का अर्थ चार जातियाँ नहीं। यदि मनुष्य में भेद करना ही हो तो ऐसा होगा—अच्छा आदमी—बुरा आदमी, शीलवान या शीलभ्रष्ट इससे ज्यादा कुछ नहीं। वर्णभेद से तात्पर्य जातिभेद ऐसा

मानना उचित नहीं। मानव का जातिभेद प्राकृतिक नहीं। यह बात वसिष्ठ और भारद्वाज ऋषि को भगवान बुद्ध ने बतलायी थी। वनपर्व के अन्तर्गत अजगर-युधिष्ठिर सम्वाद तथा उपरोक्त वसिष्ठ-बुद्ध सम्वाद में एक मौलिक अन्तर है। वह यह कि अजगर तथा युधिष्ठिर आर्यों के मूल अर्थात् प्रजापति द्वारा निर्मित वंश को शुद्ध वंश मानकर कह रहे थे कि चारों ओर संकर हुआ है, चार वर्णों की शुद्ध व्यवस्था नष्ट हो गयी हे। इसके विपरीत भगवान बुद्ध वसिष्ठ से कह रहे हैं कि मूलतः मनुष्य समान है, वर्णभेद व्यवसाय भेद से निर्माण हुआ है। यहाँ से वहाँ तक मानव एक ही है। आचारण से ही मनुष्य को मोक्ष मिलता है। भगवान बुद्ध के इन क्रान्तिकारी मतों का प्रभाव भारत से बाहर पूर्व, दक्षिण, और उत्तर के अनेक राष्ट्रों की संस्कृति पर पड़ा। क्योंकि वह मानवतावादी, विश्वव्यापी आन्दोलन था। साहित्य को सामाजिक क्रान्ति का हथियार बनाने में कुछ बाधाएँ हैं। उनमें से वंशवाद सबसे बड़ी बाधा है, जिसके चलते वैश्विक मनुष्य समाज में क्रान्ति नहीं हो पा रही है। भारतीय समाजक्रान्ति के लिए भी वंशवाद का विकल्प-जातिवाद-बाधा बना हुआ है। बीसवीं शताब्दी के तानाशाहों के दर्शन-सिद्धान्त में वंशवाद ही एक अहम् मुद्दा है। इस वंशवाद का विवेचन मनुष्य एकता की स्थापना के पक्षधर मानवतावादी जीवशास्त्रियों ने जैवविज्ञान को आधार बना कर किया है। वैडिंग्डन, ज्युलियन हक्सली आदि जैववैज्ञानिकों ने यह निष्कर्ष प्रस्तुत किया है कि इस विज्ञान में जो प्राणी जातियाँ अलग-अलग दिखायी देती हैं वस्तुतः वे अलग-अलग नहीं होतीं इनकी एकता की कसौटी यह है कि जिन प्राणियों के अलग-अलग समूह में अंगसंग होकर प्रजा का निर्माण होता है और वह प्रजा अपना वंश आगे बढ़ाने में यदि सक्षम हो तो वे भिन्न समूह एक ही जाति के हैं। लेकिन जो इस प्रजा वंश को आगे बढ़ाने में असमर्थ हो अर्थात् नपुंसक हो तो वे दो प्राणी समूह भिन्न जातीय होते हैं। इस तरह भिन्न अंगसंग की प्रजोत्पादन क्षमता प्रजा मूलतः एक ही जाति की होती है। इस नयी प्रजा से जन्मी प्रजा में स्वाभाविक गुणों का अपकर्ष न हुआ हो। इस एकजातीयता के निष्कर्ष के आधार पर मनुष्यों के काले-गोरे, पीले वर्णभेद भौगोलिक भिन्नता से उत्पन्न अलग-अलग वंशों में दिखायी देते हैं। लेकिन जीवविज्ञान की दृष्टि से ये सभी मनुष्यजाति के ही हैं। क्योंकि भिन्न वर्ण के स्त्री-पुरुषों से जो सन्तानें उत्पन्न हुई हैं, उनकी सन्तानें भी वंश बनाये रखने में सफल हुई हैं, ऐसा इतिहास कहता है। साथ ही इस वंश संकर से गुणों का अपकर्ष भी नहीं हुआ है।

विश्व इतिहास का अध्ययन करने के पश्चात, हमारे सम्मुख मनुष्य संस्कृति के विकास के दो कारण आते हैं। एक जीवन संघर्ष में सफलता प्राप्ति हेतु खोजें करना। अलग-अलग मनुष्य समूह अपने जीवनसंघर्ष में सफलता पाने के लिए परिवेश के अनुकूल अपने आपको ढाल लेते हैं और अपने नये सांस्कृतिक विश्व

का निर्माण कर लेते हैं, उसका फैलाव करते हैं। और उसमें अपना अस्तित्व सफलतापूर्वक बनाएं रखते हैं। मनुष्येतर प्राणी केवल प्रकृति की मदद से जी सकते हैं। अन्य प्राणी जीवनावश्यक साधनों का स्वयंनिर्माण कर जीवित रह सकते हैं, यह सच होते हुए भी पुराने उपयोगविहीन साधनों का त्याग कर, नवनिर्माण की प्रज्ञा उनमें होती है, जो कि मनुष्य में है। दूसरा कारण है दो अलग-अलग संस्कृतियों का आपसी आदान-प्रदान। अलग-अलग मनुष्य समूह अपनी-अपनी संस्कृति का निर्माण करने के उपरान्त किन्हीं कारणों से स्थानान्तरण कर एक-दूसरे से संघर्ष और सहयोग करते हुए रहने लगते हैं। इससे दो संस्कृतियों का आदान-प्रदान होकर संघर्ष का अनुपात धीरे-धीरे कम होकर संस्कृति का नया रूप निखर उठता है। आदान-प्रदान की इस प्रक्रिया में भिन्न प्रदेश के मानववंश अनिवार्यतः एक-दूसरे के निकट आकर सन्तानोत्पत्ति करते हैं। इस तरह वंशसंकर, संस्कृति संगम, वंश-संगम आदि प्रक्रिया मनुष्य वंश संस्कृति के विकास के साथ-साथ समान्तर चलती है। अलग-अलग प्रदेशों में अलग-अलग रंग-रूप में मानववंश निर्माण होकर यातायात के साधनों के कारण और स्थानान्तरण की आवश्यकता से साथ-साथ रहने लगते हैं, घुल-मिल जाते हैं। जिन-जिन देशों में और समाजों में संस्कृति का विकास हुआ है, उन-उन देशों और समाजों के इतिहास में अलग-अलग मनुष्यवंशों का संकर अवश्य हुआ है। कुछ अल्प वनवासी जातियों को छोड़ दें तो विश्व के समस्त मानव वंश में पिछले पाँच हजार सालों में संकर हुआ है, यह निश्चित है। और संस्कृति संगम भी हुआ है।

जैववैज्ञानी खिश्चन धर्मगुरु पीर तीलहार्द दी चारीदिन (Picre Theilhard de Chardin) द्वारा लिखित 'मानवः एक परिदृश्य' (The phenomonon of man) नामक पुस्तक में लिखा है कि, "इस धरती पर प्रजननक्षम और पोषणक्षम भौतिक साधनों का एक मण्डल है। इस मण्डल के भीतर जीव शक्तिमण्डल है, जिसमें समस्त प्राणिजातियाँ और वनस्पति जातियाँ आती हैं। जीवशक्ति मण्डल में ही मनुष्य जाति के इर्द-गिर्द मनोमण्डल है—जो मानवनिर्मित है। इसी के कारण मनुष्यजाति के जीवन संघर्ष को आवश्यक शक्ति मिलती है। मनोमण्डल से तात्पर्य है मनुष्य की संस्कृति। अलग-अलग वंशों के आदान-प्रदान से मनोमण्डल की यह शक्ति बढ़ती है। इसी से अनिवार्यतः वंश-संकर भी होता है।"

वर्तमान में मनुष्य की प्रगति जिन ज्ञान-विज्ञान और लक्ष्य प्राप्ति के संयोग से हुई है, उसकी पृष्ठभूमि को जानकर ही आधुनिक साहित्य विशेषतः ललित साहित्य का सृजन होना आवश्यक है। दलित साहित्य को तो इस पृष्ठभूमि की अधिक आवश्यकता है। कारण भविष्य में सामाजिक क्रान्ति का नेतृत्व विश्व के समस्त दलितों की तरफ आनेवाला है।

आजकल आम्बेडकरवाद और मार्क्सवाद की चर्चा अधिक अनुपात में हो

रही है। डॉ. आम्बेडकर और मार्क्स के जीवनदर्शन का दलितों के वैचारिक परिवर्तन और लक्ष्यनिधरिण में महत्त्वपूर्ण योगदान है। लेकिन स्वयं मार्क्स ने ही कहा है, "ईश्वर का स्मरण करते हुए मैं कहता हूँ कि मैं स्वयं (मार्क्स) मार्क्सवादी नहीं हूँ।" इसी तरह डॉ. आम्बेडकर ने भी जिन विचारों का स्वयं प्रस्तावन किया उन विचारों को अपना नाम नहीं दिया। कारण नाम से सीमा आ जाती है। क्योंकि कोई भी मनुष्य परिपूर्ण नहीं है। मनुष्य की यात्रा पूर्ण सत्य की ओर अग्रसर है। इसके यात्री मार्क्स, आम्बेडकर आदि हैं। कुछ हद तक वे इस यात्रा में सहायता दे सकते है। मानवी इतिहास में ऐसी अनेक पथप्रदर्शक विभूतियाँ हो चुकी हैं और आगे भी होंगी। इसलिए समाज क्रान्ति के लक्ष्य को साध्य करने हेतु प्रेरित दलित वीरों को किसी एक व्यक्ति के विचारों की सीमा में बँधना नहीं है। हाँ, विचारधारा में उस व्यक्ति के प्रति कृतज्ञता अवश्य व्यक्त करनी है। समाजक्रान्ति का यह युद्ध केवल एक समाज या राष्ट्र तक सीमित नहीं हो सकता। और यदि ऐसा सीमित रहे तो सफल नहीं होगा।

नवजागरण युग से अर्थात् चौदहवीं से बीसवीं शताब्दी में पश्चिमी साम्राज्यशाही के अन्त तक मनुष्य इतिहास में तीव्र बदलाव आया है। इस परिवर्तन को प्रेरित करने वाले, युगप्रवर्तक साहित्य और कलागत मूल्यों को जानना अत्यावश्यक है। अनेक राजगद्दियाँ चरमरायीं, शक्तिसम्पन्न धर्मपीठ हताश हुए, कारण पीड़ित, शोषित दलितों के प्रति उनकी सम्वेदनाएँ, स्वतन्त्रता, समता जैसे आदर्श साहित्य और कला के क्षेत्र में अभिव्यक्त होने लगे। भारत में स्वातन्त्र्योत्तर काल में दलितों का ललित साहित्य सृजित होने लगा है। इस साहित्य की नयी-नयी विधाएँ प्रस्फुटित हो रही हैं। उनका भाषाशिल्प सहज-सामाजिक, यथार्थ जीवन को प्रतिबिम्बित करनेवाला है। लेकिन दलितों की राजनीति में ऐसा जुड़ाव दिखायी नहीं देता। भारतीय राजनीति में पार्टियों के विभाजन का दोष बढ़ गया है। जो दलितों की राजनीति में भी आ गया है। इसलिए राजनीति का भी ध्यान रखना आवश्यक है। व्यापकता से राजनीति का चिन्तन और मनन साहित्य में भी अंकित होना आवश्यक है।

दलित साहित्य किसी वर्ग-विशेष का नहीं है, वह सब का है। कारण दलित जिस उच्च वर्ग के समाजजीवन का अंग हैं, उन उच्चवर्गियों तक नैतिक सत्य का प्रकाश पहुँचाने का काम यह साहित्य कर सकता है। जब मनुष्य के उच्च जीवनमूल्य नष्ट हो जाते हैं, तब उच्च वर्ग भी भ्रष्ट हो जाता है। विशेषकर भारत के सभी दलित वर्गों के भावों और विचारों के क्षेत्र में सामंजस्य स्थापित करने का कार्य यह साहित्य कर सकता है।

आज महाराष्ट्र में कुछ दलित जातियों द्वारा बुद्ध धर्म की ध्वजा फहरायी जा रही है। उनकी यह उम्मीद है कि भारत के सभी दलित बुद्धध्वज के तले संघठित

होकर एक हो जाएँगे। परन्तु कुछ लोग ऐसा करने के लिए तैयार नहीं हैं। यह सच्चाई है जिसे नकारा नहीं जा सकता। कोई भी सहृदय, चिन्तनशील मनुष्य बुद्ध के सन्देश का हार्दिक स्वागत कर सकता है।

दो हजार साल पहले धरती के बहुत बड़े हिस्से पर भगवान बुद्ध के उपदेशों का स्वागत हुआ इतिहास इस बात का साक्षी है। लेकिन आज के प्रश्नाकुल बौद्धिक प्रधानता के युग में सभी दलित जातियाँ इस झण्डे तले आएँगी ही, ऐसा सम्भव नहीं है। हाँ, उनमें एकता निर्माण होगी ऐसी अपेक्षा की जा सकती है और समाजक्रान्ति का संघर्ष अग्रसर करने का कार्य साहित्य द्वारा किया जा सकता है।

दलित साहित्य का भविष्य उज्ज्वल है। कारण बीसवीं शताब्दी के अन्त तक सार्वभौम विज्ञान विजयी होगा और विज्ञान तथा तन्त्रज्ञान के द्वारा सम्पूर्ण मानव जगत की आर्थिक नींव सबको समृद्ध करेगी ऐसा स्पष्ट रूप से दिखायी दे रहा है। इसलिए मनुष्य के मन में समता का आदर्श जगाना साहित्य का मुख्य कार्य है।

इस साहित्य के निर्माण के साथ-साथ विविध क्षेत्रों में अलग-अलग माँगों की पूर्ति हेतु दलितों के संघर्ष का भी आरम्भ हो गया है; जिसकी शुरुआत डॉ. बाबासाहब आम्बेडकर जी ने की थी। यह संघर्ष अब पूरे देश में व्याप्त है। खुशी की बात यह है कि दलित वर्ग के साथ-साथ उच्च वर्ग के प्रतिनिधियों का पूरे देश में इस संघर्ष को सहयोग भी प्राप्त हो रहा है। इन छोटे-बड़े संघर्षों से दलितों को क्रान्ति की शिक्षा प्राप्त हो रही है। एक बात और, कुछ संघर्ष सफल होंगे, कुछ नहीं भी होंगे। परन्तु क्रान्ति की शक्ति का विकास अवश्य होगा, यही उसकी सफलता है।

अनुवाद : डॉ. सुरेश माहेश्वरी, अमलनेर

हिन्दू समाज में एकता एवं समानता कभी भी नहीं आ सकती

–भाई माधवराव बागल

[दलित साहित्य सम्मेलन, अहमदनगर, 1982]

समाज के राजनीतिक, सामाजिक, धार्मिक तथा आर्थिक अन्याय एवं अत्याचार को दूर करने के लिए अनेक लोगों ने अपने प्राण दाँव पर लगाये हैं। सत्ताधीशों के अन्याय को सह लिया है पर समय आने पर बलिदान भी दिया गया है।

क्रान्तिसिंह नाना पाटिल सतारा जिले में गंवारू भाषा से क्रान्ति लाये। प्रतिसरकार भी बनायी। ब्रुनो धार्मिक अत्याचार को दूर करने के लिए हँसते हुए सूली पर चढ़ गया। शहीद भगतसिंह, सुखदेव तथा राजगुरु ने देश के लिए प्राणार्पण किया।

डॉ. आम्बेडकर ने अपने अछूत समाज की बुरी स्थिति को देखते हुए उससे उन्हें बाहर निकालकर मुक्ति की राह पर खड़ा किया, उन्हें जाग्रत किया। उनमें एकता का भाव पैदा किया, हिन्दू धर्म के बन्धनों से उन्हें मुक्ति दिलायी और खुद भी मुक्त हुए। उन्हें स्वाभिमानी बनाया तथा अछूतों को गुलामी में धकेलने वाली मनुस्मृति जलायी तथा एक नईस्मृति भारत तथा दुनिया को दी। आज के सम्मेलन के पीछे यही शक्ति और उत्साह काम कर रहा है। इसी शक्ति ने माधवराव बागल को नींद से जगाकर आपके सम्मुख खड़ा दिया है।

मैं गाँधी का भक्त था। किन्तु गाँधी से आम्बेडकर की तुलना करते-करते आम्बेडकर श्रेष्ठ मानने लगा।

महात्मा गाँधी के 'करो या मरो' घोषणा से मैंने भय को दूर किया और मरने के लिए तैयार हुआ। जनतन्त्र एवं स्वतन्त्रता के लिए राजतन्त्र के अत्याचारी, एकाधिकारशाही बन्दूक के सामने खड़ा हुआ। जिन्होंने गोली चलायी उनके सामने खड़ा रहा। महात्मा गाँधी की आज्ञा से चरखा चलाया, खादी का उपयोग शुरू किया। गाँव में घूमकर खादी बेची। वालवे तहसील एवं सतारा जिले में पैदल घूमकर चरखा संघों की स्थापना की। खादी का महत्त्व बताने हेतु 'महात्मा जी की कामधेनु' किताब लिखी। इंग्लैण्ड में विदेशी कपड़े के कारण जानेवाला पैसा कुछ अंशों में कम हुआ।

पर अब अपनी सरकार आने के बाद लगा कि वे कपड़े की मिलें अपने नियन्त्रण में लेकर कपड़ा सस्ता करेंगे, इसलिए खादी पहनना छोड़ दिया। खादी तार-तार होती है, जल्दी गन्दी होती है, भट्ठी में टिकती नहीं, भट्ठी के कपड़े न पहनने से आदमी गँवार दीखता है। खादी बिक्री की दुकान सरकार को (सब्सिडी) नुकसान का मुआवजा देकर चलानी पड़ती है। सरकारी अधिकारियों को अच्छा लगने के लिए बाहर खादी तथा भीतर मिल का कपड़ा पहनकर खुद को एवं ऑफिसर को फँसाया जा रहा है। देशी मिलों के मालिक खूब पैसा कमाते हैं। उसी पैसे से चुनकर आते हैं और वही सरकार बनाते हैं। सरकार की पॉलिसी वही तय करते हैं। अर्थात् अब गोरों की सत्ता गई और कालों की आई। गाँधीजी ने भारत को आजादी दिलायी या तत्कालीन विश्व की स्थिति को देखते हुए ब्रिटिशों को आजादी देनी पड़ी। क्योंकि, जर्मनी का डिटेक्टर हिटलर, यूरोप के कई देशों को अपने अधीन कर रहा था। ऐसी स्थिति में इंग्लैण्ड को भारत की मदद लेना अनिवार्य हुआ। नहीं तो गाँधी के अहिंसा मार्ग से ब्रिटिशों की मशीनगन्स तथा रिवाल्वर्स बन्द पड़े यह कहना हास्यापद होगा।

कुछ भी हो भारत स्वतन्त्र हुआ और गाँधीजी बादशाह बन गये।

किन्तु गाँधी जी ने भारतीय जनता को अन्धश्रद्धा से मुक्त नहीं किया। सामाजिक, आर्थिक एवं राजनीतिक विषमता दूर नहीं की।

स्वयं भी अन्धश्रद्धा से मुक्त नहीं हुए और जिस गीता ने विषमता निर्माण की, चार वर्णाश्रम निर्माण किए, उसी गीता को माता कहकर गौरवान्वित करने लगे।

उनके भीतर की आवाज रहस्यमय है, उसे बाबागिरी का प्रकार नहीं कह सकते?

गाँधी जी के आचार एवं विचारों में पूर्ण विसंगति दिखाई देती है। गाँधीजी अछूतों के मुहल्ले में जाकर रहे किन्तु अछूतों के जीवन तथा महत्त्वाकांक्षा से कभी भी एक नहीं हो सके।

वे वर्णाश्रम धर्म की आवश्यकता बताते रहे।

जिस वर्ण में मनुष्य ने जन्म लिया है, उसे उसी में रहना चाहिए। उच्च वर्णों के समान गुण अगर उसने हासिल किए तो वह उच्च वर्णों में जा सकता है। इसका अर्थ यही है कि वे पुनर्जन्म तथा पूर्वजन्म मानते थे। यह सम्पूर्ण अशास्त्रीय दृष्टि थी।

विट्ठल रामजी शिन्दे गाँधीजी के पास जाकर कहने लगे, "महात्मा जी जिन मन्दिरों में अछूतों को जाने की अनुमति नहीं है, वहाँ हम अवश्य जानेवाले हैं।" उस पर गाँधीजी ने कहा, "ऐसे मन्दिरों को उद्ध्वस्त करना चाहिए।" यह सुनकर विट्ठल रामजी को बहुत आनन्द हुआ और उन्होंने कहा, "फिर महात्मा जी आप ही नेतृत्व कीजिए।" उस पर गाँधीजी ने कहा, "अभी समय नहीं आया।"

इस साहित्य सम्मेलन के आयोजकों ने 'दलित' शब्द में सभी जातियों के

बेरोजगारों का समावेश किया है या नहीं, मुझे मालूम नहीं है किन्तु दरिद्र ब्राह्मण तथा ब्राह्मण से इतर जाति के भिखारी, मराठा को एक ही खाते में नहीं डाल सकते।

ब्राह्मण जाति का भिखारी अन्न के लिए किसी हिन्दू के घर जाएगा तो उस घर की गृहिणी उसे रसोईघर में खाना परोस देगी। मराठा को आंगन में, अछूत अगर गया तो घर के सामने गटर पर चाहे वह सड़क साफ करनेवाला, गाँव के स्वास्थ्य को सँभालनेवाला हो तो भी उसे घर के भीतर नहीं, बाहर ही जूठन खिलाएगी।

भारत के बेरोजगार और इंग्लैण्ड के बेरोजगारों को एक ही वर्ग में रखना उचित नहीं है। भारतीयों के समान वे दरिद्री नहीं हैं। यन्त्रयुग के चलते वहाँ पर गरीबी और अमीरी दोनों अपने छोर पर हैं। अमीरी आकाश को छूने लगी है तो गरीबी बहुत गहरी खाई में पड़ी हुई है।

मार्क्स ने भविष्यवाणी की थी कि, यही बहुसंख्यक विकलांग भिखारी क्रान्ति करेगा, वह क्रान्ति लेनिन ने रूस में कर दिखायी थी।

भारत में बेरोजगारी भयानक है। आर्थिक सुधार लाने से वह दूर हो जाएगी। भारतीय बेरोजगार राजनीतिक, आर्थिक तथा सामाजिक दृष्टि से शोषित हैं, अपमानित हैं।

मनु, कृष्ण तथा राम ने खुद को ईश्वर बनाकर अछूतों को हमेशा के लिए गुलाम बना डाला। मनु ने तो अछूतों को जानवरों से बदतर नीच समझा, अन्य हिन्दुओं से सम्पर्क न हो, इसलिए उन्हें गाँव के बाहर हकाल दिया।

अछूत जानवरों से भी तुच्छ (शूद्र) हैं, उनकी छाया पड़े तो प्रायश्चित्त करना चाहिए, ऐसा धर्मग्रन्थ बताता है। शूद्र जाति के व्यक्ति को उपदेश नहीं करना चाहिए। अगर किसी ब्राह्मण ने शूद्र को उपदेश दिया, तो सभी ब्राह्मण को मिलकर उस ब्राह्मण को बहिष्कृत कर देना चाहिए। अगर शूद्र ने वेदमन्त्र का श्रवण किया, तो उसके कान में तप्त सीसे का रस डाला जाए। उसने वेदमन्त्र का उच्चारण किया तो उसकी जिह्वा छाँट दें, अगर सम्पूर्ण वेदमन्त्र सीखा, तो कुल्हाड़ी से उसके टुकड़े करने चाहिए। उसने ब्राह्मण, क्षत्रिय तथा वैश्य के साथ एक आसन पर बैठने की, सोने की या एक ही भूमि पर चलने की इच्छा जतायी तो उसे दण्ड देना चाहिए। लोहे की गरम छड़ियों से शूद्र के कमर पर निशान करने चाहिए, उसके दोनों कुल्ले छाँटकर गाँव से निकाल बाहर करना चाहिए। यज्ञों में अनाज की कमी पड़े तो शूद्रों को लूटना चाहिए, उससे माँग न करें–ऐसा हिन्दू धर्म बताता है।

हिन्दू धर्मशास्त्र के अनुसार शूद्र जन्म से ही गुलाम हैं। ब्राह्मणों की गुलामी करने हेतु विधाता ने उसका निर्माण किया है।

अछूतों की बस्ती में गाँधीजी रहे किन्तु लगाव उच्चवर्णियों के प्रति ही रहा।

चुनाव में हिन्दुओं का बहुमत रहे, इसलिए स्वतन्त्र निर्वाचन क्षेत्र की माँग का पुरजोर विरोध किया। इसी गुलामी की खाई से एक ज्वालामुखी फूट निकला, वे आम्बेडकर हैं।

धर्म भावना से नियतिवाद बढ़ता है, भाग्यवाद का बोलबाला होता है। मनुष्य का भविष्य नियति के वश में है, ऐसा समझा जाने लगा है। हम कर्तृत्वहीन थे, इसलिए बुद्धिवाद की कसौटी पर जो खरा उतरेगा, उसे ही मान्य करना चाहिए, ऐसा उपदेश बाबासाहब किया करते थे।

गाँधोजी के मानसपुत्र जवाहरलाल नेहरू वैचारिक दृष्टि से गाँधीजी से सहमत नहीं थे। एक दिन वे गाँधीजी की पत्नी को प्रणाम करने गये थे। 'बा' ने कहा, "ईश्वर तेरा भला करें" उस समय नेहरू ने कहा, "बा, कहाँ है वह ईश्वर?"

गाँधीजी ने यन्त्र का विरोध किया, वह नेहरू और देश ने मान्य नहीं किया। यन्त्र विरोध से भारत उन्नत और अमीर देशों की बराबरी नहीं कर पाता। गाँधी जी का उपदेश आज की प्रधानमन्त्री इन्दिरा गाँधी ने भी मान्य नहीं किया।

गाँधीजी ने आम्बेडकर की स्वतन्त्र निर्वाचन क्षेत्र की माँग का पुरजोर तरीके से विरोध किया। इस अनशन में उनके प्राण गये, तो हिन्दू अछूतों को काट डालेंगे, इसलिए आम्बेडकर ने मजबूरी में संयुक्त निर्वाचन क्षेत्र को मान्यता दी। संयुक्त निर्वाचन क्षेत्र के कारण अछूतों का सच्चा प्रतिनिधि चुनकर आना मुश्किल हुआ।

उनको जो रियायतें दी गई हैं उनका भी आज विरोध हो रहा है। अछूतों की हत्याएँ हो रही हैं। विद्यार्थियों ने भी पूर्ण विचार न करते हुए आन्दोलन चलाया है।

इसके विरोध में ब्राह्मण मान्य सभी जातियाँ, पार्टियाँ शामिल हुई हैं। दुःख की बात है कि, उस एक संगठन में मराठा भी शामिल हैं।

पर हिन्दू समाज में एकता एवं समता कभी भी निर्माण नहीं हो सकती। उसमें कृष्ण और मनु ने स्थायी रूप में ऐसी व्यवस्था की है। कृष्ण ने चार वर्ण बनाये, मनु ने तो अछूतों को जानवर से भी नीचे समझा।

आम्बडेकर ने इस जातिव्यवस्था को इमारत की मंजिलों की उपमा दी है। यह चार मंजिलों वाली इमारत है। पहली मंजिल ब्राह्मण, उसके नीचे क्षत्रिय, उसके नीचे वैश्य और अन्त में परिश्रमी शूद्र। वह खेती करें, उनका पालन-पोषण करें। इसमें गुणों की बढ़ोतरी हुई तो भी वह श्रेष्ठ वर्ग में नहीं जा सकता। अलबत्ता अगले जन्म में वह श्रेष्ठ वर्ण में जा सकेगा।

यही विचार गाँधीजी ने प्रस्तुत किए हैं।

डॉ. आम्बेडकर कहते हैं, हिन्दू धर्म ने किसी का कल्याण किया है तो उनका जो ईश्वर के दलाल हैं। हिन्दुओं के विनाश का कारण जाति है।

अस्पृश्यता से होनेवाले अपमान आम्बेडकर को जन्म से ही भोगने पड़े हैं,

दुनिया के सर्वश्रेष्ठ विद्वान बनने के लिए इंग्लैण्ड तथा अमरीका की यूनिवर्सिटियों की उपाधियाँ उन्होंने हासिल कीं, अधिकार पद भी प्राप्त किए। भारत के कानून मन्त्री बन गये तथा भारत का संविधान बनाने की जिम्मेदारी उन पर डाली गयी।

आम्बेडकर गाँव जा रहे थे, गाड़ी हाँकनेवाले को उन पर दया आई उसने उनको गाड़ी में बिठा लिया। पर वे महार अछूत जाति के हैं, ऐसा मालूम होते ही उन्हें गाड़ी से नीचे उतारा। उनका सामान रास्ते पर फेंका। गाड़ी अपवित्र हुई है, समझकर उसे धो दिया। प्यास लगी है कहा, तो उन्हें गटर दिखायी गयी।

पाठशाला में अध्यापक ने अन्य विद्यार्थियों के साथ बैठने नहीं दिया। बाहर बैठकर कान में जितने शब्द सुनाई दिये, उतने पर सन्तोष करना पड़ा। संस्कृत देवभाषा है, वह अछूतों के मुख से निकले तो अपवित्र होगी, इसलिए संस्कृत पढ़ने से मना किया। इसलिए उन्हें फारसी भाषा लेनी पड़ी। किन्तु संस्कृत को परिश्रमपूर्वक सीखा और वे संस्कृत के पण्डित बने। सभी धर्मग्रन्थों का अध्ययन कर उसमें फैले ब्राह्मणीकरण को उजागर किया। विल्सन कॉलेज में प्रोफेसरशिप प्राप्त की। किन्तु वहाँ के अध्यापकों ने सवर्णों के लिए रखे गये मटके को उन्हें हाथ नहीं लगाने दिया। इंग्लैण्ड से पढ़ाई कर वापिस लौटने पर बड़ौदा के महाराज सयाजीराव गायकवाड ने उनको नौकरी देने का निर्णय किया। वहाँ का चपरासी उनके टेबल पर जाकर फाइल देने के बजाय दूर से फेंकने लगा। इस अपमान को न सहने के कारण उन्होंने वह नौकरी छोड़ दी तथा तय किया कि सार्वजनिक कार्य के लिए अपना जीवन व्यतीत करेंगे। चुनाव में चुनकर आये। आगे चलकर वे कानून मंत्री हो गये। भारत सरकार ने भारत का संविधान बनाने की जिम्मेदारी उन पर सौंप दी। उन्होंने अन्य देशों के संविधान का अध्ययन कर निर्दोष संविधान बनाया तथा नयी दुनिया की नईस्मृति सरकार को सुपूर्द की। स्त्रियों को भी विरासत से हक मिले, इसलिए विरासत हक का कानून बनाया पर राजेन्द्रबाबू के अमान्य किये जाने पर नेहरू पीछे हट गये। इसलिए नाराज होकर त्यागपत्र दे दिया और जनसेवा के प्रति समर्पित हुए।

अछूतों को हमेशा के लिए गुलाम बनाये रखनेवाली मनुस्मृति को महाड़ में जलाया तथा अपने समाज को वाणी और लेखनी से जाग्रत किया, संगठित किया।

उनके 'मूकनायक' तथा 'जनता' नामक साप्ताहिक हमारे 'हन्टर' नामक साप्ताहिक को भेंट के रूप में आया करते थे। उन्होंने आखिरी ग्रन्थ 'बुद्ध और उनका धम्म' लिखा और उसी दिन प्रातःकाल में 6 दिसम्बर 1956 को निर्वाण पद पर पहुँचे। आम्बेडकर मरकर भी अमर हुए। केशवसुत कहते हैं, 'पहले मृत्यु, फिर अमर पद आता है।' उगते हुए सूर्य के समान उनकी कीर्ति भारत में ही नहीं दुनिया में फैली।

माधवराव बागल पहले गाँधी का भक्त था, पर उनके अछूतों के साथ बर्ताव

को देखकर, वैचारिक विसंगति को देखते हुए अब आम्बेडकर ही मार्गदर्शक हैं, अब उसने भी हिन्दू धर्म को त्यागकर बौद्ध धर्म स्वीकार किया है।

बुद्ध आग्रही नहीं थे। उन्होंने खुद को राम, कृष्ण और मनु के समान ईश्वर नहीं बनाया। मुझे मानो, ऐसा आग्रह नहीं किया। जो जँचेगा, उसे मानो, यह उनका कहना था।

कृष्ण कहते हैं, वर्णाश्रम धर्म मैंने ही तैयार किया है, मैं जो-जो बताता हूँ, उस पर निस्संदिग्ध भाव से विश्वास रखो। 'श्रद्धावान लभते ज्ञानम्' तो ही आपको ज्ञान का लाभ होगा। सच कहा जाए तो, जो हमें जँचा नहीं, अनुभव में उतरता नहीं, वह केवल दूसरा कह रहा है, इसलिए उसपर विश्वास रखने से प्रगति नहीं होगी। किसी भी ज्ञान शाखा का विकास प्रश्नाकुल वृत्ति से ही होगा। इस वृत्ति से कृष्ण ने भय दिखाते हुए कहा, 'मैं ईश्वर हूँ, मैं जो बताता हूँ उस पर विश्वास रखो वर्ना नरक में जाओगो'।

रामदास ने अपने श्लोकों से (मराठी काव्य प्रकार) उसे मजबूत किया। रामदास कहते हैं :

> **"गुरु जो सकल-सा ब्राह्मण,**
> **वो हुआ अगर क्रिया हीन,**
> **तो भी उसी को जाओ शरण,**
> **श्रद्धा से करो नमन।"**

इस आज्ञा के विरुद्ध केशवराव जेधे और जवलकर ने विद्रोह किया तथा जेधे को दण्ड मिला। जवलकर को बचाने का काम डॉ. आम्बेडकर ने उनकी वकीली कर किया। पर दुर्भाग्य है, इसका लाभ उठाने वाले मराठों ने इसके खिलाफ आन्दोलन कर आरक्षण की सहूलियत का विरोध किया।

अच्छा इन हिन्दू धर्मवालों में एकता कैसे आएगी? किसी ब्राह्मण को पूछा, तुम्हारी जाति कौन-सी? तो केवल ब्राह्मण कहकर चलेगा नहीं। ब्राह्मण पर कौन? देशस्थ, कोंकणस्थ, शेणवी, पाँच कुल का या लेकावला? (ब्राह्मण जाति का एक प्रकार जो जारज सन्तान या अवैध सन्तान होती है) इसका मेल हुआ तो ही शादी होगी। ये आरक्षण का विरोध करें?

औरंगाबाद विश्वविद्यालय को आम्बेडकर का नाम देना चाहिए क्योंकि, उन्होंने औरंगाबाद को शिक्षा का केन्द्र बनाया था। यहाँ सवर्णों को भी प्रवेश था। यहाँ सवर्ण, छूत-अछूत एक ही स्थान पर पढ़ाई करेंगे तो उनके बीच की कड़वाहट खत्म होगी, इस माँग को महाराष्ट्र की विधि परिषद ने बहुमत से मान्यता दी थी। इस माँग के लिए देश के विविध कोनों से मोर्चे आए। किन्तु यशवन्तरावजी के मानसपुत्र उस समय के मुख्यमन्त्री शरदराव पवार ने समर्थन न देते हुए जनमत

के लिए इसे रखा। इस माँग के लिए देश के विविध क्षेत्रों से अछूतों के मोर्चे निकले, तो उन्हें रेलगाड़ी तथा बस में से उतारा गया। उन्हें लाठी से पीटा गया तथा जेल में बन्द किया गया। जेल में भी उन्हें तकलीफें दी गयीं। हिटलर के कॉन्सेंट्रेशन कैम्प की याद दिलायी तथा इस कार्य से वे चिरंजीव हो गये।

इस समय यशवन्तराव चव्हाण मुख्यमन्त्री होते तो इस माँग को निश्चित ही मान्य करते। यशवन्तराव चव्हाण जब महाराष्ट्र के मुख्यमन्त्री थे तब भारत के अन्य प्रदेशों की तुलना में सबसे पहले उन्होंने नवदीक्षित बौद्ध तथा अछूतों को सहूलियतें देने की घोषणा की। यशवन्तराव चव्हाण के पास दलितों की समस्याओं को छुड़ाने की मूलभूत दृष्टि, आस्था तथा स्पष्ट उद्देश्य था। उनकी इसी दृष्टि से प्रभावित होकर भारतीय रिपब्लिकन पार्टी के नेता तथा नवदीक्षित जनता ने नागपुर में 16 दिसम्बर, 1960 को दीक्षाभूमि मैदान पर सांसद दादासाहब गायकवाड की अध्यक्षता में भव्य सत्कार का आयोजन किया। वह जमीन उनके स्वामित्व की हुई।

यशवन्तराव चव्हाण ने गुलामी पद्धति की महार वतनी पद्धति रद्द की। जब तक आम्बेडकर जीवित थे, उन्हें इस मामले में सफलता नहीं मिली किन्तु यशवन्तराव चव्हाण ने अपने सत्ताकाल में इस अछूतों को दे डाला। उन्होंने उन जमीनों को वापिस कर उनका मालिकाना हक सुरक्षित रखा। इसके कारण वे अपनी जमीन अपनी इच्छा से बेच सकते हैं या अपने पास रख सकते हैं।

यशवन्तराव जी ने आम्बेडकर जयन्ती को छुट्टी दी। संसद के सम्मुख आम्बेडकर का स्टॅच्यू खड़ा करनेवाली समिति के वे अध्यक्ष रहे।

अभी हाल ही में सम्पन्न मानगाँव परिषद में गवई ने आरक्षित जगहों के लिए अछूतों को सहूलियत देने की इच्छा प्रकट की। स्वयं आम्बेडकर भी हमेशा के लिए आरक्षण नहीं चाहते थे।

इस आरक्षण की सहूलियत के बारे में अपने विचार छत्रपति के कान में डालने हेतु साँगली के प्रसिद्ध वकील अभ्यन्कर शाहू महाराज से मिलने आते हैं। महाराज चौकड़ी में बैठकर बाहर निकले थे। उस समय अभ्यंकर ने कहा, 'महाराज आप योग्य व्यक्तियों, बुद्धिमान विद्यार्थियों को स्कॉलरशिप तथा नौकरी दें, किन्तु जाति देखकर सहूलियत न दें', महाराज ने कुछ जवाब नहीं दिया। वे अपनी चौकड़ी में बैठ घोड़े के अस्तंबल की ओर अभ्यंकर को ले गये। वह समय घोड़ों को खुराक देने का था। महाराज ने चने लाने के लिए कहा और जमीन पर डालने के लिए कहा। सभी घोड़े दौड़ते हुए आये। तगड़े एवं स्वस्थ घोड़े सबसे आगे थे। मरियल, बीमार तथा विकलांग पीछे रह गये। उनको कुछ भी नहीं मिला। इसे दिखाते हुए महाराज अभ्यन्कर से कहने लगे, 'इसलिए मैं मरियल, विकलांग तथा बीमार घोड़ों के मुख में ही चने डालता हूँ। इसी दृष्टि से मैं अछूतों को देखता हूँ। हजारों वर्ष उन्हें ब्राह्मणों ने ज्ञान सम्पादन से दूर रखा। एक विशेष सहूलियत तथा स्कॉलरशिप

नहीं देंगे, तो वे कभी आगे नहीं आएँगे'। अभ्यन्कर निरुत्तर हो गये।

मेरे पास एक व्यक्ति आये और कहने लगे, मैंने एक संस्था बनायी है तथा राजनीति से उसे पूर्णतः दूर रखा है। बीच में एक पागलपन सवार हुआ था 'आर्ट ऑफ आर्ट सेक' का। किन्तु किसी भी विषय को दूसरे विषय से पूर्णतः अलग नहीं रखा जा सकता।

कवि का हृदय न हो तो पीड़ितों की व्यथाओं का उन्मूलन नहीं होगा। असंख्य कवियों ने, चित्रकारों ने राजनीतिक, सामाजिक तथा धार्मिक अन्याय तथा अत्याचार को दूर करने के लिए प्राणों की आहुति दी।

सर्वोदय अध्यात्म का अर्धनग्न रूप है। सर्वोदय समाजवाद के लिए बड़ी बाधा है। निरीश्वरवाद समाजवाद का वैज्ञानिक अंग है। नीतिशास्त्र समाज विज्ञान है। आध्यात्मिक चमत्कार जनता को लूटने, ठगे जाने के उत्कृष्ट साधन हैं।

नेहरू जयप्रकाश के बारे में कहते हैं, खुद को समाजवादी बतानेवाला यह व्यक्ति अध्यात्म शक्ति के बारे में कैसे बोल सकता है? वही बात विनोबा जी की? इन्होंने ग्रामदान की मुहिम चला कर जमींदारों को बचाया। जमींदार तथा साहूकारों ने हलके स्तर की तथा निरुपयोगी जमीनें देकर खुद को गौरवान्वित किया। अपना महत्त्व बढ़ाया। गाँधी जी ने ट्रस्टीशिप की कल्पना सामने लाकर क्रान्ति को आगे जाने से रोक दिया। इनसे अलग मार्क्स है, जो असली सन्त है।

धर्म अफीम की गोली है, ऐसा मार्क्स ने बताया था। उसको महात्मा फुले और शाहू महाराज ने कार्यान्वित किया। पोवाडा, लावणी तथा जलसे—इन साधनों के द्वारा ब्राह्मणीकरण तथा ब्राह्मणों की धूर्तता को उजागर कर ग्रामीणों को जगाया।

पुतले भी प्रचार का प्रमुख साधन हैं। जिन्हें पढ़ना नहीं आता उन्हें चरित्र ग्रन्थों का उपयोग नहीं है। पुतलों के कारण देखनेवालों में जिज्ञासा पैदा होती है। वह उस व्यक्ति की जानकारी प्राप्त करता है इसलिए पुतलों की आवश्यकता है। स्वयं लेनिन ने ऐसे पुतलों का उद्घाटन किया था।

अनुवाद : डॉ. सतीश यादव, रेणापूर

दलितों के आन्दोलन जब तीव्र होने लगते हैं तब जन्म लेता है दलित साहित्य

—दया पवार

[अस्मितादर्श लेखक-पाठक सम्मेलन, सोलापुर, 1983]

लगभग आज सभी क्षेत्रों में दलित आन्दोलन आपसी कलह से ग्रस्त है। राजनीति, धर्मनीति, समाजनीति इन सभी क्षेत्रों को आपसी कलह ने छिन्न-विच्छिन्न कर दिया है। सांस्कृतिक आन्दोलनों में भी कलह का गन्दा पानी घुस गया है; इसका आपकी तरह मुझे भी दुःख है। आम्बेडकर आन्दोलन में हर आदमी वैसे ही महान (ग्रेट) होता है। उसकी मानसिकता प्रखर बौद्धिक होती है। कई कर्मकाण्डों का वह त्याग करता है। लेकिन यह आदमी जब समूह में आता है तब उसके भीतर का रचनात्मक एवं विधायक सामर्थ्य रेत के टीले की तरह होता है; जो पल भर में ही ढेर हो जाता है। दलित समाज में बीच के समय में एक लहर आई थी, जब हर व्यक्ति अपने आपको बाबासाहब का प्रतिरूप समझने लगा था। इसीलिए बाबासाहब की तरह अपनी वेशभूषा बनाना, उनकी तरह बोलने का अभ्यास करना, उन्हीं की तरह फोटो खिंचवाना आदि बचकानी हरकतें होने लगी थीं। शव यात्रा में भी ये लोग सूट पहनकर आते थे। इसके पीछे वैयक्तिक अहं का संसर्ग दिखाई देता है। निश्चित रूप से यही हरकतें अलग रूप में दलित साहित्य में भी घुस गई हैं। दलित आन्दोलन के केवल हम ही चिंतक हैं, हमने ही उसे दिशा दी है, हमारे द्वारा ही यह निर्मित है, गुरुता-उसकी गद्दी, पिछलग्गुओं की शिष्य परम्परा, हमारे आगे कोई नहीं जा सकता इस अहंकार से ग्रस्त मन; ये लोग समाजवाद और लोकतान्त्रिक प्रक्रिया पर कितनी भी बड़ी-बड़ी बातें कर रहे हों पर मन उनका सामन्तवादी ही है यह निश्चित जान लीजिए। अहंकार एवं सत्ता पाने की होड़ में दलित आन्दोलन के विविध अंगों को कालिमा ने ग्रस लिया है। हमें हमारे ही शत्रु नहीं दिख रहे हैं। हम ही हमारे शत्रु हैं। क्या यह दीमक सम्पूर्ण दलित आन्दोलन को ग्रास बना लेगा इस बात का डर लग रहा है। कई प्रसिद्ध

दलित लेखक या कवि समाज के अलग-अलग प्रतिष्ठित एवं सम्माननीय मंचों पर बड़ी खुशी से जाते हैं तो उनके बाएँ या दाएँ सभी चलते हैं। पर अपने ही आन्दोलन से जुड़े मंचों पर जाते समय ये हिचकिचाते हैं। उनके अहं आड़े आते ही बाधा बनते हैं। लगता है एक दूसरों से उन्हें अॅलर्जी है। पाटील ने मुझसे बात की यह बात वह बड़े गर्व से भुनाता रहता है। भाई-भाईयों के ही आपसी संघर्ष का काल फिर से नई वेशभूषा धारण कर हंगामा मचा रहा है क्या; इस प्रकार का भयावह चित्र आँखों के सामने से सरकने लगता है। बूढ़ों के आन्दोलन टूट गये ऐसा कहनेवाले युवकों को अपनी संगठना संगठित रखनी नहीं आती इसे कबूल करना होगा। किसी को यह साहित्येतर विचार लग सकता है। परन्तु दलितों के आन्दोलन जब तीव्र होने लगते हैं तभी जन्म लेता है मूल्यवान साहित्य; यह बात भी पैन्थर की संगठना जब तीव्र हुई थी तब स्पष्ट हुई थी। सांस्कृतिक क्षेत्र में भी दलितों की कई छोटी-बड़ी संस्थाएँ महाराष्ट्र में कार्यरत हैं। एक समय था जब मुम्बई, औरंगाबाद, नागपुर जैसे शहरों में जो आन्दोलन शुरू हुए थे, वे आज महाराष्ट्र के हर जिले तक फैल गये हैं। किसी व्यक्ति के द्वारा मधुमक्खी के छत्ते पर पत्थर मारने के बाद जिस तरह कई मधुमक्खियाँ भिनभिनाती हुई फैलने लगती हैं ठीक इसी तरह नई पीढ़ी लिख रही है। अमरावती का सिद्धार्थ साहित्य संघ, नागपुर की मुक्तवाहिनी, मुम्बई की 'बौद्ध साहित्य परिषद', औरंगाबाद की 'मिलिन्द साहित्य परिषद', पुणे का 'समता रंगमंच' और 'चक्रायु' इन सभी को जोड़ने का सूत्र 'अस्मितादर्श' और 'दलित साहित्य संसद' को अमल में लाना होगा और मराठी साहित्य के क्षेत्र में कार्य करनेवाली चार प्रादेशिक संस्थाएँ जिस तरह महाराष्ट्र में हैं और इन संस्थाओं का प्रतिनिधित्व करनेवाली 'महामण्डल' जैसी संस्था है वैसे ही इन सभी संस्थाओं की अलग-अलग विशेषताओं को बनाये रखते हुए इसके फैडरेशन का निर्माण किया जा सकता है।

सांस्कृतिक एवं साहित्यिक समझ व्यक्त करनेवाले आन्दोलन अचानक शुरू नहीं हो सकते। सन् 1920 से डॉ. बाबासाहब आम्बेडकर ने महाराष्ट्र में सोच के स्तर पर जो विद्रोह एवं वैचारिक परिवर्तन दलितों में उत्पन्न किया उसी के परिणाम स्वरूप दलित साहित्य का जन्म हुआ। परन्तु पिछले पन्द्रह सालों से ही यह आन्दोलन क्यों फल-फूल रहा है? अर्थात् इसके पहले कोई लिखता ही नहीं था ऐसी बात नहीं है। पर उस लेखन को आन्दोलन का स्वरूप नहीं मिला था इस बात को कोई भी स्वीकार कर सकता है। कुछ समीक्षक मराठी साहित्य में 'मर्ढेकरी' सम्प्रदाय के प्रारम्भ के साथ ही दलित साहित्य का जन्म हुआ ऐसा मानते हैं; तो अभी अभी एक प्रगतिशील कवि ने दलित साहित्य के जन्म का सम्बन्ध अण्णाभाऊ साठे एवं अमर शेख द्वारा किए गए 'लोकनाट्य कलापथक' के साथ जोड़ा है। दलित आन्दोलन के इतिहास की जानकारी जिन्हें नहीं है उनमें

ही इस प्रकार की गलतफहमियाँ निरन्तर दिखाई देने लगती हैं।

दलित साहित्य को अलग वर्ग में रखने की आवश्यकता ही क्या है—साहित्य साहित्य ही होता है—एक जैसा—इस तरह लोग बोलते रहते हैं। दलित लेखकों ने यदि अपने आपको एक घेरे में सीमित कर लिया है तो हम उससे भी बड़ा घेरा बना लेंगे और उस घेरे में उनको समेट लेंगे यह आवाज भी सुनाई देती है। वास्तव में हिन्दू धर्म में जिस सहिष्णुता की बात की जाती है, उसमें उनकी यह कृति उसी चालाकी से फिट हो जाती है। डॉ. बाबासाहब आम्बेडकर ने जब बौद्ध धर्म को स्वीकार किया था तब कहा गया था कि बाबासाहब उछले तो कितने उछले, आखिर में यह उछल कुछ कँटीले तारों तक ही सीमित रहेगी जहाँ सीमा रेखा खींची जा सकती है। बौद्ध धर्म के स्वीकार के समय इस कृति के मूल में उनकी क्रान्तिकारी भावना थी; पर इस बात को ध्यान में न रखते हुए 'सब भूमि गोपाल की' इस न्याय के आधार पर उनकी क्रान्तिकारक भावना को नज़रअन्दाज किया गया। यही सनातनी वृत्ति बड़े घेरे की भाषा बोलनेवालों के मन में दिखाई देती है। बड़े घेरे की बात करते हुए उनमें अपनी परम्पराओं के प्रति जो अहं है उसे भूलने के लिए वे तैयार नहीं हैं। "आप हम एक होंगे, पर घेरे की दीवारों को हाथ मत लगाओ" क्या ऐसा ही अर्थ दलितों को लेना चाहिए? वैसे भारतीय समाज के मन का यथार्थ चित्र बदला नहीं है। वही गाँव की रोजमर्रा की जिन्दगी, वही रूढ़ कल्पनाएँ, वहीं गाँव के बाहर की बस्तियाँ, आरक्षित जगहों के सन्दर्भ में वही पुरानी बातें, इस भयावह वास्तविकता के बावजूद इस साहित्य को अलग वर्ग के रूप में न देखना यह बात क्या आँखों पर पट्टी बाँधने जैसी नहीं है? इसके पहले सन्तों ने भी यही उपदेश किया था; वृक्ष अलग-अलग होने के बावजूद अग्नि के सामने सभी समान होते हैं ठीक उसी तरह जातियाँ अलग-अलग हुईं तो क्या भगवान के सामने सभी जातियाँ समान हैं?

दलितों को अपनी सामाजिक परिस्थिति के कारण जो विद्रोह करना पड़ा, परम्परागत व्यवस्था के खिलाफ़ नकारात्मक दृष्टिकोण लेना पड़ा, इसके कारण उनके अनुभव मराठी लेखकों से भिन्न होते गए। 1935 के आसपास डॉ. बाबासाहब आम्बेडकर ने महाराष्ट्र में विद्रोही आन्दोलन खड़ा किया। उस समय जिस दलित पीढ़ी ने जन्म लिया वह पीढ़ी 1967 के आसपास युवा हो गई थी। यह युवक शिक्षित था इसीलिए ज्यादा सम्वेदनशील हो गया था। दुःख की अनेक पर्तें उसकी समझ में आने लगी थीं। वह जैसे-जैसे मध्यम वर्ग में दाखिल होने लगा वैसे-वैसे उसी अनुपात में पुराने सफेदपोश वर्ग के साथ समझ के स्तर पर, अहसासों के स्तर पर उसका अटल संघर्ष शुरू हो गया। समाज का आकार-प्रकार जाति व्यवस्था किसी मटके की उतरण्ड[1] की तरह एक जैसी बिल्कुल दूसरी जाति के मुख पर बैठी हुई है। इसीलिए अवस्था ऐसी कि जिसमें दम घुटने लगे। अस्पृश्यता की

भयावहता। उसका दारुण दीन-हीन स्वरूप। पिछले कई वर्षों में विकेन्द्रीकरण के नाम पर झेड़. पी., चीनी कारखानों, बैंकों, सोसायटियों में अष्टभुजा देवी की तरह नया मस्ती-से भरा हुआ यह अमीर सत्ताधारियों का वर्ग। इनके कारण छोटे-छोटे देहातों में दलितों पर होनेवाले अन्याय, अत्याचार। केवल विश्वविद्यालय को बाबासाहब का नाम देने के प्रश्न पर सत्ताधीशों एवं विरोधकों की सामने आई असलियत। आरक्षित जगहों के प्रश्न को लेकर सभी के पेट में होनेवाला दर्द। गुजरात की अराजक व्यवस्था। आज शहरों में भौतिक सुविधाओं में जीनेवाला; इसीलिए सबकी आँखों का काँटा बना दलित मध्य वर्ग। उनके दरवाजे पर कभी भी भटके हुओं की दस्तक पड़ने का डर, उसकी भयावहता। आज दलितों को देहातों से बाहर किया जा रहा है। पैतृक सम्पत्ति के रूप में मिली उसकी हाडकीहाडवळा[2] की ज़मीन छीनी जा रही है। अपना गाँव छोड़ कर वह शहरों में आता है तो झुग्गी-झोंपड़ियों में रहना पड़ता है। इस प्रकार का एक अलग नया दर्शन आज के दलित कथाकार को साफ दिखने लगा है। इसके सिवा साहित्य के माध्यम से हमारा जो चित्र उभर कर आ रहा है वह बहुत विकृत है। वे दलितों को भोलेभाले या दया पानेवाले रूप में चित्रित करते हैं; जिससे उनकी संकुचित वृत्ति का परिचय मिलता है। आज भी यह प्रक्रिया रुकी नहीं। इधर कुछ दिनों से दलितों पर जो नाटक लिखे गये हैं उन्हें देखने के बाद इस बात का पता चलेगा। मार्क्सवाद के कारण जो प्रगतिशील साहित्य लिखा जा रहा था उसमें भी उसे अपना वास्तविक चित्र नहीं मिला। वही परम्परागत हिन्दुओं की मानसिकता तथा पूँजीपति-मजदूर का भड़कीला द्वंद्व देखने को मिलता था। भारतीय वर्ण व्यवस्था का समर्थन करनेवालों का असली और भयानक रूप कभी यहाँ के मार्क्सवादियों के ध्यान में नहीं आया। इन सभी विचारों के कारण दलित लेखकों ने अपनी स्वयं की अस्मिता का रक्षण करने के लिए आन्दोलन खड़ा किया। दलित लेखकों का अनुभव जगत अन्य वर्गीय लेखकों के अनुभव जगत से भिन्न स्वरूप का है। अनुभव की दृष्टि से कौन कहाँ खड़ा है, भूतकाल की ओर देखने का उनका दृष्टिकोण किस का प्रकार है; इसी से अनुभव की भिन्नता स्पष्ट होती है। हमारी अपनी समझ, हमने पाया हुआ जीवन का गहन अर्थ एवं हमारा दुःख भिन्न है। दलित साहित्य अर्थात् जिसमें केवल आर्थिक एवं सामाजिक संघर्ष ही प्रमुख है ऐसा नहीं है; बल्कि इसमें सांस्कृतिक नीतिमूल्यों का संघर्ष है। सामान्य आदमी प्रचलित समाजव्यवस्था में असुरक्षित-सा महसूस करता है। अभावग्रस्त समाज में उसका जन्म होने के कारण अभी भी वह भयभीत है। लेकिन साहित्य में इस जानलेवा भय का चित्रण नहीं है। दलित साहित्य ने ही सर्वप्रथम उसका सम्बन्ध उसके स्व के साथ जोड़ा है। परिणाम यह हुआ कि जो अनुभव विश्व उसके भीतर छिपा हुआ था, उसके सामर्थ्य से वह परिचित हुआ। अपने आस-पास

की प्रकृति, बोली-भाषा, वहाँ के लोगों के रंग-रूप, आशा-निराशा में झूलता वह, बार बार होनेवाली उपेक्षा, 'अपमान बोध' इसका अहसास उसे होने लगा। म. फुलेजी को अभिप्रेत सच्ची क्रान्ति का अर्थ डी-क्लास होना क्या उसे इसकी अनुभूति बड़ी तीव्रता से होने लगी है? कवि कविता लिखते समय अपने देश के राष्ट्रीय प्रवाह में शामिल नहीं होता; बल्कि देश के प्रति परायेपन की भावना रखता है। इस देश को वह मेरा अपना देश नहीं कहता इस बात को दर्शाते हुए उसे 'राष्ट्रविघातकों' की पंक्ति में बिठाया जाता है। 'मुझे मातृभूमि नहीं है' ऐसा विह्वल होकर दुःख के साथ डॉ. बाबासाहब आम्बेडकर ने कहा था और दूसरी ओर संविधान बनाते समय देश की सुरक्षा के लिए खून की अन्तिम बूँद तक वे संघर्ष करते रहे। इसके मूल में स्थित मानसिकता अगर आप ध्यान में रखते हैं तो दलित कविता को न्याय मिलेगा। अनेक दलित कवियों के काव्य में राष्ट्रीय सीमाओं की सुरक्षा का भाव व्यक्त होता है तथा दलित सैनिकों की टुकड़ियाँ आज भी सीमाओं पर तैनात हैं। पर इसी के साथ उसकी अपनी निश्चित सीमा कौन-सी है इसे तय करते समय वह सम्भ्रमित अवस्था में है। क्योंकि देहातों में आज भी गाँव एवं उपेक्षित बस्तियों की सीमाएँ निश्चित हैं। स्वतन्त्रता के बाद जिन कवियों का उदय हुआ और उसके पहले जिनके ऊपर कुछ करने का जुनून सवार था; भोली मानवता, प्रेम, प्रकृति आदि विषयों पर लिखी जानेवाली काल्पनिक काव्यरचनाएँ और उसके बाद वास्तविकता की आग को सहते-सहते जिन्होंने जीवन के सन्दर्भों को समझा था वे कवि, उनका अनुभव जगत एवं रचना इसमें कमाल का अन्तर दिखाई देने लगा है। आज़ादी के पहले छन्दोबद्ध कविता लिखनेवाले कवियों को केवल पाठकों का मनोरंजन करना था। भावुकता से युक्त कल्पनालोक की आदर्शवादी बातें उनकी कविता से अभिव्यक्त होती थीं। इसी कारण उस कविता में अनजाने में फैलाव आया। कविता कमज़ोर हो गई। यह कविता तांगे के उन घोड़ों की तरह है जो आँखों पर पट्टियाँ बाँध कर एक दिशा की ओर दौड़ते हैं। सत्यं, शिव, सुंदरम् के आधार पर उन्होंने मलई की तरह जीवन जिया, ऐसे ही जीवन से प्रेरणा पाते रहे। सूरज, चन्द्रमा, तारे, प्रेम, फूल, समुन्दर, सन्ध्या का समय इत्यादि विषयों पर दलित कवि कविता नहीं लिखते इसलिए कुछ लोग दुःख व्यक्त करते हैं। पर जब गुलाबों के बगीचे ही जलने लगते हैं तब खुशबू का शोक क्यों करे ऐसा इस कवि को प्रामाणिक रूप से लगता है। समाज की वास्तविकता का सामना न करते हुए कवियों के द्वारा आत्मा से रूबरू होने की बात कहना मज़ाक लगता है।

प्रारम्भिक काल के कुछ मूल्यवान कविता संग्रहों को यदि छोड़ दिया जाए तो अभी जो कविता संग्रह प्रकाशित हो रहे हैं उन्हें न पढ़ते हुए ही उस पर आरोप किए जाते हैं। मूसलाधार बारीश का पानी जब बरसने लगता है तब वह अपने प्रवाह के साथ क़िनारों की गन्दगी भी अपने साथ बहा कर ले जाता है। दलित

कविता के प्रवाह के सन्दर्भ में यही कहा जा सकता है। नामदेव ढसाळ की कविता में जो भावनाओं का उद्दाम आवेग है और उनकी गालियों से भरी भाषा कइयों को केवल धक्का देने के लिए लिखी होगी ऐसा लगता है; परन्तु उन्होंने जीवन को जिस रूप में जाना और उसकी अभिव्यक्ति कविता के माध्यम से करनी चाही तब अभिव्यक्ति के माध्यम के रूप में प्रचलित मराठी ग्रन्थों की भाषा उन्हें अधूरी लगी। जिस सहजता के साथ कोई कवि दृष्टान्तों एवं प्रतिमानों का प्रयोग करता है और उसी कारण उसकी कविता नई लगने लगती है, वही गर्भित अर्थ ढसाळ की गालियों के पीछे हैं। इस प्रकार की कविताओं की फसल बहुत ज्यादा आई, यह भी मानना पड़ेगा। परन्तु उसके बाद की दलित कविता इस अनुकरण से मुक्त दिखाई देती है। रिमझिम बारिश हो और मिट्टी के गर्भ तक पानी रिसता जाए, उसी तरह वर्तमान दलित कविता लिखी जा रही है।

इधर कुछ सालों से प्रसिद्ध हुए सभी कवियों पर विचार करना सम्भव नहीं है पर कुछ कवियों का उल्लेख करना आवश्यक है। अभी-अभी प्रकाशित ज्योति लांजेवार का 'दिशा' कविता संग्रह जिसमें 'हे आवाज' कविता में कवयित्री कहती है—

ये आवाज़ें कैसी आ रही हैं?
पानी में रहनेवाली मछलियाँ तो नहीं रो रही हैं?

या बापुराव जगताप 'निळ्या पहाडाच्चा कविता' इस कविता में कहते हैं—

"नीले सूरज जब उगेंगे तब
हम सोये हुए रहेंगे
हमारी ही उष्मा के प्रकाश में"

इसी तरह अभी अभी जिनके नाम की चर्चा हो रही है उस शरणकुमार लिम्बाळे का 'उत्पात' कविता संग्रह अनेक विशेषताओं से युक्त है। यह कविता दलितों के अन्तर्गत मानसिकता की चीर-फाड़ करने वाली कविता है। उपहासात्मक रूप में हम खुद ही हमारा मज़ाक उड़ाएँ इस प्रकार का साहसी स्वर इसमें है। हमारे नायक या नायिकाओं को केवल उदात्त या विद्रोही, इस एक ही रंग से चित्रित किया जाता है; परन्तु मनुष्य में जो आक्रमकता आती है उसका कारण परिस्थितियाँ होती हैं। एक ओर वह वीर होता है और दूसरी ओर डरपोक भी। इस प्रकार के निर्भीक चित्र शरणकुमार जी उपस्थित करते हैं। संघर्ष करते हुए लड़ने वाला कार्यकर्त्ता और परिस्थितियों के दबाव के कारण निष्क्रिय हुआ मन, दोनों ही यथार्थ हैं। अपने नायक या नायिकाओं की पराजित मनोवृत्ति का चित्रण करना अर्थात विद्रोह की भावना को कम कर देना है, ऐसा उन्हें नहीं लगता है।

लगभग सभी साहित्यिक खुद को आम्बेडकरवादी समझते हैं। परन्तु सृजन प्रक्रिया में जब किसी दर्शन की मदद होती है या बिना दर्शन के जब कविता लिखी जाती है तब क्या फर्क पड़ता है, इसके सन्दर्भ में कोई विचार नहीं करता।

लेखक यदि दार्शनिक नहीं होगा तो मनुष्य का सभी प्रकार से किया जाने वाला शोषण उसे दिखाई ही नहीं देगा। परन्तु दर्शन अनुभूति के पीछे उस प्रकाश ज्योति की तरह होना चाहिए जिसके कारण अनुभूति तथा अनुभूति के सारे आयाम उसे साफ दिखने चाहिए। मराठी लेखकों का व्यक्तित्त्व हिन्दू धर्म की मानसिकता से बना होने के कारण घटनाएँ किस प्रकार घटित होती हैं, इसका दूर-दूर तक पता ही नहीं चलता। मनुष्य सृष्टि के, नियति के हाथ की कठपुतली है, अपने जीवन में आने वाले संकटों या सुखों का कारण वह 'प्रारब्ध' (भाग्य[1]) को मानता है; यही दृष्टिकोण इसमें दिखाई देता है। कथा साहित्य के नायक टेरिलीन के कपड़े पहनने वाले हों या विज्ञान के कारण सारे भौतिक सुखों का उपभोग करने वाले हों परन्तु उनके चरित्र रामायण-महाभारत से अलग नहीं दिखाई देते। उस दृष्टि से यदि लेखक का दृष्टिकोण जड़वादी है तो किसी भी घटना के कार्य-कारण सम्बन्ध का पता नहीं चलेगा। ज्योति जलते समय भले ही ज्योति एक दिखे परन्तु प्रकाश के एक बिन्दू से प्रकाश का दूसरा बिन्दू आकार लेने लगता है। लगभग यही बात हमारे जीवन में घटित होने वाली घटनाओं पर भी लागू होती है। अपनी अनुभूतियों का सामना करते समय अथवा नया अर्थ लेते समय अनेक गड़बड़ियाँ होती हैं। साहित्य के माध्यम से व्यक्त अनुभूतियाँ, उसमें आनेवाले प्रसंगानुकूल चरित्र वास्तविक नहीं रहते बल्कि 'इज़्म' के अधीन हो जाने के कारण लेखक अधिक ऊँचाई से उनका चित्रण करते हैं। क्रान्तिकारक रोमांटिसिज्म का आधार उसे दिया जाता है। लेखक के दिमाग में क्रान्ति की बात होती है। इसी कारण चरित्र एक ही रंग में रँगने का खतरा होने लगता है। इस प्रकार के लेखक साहित्य के माध्यम से केवल प्रचारात्मक संकेत देते हैं। इसके कारण विद्रोह, नकार के नाम पर भड़कीलापन होने लगता है। दलित साहित्यकारों को इन खतरों से बचना होगा। मूल बात यह है कि विद्रोह के कई रूप हो सकते हैं। हमारे साहित्य का नायक 'वीर' नहीं, कमजोर मनोवृत्ति का है। परन्तु इन नायक-नायिकाओं के नायकत्व को सड़ा देने वाली समाज़व्यवस्था की ओर लेखक ले जाता है इस बात की ओर नज़रअन्दाज किया जाता है। मानवी मन, इन्सानियत को हैवानियत में बदलने वाले इन्सान, और आन्दोलनों का असफल हो जाना इसका नकारात्मक चित्रण यदि किये जाता हैं तो इस नकारात्मक चित्रण के पीछे सकारात्मक विचार होता है, इस बात का विवेकशील पाठकों को अहसास होता हैं। किसी भी साहित्य प्रकार का जब संविधान बन जाता है तब उस आन्दोलन के आगे बढ़ने की प्रक्रिया कमजोर होती है, इस बात को समझ लेना चाहिए। इस दृष्टि से देखें तो अभी-अभी जो दलित कथा लिखी जा रही है वह सयानी हो गयी है ऐसा लगता है। योगिराज वाघमारे, अर्जुन डांगळे, अमिताभ, पाण्डुरंग क़दम, वामन होवाळ आदि दलित कथाकार पढ़ने जैसे हैं।

वर्तमान समय में मराठी की आस्वाद की प्रक्रिया एक जैसी नहीं है। सांस्कृतिक भिन्नता के कारण आस्वाद प्रक्रिया भी भिन्न-भिन्न हो रही है। यह दलित आत्मकथाओं का समय है; जिनकी काफ़ी चर्चा रही है, परन्तु इन आत्मकथाओं के मूल में जो सामाजिक विचार है उसे सदैव नज़रअन्दाज किया जाता है। केवल व्यक्ति और व्यक्तिगत अनुभव—इसी बिन्दू के चारों ओर इसकी चर्चा होती है। माना यह जाता है कि मध्यवर्ग के लिए यह नया अनुभव संसार था, थोड़ी-सी उत्तेजना पैदा करने वाला। फिर इसके साथ थोड़ा-बहुत सेक्स का चटपटापन और इन्हीं बातों पर युद्ध। दलितों का सफेदपोश पाठक अपने भूतकाल से बेचैन हो गया। उसे खुद से ही शर्म महसूस होने लगी। कचरे के ढेर में से कचरा ही निकलेगा? इस प्रकार के प्रश्न भी उन्होंने उपस्थित किए। वास्तविकता तो यह है कि यह केवल भूतकाल नहीं है बल्कि आज भी दलितों का एक बहुत बड़ा समुदाय इसी प्रकार का जीवन जी रहा है। दलितों के सफेदपोश वर्ग को इसकी शर्म क्यों आ रही है? वास्तव में गरिमामय संस्कृति के सन्दर्भ में बड़ी-बड़ी बातें करने वाली व्यवस्था को इसकी शर्म आनी चाहिए। एक आत्मकथा लिख कर इन लेखकों की लेखकीय क्षमता समाप्त हो गई इस प्रकार की चर्चा भी जोरों पर है। परन्तु यही प्रश्न 'रणांगण' या 'स्मृतिचित्रे' इन रचनाओं के सन्दर्भ में उपस्थित नहीं किया जाता। दलित लेखकों की आत्मकथाओं को ले कर श्रेष्ठ-कनिष्ठ कहने की पद्धति चल रही है। परन्तु यदि ये आत्मकथाएँ मराठी भाषा में लिखी गई हैं तब उनकी तुलना मराठी की अन्य आत्मकथाओं के साथ क्यों नहीं की जाती, इसका राज़ समझ में नहीं आता। कुछ-कुछ लोगों को तो ये आत्मकथाएँ झूठी लगती हैं। सात समुन्दर पार किसी अजनबी देश की आत्मकथाएँ, जिस जीवन को उन्होंने कभी देखा भी नहीं है उनकी आत्मकथाएँ इन्हें सच्ची लगती हैं। परन्तु गाँव की सीमाओं के बाहर का विश्व कभी दिखाई नहीं देता। इस दृष्टिभ्रम को क्या कहें?

केवल पन्द्रह सालों में ही दलित साहित्य जिस गति से लिखा जा रहा है उसे देख कर तो इनके विरोधी भी आश्चर्यचकित हो रहे हैं। यह अलग प्रकार का साहित्य यदि लिखा न जाता तो मराठी भाषा का कितना नुकसान होता। साहित्य जगत में मराठी को इतना गौरव केवल दलित साहित्य के कारण ही प्राप्त हुआ है; यह बात किसी को अतिशयोक्ति न लगे। जिस तरह दलित साहित्य के सन्दर्भ में यह बात कही जा सकती है, ठीक उसी तरह उपेक्षित लोगों की रचनाओं के बारे में भी कही जा सकती है, जिनकी रचनाओं की ओर आज तक ध्यान ही नहीं गया। केवल साहित्य की ही यह अलग विशेषता नहीं होती बल्कि संगीत, चित्रकला, शिल्पकला—इन कलाओं में भी सांस्कृतिक दृष्टि से अलग विशेषताएँ दीख सकती हैं; ऐसा नीग्रो के जैज़ संगीत, उनके शिल्प, चित्रकला

अथवा उनकी काली रंगभूमि (ब्लैक थिएटर) ने सिद्ध किया है। पिकासो जब अपनी युद्ध विरोधी नई चित्रकला का निर्माण करता है तब उसके पास जीवन का नया मूल्यगर्भित अर्थ होता है, यह सहज ही ध्यान में आ जाता है। तब वर्तमान दलित रंगमंच बाल्यावस्था में है ऐसा कह कर उसे मज़ाक का विषय बना कर उस पर हँसने का कोई कारण नहीं। नाटक कमाल का प्रभावी माध्यम है और जनमानस को यह झकझोर सकता है, इस बात पर हमारा विश्वास है। मराठी रंगमंच पर जिन दलितों के जीवन को प्रदर्शित किया जा रहा है क्या वह यथार्थ है? श्रीखण्ड पुडी खाने के बाद चटपटी चटनी अलग स्वाद के लिए जरूरी है वैसा ही रुचि परिवर्तन की दृष्टि से इस ओर देखा जाता है। 'झूंज', 'सूर्यास्त', 'पुरुष' या अभी-अभी मंचित 'कन्यादान' क्या ये नाटक दलितों के वास्तविक एवं संघर्षशील जीवन को यथार्थ रूप में चित्रित करते हैं? हरी काँच आँखों के सामने पकड़ने के बाद धूप की प्रखरता हरे रंग में बदल जाती है वैसी ही यह बात है। इस से अरुणकुमार इंगले जी के 'कायरं' इस नाटक की समीक्षा की जा सकती है। इस नाटक में दलितों के अन्तर्गत पहले के अनेक स्तर, मनुष्य को आदिमानव की ओर ले जानेवाला मार्ग और मनुष्य को हैवान बनानेवाली संस्कृति इसका गहन दर्शन व्यक्त हुआ है। मनुष्य ऐसा कैसे बन सकता है? इसके कारणों को ढूँढने की कोशिश की जाए तो केवल अतिशयोक्तिपूर्ण वर्णन करते हुए अपने आपको श्रेष्ठ नाटककार के रूप में प्रकट करते हुए अपना बडप्पन जताने में कोई अर्थ नहीं है, इसका पता चल जाता है। 'कन्यादान' नाटक इससे थोड़ा अलग है। दलित गैर दलित के सांस्कृतिक संघर्ष की थोड़ी-बहुत पहचान इस नाटक के आधार पर की जा सकती है। महार जाति के नायक और उसकी प्रगतिशील 'ब्राह्मण' प्रेयसी के संघर्ष की अभिव्यक्ति करते-करते नाटक आगे बढ़ने लगता है। दलित नायक शराब पीता है और बीबी को पीटता रहता है। इस कृति का समर्थन करते हुए दलित नायक कहता है कि जैसे उसके पिता उसकी माँ को मारते थे, वैसे ही वह भी अपनी बीवी को मारता है। इस कारण परम्परा का आशय समझ में नहीं आता। रक्त संकर से ही इस देश की जातियाँ नष्ट हो सकती हैं, यह विचार नाटक देखने के बाद पिछड़ जाता है। दलित लोग संस्कारहीन होते हैं, उनका चरित्र ठीक नहीं होता—इस प्रकार की गलतफहमियाँ नाटक को देखने से बढ़ती हैं। मनुष्य अच्छाइयों एवं बुराइयों से युक्त होता है। न वह पूरी तरह से अच्छा होता है और न ही पूरी तरह से बुरा। अच्छा आदमी भी कभी हिंसात्मक हो सकता है—यह अर्थ 'कन्यादान' नाटक के माध्यम से ध्वनित होने के बावजूद नाटक में दो सीधे-सीधे जातीय रंग होने के कारण दलितों का पक्ष काफी काला दीखता है और ब्राह्मण परिवार श्रोताओं की सहानुभूति का विषय बन जाता है। दोनों नाटकों के लेखक अलग-अलग होने के बाद भी स्वर एक क्यों हुआ, यह प्रश्न अनुत्तरित रहता है।

प्रारम्भ की दलित कथा या कविता दो रंगों में थी। काला या गोरा—इन्हीं रंगों की अभिव्यक्ति होती थी। वर्तमान समय के दलित नाटक ठीक इसी के समानान्तर चल रहे हैं। 'इण्टिमेट थिएटर' के पीछे पड़ कर कुछ दलित नाटक केवल प्रयोग बन कर रहे गये हैं। तमाशा (एक कला प्रकार) या 'जलसे' (कला प्रकार) इन नाट्य रूपों को ध्यान में रख कर इस आयाम से दलित कलाकार इसके सामर्थ्य को पहचानने की कोशिश अगर करेंगे तो दलित नाटक प्रभावी रूप से लिखे जा सकते हैं। इस रूप में दलित नाटकों का नया जन्म होगा। प्रा. दत्ता भगत, प्रेमानन्द गज्वी, दुपारे, प्रो. अचलखांब, भि. शि. शिन्दे, टेक्सास गायकवाड़, रामनाथ चव्हाण, अविनास डोळस, सुरेश मेश्राम आदि दलित नाटककारों ने मराठी रंगमंच को विकसित करने के लिए महत्त्वपूर्ण प्रयास किए हैं।

दलित साहित्य में स्त्री लेखिकाओं की संख्या उँगलियों पर गिनने योग्य है। कुमुद पावड़े का अपवाद छोड़ दिया जाए तो शेष लगभग सभी कवयित्रियाँ हैं। सुगन्धा शेण्डे, हिरा बनसोड, ज्योति लांजेवार आदि के नाम उन कवयित्रियों में लिए जा सकते है। कुमुद पावड़े जी का वैचारिक लेखन और उनकी 'अन्तः स्फोट' आत्मकथा मौलिक है। दलित साहित्यान्दोलन में पुरुषों की बराबरी में ज्यादा मात्रा में महिलाएँ आन्दोलन में क्यों सहभागी नहीं हुईं? छोटे-छोटे देहातों में चक्की पीसते समय दलित स्त्रियों को अलग-अलग विषयों पर रससिक्त गीत-गाते समय मैंने देखा और सुना है। नीग्रो महिलाओं ने 'ब्ल्यूज़' (गीत प्रकार) नामक पारम्परिक गीतों में अपने दुःखों की अभिव्यक्ति करते हुए अश्रुओं की राह खोल दी। वे गीत अमूल्य धन के रूप में वहाँ संचित किए गये हैं। अनेक गायकों ने उन गीतों को जनमानस के हृदय में बिठा दिया है। इस विषय पर देहातों में यदि अनुसंधान होता है तो बहुत दुर्लभ सम्पत्ति को हम प्राप्त कर सकते हैं। वर्तमान समय की शिक्षित दलित स्त्री नई दलित मध्यवर्गीय पुरुष प्रधान संस्कृति में गुलाम है, ऐसा कहें तो भी अत्युक्ति नहीं होगी। खुद को साहब समझने की मनोवृत्ति एवं इस मनोवृत्ति को सँभालनेवालों का यह वर्ग अपनी पत्नी को जितना जरूरी है, उतनी भी स्वतन्त्रता नहीं देता। दलित लेखक यदि अपने लेखन के माध्यम से अपने जीवन को खोल कर रखता है तो उसकी तीखी आलोचना की जाती है। अगर कोई स्त्री अपने लेखन के माध्यम से अपनी ही सच्चे और यथार्थ जीवन को लिखती है तो उसका पति, भाई, पिता या उसके रिश्तेदार क्या उसकी इस स्थिति को समझने की मानसिकता रखते हैं? जैसे कोई नया लेखक कई आयामों में खुद की परख कर सकता है, जिस वैचारिक मन्थन से वह गुजरता है ठीक उसी तरह दलित लेखिका नहीं कर सकती, अभी भी वह चारदीवारी के अन्दर ही है। अगर वह नौकरी करती है तो भी केवल अर्थार्जन के अलावा उसका कोई अलग महत्त्व नहीं होता। अमृता प्रीतम ने कहा था कि घर में किचन, बेडरूम और ड्राइंगरूम

हो सकता है। प्रारम्भ में स्त्री को केवल दो ही कमरों में रहना पड़ता था। कोई रिश्तेदार आते हैं तो ही स्त्री को ड्राइंगरूम में बुलाया जाता है, केवल शोभा की वस्तु समझ कर। पर इन तीन कमरों के अलावा स्त्री को एक चौथा कमरा चाहिए और वह बुद्धि के दायरे में हो, यह बात जैसे सभी स्त्रियों के लिए अभिप्रेत है, तब यही न्याय दलित स्त्री को भी मिले। दलित महिला मानसिक बन्धनों से यदि मुक्त होती है तो दलित साहित्य को ये लेखिकाएँ वृद्धिगत कर सकती हैं। दलितों के जीवन में दलित स्त्रियाँ जिस दुःख के पर्वत को झेल कर पुरुषों के साथ जीवन की राह पर चलीं उसकी तुलना इतिहास में किसी से नहीं हो सकती। उसके सन्दर्भ में दलित कविता कहती है–

वैसी तू सीधी-सादी फटी धोती में लिपटी हुई
तूफान में तू खड़ी, टूट कर न गिरी हुई
काल कितना है कठोर, कीचड़ की तरह रौंदता गया तुझे।
मुझे लगा मैंने ही यह सब भोगा
तूने आहों में इसे पचा लिया।

मराठी में एक बात यह जरूर देखने को मिलती है कि लेखकों की कृतियों के साथ ही उन्हें समर्थ समीक्षक भी मिले। परन्तु दलित साहित्य के सन्दर्भ में यह बात साहस के साथ नहीं कही जा सकती। इसलिए सांस्कृतिक द्वीपों में भिन्नता होने के कारण कलाकृतियों की समीक्षा भी गलत तरीके से होती है। तब लेखक को समीक्षा के क्षेत्र में भी अनाधिकार हस्तक्षेप करने की इच्छा तीव्र होने लगती है। दलित साहित्य के प्रारम्भ से ही सभी कवि-लेखकों ने इस दायित्व को सँभाला है। सूरज शाश्वत है परन्तु रात होने के बाद वह दिखता नहीं है। उस समय चारों ओर अन्धकार होता है, क्या यह सत्य नहीं? ऐसे समय कोई प्रकाश की चिनगारी जलाता हो तो क्या उसे यह अधिकार नहीं है? अभी तक हमारे देश में एक बहुत बड़ा समूह अन्धकार के युग में जी रहा था। उसके जीवन को सूर्यग्रहण लग गया था। उसने मुक्ति का मार्ग ढूँढते समय नये आन्दोलनों को गठित किया, आगे बढ़ा। इसमें गलत क्या है? इन प्रगतिशील आन्दोलनों में जातिवाद एवं तानाशाही के बीज होते हैं ऐसा कहने वालों को क्या कहा जाए? सच बात तो यह है कि इस देश में अनादिकाल से धर्म के नाम पर समूह-के-समूह गुलाम किए गये हैं। आज भी इन रूढ़ीवादी लोगों के अवशेष मौके के इन्तजार में बैठे हुए हैं। अपने पैर तले क्या जल रहा है, यह न देखते हुए जो शोषित, दलित, मुक्ति का नया सवेरा देख रहे हैं उनको मिटा देना और धार्मिक पुनरुत्थानवादी तानाशाही प्रवृत्तियों के लिए राह खुली करना जारी है। सामाजिक दायित्व को नकारने वाले दूसरी दृष्टि से सामाजिक दायित्व का ही विचार करते हैं। यह विचार व्यक्त करते समय मात्र उनका दिखावा बुद्धिजीवियों का होता है। मुझे इस सन्दर्भ में एक बात याद आ रही है–

"एक राजा-रानी थे। रानी के घुटनों में दर्द होने लगा। कई दवाइयाँ लेने के बाद भी रानी की बीमारी ठीक नहीं हो पा रही थी। वैद्य ने कहा, 'रानी के घुटनों में मान सरोवर के हंस का खून लगाया जाए तो रानी की बीमारी ठीक हो सकती है।' राजा सैनिकों को आदेश देता है। दूसरे दिन सुबह-सुबह ही सैनिक अपने-अपने शस्त्र लेकर मान सरोवर की ओर प्रयाण करते हैं। सरोवर के किनारे एकदम सफेद हंस बिसतन्तुओं का नाश्ता कर रहे थे। हंसों ने जब दूर से आते हुए सैनिकों को देखा तो वे फुर्र कर उड़ जाते हैं। सैनिकों को खाली हाथ वापिस जाना पड़ता है। कई बार इस तरह पकड़ने की कोशिश करने के बाद भी वे हंस को पकड़ नहीं पाते। आखिर में वे अपनी व्यूह रचना बदलते हैं। तब वे बेखबर हंसों को सहज ही पकड़ पाते हैं। अपनी झोली में हंसों की गर्दन मरोड़ कर डालना अब उन्हें कठिन नहीं लग रहा था। हंस उस दिन क्यों पकड़े जाते हैं, राजा के सैनिक उस दिन सैनिकों की वेशभूषा में नहीं थे। लड़ाई के हथियार भी उनके पास नहीं थे। उस समय वे साधुओं की वेशभूषा में थे। तानाशाही के बीज सामान्य आदमी को मोहित करते हुए ही पनपते हैं, यह विश्व भर का इतिहास है।"

अनुवाद : डॉ. रमा नवले, नांदेड

सन्दर्भ

1. उतरण्ड–देहातों में अनाज रखने के लिए इसका उपयोग किया जाता है। इसमें मिट्टी के मटके या बर्तन एक के ऊपर एक रखे जाते हैं। ऐसी कई पंक्तियाँ बनाई जाती हैं।
2. हाडकी हाडवळ्याची जमीन–वतनदार शूद्रों को मिली हुई उनके अधिकार की जमीन।
3. शिवराळ भाषा–ग्रामीण भाषा, जिसमें गालियों का खुलकर प्रयोग किया जाता है।
4. प्रारब्ध–पिछले जन्म के कर्मानुसार जो भोगना पड़ता है। मान्यता यह है कि पिछले जन्म में यदि बुरे कर्म किये होंगे तो इस जन्म में उसके बदले दुख भोगना पड़ता है।
5. बिसतन्तु–पराग कण

मराठी साहित्य में दलित जीवन का यथार्थ व्यक्त नहीं हो सका

–शंकरराव खरात

[अखिल भारतीय मराठी साहित्य सम्मेलन, जलगाँव, 1984]

डॉ. बाबासाहब आम्बेडकर के कारण ही दलित समान को वाणी मिली और वे बोलने लगे, बन्द मुँह खोलने लगे। दलित साहित्यिक भी कुछ कहने लगे, लिखने लगे। मैं भी लिखने लगा। इसी कारण तो मैं आज आपके सामने साहित्य सम्मेलन के अध्यक्ष के रूप में भाषण के लिए खड़ा हूँ। यदि आम्बेडकर न होते तो न मैं भाषण देता, न अन्य दलित साहित्यकार आपको दिखाई देते।

आज जलगाँव के 58 वें 'अखिल भारतीय मराठी साहित्य सम्मेलन' का अध्यक्ष बनाने का श्रेय आप सभी को है। आप सभी जलगाँव तथा जलगाँव जिला वासियों ने मुझे जो सम्मान दिया है, इसके लिए मैं आप सभी का आभारी हूँ।

इसी जलगाँव क्षेत्र में स्थित 'आसोदे' गाँव की कवयित्री बहिणाबाई चौधरी के काव्य ने मराठी साहित्य को समृद्ध किया है। उनकी रसपूर्ण ग्रामीण शैली से मराठी साहित्य में एक नये प्रवाह की शुरुआत हुई। उन्हें मैं वन्दन करता हूँ। 'माणसा–माणसा कधी होशील माणुस' (अरे मानव, तू कब बनेगा सच्चा मानव) ये उनके शब्द मेरे कलेजे पर उकेरे हुए हैं।

जलगाँव के 58वें साहित्य सम्मेलन के लिए आपने मेरा चयन कर मराठी साहित्य के क्षेत्र में ऐतिहासिक कार्य किया है। सामाजिक परिवर्तन की दृष्टि से यह एक मौलिक कार्य सिद्ध होगा। एक प्रतिबद्ध साहित्यिक का इस पद पर चयन कर इस पद को आपने गौरावान्वित किया है। मैं दलित साहित्यिक हूँ। युगों से प्रस्थापित समाज द्वारा शोषित एवं प्रताड़ित रहा हूँ। यह प्रसंग उस शोषित की वेदना पर आनन्दमय अनुभूति का मरहम है–ऐसा मैं मानता हूँ।

मैंने आपसे कहा कि डॉ. बाबासाहब आम्बेडकर साहित्य क्षितिज पर गर्जना करते हुए आए और यहाँ का गूँगा दलित समाज बोलने लगा। दलित साहित्यिकों

की भी अभिव्यक्ति का कण्ठ फूटा और वे लिखने लगे। खुल कर विचारों को अभिव्यक्त करने लगे। तत्कालीन प्रस्थापित उच्चवर्णियों को फटकराने का कार्य 13वीं सदी के सन्त चोखोबा ने भी किया था। इसका उल्लेख उनकी 'अंभगवाणी' में मिलता है।

उनकी अंभगवाणी का यह उदाहरण देखें–

"वेदाशी विटाळ, शास्त्राशी विटाळ।
पुराणे अमंगल विटाळाची ॥
जन्मता विटाळ मरता विटाळ।
चोखा म्हणे विटाळ आदि अंती ॥"

उस काल के सन्दर्भ में सन्त चोखोबा के इस कथन का बड़ा महत्त्व है। दैनन्दिन जीवन में स्पृश्य-अस्पृश्य, छूत-अछूत के भेद-भाव पर वे प्रहार करते हैं। उनके विचारों में 'विटाळ' (अस्पृश्य) यह संकल्पना व्यर्थ है।

सन्त चोखोबा की पत्नी साध्वी सोयराबाई ने भी छूत-अछूत की इस सामाजिक गलत धारणा पर कटु प्रहार किया है इसे मानने वालों की आलोचना करते हुए वे लिखती हैं–

"देहासी विटाळ म्हणाती सकळ। आत्मातो निर्भळ शुद्ध बुद्ध ॥
देहीचा विटाळ देहीच जन्मला। सोवळा तो झाला कवण धर्म ॥
म्हणुनी पांडुरुगा वानितसे थोरी। विटाळ देहांतरी वसतसे ॥"

अछूतों पर होनेवाले अन्याय, उनका शोषण और शोषण से होने वाले कुपोषण आदि को देख कर चोखोबा का पुत्र कर्ममेळा सन्तप्त भाव से अपनी व्यथा की कथा पाण्डुरंग के सम्मुख प्रस्तुत करते हुए कहता है–

"आमची केली हीन याती। तुला का न कळे श्रीपती ॥
जन्म गेला। उष्टे खाता। लाज न येई तुमच्या चित्ता ॥"

13वीं शती के इन दलित सन्तों को तत्कालीन सामाजिक परिस्थिति के बन्धनों में जीवन जीना पड़ा है। समाज व्यवस्था ने भी जाति, भेद-भाव तथा छूत-अछूत की मर्यादा में रहने के लिए विवश किया था–यह बात सिद्ध हो जाती है। दलित सन्तों को तो छोड़ दीजिए पर तत्कालीन सन्त-महात्माओं को भी इस परम्परागत जातिवादी विचारों के सामने झुकना पड़ता है। सन्त चोखोबा का तो पूरा परिवार ही तत्कालीन गाँव की समाज व्यवस्था पर निर्भर था।

मूल बात यह है कि डॉ. आम्बेडकर के आगमन से यहाँ का दलित जागृत हुआ। उनकी विद्रोही वाणी और कार्य से यहाँ का गूँगा दलित समाज बोलने लगा। वे महामानव थे, महान विचारक थे। उनकी अनमोल ग्रन्थ सम्पदा एवं वाणी का ओजस्वी गुण देख कर उनके जीवन काल में उन्हें ही साहित्य सम्मेलन का अध्यक्ष बनाना चाहिए था। मराठी साहित्यकारों को उन्हें बुला कर यह सम्मान देना

चाहिए था। तत्कालीन साहित्यकारों को यह हिमालय जैसा उत्तुंग व्यक्तित्त्व कैसे नहीं दिखाई दिया, इस बात की आज पीड़ा होती है। परन्तु आज उनके एक कट्टर अनुयायी को यह बहुमान मिला है। मराठी साहित्य के विश्व में सामाजिक परिवर्तन का यह नया मोड़ कहा जाएगा।

दलितों को दासता एवं गुलामी की जंजीरों में जकड़े रखने वाले धर्मशास्त्र सम्मत परम्परावादी विचारों के नकारते हुए डॉ. आम्बेडकर ने समता, स्वातन्त्र्य, बन्धुता एवं न्याय पर आधारित समाज व्यवस्था को स्वीकार किया जिससे दलितों में स्वाभिमान और 'स्व' के विकास की धारणा जागृत हुई। आज का दलित साहित्य उसी का प्रतिफल है। इसके प्रेरणा-स्रोत आम्बेडकरवादी विचार हैं। मेरे साहित्य-लेखन में भी आम्बेडकरवादी विचार ही हैं। मुझसे कभी-कभी ऐसा प्रश्न पूछा जाता है कि क्या आप स्वयं को दलित साहित्यकार मानते हैं? इसका उत्तर है—मेरा जन्म दलित समाज में हुआ। जिस दलित समाज का सदियों से सामाजिक शोषण हुआ है, जिन पर अनगिनत अत्याचार ढाये गये हैं। उस समाज का मैं प्रतिनिधि हूँ। दलित अस्मिता से प्रेरित हो कर मैंने साहित्य लिखा है और लिखूँगा। मेरे साहित्य सृजन में कहानी, उपन्यास, ललितगद्य तथा आत्मकथा आदि का अन्तर्भाव है जिसमें दलितों का यथार्थ जीवन प्रामाणिकता के साथ विश्लेषित किया गया है। मेरे वैचारिक लेखन का बुनियादी विचार भी वही है।

दलित, अस्पृश्य, आदिवासी, झुग्गी-झोपड़ियों में रहनेवाले, फुटपाथ निवासी आदि की व्यथा, आशा-निराशा के साथ-साथ अपना अधिकार पाने की उनकी छटपटाहट तथा उनके जीवन के भोगे हुए यथार्थ आदि को मैंने अपनी साहित्य-कृतियों में प्रस्तुत करने का प्रयास किया है और मुझे लगता है यही दलित साहित्य है। इसीलिए मैं भी स्वयं को दलित साहित्यिक ही समझता हूँ।

मैं व्यवसाय से वकील था और डॉ. आम्बेडकर के नेतृत्व में उम्र के डेढ़ दशक राजनीति और समाजनीति के सन्दर्भ में मैंने गुजारे हैं। उस समय मैं दलित, आदिवासी, बौद्ध, भूमिहीन मजदूर आदि की माली-स्थितियों पर विविध पत्र-पत्रिकाओं में लेख लिखा करता था। लोग भी मेरे पास विविध प्रकार की समस्याएँ लेकर आते थे। 'दलित फेडरेशन' के सचिव के रूप में कार्य करते समय महाराष्ट्र के दलितों की समस्या, उनकी आशा-अपेक्षाएँ और व्यथाएँ देखने-परखने का अवसर मुझे मिला और मैं उनसे एक रूप होता गया। उसी समय दलितों के जीवन पर मध्यवर्गीय गैर दलितों द्वारा लिखा गया साहित्य मुझे पढ़ने को मिला। तब मुझे ज्ञात हुआ कि इन लेखकों के साहित्य में दलितों की पीड़ा का चित्रण उस यथार्थ रूप में नहीं हुआ है, जिस यथार्थ रूप में वे जीते हैं। गैर दलित मध्यवर्गीय साहित्यकारों के साहित्य में चित्रित दलितों की व्यथा की कथा, उनकी आशा—अपेक्षाओं का विवेचन, मन को झकझोरता नहीं बल्कि काल्पनिक-सा प्रतीत होता है।

इसलिए उनका और गैर-दलितों का साहित्य अनुभव से दूर कल्पना पर आधारित लगता है क्योंकि उसमें दलितों की पीड़ा, आक्रोश, विद्रोह तथा नकार का स्वर लुप्त है। इसलिए मैंने तय किया कि स्वयं ही दलितों की व्यथा, उनकी विविध समस्याएँ, उनके जीवनानुभव आदि को दलित साहित्य के माध्यम से प्रस्तुत करूँ। खुद का भोगा हुआ यथार्थ, जीवन दाहकता, स्पृश्य-अस्पृश्य का भेद-भाव आदि का वास्तविक रूप पाठकों के सम्मुख प्रस्तुत करूँ। इसी आन्तरिक छटपटाहट ने मुझे लिखने के लिए विवश किया और मैं लिखता गया। मेरी पहली कहानी 'राम की बंजर भूमि' आचार्य अत्रे के 'नवयुग' के दिवाली अंक में प्रकाशित हुई थी जो दलितों के विद्रोह की कथा थी। आगे चल कर वही कहानी 'सांगावा' कथा संग्रह में 'दाँव' शीर्षक से प्रकाशित हुई। वह कहानी अनेक दलित साहित्यिक मित्रों को पसन्द आई थी। उसके बाद मैंने कहानी-उपन्यास लेखन प्रारम्भ किया।

जीवन के विविध स्तर पर मुझे अनेक अद्‌भुत अनुभव आए हैं। ग्रामीण जीवन की गाँव-व्यवस्था में गाँव के बाहर बसे महारवाडा (दलित बस्ती) में दैनन्दिन जीवन को मैंने देखा और भोगा है। उसी परिवेश में पला और बढ़ा हूँ। इसीलिए ग्राम-व्यवस्था की बारीकियों को पहचानता हूँ। बलुतेदारी पद्धति को देख कर उनकी जीवन-पद्धति पर जो मैंने लिखा है, ये बलुतेदार (परजा पउनी) मेरे अपने गाँव के करीबी लोग रह चुके हैं। उनके जीवनानुभव की गठरी को कहानी के रूप में खोलने का प्रयास मैंने किया है। परजा पउनी (बलुतेदार) के बच्चों के साथ गाँव-शिवानों में, यात्रा-उत्सव में खेल-कूद कर समय गँवाया है क्योंकि मैं भी उस पद्धति का सदस्य रह चुका हूँ। उसी अनुभव के आधार पर मैंने साहित्य-सृजन किया।

महार जाति की परजा पउनी पद्धति पर एक उपन्यास 'इन्सानियत की पुकार' लिखा पर अब तक वह प्रकाशित नहीं हो पाया है। गाँव की व्यवस्था में महार जाति की भगीदारी और उनसे सम्बन्धित उनकी व्यथा का यथार्थ चित्रण प्रस्तुत उपन्यास में हुआ है। उपन्यास के सृजन कार्य में मेरे पिता के साथ हुए बलुतेदारी के कार्य का उपयोग हुआ है। तत्कालीन ग्राम व्यवस्था में महार जाति को ग्रामस्थों की दो तरह की सेवा करनी होती थी। एक गाँव-व्यवस्था की और दूसरी शासन व्यवस्था की। यदि गाँव में किसी की मौत हुई तो मृत को श्मशान पहुँचाना, शव को जलाने के लिए लकड़ी-उपलिया एवं तत्सम सामग्री जुटाना तथा मृतक रिश्तेदारों की खबर पहुँचाना आदि। उसी समय यदि कोई सरकारी अमलदार गाँव पहुँचे तो उसकी सेवा में भी हाजिर रहना। मुझे याद है जब मैं स्कूल में था तब छोटे भाई की बीमारी के कारण मृत्यु हुई थी। उसे दफनाकर घर लौटने के थोड़ी देर बाद मेरे पिता को अपने मृत पुत्र का गम भुलाकर गाँव में, मरीज बच्चों को दवा देने आए डाक्टर की खबर की मुनादी देने गाँव में जाना पड़ा था। गाँव में उनके काम का कोई समय निश्चित नहीं था और न ही निश्चित स्वरूप। वैसे

तो सरकारी गैर सरकारी कार्यालयों के काम का स्वरूप एवं समय निश्चित होता है परन्तु मेरे पिता की महारकी के काम का कोई समय नहीं था। वे हल में जोते गए बैल की तरह बारह घण्टे काम में लगे रहते थे, वह भी भूखे पेट। चौबीस घण्टे गाँव के काम के लिए महारों को सदा तत्पर रहना होता था। मेरे पिताजी तो गाँव के (बलुतेदारी) काम नित्य किया करते थे चाहे वर्षा हो या कड़ाके की सर्दी या बला की लू चले। लेकिन काम में छुट्टी नहीं। डाक पहुँचाने का काम हो या थाने में खबर पहुँचानी हो या गाँव के किसी मृत व्यक्ति की खबर पहुँचानी हो—बराबर करना पड़ता था।

आपको कहता हूँ रात के गहरे अँधेरे में जोखिम भरे कामों में मैंने भी पिताजी का साथ दिया है। गाँव-पंचायत का यह काम मेरी माँ ने भी किया है या उसे करना पड़ा है। गाँव के सारे काम किसे करने चाहिए, निश्चित नहीं था। यदि पिताजी किसी अन्य काम में उलझे होते तब उनके बदले मैं स्वयं उनकी जगह पर चला जाता था। आत्महत्या के लावारिस शव जो पेड़ में लटके रहते थे, उन्हें खोलकर उसे दफनाने तक का कार्य मुझे करना पड़ा है। गाँव-व्यवस्था में इस कार्य ने दलितों का जीवन उच्छ्‌वासित कर दिया था। महार 'गाँवकी' (बलुतेदारी) को 'महारवतन' कहा जाता है। डॉ. आम्बेडकर ने इस वतन पद्धति को बीसवीं सदी की गुलामी, कहकर उसका विरोध किया। वास्तविकता तो यह है कि गुलामी, शोषण में पले वे महार तथा अन्य दलित वर्ग के लोग प्राचीन काल में इसी भूमि के मालिक थे, यहाँ के भूमि पुत्र थे, राजा थे। यह महाराष्ट्र महारों का राष्ट्र था। परन्तु यही विचार महाराष्ट्र के कुछ संशोधक विद्वानों ने तथा पश्चिमी विद्वानों ने भी प्रस्तुत किया है। इस महार दलित समाज की संस्कृति, लोककला, संगीतकला भी काफी प्रसिद्ध थी और आज भी है। उन्हीं की जीवनानुभूति के आधार पर मैंने ललित लेखन किया है। मेरा साहित्य मेरे जीवन की आत्मकथा का ही हिस्सा है। मेरे कहानी, उपन्यासों के पात्र मेरे जीवन से जुड़े हुए हैं। वे पात्र चाहे परजा पउनी से या घुमन्तु जनजातियों के हों या झोंपड़ी में रहने वाले फुटपाथ वासी हों। वे मेरे घर आए हैं और में उनके घर जा चुका हूँ। उनकी घोर दरिद्रता, अज्ञान, अन्ध विश्वास, स्पृश्य-अस्पृश्य की व्यथा को आँखों से देखा है। उन्हीं की व्यथा को मैंने साहित्य रूप में प्रस्तुत किया है।

मैं पहले ही कह चुका हूँ कि सभी स्तर के दलित समाजों की व्यथा मेरे साहित्य में मुखरित हुई है। आज के दलित साहित्यकारों का साहित्य देख कर प्रश्न उपस्थित किया जा सकता है कि क्या दलित साहित्य की आवश्यकता है? किसलिए दलित साहित्य रचा जा रहा है आदि। वास्तव में प्रश्न कोई नये नहीं हैं। क्योंकि दलित साहित्य में आरम्भ से ही ये प्रश्न पूछे जाते रहे हैं। इन प्रश्नों का उत्तर भी दलित साहित्यकारों ने गैर दलित विद्वान आलोचकों को दिए हैं। नागपुर के विदर्भ साहित्य संघ में साहित्य के सन्दर्भ में साहित्यकारों को सम्बोधित

करते हुए डॉ. आम्बेडकर ने कहा था–"उदात्त जीवन मूल्यों एवं सांस्कृतिक मूल्यों को अपने साहित्य में स्थान देना चाहिए। साहित्यकार का उद्देश्य संकुचित न हो कर विस्तृत एवं व्यापक हो। वे अपनी कलम को अपने तक ही सीमित न रखें बल्कि उनका प्रखर प्रकाश देहाती जीवन के अज्ञान का अन्धकार दूर करने में हो। दलित उपेक्षितों का बड़ा वर्ग इस देश में है। इस बात को सदा याद रखें। उनका सुख-दुःख एवं उनकी समस्याएँ समझ लेने की कोशिश करें। साहित्य के द्वारा उनका जीवन उन्नत करने के लिए प्रयत्नरत रहें। यही सच्ची मानवता है।"

भारतीय और पश्चिमी समाज व्यवस्था में यह अन्तर है कि भारतीय समाज-व्यवस्था ऊँच-नीच, श्रेष्ठ-कनिष्ठ जाति पद्धति पर आधारित है जबकि पश्चिमी समाज व्यवस्था वर्ग पद्धति पर आधारित है। भारतीय समाज व्यवस्था में पैदा हुआ साहित्यिक जब अपना अनुभव प्रामाणिक रूप से अभिव्यक्त करता है तब उसकी वृत्ति में उसके अनुभव का सही रूप प्रस्तुत होता है। जाति व्यवस्था के कारण उसकी रचनाओं में अभिव्यक्त अनुभूति राष्ट्रीय स्तर पर कहीं भी एक-सी नजर नहीं आएगी क्योंकि प्रत्येक जाति की समाज-व्यवस्था भिन्न है और उनके अनुभव और समस्याएँ भी भिन्न-भिन्न हैं। अपने देश में दलित आदिवासी तथा अन्य पिछड़ी जाति के लोग, भूमिहीन मजदूर, झुग्गी-झोंपड़ी में रहने वाले, फुटपाथ निवासियों की संख्या बहुत है। यहाँ की समाज-व्यवस्था में उनकी अलग पहचान है। इसलिए उनकी सम्वेदना, अनुभूति तथा अभिव्यक्ति भी भिन्न रहेगी ही और वह स्वाभाविक भी है।

आज तक जिन गैर-दलित मध्यवर्गीय साहित्यकारों ने जो सृजन किया है उनमें दलित जीवन की सम्वेदना, उनका जीवन संघर्ष और आशा-अपेक्षा आदि का विवेचन सही रूप में नहीं हुआ है। हाँ! उन्होंने अपने जीवन का चित्र खींचने का प्रयास जरूर किया है, परन्तु दलित जीवन का यथार्थ वे पकड़ नहीं पाए हैं। उनका सृजन सहानुभूति परक निरीक्षण पर आधारित रहा है। इसलिए वह दलित साहित्य की कोटि में नहीं आ सकता। दलितों की पीड़ा की आहट उनके साहित्य में सुनाई नहीं देती। उनके अभाव को, पीड़ा को, सही मायने में लोगों के सामने लाने का प्रयास उनकी ओर से हुआ ही नहीं है। प्रस्थापित व्यवस्था के विरुद्ध आवाज़ उन्होंने उठाई ही नहीं है।

दलित साहित्य दलितों के जीवन का एक अविभाज्य अंग है। दलित साहित्य की कथा, कहानी, उपन्यास, नाटक, आत्मकथा आदि में चित्रित उनकी व्यथा उनके जीवनानुभव से निःसृत है। उनकी अपनी अलग पीड़ा है। वह गैर दलित साहित्यिकों की समझ में नहीं आएगी। उनका जीवन दुख का दरिया है। इससे बाहर निकलने का मार्ग वे साहित्य के जरिए ढूँढ रहे हैं। दलित साहित्यिक मनुष्य को केन्द्र में रख कर उनका स्वाभिमान, आजादी और प्रतिष्ठा आदि के

तहत उसका मूल्याकंन करता है। गुलामी से मुक्ति उसका 'अजेण्डा' है। मैं कौन हूँ, इस समाज में मेरा क्या स्थान है आदि प्रश्नों का विवेचन-विश्लेषण दलित साहित्य में होता है। इसीलिए वह साहित्य 'मैं' का अन्वेषण करने वाला साहित्य है। जब तक इस समाज-व्यवस्था में जाति-भेद मौजूद रहेगा तब तक जातीय भेदभाव की आलोचना करने वाला साहित्य सृजन होता रहेगा। आज मराठी साहित्य में दलित साहित्य का प्रवाह अपनी एक अलग पहचान बना चुका है। वह न पूर्णतः ग्रामीण है, न नागरी बल्कि उसकी अपनी एक अलग पहचान है। दलितों की व्यथा को शोषण गुलामी की दासता को वह प्रस्तुत कर रहा है और अस्पृश्यता जाति-भेद-भाव के विरुद्ध अपनी आवाज़ बुलन्द कर रहा है। समतावादी विचारों को नवसमाज के निर्माण करने की इसकी आशावादी दृष्टि है।

आज भी अस्पृश्यता को हम नष्ट नहीं कर सके हैं। दलितों पर अन्याय, अत्याचार का सिलसिला जारी है। आज भी वे शोषित और पीड़ित हैं। इसलिए दलित साहित्य का अस्तित्व आज भी बना हुआ है। दलित साहित्यकारों ने अपने भाषण, लेखन के माध्यम से उनकी पीड़ा को वाणी देने का कार्य किया है। जब तक श्रोत-गण, पाठक-गण वह भाषण-लेखन पढ़ेंगे नहीं तब तक वह दलित साहित्य को सही मायने में समझेंगे नहीं।

दलित साहित्य समाजिक प्रतिबद्धता को मानता है। उसका जीवन से सीधा सम्बन्ध है। दलित साहित्यिक जो जीवन जीता और भोगता है उसका यथार्थ रूप उसके साहित्य में दृष्टिगत होता है। वह 'कला जीवन के लिए' सिद्धान्त का निर्वाह करता है। 'कला कला के लिए' या 'कला मनोरंजन के लिए' का वह पक्षधर नहीं। साहित्य कला जीवन रो जुड़ी है। जीवनानुभूति के बिना साहित्य सृजन सम्भव नहीं होता। साहित्यकार की अन्तस्फूर्ति से साहित्य की निर्मिति होती है। साहित्यिक चाहे कोई भी हो वह व्यक्ति, समाज और मानव जीवन—इन तीन प्रवाहों के संगम से निर्मित होता है। साहित्यकार रोजमर्रा के जीवन में सुख-दुःख, राग-द्वेष, हर्ष-विवाद, संघर्ष-सन्ताप आदि का अनुभव करता है और वही साहित्य में निर्मित करता है। साहित्य कला समाज जीवन के अन्तरंग से जुड़ जाती है। इसीलिए तो वह जीवनाभिमुख होती है। दलित साहित्य जीवनवादी साहित्य है, जीवन से कमिटमेण्ट का भाव उसमें सम्मिलित है।

मध्यवर्गियों का साहित्य बन्द कमरे में बैठकर विशिष्ट सोच से निःसृत होने वे वह जीवन से जुड़े प्रश्नों को अनदेखा करता है। वे साहित्यकार जीवन-संघर्ष को महत्त्व देने के बजाय भाषा-शैली के चमत्कार को अधिक महत्त्व देते हैं। यही कारण है कि पिछले 50-75 साल में लिखा गया गैर-दलित मध्यवर्गीय साहित्यकारों का साहित्य एक ही दायरे के अनुभव को व्यक्त करता रहा है। इसीलिए वह वास्तविकता से दूर निर्जीव-सा प्रतीत होता है। कभी लैंगिक विकृति तो कभी

पलायनवाद और कभी शून्यवाद में वह उलझा रहता है। साहित्य में उनकी प्रयोगशीलता भी बड़ी दयनीय है। इस प्रकार के प्रयोगों से उनमें उस साहित्य में और जीवन में स्तर का अन्तर आ गया है। दायरे से विकास अवरुद्ध हुआ है। इस सन्दर्भ में दलित साहित्य जीवनाभिमुख है। वह सामाजिक जिम्मेदारी का दायित्व निभाता है। वह परिवर्तनवादी है, जीवन के अन्तर्बाह्य सम्बन्धों की परिभाषा करता है। दलित साहित्यकारों की साहित्य-कृति व्यष्टिवादी होते हुए भी समष्टिवादी बन जाती है क्योंकि उसमें प्रस्तुत जीवन दर्शन किसी एक व्यक्ति का न होकर उस समूची जाति एवं समाज का बन जाता है।

दलित साहित्य ने कुछ प्रश्न निर्माण किए हैं। समीक्षा पद्धति को ही चुनौती दी है। साहित्यिक कसौटी के मूल्यांकन की कसौटी कौन-सी रहेगी? इन कसौटियों का निर्माण कैसे हुआ है? क्या वे भारतीय साहित्य से निर्मित है या पश्चिम से? क्या इन कसौटियों में समय और काल की दृष्टि से परिवर्तन होता है? या वे चिरन्तन अपरिवर्तनीय हैं? साहित्यिक मूल्यांकन की कसौटियाँ यदि परिवर्तित होती हैं तो किस परिस्थिति और मूल के सन्दर्भ में होती हैं? कहीं ये कसौटियाँ चौखटबद्ध तो नहीं हैं? यदि हैं तो कौन-सा साँचा (Format) है? इन सारे प्रश्नों का उत्तर उन सफेदपोश आलोचकों को देना होगा वरन दलित साहित्य के सन्दर्भ में इन कसौटियों का कोई महत्त्व नहीं रहेगा। परम्परागत मूल्यांकन की कसौटी दलित साहित्य के मूल्यांकन के लिए उपयोगी सिद्ध नहीं हो सकेगी। इसका विचार आलोचना को करना होगा। वास्तविक रूप से आलोचक जिसे शुद्ध कसौटी कहना चाहते हैं वह कसौटी न होकर उनकी अपनी मध्यवर्गीय दृष्टि होती है। साहित्य जीवन का अविभाज्य अंग है। उसकी निर्मिति अनुभूति से होती है। साहित्य कृति का निर्माण पहले होता है और बाद में समीक्षा की कसौटी का। यह बात ध्यान में रखकर ही दलित साहित्य की आलोचना होनी चाहिए। आलोचना के पूर्व आलोचक महोदय को अपनी पूर्वग्रह दूषित दृष्टि दूर करनी होगी। दलित मानसिकता, उनका जीवनानुभूव, मानापमान, प्रस्थापित व्यवस्था के प्रति विद्रोह का स्वर, दलित साहित्य की प्रेरणा, परिस्थिति, दलित लेखक एवं उनका परिवेश, सामाजिक जीवन, उनकी आशा-अपेक्षा आदि के साथ तादात्म्य स्थापित किए बिना दलित साहित्य की आलोचना नहीं हो सकती। पूर्व-निर्मित समीक्षा-कसौटी के साँचे में बिठाकर दलित साहित्य का मूल्यांकन करना निहायत गलत होगा।

मराठा काल में दलितों की शाहीरी खूब चली। वे शाहीरी को संगीत के साथ साभिनय सम्वादात्मक शैली में प्रस्तुत करते थे। उनकी प्रस्तुति मानो एक पात्र के नाट्यप्रयोग की भाँति ही होती थी। वैसे ही तमाशा लावणी की परम्परा भी दलित साहित्य में आज तक चलती रही है। तमाशा का लावणी गायक साभिनय, सवाल-जवाब गाकर हजारों रसिकों को रिझाने का प्रयास करता था। तमाशा में

प्रस्तुत वगनाट्य उनमें हास्य-विनोद की भूमिका करनेवाला सोंगाड्या (विदूषक) का अभिनय भी प्रभावपूर्ण रहा करता था। कुल मिलाकर तमाशा, लावणी, शाहीरी के कला माध्यम से लोगों का प्रबोधन करना इसका हेतु था। डॉ. आम्बेडकर के राजनीतिक एवं सामाजिक आन्दोलन का प्रभावपूर्ण प्रचार-प्रसार का कार्य दलित सामज को जलसाकारों ने ही किया है। किसन फागुजी बन्दसोड इस दृष्टि से पहले दलित नाट्यकार रहे हैं। मध्यवर्गीय नाटकों द्वारा निर्मित विशिष्ट चौखट में बद्ध पद्धति से हटकर दलित नाटककारों ने अपना अलग मार्ग खोला है। और वह मार्ग है नुक्कड नाटक। नुक्कड नाटक मंचन की दृष्टि से सुविधाजनक रहा है। इसके मंचन के लिए न थियटर की जरूरत होती है न लाईटिंग की, वह तो बस्स चौराहे, खुले मैदान, बाजार-हाट, गाँव के मेले में खेला जा सकता है।

प्रत्येक कला के क्षेत्र में विशिष्ट समय के बाद उसकी मर्यादाएँ (Limitation) स्पष्ट होने लगती हैं। यह प्रवाह अभी-अभी प्रवाहित होकर अपने मोड़ पर आया है। उसे और गति मिलनी चाहिए। उसका प्रभाव और बढ़ना चाहिए। उसका मार्ग और प्रशस्त होने की आवश्यकता है। इस सन्दर्भ में आत्मपरीक्षण की आवश्यकता है।

कोई भी कलाकार कलाकृति निर्माण करते-करते कुछ समय बाद खुद जाने-अनजाने उसी के मोह में अटक जाता है। ऐसे अवसर पर कलाकार को चाहिए कि उस को अपने चिन्तनशील मन से हटा देना चाहिए। तभी उसके द्वारा नयी कलाकृति का निर्माण हो सकता है। नवनिर्मित कलाकृति रंग, रूप, आकार, गन्ध की दृष्टि से अलग हो सकती है। दलित साहित्यकारों की अनुभूति एक सी हो जाएगी। इसे नहीं झुठलाया जा सकता। इसलिए दलित साहित्यकार को सतर्क रहना होगा। अपनी कृति नित्य-नूतन हो, उसका प्रभाव चिरकाल बना रहे, इस दृष्टि से उसे सोचना चाहिए।

दलित साहित्य के लेखक विभिन्न जाति उपजाति के स्तर से उभरकर हुआ हैं। उनकी जो अपनी समस्याएँ हैं उसे ही उन्हें लिखने दिया जाए। उनका पूरा जीवनानुभव साहित्य में आना चाहिए। पुनरावृत्ति के भय से भयभीत न हों बल्कि अपने मार्ग पर चलते रहें, जिससे मराठी भाषा उन सारे दलित लेखकों की मातृ-बोली से समृद्ध हो जाएगी।

आज मराठी साहित्य में ग्रामीण साहित्य, दलित साहित्य आदि विभिन्न भेद दिखाई देते हैं। आज की समाज व्यवस्था में यह जरूरी भी है। नागरी साहित्य मूल रूप से मध्यवर्गीय अनुभूति पर निर्भर है। वे लेखक ग्रामीण जीवन के अभाव को नहीं पकड़ पाते और जिन्होंने पकड़ने की कोशिश की है उनके लेखन में वास्तविकता की अपेक्षा कल्पना का विस्तार अधिक हुआ है। ऐसी स्थिति में आज ग्रामीण परिवेश में पैदा हुए लेखक अपनी आंचलिक कृति में यथार्थ रूप में वास्तविकता को प्रस्तुत करने लगे हैं। जातीगत समाज व्यवस्था में पैदा हुए

साहित्यकार अपनी अनुभूति को शब्दबद्ध करने लगे हैं। तब उनके साहित्य पर वास्तविकता का रंग चढ़ने लगा है। इस स्थिति में नागर, ग्रामीण, दलित आदि का रंग चढ़ना स्वाभाविक भी है। जब जातीवादी समाज रचना में बदलाव आ जाएगा, जब संपूर्ण समाज समानता के स्तर पर आ जाएगा तब उनके साहित्य आविष्कार में परिवर्तन होगा, और तभी साहित्य भिन्नता की दूरी कम होगी।

समय तीव्र गति से बदल रहा है। बदलते समय के साथ समाज व्यवस्था का स्वरूप भी परिवर्तित हो रहा है। औद्योगिक क्रान्ति के कारण जातिवादी समाज व्यवस्था पर आघात हो रहा है। परिणाम जाति व्यवस्था अब वर्ग-व्यवस्था में बदलने लगी है। मशीनीकरण की मार से जाति टूट कर वर्ग व्यवस्था के निर्माण में योग दे रही है। इसका प्रमाण नगरों की समाज रचना में दिखाई दे रहा है। नगरों में जाति के बजाए वर्ग निर्माण होने लगे हैं। अब जातीय कम वर्गीय प्रश्न निर्माण हो जाएँगे। इन प्रश्नों का हल ढूँढने के लिए वर्गीय आन्दोलन की धारणा बल पकड़ने लगी है। इस वर्ग व्यवस्था को साहित्यकार जब अपनी अनुभूति से साहित्यिक आकार देता है तब वह नागरी, ग्रामीण, दलित आदि को चौखट को लाँघकर वर्गीय सम्वेदना से युक्त सृजन करेगा। तब नागरी, ग्रामीण और दलित वर्गीय भाव से एक दूसरे के करीब आ जाएँगे।

अधिकतम भूमि कानून से ग्रामीण जीवन में भी आर्थिक सबाली करण से समानता के चिह्न दिखाई देने लगे है, जिससे ग्रामीण जीवन की जाति व्यवस्था प्रभावित होने लगी है। गाँव में एक कुआँ, एक पनघट, एक श्मशान भूमि तथा एक तालाब, घर-घर नल आदि की सुविधाएँ जातीय भेद की दीवरें तोड़ने में मदद पहुँचा रही है। यान्त्रिकीकरण के प्रभाव से ग्राम जीवन की जातीय चौखट की मजबूती में ढीलापन आ गया है। परिणामतः छूत-अछूत की भेद-भावना कम हो रही है। इसे और गति मिलनी चाहिए।

ग्राम अँचल से जुड़े लेखकों की साहित्य कृति में ग्राम जीवन की वास्तविकता साकार होगी जिससे नागरी, ग्रामीण और दलित साहित्य प्रवाह एक दूसरे के करीब आ जाएँगे और कुछ समय बाद इनमें स्थित पारस्पारिक भेद मिट जाएगा। मैने मराठी साहित्य के क्षेत्र में साहित्य वैचारिक लेख लिखे हैं। मैंने सच्चे मन से साहित्य-सेवा की है और जीवन में साहित्य-सेवा को ही सर्वश्रेष्ठ स्थान दिया है। साहित्य-सृजन मेरे जीवन का एक अंग है। एक साहित्यिक के रूप में अपने आप को स्थापित करने का प्रयास मैंने किया है। इसीलिए यहाँ के साहित्य सम्मेलन में अध्यक्ष पद पर चुनकर आया हूँ। इसका सारा श्रेय आप सभी को है। मेरे चयन से क्या दलित साहित्य, ग्रामीण और नागरी साहित्य में समन्वय स्थापित होगा? इनमें निहित अन्तर क्या कम हो सकेगा? आदि प्रश्न उपस्थित किए जा सकते हैं। मुझे अध्यक्ष बनाए जाने से यदि ग्रामीण, नागरी, दलित साहित्य प्रवाह में समन्वय स्थापित होगा तो मैं उसका

स्वागत ही करूँगा। मुझे लगता है आज के सन्दर्भ में इनमें समन्वय होना ही चाहिए। यही समय की माँग है। यदि आप समन्वय चाहते हैं तो आपको दलित साहित्य की ओर देखेने का दृष्टिकोण बदलना होगा। पूर्वग्रह दूषित दृष्टि को त्यागकर दलित साहित्य की सम्वेदना को समझना होगा। दलित जीवन का यथार्थ समझे बिना दृष्टिकोण बदलेगा नहीं, क्योंकि आज दलित साहित्य को गलत दृष्टिकोण देखा जा रहा है, इनमें जब तक परिवर्तन नहीं होगा तब क साहित्य के प्रवाह में पारस्परिक आत्मीय सम्बन्ध निर्माण नहीं होगा।

मराठी प्रदेश में दो संस्कृतियाँ प्रचलित हैं। लोकसंस्कृति और राजसंस्कृति। लोकसंस्कृति यहाँ के मूल निवासियों की है। यहाँ के भूमि-पुत्रों की अर्थात दलितों की धरोहर रही है। इसी संस्कृति ने लोक-कला, लोक-संगीत, लोकनाट्य विकसित किया है। ये सभी कलाएँ दलित जीवन में निःसृत हैं। राजनीतिक प्रभाव के कारण समय-समय पर इन कलाओं को कभी दबाया गया तो कभी सराहा गया। युगों से बनी पीड़ा ज्वालामुखी की तरह दलित साहित्य के रूप में प्रकट हुई, और उन्होंने मराठी साहित्य को समृद्ध किया। 19वीं शती में महात्मा फुले ने अपने कृतिशील विचारों से मराठी जीवन और साहित्य को नया मोड़ दिया। 20वीं शती में डॉ. आम्बेडकर ने अपने विचार सिद्धान्तों से ग्रन्थ निर्मित कर विशेष योग दिया। आजादी के बाद अनेक दलित साहित्यकारों ने मराठी को समृद्ध करने में विविध विधाओं को लेकर प्रचुर मात्रा में लेखन किया है। लोकनाट्य, लोकसंगीत, नुक्कड नाटक आदि दलितों की लोककलाएँ हैं। परिणामतः मध्यगर्व एवं दलित वर्ग इन लोककलाओं के कारण करीब आने लगे हैं। दोनों में आत्मीय भाव निर्माण होने लगा है। भविष्य में उन लोककलाओं के माध्यम से इन दो वर्गों गें अर्थपूर्ण सामंजस्य निर्माण होगा ऐसा मुझे लगता है। ऐसी स्थिति में जातीय बंधन हट जाएँगे। भविष्य में जो कला आविष्कार होगा उसकी दशा और दिशा ऐसी ही होगी, यह मेरी भविष्यवाणी है।

दलित जाति के विभिन्न पर्त खुलने लगे हैं। अपनी जातीय-वर्गीय विविध अनुभूति को तीव्रतम रूप में नये साहित्यकार बड़ी उम्मीद के साथ कहानी उपन्यास, नाटक, आत्मकथा आदि के जरिए प्रस्तुत करने लगे हैं। उनका लिखा हुआ साहित्य कितना प्रभावपूर्ण अथवा प्रभावहीन है यह कौन तय करेगा? यह प्रश्न है। परन्तु नये साहित्यकारों को आलोचना की परवाह न करते हुए खूब लिखना चाहिए। उनके लेखन से मराठी साहित्य समृद्ध होनेवाला है ऐसा मेरा मानना है। इतना ही स्वानुभव के आधार पर मैं इन नये साहित्यकारों को कहना चाहता हूँ कि खूब लिखो...लिखते रहो...

अनुवाद : डॉ. वी. एन. भालेराव, पुणें

जिस साहित्य में दलितों का चित्रण नहीं उसे हम अपना साहित्य कैसे कहें?

—दत्ता भगत

[दलित नाट्य सम्मेलन, बीड, 1986]

मराठी नाटक की परम्परा में देवल को प्रथम आधुनिक नाटककार और उनके 'शारदा' नाटक को प्रथम आधुनिक नाटक माना जाता है। यह नाटक सन् 1885 में प्रस्तुत किया गया। इस नाटक में देवल ने बाला-जरठ विवाह की समस्या पर प्रकाश डाला है। यह उस काल की सामाजिक समस्या थी। इस नाटक के कारण मराठी रंगमंच पर पहली बार सामाजिक समस्याओं को स्थान मिला। इसके लिए देवल ने पहली बार स्वतन्त्र और काल्पनिक कथावस्तु को चुना। इससे तीस वर्ष पूर्व म. जोतीराव फुले ने स्वतन्त्र और काल्पनिक कथावस्तु का आधार लेकर धर्म के नाम पर चलने वाले शोषण को अपने 'तृतीय रत्न' नाटक के माध्यम से प्रस्तुत किया था। 1979 तक यह नाटक उपलब्ध नहीं था। अब उपलब्ध हुआ है। लेकिन अभी भी मराठी नाटक साहित्य के इतिहास लेखकों को इसके नाम का उच्चारण करना भी आवश्यक नहीं लगता।

मराठी नाट्य-परम्परा में जिस प्रकार देवल को प्रथम आधुनिक नाटककार माना जाता है, उसी प्रकार विष्णुदास भावे को प्रथम मराठी नाटककार माना जाता है। यह सम्मान 'स्वयंवर' नाटक को दिया जाता है। सच तो यह है कि 'स्वयंवर' नाटक एक दशावतारी खेल है। स्वयं भावे से लेकर आज तक के नाट्य समीक्षकों तक सभी को यह मत मान्य है। 'दशावतारी' खेल यह एक लोककला है। फिर इसे नाटक क्यों कहें? यहाँ पर नाटक के गुण बीज रूप में हैं, इसलिए? लेकिन नाटक के गुण बीज रूप में जहाँ हैं वह 'दशावतारी खेल' ही एक लोककला है। फिर अन्य लोककलाओं को नाटक क्यों नहीं मानना चाहिए? तमाशा को नाटक क्यों न मानें? 'स्वयंवर' नाटक की संहिता उपलब्ध है और अन्य लोककलाओं की इस प्रकार की संहिता (Text) उपलब्ध नहीं है, क्या इसलिए? अगर ऐसा है तो

'श्री लक्ष्मीनारायण कल्याणम्' इस संहिता को पहला नाटक क्यों न मानें? इस नाटक के लेखक शाहूराजे तंजावरकर को प्रथम नाटककार क्यों न मानें? 'श्री लक्ष्मीनारायण कल्याणम्' यह संहिता 'स्वयंवर' इस नाटक के 100 वर्ष पहले लिखी गयी है।

'श्री लक्ष्मीनारायण कल्याणम्' हो या फिर 'स्वयंवर' हो, ये दोनों संहिताएँ पद्यमय हैं। 'तृतीय रत्न' नाटक ऐसा नहीं है। यहाँ सम्वाद हैं, पात्रों का आवागमन है, नेपथ्य है और विशेष बात यह है कि हम जो लिख रहे हैं, वह नाटक है इस बात की जानकारी महात्मा फुले को है। इससे पहले यह अहसास भी कहीं दिखाई नहीं देता और रचना में वे गुण और विशेषताएँ भी दिखलाई नहीं देतीं। इसीलिए म. फुले मराठी के प्रथम आधुनिक नाटककार तो हैं ही, साथ ही प्रथम नाटककार भी हैं—ऐसा मैं मानता हूँ। इस मंच से यह स्थापना जिम्मेदारी के साथ प्रस्तुत करते हुए मुझे आनन्द हो रहा है।

इसके पश्चात् मैं तमाशा और जलसा—इन दो परम्पराओं की चर्चा करना चाहता हूँ। तमाशा, जलसा और दलित रंगमंच—इन तीनों कलाप्रकारों की रक्षा दलितों ने की है। तमाशा और जलसा में रचना का आन्तरिक सम्बन्ध है, तो जलसा और दलित रंगमंच का सम्बन्ध आम्बेडकरी अभियान से है। इसी कारण तमाशा, जलसा और दलित रंगमंच में एक विकासात्मक क्रम है ऐसा मेरे कुछ मित्रों को लगता है, लेकिन मुझे ऐसा नहीं लगता।

तमाशा इस कला प्रकार में नाट्य कला के बीज दिखाई देते हैं। शाहिरों की कवने (स्तुति गीत) प्रस्तुत करने वाला वर्ग, महार, मातंग, गवली, घिसाडी ऐसी विविध अछूत जातियों का था। आज कवनकारों के नाम इतिहास लेखकों को ज्ञात हैं, लेकिन इन कवनों को प्रस्तुत करने वाले कलाकारों के नाम इतिहासकारों को ज्ञात नहीं हैं, इस दुःख को भि. शि. शिन्दे ने व्यक्त किया है। इतना ही नहीं, इस सम्बन्ध में दिखाई देने वाली उदासीनता के पीछे जाने-अनजाने क्यों न हो वर्णवादी अहंकार की भावना ही कार्य करती है, यह आरोप भी किया जाता है। इन आरोपों का पुनरुच्चार करने के बजाय मैं लोककलाओं पर प्रेम करने वाले मेरे अनुसंधान के क्षेत्र में सक्रिय मित्र इस ओर ध्यान दें, ऐसा अनुरोध करता हूँ।

इस स्थान पर एक महत्त्वपूर्ण बात की ओर आपका ध्यान आकृष्ट करना चाहता हूँ। मराठी रंगभूमि में संगीत नाटकों की अत्यधिक प्रतिष्ठा है। देवल किर्लोस्कर से लेकर गोखले, परांजपे, आदि तक संगीत नाटक लेखकों की एक लम्बी परम्परा रही है। बालकोबा नाटेकर से लेकर अजीत कड़कड़े तक गायक नटों की परम्परा रही है। पं. बालकृष्ण बुवा इचलकरंजीकर से लेकर सीधे जितेन्द्र अभिषेकी तक की संगीत दिग्दर्शकों की एक परम्परा है। नाट्य संगीत की इस बुनावट में शास्त्रीय संगीत का बहुत बड़ा योगदान है। इस नाट्य संगीत को चाहने

वाला बहुत बड़ा अभिमानी वर्ग महाराष्ट्र में फैला हुआ है। इस नाट्य संगीत के निर्माण में फारसी रंगमंच पर लोकप्रिय हुए सुर-तालों के संस्कार कैसे हुए हैं, यह बात हमारे इतिहास लेखक बखानते हैं। कीर्तनकला के कटावों का और फटकों का किस प्रकार संस्कार हुआ है, यह भी हमारे इतिहासकार बताते हैं। लेकिन मराठी लावणी का थोड़ा-सा क्यों न हो अत्यधिक मौलिक योगदान इसमें है—इसे कहना वे क्यों भूल जाते हैं यह समझ में नहीं आता।

दोस्तो, अनेकों को पसन्द न आने वाला यह वक्तव्य मैं आपको चौंकाने के लिए नहीं कर रहा हूँ। मेरे वक्तव्य के समर्थन में दो बातें प्रमाण रूप में रखना चाहता हूँ।

पहला सबूत अहिताग्नि राजवाड़े की आत्मकथा में ही है। यह व्यक्ति जैसे एक विद्वान के रूप में प्रसिद्ध था वैसे ही अस्पृश्यता निवारण का विरोधी भी था। बालगन्धर्व के सम्बन्ध में आस्था न रखने वाला लेकिन बाळकोबा और अण्णासाहब किर्लोस्कर पर अत्यधिक प्रेम करने वाला था। इसलिए उन्हें अहिताग्नि कहा जाता था। बाळकोबा और अण्णासाहब किर्लोस्कर ये दोनों तमाशा करने वालों से 'लावणियाँ' सुन कर आते और उसके आधार पर नाट्यगीतों की तथा नाट्य संगीत की रचना करते थे।

1898 में एल्फिंस्टन थियेटर में सत्या-राध्या महार धापरीकर तुरेवाला और तुकाराम-राध्या इन्दुरकर के बीच जो चर्चित चौरंगी मुकाबला हुआ था, उसका विज्ञापन आज भी उपलब्ध है। पुणे का आर्यभूषण अथवा मुम्बई का एल्फिन्स्टन—ये उस काल में उच्चवर्ग के मनोरंजन के केन्द्र थे, ये बात हमें याद रखनी चाहिए। उस समय तमाशा देखने के लिए बाळकोबा और अण्णासाहब किर्लोस्कर को चोरी छिपे जाने की भी आवश्यकता नहीं थी।

अहिताग्नि अपनी आत्मकथा में 'लावणी' को आधार बना कर लिखे गए कुछ नाट्य पदों के उदाहरण देते हैं।

'श्रीरंग गोपिकोत्सन धरुनि करी रंग हरि हा बाई' और 'ये अशी, बैस, मजसरशि उगिच का भिशी, नाही कुणी दुसरे।'

इसमें 'लावणी' कौन सी और नाट्यगीत कौन सा? पहला पद लावणी है और दूसरा पद 'शापसम्भ्रम' नाटक में पुण्डलिक के मुख से निकला हुआ नाट्यगीत है।

मेरा दूसरा सबूत, परिस्थितिजन्य सबूत है। जो दर्शक वर्ग देवल और किर्लोस्कर के नाटकों को 1885 के आस-पास मिला था उस दर्शक वर्ग के 10-15 वर्ष पूर्व मनोरंजन के आदर्श क्या थे? वह वर्ग कहाँ जाता था? अभिजात्य वर्ग के सभी कवि-गायक किसके आश्रित थे? पेशवाओं के उन गायकों को बिदागी कौन देता था? पेशवा, सरदार, जागीरदार और देशमुख, सरदेशमुख—ये लोग जिस प्रकार सत्ता में थे वैसे ही संयोग से धार्मिक दृष्टि से भी श्रेष्ठ थे। इन उच्चवर्णीय अमीरों के मनोरंजन और रसिकता का मानदण्ड लावणी और पोवाड़ा था। स्वयं अहिताग्नि

को अपने ब्राह्मण होने का अहंकार है और वे अपने बचपन में तमाशा देखने के लिए आर्यभूषण थियेटर में जाते थे, यह बात वे खुले मन से स्वीकार करते हैं। लक्ष्मण घिसाडी और लक्ष्मण तुरेवाला की लोकप्रिय धुनों का अनुकरण कर वे मेले में पदों की रचना करते थे—ऐसा उन्होने स्वयं कहा है। उस युग के एक विद्वान प्राचार्य हर दिन रात को तमाशा देखने उस कला केन्द्र में जाते थे और उनके विद्यार्थी उन्हें महाविद्यालय में वापिस ले आने के लिए उनके कपड़े (सोवळे) और घड़ाभर पानी वहाँ ले जाते थे, ऐसी एक आख्यायिका है। ऐसे अनेक उदाहरण दिये जा सकते हैं। यह उच्चवर्णीय अमीर वर्ग पेशवाओं के अस्त के बाद कुछ हद तक गरीब बन गया। आधुनिक शिक्षा के कारण उसके मन में सम्पूर्ण देशी संस्कृति के सम्बन्ध में धीरे-धीरे तुच्छता की भावना निर्माण होने लगी थी। लेकिन उसी समय पश्चिमी संस्कृति के सामने हार मानने के लिए उनका स्वाभिमानी मन तैयार नहीं था। पश्चिमी वेशभूषा करने के बाद पुणे की पगड़ी पहननी ही चाहिए—इस प्रकार की मानसिकता रखने वाला वर्ग किर्लोस्कर-देवल का दर्शक वर्ग था। संगीत का अभिमान बुद्धि को समाधान देने वाला था फिर भी मन की रसिकता का पोषण तो लावणी ने ही किया था। इसलिए बन्देअली के पास शिक्षा ग्रहण करनेवाले बाळकोबा ने लावणी के धुनों को नया साज चढ़ाया, अण्णासाहब किर्लोस्कर ने उसके अनुरूप गीत रचना की और हमारा यह नाट्य-गीत बन कर तैयार हो गया।

नाट्य-गीत केवल महाराष्ट्र में ही प्रचलित है—ऐसा नहीं है। वह आन्ध्र, कर्नाटक और गुजरात में भी प्रचलित है। लेकिन अन्य प्रदेशों के समान महाराष्ट्र का नाट्य संगीत सुगम संगीत क्यों नहीं बना, इस बात का विचार भी इस सन्दर्भ में आवश्यक है।

नाट्य संगीत के विकास के प्रारम्भिक काल में लावणी का किस प्रकार और किस हद तक सम्बन्ध था—इसका ब्योरेवार और विस्तृत विवेचन करना कठिन है। दोनों परम्पराओं से आई हुई धुनें जिनके पास बची हैं, उन्हीं को यह सब प्रमाण बताना सम्भव है। सौभाग्य से दलित रंगमंच के पास ऐसा एक मित्र उपलब्ध है। मेरे मित्र रुस्तम अचलखांब यह उत्तरदायित्व स्वीकार करें, ऐसा अनुरोध मैं उनसे करता हूँ।

नाट्य संगीत और लावणी के बीच रिश्ता बताते समय लावणी लेखकों के प्रति ऋण व्यक्त करना मेरा उद्देश्य है। उसी प्रकार वर्णवर्चस्व की भावना से निर्मित हमारे अभिजात्य वर्ग की रसिकता की झूठी धारणा भी टूटे यह भी उद्देश्य है।

तमाशा रंगमंच के बाद मैं 'जलसा' की ओर लौटता हूँ। बाबासाहब आम्बेडकर का विचार हजारों लोगों तक पहुँचे यह 'जलसा' की प्रेरणा है। अस्पृश्यों को शिक्षा प्राप्त करनी चाहिए, उन्हें अपने परम्परागत 'महारबतन' छोड़ देना चाहिए, आधुनिक शिक्षा ग्रहण करनी चाहिए आदि। बाबासाहब के ये विचार जनता तक ले जाने

का काम 'जलसे' वालों ने किया। तमाशा प्रस्तुत करने वाले लगभग सभी शाहिर दलित थे। बाबासाहब की अपील को स्वीकार कर वे इस अभियान में शामिल हुए। तमाशा के कारण गीत-रचना, सम्वाद-चातुर्य, हँसी-मजाक, अभिनय और संगीत आदि सभी बातों में वे पहले से ही पारंगत थे। परम्परागत तमाशा की प्रेरणा छोड़नी आवश्यक थी क्योंकि वह मूलतः आध्यात्मिक थी। पेशवाओं के काल में उसमें मनोरंजन जुड़ गया था। आम्बेडकर के अनुयायी दलितों ने जलसा की रचना करते समय सर्वप्रथम इन प्रेरणाओं का त्याग किया।

इस कारण राधा-कृष्ण के दृश्य और प्रवेश अपने-आप ही समाप्त हो गए। गणेश आराधना का स्थान भीम आराधना ने ले लिया। गवळण सीमापार हो गयी लेकिन मौसी के पात्र को शेष रखा गया। परम्परा से चले आ रहे तमाशा में मौसी गोपियों की शील रक्षा का असफल प्रयत्न करती थी। श्रीकृष्ण और भक्त के मिलन में बाधा बन कर खड़ी होती थी। इस प्रकार की सनातनी मनोवृत्ति वाला पात्र जलसे वालों ने रूढ़ीवादी दलितों का प्रतिनिधित्व करने वाले के लिए प्रयोग में लाया। श्रीकृष्ण का पात्र अनावश्यक बन गया लेकिन तमाशा में पाया जाने वाला स्वांगधारी पात्र जलसा वालों ने बनाये रखा। मूल में तमाशा के स्वांगधारी में व्यंग्य की छिपी शक्ति तो थी ही। शाहिरों ने इस शक्ति का अधिक-से-अधिक उपयोग कर लिया। भीड़ को तो मनोरंजन चाहिए ही। नृत्य, दिखावा आदि बातों को छोड़ने के कारण मनोरंजन से निर्माण होने वाली रिक्तता को जलसे वालों ने स्वांगधारी की व्यंग्यात्मकता से भर दिया। उसी प्रकार आम्बेडकरवादी विचारों के वहन का दायित्व भी उन्होंने स्वांगधारी पर ही डाल दिया। दलितों के विकास में बाधा बनने वाले अथवा उनका शोषण करने वाले भट-जोशी जैसे पात्र तमाशा में नहीं थे, वे जलसा में आये। इन पात्रों के पूर्वजों की खोज की जा सकती है। म. फुले के नाटकों में वह मिलता है। उसी प्रकार पड़ोस में चलने वाले सत्यशोधकी जलसों में भी वह मिलता है। प्रेरणा बदलने से रचना का स्वरूप किस प्रकार बदलता है, यह बताने के लिए ही मैंने यह विस्तार किया है।

इन जलसों का साहित्यिक मूल्य भी मूल रूप में देखने योग्य है। भीमराव कर्डक के पुस्तक रूप में उपलब्ध जलसों को सन्दर्भ के लिए लिया जा सकता है। भि. शि. शिन्देजी ने अपने अध्यक्षीय भाषण में 'करकंबकर', जलसा मण्डल द्वारा प्रस्तुत 'माझा दाम्या झाला परदान' (मेरा दाम्या बना प्रधान) इस जलसा के एक प्रसंग का बहुत अच्छा परिचय दिया है। स्वांगधारी का काम करने वाले मारुति साळवे सोलापूरकर के सम्वादों में चातुर्य की झलक भी उससे समझ में आती है। वर्तमान काल में डॉ. गंगाधर पानतावणे ने किसन फागुजी बन्दसोड, शाहिर घेगड़े, वामन कर्डक, केरूबुवा गायकवाड़ आदि शाहिर जलसे वालों का परिचय देते समय उनकी रचनाओं के साहित्यिक मूल्य को भी मराठी जनता के

सामने रखा है। उसकी विवेचना के लिए अलग से विस्तार नहीं करूँगा। जलसे वालों के सन्दर्भ में मैं यहाँ एक अलग मुद्दा रखना चाहता हूँ।

दोस्तो, भारतीय स्वतन्त्रता संग्राम हमारे स्वतन्त्रता सैनिकों तथा आम्बेडकरवादी विचारों के वाहक स्वातन्त्र्य सैनिकों का संयुक्त अभियान था। एक वर्ग ने अपनी शाक्ति का उपयोग राजनीतिक स्वतंत्रता के लिए किया। उसके लिए वे जेल गये, शहीद भी बने। ये स्वातंत्र्य सैनिक जिस समय स्वतन्त्रता संग्राम में सहभागी हुए उस समय समाज ने उन्हें सम्मानित किया, उन्हें मानसिक रूप में आधार दिया, सुरक्षा दी। सरकार के विरुद्ध लड़ाई में समाज उनके समर्थन में खड़ा रहा। दूसरे वर्ग में जलसे वाले आते हैं। वे जब सामाजिक समता के आन्दोलन में सम्मिलित हुए तब उनका दुहरा नुकसान हुआ। आम्बेडकर के आदेश के कारण उन्होंने अपने वतन (अधिकार) छोड़े जिससे भूखे मरने की नौबत आयी और सवर्ण लोगों के अहंकार पर चोट हो जाने के कारण उन्हें गाँव छोड़ कर जाना जरूरी हो गया। इस दुहरे नुकसान के कारण अनेक दलित उजड़ गये, उनकी गृहस्थी बिखर गयी। मैं इन्हें भी स्वातंत्र्य सैनिक ही मानता हूँ। समाज को मैं यह अपील करता हूँ कि वह उन्हें स्वतन्त्रता सैनिक ही माने। इन जलसे वालों के त्याग का, उनके कठिन जीवन का और उनकी अव्यावसायिक आस्था का विचार कोई करेगा या नहीं? नासिक के भीमराव कर्डक, रेणापुर (ता. लातूर) के बाबूराव घोड़के, मानखेड़ (ता. अहमदपूर) के भारत काम्बले, दर्जी बोरगाँव के मधुकर निवृति धावरे, मूल रूप में सांगली के कोल्हापूर निवासी लेकिन इस समय डिलाईल रोड में रहनेवाले शाहीर काम्बळे, अपनी पहाड़ी आवाज से श्रोताओं को मुग्ध करने वाले बाबुराव मेश्राम और वामनदादा कर्डक जैसे अनेक जलसाकार अत्याधिक बुरी स्थिति में जी रहे थे। इन लोगों के कार्य का अहसास क्या हमारी जनता को मान्य नहीं है? इन लोगों की ओर ध्यान देना क्या सरकार के लिए भी जरूरी नहीं है?

तमाशा और जलसा, इन दोनों पूर्व परम्पराओं का संक्षिप्त परिचय मैंने दिया है। तमाशा और जलसा की प्रेरणाओं की भिन्नता को मैंने बताया है। जलसा की बनावट और विकास में तमाशा के अवदान को भी मैंने स्पष्ट किया है। जलसा का जन्म ही आम्बेडकरवादी विचारों को लोगों तक पहुँचाने के लिए हुआ है। इसीलिए उसका स्वरूप हमेशा एक साधन जैसा रहा है। चर्चा, तर्क और व्यंग्य आदि अंगों से जलसा का विकास होना स्वाभाविक है। यहाँ से अब हम थोड़ा आगे बढ़ेंगे।

स्वतन्त्र भारत के प्रथम मन्त्री परिषद में बाबासाहब को सम्मिलित किया गया था। संविधान की मसौदा समिति का अध्यक्ष पद भी उन्हें मिला। दलितों के लिए बाबासाहब जो-जो चाहते थे, उसके लिए आवश्यक संवैधानिक व्यवस्था करने में उन्हें यश प्राप्त हुआ। व्यावसायिक शिक्षा, नौकरी और राजनीति–इन तीनों क्षेत्रों में दलितों को आरक्षण मिला। अस्पृश्यता विरोधी कानून अस्तित्व में

आया। 'एक व्यक्ति एक मत' के कारण सत्ता में सहभागी होने का अवसर मिला और समाज में समता के युग का प्रारम्भ हुआ। दलित आन्दोलन ने आधी लड़ाई जीत ली।

परिणामस्वरूप हमारे जलसाकारों को एक प्रकार का समाधान और सुख मिला, स्वतन्त्रता संग्राम सैनिकों के समान। जयंति और धम्मचक्र प्रवर्तन के कार्यक्रमों में वे सम्मिलित होने लेगे। जलसों की रिक्तता को उन्होंने गायन के कार्यक्रमों से भर दिया।

बाबासाहब के अभियान में सम्मिलित कार्यकर्ताओं को यहाँ इस सीमा पर सुख का अनुभव हुआ। संयुक्त महाराष्ट्र के आन्दोलन में वह सहभागी बने। कुछ कार्यकर्ता मजदूर आन्दोलन से जुड़ गये। उन्हें वहाँ जलसे की आवश्यकता थी। शाहीर अमरशेख और अण्णाभाऊ साठे ने जलसा को 'कलापथक' के रूप में जीवित रखा।

आम्बेडकरी विचारों के संवाहक के रूप में जन्मा जलसा स्वातन्त्र्योत्तर काल में कमजोर बन गया। लेकिन आम्बेडकर के अनुयायी आम्बेडकर के विचारों से दूर जा रहे हैं, यह बात समझ में आने पर गीत गायन में मग्न ये जलसे वाले अपने गीतों के माध्यम से अंगारे बरसाने लगे। एकता के लिए सक्रिय बने। बाबासाहब के अनुयायियों के मन पर जमी धूल को फूँक कर, उनके भीतर की आग को जगाने का कार्य इन्होंने किया। इस प्रकार के शाहिरों और जलसाकारों का प्रतिनिधित्व करने वाले एवं उनका नेतृत्व करने वाले अकेले योद्धा वामनदादा कर्डक थे।

1960-65 तक आते-आते बाबासाहब के युवा अनुयायी प्रौढ़ बनने लगे थे। 1947 में जन्मा दलित युवा बन रहा था। इन दोनों पीढ़ियों को अपने आस-पास का सामाजिक यथार्थ यातनामय लगने लगा था। हिन्दू व्यक्ति की परम्पराप्रिय और दोहरेपन की आग उन्हें तकलीफदेय लगने लगी। सत्ता की हिस्सेदारी आरक्षण तक मर्यादित होने से वह कारगर नहीं है, यह बात उन्हें समझ में आने लगी। दलित नेता अपने अनुयायियों की ओर लौटे। अनुयायियों की स्पर्धा में वे धीरे-धीरे लाचार बन गये। इधर व्यवहार में विषमतापूर्ण व्यवहार एवं आचरण करने वाला व्यक्ति समतावादी विचारों के प्रभाव के परिणामस्वरूप सजग बन गया था। विषमता का खुला समर्थन करने पर हम परम्परावादी करार दिए जाएँगे, इस डर से अपने आचरण के परम्परावाद को उसने अपने मन तक सीमित कर दिया। लेकिन इसी प्रतिभा का उपयोग सत्ता स्पर्धा में होता है, यह बात समझ कर वह उसका उपयोग अत्यन्त कुशलता के साथ करने लगा। दलितों का शत्रु अदृश्य रूप में विचरण करने लगा।

कानून अनुकूल है। सरकार सहूलतें देने के लिए वचनबद्ध है और आस-पास का समाज भी दलितों के अधिकारों को मौखिक मान्यता देता है। फिर यह विषमता क्यों? दलित युवाओं के मन में असन्तोष की आग भड़कने लगी।

आचरण की विषमता भी कभी-न-कभी समाप्त होगी, कानून पर दलितों को समाधान मानना चाहिए, ऐसा सवर्णों को लगने लगा। लेकिन दलित हिंदू परम्पराओं का मजाक बना रहे हैं, इस बात का गुस्सा हिन्दुओं के मन में निर्माण होने लगा। शत्रु तो दिखाई न दें और चारों ओर से पत्थरों की बौछार हो, इस प्रकार की विचित्र अवस्था में दलित युवा फंस गया था। इन युवा दलितों का संघर्ष एक ओर समझौता करने वाले दलितों के साथ था तो दूसरी ओर वर्ण व्यवस्था फिर से बने रहने का प्रयत्न करने वाले परम्परावादी लोगों के साथ था। इसी से पैंथर्स का उदय हुआ। मेरे मित्र त्र्यंबक सपकाले ने 'जरा कळ काढ़ थोड़ी' (कुछ देर वेदनाओं को सह ले) इस कविता में मानों पैंथर्स को ही जातक कहा है। पैंथर्स के जन्म की मीमांसा इसलिए की जा रही है कि दलित कविता के निर्माण में पैंथर्स का बहुत बड़ा योगदान था—यह बात समझ लेनी चाहिए।

इधर यह युवा विद्यालयों और महाविद्यालयों में शिक्षा ग्रहण कर रहा था। जिस साहित्य का पाठ्यपुस्तकों द्वारा वह अध्ययन कर रहा था उन पुस्तकों में उसे अपना चित्र कहीं दिखाई नहीं देता था। हम ईश्वर पर विश्वास नहीं करते लेकिन हमारी पाठ्यपुस्तकों में मात्र 'अजाण आम्ही तुझी लेकरे'! (हम आपके अज्ञान बच्चे), हमने अन्ध श्रद्धा छोड़ी लेकिन यहाँ अन्धश्रद्धा का पोषण करने वाले पाठ। हम वर्णव्यवस्था का निषेध करते हैं, लेकिन यहाँ हमें चातुर्वण्य का समर्थन करने वाले ग्रन्थों का अध्ययन साहित्य के रूप में करना पड़ रहा है।

पाठ्य पुस्तकों के बाहर जाकर अध्ययन करने का विचार करेंगे तो वहाँ भी वही है। महाड़ तालाब के सत्याग्रह का प्रसंग, कालाराम मन्दिर का सत्याग्रह और छह लाख दलितों का एक ही मैदान पर धर्म परिवर्तन! लेकिन क्या किसी एक कवि के सम्वेदनशील मन पर कोई एक कोमल तरंग भी निर्मित हुई?

परम्परागत साहित्य को उसकी विषमता के साथ उसे आदर्श मानने की जबरदस्ती। दलितों का चित्रण न होने पर भी मराठी साहित्य को अपना मानने की सारस्वत पुत्रों की उम्मीद और प्रत्यक्ष वर्तमान जीवन में स्थित घुटन भरा। माहौल इसी कारण तो वर्तमान दलित कविता में विद्रोह का जन्म होता है। यह कविता ही दलित साहित्य की सभी विधाओं के जन्म का स्थान है। इस विद्रोह के मूल में एक भयंकर वेदना है। 'मैं कौन? इतिहास में मेरे कौन? वर्तमान में मेरे सहयात्री कौन? मेरा स्वत्व क्या है?' यही चिरंतन प्रश्न दलित कवि, कथाकार और आत्मकथा लेखकों के सामने है। दलित नाटककारों के लेखन का मूल स्रोत भी यही है। इसी को अलग भाषा में आत्मशोध कहा जा सकता है। इस आत्मशोध का कारण आम्बेडकर के विचार हैं, इस सम्बन्ध में अपने मन में किसी भी प्रकार का सन्देह नहीं होना चाहिए।

ये प्रश्न दलितों के मन में निर्माण हुए, दलितों के संघर्ष के कारण और

संघर्ष के भीतर से। दरवाजे-खिड़कियाँ बन्द कर खुद को अपने ही कोष में छिपाकर अपने आप से पूछे गए ये प्रश्न नहीं हैं। आयात किये हुए विचारों के बौद्धिक मन्थन से निर्मित ये प्रश्न नहीं हैं, बल्कि जीवन की समस्याओं से जूझते समय सामने आये हुए ये प्रश्न हैं। भोग को भाग देने पर बचा हुआ जो शेष होता है, उसके ये प्रश्न हैं। जीवन जीने की अदम्य इच्छा के कारण जिन यातनाओं को सहना होता है, उससे जन्म लेने वाले ये प्रश्न हैं। इसीलिए इनमें अनुभव की सच्चाई है।

इन अनुभवों की दूसरी विशेषता है इनमें दिखाई देने वाला सामाजिक सन्दर्भ। यह सन्दर्भ सायास लाया हुआ नहीं है, वह अटल है। दलित अनुभवों के आविष्कार का कैनवास 'समाज और संस्कृति' है। यह सुप्त मन की विकृति नहीं है या फिर आयात की हुई जीवन जीने की इच्छा भी नहीं है। यह साहित्य की हीनता भी नहीं है बल्कि पोषक तत्त्व ही है।

'स्वत्व' की यह खोज दलित साहित्य और रंगमंच का मूल आधार है। इस शोध का सन्दर्भ जाति व्यवस्था और चातुर्वर्ण्य पर आधारित समाज है। इस शोध को समझने की प्रेरणा हमें डॉ. बाबासाहब आम्बेडकर ने दी। इस प्रेरणा को आधार बनाकर जब हम सक्रिय होते हैं, तो एक नए आन्दोलन का जन्म होता है और इस शोध के भीतर से जन्म लेने वाले उभरे हुए दुःख को शब्दों में बांधने पर साहित्य का जन्म होता है। बाबासाहब ने एक बार कहा था, 'मुझे इन्जीनियर चाहिए, डॉ. चाहिए, वकील चाहिए और सबसे अधिक आवश्यकता मुझे साहित्यकारों की है। उस कमी को पूरा करने के लिए समय लगेगा, लेकिन धर्मधारणा के लिए मुझे साहित्यकारों की जरूरत महसूस होगी। शासन और प्रशासन के हजारों हाथों में कभी न आने वाला मानवी जीवन का एक हिस्सा है, वह है मनुष्य का मन। लेकिन प्रतिभाशाली लेखक अपनी सूक्ष्म भावनाओं से इस मन को आकार देते हैं, उसे बढ़ाते हैं, उसे तोड़ते और जोड़ते भी हैं। इस हृदय को यह शक्ति प्राप्त होती है करुणा के कारण।' बाबासाहब की नजरों में धर्म धारणा करुणा पर ही आधारित है।

इसीलिए मैं अब संक्षेप में कहूँगा कि आम्बेडकर के विचारों को आत्मसात करने के कारण प्राप्त होने वाली जीवन विषयक दृष्टि के आधार पर स्वयं को और अपने आस-पास के यथार्थ को समझने की उत्कट इच्छा शक्ति का शब्द रूप आविष्कार ही दलित नाटक है। दलित नाटक आम्बेडकर के विचारों के प्रचार के लिए नहीं जन्मा बल्कि आम्बेडकर के विचारों के साक्षात्कार के लिए जन्मा है। आम्बेडकरवादी विचारों का यह आन्दोलन हमारे जीवन का उद्देश्य है। आम्बेडकरवादी साहित्य यह इस आन्दोलन का अपरिहार्य परिणाम है। आम्बेडकरवादी आन्दोलन से इस साहित्य को अलग करने का प्रयत्न किया जाए तो वह मुरझायेगा। दलित नाटकों की जीवन्तता इस आन्दोलन के कारण और इस आन्दोलन के भीतर से

जन्मी हुई है। लेकिन इसका स्वाद सम्पूर्ण समाज को जागृत करने वाला है। इसीलिए यह नाटक सार्वभौम है। उसका यह सार्वभौम रूप हमें सँभालकर रखना होगा। ऐसे ही हमारा यह दलित रंगमंच हमारी जीवन्तता का, सुसंस्कृत होने का, हमारी वेदनाओं-व्यथाओं और हमारे भविष्य के सपनों का परिमाण है। दलितों की यह लड़ाई केवल दलितों की मुक्ति की लड़ाई नहीं है बल्कि दलितों, गैरदलितों और मनुष्य मात्र को मुक्त करने की यह लड़ाई है। मनुष्य के एक वर्ग को गुलाम बना कर नहीं, मनुष्य मात्र को गुलाम बनाने वाली व्यवस्था को तोड़कर। इस प्रकार के अभियान में शस्त्र के रूप में केवल रंगमंच का उपयोग उचित नहीं है।

दोस्तो, मेरे इस विवेचन को अधिक स्पष्ट करने के लिए मैं आपसे कुछ प्रश्न पूछना चाहूँगा। मेरे मित्र डॉ. शिरोळे यह बताएँ 'स्मारक' नाटक के शिक्षक के मन का प्रयोजन क्या है? इस पात्र को नाटक से हटाया जाता तो नाटक का क्या होगा? मेरे मित्र मधुसूदन गायकवाड़ 'म्यूलैटो' नाटक में बर्ट की भूमिका अत्यन्त कुशलता से निभाते हैं। कर्नल नॉरवुड ने उनके लिए क्या कमी रखी थी? फिर सबकुछ होते हुए भी बर्ट की बेचैनी किस लिए? क्या नॉरवुड उसके साथ बराबरी का व्यवहार नहीं कर रहा था? क्या कमी थी बर्ट में? इन बातों की पहचान से ही हम उसके दुःख तक पहुँचते हैं। बर्ट की माँग न्यायपूर्ण होने पर भी कोरान क्यों काँप उठता है? विजया शिराळे इन प्रश्नों के उत्तर दें। 'रुको, रामराज्य आ रहा है' आपने देखा होगा उसमें अन्त में 'पोतराज' कहता है—'तूने उस देवता जैसे आदमी को नहीं बचाया। तू सच्ची माँ नहीं है!' ऐसा कह कर देवी पूजा के बन्धनों से मुक्त होने वाला यह पोतराज कैसा अभिनय करता है, जगन्नाथ भिंगारे को बताना चाहिए और वैसा ही अभिनय उसे क्यों करना चाहिए इस नाटक के दिग्दर्शक प्रकाश त्रिभुवन को बताना चाहिए। कोटर से आँख निकालने पर अन्तिम साँस तक जयभीम के उच्चार करते रहने वाले 'काळोखाच्या गर्भात' (अँधेरे के गर्भ में) नाटक के पात्र किस बात का संकेत देते हैं? जीना है तो स्वाभिमान से जिओ-आम्बेडकर का यह एक मात्र सन्देश देते हैं अथवा मूल्यों के लिए स्वाभिमान से जीने वालों को उसकी चाहे जितनी कीमत हो चुकानी ही होती है और उसी में मनुष्य जीवन की सार्थकता भी होती है। यही प्रभाव नाटककार को दर्शाना है। इस प्रश्न का उत्तर अविनाश गायकवाड़ दें या टेक्सास गायकवाड़ दें। दलित रंगमंच के अनेक नाटकों के उदाहरण देकर मैं मेरा विवेचन अधिक स्पष्ट कर सकता हूँ, लेकिन विस्तार भय के कारण यहीं रुकता हूँ।

दलित नाटकों की जो विशेष पहचान मैंने अनुभव की, वह मैंने स्पष्ट की। लेकिन क्या नाटकों की प्रस्तुति में यह अलग पहचान सम्भव है? इस प्रश्न का उत्तर दूँ इतना मेरा अध्ययन नहीं है या फिर प्रत्यक्ष रंगमंच का अनुभव भी नहीं है। इस विषय के जानकारों को इस पर अपने विचार रखने चाहिए।

दलित रंगमंच पर 'युगयात्रा' एक कड़ी है। प्राचार्य चिटणीस के नाटक 'युगयात्रा' के पूर्व सौ वर्ष तक कोई दलित नाटक नहीं है। सम्बन्ध है तो 1855 के 'तृतीय रत्न' इस नाटक से। 'युगयात्रा' नाटक के बाद 10-15 वर्षों तक भटकन जारी रही लेकिन 1970 के बाद महाराष्ट्र में एक ही समय अलग-अलग छोर से दलित रंगमंच ऐसे जागा जैसे कोई नींद से जागा हो।

'तृतीय रत्न' और 'युगयात्रा'—इन दो नाटकों के कालखण्ड के बीच में सवर्णों द्वारा दलितों की समस्याओं पर लिखे गए 10-12 नाटक मिलते हैं। कोल्हटकर का 'मूकनायक', सावरकर का 'उःशाप' आदि इसके उदाहरण हैं। सावरकर ने 'चोखोबा' की समस्या को जाति अथवा वर्ण व्यवस्था के सन्दर्भ में नहीं देखा। उसे राष्ट्रवाद के सन्दर्भ में देखा। कोल्हटकर एक समाज सुधारक थे। फुले को छोड़ कर सभी समाज सुधारकों ने सदैव ही हमारी देश की जाति व्यवस्था पर एक परिशिष्ट के रूप में ही विचार किया है। कोल्हटकर इसके अपवाद नहीं हैं।

यहाँ केवल गैर-दलित नाटककारों के सम्बन्ध में ही नहीं बल्कि सभी सुधारकों के सम्बन्ध में कुछ अलग ही कहना है। इस देश में केवल बोलने वाले समाज सुधारक और क्रियाशील समाज सुधारक जैसे दो वर्ग थे, ऐसा मुझे नहीं लगता। मेरे विचार में एक वर्ग ऐसे सुधारकों का है जिन्होंने वर्ण व्यवस्था का धिक्कार किया तो दूसरा वर्ण उनका है जिन्होंने जाति और वर्ण व्यवस्था की अवधारणा बदल कर वर्ण व्यवस्था को चोट न पहुँचाते हुए सामाजिक सुधारों को बताया। पहले वर्ग में बुद्ध दिखाई देते हैं, बसव दिखाई देते हैं, गुरु गोविन्दसिंह दिखाई देते हैं और वर्तमान में म. फुले, आगरकर और आम्बेडकर दिखाई देते हैं। दूसरे वर्ग में आद्य शंकराचार्य, बारकरी सन्त, स्वामी दयानन्द सरस्वती, गाँधी और सावरकर दिखाई देते हैं। जाति और वर्ण व्यवस्था को धिक्कार कर जिन्होंने समाज में परिवर्तन लाने का प्रयत्न किया, उनकी शक्ति क्षीण होती गयी और ऐसे अनुयायियों का एक छोटा-सा गुट समाज में शेष रहा, जो रास्ता भटका नहीं था लेकिन उनकी शक्ति ही सीमित थी। दूसरे गुट ने अपने विचारों को परम्परा के साथ जोड़ कर उसे सुसंगत बनाने का प्रयत्न किया। यह प्रयत्न लोकप्रिय बना। सुधारों की गाड़ी कुछ आगे बढ़ी। लेकिन इस पद्धति के कारण अनजाने में ही क्यों न हो, रूढ़ीवादियों के लिए सहूलियत हो गयी। इस कारण इन नेताओं की मृत्यु के बाद उनके अनुयायी विचारों को परम्परा के साथ सुसंगत बनाने के बजाय अपने पसन्द की परम्पराओं में आधुनिक विचारों का आधार ढूँढ़ने लगे। गाँधी-आम्बेडकर के विरोध का सच्चा केन्द्र यही है—ऐसा मुझे लगता है। मैंने यह फर्क इसलिए बताया है कि अधिकांश गैर दलित लेखकों का दलितों सम्बन्धी अनुभव दलित सम्वेदनशीलता के विरोध में जाता है, ऐसा मुझे लगता है।

इस काल में दलितों ने भी दलित विषय पर नाटक लिखे हैं। ताम्बे का

'प्रेमप्रताप' अर्थात म्हार की बहू, नामदेव व्हटकर का 'वाटचुकली' (राह भूली), मा. आ. कारन्डे का 'संगीत जय बौद्ध', अण्णाभाऊ साठे का 'अकलेची गोष्ट' (अक्ल की कहानी) आदि उदाहरण दिये जा सकते हैं। विदर्भ में तो दीनबन्धु नाटककार के रूप में ही जाने जाते हैं। ज्ञानेश्वर विद्यालय, लातूर के सिरसाठ गुरुजी ने अब तक 20-25 नाटक प्रस्तुत किये हैं। सूक्ष्मता से खोज की जाए तो और अनेक नाम सामने आ सकते हैं। एक युग मान कर इन सभी नाटककारों पर विचार करना कठिन है। एक बात यह है कि मैंने इन सारे नाटकों को देखा नहीं है अथवा ये सभी नाटक पढ़ने के लिए मुझे उपलब्ध नहीं हुए लेकिन जितने पढ़े हैं उसी के आधार पर कुछ कहा जा सकता है। इन नाटककारों का आदर्श 'जलसा' नहीं था। देवल और गडकरी के नाटक प्रभावशाली होने पर भी ग्रामीण दर्शकों के मन को प्रभावित करेंगे, इसका विश्वास नहीं। इन दर्शकों को चाहिए घटना प्रधान नाटक। इसीलिए इन नाटकों का रिश्ता पारिवारिक नाट्य परम्परा के साथ है। बोधात्मक परिणाम—यह इन नाटकों का उद्देश्य है। 'नरबली', 'काळोखाच्या गर्भात' (अँधेरे के गर्भ में) अथवा 'तन माजोरी' (मस्ती भरा) इन नाटकों में जो विद्रोह स्पष्ट दिखाई देता है, वह यहाँ दिखाई नहीं देता।

लेकिन इस काल में नागपुर वालों के प्रयत्न को अलग दृष्टि से देखना होगा। धनवटे रंगमन्दिर में महाबोधि सोसायटी का ग्रन्थालय चलता था। उस काल में डॉ. एम. बी. नियोगी युवाओं के लिए बौद्धिक व्याख्यान देते थे। सीताबर्डी के आनन्द सागर के निवासी अनेक युवा ये बौद्धिक विचार सुनने के लिए यहाँ आते थे। उन्हीं युवाओं में से एक प्रभाकर जीवने नाम के युवक ने 'बुद्धलीला सार संग्रह' कोसाम्बी के इस ग्रन्थ पर आधारित 'चाण्डालिका' नामक नृत्यनाटिका लिखी और प्रस्तुत की। 'जगाच्या कल्याणा' (विश्व के कल्याण के लिए) नामक तीन अंकों वाला नाटक लिखा। कोरेगाँव के विजय स्तम्भ की हकीकत उस काल के 'विविध वृत्तान्त' में छपी थी, उसके आधार पर एक नाटिका लिखी। प्रभाकर जीवने द्वारा प्रस्तुत विषयों को देखने पर यह बात शीघ्र समझ में आती है कि उनके विचारों की प्रेरणा आम्बेडकरवादी विद्रोही विचार थे। महाराष्ट्र की प्रा. कुमुद पावडे, वसन्त मून इन नाटकों में अभिनय करते थे। जयन्त वैरागडे, तुलसीदास तिरपुडे, शिवशंकर जीवने आदि उन नाटकों में अभिन्य करने वाले कुछ और कलाकारों के नाम हैं। ये नाटक 1950-55 के आस-पास खेले गए।

इसके बाद मैं दलित रंगमंच पर लगाये जाने वाले कुछ आरोपों की ओर आता हूँ। उसमें प्रथम और महत्त्वपूर्ण आरोप एक प्रश्न के माध्यम से सामने आता है। यह प्रश्न है—दलित रंगमंच है कहाँ? इस प्रश्न का उत्तर मैं प्रश्न के द्वारा ही देता हूँ। 'मृत्यु पथ पर जाते हुए तथाकथित मराठी रंगमंच को ही जानने की जिनकी क्षमता नहीं उन्हें दलित रंगमंच दिखाई कैसे देगा?'

1984-85 के महाराष्ट्र की रंगमंच की विवेचना सुभाष इनामदार ने की है। इस विवेचना में उन्होंने पूरे वर्ष में आए हुए हिट और हॉट नाटकों की संख्या (नए) 40 बतायी है। मनोरंजनात्मक नाटकों की संख्या नौ बतायी है। और कलात्मक नाटकों की संख्या नौ बताई है। इसमें 'सविता दामोदर परांजपे', और 'सखी प्रिय सखी'–ये दोनों दन्तकथाएँ हैं। 'चित्कार' मेलोड्रामा है, 'पोलिसनामा' फार्स है। 'सोयारिक' सई टच वाला मनोरंजन है, शेष बचे चार नाटक। इनमें 'वादक माणासाळतय' ये बाबा आमटे के जीवन पर लिखा गया व्यक्ति प्रधान नाटक है। इस प्रकार सालभर में लगभग 58 नाटकों में केवल तीन नाटक वर्तमान जीवन की समस्याओं से सम्बन्धित हैं। इन तीनों में भी 'तांदुळ निवडता निवडता' हास्य प्रधान नाटक है। तो फिर 'वाडा चिरेबन्दी' और 'पडघम'–ये दो ही नाटक वर्तमान जीवन की समस्याओं को गम्भीरता से देखते हैं। इतनी-सी पूँजी पर हमारा मराठी रंगमंच अखिल भारतीय है, ऐसा कहने की हिम्मत केवल हम ही कर सकते हैं। फिर भी नाट्यकला के दीवाने सुशिक्षित दर्शकों ने नाट्यकला की टूटती हुई मीनारों को आधार दिया, ऐसा अभिमान से कहना कितना बड़ा भ्रम है और हमारी सरकार इस प्रकार के रंगमंच की सहायता के लिए दौड़ कर चली आती है तथा उसके लिए 70-80 लाख रुपये खर्च करने का निर्णय लेती है यह उस भ्रम से भी बड़ा औदार्य है। मजदूरों का रंगमंच, नागर-अनागर नाट्य स्पर्धा और दलित रंगमंच का उल्लेख भी न करते हुए जो लोग अ. भा. मराठी रंगमंच का ब्यौरा प्रस्तुत करते हैं, उनकी इस आत्मकेन्द्रित दृष्टि को और अल्प सन्तुष्ट वृत्ति को दूर से ही जयभीम करना ठीक रहेगा। दोस्तो, इस प्रकार आत्म सन्तुष्ट बन कर नहीं चलेगा।'खादाड असे माझी भूख, चतकोराने मला न सुख' (मेरी भूख बड़ी है, पाव रोटी से मुझे सुख नहीं) ऐसा कहने वाले केशवसुत के हम वंशज हैं। उपर्युक्त समीक्षकों की दृष्टि से हम विचार करते रहेंगे तो भूखे ही रह जायेंगे।

दूसरा आरोप–दलित रंगभूमि की चर्चा बहुत होती है लेकिन नाटक नहीं हैं, यह शिकायत जिज्ञासा के रूप में है, ऐसा मान कर सबूत के लिए महाराष्ट्र की दलित रंगभूमि का संक्षिप्त ब्यौरा आपके सामने प्रस्तुत करता हूँ।

मेरी जानकारी में मुम्बई, पुणे, नासिक, नान्देड, औरंगाबाद, अकोला, अमरावती, चन्द्रपुर, नागपुर–इन बड़े शहरों में, संगमनेर, जामखेड, आष्टी, अम्बाजोगाई इन छोटे गाँवों में दलित रंगमंच एक आन्दोलन के रूप में अस्तित्व में है।

पुणे के रंगमंच ने 'काळोखाच्या गर्भात', 'जलवा, 'देशाचे मारे करी', 'झाड़ा झड़ती' आदि महत्त्वूपर्ण नाटक मंचित किये हैं। 'पिसाळलेली' इस बालनाटक का भी मंचन किया है। भि. शि. शिन्दे, टेक्सास गायकवाड़, प्रकाश खुडे, शिल्पा मुम्ब्रिसकर आदि कलाकार इस संस्था के आधार स्तम्भ हैं।

इस संस्था का मुखपत्र 'दलित रंगभूमि' के नाम से प्रकाशित होता है और

ये लोग नए-नए नाटककारों को प्रकाश में लाते हैं। रमेश गायकवाड़ और शान्तिराज गायकवाड़, ये दोनों गणमान्य लेखक इसी मंच के कारण प्रकाश में आए।

'साक्षीपुरम' नाटक के लेखक रामनाथ चव्हाण, 'पोतराज' प्रस्तुत करने वाले पुणे के प्रतिभा थियेटर्स के सम्पत जाधव और रमेश शिन्दे, बालनाढक प्रस्तुत करने वाले सूर्यकान्त तावडे, अण्णाभाऊ रंगमंच के वसन्त लोंढे—ये सभी कलाकार दलित रंगभूमि आन्दोलन को लोगों तक पहुँचाने का कार्य कर रहे हैं। पुणे के आन्दोलन ने दलित नाटकों का एक दर्शक वर्ग निर्माण किया है, इस बात का अनुभव मुझे आया है।

मुम्बई के प्रेमानन्द गज्वी अब व्यावसायिक रंगमंच पर सक्रिय हैं। 'तनमाजोरी' नाटक नाना पाटेकर के अभिनय के कारण अत्यधिक लोकप्रिय हो रहा है। 'देवनागरी' नाटक को नाट्य स्पर्धा में अनेक पुरस्कार मिले हैं। 'घोटभर पाणी' (चुल्लूभर पानी) इस एकांकी संग्रह को राज मान्यता मिली है। मेरी जानकारी के अनुसार वर्तमान काल में जिसके नाटक के हजारों प्रयोग हुए हैं, ऐसे प्रेमानन्द गज्वी के सिवा कोई दूसरा नाटककार नहीं है। अभी हाल ही में 'सम्बोधि' संस्था के जगदीश मोरे, हाटे, भोंसले आदि कार्यकर्ता दलित नाटकों के निर्माण में सक्रिय बने हैं।

कथाकथन करने वाले प्रमुख लेखकों में आज वामन होवाळ का नाम लिया जाता है। उनके कथन में एकपात्री नाटक ही होता है। इसका कारण है कि वामनराव के कार्य का प्रारम्भ ही नाटकों से हुआ है। शाहीर अमरशेख के कलापथक ने 'जपून पेरा बिया' (बीज बोना सँभल कर) 'नाम्या म्हाणे मी उपाशी' (नामा कहे मैं भूखा) और 'आन्धळयांची वरात' (अन्धों की बारात) उनके इन नाटकों ने उन्हें अत्यधिक लोकप्रिय बनाया। अन्तिम दो नाटकों वे उन्हें कथन वे 'उपोषण' और 'वसुली'—इन दो नामों से करते हैं। वगनाटक में पाया जाने वाला हास्य-व्यंग्य यह मुख्य रूप से उपहास पर आधारित होता है। होवाल के कथन में उपहास के साथ-साथ पात्रों के आचरण की विसंगति के भी दर्शन होते हैं। इस शक्ति के साथ वे नाटकों की ओर अग्रसर होंगे तो दलित रंगभूमि को एक नयी दिशा मिलेगी, इस बात का मुझे विश्वास है।

नासिक के हिन्दुस्तान ऐरोनोटिक रिक्रिएशन क्लब की ओर से और अब 'उन्मेष' इस स्वतन्त्र नाट्यसंस्था का निर्माण कर एम. जी. वाघ लेखक और निर्देशक के रूप में सामने आ रहे हैं। 'मृगजल', 'शरण मी बुद्धाला', 'बन्डलबाज', 'भूमिहीन'—ये सब उनके द्वारा लिखे गए और निर्देशित नाटकों के नाम हैं। जोशी-अभ्यंकर खून के अभियुक्त हमारी न्याय संस्था को दोषी ठहराते हैं। उन्हें सजा होती है लेकिन दलितों का खून करने वाले अनेक अभियुक्त निर्दोष छूट जाते हैं। ऐसा क्यों? इस प्रश्न से बेचैन होने वाले नायक की कथा 'भूमिहीन' नाटक में दर्शायी गयी है। 'पक्षीमित्र', (डिम्पल बोलने लगी) जैसे बच्चों के नाटक भी विशिष्ट दृष्टिकोण सामने

रख कर लिखे गये हैं। प्रकाश गायकवाड़, सी. के. गायकवाड़, सौ. निर्मला वाघ, सौ. चेतना देवकर, प्रकाश जाधव आदि नासिक के कलाकार और तकनीकी सलाहकार स्थानिक स्तर पर सभी के परिचित हैं। सी. टी. देवकर–इस युवा लेखक ने सुशिक्षित दलितों की अपप्रवृति पर निशाना साधने वाला 'वादळतील नौका' इस नाम का एक नाटक हाल ही में लिखा है। 'अथं मनुष्य जगनं हं' इस नाटक के सह निर्देशक आयु. भगवान हिरे एक अच्छे कलाकार हैं। 'सोन्याचा दात नसलेला कर्ण' नामक नाटक लिख कर उन्होंने लेखन के क्षेत्र में प्रवेश किया है।

अकोला के सुप्रसिद्ध निर्देशक राम जाधव के मनमाड निवासी भाई जगदीश जाधव ने आठ-नौ वर्ष पूर्व 'तोंडी शृंखला या' नाटक लिख कर कामगारों की नाट्यस्पर्धा में प्रस्तुत किया और अनेक पुरस्कार प्राप्त किए।

अरुणकुमार इंगळे द्वारा लिखित और सोलापुर की 'प्रज्ञा' नामक संस्था द्वारा मंचित, रेवण शाबदे निर्देशित 'कायरं' नाटक दर्शकों को दलितों पर होने वाले अन्याय का प्रखर अनुभव दे सकता है। कुलदीप घुमाळे द्वारा लिखित और जामखेड़ के सिद्धार्थ साळवे द्वारा निर्देशित 'सूडांचा खेळ' मैंने देखा है और अभी तक भूला नहीं हूँ।

संगमनेर की 'नवनिर्माण' संस्था के संस्थापक चन्द्रकान्त पवार स्वयं लेखक, निर्देशक और अभिनेता भी हैं। आज का सुशिक्षित दलित एक ओर मध्यवर्गीय मानसिकता और दूसरी ओर पुरानी अन्धश्रद्धाओं का अनुकरण करते हुए गलत दिशा की ओर जा रहा है। इस केन्द्रीय धारणा को लेकर उन्होंने 'डेन्जर्स एन्ड व्हाइट सर्कल' नाटक लिखा है। इसके अतिरिक्त 'आक्रान्त', 'आक्रोश', और 'वड' आदि एकांकी नाटक भी उन्होंने लिखे हैं। संगमनेर के ही डॉ. सोमनाथ मुटकुले ने 'संग्राम' थियेटर्स की स्थापना कर 'शापित' एकांकी हाल ही में प्रस्तुत किया है।

अमरावती का 'विप्लवी नाट्यमंच' दो वर्ष पहले ही स्थापित हुआ है। प्रा. बी. रंगराव उस नाट्यमंच के आधार स्तम्भ हैं। शहरी दलितों की समस्याओं पर आधारित 'शहर', यह नुक्कड नाटक उन्होंने लिखा है, तो शम्बूक की मुक्ति की कथा को 'शम्बूक' शीर्षक से ही प्रस्तुत किया गया है। सत्येश्वर मोरे, वसन्त शेंडे, संजय खडसे–इन युवाओं ने नामान्तर के दंगों पर आधारित 'सूर्यास्त' नाटक प्रस्तुत किया है।

चन्द्रपुर के हेमन्त और हेमचन्द्र खोब्रागडे, दोनों भाई पिछले आठ-दस वर्षों से इस क्षेत्र में सक्रिय हैं। अ. भा. साहित्य सम्मेलन का चन्द्रपुर का मंच उपलब्ध न होने के कारण 'सूर्यास्त' नाटक का मंचन हेमन्त खोब्रागडे ने सभास्थल के बाहर ही किया था, ऐसा मुझे स्मरण है। हेमचन्द्र खोब्रागडे ने 'विसाव्या शतकावर' और 'कालचक्र' इन दोनों नाटकों को बल्लारशा नाट्य स्पर्धा में मंचित कर पुरस्कार प्राप्त किए थे। 'अन्धा~या सावल्या' और 'विध्वंसक माणसं' इन दोनों एकांकियों

में से मैंने 'विध्वंसक माणसं' की सम्पूर्ण पाण्डुलिपि को पढ़ा है।

नागपुर दलितों की सांस्कृतिक गतिविधियों का केन्द्र है। 'पैंथर्स थिएटर', 'मुक्तकला नाट्य संस्था', 'नव चैतन्य रंगमंच' आदि इस क्षेत्र में कार्यरत संस्थाओं के नाम हैं। प्रभाकर दुपारे और उनके अन्य मित्र मेरी जानकारी के अनुसार पिछले दस वर्षों से नुक्कड अभियान से जुड़े हैं। 1950 के आस-पास नाटकों का मंचन करने वाले लोगों से इन युवाओं का सम्बन्ध नहीं रहा होगा, ऐसा मुझे लगता है। दलितों के युवा मन पर पैंथर्स का अच्छा-खासा प्रभाव था। प्रभाकर दुपारे द्वारा लिखित 'उत्सव' और 'साता समुद्रापलीकडे' पुस्तकों के लेखन पर पैंथर्स के विचारों का प्रभाव है। 'हमारा यह नाटक नहीं होता, होता है केवल हमारा जीवन। कला के माध्यम से प्रस्तुत होने वाला यथार्थ जीवन। देखना हो तो आप आइये।' ऐसा कहने वाला नाटक का लेखक अर्थात स्वयं इ. मो. नारनवरे ही। कमालाकर डहाट का लेखन मैंने 'अस्मितादर्श' में पढ़ा है। संकेत थियेटर्स की 'स्त्री 1980' देख कर मैं बेचैन हुआ था। नागपुर पर स्वतन्त्र लेख लिख सकूँ, इतनी जानकारी मेरे पास है।

कुछ लोगों को अतिशयोक्ति लगेगी, लेकिन 1960-65 के आस-पास साहित्य के क्षेत्र में अवतरित इस दलित साहित्य प्रवृति का जन्म स्थान औरंगाबाद है। यह एक सच्चाई है। औरंगाबाद दलितों की सारी सांस्कृतिक गतिविधियों का ऊर्जा केन्द्र है ऐसी मेरी मान्यता है।

मिलिन्द महाविद्यालय का 'बोधिमण्डल' वर्तमान दलित रंगमंच का उद्‌गम बिन्दु रहा है। इसी मण्डल ने 1955 में प्राचार्य चिटणीस द्वारा लिखित 'युगयात्रा' नाटक का मंचन किया था। 'तृतीय रत्न'–इस नाटक के ठीक सौ वर्ष बाद 'युगयात्रा' नाटक ने अपना कथ्यात्मक रिश्ता स्थापित किया। युग-युगों से चली आ रही दलितों की मुक्ति की यह यात्रा इस नाटक की मूल सम्वेदना है। दलित थियेटर्स के प्रमुख मार्गदर्शक प्रा. त्र्यंबक महाजन और भालचन्द्र वराळे इस नाटक में कलाकार थे। डॉ. म. ना. वानखेड़े निर्देशक, डॉ. भालचन्द्र फडके नमोवक्ता और दर्शक स्वयं बाबासाहब! दलित रंगभूमि के इतिहास में यह केवल महत्त्वपूर्ण ही नहीं, बल्कि सुनहरा क्षण है। छह लाख दर्शकों के सामने खेला गया यह मराठी का प्रथम नाटक है।

मैं तीसरे अभियोग की ओर आता हूँ। इस रंगमंच पर खेले गए नाटकों का कलात्मक मूल्य क्या है, इस प्रश्न का उत्तर भी मैं प्रश्न पूछकर दूँगा। हमारी आधुनिक शिक्षा का प्रारम्भ 1827 से हुआ। सभी विधाओं में लेखन 1823 के आस-पास आना प्रारम्भ हुआ। उसके बाद 75 वर्षों से बहुत कुछ लिखा गया। इस काल में लिखा गया साहित्य कितना कलात्मक मूल्यों से युक्त है? केवल 25-30 वर्षों के इस अभियान से किस प्रकार की कलात्मकता की अपेक्षा कर सकते हैं?

यहाँ मैं एक और समस्या पर विचार प्रस्तुत करूँगा। पिछले दस-बारह वर्षों

में 'झुंज', 'सूर्यास्त', 'लोककथा 78', 'कन्यादान', 'पुरुष' आदि दलित समस्याओं पर आधारित गैर-दलित नाटककारों के नाटक व्यावसायिक रंगमंच पर आए हैं। इन नाटकों को दलित नाटक कहा जाए या नहीं? इन सभी नाटकों पर लागू हो, ऐसा उत्तर देना कठिन है। जैसे 'लोककथा 78'—इस नाटक में दलित जीवन का संघर्ष चित्रित है लेकिन बहुत ही सतही रूप में। लेकिन नाटक अत्यधिक सफल है। इस सफलता में विशेषज्ञ का योगदान अधिक है। अन्य नाटकों का ऐसा नहीं है। अन्य नाटकों पर लागू हो, इस प्रकार का सर्वसाधारण विवेचन मैं करना चाहूँगा।

एकल परिवार-व्यवस्था से संयुक्त परिवार-व्यवस्था अच्छी है। इस विचार के विरोध में नयी बहू होती है, इसीलिए वह बुरी है। शिक्षा के कारण ऐसा होता है, इसीलिए कॉलेज की शिक्षा बुरी है। इसीलिए स्कूल में दाखिल न होने वाला, कुछ-कुछ आवारागर्दी करने वाला लेकिन माँ-बाप, गुरुजनों के प्रति श्रद्धा रखने वाला युवक अच्छा। इस प्रकार के भावुक विचार करने में तत्कालीन समाज संलग्न था। तब उस समाज के मनोरंजन की आवश्यकता को बाल कोल्हटकर ने ठीक पहचाना। उसी से पारिवारिक नाटकों का जन्म हुआ। जैसे-जैसे काल बदलता है, वैसे मनोरंजन की आवश्यकताएँ भी बदलती हैं। कोल्हटकर के दर्शकों के जीवन में अत्यधिक बदलाव आया है। वह कुछ हद तक सामाजिक बना है। अपने परिवार के बाहर की दुनिया को वह रेडियो, टी. वी., के माध्यम से समझने लगा है। इस कारण उसकी कुछ धारणाएँ बन गयी हैं। जैसे, आज ब्राह्मण पिछड़ रहा है, सत्ता के सामने सयानापन नहीं चलता, सत्ता पर आरूढ़ मराठा व्यक्ति घमण्डी और भ्रष्ट है, देश में मुसलमानों के हाथ में सत्ता आयेगी, दलितों की खुशामद बहुत की जा रही है। स्वयं मुक्ति की भाषा बोलने वाला अपने घर में अपनी पत्नी का शोषण करता है आदि। इन प्रिय कल्पनाओं की पूर्ति जहाँ होती है, वहाँ मनोरंजन होता है। 'सूर्यास्त', और 'पुरुष'—इन नाटकों की मनोरंजन की क्षमता इसी वर्ग से आती है। कोल्हटकर के नाटकों का कालानुरूप विकसित अवतार अर्थात 'सूर्यास्त' और 'पुरुष' नाटक हैं। ठीक है। यह स्वतन्त्र विचार का विषय है। मैं स्वयं ऐसा मानता हूँ कि गैर-दलित व्यक्ति भी दलित नाटक लिख सकते हैं। मैंने पहले भी 'स्मारक' और 'धर्मान्तर' नाटकों की चर्चा की है।

'दलित नाटक' भड़कीला है। यह दलित नाटककारों पर किया जाने वाला एक और आरोप है। इस आरोप का खण्डन करते समय ही 'दलित नाटकों का भविष्य क्या है?' इस प्रश्न के उत्तर तक हम पहुँचने वाले हैं।

दलित नाटक भड़कीले हैं, यह विचार मुझे मान्य नहीं है। जिस दृष्टि से दलित नाटक भड़कीला है ऐसा कहा जाता है, उसी दृष्टि से विचार किया जाये तो मराठी के आधे से अधिक नाटक भड़कीले हैं। पारिवारिक नाटकों के प्रतिनिधि रूप में हम 'वाहतो ही दुर्वांची जोडी' इस नाटक को देखते हैं, तो 'रायगड़ाला जेंव्हा

जाग येते' यह नाटक ऐतिहासिक नाटकों का आदर्श माना जाता है। 'लोककथा-78' यह दलित समस्याओं का और 'सूर्यास्त' यह राजनीति का प्रतिनिधि नाटक है, ऐसा माना जाता है। इन सारे नाटकों में चित्रित भड़कीले प्रसंगों को मैं सप्रमाण स्पष्ट कर सकता हूँ।

भड़काऊपन के दो कारण हैं। पहला कारण है, व्यक्ति की परम्परागत मान्यताओं को तोड़ना और दूसरा है—लेखक का खुद नाटक में हस्तक्षेप करना।

इसमें दलित नाटककारों को पहले कारण की परवाह करने की आवश्यकता नहीं है। अभिव्यक्ति पद्धति के कुछ शिष्टाचारयुक्त मानदंड होते हैं। उन मानदंडों का जन्म सांस्कृतिक सन्दर्भों से होता है। इसी सन्दर्भ से भड़काऊपन के मानदंड निश्चित होते हैं। इन मानदंडों के बाहर जाने वाली अभिव्यक्ति हो तो नाटक भड़काऊ लगता है। जैसे, अपने प्रिय रिश्तेदारों की मृत्यु पर किस प्रकार शोक प्रकट करना चाहिए, इसके सम्बन्ध में अलग-अलग समूहों के अलग-अलग संकेत होते हैं। अगर उसे तोड़ा गया तो नाटक भड़काऊपन लगेगा। इस प्रकार की मान्यताओं की हमें परवाह करने की आवश्यकता नहीं है। कारण, यह रसिकता की कमी ही होगी।

भड़काऊपन आने का दूसरा कारण महत्त्वपूर्ण है जिस पर हमें गम्भीरता से विचार करना होगा। सच देखा जाए तो दलित नाटकों में भड़काऊपन है, यह मैं मान्य करने के लिए तैयार नहीं हूँ लेकिन दलित नाटकों में व्यक्त होने वाला सामाजिक यथार्थ एकांगी है, यह मेरा दुःख है।

हमारे नाटकों का सामाजिक यथार्थ एकांगी है। इसका मूल कारण हमारी नाटक सम्बन्धी भूमिका में है। आन्दोलन और नाटक, इन दोनों के बीच का फर्क हमें समझ लेना चाहिए। इसका यह अर्थ कभी नहीं कि कलाकार कोई अलौकिक जीव होता है। इसके विपरीत इसी अम्बाजोगाई शहर में 'कार्यकर्ता कलाकार हो ही नहीं सकता' इस प्रकार की भूमिका अपने अध्यक्षीय भाषण में माडगूलकर ने ली थी। तब मैंने उसका जबरदस्त विरोध किया था। कार्यकर्ता के पास दुखों के समाधान होते हैं, यात्रा में एक गति होती है, और गति को एक दिशा होती है—ये रेडिमेड उत्तर नाटक में देना इतना ही नाटककार का कार्य नहीं है। यही कार्यकर्ता अथवा उसका अनुयायी तैयार उत्तरों के सन्दर्भ में जीवन को परखना चाहता हो तो वह समस्याओं की एक अलग दुनिया में पहुँचता है। यह उस कार्यकर्ता की जीवन की पहचान, जीवन की जाँच जितने अधिक स्तरों पर होगी, जीवन की उतनी पेचीदगियों को वह आपके सामने रखेगा।

एक उदाहरण देकर मैं मेरा मुद्दा स्पष्ट करना चाहता हूँ।

हजारों वर्षों में दलितों को जो कभी मिला ही नहीं था वह बाबासाहब के प्रयत्नों से मिला इसीलिए वे समता के युद्ध में सहभागी बने। लेकिन इस लड़ाई

में परम्परा से चली आ रही प्रतिष्ठा, जन्मसिद्ध श्रेष्ठत्व और राजनैतिक सत्ता सवर्णों को थोड़ी बहुत क्यों न हो, खोनी थी। कानूनी प्रावधानों के कारण इस खोने को मान्यता मिली है। छीना हुआ प्राप्त करने के लिए हमारा मन तैयार होना यह स्वाभाविक है लेकिन जो है, उसे खोने के लिए सवर्ण क्यों तैयार हुए? इसका उत्तर यही होगा कि अंग्रेजों से किये गये समझौते के कारण वह तैयार हुआ। दूसरा उत्तर यह होगा कि वह मज़बूरी के कारण तैयार हुआ। तीसरा उत्तर यह होगा कि कानून से जो खोना था उसे व्यवहार में खोना नहीं है, इसका उसे विश्वास था इसीलिए धूर्त रूप से वह तैयार हुआ। चौथा उत्तर यह होगा कि दलितों के अधिकार उसे मान्य हुए इसीलिए वह तैयार हुआ। पाँचवाँ उत्तर ऐसा भी हो सकता है कि कुछ खोने के लिए वह तैयार हुआ। ऐसा मैंने जो कहा है वह कथन ही भ्रामक है। इसके अतिरिक्त और कुछ उत्तर भी सम्भव हैं। इन उत्तरों में मेरे विचार या मेरा मत यह है—ऐसा मैंने कहीं भी नहीं कहा है। लेकिन बाबासाहब के संघर्ष का चित्रण अगर करना हो तो इन विविध दिशाओं से विचार करना आवश्यक है। इसके बिना हम इस संघर्ष की पेचीदगी को प्रत्यक्ष साकार नहीं कर सकते। इसलिए दलित लेखक एक लेखक भी है और एक कार्यकर्ता भी है। जीवन का गहरा दुःख उसे अनिवार्य रूप से क्रियाशील बनाता है। इन वेदनाओं के प्रपात के कारण उसे इतना अधिक धैर्य धारण करना असम्भव है। इसीलिए अपनी वेदनाओं को अधिक नोकदार बनाने की ओर उसकी दृष्टि होती है। इसीलिए उसने साहित्य की शक्ति को समझा है। इसी कारण वेदना के प्रपात को क्षणभर के लिए रोक कर वह उन्हें निहारता है और सभी पेचीदगियों के साथ उन वेदनाओं का अहसास अपने कार्यकर्ताओं को करा देने का कार्य उसे आज या कल करना ही होगा।

अनुवाद : डॉ. नरसिंग प्रसाद दुबे, उदगी

दलित साहित्य स्वतंत्रता और समता के अहसास से निर्माण हुआ है

–रावसाहेब कसबे

[दलित साहित्य सम्मेलन, सोलापुर, 1987]

आज इस देश में प्रत्येक का जीवन अस्थिर हो चुका है। धर्म, भाषा, प्रदेश की अस्मिता, महापुरुष, स्वार्थपूर्ण हित सम्बन्ध आदि बातें इस देश में अराजकता को फैलाने वाले साधन बनते जा रहे हैं। इन संकुचित हथियारों के उपयोग से जिस अराजकता का जन्म होता है, उसमें से सम्यक क्रान्ति हो नहीं पाती। उसमें से फासीवाद के उदय का खतरा ही अधिक सम्भव होता है। फासीवाद मात्र राजनीतिक तानाशाही ही नहीं होती, वरन्, मनुष्य को एक यन्त्र समझ कर उससे यन्त्र की तरह जो चाहिए वह और जिस तरीके से चाहे उस तरीके से काम करा लेनेवाली प्रत्यक्ष कृति होती है। वह बोलनेवालों के मुँह को सीने वाली, लिखने वालों के हाथ बाँधने वाली और सीने पर बन्दूक रख जो चाहिए वही और जितना चाहिए उतना ही बोलने और लिखने के लिए विवश करने वाली तानाशाही होती है। प्रकृतितः मनुष्य में जो जिज्ञासा वृत्ति है, वही सभी नवचिन्तन की जननी होती है। फासिजम इस जिज्ञासा वृत्ति का पहले क्रमांक का शत्रु होता है। फासिजम जिज्ञासा से उत्पन्न नव विचारों के अंकुर को जड़ से कांट देता है। केवल इतना ही नहीं, वह मनुष्य को निरन्तर एक भयग्रस्त ऐसी अवस्था में रख कर उसकी सर्जन क्षमता ही नष्ट कर देनेवाला एक षड्यन्त्र होता है।

हम सब जो यहाँ इकट्ठे हुए बैठे हैं उनमें से कुछ कलाकार हैं, कुछ साहित्यकार हैं और कुछ साहित्य और कला के रसिक हैं। क्रान्ति के स्वप्न देखनेवालों की संख्या भी बड़ी होती है, इसका मुझे अहसास है। जिस भूभाग पर जीनेवाले मनुष्यों को उनके अपने अस्तित्व का ही विषय परेशान कर रहा हो, ऐसे भयपूर्ण वातावरण में वहाँ की कला, साहित्य और संस्कृति का मुक्त और स्वस्थकर विकास कैसे होगा, यह हम सबकी चिन्ता का विषय है। हम सब लोग जीवन

का 'चौखटबन्द' विचार ही नहीं करते। हम लोग जीवन का समग्र विचार करने वाले हैं और इसी कारण सामाजिक, सांस्कृतिक और राष्ट्रीय प्रश्नों के सम्बन्ध में हम कभी भी उदासीन नहीं रहते। जीवन का चौखट बन्द विचार करने वाले हम पर आरोप लगाते रहे कि हम लोग साहित्येतर प्रश्नों की चर्चा अधिक करते हैं। सच्चाई यह है कि हम जीवन के किसी भी क्षेत्र को अस्पृश्य नहीं मानते। और सम्बन्धित क्षेत्र में काम करने वाले व्यक्ति का इस मंच पर स्वागत करने में किसी के सम्बन्ध को बाधा नहीं पहुँचती।

इस मंच पर से इससे पूर्व दलित साहित्य की भूमिका को विस्तार से रखा गया है। डॉ. बाबासाहब आम्बेडकरजी की प्रेरणा से आरम्भ हुए इस साहित्यिक आन्दोलन की भूमिका के प्राचार्य. म. ना. वानखेड़े तथा बाबुराव बागुल ये आरम्भिक भाष्यकार हैं। उनके द्वारा प्रस्तुत किए गए विचारों की पुनरुक्ति मैं करना नहीं चाहता। परन्तु आपको एक बात फिर से कहने की ज़रूरत है कि हम लोग साहित्य और समाज के परस्पर सम्बन्धों पर गम्भीरता से विचार करने आए हैं। इसी कारण हमारी समीक्षा में साहित्य की कलात्मकता के साथ समाज (Social System) का विचार भी प्रभावपूर्ण होता है। किसी न किसी प्रकार के शोषण पर खड़ी समाज व्यवस्था उसमें स्थित आम आदमी को कम-अधिक मात्रा में पशु स्तर पर जीवन जीने के लिए मजबूर करती रहती है। मनुष्य के रूप में उसका जो महत्त्व होता है, उसे वह नष्ट करती रहती है। ऐसे सत्वहीन, पशु स्तर पर जीने वाले मनुष्य द्वारा साहित्य सृजन तो जाने दीजिए, परन्तु जो उपलब्ध साहित्य है, उसका रसिकता से क्या वह आस्वाद भी ले सकता है? इस कारण किसी भी कला के सृजन और उसके आधार में जिस समाज-व्यवस्था में कृत्रिम रूप की वर्गीय, जातीय तथा लैंगिक सीमाएँ आ जाती हैं, ऐसी व्यवस्था ही हमें मान्य नहीं है। इसीलिए तो हम डॉ. बाबासाहब आम्बेडकर द्वारा किए गए सामाजिक पुनर्रचना (Social Recocnstruction) में आम आदमी के तत्त्व का ज़ाहिर समर्थन करते हैं। सभी प्रकार की कलाओं की शक्ति का हमें पूर्ण अहसास है। कला करोड़ों जनसमुदाय पर प्रत्यक्ष जीवन की तरह पूरी समर्थता के साथ प्रभाव डाल सकती है, इसका भी हमें अहसास है। इसी कारण तो साहित्यिक व्यापार अन्य सभी व्यापारों की तरह समाज में स्थित प्रत्येक व्यक्ति को अपनी-अपनी प्राकृतिक कुव्वत के अनुसार करने आना चाहिए, ऐसा हमें लगता है।

डॉ. बाबासाहब आम्बेडर के दर्शन और उनके महान कार्य को लेकर इन दिनों विभिन्न स्तरों पर जोरों से विमर्श जारी है। इस विमर्श को करनेवालों में से तथा उनमें सहभाग लेनेवालों में से मैं एक सामान्य लेखक हूँ। अब तक बाबासाहब को केवल भारतीय अछूतों के मुक्तिदाता के रूप में जाति की सीमा में बाँधा जा रहा है। इसमें से कुछ लोग तो वे केवल हमारे ही रहें, उन पर अन्य जातियों का कोई भी अपना

हक न जतलाए, ऐसा माननेवालों में थे, और हैं। इस कारण वे भी बाबासाहब को जाति के सजे-धजे सिंहासन पर आसीन कर उन्हें शुद्ध करने हेतु प्रयत्नशील हैं। इसके लिए वे समविचारी आन्दोलनों और समविचारी व्यवस्था की पूरी आक्रामता के साथ निन्दा करते रहे, अपमानित करते रहे। बाबासाहब के विचारों को, सन्देशों को हम एक जाति अथवा उपजाति तक सीमित नहीं मानते। बाबासाहब का सन्देश और उनका कार्य अखिल मानवजाति हेतु है—ऐसा हम मानते हैं। मुझे लगता है कि बाबासाहब केवल एक जाति के मुक्तिदाता अथवा पूरे भारत के शोषितों और स्त्रियों के मुक्तिदाता यह विवाद अब निर्णायक स्थिति पर आ पहुँचा है। जातिवादी फिर बाहर के अथवा घर के, मैं उनमें फर्क नहीं करता। ऐसे लोगों का अनुभव मुझे मेरे 'झोत' के तूफान में और 'आम्बेडकर मार्क्स' की चर्चा में गुणात्मक दृष्टि से समान रूप से आया है। इन जातिवादी शक्तियों ने भूतकाल में जो चुनौतियाँ खड़ी की थीं और आज भी कर रहे हैं, उनके विरोध में वैचारिक क्षेत्र में लड़ाई की जाएगी। अर्थात् यह लड़ाई वैचारिक ही होगी। वैचारिक लड़ाई लड़ने का एक सुसंस्कृत अनुशासन डॉ. बाबासाहब ने हमें दिया है। इस पर लड़ाई अभी अनुशासन में है और उसे हम सुसंस्कृति के साथ लड़ेंगे और पूरे आत्मविश्वास के साथ जीतेंगे भी। बाबासाहब के समय लड़ाई सीधे मुख्य शत्रु के साथ थी, परन्तु अब शत्रु बहुत बुद्धिमान हो गया है। इस ऐतिहासिक संघर्ष में उसे काफी परेशानी हो गई थी, इस कारण अब वह इसके विरुद्ध लड़ने के लिए किराए के टट्टू भेज रहा है। विभिन्न स्थानों पर जो दंगे हुए हैं उसके ब्योरे इस बात के गवाह हैं। इन किराए के टट्टुओं की ओर ध्यान न देने के कारण, उनकी उपेक्षा हो जाने के कारण अब वे सच्चे वीरों का दिखावा कर रहे हैं। इन दिनों ये किराए के टट्टू अपना उपद्रव मूल्य (Nuisance Value) सिद्ध करते हुए अपना स्थान बनाए रखने की कोशिश में हैं। उपद्रव मूल्य किसी को उच्च स्थान पर विराजमान कर सकता है, परन्तु उस उच्चस्थान को अबाधित नहीं रख सकता। इसी कारण किराए के ये टट्टू जैसे मैदान में युद्ध का अनुशासन बनाए नहीं रख सकते, वैसे वे वैचारिक लड़ाई में भी अनुशासन बनाए नहीं रख सकते। इसी कारण उनके लिखने-बोलने और आचरण में असंस्कृत और अकर्मण्यता का भाव होता है। इस कारण यह लड़ाई तो लड़नी ही पड़ेगी। पहले इन किराए के टट्टूओं से लड़ना होगा इसका दुःख तो है ही, बावजूद इसके सबकी ओर से यह लड़ाई सफलता के साथ लड़ी जाएगी—इसका विश्वास मैं आपको देता हूँ।

भारतीय समाज में अपनी जाति-उपजाति का अहंकार लेकर जीने वालों की विकृत मनोवृत्ति आज ही है, ऐसी बात नहीं। बाबासाहब आम्बेडकर के काल में भी वह थी और उन्हें भी उसके विरोध में संघर्ष करना पड़ा था। भण्डारा (विदर्भ-महाराष्ट्र) में हुए लोकसभा के उपचुनाव में दलित जाति में स्थित उपजाति के अहंकार का परिणाम उनकी पराजय में परिणत हुआ था। आज अगर कोई उसी पुराने संघर्ष

को सांस्कृतिक जीवन में पुनरुज्जीवित करता रहा हो तो, जनता उसके विरोध में संघर्ष करेगी। इसी सोलापुर शहर में 1 जनवरी, 1938 को बाबासाहब आम्बेडकर ने मातंग समाज के अधिवेशन में अपने विचारों को स्पष्ट किया था। समस्त मातंग समाज का मार्गदर्शन करते हुए उन्होंने कहा था कि 'मेरा कार्य केवल मजदूरों के लिए नहीं अपितु सभी दबे हुए वर्ग के लिए है।' उसी सोलापुर शहर में आज यह सम्मेलन हो रहा है, इसका तथा इस सम्मेलन की अध्यक्षता सर्वसम्मति से आपने मुझे बहाल की है, इसकी खुशी मुझे होना स्वाभाविक ही है।

प्रसिद्ध बौद्ध दार्शनिक आसंग हमें बतलाते हैं कि इस विश्व की सभी वस्तुएँ हेतु (Causes) और आवश्यकता (Conditions) के संयोग से तैयार होती हैं। उनका अपना कोई स्वतन्त्र अस्तित्व नहीं होता। जब यह संयोग विसर्जित हो जाता है, तब उसके परिणाम के रूप में उस वस्तु का विनाश निश्चित होता है। आसंग के इस अनित्यता का सिद्धान्त बाबासाहब स्वीकार कर चुके थे। इसी कारण उन्होंने सजीव प्राणीमात्र की अनित्यता का वर्णन (being becoming) ऐसा किया है। सचेतन दृष्टि का तथा सामाजिक संस्था का उदय, विकास और विलय का विवेचन वैज्ञानिक दृष्टि से करना यह हमारे सम्मुख की सबसे बड़ी चुनौती है। इस दृष्टि से बौद्ध दर्शन ने एक लम्बी परम्परा विकसित की है, उस ओर अभी हमारा ध्यान ही नहीं गया है। मार्क्सवादी विचार-परम्परा की ओर भी हम लोग सनातनी दृष्टि से देखते रहे हैं। इस कारण वह भी काल-प्रवाह में विकसित होती जा रही एक विचारधारा है, इसका हमें अहसास ही नहीं हो पाता। इसमें से बहुतों को बुद्ध, मार्क्स, फुले और बाबासाहब के अलग-अलग वचनों का बड़ा आकर्षण होता है। महापुरुषों की पूजा करने हेतु इन्हीं को प्रमाण मानना सरल होता है परन्तु महापुरुषों के विचार कृतिप्रवण करने हेतु शब्दों को प्रमाण मानने की वृत्ति को नकारते हुए, उनके विचारों के विकास की खोज करना जरूरी है। बौद्ध परम्परा में सौत्रांतिक, वैभाषिक, योगाचार, माध्यमिक और इनके अलावा अनेक सम्प्रदाय हैं। बाबासाहब ने तो अपने बौद्ध धम्म को 'नवायन' नाम से सम्बोधित किया था। इन सभी सम्प्रदायों ने बौद्ध दर्शन का विकास किया है। आज भदन्त आनन्द कौसल्यायन जो प्रस्तुति कर रहे हैं, वह मेरी दृष्टि से महत्त्वपूर्ण और मौलिक है। काल मार्क्स के बाद एंजल्स से लेकर बोटोमोर जैसे समाज वैज्ञानिकों तक मार्क्सवादी चिन्तन परम्परा का विकास हुआ है। इन सभी ज्ञान-विज्ञान के प्रकाश में हमें 'मनुष्य' का विचार करना है। क्योंकि हम मनुष्य को केन्द्र में रख कर ही अन्य सभी बातों पर विचार करने वाले लोग हैं। जाति, धर्म और व्यवस्था सभी मनुष्यों के द्वारा निर्मित हैं और समाज विकास की प्रक्रिया में विशिष्ट परिस्थिति और विशिष्ट कारणों से निर्माण हुई है, ऐसा हम मानते हैं और उस परिस्थिति को बदलने की और उसके कारणों को नष्ट करने की ताकत केवल मनुष्य में है ऐसा हमारा प्रबल विश्वास है,

इसीलिए तो हमें परिवर्तन के स्वप्न दिखाई देते हैं।

साहित्य सम्मेलन जैसे उत्सव के रूप में आयोजित लिए जाते हैं, वैसे वे आत्मटीका के मंच भी होने चाहिए। सभी के सभी साहित्य प्रकारों के विकास की दृष्टि से मैं इन दोनों बातों को महत्त्व देता हूँ। 1970 मैं दलित साहित्य का जो अभूतपूर्व स्वागत हुआ, उसे साहित्य के इतिहास में कोई जोड़ नहीं। उस अपूर्व स्वागत का परिणाम आत्म सन्तुष्टि में शायद खो गया, ऐसा इन दिनों मुझे लग रहा है क्योंकि हमारे अनेक लेखक कवि अनुकरण के चक्रव्यूह में फँस गए हैं, उनका लेखन एक आयामी बनता जा रहा है। हमारे अनेक मित्रों ने उस काल में भी धीरे-से क्यों न हो, इशारे दिए थे। कुछ मौलिक सूचनाएँ भी दी थीं। परन्तु इस आत्मसन्तुष्ट वृत्ति के कारण यथार्थ को भुला दिया गया और इस कारण हमारे सृजन में केवल कलात्मकता की दृष्टि से ही नहीं अपितु जीवन के सर्वस्पर्शी अनुभव की दृष्टि से भी अवरुद्धता आ गई। साहित्य सृजन में आई हुई इस बाधा से कैसे निपटा जाए, यह हमारे सम्मुख सबसे महत्त्वपूर्ण प्रश्न है। उसके लिए यथार्थ का निरीक्षण जैसे जरूरी है, वैसे ही तत्त्व-विचारों की नींव को भी विकसित करना होगा। यह काम जोखिम भरा है परन्तु उसे कर्तव्य की भावना से और जिम्मेदारी के अहसास से करने वाले को किसी भी प्रकार का डर नहीं लगना चाहिए। विचारों की प्रस्तुति और उसकी समीक्षा, उस समीक्षा से नयी प्रस्तुति—इस प्रकार सभी विचारों का विकास होता रहता है। पश्चिमी विचारक 20वीं शती को Age of criticism कहते हैं। इसीलिए इस शती में प्रत्येक सामाजिक संस्था को समीक्षा के लिए उपस्थित होना पड़ेगा। जिन्हें केवल शब्दों की आतिशबाजी करनी होती है और निरर्थक वाक्यों की आतिशबाजी करने की आदत है, उन्हें उपरोक्त जोखिम भरा काम करना सम्भव ही नहीं है। वे केवल अपने अहंकार को सहलाते हुए, खुद को छोड़कर औरों की निन्दा करते बैठेंगे अथवा व्यंग्यपूर्ण शब्दों में औरों को अपमानित करते रहने के काम को ही उन्होंने अनुष्ठान के रूप में स्वीकार किया है, और ऐसी वृत्ति इस देश के समाज-प्रबोधन आन्दोलन की त्रासदी है। परन्तु सृजनशील कलाकार इसमें से रास्ता निकालेंगे, इसमें मुझे कोई सन्देह नहीं है और इसी कारण मैं दलित साहित्य पर की आज तक की समीक्षा को खुले मन से जान लेना चाहता हूँ और उसमें से रास्ता निकालने हेतु आप सबको आह्वान भी करना चाहूँगा।

दलित-साहित्य स्वतन्त्रता और समता के चेतना से निर्माण हुआ है और इसी कारण अनिवार्य रूप से वह हिन्दू धर्म तथा उसके द्वारा मान्यता प्राप्त जाति संस्था के विरोध की प्रतिक्रिया साबित होता है। इसी कारण दलित साहित्य के शब्द जब विद्रोह के शस्त्र पहन कर आए, तब तथाकथित प्रतिष्ठानों को पसीना छूट गया। कुछ समविचारी मित्रों ने विविध भाषाओं में उसका अनुवाद कर, उनके लिए विश्व का दरवाजा खोल दिया। विद्रोह ही इतना सच्चा था कि गालियाँ भी किस प्रकार सहजता से कलात्मक हो जाती हैं, इसे असल में समीक्षक भी ठीक से समझ नहीं

पा रहे थे। दलित साहित्य की समीक्षा करते समय उनकी कैसे थुक्का-फजीहत हुई, इसे हम सब जानते हैं। परन्तु कला का अर्थ किसी प्रवचनकार का पारम्परिक प्रवचन नहीं होता अथवा शिवाजी अथवा विवेकानन्द पर दिए जाने वाले, बार-बार दिए गए एक ही प्रकार के नीरस भाषण नहीं होते। उसमें विविध आयामी प्रस्फुटन, नवीनता का आकर्षण होता है और नित्य नूतन शब्दों का और स्पर्शों का आकर्षण होता है। इसी से वह प्रफुल्लित होती है। यह स्पर्श भले ही मुलायम न हो, उज्जड़ हो, तो भी उसकी गाली पर रक्तिमा की तरह वह आकर्षक दिखाई देता है। परन्तु उन्हीं-उन्हीं शब्दों और स्पर्शों से उसकी सारी सम्वेदनाएँ ही थम जाती हैं। बर्फ के गोले की तरह वे हो जाती हैं। शब्द और निरन्तर उपयोग से चिकने हुए बिम्ब उठाकर कोई परिणाम कर नहीं पातीं। इस देश की किसी काल की समृद्ध संस्कृत भाषा आज मृतप्राय होते हुए हम देख रहे हैं। कला की आराधना करनी पड़ती है, इसका अहसास हममें स्थित अनेक कवियों को है नहीं। वे तो गालियों का मुक्त प्रयोग कर कविता के प्रति अपने प्रतिशोध को ही मानो व्यक्त कर रहे हैं। जब तक उसमें नवीनता थी, तब तक उसकी प्रशंसा भी हुई। आन्दोलन के लिए शायद आरम्भ में उसकी ज़रूरत भी रही होगी परन्तु आज उस पर पुनर्विचार करना चाहिए, ऐसा मुझे तीव्रता से लगता है।

सम्भवतः 15 वर्षों पूर्व बाबासाहब द्वारा स्थापित पीपुल्स एज्युकेशन सोसायटी के एक सचिव ने मुझसे पूछा था कि 'जिसे आप दलित विद्रोही कविता कहते हैं, उसे मैं अपने बेटे-बेटियों को कैसे पढ़ कर बताऊँ?' तब मैंने उनसे कहा था कि आप उन्हें कुछ चुनी हुई कविताएँ ही पढ़कर सुनाएँ और यह भी कहा था सम्भवतः दस वर्ष बाद इस प्रकार का प्रश्न आपके मन में नहीं उठेगा। परन्तु आज मुझे लगता है कि यह प्रश्न खत्म नहीं हुआ है। पिछले कुछ वर्षों से तो मराठी में दलित कवि तो आवारगी और उपेक्षा का विषय हो चुका है। आम आदमी कवि से डरने लगा है। आज भी जब कोई दलित कवि अपनी कविताओं की कापी लेकर मेरे सामने आकर बैठता है तो मैं अपने परिवार की ओर अपराधी भाव से देखने लगता हूँ और उसकी कविताएँ सुनने के बाद, उसकी ओर देखते समय अपराध भाव अधिक गहरा हो जाता है। इनकी कविता 'भडुओं, हरामखोरो', तुम्हारी सत्रह पीढ़ियाँ और हमारी सैकड़ों पीढ़ियाँ, झोली में स्थित आग, हाथों में मशाल, कमर पर तलवार, उगता सूरज और बढ़ता अँधेरा' इससे आगे जा नहीं पा रही हैं। इन कवियों की कविता की निष्ठा को मैं घटिया कैसे कहूँ? इसमें कवि का कोई दोष नहीं है। यह दोष अनुकरण से आया हुआ है और यह अनुकरण जाति और धर्म के उद्गम और विकास में स्थित सूक्ष्मताओं, व्यक्ति, समाज तथा संस्कृति में स्थित सम्बन्धों की जो गहरी जानकारी तथा स्पष्टता जिस मात्रा में नयी पीढ़ी को दी जानी चाहिए थी, और उस दृष्टि से जिस प्रकार के वैचारिक साहित्य के निर्माण की आवश्यकता थी, वह न होने का यह परिणाम है। इसलिए अगर इसमें किसी

का दोष है तो वह इन युवा कवि लेखकों का नहीं, उन्हें दृष्टि देने वाले और वैचारिक लेखन करने वाले लेखकों की सीमाओं का है। इसलिए मैं स्वयं इस सन्दर्भ में निर्दोष हूँ, ऐसा नहीं मानता। कवियों की ओर देखते समय अपराध भाव के रंग गहरे हो जाते हैं, वह इसी कारण।

डॉ. बाबासाहब आम्बेडकर ने धर्म को एक सामाजिक संख्या माना और धर्म की इस अवधारणा का किस प्रकार से विकास होता गया, इसे स्पष्ट किया। इस ओर हम लोगों का जितना ध्यान जाना चाहिए, उतना गया नहीं है। हम पर जाति संस्था को लादने वालों ने ठीक इसके उल्टे विचार रखा अर्थात् वे धर्म को मूल इकाई मानते रहे। एक बार धर्म को मूल इकाई मान लेने पर उसके द्वारा जाति संख्या को दी गई स्वीकृति अपरिवर्तनीय है, ऐसा मानना जरूरी हो जाता है। समाज विकास की प्रक्रिया में जाति संस्था का जन्म, एक सामाजिक संस्था के रूप में धर्म का निर्माण, जाति संस्था को धर्म द्वारा दी गई स्वीकृति और इस कारण उसका अपरिवर्तनीय रूप, ब्रिटिश साम्राज्यवादी द्वारा जाति में बोए गए नए वर्ग का बीज, बाबासाहब द्वारा जाति संस्था के विरोध में किया गया महान संघर्ष और आज इस संघर्ष के जो फल दिखलाई दे रहे हैं वे, इसके साथ ही स्वातान्त्र्योत्तर भारत की अर्थनीति, और उस कारण तेजी से बदलते जा रहे आर्थिक स्तर और आज पूरे जीवन को व्याप्त कर लेने वाली स्पर्धा—इन सब पर गहरे में जाकर हम जितना विचार करेंगे, उतनी मात्रा में हमारे ज्ञानानुभव के क्षितिज विस्तृत होने वाले हैं। इस अनुकरण की प्रवृति के कारण इस साहित्य का एक बना-बनाया ढाँचा बन गया है। इस ढाँचे को तोड़ कर साहित्य के क्षितिज को विस्तीर्ण किए बगैर कोई दूसरा विकल्प है, ऐसा मुझे नहीं लगता।

हमारे अनुभव के क्षितिज व्यापक नहीं हो पा रहे हैं क्योंकि हम लोगों ने खुद पर बनावटी स्वरूप की सीमाएँ डाल रखी हैं। इसमें अपनी पृथगात्मकता को टिकाए रखने के उद्देश्य से कुछ आग्रह भी हमने बनाए रखे हैं। इन क्षितिजों को अगर विस्तीर्ण करना हो तो भूतकाल की ओर तथा आज के यथार्थ जीवन की ओर देखने की दृष्टि को ही विकसित करना होगा। अब तक हमने इस जीवन की ओर विशिष्ट जाति की सामूहिक दृष्टि से ही देखा है। इसी कारण तो अनुभवों का एक ढाँचा बन गया। अनुकरण का दूसरा नाम ढाँचे में जीना होता है। आज इस जीवन की ओर हम अगर जाति द्वारा बन्दी बनाए गए 'मनुष्य' की दृष्टि से देखें, तो जीवन को विराट और आश्चर्यचकित करनेवाली असंख्य छटाएँ हमें दिखलाई देने लगेंगी। ऐसा अगर हुआ तो भी पिछले दो दशकों में हमने जो सृजन किया, उसका उल्लंघन कर आगे जाया जा सकता है।

इस पृथ्वीतल पर अस्तित्व में आने के बाद से लेकर अब तक मनुष्य खुली आँखों से प्रकृति के साथ सम्वाद कर रहा है क्योंकि उसे प्रज्ञा की अमूल्य देन

प्राप्त है। बाबुराव बागुल ने अपनी कविता में इस मनुष्य की शक्ति को ठीक शब्दों में पकड़ा है। वे लिखते हैं-

'हे प्रज्ञावन्त प्रलंयकारी मनुष्य,
सम्पूर्ण विश्व का नामकरण तूने किया है,
और सबको तूने आवाज दी है,
हे सूर्य, हे चन्द्र, हे शून्य,
हे चींटी, और हे पर्वत,
और तेरी आवाज के अनुसार वे हो गए,
अब भी ऐसा ही होगा, तू आवाज़ दे,
वे तेरे होकर आएँगे।'

अपनी प्रज्ञा के सहारे प्रकृति के रहस्य को खोलने का प्रयास मनुष्य अनन्त काल से करता आ रहा है। जब तक मनुष्य में सृजन-क्षमता है, तब तक खोज चलती रहेगी। प्रकृति की रहस्यमयता के असीम स्वरूप के कारण मनुष्य को अपनी सीमा का अहसास हुआ। इस सीमा के अहसास से ही उसे अपने उन्नयन की स्वतन्त्रता का अनुभव प्राप्त हुआ। इस विश्व से मनुष्य का सम्बन्ध जैसे-जैसे विकसित होता गया, वैसे-वैसे उसे अपनी पुरानी श्रद्धाओं की निरर्थकता का अहसास भी होने लगा और वह नई-नई श्रद्धाओं को स्वीकारने लगा। परम्परा और परिवर्तन के इस द्वंद्वात्मक रिश्ते को ठीक से जान लेने का समय अब आ गया है। क्योंकि मनुष्य जीवन परम्परा और परिवर्तन के निरन्तर पड़नेवाले प्रवाह से विकसित होता रहता है। इस प्रवाह में ही मानवी मूल्यों का निर्माण और उनका विकास हुआ है। इन मूल्यों और अवधारणाओं के विकास की ओर ऐतिहासिक दृष्टि से अगर नहीं देखा गया तो मनुष्य या तो इतिहास का गुलाम होगा अथवा इतिहास का शत्रु!

भारतीय मनुष्य की सबसे बड़ी कमजोरी यह है कि वह इतिहास का गुलाम या शत्रु—इसमें से एक होना पसन्द करता है। इसी कारण वह यथार्थ का अतिशयोक्तिपूर्ण वर्णन करता रहता है। इस शब्द-जंजाल में से यथार्थ को खोजना काफी कठिन हो जाता है। शब्द-जंजाल कभी रहस्यवादी, आत्म-अनात्म, द्वैत-अद्वैत अथवा विशिष्ट द्वैत का होता है। इस शब्द जंजाल में जनमानस की भावनाओं के क्षणों को मिला देने में सम्भवतः हमारे जितने पण्डित विश्व में और कोई भी नहीं हो सकते इसीलिए हमने 'जय शिवाजी', 'जय भवानी' जैसे नारों को जन्म दिया, और नारे लगाते-लगाते गरीबों के घरों को जलाते रहे। 'इस्लाम खतरे में है' ऐसी अफवाह फैलाते हुए राष्ट्रीय एकता को बाधा पहुँचाते रहे। गाँधीजी प्रणीत 'रामराज्य' का घोष करते हुए इतिहास के चक्र उल्टे घुमाते रहे। मार्क्सवाद को 'अन्तिम सत्य' कहकर उसकी 'पोथी' बना दी और बाबासाहब का शब्द 'अन्तिम शब्द' मान कर उनकी पूजा की। भारतीय मनुष्य की इतिहासभिमुकता के कारण उसने सभी

भगवानों को और महापुरुषों को परिवर्तन का प्रेरणा स्रोत बनाने के बजाए, उन सबको मनुष्यों-मनुष्यों में, जाति-जातियों में, और धर्मों-धर्मों में दंगा-फसाद निर्माण करने वाली शक्ति बना दिया है। उनकी ओर से खुद को कोई तकलीफ न हो, परन्तु दूसरों को वह हो, इस हेतु लाउडस्पीकर पर जोर-जोर से प्रार्थना करते रहे, आरती करते रहे। उसे आयोजित किए जा रहे हैं, और मन्नतें माँगी जा रही हैं। इतिहास के प्रति, ईश्वर और महापुरुषों के प्रति इतनी विकृत दृष्टि कदाचित ही दिखलाई देगी। बावजूद इसके हम आत्मगौरव करा लेने में खुद को धन्य मानते हैं। पूरे विश्व को अध्यात्म का सन्देश देने का दावा करते हैं। विश्व के अध्यात्मिक गुरु होने का अधिकार मांगने लगते हैं। भारतीय समाज विशिष्टता से भरा समाज है-ऐसा जो कहा जाता है-उसका वास्तव में यह अर्थ है।

इतिहास का गुलाम होना अथवा उसका शत्रु होना वास्तव में एक ही सिक्के के ये दो पहलू हैं। इतिहास विमुख हुए बगैर गुलामी को भी स्वीकारा नहीं जा सकता ठीक इसी प्रकार शत्रुत्व भी। इन दोनों ही प्रकार की भावना से निर्माण हुआ साहित्य नीरस, उकसा देने वाला और प्रातिनिरोधक स्वरूप का ही होता है। क्योंकि इतिहास समूह का होता है, व्यक्ति का नहीं। और इसी कारण वह समूह के भीतर के व्यक्ति का होता है। यह समूह जाति का, वर्ग का अथवा विशिष्ट भूप्रदेश में स्थित समाज का भी हो सकता है। फिर वह सबका समान नहीं होता, उसमें सुप्त रूप से शत्रुत्व भी हो सकता है। सम्बन्धित काल के कलाकार भी महापुरुषों की ही तरह अपने-अपने युग की इच्छाओं को अभिव्यक्त करते रहते हैं–

संत ज्ञानेश्वर कहते हैं–

रांधे शुद्रगृही साधवी। जअ पक्वान्ने आथि बरवी
तिये द्विजे केवि सेवावी। दुबला ज~हे ॥

ज्ञानेश्वरी 3-316

अथवा एकनाथ लिखते हैं–

अत्यंजाचा विटाळ ज्यासी। गंगास्नाने शुद्धत्व त्यासी
परि ते अंत्यजासी। अनुपयोगी

एकनाथ भागवत। 28-191

इसके ठीक उल्टे श्री नामदेव ढसाल कहते हैं–

मैं तुझे गालियाँ देता हूँ, तेरे ग्रन्थों को गालियाँ देता हूँ
तेरी संस्कृति को गालियाँ देता हूँ, तेरे पाखण्डीपन को गालियाँ देता हूँ
मैं यह सब कुछ बोलने वाला नहीं था, पर मेरे हाथ अब जग गए हैं।

(गोलपिठा–पृ. 21)

अथवा प्रहलाद चेंदवणकर कहते हैं–

म. फुले आम्बेडरजी ने
तुम्हारे अकाउण्ट्स ऑडिट किए हैं
ग्रन्थों-ग्रन्थों के पृष्ठों पर के फ्रॉडस्
सब कुछ उन्होंने डिटेक्ट किए हैं

(ऑडिट/पृ. 34)

इन विभिन्न पंक्तियों से स्पष्ट है कि सन्त कविता हो या दलित कविता उनका सामर्थ्य अपने-अपने युग की इच्छाओं की अभिव्यक्ति में है। इसलिए सन्त साहित्य केवल सन्त साहित्य नहीं रह सका, तो वह दीर्घकाल तक एक सामाजिक शक्ति के रूप में रहा, ऐसा मेरा अनुभव है। इसी कारण दलित साहित्य भी एक सामाजिक शक्ति बन सकता है। आज का युग इतना जटिल बन गया है कि कलाकार की प्रतिभा को तत्त्व चिन्तन के, इतिहासकार के और समाज वैज्ञानिक की दृष्टि के भी अंकुर आ जाना स्वाभाविक है। वर्तमान को समझने की कुंजी इतिहास है। इसे स्वीकार कर उस पर उसे अधिकार प्राप्त करना चाहिए और उसी दृष्टि से उसका समाधान कर लेना चाहिए। विभिन्न समाजों के तुलनात्मक अध्ययन से यह बात और अधिक स्पष्ट हो सकेगी।

प्रत्येक समाज में आने वाली प्रत्येक पीढ़ी को अपना वर्तमान समझ लेने हेतु इतिहास का भण्डार एक अमूल्य धरोहर है। कला-सृजन की दृष्टि से उसका उपयोग हो सकता है। परन्तु उसके लिए ऐतिहासिक दृष्टि प्राप्त कर लेनी पड़ती है। इस दृष्टि में से जन्मी कला वर्तमान का अहसास देती है, और हमें भविष्योन्मुख बनाती है। देश के लोगों को यह ऐतिहासिक दृष्टि कभी प्राप्त ही नहीं हुई। इसी कारण तो हिन्दू पुराण कथाओं ने और रामायण-महाभारत ने भारतीय मन पर बिना किसी बाधा के राज्य किया, इसमें आश्चर्य करने की कोई बात नहीं। मैं वैसे रेडियो बहुत कम सुनता हूँ। रेडियो पर ऐसे ही एक बार राजीव गाँधी का इक्कीसवीं सदी की तैयारी के सम्बन्ध में आवाहन चल रहा था। मैं उसे जब सुन रहा था, तब कक्षा दूसरी में पढ़ने वाला मेरा लड़का रोहित मेरे पास आया और मुझसे आकर कहने लगा कि मैं उसको पढ़ाऊँ। बच्चों की इस ढंग से पढ़ाई में मेरी अधिक रुचि नहीं होती। इससे मैं बहुत जल्दी ऊब जाता हूँ। मैंने उससे कहा थोड़ा-सा रुको। इक्कीसवीं सदी के सम्मुख जाने से सम्बन्धित राजीव गाँधी के विचार सुन रहा हूँ। उस बेचारे की समझ के यह बाहर का था। सामने के आदमी को चुप करने के लिए उस समझ में न आए ऐसे शब्दों का प्रयोग करना पड़ता है। परन्तु उसने जिद ही पकड़ी और उसने कहा, 'पहले वह रेडियो बन्द कर दीजिए। और मेरी पुस्तक में स्थित 'कृष्णजन्म' यह पाठ मुझे पढ़ाइए।' उसके इस हठ को देख कर मैंने उससे कहा कि मैं रेडियो भी सुनता हूँ और तुझे पाठ भी

पढ़ाता हूँ। वह खुश हुआ और उसने यह पाठ निकाल कर मेरे सम्मुख रखा। मैं उसे वह पाठ पढ़ कर बताने लगा। 'कंस मथुरा का राजा था। उसकी बहन का नाम देवकी। देवकी का विवाह वसुदेव के साथ हुआ। विवाह की बारात जब निकली तब आकाशवाणी हुई कि 'हे कंस! सजग हो जा। इस देवकी का आठवाँ पुत्र कृष्ण तेरी हत्या करेगा।' इस परिच्छेद को पढ़कर मैंने उससे प्रश्न पूछा 'कंस की हत्या कौन करने वाले थे?' 'कंस की हत्या देवकी का आठवाँ पुत्र कृष्ण करने वाला था।' विद्यालय की अध्यापन पद्धति के अनुसार उसने पूर्ण वाक्य में उत्तर दिया। मैंने आगे का प्रश्न पूछा, 'कृष्ण कंस की हत्या क्यों करने वाला था?' उसने उत्तर दिया, 'कृष्ण कंस की हत्या करने वाला था क्योंकि वैसी आकाशवाणी हुई थी।' हमारे इस प्रश्नोत्तर में राजीवजी की इक्कीसवीं सदी कब खत्म हुई और कब गणेशजी की आरती शुरू हुई, पता नहीं चला। जिस देश में बालमनों पर अहसासपूर्वक इस प्रकार के संस्कार डाल दिए जाते हों, जिसे हम राजनीति शास्त्र में राजनीतिक सामाजिकीकरण की Political Socialisation प्रक्रिया कहते हैं, उस देश के लोगों के मन पर सत्ता किनकी चल रही है, इसे समझ लेने के लिए किसी आकाशवाणी के उद्घोषणा की ज़रूरत नहीं है। इसीलिए आज सभी भारतीय धर्मग्रन्थों और उनके प्रभाव से निर्मित ललित साहित्य की, साहित्यिक निकषों के साथ-साथ ऐतिहासिक दृष्टि से भी समीक्षा करने की नितान्त आवश्यकता है। जिस सहित्यिक प्रवाह को विचारक मुख्य प्रवाह कहते हैं और 'दलित' साहित्य को इस मुख्य प्रवाह में सम्मिलित होने की सलाह देते रहते हैं, वह प्रवाह अन्ध तथा सड़ी हुई सीढ़ियों से इतना दूषित हो चुका है कि उसके शुद्धिकरण हेतु करोड़ों रुपयों की एक पंचवर्षीय योजना का भी आयोजन करना पड़ेगा।

इस तथाकथित मुख्य प्रवाह में विलीन होने के सन्दर्भ में दया पवार की एक अति सुन्दर कविता है—

'पिछला पानी गंदा आया,
आगे के पानी को कितनी सजगता बरतनी पड़ेगी
देखते-देखते दावाग्नि आया,
एक पेड़ कितना टकराएगा,
सनसनाती हुई गोलियाँ चलकर आईं
डैने आकाश को कितना-कितना तौल पाएंगे
तेज दीर्घ दांतों से मढ़े हुए दरवाजे को
हाथी जैसे चिपककर मर जाते हैं
वैसे हम भी हँसते-हँसते मर जाएँगे।

(मृत्युः कोंडवाड़ा : दया पवार)

यह उनकी पन्द्रह वर्ष पूर्व की कविता है। पिछले पन्द्रह वर्षों में मराठी साहित्य क्षेत्र में अनेक घटनाएँ घटित हुईं। इसका अहसास अगर रखा जाए तो स्पष्ट हो जाता है कि अब हम अकेले नहीं हैं। अब हमें यह लड़ाई निर्णायक रूप से सफल करनी है और उस हेतु जिनकी बहुत अधिक सहायता प्राप्त हो सकती है, ऐसे अनेक प्रवाह मराठी साहित्य विश्व में आन्दोलन के रूप में आकर ग्रहण कर रहे हैं।

ब्रिटिश साम्राज्य के उदय के पूर्व साहित्यिक दृष्टि से भारतीय बहुजन समाज जमा हुआ हिमालय था। उसे लोकसाहित्य की ऐसी परम्परा थी, परन्तु अपवादरूप में ही उसमें बढ़ोतरी हो रही थी। परन्तु यह जमा हुआ हिमालय बीसवीं सदी के विभिन्न विचार सूर्यों के प्रखर तेज से अब धीरे-धीरे गलने लगा है। उसमें अनेक प्रवाह बुद्ध रूप में बहने के लिए छटपटा रहे हैं। इस प्रवाह के नीचे की मिट्‌टी सामन्ती वृत्ति की होने के कारण वह दूषित होने का डर ही अधिक है क्योंकि सामन्ती व्यवस्था भले ही शिष्ट शासित समाज पद्धति की हो तो भी उसमें स्थित मनुष्य-मनुष्य के भीतरी रिश्ते भावना के काव्यमय धागों से बुने हुए होते हैं। आज पूँजीवादी व्यवस्था ने उस भावनात्मक बुनावट को नंगे स्वार्थ से खरोंचकर निकाल फेंका है। फिर भी पारम्परिक मन इस पुराने भावनात्मक रिश्ते को सहजता से छोड़ने को तैयार नहीं। जब तक आंचलिक साहित्य का आन्दोलन नहीं था, परन्तु आंचलिक साहित्य का सृजन हो रहा था, तब तक आंचलिक साहित्यकार ब्राह्मणी साहित्य का अनुकरण कर उसी साहित्य का इतिहास तैयार कर रहा था। परन्तु जब से आंचलिक और जनवादी आन्दोलन शुरू हुए, तब से वहाँ भी अनेक प्रश्नों की नोंक-झोंक तेज हो रही है। आंचलिक साहित्य की भूमिका और दलित साहित्य की भूमिका में स्थित अंतर तेजी से कम होने लगा है। इस दृष्टि से प्रा. मा. रा. लामखड़े जी ने दलित और आंचलिक साहित्य को निकट लाने वाले आंचलिक साहित्य सम्मेलन, पुणे तथा अहमद नगर जिले में आयोजित करने का जो प्रयास किया है, यह इसी दृष्टि से अत्यधिक महत्त्वपूर्ण है। ऐसे प्रयत्नों में ही यह अंतर तेजी से कम होगा परन्तु कुछ तत्त्वचिन्तनात्मक तथा कुछ सौन्दर्य शास्त्र से सम्बन्धित आग्रहपूर्ण मतभेद बाधा बन रहे हैं। इन मतभेदों के स्थानों की व्यापक रूप में चर्चा होनी चाहिए। इसमें से भी रास्ता निकलेगा। कॉमरेड शरद पाटील जी ने मराठी साहित्य में स्थित गृह कलह तथा संघर्ष, शीर्षक से जो लेख लिखा है और जो लेख 'सत्यशोधक मार्क्सवादी' के सितम्बर 1986 के अंक में संपादकीय रूप में प्रकाशित हुआ है, वास्तव में यह लेख उपरोक्त चर्चा की नींव हो सकता है। प्रसिद्ध बौद्ध पण्डित 'दिग्नाग' जिस प्रमाणशास्त्र की प्रस्तुति अपने सैद्धान्तिक विज्ञानवाद में करते हैं, वह प्रस्तुति सबको स्वीकृत होगी क्या, इस पर सभी विद्वतूजन किसी भी प्रकार का पूर्वाग्रह न रखते हुए मुक्त रूप से चर्चा करें,

ऐसी उम्मीद मैं करता हूँ।

आज जो नये-नये कवि लेखक लिख रहे हैं, उन्हें 'मान्यता' का 'स्वीकृति' का बहुत बड़ा आकर्षण है। अर्थात किसी भी कलाकार में ऐसी अपेक्षा होती ही है। पूर्णतः और प्रखर कलावादियों में भी वह होती है। परन्तु गुलामी को स्वीकार कर प्राप्त क्षणिक मान्यता आगे चलकर खुद को ही भयावह महसूस होने लगती है। इसलिए आज सांस्कृतिक मूल्यों के पुनर्विचार का तथा उसकी नई प्रस्तुति का समय आ गया है। हमारे सम्मुख दलित, ग्रामीण अथवा जनवादी साहित्य का तथाकथित मुख्य प्रवाह में सम्मिलित होने का प्रश्न ही नहीं है। प्रश्न है मुख्य प्रवाह के निर्माण का।

बीसवीं सदी जिस प्रकार समीक्षा की सदी है, वैसे ही वह गतिशीलता और प्रसारण की भी सदी है। अपनी संघटित शक्ति से इस सदी के संम्मुख अगर हम गए तो ही नया इतिहास घटित हो सकेगा। अगर वैसा नहीं हो पाया तो इक्कीसवीं सदी में इतिहास के चक्र उल्टे घूम सकते हैं। अकेला मनुष्य इतिहास निर्माण नहीं करता, संघटित शक्ति की सहायता से उसके एक अभिन्न हिस्से के रूप में प्रत्येक मनुष्य इतिहास का निर्माण करते रहता है। इसके लिए उसके हृदय में प्राणीमात्रों के प्रति ममत्व की ज़रूरत होती है। अपने दुर्गुणों तथा सीमाओं के अहसास की भी ज़रूरत उसे होती है। ठीक इसी प्रकार शास्त्र तथा शब्द प्रामाण्य को नकारते हुए इस विश्व में स्थित अनन्त सत्य की खोज के लिए उसे शोधयात्री भी बनना पड़ता है। इन सबका अहसास आप में जागृत हो इस उम्मीद के साथ।

अनुवाद : डॉ. सूर्यनारायण रणसुभे, लातूर

उन्मत्त पैरों की और उन पैरों के नीचे रौंदी जाने वाली साँस की संस्कृति भिन्न ही होगी

—यशवन्त मनोहर

[दलित साहित्य सम्मेलन, ब्रह्मपुरी, 1988]

पिछले पच्चीस वर्षों से मैं अपनी अच्छी-बुरी कुव्वत के अनुसार साहित्य के विद्यालय में रियाज कर रहा हूँ। इन वर्षों में जाने-अनजाने मेरे भीतर से जो साहित्यिक अभिव्यक्ति हुई, उसे आप मन से दाद भी देते आए हैं। रियाज पर की पकड़ मजबूत बनाए रखते हुए और अन्तःप्रेरणा से रक्त लय को साधते हुए लिखते रहना, 'जब तक प्राण हैं तक तक लिखते रहना और बदले में कुछ भी नहीं' माँगना—ऐसा मैं बहुत पहले ही तय कर चुका था। और इसी कारण न माँगते हुए भी आपने मेरा जो गौरव किया है, उससे मैं बहुत खुश हूँ।

मित्रो, परन्तु ऐसे गौरव के प्रति कम-से-कम हम लोगों को तो बहुत गौरवान्वित नहीं होना चाहिए। इतिहास की और वर्तमान परिस्थिति की वैसी अनुमति नहीं है। सम्मान की मालाएँ गले में भले ही डाली जा रही हों तो भी अपना गला मालाओं के लिए नहीं, यह विद्रोह के गम्भीर गीत गाने के लिए है, परिवर्तन के प्रकाश गीत को अलापने के लिए है, आम्बेडकरी क्रान्ति राग को विकसित करने हेतु इतिहास द्वारा और वर्तमान द्वारा मुकर्रर किया हुआ गला है—इसे भुलाया नहीं जा सकता। इस कारण किसी भी साहित्य सम्मेलन में चार क्षण मनोरंजन करने हेतु अथवा पुनः प्रत्यय का दुःख अथवा सुख प्राप्त करने हेतु हम इकट्ठे हो नहीं सकते। वैसा करना हमें सम्भव भी नहीं है। हमारे लिए साहित्य ही एक मात्र अर्थपूर्ण जीवन हो गया है। अब हमारे लिए जीवन और जीना यही महत्त्वपूर्ण हो चुका है। इस देश में पिछले हजारों वर्षों से हमारा साहित्यिक जीवन था ही नहीं। पिछले पाँच-पच्चीस वर्षों में इस साहित्यिक जीने को हम लोगों ने अपने महान प्रयास से निर्माण किया है। अन्य बातों के साथ साहित्य सर्जन को नकार कर यहाँ की संस्कृति ने हमें हजारों वर्षों तक पशु बनाकर छोड़ दिया था। इस प्रकार का क्रूर प्रतिशोध विश्व

में किसी ने किसी से लिया नहीं होगा। इस दृष्टि से हम अन्याय ग्रस्त जी रहे हैं। घुमन्तु-आदिवासियों के साथ, स्त्रियों के साथ और बहुजन समाज के साथ कम अधिक मात्रा में ऐसा ही हुआ। हम सभी मृत्यु के कारणों से ग्रस्त रहे हैं। हम चार्वाक के लोग हैं। हम बुद्ध के लोग हैं। हम म. फुले के लोग हैं। हम आगरकर के, शाहू महाराज के, गाडगोबाबा के और डॉ. बाबासाहब आम्बेडकर के लोग हैं। मित्रो, हमारी संस्कृति भावना की संस्कृति है और हमारी दुःख परम्परा हजारों वर्षों की रही है। 20वीं शती के पूर्वार्द्ध से लेकर मध्य तक डॉ. बाबासाहब आम्बेडकर हमारे बीच रहे और उनके द्वारा केवल इस देश के ही नहीं, अखिल विश्व की समतावादी भिन्न परम्परा के जीने में हम प्रवेश कर गए। हमारे अहसासों के सम्मुख दीपस्तम्भ खड़े हो गए। हम 'परिवर्तन-विश्व' के नागरिक बन गए। इस तूफान ही हम साहित्यिक हो गए। इस मोर्चे में हम कलाकार हो गए। और बीच-बीच में हम तूफान के फौलादी दीपक भी बन गए। ऐसा दुःख दुर्लभ है। ऐसे दुःख पर पकने वाला आनन्द भी अप्राप्य। मित्रो, ऐसे दुःख और ऐसे आनन्द के हम अद्वितीय मालिक हैं।

इस अद्वितीय पृष्ठभूमि के कारण हमारे साहित्य-सम्मेलन हमारे लिए उत्सव अथवा समारोह के नहीं होते। हमारा साहित्य हमारे जीने का दर्पण है। विश्वासों से भरा दर्पण! वही हमारा जीवन है। अपने खुद के जीवन को हम साहित्य में जीते हैं और हमारा साहित्य हमें जीवन जीने के लिए उकसाता है, इसी कारण साहित्य सम्मेलन हमारे लिए सामूहिक चिन्तन का एक मंच है। कितना और कैसे कहाँ तक चलकर आए इसकी खोज और आगे किस दिशा में जाना है और कैसे जाना है, इस सम्बन्ध में कार्यक्रम तैयार करना ऐसा हमारे सम्मेलनों का चरित्र बन जाना चाहिए। जीवन और साहित्य हमारे लिए द्वंद्व-समास है और उसी समय 'चतुर्थी तत्पुरुष समास' भी होता है, इसी कारण साहित्य का मंच हमारे लिए, जीवन के लिए, साहित्य के एक जीव के चिन्तन का मंच होता है।

इतिहास में हम Broken-Men रहे हैं। कभी गाँव में, कभी गाँव के बाहर, कभी जंगल में तो कभी मुक्तपक्षी की तरह भटकते रहे, ऐसे हम जो भी रहे पर थे तो Broken-Men ही। हमारी कृति और अभिव्यक्ति पर पाबन्दियाँ लगाई गई थीं। अब हम बन्धन मुक्त हैं। हमारे बन्दी मन अब साहित्य का रूप ले रहा हैं। और कैदी मन का साहित्य, बन्धनों की मुक्ति के लिए छटपटाने वाले मन का साहित्य अपरिहार्य रूप से विद्रोही साहित्य ही होगा। हमारा साहित्य विद्रोही है क्योंकि हमारी अभिव्यक्ति की तीव्रता के साथ विरोध करने वाली इकाइयाँ जीवन के विभिन्न स्तरों पर दृश्य-अदृश्य रूप में सक्रिय थीं। और परम्परा जब हमारे साथ जहर की तरह आचरण करती हो, तब नया मनुष्य, नया समाज, नयी संस्कृति निर्माण करने हेतु कटिबद्ध होकर विद्रोह करने के सिवा कोई दूसरा विकल्प हमारे

सम्मुख नहीं होगा। विद्रोह यह क्रान्ति का कार्यक्रम होता है। वह सकारात्मकता के लिए नकारता है। नये निर्माण हेतु अटल रूप में विध्वंस का समर्थन करता है। मनुष्यता के लिए संघर्ष करने वालों का दर्शन विद्रोह का ही होता है। 'विद्रोह' यह जीवन को गति और शक्ति देने वाले तथा व्यक्ति के जीवन को अर्थ तथा दीप्ति देने वाले परम सत्य का नाम है। विद्रोह का मतलब ऊर्जा की उपासना! मनुष्य में स्थित प्रज्ञा और प्रतिभा जब विद्रोह से स्पंदित होते हैं तभी नवनवोन्मेष से मंडित होते हैं। व्यक्ति के अस्तित्व और व्यक्तित्त्व का निर्माण करने वाली श्रेयोन्मुख जीवन शैली का नाम है विद्रोह। खुद-ही-खुद का निर्माण करना यही सच्चा जीवन कहलाता है। उसके लिए संस्कृति की दुकानों में तैयार कपड़े नहीं चलते। जीवन में नये क्षितिज खोलकर देने वाला मानवी कर्तव्य विद्रोही ही होता है।

अपने आस-पास में स्थित दिक्कतों, अड़चनों में से नये रास्ते को खोज निकालने वाली प्रवृति का नाम विद्रोह है। प्रवृति के कारण ही मनुष्य जीवन में गति आती है। इसी कारण विद्रोह एक निरन्तर की प्रक्रिया है, खत्म न होने वाली ज़रूरत है। यथार्थ को कभी भी नजरअंदाज न करने की प्रवृति है विद्रोह! विद्रोह में अन्तहीन निरन्तरता होती है। विद्रोह के कारण ही जीवन रोगग्रस्त, मृतप्रायः या बासी नहीं होता। जिस समाज में साँस प्रक्रिया की तरह विद्रोह क्रिया जारी रहती है, वह समाज ही जीवन्तता के लक्षणों को साकार करता रहता है।

विद्रोह का जन्म मनुष्य के साथ ही होता है। इसी कारण तो मनुष्य की जीवन यात्रा को अर्थवत्ता प्राप्त होती है। समाज का द्वंद्व दिखावे का नाम है। उसमें स्थित स्थितिशील अथवा प्रगतिविरोधी इकाइयाँ तथा स्वतन्त्रता और प्रगतिशीलता की इकाइयाँ-इन दो इकाइयों में स्थित सम्बन्ध-नाट्य अथवा द्वंद्व-लीला ही समाज है। इसमें स्थित स्थितिशील शक्ति की पराजय का इतिहास ही विद्रोह की विजय का इतिहास होता है। जीवन की विभिन्न अवस्थाओं का विद्रोह भी भिन्न-भिन्न होता है। प्राकृतिक अवस्था में रहने वाले आदिम मनुष्य का विद्रोह भिन्न, उसका संघर्ष भी भिन्न! इस समय उसे आँधी-तूफानों से, साँप-बाघों से, और बाढ़-भूकम्प से जूझना पड़ता था। बाद के काल खण्ड में समाज में ही स्थित मनुष्यों के अपने स्वार्थजन्य क्रूरता के साथ होने वाले संघर्ष का स्वरूप भिन्न था। इस प्रकार जीने के प्रवाहों को कुण्ठित करने वाली इकाईयों को खत्म करते-करते और विश्व से नाता जोड़ते- जोड़ते मनुष्य निरन्तर आगे बढ़ रहा है। उसकी इस वृत्ति के मूल में निरन्तर विद्रोह की प्रेरणा ही खड़ी है। इसी प्रेरणा के बलबूते मनुष्य अनेक बाधाओं को पार करते हुए एक-एक नया द्वार खोलते जा रहा है। दूवार कभी प्रवृतितः बन्द होते हैं तो कभी लोभ रूपी बिल्ली द्वारा बन्द किए जाते हैं। एक-एक क्षितिज, एक-एक दिशा खोलते हुए निरन्तर संघर्ष करता हुआ मनुष्य

आगे बढ़ रहा है। जिस अवस्था में जैसे जन्मा था, वैसे न रहते हुए, जो ज्वाला में, उसे सुख न मानते हुए, तोड़ते हुए, निर्माण करते हुए घटित होने वाला यह मनुष्य वास्तव में विद्रोही ही है। सच्चे मनुष्य का नाम ही विद्रोह है।

आज तक का जीवन विद्रोह की ही संतति है। और विद्रोह यह मनुष्य की ही संतति है। विद्रोह की स्थिति और विद्रोह का पिता मनुष्य ही है। विद्रोह से वह खुद का निर्माण कर लेता है और विद्रोह को आगे बढ़ाता है। सामन्ती व्यवस्था में वह भिन्न प्रकार का विद्रोह करता है, पूँजीवादी व्यवस्था में भिन्न प्रकार का। जीवन के किसी भी मोड़ पर अन्याय हुआ कि विद्रोह फूट पड़ता है। इसी कारण तो दुनिया यहाँ तक पहुँची है। भविष्य में भी विद्रोह ही उस उन्नत अवस्था तक ले जाने वाला है। विद्रोह इस प्रकार निवेदन होता है।

जीवन का निरन्तरता का प्रवाह और यह 'सर्वजन हिताय, सर्वजन सुखाय' यह भरी विद्रोह का ध्येयवाद होता है। जीवन में स्थित अनेक विरोध और गतिरोध कभी भी खत्म नहीं हो सकते। इसी कारण विद्रोह जीवन का हमेशा का साथी होता है। और इसी कारण विद्रोही मानसिकता भी चिरन्तन होती है। जीवन के इस द्वंद्व में प्रगति की ओर से लड़ने वाली शक्ति का नाम विद्रोह है। साहित्य यह जीवन के साथ प्रकृतितः बँधा हुआ है। साहित्य में स्थित विद्रोह भी एक अन्तहीन प्रक्रिया है। साहित्य जीवन का भाष्य होता है। इस भाष्य को सम्भव करने वाली मूल्य दृष्टि में विद्रोह ही खड़ा होता है। इसी कारण कोई भी कला प्रकृतितः विद्रोही ही होती है—ऐसा कहना पड़ेगा। जीवन के और साहित्य के अलग-अलग मोड़ों पर विद्रोह के ब्यौरे बदलते रहते हैं, तत्त्व नहीं बदलता। समय-समय पर विद्रोह की आकृति बदलती है परन्तु उस आकृति को जन्म देने वाला आशय नहीं बदलता। भिन्न-भिन्न स्थितियों में विद्रोह का उपयोजन बदलता है, पर उसका प्रयोजन कभी नष्ट नहीं होता। इसलिए विद्रोह जीवन की और साहित्य की सर्वाधिक सार्थक ऐसी निरन्तरता है। जीवन और साहित्य में स्थित नयेपन के क्षितिजों को विद्रोह ही खोलकर बतलाता है। नये भावनिर्माण समानता के कारण नहीं तो नये विद्रोह निष्ठ अहसासों के कारण नये सौन्दर्यशिल्प साक्षात् होते हैं। इस प्रकार विद्रोह यह जीवन के और साहित्य के नये-नये स्तरों में स्थित नयी-नयी प्रकृति के सौन्दर्य का मार्गदर्शन तत्त्व है।

मित्रो, मराठी साहित्य परम्परा में इस प्रकार उपस्थित रहकर प्राप्त समय को विशाल भूधर मानकर उसमें सौन्दर्य की गुफाएँ निर्माण करने वाले हम शिल्पकार हैं। हमारे साहित्य शिल्पों में विद्रोह की इस अवधारणा ने मराठी को प्रतिष्ठा प्राप्त करा दी है। साहित्य क्षेत्र में विद्रोह का स्वरूप अनुभूति और अभिव्यक्ति के लक्ष्य को लेकर द्वैत/अद्वैत विलक्षण रूप का होता है। अभिव्यक्ति की भावना के निर्जीव संकेतों के असन्तोष से अभिव्यक्ति के नये-नये लीला-कमल यहाँ अवतरित किए

जाते हैं। इस प्रक्रिया में अभिव्यक्ति के लक्ष्य को सामने रखकर विद्रोह साकार हो जाता है। अर्थात् इस क्षेत्र में भी विद्रोह की मौलिकता के अनुसार नये सक्षम शिल्प की, शैली की और बिम्बों की निर्मिति होती रहती है। परन्तु अभिव्यक्ति को लक्ष्य कर साकार होने वाला विद्रोह समयोजक हो तो ही उसे एक गर्भावस्था प्राप्त होती है। अन्यथा अनुभूति शून्यता के कारण उसमें से भिन्न-भिन्न स्तरों पर शब्द और भाषा का नर्तन मात्र साकार होता है। भिन्न-भिन्न प्रकार की तकनीकी कल्पनाएँ, रचना की भिन्न-भिन्न परिकथाएँ और सम्मोहन विद्या की भिन्न-भिन्न लीलाएँ इसमें से जन्म लेती हैं। केवल नये-नये शब्दों के पाजेब, नये-नये प्रयोग के यूरोपीय अलंकार और वेशभूषा—यहीं तक इस विद्रोह का स्वरूप सीमित हो जाता है। विद्रोही अनुभूति कलाकार के पास न हो तो विदेशी भाषाओं में स्थित शैली की तकनीक लेकर उसी स्तर पर विद्रोह साकार किया जाता है।

दूसरे प्रकार का विद्रोह अनुभूति के स्तर पर साकार होता है। जीवन में स्थित प्रकाश मूल्य की प्रेरणाएँ ऐसे विद्रोह के पीछे खड़ी हो जाती हैं। घटनाओं के पारम्परिक अर्थ की अपेक्षा परिवर्तनानुसार भिन्न अर्थ प्रस्तुत करने की प्रक्रिया से यह विद्रोह साकार होता है। इस विद्रोह के शक्ति स्पर्श से साहित्य में नये मूल्यदर्शी आशय के नये दिन उग आते हैं। जब मनुष्य जीवन स्थितिशील जहर से काला पड़ जाता है और साहित्य की विभिन्न विधाओं में इसी जहर के गौरव की गाथाएँ साकार होने लगती हैं, तब जीवन और साहित्य इन दोनों क्षेत्रों में इस जहर के उदारीकरण के विरोध में प्रकाश के महत्त्व को गाने वाले कंठों में से इस अनुभूति-लक्ष्य विद्रोह के उषा कमल खिलने लगते हैं। जीवन में स्थित स्थितिशीलता को खासकर गति के कानून की घोषणा की जाती है। विशिष्टों के हित सम्बन्धों की चिंता करने वाले स्वार्थी मूल्यों को हमेशा के लिए नष्ट कर स्वातंत्र्य, समता और बन्धुता के मूल्यों की जब अभिव्यक्ति होती है, तब अनुभूति लक्ष्यी विद्रोह साकार होता है। विद्रोह की शक्ति के केन्द्र तथा स्रोत केन्द्र भिन्न-भिन्न होते हैं। सामाजिक, धार्मिक, आर्थिक तथा राजनीतिक ऐसे विभिन्न क्षेत्रों में स्थित फेसिजम के विरोध में विद्रोह के नगाड़े बजने लगते हैं। सन्दर्भानुसार विद्रोह को भिन्न भिन्न व्यक्तित्त्व प्राप्त होते हैं। उनके जन्म के सन्दर्भ के अनुसार अनेक रंग, अनेक गन्ध तथा अनेक कलात्मक शिल्प प्राप्त होते जाते हैं। गति के कानून पर ध्यान रखो, समय की मांग है—ऐसा हमारे एक कवि ने कहा है। रुके हुओं की, खत्म होने वालों की तथा औरों को खत्म करने वालों की जीवन तथा साहित्य में मुँहजोर नैतिकता होती है। यह नैतिकता कारागृह की दीवारों को सुरक्षित रखने पर बल देती है। इस स्थितिशीलता की नैतिकता के विरोध में जीवन और साहित्य के विश्व में सजग यह विद्रोह वास्तव में दूसरी नवनैतिकता अथवा उन्नत नैतिकता होती है। यह नैतिकता ही साहित्य और जीवन को नवनवोन्मेषशालिनी ऐसे सौन्दर्य से सुस्वरूप

कर सकती है। और इसी कारण हम अपरिहार्य रूप से विद्रोही हैं, नया समाज यह हम सबकी ज़रूरत है। इस कारण हम अपरिहार्य रूप से नये समाज के निर्माण में सहभागी होने वाले प्रतिभाशाली हैं। विद्रोही होना ही हमारा होना है। कलाकार के रूप में वही हमारा जन्म प्रयोजन भी है।

दलित साहित्य का जन्म आम्बेडकरी प्रेरणा के मातृकोष से हुआ है। 1947 में यह देश स्वतन्त्र हुआ। इस क्षण के संग इस देश ने बन्धनों से मुक्ति के सुख का अनुभव किया। परन्तु इस आनन्द को भोगते समय ही इस स्वतन्त्रता प्राप्ति के महाद्वार से नये भारत का, नये समाज का तथा नये आधुनिक मनुष्य के निर्माण हेतु नयी यात्रा को आरम्भ करने का क्षण था। नये सुन्दर समतावादी भारत ने एक स्वतन्त्र संविधान ने हमारे इस देश के सम्मुख प्रस्तुत किया और इस देश ने बंधविमोचन की इस प्रक्रिया में खुद को झोंक दिया। नये उत्थान की यात्रा को निकलने का वह क्षण था।

दूसरी ओर पिछली सदी में लोकहितवादी, रानड़े, म. फुले, आगरकर, शाहूमहाराज द्वारा लगाए गए और वृद्धिगत किए गए प्रबोधन के वृक्ष पर अवरोध के अनेक आघात होते रहे। उन अवरोधों को झेलते हुए अब यह वृक्ष फिर से पुष्पित हो रहा है। उपेक्षित विभागों के शिक्षितों की लहरें अब जीवन की मध्यधारा को स्पर्श कर रही हैं। दलित-आदिवासी अब विषमतापूर्वक संस्कृति द्वारा लुटी गई अस्मिता को वापस प्राप्त करने हेतु संधर्षरत हो रहे हैं। आम्बेडकरी आन्दोलन के कारण दलितों को अपने शक्ति स्थान का पता लग चुका है। मार्क्सवादी आन्दोलन यहाँ सामन्ती शोषण व्यवस्था द्वारा शोषितों को नयी ताकत के साथ यूनियन से जोड़ रही है।

राष्ट्रीय ध्येयवाद तथा यहाँ की उपेक्षित इकाइयों के स्तर पर इस काल में मुक्ति का विमोचन का अपूर्व पर्व शुरू हो चुका था। जिन मूल्यों ने दलितों को पशुवत जीवन जीने पर मजबूर किया था, उन मूल्यों के निर्मूलन हेतु वे संघर्षरत होने लगे। 1956 में डॉ. बाबासाहब आम्बेडकर ने अपने अनुयायियों को एक समतादर्शी नास्तिक जीवन परम्परा के साथ जोड़ दिया था। इस जीवन प्रणाली के साथ ही यन्त्र संस्कृति, नये ज्ञान-विज्ञान की शक्ति से पुष्पित-पल्लवित होने वाली दुनिया, भारतीय संविधान द्वारा दिया गया राष्ट्रीय-सामाजिक ध्येयवाद, समता के नये आधुनिक दर्शन, मार्क्सवाद—ये सभी ताकतें इस काल में बन्धमुक्ति के लिए सक्रिय समाज गुटों के साथ खड़ी थीं। इन सबसे शक्ति लेकर यहाँ का उपेक्षित जीवन, नये स्वप्नों की दिशा में दौड़ने लगा। धर्म-परिवर्तन ने दलितों को मनुष्यत्व का मन्त्र दिया तथा अतीत में उन पर हुए अन्याय अत्याचार का उन्हें अहसास हुआ। उन अन्यायी-अत्याचारी पर प्रहार करने की ज़रूरत से और अस्मिता की प्यास और भूख से दलित साहित्य का जन्म हुआ। उस साहित्य के विद्रोह का सुन्दर काण्ड साकार हुआ। युद्ध काण्ड का जन्म हुआ।

दलित साहित्य की पृष्ठभूमि में नये साहित्य के सफेदपोशों की एक छोटी सी कालोनी है। उस काल में पाठक तथा साहित्य के न्यायाधीश अथवा समीक्षक सफेदपोश वर्ग के लोग ही हुआ करते थे और यह सफेदपोश वर्ग मन से रूढ़ीवादी था, इस कारण मराठी में नवसाहित्य को प्रतिक्रान्तिवादी स्वरूप प्राप्त हुआ। इस साहित्य में विदेशी शैली के अनुकरण से आने वाली आधुनिकता निःसन्दर्भ और कृत्रिम, नकली थी। ठीक उसी प्रकार उसमें प्रस्तुत अतीत मुख्यतः भूतकाल की ओर देखने वाला ही था। ये सारी बातें पाठकों तथा समीक्षकों को रोमांचक ही लगीं।

भौतिकवाद और आम आदमी का दबाव बढ़ने वाले उस काल में सफेदपोश वर्ग के पाठकों को इस नये साहित्य में प्रस्तुत मानसिक विकृति के तथा लैंगिकता के चित्रण से सुरक्षा का अनुभव हुआ। इस साहित्य में स्थित नया मानसिक यथार्थ अर्थात् लैंगिकता, नया सामाज़िक यथार्थ अर्थात् एक छोटे से उदास, निराश प्रतिगामी द्वीप के प्रभाव का वर्णन और उनके विश्राम का यथार्थ अर्थात् अध्यात्म पुराण और इतिहास। इसी कारण तो इस साहित्य ने यहाँ की सफेदपोश भयभीत रसिकता को धीरज बँधाया। यह इस काल के साहित्यानन्द का स्वरूप है। इसी के एक हिस्से के रूप लघु पत्रिकाओं ने सभी को नकारते हुए, लैंगिकता, 'ना तुझे, ना मुझे डाल अब कुत्ते को' की दिशा में निरर्थक ऐसे असामाजिक अतिव्यक्ति केन्द्रित 'न' को प्रस्तुत किया। लघु पत्रिकाओं ने बंधविमोचन उत्सव से नाता तोड़ यहाँ के आम आदमी के साथ बेईमानी की। इस साहित्य प्रवाह ने उच्चवर्गीय सफेदपोश लोगों के जीवन में स्थित नीरसता को प्रस्तुत किया। यहाँ स्थित पराजय और अपरिवर्तन इसी को जीवन के स्थायीभाव के रूप में घोषित किया। जीवन को सुन्दर, नया कर सकने वाली परियोजनाएँ, उस हेतु शुरू यात्रा की ओर उन्होंने देखा तक नहीं। धर्मपरिवर्तन और मूल्यों के स्तर पर स्थित बंघ-विमोचन को तथा क्रान्ति से सम्बन्धित अन्य परियोजना को नकार कर ही कलावादी साहित्यिकों ने साहित्य सृजन किया। बन्ध-मुक्ति का उपरोक्त तूफान, जनसमूह का यह उत्थान पर्व इसकी उपेक्षा कर, इन्हें अनुपस्थित समझ रूढ़ीवादी का साहित्य का निर्माण हुआ। उपरोक्त बातें मानो यहाँ घटित ही नहीं हो रही हैं, इस विश्वास से रूढ़ीवादियों ने लिखा जो नये जीवन में तथा साहित्य में पहली बार प्रवेश करने वाले दलित तथा ग्रामीण युवकों को यह सब विदेशी ही लगा। निःसन्दर्भ लगा। वास्तव में समकालीन जीवन का नाम ही बंधविमोचन है। परन्तु इस बंधविमोचन को नकारते हुए इन सफेदपोशों ने एक ओर व्यक्तिवादी तथा दूसरी ओर रूढ़ीवादी साहित्य का निर्माण किया। रूढ़ीवादी प्रतिज्ञाएँ बीसवीं सदी के मध्य में भी अपने पुराने स्वभाव विशेष की तरह ही आचरण करती रहीं।

इन सब बातों पर ध्यान देने से यह स्पष्ट हो जाता है कि जहरीली, अँधेरे के प्रति, रूढ़ीवादी के प्रति आत्मीयता रखने वाली वह पृष्ठभूमि थी। इस कारण

नव साहित्य के अथवा लघुपत्रिकाओं के आन्दोलन के कारण दलित साहित्य का जन्म हुआ, यह वक्तव्य अथवा निष्कर्ष कितना बेबुनियादी है, यह स्पष्ट हो जाता है। इस काल के मराठी साहित्य में दलित-साहित्य को जन्म देने की योग्यता ही नहीं है। इस प्रकार, तत्कालीन वर्तमान में लिखे जाने वाले 'गतकालीन' साहित्य में से दलित साहित्य का जन्म होना सम्भव नहीं था। इस साहित्य के जन्म-सन्दर्भ मराठी के किसी भी काल के गतार्थ साहित्य से सम्बन्धित नहीं हैं। दलित साहित्य की यह अनन्य विशेषता है कि यह साहित्य उपरोक्त साहित्य सन्दर्भो के कारण इस साहित्य में से जन्मा नहीं है। वह जीवन में से जन्मा है। अपने परिवेश की बंधमुक्ति के उत्सव में से जन्मा है। केशवसुत की कविता भी मराठी साहित्य परम्परा से जन्मी नहीं है। लोकहितवादी फुले और आगरकर के लेखन में स्थित आग भी मराठी साहित्य की परम्परा में से जन्मी नहीं है। इस विद्रोही आग को जन्म देने वाली परम्परा मराठी साहित्य परम्परा में है ही नहीं। यह आग यहाँ विदेशी नैतिकवादी मूल्यों के प्रभाव से आरम्भ हुए जीवन-प्रबोधन से जन्मी है। साहित्य में सच्ची शक्ति, सच्ची ताकत, सच्चा सौन्दर्य और नयेपन के सच्चे पराक्रम को अगर जन्म लेना है, तो उसे साहित्य में से प्रेरणा लेने के बजाए जीवन रूपी रणभूमि से सीधे प्रेरणा लेनी चाहिए। दलित साहित्य ने भी प्रत्यक्ष जीवन की समरभूमि से, समकालीन जीवन के केन्द्रीय संघर्ष से और गौण-प्रधान द्वंद्वों से प्रेरणाएँ ग्रहण कीं। इन प्रेरणाओं का युग-प्रवर्तक मातृकोष आम्बेडकरी आन्दोलन और आम्बेडकरी क्रान्ति दर्शन ही है। 'विचार स्वातन्त्र्य' यह मेरा जन्मसिद्ध अधिकार है, और उसे मैं प्राप्त करूँगा ही। इस प्रतिज्ञा के कारण ही समाज-प्रबोधन का नया विचार और जीवन की यर्थाथता के आकलन पर खड़े नये साहित्य का जन्म होता है। वैचारिक स्वतन्त्रता की भूमि पर ही विद्रोह के बगीचे फलते-फूलते हैं और विद्रोही मनोवृत्ति ही वैचारिक स्वतन्त्रता के उपयोग से प्रसन्न हो उठती है।

प्रबोधन तथा क्रान्ति की प्रतिक्रियाएँ अन्तहीन हैं। व्यवस्था की दीवारों के परे देखने की आँख ही 'विचार' कहलाती है। विचार समाज की रक्त शुद्धि का कार्य करता रहता है। यह विचार मनुष्य को अन्य पशुओं से अलगाता है। एक ही स्थान पर रुके हुओं के लिए श्रद्धा और शब्द का प्रामाण्य ढाल का काम करते रहते हैं। उनके लिए परम विचारहीनता ही परम हितावह होती है। विचारों की साधना के लिए श्रद्धा शृंखलाओं का कार्य करती रहती है। विचार आगे बढ़ाने वालों की शैली और शक्ति होती है। वैचारिक स्वतन्त्रता हेतु सम्पूर्ण सुविधा की इसलिए ज़रूरत होती है क्योंकि इनके अभाव में नये विचार का जन्म ही नहीं हो सकता। प्रकृति में भले ही रोज सूर्योदय होता हो तो भी नये विचारों के सिवा समाज में नया दिन उग नहीं सकता। नया विचार हमेशा प्रगति की प्रतिज्ञा को लेकर आता है और इसी कारण यह परिवर्तन का सहचर, मित्र होता है। इस कारण वैचारिक स्वतन्त्रता का विरोध

यह दृश्य अथवा अदृश्य स्तर पर परिवर्तन अथवा क्रान्ति का विरोध होता है।

विचार-स्वतन्त्रता की सर्जनशीलता के कारण ही समाज आज की प्रगट अवस्था तक पहुँच चुका है। विचार स्वतन्त्रता के गर्भ से ही चार्वाक और बुद्ध का जन्म होता है। विचार स्वतन्त्रता के कारण ही लोकहितवादी, फुले, आगरकर सम्भव हो सकते हैं। विचारहीनता से यह सब सम्भव नहीं होता। अव्यवस्था की दीवारों को तोड़कर जीवन का नया प्रकाश मार्ग निर्माण करने वाला विचार जहाँ निर्भयता के साथ संचरित होता है, वही समाज मनुष्य के कर्तव्य हेतु नये अवकाश को खुला करके देता है। जहाँ विचार निर्माण होता है, वहीं जीवन और जीना पूरी गति से पल्लवित होते रहता है। इसीलिए किसी भी काल के नये जीवन के शिल्पकार स्वतन्त्रता का ध्वज नीचे गिरने नहीं देते। वैचारिक स्वतन्त्रता की पराजय के कारण महापुरुष धराशायी नहीं होते अपितु जिन्दगी के ही सम्मुख प्रश्नों के पहाड़ खड़े करने लगते हैं। वैचारिक स्वतन्त्रता की अप्रतिष्ठा से प्रबोधन की ही अप्रतिष्ठा होती है। ऐसी बात नहीं तो जीवन की बंधमुक्ति की प्रक्रिया को ही नकारा जाता है और उस कारण उसमें से केवल मनुष्यता की आराधना के पराजय को ही शिल्पित किया जा सकता है। वैचारिक स्वन्त्रता में अवरोध पैदा कर केवल समता के आन्दोलन को रोका नहीं जा सकता अपितु सम्पूर्ण समाज और राष्ट्र को अधिक उन्नत स्तर पर ले जाकर जीने की आकांक्षा को ही आहत, घायल किया जाता है। राष्ट्र को नवनवोन्मेष से फलने-फूलने हेतु वैचारिक स्वतन्त्रता रूपी सर्जनशील जलवायु और जमीन की ज़रूरत होती है इसीलिए वैचारिक स्वतन्त्रता के रास्तों को रोकने का कार्य ही साबित हो जाता है।

'देसीपन की अवधारणा' प्रत्यक्ष-अप्रत्यक्ष रूप से मराठी साहित्य-संस्कृति के जन्म से ही आज तक लगातार प्रस्तुत की जाती रही है। इस अवधारणा में आरम्भिक काल में द्वैत था ही, परन्तु अंग्रेजों के कालखंड में इस अवधारणा में मूलगामी स्तर का भिन्न द्वैत निर्माण हुआ। आधुनिक जीवन मूल्यों के कारण हमारे समाज में जो द्वैत निर्माण हुआ, उसके परिणामस्वरूप इस देसीपन को भी द्विमुखता प्राप्त हुई। देसीपन के इन दो ध्रुवों के लिए पूर्वपरम्परा का अर्थ भिन्न-भिन्न था उनके लिए संस्कृति की अन्वर्थकता भिन्न-भिन्न रूप में सम्भव थी। 1857 वालों के देसीपन के लिए भूतकाल अलग था, इस कारण भविष्यकाल भी भिन्न था। यह देश किनका?—ऐसा जटिल प्रश्न खड़ा करने वाले जोतिबा फुले के देसीपन के लिए जैसे भूतकाल भिन्न था, इस कारण उनके लिए अपरिहार्य रूप से भविष्यकाल भी भिन्न था। इन दो देसीपन के स्वप्न भिन्न थे। कारण, इन दो देसीपन हेतु भूतकाल में स्थित सांस्कृतिक गुणा-भाग भिन्न-भिन्न थे। एक को स्वधर्म की चिन्ता थी तो दूसरे को मनुष्य धर्म की प्रस्थापना की चिन्ता थी। 1857 वालों के देसीपन की और जोतिबा फुले की भौतिक सामग्री एक ही थी। परन्तु इस जीवन सामग्री का दोनों देसीपन

के लिए जरूरी अनुभव भिन्न-भिन्न था। क्योंकि इन दोनों देसीपन के हिस्से में भिन्न-भिन्न हेतु से यह सामग्री आई थी। देसीपन की अवधारणा इस प्रकार यहाँ द्वैतवर्गीय हो जाती है। एक दूसरे के हित सम्बन्धों के विरोध में बनायी गई छावनियों का रूप इन दोनों को प्राप्त हो चुका है।

आगे चलकर यही विग्रह दर्शन आपको दिखाई देगा। चिपळूणकर के देसीपन की इच्छाएँ भिन्न, आगरकर-केशवसुत के भिन्न! दिव्य भूतकाल जिनका होता है, उन्हीं का भविष्य उज्ज्वल भी होता है-ऐसा कहने वाला कवि किस प्रकार का देसीपन प्रस्तुत कर रहा था? जोतिबा फुले के शुद्ध-विशुद्ध का यहाँ कौन सा भूतकाल था और अगर ऐसा दिव्य भूतकाल उनके पास न हो तो क्या वे अपने उज्ज्वल भविष्य के स्वप्न भी नहीं देख सकेंगे?

देसीपन की अवधारणा कभी विदेशी मूल्यप्रवाह के सन्दर्भ में (जैसेः दिव्य भूतकाल जिनका...) तो कभी देसी सन्दर्भ में ही परन्तु रूढ़ीवादियों के अहंकार के सन्दर्भ में प्रस्तुत की गई। अपने अतीत और पूर्वजों के गौरव पर ही जो टिके हुए हैं ऐसे राष्ट्रवादियों ने देसीपन का स्वधर्म से सम्बन्ध स्थितिशील अथवा प्रतिक्रियावादी अर्थात् समाज को पीछे ले जाने वाला आशय साकार किया। आगे चलकर गाँधीजी ने भी स्वदेश की कल्पना गीता में स्थित स्वधर्म की कल्पना के साथ जोड़कर ही प्रस्तुत किया। तो दूसरी ओर लोकहितवादी, आगरकर और आम्बेडकर आदि सुधारकों ने देसीपन की वर्णधर्म भंजक अर्थात आधुनिक जीवन मूल्यों को ही अपना लक्ष्य समझनेवाली अवधारणा साकार की।

इस देश में हिन्दू, मुस्लिम, बौद्ध, ईसाई आदि धर्म के लोग रहते हैं। इन सभी के देसीपन की एक मात्र और एक ही वास्तविकता को निर्देशित करना सम्भव ही नहीं है। इस समाज में वैदिक-अवैदिक इन दो भिन्न जीवन प्रणाली के लोग रहते हैं और उनमें से प्रत्येक के देसीपन के आशय द्रव्य भिन्न-भिन्न हैं। नास्तिकों का देसीपन का अहसास भिन्न होगा, ठीक इसी तरह आस्तिकों के देसीपन का अहसास अलग होगा। बुद्धि को प्रमाण मानने वालों का अहसास भिन्न होगा और शब्द को प्रमाण मानने वालों का भिन्न। चाबुकों और उसके प्रहार से खून से लथपथ होने वालों की संस्कृति भिन्न होगी। उन्मत्त पैरों की और उन पैरों के नीचे रौंदी जाने वाली सांस की संस्कृति भिन्न होगी और इसी कारण इन दोनों संस्कृतियों का देसीपन भिन्न ही रहेगा। भारत जैसे देश में देसीपन वास्तव में अनेक ध्रुवी होना अति स्वाभाविक ही नहीं, अटल भी है। अन्तिम विश्लेषण में कम-से-कम उसके द्विध्रुवीपन की तो निश्चित रूप से उपेक्षा नहीं की जा सकती। पश्चिमी प्रभावों के आक्रमण के बहाने हमारे यहाँ के विद्वतजन समग्र देश को प्रतिबिम्ब करने वाले देसीपन की ढीली ढाली अवधारणा प्रस्तुत करने का प्रयत्न करते हैं। परन्तु ये लोग इस देश के सन्दर्भ में यह देसीपन केवल अनेक

स्तरीय ही नहीं, अपितु एक-दूसरे के विरोधी स्तरों पर साकार हुआ है, इस पर ध्यान ही नहीं देते।

इस देश का इतिहास अपरिहार्य रूप से विषमता का इतिहास है। इस देश का इतिहास सामन्ती शोषण का और पिछले 100-150 वर्षों से धुर सामन्ती तथा पूँजीवादी व्यवस्था के संयुक्त शोषण का इतिहास है। शोषक और शाषित—ये दो परस्पर विरोधी घटनाएँ इस देश में अस्तित्व में हैं। शोषकों के हितों का 'बेस' और उनके ही हितों का 'सुपर स्ट्रक्चर' ऐसा यहाँ की समाज संस्था का रूप प्राचीन काल से है। यह बेस और यह सुपर स्ट्रक्चर नष्ट कर समाज संस्था का सर्वजन हिताय और सर्वजन सुखाय बेस और सुपर स्ट्रक्चर प्रत्यक्ष साकार करने हेतु किए जाने वाले संघर्ष की भी परम्परा इस देश में है। परन्तु इन सभी बातों के अनुषंग से सम्भव हो सकने वाली देसीपन की अवधारणा का वर्गीय स्वरूप, भारतीयत्व की अवधारणा को प्रस्तुत करने वाले डॉ. रा. भा. पाटणकर भी (कमल देसाई का कथा विश्व : प्रस्तावना) ध्यान में नहीं लेते और डॉ. भालचन्द्र नेमाडे भी अपने लेखन में इस उलझन को ध्यान में नहीं लेते। इस कारण भारतीयत्व की अवधारणा अथवा देसीपन की अवधारणा—ये दोनों अवधारणाएँ मात्र रूढ़ीवादी विचारों को खाद-पानी डालने वाली अवधारणाएँ सबित हो जाती हैं। साहित्य के रूप में अस्तित्व में आने हेतु सभी देसी सामग्री दलित-साहित्य के लिए महत्त्वपूर्ण महसूस होती है। अपनी अनुभूति के पूर्ण प्रकाश के लिए उसे यह अटल शर्त लगती है। परन्तु उसी समय यह सामग्री जिन परस्पर विरोधी तन्तुओं से तैयार हो चुकी है और उसमें से अनुभूति का जो द्वंद्व दिखाई दे रहा है, उस द्वंद्व में स्थित फुले-आम्बेडकर के देसीपन को दलित साहित्य अपना Directive Principle मानता है।

ब्राह्मणी समाज व्यवस्था की नींव बहुजन समाज के साथ दलित-आदिवासी घुमन्तु इन सबको शोषकों का देसीपन लगना चाहिए। और नयी नींव डालने वालों, नया भवन निर्माण करने वालों फुले, आम्बेडकर, इनकी कल्पना में स्थित देसीपन हमारे उद्धार का देसीपन है-ऐसा लगना चाहिए। यह देसीपन ही व्यक्तिवाद, पुनरुज्जीवनवाद अर्थात फासीवादी प्रवृतियों को नकार सकता है। और इस देश के बहुसंख्यक उपेक्षितों के उज्ज्वल भविष्य की यह गारण्टी भी दे सकता है। आम्बेडकर की प्रेरणा से इसी देसीपन की विद्रोहपूर्ण अभिव्यक्ति मराठी दलित साहित्य के बहाने हुई है। दलित साहित्य का देसीपन स्वतन्त्रता, समता, बन्धुता, न्याय, ज्ञान और विज्ञान के प्रकाश के पंचशील पर खड़ा है। दलित साहित्य का देसीपन परम्परावादियों के फासीवादी देसीपन के विरोध में विद्रोह करने वाला है। आधुनिक महाराष्ट्र में लोकहितवादी, फुले, रानड़े, आगरकर, राजर्षि शाहू महाराज और डॉ. आम्बेडकर इन परिवर्तनवादियों के देसीपन की परम्परा है। इस देश के समग्र 'ब्रोकन मैन' को इस देसीपन से अपना खून का रिश्ता बतलाना चाहिए।

इस देश की भौतिक सामग्री के विविध स्तरों पर उसमें स्थित द्वंद्वों के अन्वर्थक आकलन का देसी साहित्य में अत्यन्त महत्त्व होता है। इस द्वंद्व के सम्पूर्ण आकलन के साथ तथा अभिव्यक्ति के साथ सच्चे देसी साहित्य की अवधारणा जुड़ी हुई है। इस संघर्ष में नवसाहित्य से लेकर आधुनिक काल में पश्चिमी प्रभाव से निर्माण हुआ मराठी साहित्य आज प्रश्नार्थक होकर बैठा है। दलित साहित्य ही सच्चे अर्थों में देसी साहित्य तथा वही सच्चे अर्थों में नवसाहित्य सिद्ध होता है। ग्रामीण, अस्तित्ववादी, मार्क्सवादी–इन साहित्य प्रवाहों के साथ मराठी साहित्य के सभी प्रवाहों के देसीपन की तलाश की जानी चाहिए।

'ग्रामीण साहित्य (हिन्दी में आंचलिक साहित्य) का प्रवाह' आज के मराठी साहित्य में स्थित एक महत्त्वपूर्ण प्रवाह माना जाता है। स्वातंत्र्योत्तर कालखण्ड में सामाजिक परिवर्तन की यह एक महत्त्वपूर्ण उपलब्धि है। इस देश की समाज रचना के उथल-पुथल की एक प्रतिक्रिया अथवा अभिव्यक्ति दलित साहित्य के रूप में हुई तो दूसरी अभिव्यक्ति भले ही यह विद्रोही स्वरूप की न हो, वर्णनात्मक स्तर पर ही हो, आंचलिक साहित्य के रूप में हुई। आंचलिक साहित्य विद्रोही क्यों नहीं हो पाया? इस प्रश्न के उत्तर के लिए इस देश के सम्पूर्ण समाज की मीमांसा जरूरी है। यह भी सच है कि आँचलिक साहित्य धीरे-धीरे वर्णनात्मकता की ओर से विशेषण गर्भ संश्लेषण केन्द्र की ओर बढ़ रहा है, यह घटना मराठी साहित्य में स्थित व्यापक मन्वन्तर की दृष्टि से महत्त्वपूर्ण माननी चाहिए। अर्थात् आंचलिक साहित्य ने आज तक साहित्यिक स्तर पर जिस यथार्थ का उद्‌घाटन किया है, वैसा उसे आगे भी करते रहना है। आंचलिक साहित्य दलित साहित्य से भिन्न होने का कारण यह साहित्य, साहित्य के रूप में समकालीन जीवन के सन्दर्भ में अपनी जिम्मेदारी को पहचान नहीं पाया है–यह है। आंचलिक सम्वेदनशीलता और आंचलिक प्रतिष्ठा–ये आंचलिक साहित्य सृजन के कारण होने चाहिए। परन्तु ऐसा न होते हुए शहरी, मध्यवर्गीय सम्वेदनाओं को मानवीय जीवन पर थोपा जा रहा है। आज तक के ग्रामीण साहित्य में ग्रामीण जीवन का यथार्थ दर्शन हुआ है–ऐसा नहीं लगता। हमारे आंचलिक जीवन का आज का यथार्थ अतीत की हजारों पीढ़ियों द्वारा तैयार किया गया यथार्थ है। इस यथार्थ की आयु हजार वर्ष की है। सामन्ती व्यवस्था के आड़े-तिरछे धागों ने इस यथार्थ पर फौलादी वस्त्र बुना है। यह यथार्थ सुन्दर नहीं है, उल्टे अनेक जख्मों से यह यथार्थ बीमार और कुरूप है। आंचलिक जीवन का यह यथार्थ चुनौती लगे ऐसा जटिल यथार्थ है। हमारी सभी परम्पराओं ने और संस्कृति ने जिन प्रश्नों को जन्म दिया है, वे सभी प्रश्न आंचलिक विभागों में ही दृढ़ता से बैठे हैं। इन प्रश्नों की पेचीदगी और आज की गहरी संस्कृति द्वारा अंचल में भेजे हुए शहरी प्रश्नों का ग्रामीण व्यवस्था से आने वाला सम्बन्ध इन सभी अंतर विरोधों का इन सभी सम्बन्धों से, सम्वाद-विसम्वादों

से अंचल के रूप में साकार होने वाली आकृति आंचलिक प्रतिभा को अपने सृजन के लए अनिवार्य-सी लगनी चाहिए।

आंचलिक प्रतिभा अगर अपने आँखों में स्थित भ्रम को खत्म कर देखती रहेगी, तब उसे इस व्यवस्था में स्थित वेदनाओं की गुफाएँ दिखलाई पड़ेंगी और अगर ऐसा हुआ तो फिर दलित वेदना की ही तरह आंचलिक वेदना भी जानलेवा है—इसका अहसास इस प्रतिभा का होता जाएगा। और तभी आंचलिक साहित्य इस वेदना की नींव पर खड़े होकर विद्रोह के गीत गा सकेगा। प्रतिभा साहित्य सृजन करती है, इसका अर्थ समाज की समस्याओं के कोलाहल में वह खड़ी रहती है। उस कोलाहल के सारतत्त्व को ही वह अपने भीतर लेती है और उसी में से अपने सृजन को पुष्पित करती है। 'गुलामगिरी' तथा 'हू वेअर शूद्राज'—ये दोनों ग्रंथ आंचलिक प्रतिभा के सम्मुख मार्गदर्शक वीरस्तम्भ खड़े कर सकते हैं। इस दिशा में आंचलिक साहित्य को और जनसाहित्य को भी शुद्ध सैद्धान्तिक नींव प्राप्त करा देने की ज़रूरत है। इस कारण आंचलिक और जनसाहित्यिकों की प्रतिभाओं को अपने सच्चे सहयात्री कौन हैं—इसकी जानकारी मिल जाएगी। इस समाज के बहु-संख्यकों के जागृत सुख-दुःख अथवा इन सुख-दुःखों का भूतकाल, वर्तमानकाल और भविष्य काल की नयी उपलब्धियाँ भी इन प्रतिभाओं को यथार्थ रूप से समझ में आ जाएँगी। अगर ऐसा हो गया तो इन प्रतिभाओं को साहित्य का मर्म समझ में आ जाएगा और उसमें से मात्र सहित्यिक प्रबोधन का प्रतिरोध ही खत्म नहीं हो जाएगा अपितु समाजक्रान्ति का प्रतिरोध भी छिन्न-विछिन्न हो जाएगा। साहित्य के साथ-साथ जीवन को भी नये तेजस्वी पंख और नया आकाश प्राप्त हो जाएगा।

'साहित्येतिहास लिखने की प्रक्रिया' एक अन्तहीन प्रक्रिया होती है। इस प्रक्रिया में स्थित एक अन्तिम सत्य यह होता है कि कोई भी साहित्येतिहासकार इस सन्दर्भ में अन्तिम शब्द नहीं कह सकता। इसी कारण साहित्येतिहास की घटना निरन्तर नये-नये साहित्येतिहासकार की खोज में रहती है। किसी भी प्रकार का साहित्य हो, वह नये-नये विशेषण की उम्मीद रखता है। साहित्येतिहास का वर्णन इस प्रकार नयी चुनौती होती है। भिन्न सांस्कृतिक सन्दर्भ में निर्माण हुए साहित्य की उस सन्दर्भ से बेईमानी न करते हुए नये सांस्कृतिक सन्दर्भ में उसकी जाँच-पड़ताल करनी पड़ती है। नये साहित्य अभिरुचि की कसौटी पर उसे जाँचकर देखना पड़ता है। इससे जो अतीत का विषय हो चुका है, ऐसे भूतकालीन साहित्य की साहित्यिक शक्ति अर्थात् अपने ही काल पर मात करने की उसकी लालित्य ऊर्जा फिर से चमकने लगती है। इतिहास निर्माण करने की इच्छा रखने वाले किसी भी नये साहित्यिक समाज को अतीत के साहित्येतिहास की अचूक जानकारी रखनी पड़ती है। ऐसी जानकारी प्राप्त करने की प्रक्रिया से साहित्य की शाश्वतता

का और तत्कालीनता का अहसास उन्हें होने लगता है। इस खोज से प्राप्त जानकारी ही अधिक सार्थक, समर्थ तथा कालजयी साहित्य निर्माण करने की इच्छा रखने वाले साहित्यिक समाज के लिए उपकारक शक्ति होने लगती है। काल गतिशील है, समाज गतिशील है। जीवन के रंगमंच पर स्थित नेपथ्य निरन्तर बदलता रहता है। समाज के विभिन्न स्तरों का सम्बन्ध निरन्तर हिचकोले खाता रहता है। समाज से सम्बन्धित जोड़ घटा, गुणा तथा भाग के स्थान निरन्तर बदलते रहते हैं। इन बदले हुए स्थानों का नया-नया यथार्थ समाज में आता और जाता रहता है। ये नयी-नयी घटनाएँ, नये यथार्थ घटनाओं हेतु भूतकाल की गतिवर्धक प्रस्तुति करते रहते हैं।

इस स्तर पर साहित्येतिहास लेखन निरन्तर होता रहना जरूरी हो जाता है। जैसे जंगल के अँधेरे में से, आंचलिक जीवन में से, घुमन्तु के जीवन में से और शुद्रातिशुद्रों के जीने में से स्वातन्त्रोत्तर काल में नये सांस्कृतिक जीवन की तथा साहित्यिक जीवन की महत्त्वाकांक्षा जाग उठी। इस आकांक्षा द्वारा प्रचलित साहित्येतिहास को अनापेक्षित प्रश्न पूछना स्वाभाविक ही है। यह आकांक्षा साहित्य-इतिहास को अपने स्थान के बारे में प्रश्न पूछना स्वाभाविक ही है। और इन प्रश्नों के बहाने सभी प्रतिभाओं और साहित्येतिहास के लेखकों को कटघरे में खड़ा किया जा सकता है। अब दलित, बहुजन, आदिवासी, आंचलिक आदि साहित्य प्रवाहों के अध्ययन करने वालों को मराठी साहित्य का इतिहास लिखने हेतु आगे आना चाहिए। सम्भवतः इन भविष्यकालीन इतिहासों में से मराठी साहित्य का सच्चा स्वरूप स्पष्ट हो सकेगा। सम्भवतः यह साहित्य है किनका, इस प्रश्न से हड़बड़ी पैदा होने की सम्भावना है। प्रस्थापित व्यवस्था का अध्येता साहित्येतिहास जैसा लिखेगा वैसा साहित्येतिहास विस्थापितों का अध्येता नहीं लिखेगा। नये-नये साहित्येतिहास के लेखन से आज का और भविष्यकालीन मराठी संस्कृति का अधिक उज्ज्वल, अधिक सर्वसमावेशक, अधिक गहन स्वरूप प्रगट हो सकेगा। ऐसे साहित्येतिहास के लेखन की जैसी ज़रूरत है, वैसी इस देश के सांस्कृतिक, सामाजिक, राजनीतिक ऐसे सभी क्षेत्रों के नये इतिहास लेखन की भी ज़रूरत है। ठीक इसी प्रकार कल तक जिन मुट्ठीभर लोगों की अभिरुचि ने जिन कलाकृतियों को मानदण्ड के रूप में गौरवान्वित किया, जिन्हें उन्होंने अपनी सुविधा के अनुसार साहित्यिक महात्म्यता बहाल की उन तथाकथित अमर, शाश्वत कलाकृतियों का भी परीक्षण जरूरी है। यह शाश्वतता उन्हें वर्गीय-हित सम्बन्धों के कारण बहाल की गई है। मुट्ठीभर लोगों की सौन्दर्य दृष्टि द्वारा किया गया यह निर्णय है। उनका यह निर्णय शेष सबके लिए शाश्वत शक्ति हो, यह जरूरी नहीं है। सम्भवत इस नये परीक्षण से अनेक लेखकों, कवियों तथा उनकी रचनाओं के साथ जो अमरत्व या शाश्वतता का लेबल लगाया गया है, खत्म हो जाने की

सम्भावना अधिक है। इसका कारण इतना ही कि नयी साहित्यिक अभिरुचि नये सामाजिक न्याय का आग्रह लेते हुए आ रही है।

दलित साहित्य को भी निष्पक्ष तथा संतुलित ऐसे इतिहास लेखन की ज़रूरत है। गैर दलित लेखकों द्वारा दलित साहित्य के सम्बन्ध में जो लिखा गया है, वह भी कितना गुट-सापेक्ष है, औरों पर अन्याय करने वाला है, इसका अहसास होता है। साहित्यिक समाज तथा आम्बेडकरी मूल्यभाव का मूल्यांकन गुट सापेक्ष वृत्ति से दलित लेखक भी कैसा करते हैं, इसका अहसास आपको इस प्रकार का लेखन पढ़ते समय हो जाएगा। दलित साहित्य का इतिहास निष्पक्ष वृत्ति से अगर लिखना हो तो यह जरूरी है कि हम लोगों में जिन विभिन्न कारणों से गुटों का निर्माण हुआ है, वे नष्ट हो जाने चाहिए। अगर ऐसा हुआ तो अनेक लेखकों के स्थान बदल जाएंगे। गुणवत्ता को प्रधानता देने वाली एक नयी व्यवस्था इससे सबको प्राप्त हो जाएगी। इससे नये विद्रोही लेखकों में सही समझ पैदा होगी। दलित साहित्य आन्दोलन में आने वाले नये तूफानों की दृष्टि से भी दलित साहित्य व्यवहार की, दलित लेखकों के स्थानों की तथा गुणवत्ताओं की न्यायसंगत प्रस्तुति होना जरूरी है। अनेक कारणों से उसे हम नहीं कर पाए हैं।

'दलित साहित्य के सौन्दर्यशास्त्र' के सन्दर्भ से पिछले कुछ वर्षों में कुछ सकारात्मक और कुछ नकारात्मक कहा जा रहा है। दलित साहित्य के स्वतन्त्र सौन्दर्यशास्त्र की क्या सम्भावना है। ऐसा प्रश्न पिछले कुछ वर्षों से प्रस्तुत किया जा रहा है और इस प्रश्न का कुछ लोगों का सकारात्मक उत्तर है और कुछ का नकारार्थक। इस पृष्ठभूमि पर दलित साहित्य के सौन्दर्यशास्त्र से सम्बन्धित प्रश्न इस चर्चा हेतु ले रहे हैं। इस प्रश्न पर चर्चा करते समय एक बात हमें ध्यान में होनी चाहिए कि उपरोक्त प्रश्न का उत्तर यह प्रश्न किस सन्दर्भ में पूछ रहे हैं, उस सन्दर्भ पर है। अर्थात् मार्क्सवादी सौन्दर्यशास्त्र सम्भव है, भारतीय सौन्दर्यशास्त्र की भी सम्भावना है, मराठी का साहित्यशास्त्र भी सम्भव है। ऐसे भिन्न-भिन्न सन्दर्भों और नये-नये सौन्दर्यशास्त्र अगर स्वीकार किए जा रहे हों तो उस सन्दर्भ में उपरोक्त सौन्दर्यशास्त्र सम्भव हो सकते हों तो फिर दलित साहित्य का स्वतन्त्र सौन्दर्यशास्त्र अर्थात आम्बेडकरी सौन्दर्यशास्त्र स्वतन्त्र रूप से सम्भव है-ऐसा कह सकेंगे।

कलावाद-जीवनवाद, स्वायत्तवाद-जीवनवाद, लौकिकतावाद- अलौकिकतावाद ऐसी भूमिकाएँ साहित्य के प्रयोजन के अनुषंग से साहित्यशास्त्र तथा सौन्दर्यशास्त्र के जन्म से ही प्रस्तुत किए जा रहे हैं। पहले स्तर पर कलावाद-जीवनवाद अथवा लौकिकतावाद-अलौकिकतावाद ये दो प्रवृत्तियाँ साहित्य विचारों में स्थित दो परस्पर विरोधी नैतिकताएँ हैं, ऐसा कह सकते हैं। परन्तु इस वक्तव्य की सार्थकता एक सीमा तक ही सम्भव है। लौकिकतावाद-अलौकिकतावाद साहित्य विचार के ये दो आयाम प्राचीन काल से ही चले आ रहे हैं। कलावाद-जीवनवाद आधुनिक काल

के ये दो शब्द उपरोक्त दो प्रवाहों को ही दिए गए नये नाम हैं। परन्तु लौकिकतावाद-अलौकिकतावाद ये दो परस्पर विरोधी ध्रुव या दो आयाम हो सकते हैं क्या? ऐसा मूल प्रश्न है। पिछले कुछ वर्षों में इस प्रकार की द्विध्रुवात्मक प्रस्तुति डॉ. पाटणकर ने विश्व सौन्दर्य के विचार के सन्दर्भ में व्यक्त की है। भारतीय समाज तथा सौन्दर्य से सम्बन्धित यथार्थता के सन्दर्भ में अगर विचार किया जाए तो लौकिकतावाद-अलौकिकतावाद इन अवधारणाओं को क्या दो ध्रुव कह सकेंगे ऐसा प्रश्न पैदा हो जाता है क्योंकि मूल्यात्मक स्तर पर इन दोनों में कोई भावपूर्ण संबंध है, ऐसा नहीं लगता अर्थात् सौन्दर्यशास्त्रीय स्तर पर इन दो अवधारणाओं में सच्ची द्विध्रुवात्मकता सम्भव नहीं है-ऐसी प्रस्तुति की सम्भावना है।

अलौकिकतावादी ध्रुव पुरुषार्थनिष्ठ, सम्मति मूल्यों का साहित्य की महात्म्यता के साथ अवश्योपाधी के रूप में सम्बन्ध जोड़ता है। भारतीय अलौकिकतावादी सौन्दर्य विचार में कला की कलात्मकता अथवा कला के श्रेष्ठत्व को निर्देशित करने हेतु स्वीकारे धर्म, अर्थ, काम और मोक्ष इन अवधारणाओं में स्थित आशय सामन्ती हैं। केवल उच्चवर्गियों के सर्वस्व की चिन्ता करने वाला यह आशय है। चातुर्वण्य व्यवस्था, उनमें स्थित वर्ण सम्बन्ध, उसमें स्थित विषमता, तुच्छता, गुलामी और इन सबको तात्विक अधिष्ठान देने वाले अध्यात्म की एकरसता से यह आशय सिद्ध हुआ है। इस आशय के साथ साहित्य से सौन्दर्य का सम्बन्ध जोड़ने का अर्थ हुआ कि समाज में जीने वाले असंख्य जनसामान्यों का पशु होना समर्थनीय मानना। प्रकारांतर से मुट्ठीभर वर्ग के हितों के मूल्यों को कलामूल्य मानना है। इन मूल्यों को कला मूल्य मानने से, कला के इस प्रकार के निष्कर्ष निश्चित करने से, कला का आस्वाद साधारणीकरण की प्रक्रिया से ले लिया जाए अथवा किसी हेतु से लिया जाए, अन्ततः कलामूल्य के रूप में पुरस्कृत किए गए और सम्बन्धित कला में चित्रित मुट्ठीभर के वर्गहितों के मूल्यों का ही आस्वाद लेना पड़ता है। क्योंकि ऐसे मूल्यास्वाद के अभाव में भारतीय अलौकिकतावाद की दृष्टि से यह कला, कला के रूप में अस्तित्व ही ग्रहण नहीं कर सकती।

भारतीय साहित्यशास्त्र में स्थित अलौकिकतावाद का अलौकिकतत्त्व वास्तव में ब्राह्मणी मूल्य व्यूह से बँधा हुआ है, इसे ध्यान में लेना जरूरी है। भारतीय अलौकिकतावाद के मूल्य केन्द्रीय हैं। ये मूल्य कला निकष की जिम्मेदारी निभाते रहते हैं। इसका अर्थ यह हुआ कि भारतीय अलौकिकतावादी सौन्दर्य विचार नैतिक विचार है और वह ब्राह्मणी नैतिक विचार है-यह स्पष्ट है। इसका दूसरा अर्थ यह हुआ कि भारतीय अलौकिकतावाद मूल्यों का भण्डार है। मूल्यों के भण्डार में धर्म, अर्थ, काम, मोक्ष ये सामन्ती नैतिकता सामन्तवाद के संरक्षकों ने प्रस्तुत की। परन्तु इन मूल्यों के स्थान पर स्वातन्त्र्य, समता, बन्धुता, न्याय और वैज्ञानिक दृष्टि—इन पाँच प्रकाश मूल्यों को अगर रखा जाए तो भारतीय अलौकिकतावादी साहित्यशास्त्र

को सौन्दर्यशास्त्र के रूप में किसी भी प्रकार की बाधा नहीं पहुँचती। उसके लिए उसे किसी भी प्रकार की तोड़-फोड़ कर लेने की ज़रूरत नहीं है क्योंकि तात्विक स्तर पर यहाँ मूल्यों का प्रश्न है। ये मूल्य कौन-से होने चाहिए? इन मूल्यों का ब्यौरा क्या होगा? इस बात का निर्धारण इस सौन्दर्यशास्त्र के जो मालिक हैं, वे करेंगे। सौन्दर्यशास्त्र के इस ढाँचे को मूल्यों के बगैर निर्धारित करना सम्भव नहीं। इस ढाँचे की वैसी इच्छा हो, यह भी सम्भव नहीं। दूसरे शब्दों में इस सौन्दर्यशास्त्र को क्रियान्वित करने वाले लोग अपनी सुविधा की नैतिकता इन मूल्यों की चौखट में प्रस्थापित करेंगे। इसका अर्थ हुआ कि भारतीय अलौकिकतावादी सौन्दर्यशास्त्र उसके सौन्दर्यशास्त्र की प्रवृति को किसी भी प्रकार की हानि न पहुँचाते हुए मार्क्सवादी, आम्बेडकरवादी नैतिक मूल्यों को स्वीकार कर सकता है तथा अपने अलौकिकतावादी सौन्दर्यशास्त्र के सौन्दर्य तत्त्व को अबाधित भी रख सकता हैं।

सौन्दर्यशास्त्र में स्थित मार्क्सवादी अलौकिकतावाद अथवा सौन्दर्यशास्त्र में स्थित आम्बेडकरवादी अलौकिकतावाद को प्रस्थापित करने हेतु बहुसंख्यकों को गुलाम बनाने वाले प्रतिष्ठतों के नैतिक मूल्यों को अलबत्ता पूर्ण रूप से नकारना होगा। अलौकिकतावादी सौन्दर्यशास्त्र की चौखट को कहीं पर भी नकारना नहीं पड़ेगा। पुरुषार्थ मूल्यों के अनुकूल आचरण करने वाले पात्र ये नायक तथा इन मूल्यों की महिमा गाने वाली कलाकृति श्रेष्ठ ऐसा सहजता से कह सकेंगे। इससे भारतीय अलौकिकतावादी सौन्दर्यशास्त्र का ढाँचा कहीं पर भी बाधित नहीं होता परन्तु सामन्ती मूल्यव्यवस्था को चाहने वालों की इच्छाएँ अलबत्ता बाधित होंगी। मतलब हमारा झगड़ा सौन्दर्यशास्त्र से सम्बन्धित नहीं है, तो झगड़ा जीवनमूल्यों के स्तर पर का है। भारतीय अलौकिकतावादी सौन्दर्यविचार अगर धर्म, अर्थ, काम, मोक्ष इन पुरुषार्थ विचारों की अपेक्षा आम्बेडकरी नैतिक मूल्यों को अगर स्वीकार कर लें तो साधारणीकरणादि अगली बातों के प्रति भय लेने का कोई कारण ही नहीं है और इस अर्थ में दलित साहित्य का सौन्दर्यशास्त्र अगर अलौकिकतावादी भी साबित हुआ, तो उसमें मेरे लिए दुःख करने जैसी कोई बात ही नहीं है।

उपरोक्त विवेचन से यह स्पष्ट है कि अलौकिकतावादी सौन्दर्यशास्त्र उच्चवर्गियों के हित की नैतिकता अथवा प्रतिगामी नैतिकता को स्वीकार कर सकती है। और प्रगतिशील, परिवर्तनशील नैतिकता का भी स्वीकार कर सकती है अर्थात भारतीय सन्दर्भ में कम-से-कम अलौकिकतावाद इस एक ही ध्रुव में द्विध्रुवात्मकता है।

यही बात लौकिकतावादी सौन्दर्यशास्त्र के सन्दर्भ में भी कही जा सकती है। लौकिकतावादी सौन्दर्यशास्त्र किसी-न-किसी नैतिकता से प्रतिबद्ध होती है। मूलतः लौकिकतावाद में भी रूढ़वादी मूल्यभाव अथवा प्रगतिशील मूल्यभाव-ऐसे दोनों मूल्यभावों की सम्भावना है। मराठी में स्थित जीवनवाद में भी यह सम्भव था, परन्तु इस प्रकार की प्रस्तुति नहीं हो पायी। पेशवाकालीन सामाजिक नैतिकता

का आज का समर्थक लेखक और उसके साहित्यिक विचार लौकिकतावादी हो सकते हैं। और मार्क्सवादी-आम्बेडकरवादी मूल्यभावों को स्वीकारने वाले सौन्दर्यविचार भी लौकिकतावादी हो सकते हैं। इस प्रकार की सम्भावना होने से ही आम्बेडकरी जीवन भावों से स्पंदित हुआ अथवा इन मूल्यभावों को ही रचना की श्रेष्ठता मानने वाला सौन्दर्य विचार लौकिकतावादी सौन्दर्य विचार हो सकता है। लौकिकतावादी सौन्दर्य विचार का ढाँचा यहाँ बदलता नहीं। मूल्यों का ब्यौरा निश्चित करने का काम ढाँचे का नहीं है। वह उसकी ज़रूरत भी नहीं है। मूल्यों का कोई दूसरा ब्यौरा अगर आगे किया जाए तो लौकिकतावादी सौन्दर्य विचार तत्त्वतः उसे नकारता भी नहीं है। अर्थात लौकिकतावादी सौन्दर्यशास्त्र प्रगतिशील अथवा रूढ़ीवादी ऐसे किसी भी मूल्यभाव से प्रतिबद्ध हो सकता है। अर्थात् लौकिकतावाद इस ध्रुव में भी भारतीय सन्दर्भ में भी द्विध्रवात्मकता की सम्भावना है।

इससे यह स्पष्ट है कि प्रश्न लौकिकतावाद-अलौकिकतावाद को स्वीकारने का अथवा समर्थन देने का नहीं है, प्रश्न हम जिन मूल्यभावों को स्वीकारते हैं, समर्थन देते हैं, उसका है। इस कारण लौकिकतावाद-अलौकिकतावाद ये दो ध्रुव सैद्धान्तिक समीक्षा व्यवहार में दो ध्रुवों के रूप में खड़े ही नहीं हो सकते। इस दृष्टि से प्रस्तुत किया जाने वाला द्विध्रुवात्मकता का मुद्दा भारतीय सन्दर्भ में विकलांग और अर्थशून्य साबित हो जाता है।

लौकिकतावादी सौन्दर्य विचार में भी मूल्यभावों की दो छावनियाँ हो सकती हैं, उन दोनों में तीव्र संघर्ष भी हो सकता है और अलौकिकतावादी सौन्दर्यविचार में भी ऐसी ही परस्पर विरोधी मूल्य प्रणाली हो सकती है। विरोधी मूल्य प्रणाली के होने से उपरोक्त दोनों सौन्दर्य विचारों के ढाँचे में कोई फर्क नहीं पड़ता। इस कारण लौकिकतावाद-अलौकिकतावाद पर द्विध्रुवात्कता का दर्शन सिद्ध नहीं करता। अपितु अलौकिकतावाद मूलतः द्विध्रुवात्मक है। लौकिकवाद प्रवृतितः द्विध्रुवात्मक है, इस निर्णय पर हमें जाना पड़ता है।

कला से सम्बन्धित अवधारणाएँ स्वभावतः वादग्रस्त होती हैं। गैली के इस वक्तव्य को स्वीकार करते हुए भी यह कहना पड़ता है कि यह वादग्रस्तता अवधारणाओं की निर्जीव चौखट में नहीं होती अपितु उसका उपयोग करने वालों की सैद्धान्तिक भूमिका में होती है। एक ही अवधारणा के माध्यम से दो परस्पर विरोधी विचार प्रस्तुत किए जा सकते हैं। अवधारणा की चौखट में इससे कोई फर्क नहीं पड़ता। जैसे सौन्दर्य की अवधारणा द्विध्रुवात्मकता इस एक अवधारणा में भी हो सकती है और लौकिकतावाद में भी और अलौकिकतावाद में भी।

साहित्य की श्रेष्ठता के निकष मूल्यविरक्षित हो ही नहीं सकते। हम भले लौकिकतावाद के आश्रय में चले जाएँ अथवा अलौकिकतावाद के आश्रय में चले

जाएँ, इससे कोई फर्क नहीं पड़ता। किंबहुना अलौकिकतावाद अथवा लौकिकतावाद इनमें से किसी भी एक ध्रुव की किसी एक विचार प्रणाली को स्वीकारने से भी फर्क नहीं पड़ता। रूढ़ीवादी मूल्यों को स्वीकारने वाला अलौकिकतावाद और रूढ़ीवादी लौकिकतावाद रूढ़ीवादी मूल्यों का समर्थन करने वाला लौकिकतावाद-ये दो भिन्न वास्तविकताएँ नहीं हैं। ठीक इसी तरह प्रगतिशील मूल्यों को स्वीकारने वाला लौकिकतावाद और इन्हीं प्रगतिशील मूल्यों को स्वीकारने वाला अलौकिकतावाद-ये भी दो भिन्न वास्तविकताएँ नहीं हैं। रचना का सृजन, उसका आस्वाद और उसका मूल्यांकन इन तीनों स्तरों पर का व्यापार मूल्य विरहित हो ही नहीं सकता। मूल्यों के अभाव में साहित्य विचार और साहित्य सृजन की शुरुआत ही सम्भव नहीं है।

विषमतावादी मूल्यों का समर्थन अलौकिकतावादी सौन्दर्यशास्त्र करें अथवा लौकिकतावादी सौन्दर्यशास्त्री करें, दलित साहित्य को विषमता का समर्थन करने वाला सौन्दर्यशास्त्र, सौन्दर्यशास्त्र ही नहीं लगता। प्रस्तुत कला विचार अथवा साहित्य विचार जीवन की कुरूपता का समर्थन करता है, इसलिए इस विचार को 'कौरूप्यशास्त्र' कहना अधिक सार्थक होगा, ऐसा मुझे लगता है। परिवर्तनवादी मूल्यों से प्रतिबद्धता रखने वाला सौन्दर्यविचार फिर वह अलौकिकतावाद में स्थित एक ध्रुव रहें अथवा लौकिकतावाद में स्थित ध्रुव रहें दलित सौन्दर्यशास्त्र का नाता ऐसे ही सौन्दर्यविचार के साथ है। क्या दलित साहित्य का स्वतन्त्र सौन्दर्यशास्त्र सम्भव है? इस प्रश्न का उत्तर इस मोड़ पर खोजा जा सकता है। सौन्दर्यशास्त्र को चौखट का नाम नहीं होता। मूल्यभाव का नाम होता है। परिवर्तनशील मूल्य भाव विश्व में भी ब्यौरों की कम-अधिक भिन्नता रखने वाले नानाविध मूल्यभाव रहते हैं। इस मूल्यभाव के किसी भिन्न ब्यौरे को मार्क्सवादी सौन्दर्यशास्त्र कहा जाता है। प्रगतिशील सौन्दर्यशास्त्र कहा जाता है। तथा आम्बेडकरवाद से प्रभावित मूल्य भाव को स्वीकारने वाले सौन्दर्यशास्त्र को दलित साहित्य का सौन्दर्यशास्त्र अथवा 'आम्बेडकरी सौन्दर्यशास्त्र' कहने में कोई दिक्कत नहीं होनी चाहिए।

'साहित्य' यह अनुभवाधिष्ठित कला है। यह अनुभव मानवी आचरण के विविधतापूर्ण सम्बन्धों से जुड़ा होता है। सभी मानवी व्यवहारों को परस्पर सन्दर्भों में तथा जीवन की कुल समग्रता में ही विवक्षित अर्थवत्ता होती है। मनुष्य की भाव-भावना का मनुष्य के आचरण से सम्बन्धित नाट्य भी प्रतिभा सम्पन्न के अनुभव की दृश्य सामग्री होती है। इन विविध सफेद-काले अर्थों का अर्थ-ही साहित्यिकों के अनुभव का स्वरूप होता है। ऐसे अनुभव के अभाव में साहित्य कला का और पर्याय रूप से साहित्य कृत्ति का अस्तित्व ही सम्भव नहीं हो पाता। जीवन और साहित्य का ऐसा अविभाज्य सम्बन्ध होता है। प्रतिभाशाली मनुष्य मन और उसे प्राप्त हो जाने वाला अनुभव, इनके अभाव में साहित्य संभव नहीं होता। और इसी कारण जीवन और साहित्य के सम्बन्धों के सम्मुख प्रश्नचिन्ह खड़ा

करना वास्तव में जीवन और साहित्य इन दोनों के सम्बन्ध में अज्ञान प्रकट करना ही है। अनुभव, जीवनमूल्य, जीवन का अहसास, मूल्यभाव, नैतिकता–इन सारी बातों का सम्बन्ध लेखक के व्यक्तित्व में स्थित सामाजिकता के द्वारा उसकी रचना में आते रहता है। जीवन और साहित्य का सम्बन्ध और इस सम्बन्ध का स्वरूप लेखक-कलाकार द्वारा ही निर्धारित किया जाता है। यह संबंध लेखन-कलाकार द्वारा ही सम्भव और निर्धारित हो जाने के कारण सम्पूर्ण साहित्य व्यापार में लेखक-कलाकार का व्यक्तित्व ही केन्द्रीय घटना होती है क्योंकि साहित्य का प्रयोजन, उस प्रयोजन और साहित्य का स्वरूप और साहित्य-कृति में उसकी विकसित फलनिष्पत्ति-इन सारी बातों के सन्दर्भ में हमें सर्वप्रथम लेखक या कलाकार नामक घटना से ही सम्वाद करना पड़ता है।

लेखक-कलाकार का अनुभव उनके जीवन मूल्यों के अभाव में सम्भव नहीं हो सकता। लेखक-कलाकार की जीवनदृष्टि अथवा उनकी नैतिकता ही अनुभव को अनुभव के रूप में 'घटना' सिद्ध करती रहती है। लेखक-कलाकार में स्थित व्यक्ति समाज के विवादित मूल्यवर्ग का सदस्य होता है। परन्तु इस या उस वर्ग के अन्त में ही ऐसे सच्चे लेखक कलाकार की उन्नति अथवा बृहत्तर नैतिकता होती है।

उच्चवर्ग अथवा उच्चवर्ग का लेखक कलाकार अपने विवादित वर्ण अथवा वर्ग के हितों की समाज-व्यवस्था का दृढ़िकरण करने वाले मूल्यभावों का प्रक्षेपण करता रहता है। उसका साहित्य जीवन के दृश्य-अदृश्य स्तर पर का द्वंद्व टालता रहता है। ऐसे प्रस्थापित वर्ग का लेखक-कवि-कलाकार विस्थापितों के जीवन-विश्व की दखल ही नहीं लेता। उसकी धूर्त नैतिकता में उसे इसकी ज़रूरत ही महसूस नहीं होती। उसका अनुभव उसके वर्गीय अथवा वर्गीय जीवन की परिधि में ही सीमित रह जाता है। उसके अनुभव अन्य वर्णों-वर्गों से उसके जो सम्बन्ध हैं उसे तथा इन दोनों में विभिन्न स्तरों पर जो विभेद है, उसे ध्यान में ही नहीं ले पाते। इस कारण उसका साहित्य उसके आस-पास के समाज जीवन का आशय प्रगट नहीं कर पाता। समग्र जीवन अर्थ से उसका साहित्य वंचित ही रहता है। इस स्तर पर उसका अनुभव कलात्मकता हेतु दी जाने वाली आधी लड़ाई इस स्तर पर पराजित होकर वह देखते रहता है। संक्षिप्त अथवा विस्तृत ऐसे किसी भी स्तर पर उसका साहित्य-जीवन सम्पूर्णता को अनुभवबद्ध नहीं कर पाता, इस कारण इस मूल्य वर्ग की परिधि में घुमने वाला साहित्य यथार्थ की दृष्टि से और कलात्मकता की दृष्टि से भी विकलांग हो जाता है। हमारे यहाँ उच्चवर्गियों का साहित्य इन व्याधियों से ग्रस्त है। परम्परावादियों के वर्ग के समीक्षक इस साहित्य को श्रेष्ठतम की उपाधि दे सकते हैं। परन्तु प्रत्यक्ष रूप में समग्र समाज का यथार्थ दर्शन करवाने में यह साहित्य अत्यन्त निरुपयोगी है। क्रान्तिकारी मूल्यवर्ग के साहित्यिक को उसकी मूल्यवत्ता ही प्रकृतितः समग्र

जीवन की बारीकियों का यथार्थ दर्शन लेने मजबूत करती है। जीवन में स्थित विभिन्न काले-सफेद आचरणों का सम्बन्ध उसकी अन्तः प्रकृति के साथ उसे सोचने पड़ते हैं। इसी कारण लेखक-कलाकार की कला का प्रत्यक्ष-अप्रत्यक्ष सम्बन्ध स्थितिशील अथवा विद्रोह करने वाले समाज के साथ होता है।

इस प्रकार प्रस्थापित विरोधी लेखक/कलाकार को अपने सृजन के प्रयोजनानुसार ही जीवन के सभी आयामों की व्यवस्था को सूक्ष्मता से समझ लेना पड़ता है। उस कारण उसके अनुभव को सर्वसमावेशकता अथवा सर्व स्पर्शिता का लाभ पहुँच जाता है। ठीक इसी प्रकार स्थिति तथा गति, इन दो जीवन-शक्तियों के वाद-विवाद की प्रक्रिया की गति के कक्ष में स्थित होने से उसके अनुभव को अपने आप उन्नत नैतिकता की प्रभाशक्ति भी प्राप्त होती है। इस नैतिकता का संचालक केन्द्र उसके अनुभव को प्राप्त हो जाता है। यह साहित्य समाज में स्थित विरोधी द्वैतात्मकता का अहसास रखने वाला और उसका दर्शन कराने वाला साहित्य होता है। इस कारण स्वाभाविक रूप से वह अधिक गहरा, अधिक यथार्थ तथा कलात्मकता की दृष्टि से अधिक सशक्त होता है। दलित समाज का यथार्थ सवर्ण यथार्थ से केन्द्रीय (organic) पद्धति से जुड़ा होने के कारण दलित साहित्य में उपरोक्त द्विविध यथार्थ का अद्वैत अपरिहार्य रूप से साक्षात हो जाता है। सिंथेसिस के मार्ग से उसमें से दृश्यादृश्य स्तर पर परिवर्तन की सुबह उगती रहती है। इस द्विविध यथार्थ का दर्शन अनुभव चित्रों में से साकार करने वाली भाषिक घटना ही साहित्य है। जीवन में स्थित विभिन्न तनावों, सम्बन्धों का उन्नत नैतिकता से स्पन्दित हुआ अनुभव दर्शन ही साहित्य है—ऐसी साहित्य की व्याख्या की जा सकती है। ऐसी साहित्य कृतियाँ ही जीवन का सम्यक दर्शन करा सकती हैं। इसी प्रक्रिया में रचना की महानता की सम्भवना होती है। दलित साहित्य के सौन्दर्यशास्त्र की अथवा आम्बेडकरवादी सौन्दर्यशास्त्र की प्रस्तुति इस नींव पर सम्भव है।

दलित साहित्य में पुनरावृत्ति हो रही है—ऐसी शिकायत कुछ दिनों से दलित समीक्षक की तरह कुछ दलित लेखक भी कर रहे हैं। इस शिकायत पर दलित लेखकों-कवियों तथा दलित साहित्य के चहेतों को गम्भीर रूप से विचार करने की ऐतिहासिक ज़रूरत है। किसी भी साहित्य-विश्व का इतिहास इन विभिन्न उतार-चढ़ावों तथा ज्वार-भाटों से मण्डित हुआ होता है। साहित्य निरन्तर केवल सपाट मैदानों से नहीं दौड़ता, ठीक उसी प्रकार वह पर्वतों के शिखरों पर से भी संचार नहीं करता अथवा वह निरन्तर उसी स्थान पर खुद के चारों ओर घुमते भी नहीं रहता। वह निरन्तर उतार पर से नीचे की ओर बहता जा रहा है, ऐसा भी नहीं होता। किसी भी साहित्य प्रवाह को इन सभी स्थानों पर से गुजरना ही पड़ता है। मराठी साहित्य भी इसके लिए अपवाद नहीं है। दलित साहित्य भी अपवाद बन नहीं सकता। उपरोक्त चारों सम्भवानाओं के मोड़ों पर से साहित्य को गुजरना पड़ता है। दलित

साहित्य आज अपने ही चक्र में फंस गया है, उसमें पुनरावृत्ति हो रही है, यह सच है। पर इस सच के बावजूद यह भी एक सच है कि कोई भी साहित्य खुद को निरन्तर रिपीट करता नहीं जाता। उसकी बुनावट में संस्कृति में स्थित आवर्त के अनुषंग से साहित्य के आवर्त की मीमांसा आती है। समाज के नए अहसासों के साथ नये चैतन्यपूर्ण बुनावट की रचना निर्माण होती है और उस अहसास के ह्रास के साथ उस रचना की बुनावट भी निर्जीव बन जाती है। अर्थात् सामाजिक अहसास जैसे-जैसे स्थिर होते जाता है, और उसमें स्थित निकसन क्षमता जैसे-जैसे कम होने लगती है और इस अहसास का दबाव भी जैसे-जैसे कम होने लगता है, इससे माध्यम मन्त्रणा भी सांकेतिक तथा स्थूल बनने लगती है। इस प्रकार कला के ह्रास का तथा आवर्त का सूत्र प्रस्तुत किया जा सकता है। इस सम्बन्ध में यह स्पष्ट करना चाहूँगा कि साहित्य में स्थित आवर्त द्विध्रुवात्मक होता है और ये दोनों ध्रुव परस्पराश्रयी होते हैं। अनुभूति अथवा अहसास को थकावट आने से आशय को बुढ़ापा आने को लगता है और जैसे थकावट के अहसास के कारण सम्भव हुआ कि अभिव्यक्ति की व्यवस्था में भी थकावट आ जाती है। वह भी विकलांग हो जाती है और ऐसा हुआ कि साहित्य में आवर्त निर्माण हुआ, पुनरावृत्ति होने लगी, ऐसा हम कहते हैं। ऐसे आवर्तन-स्थल मराठी साहित्य में सैकड़ों स्थानों पर बतलाए जा सकते हैं और विदेशी साहित्य में तो हजारों बतलाए जा सकते हैं।

सच्चाई यह है कि पुनरावृत्ति साहित्य में स्थित एक ऐसी घटना है जिसे कोई पसन्द नहीं करता। परन्तु वह एक अटल वास्तविकता है। किसी साहित्यिक आन्दोलन के विरोधकों को उस आन्दोलन के आवर्त के कन्धे पर बन्दूक रखकर उस साहित्यिक आन्दोलन पर गोलियाँ दागना आसान काम होता है। ऐसा करना वास्तव में सम्बन्धित साहित्य आन्दोलन में आवर्त की प्रतीक्षा करते बैठना, आवर्त पर प्रेम करना और उस साहित्य आन्दोलन के उत्कर्ष के प्रति द्वेष करने की प्रवृत्ति का सूचक है। दलित साहित्य के सम्भावित आवर्त के सन्दर्भ में ऐसा भी कहीं कुछ हो रहा है क्या इस पर सूक्ष्मता से नज़र रखना जरूरी है। परन्तु इसके कारण एक निषेधक वृत्ति को प्रस्तुत करने से आवर्त का संकट टाला नहीं जा सकता। अर्थात् दलित साहित्य जैसे विद्रोही साहित्य पर आवर्त का आरोप करते समय वह आवर्त में फँसा हुआ ही हो, यह भी जरूरी नहीं है। विद्रोही साहित्य के प्रति जिनके पूर्वाग्रह हैं, वे विद्रोही साहित्य का उत्कर्ष भी आवर्त की तरह सिद्ध कर सकते हैं। इस कारण दलित साहित्य पर आवर्त का आरोप जिस प्रकार वास्तविकता का हिस्सा हो सकता है, वैसा ही यह साहित्य धीरे-धीरे क्षीण होते हुए एक दिन उसका सृजन ही रुक जाए—ऐसी अपेक्षा का हिस्सा भी हो सकता है। परन्तु दलित साहित्य में काफी कुछ पुनरावृत्ति हो रही है, इस यथार्थ को स्वीकार करते

हुए भी इस सम्बन्ध में कुछ चर्चा मैं करने वाला हूँ। आवर्त में से बाहर निकलने का मार्ग प्रतिभा में ही छिपा रहता है। प्रतिभा ही इस अवरोध को तोड़ सकती है। पुनरावृत्ति अर्थात् आवर्त का अहसास जैसे पाठकों, समीक्षकों और इनसे सम्बन्धित इकाईयों को होता है, वैसे वह लेखक-कवियों की भी होता है। अन्य इकाइयों को भले ही आवर्त का अहसास हो, तो भी उस साहित्य को आवर्त से बाहर निकालने की प्रत्यक्ष कृति लेखक/कवि को ही करनी पड़ती है। इस सन्दर्भ में प्रत्यक्ष कार्यकर्ता रचनाकार ही होता है।

साहित्य में आए अवरोध को श्रेष्ठ रचना ही तोड़ती है। प्रतिभा ही संकेतों के कारागृह तोड़ सकती है। आवर्त का अहसास पाठक, समीक्षक इन इकाइयों को होता है, तो भी आवर्त की आग लगाने वाले हाथ रचनाकार के ही होते हैं। यह आग साहित्य क्षेत्र में जिस क्षमता से रचनाकार लगा सकता है, वह क्षमता ही उसे जीवन के सन्दर्भ में अपने अनुभवों की तलाश करने को विवश करती है। जीवन के सन्दर्भ में साहित्य परम्परा की तलाश भी करनी पड़ती है। समाज रूपी वस्त्र जिन असंख्य धागों से साकार हुआ है, उन सभी धागों के रंग सूक्ष्मता से ध्यान में लेकर इस समाज रूपी वस्त्र का भाष्य यथार्थ रूप में करना पड़ता है। विविध आयामों से, विविध स्थानों और विविध सन्दर्भों से ऐसा भाष्य किया जा सकता है। मनुष्य शरीर में स्थित पेशियों में से कुछ नष्ट होते रहते हैं, कुछ पते जन्म लेते हैं और उससे शरीर में नयी ताजगी पैदा हो जाती है। समाज-जीवन का भी ऐसा ही है। रचनाकार इस परिवर्तन के बीच खड़ा है। उसे अपनी प्रतिभा की हजारों आँखों से इस समाज-जटिलता को ध्यान में लेना पड़ता है। इस अनुभव को झेलने वाला मन मुक्त, खुला होने के बावजूद इसके दुःखों के पीछे खड़ा होने वाला अर्थात् उन्नत जीवन-अहसासों की आराधना करने वाला होना चाहिए। इस आराधना में उसे कभी आम्बेडकर प्रकाश देंगे, तो कभी मार्क्स, कभी सार्त्र तो कभी फुले प्रकाश उपलब्ध कराएँगे। पर ये सब जरूरी होते हुए भी पर्याप्त नहीं हैं। अन्तिम विश्लेषण में रचनाकार की इन्ट्यूशन, उसकी अन्तः प्रेरणा ही इस आराधना को यथार्थ कर देती है। अपने इन्ट्यूशन से ईमानदार रहने से ही आवर्त की दीवारों को तोड़ने की शक्ति उसे प्राप्त हो सकती है। स्थूल रूप से ऊपर के स्तर पर से जीवन सम्बन्धी प्रतिक्रिया हो सकती है। परन्तु ऐसी प्रतिक्रिया में से श्रेष्ठ रचनाओं का निर्माण सम्भव नहीं होता। वास्तव में यह खुद को सामान्य कर लेना है। यहाँ रचनाकार पर बहुत बड़ी जिम्मेदारी आ जाती है। हजारों वर्षों से हमें सृजन करने से रोककर इस संस्कृति ने हमसे बहुत बड़ा प्रतिशोध लिया है। परन्तु आज सृजन की सच्ची ज्वालाग्रही प्रक्रिया में प्रवेश न करते हुए हम खुद का ही निर्दयता से प्रतिशोध ले रहे हैं—इसे ध्यान में रखना जरूरी है। कम-से-कम हम खुद का प्रतिशोध न लें इतनी सावधानी तो बरतनी होगी। साहित्य में स्थित आवर्तों पर नजर रखकर ही हेमचन्द्र ने 'प्रतिभा नवनवोन्मेष शालिनी प्रज्ञा' ऐसी परभिाषा रचनाकार

के प्रतिभा की है। इस परिभाषा का लक्ष्य एक ओर साहित्य में स्थित आवर्त पर और दूसरी ओर साहित्य में स्थित मौलिकता पर है—यह स्पष्ट है साहित्य में स्थित आवर्ती का सम्बन्ध प्रतिभा की थकावट के साथ है अथवा अहसासों के वृद्धत्व से सम्बन्धित है। परन्तु कई बार इन दोनों विकल्पों के अभाव में भी आवर्तशील सृजन होते रहता है। उसका कारण प्रतिभा प्रतिमा के रूप में अपना जन्मकार्य जागृत रूप से पूरी नहीं कर पाती-यह है। एक प्रकार की असावधानी, झूठा समाधान, आलस्य अथवा बाहरी विश्व में चमकने-दमकने वाले प्रयोजन इस कारण प्रतिभा बदचलन आचरण करने लगती है। और इसी कारण साहित्य में पुनरावृत्ति होने लगती है। साहित्य में स्थित आवर्तों का सम्बन्ध प्रत्यक्ष जीवन में होने वाले आवर्तों से, कुण्ठितावस्था से हमेशा नहीं होता। यह सम्बन्ध मुख्य रूप से प्रतिभा की थकावट के साथ अथवा गलत आचरण के साथ होता है। सृजन की गम्भीरता से अनभिज्ञ अनुचित वृत्ति से होता है।

दलित साहित्य में आवर्त निर्माण हुआ है, यह सच है। कम-से-कम आरम्भ के तूफानों का उफान कम हुआ है, यह निश्चित! आयुनुसार, अहसासों के अनुसार अधिक अंतर्मुख कुछ सामान्य अपवादों को छोड़ दें तो भी यह वक्तव्य सही है। परन्तु दलित साहित्य के सन्दर्भ में इन आवर्तों के कारणों पर भी विचार करना होगा। जिन्होंने दलित-साहित्य का अग्निध्वज विश्वभर में लगाया उस आरम्भिक पीढ़ी के सम्माननीय प्रतिभाशालियों का सम्बन्ध मराठी साहित्य और संस्कृति से निकट का परिचय था। किंबहुना मराठी साहित्य और संस्कृति के प्रवाह में ही दृढ़ता से खड़े रहकर ये साहित्यिक अपनी अग्नि प्रतिभा को व्यक्त कर रहे थे। इस कारण उनके सृजन ने प्रत्यक्ष-अप्रत्यक्ष रूप से जीवन-विषयक तथा साहित्य विषयक असंख्य विस्फोटक सन्दर्भों का भण्डार अपने भीतरे लिया हुआ था। मराठी साहित्य के अलावा अन्य भाषाओं के साहित्य-विश्व में उनका उठना-बैठना था। इसके अलावा अपने जीवन के अंगारों जैसे द्वंद्वों को पूरी समर्थता के साथ अपने भीतर लेने का प्रयत्न इन्होंने किया। सर्वश्री शंकरराव खरात, बाबुराव बागूल, वामन निम्बालकर, नामदेव ढसाल, दया पवार, केशव मेश्राम, प्र. ई. सोनकाम्बले, लक्ष्मण माने, त्र्यंबक सपकाले, अर्जुन डांगले, योगिराज वाघमारे, माधव कोंडविलकर आदि प्रतिभाओं ने दलित साहित्य के शुरुआती दौर के जलते तूफानों को झेला, उसे शब्दों में बाँधा। इनमें से कुछ प्रतिभाएँ आज भी लिख रही हैं। बावजूद इसके यह साहित्य-आन्दोलन आवर्त में फँल गया हैं, ऐसा कहा जा रहा है। इसका अर्थ क्या है?

मार्क्सवाद, आम्बेडकरवाद के कोलाहल में नया लेखक चौंक गया है, दलित साहित्य में स्थित गुटबाजी से यह नया लेखक मुरझा गया है। प्रस्थापित लेखकों ने नये लेखकों को सहयोग नहीं दिया, मार्ग दर्शन नहीं किया इसलिए वे भटकते गए। सामाजिक आन्दोलन भी धीमे हो गए, परिणामः साहित्य में भी नयी जान

आ जाना रुक गया। ऐसा सारा ब्यौरा इस सन्दर्भ में दिया जा सकता है। तो भी इन सारी स्थितियों का सम्बन्ध प्रतिभा के साथ आता है। यह भी सच है। पहली पीढ़ी की कुछ प्रतिभाएँ थक गयीं, कुछ के स्रोत खत्म हुए। आवर्तन का सम्बन्ध किसी-न-किसी रूप में प्रतिभाशालियों के साथ जोड़ा जा सकता है। कुछ अपवाद छोड़ भी दें तो नयी पीढ़ी की प्रतिभाओं ने पहली पीढ़ी ने जिस साहित्यिक जिम्मेवारी को निभाया था, वैसे यह पीढ़ी निभा नहीं पायी। इसका एक प्रमुख कारण यह है कि नयी पीढ़ी का लेखक सम्पूर्ण मराठी साहित्य के सन्दर्भ में और बदलते जीवन सन्दर्भ की भीड़ में खड़ा नहीं है। वह केवल दलित साहित्य के प्रवाह में ही खड़ा है—यह है। इस स्थान पर खड़े होकर वह दलित साहित्य में केवल परिशिष्ट हो सकता है, अथवा फुटनोट्स। दलित साहित्य में दूसरा तूफान खड़ा नहीं हो सकता, इसका एक कारण यह है, पर इस कारण के मूल में सम्भावित केन्द्रीय कारण यह है कि वह जीवन के ताने-बाने को तथा उसके आस-पास स्थित साहित्य-संस्कृति के ताने-बाने को, उनके दृश्य-अदृश्य सूक्ष्मताओं के साथ समझ लेने की कोशिश नहीं कर रहा है। इस अनुयंग से आने वाली जिम्मेदारी को स्वीकारने में वह कम पड़ रहा है। प्रतिभा के कार्य को ध्यान में लेकर वह जीवन के सागर में प्रतिभा का अप्रतिहत संचार करने मुक्त नहीं छोड़ रहा है। इस दृष्टि से वह अपनी प्रतिभा पर अन्याय ही कर रहा है।

अर्थात् आवर्त से तात्पर्य चिन्तन नहीं। आवर्त यह किसी भी साहित्य-जीवन की कमजोरी की अवस्था होती है। यह अवस्था प्रतिभा के तेज से खत्म होती है। अर्थात् इस आवर्त से बाहर निकलना हो तो दलित साहित्य को अब लाल प्रातःकाल की ओर जाना चाहिए। ऐसा कहने वालों का प्रेम नीले प्रातःकाल के प्रति है, ऐसा कह नहीं सकते। नीले और लाल प्रातःकाल की भाषा वैचारिक प्रतिबद्धता तक ही सीमित रहती है। मार्क्सवाद का समर्थन करने वाला लेखक रचना का सृजन करेगा, यह जैसे सम्भव नहीं है, वैसे ही कोई आम्बेडकरवाद का समर्थन करता है इसलिए वह श्रेष्ठ रचनाकार है, ऐसा कहना वास्तव में किसी विचार प्रणाली के प्रति प्रेम व्यक्त करने का तरीका होता है। वैचारिकता को अपने रक्त का हिस्सा बना चुके रचनाकार के पास अन्तःप्रेरणा की अधिकता हो तो भी बात बन सकती है। यह अन्तःप्रेरणा जब सभी अंगों से उत्कलन बिन्दु तक पहुँच जाती हो, और तब उसमें आम्बेडकर दर्शन घुल-मिल जाता हो, तब वह अंतः प्रेरणा नीली क्या, लाल क्या अथवा अत्युत्य लाल क्या, ऐसी प्रतिभा ही महाकाव्य साकार कर सकती है। सर्वसाक्षी, सर्वयोगी, सर्वभेदी, सर्वव्यापी 'इण्ट्यूशन' अलबत्ता चाहिए। उसके अभाव में रचनाकार का कुछ भी सही नहीं होता। रचनाकार की अन्तःप्रेरणा ही प्रत्यक्ष रचना का निर्माण करती है। गहराई, प्रगल्भता और Wisdom उसकी नैतिक उन्नतता और करुणा आदि बातें महत्त्वपूर्ण होती हैं। इस दृष्टि से दलित प्रतिभाओं

ने जीवन और साहित्य की अगर आराधना शुरू कर दी तो आज निर्माण हुए आवर्त को दलित प्रतिभा भेद सकती है-इसमें मुझे किसी भी प्रकार का सन्देह नहीं है।

बाबुराव बागुल, शंकरराव खरात, वामन निम्बालकर, लक्ष्मण माने, प्र. ई. सोनकाम्बले, दया पवार, नामदेव ढसाल, केशव मेश्राम, शरणकुमार लिम्बाले, प्रह्लाद जाधव, सुधाकर गायकवाड़, आदि प्रतिभाओं के सम्बन्ध में आज कोई भी अन्तिम निर्णय न दें। यह खामोशी दूसरी आंधी के पूर्व की नहीं है, ऐसा दृढ़ता से कहा नहीं जा सकता।

मित्रों, दलित साहित्य आन्दोलन सृजन के स्तर पर सम्पूर्ण भारत भर में पहुँच रहा है और दुनिया भर में इस साहित्य पर चर्चा और अध्ययन शुरू हो चुका है। हमारी इस साहित्य घटना का स्वरूप आम्बेडकरी साहित्य घटना के रूप में विश्वभर में अपनी पहचान बढ़ा रहा है। इस प्रकार आम्बेडकरी प्रेरणा का फैलाव दलित साहित्य के रूप में विश्वभर में हो रहा है। ईश्वर निष्ठ नीग्रो साहित्य की तुलना में जड़वादी दलित साहित्य का आन्दोलन मूल्यात्मक दृष्टि से भिन्न है। नीग्रो साहित्य का तात्विक अधिष्ठान और उसकी प्रकृति हमारे यहाँ के गैर ब्राह्मण सन्त-साहित्य की तरह है। दलित साहित्य आन्दोलन विश्व के नीग्रो के साथ अन्य घोषित गुटों के साहित्य की अपेक्षा मूल्य स्तर पर उनसे भिन्न है। यह आन्दोलन इस विशिष्टता को प्राप्त कर सका, इसका कारण डॉ. बाबासाहब ने हम सबको निरीश्वरवाद से जोड़ा भर है। नास्तिकता यह हमारी अनन्य ऐसी विशेषता है। हमारा विद्रोह, उसमें स्थित वैशिष्ट्यपूर्ण सकारात्मकता और नकारात्मकता विश्व साहित्य में सम्भवतः पहली बार व्यक्त हो रहे हैं। हमारी समग्र सम्वेदनशीलता इस सुन्दर नास्तिकता ने नियन्त्रित की है। अन्य आस्तिकों के विद्रोह की अपेक्षा हमारा विद्रोह पूर्ण रूप से भिन्न है। हमारे विद्रोह को ऐसा आमूल भिन्न व्यक्तित्व देने वाला नास्तिक्य हमारे साहित्य का प्राण तत्त्व है। यह नहीं तो हमारी विशिष्टता भी नहीं। हमारी भिन्न सम्वेदनशीलता भी नहीं। यह नहीं तो डॉ. बाबासाहब के नाम से साहित्य में भिन्न विजय स्तम्भ भी नहीं। हमारे नाम से साहित्य में कोई घर नहीं, गाँव नहीं। हमारे नाम से हम भी नहीं। इसलिए कहता हूँ मित्रो, हमें अपने इस नास्तिकता के शस्त्र की हिफाजत करनी चाहिए। परिवर्तन का लक्ष्य कन्धे पर लेकर छल-अन्याय को भोगते हुए यहाँ बौराए हुए इस अमूल्य धरोहर की हिफाजत हमें करनी चाहिए। चार्वाक-बुद्ध की, आगरकर-आम्बेडकर की यह दौलत हमें वृद्धिगत करनी है। हमारी अस्मिता का यही आधार है। हमारी वैशिष्ट्य पूर्ण अस्मिता की वही गारन्टी है। वही हमारा मार्गदर्शक है।

अनुवाद : डॉ. सूर्यनारायण रणसुभे, लातूर

जातिभेद की दीवारें तोड़नी हैं

–डॉ. जनार्दन वाघमारे

[दलित, आदिवासी और ग्रामीण साहित्य सम्मेलन, नासिक, 1988]

कोई आन्दोलन निर्माण होता है तो धुआँ उठेगा ही। ऐसा होना अटल और अपरिहार्य है। राजनीतिक और आर्थिक क्षेत्र की तरह सामाजिक और सांस्कृतिक क्षेत्र का संघर्ष भी मूलतः प्रस्थापित और विस्थापित, शोषक और शोषित, है और नहीं है के बीच का होता है। उस संघर्ष में विस्थापितों को, शोषितों को तथा वंचितों को आसानी से यश मिलना कठिन होता है क्योंकि उनके पास लड़ने के लिए आवश्यक साधन-सामग्री नहीं होती है। उनके पास सैन्यदल नहीं होता है। न ही उनको कोई 'वरदान' मिला होता है। वास्तव में वे शापित जीवन के धनी होते हैं। वे लोग तो पूर्णार्थ से नग्न किए हुए लोग होते हैं। दुर्बलता के साथ बिखरे हुए भी होते हैं। इतिहास ने उनके माथे पर नष्ट होना लिख कर रखा है। परम्परा ने उनके आँचल में पराजय ही लिखी है। सामाजिक व सांस्कृतिक दृष्टि से तो वे वनवासी ही होते हैं। वस्तुतः मानवी संस्कृति के निर्माण व विकास में आँसू, पसीना तथा रक्त बहा कर उन्होंने महत्त्वपूर्ण भागीदारी की है।

राजनीतिक और आर्थिक लड़ाई से सांस्कृतिक लड़ाई अधिक उलझी हुई और अधिक समय चलने वाली होती है, इसे हमें ध्यान में रखना चाहिए। सांस्कृतिक लड़ाई की फल निष्पत्ति की प्रकाश किरणें किसी युग पर छाने के लिए बहुत युगों से गुजरना पड़ेगा, इसे भी हम भूल नहीं सकते।

यूरोप का प्रबोधन मुख्यतः सामान्य मनुष्य के भौतिक व मानसिक विमोचन का प्रबोधन था। सामान्य मनुष्य की मुक्ति की यह वैचारिक लड़ाई थी। वह छः सात युगों तक चली। सामान्य मनुष्य की सृजन शक्ति विमोचित व जागृत करने का वह एक महत्त्वपूर्ण प्रयास था। इस प्रदीर्घ प्रबोधन ने अँधेरे युग के गर्भ में सामान्य मनुष्य के प्रकाश युग की सुबह बोयी थी। इस प्रबोधन ने सामान्य मनुष्य को इस विश्व का केन्द्र ही बना के छोड़ा। इस तरह से जनतन्त्र का युग आया।

यूरोप ने जो सुवर्णपल देखे, वही एशिया खण्ड को भी बीसवीं सदी में देखने को मिले। वह सुवर्णपल अपने देश के जीवन में आना स्वाभाविक था और वह आया। अर्थात् इस देश में राजनीतिक क्रान्ति हुई और हम राजनीतिक दृष्टि से बन्धन मुक्त हुए। इस देश के सभी जाति-धर्म के लोगों को समान राजनीतिक अधिकार प्राप्त हुए। तब तक यह राजनीतिक क्रान्ति अधूरी होती है, जब तक लोगों की रोटी का सवाल हल नहीं होता और उनको समान सामाजिक प्रतिष्ठा प्राप्त नहीं होती।

यूरोप में सामान्य मनुष्य के सन्दर्भ में जो हुआ, वह भारत में हो नहीं सका। यूरोप में क्रान्ति का चक्र पूरा घूमा, भारत में वह पूर्ण घूम नहीं सका। वह आधा ही घूम सका और वहीं पर रुक गया। स्वातन्त्र्योत्तर काल में एक परिस्थिति ऐसी उत्पन्न हुई कि उस चक्र का घूमना अवरुद्ध हो गया। राजनीतिक स्वतन्त्रता के पैरों में भी विषमता की जंजीरें बाँधी गयीं। कभी-कभी राजनीतिक क्रान्ति को भी इस तरह का वैधव्य प्राप्त होते रहता है। वास्तव में देखा जाए तो स्वतन्त्रता के संरक्षण के सूत्र सामाजिक तथा सांस्कृतिक स्वतंत्रता के हाथों में होते हैं।

शायद इसलिए डॉ. बाबासाहब आम्बेडकर ने दलितों, पद-दलितों के सामाजिक, सांस्कृतिक प्रश्नों को आर्थिक प्रश्न से भी ज्यादा महत्त्व दिया था। सामान्य मनुष्य की शिक्षा के लिए महात्मा फुले ने जो बीड़ा उठाया था, उसका कारण भी यही था। डॉ. बाबासाहब आम्बेडकर की राजनीति व्यापक बुनियाद पर खड़ी थी। उसमें उन्होंने आर्थिक आशय के साथ सामाजिक तथा सांस्कृतिक आशय को भी बड़ी मात्रा में जोड़ा था। उनकी राजनीति को 'पोलिटिकल मेटेफिजिक्स' कहा जा सकता है।

राजनीतिक सत्ता के साथ सांस्कृतिक सत्ता भी बहुजन समाज, दलित, पद दलित और वंचितों के हाथ में जब तक नहीं आती, तब तक सही अर्थ में युगान्तर नहीं होगा। सामान्य मनुष्य का जीवन लेखक के लिए चिन्तन का तथा साहित्य निर्मिति का विषय बनना जरूरी है। वस्तुतः सामान्य मनुष्य को भी कथा, कहानी और उपन्यासों का नायक होना चाहिए। दलित, आदिवासी और ग्रामीण लेखक, कवि और कलाकारों को चाहिए कि वे सामान्य मनुष्य के रूप को वैश्विक अर्थ और आशय प्रदान करें। उन्हें चाहिए कि वे सामान्य मनुष्य को स्वातन्त्र्य, समता, न्याय और बन्धुत्व–इन मूल्यों पर आधारित संस्कृति का पुजारी बनाएँ। 'संस्कृति चक्र प्रवर्तन' दलित, आदिवासी, ग्रामीण साहित्य का अन्तिम उद्देश्य होना चाहिए। मूल्यान्तरण के बगैर 'संस्कृति चक्र प्रवर्तन' बन ही नहीं सकता। स्वातन्त्र्य, समता, न्याय और बन्धुभाव–इन मूल्यों को ही हमें लगन से प्रतिष्ठित करना चाहिए। जिन्हें कभी धर्म और संस्कृति के किनारे पर खड़े रहने का मौका नहीं मिला था, उन्हें इस युग के अभिप्रेत नवजीवन व नवसंस्कृति के मुख्य प्रवाह में

प्रवेश करने का मौका प्रदान किया जाना चाहिए।

'समग्र सम्यक परिवर्तन' यही इस युग की आवाज है। सामाजिक तथा सांस्कृतिक संघर्ष की चपेट में आए हुए दलित आदिवासी ग्रामीण लेखकों के पास इस लड़ाई को सफलतापूर्वक लड़ने के लिए आवश्यक साधन सामग्री पर्याप्त नहीं होगी। पर उनके साथ समय है। प्रजातन्त्र युग ने उनका सारथी बनने की जिम्मेदारी खुद स्वीकारी है। इस युग ने दलित-श्रमिक-वंचित मनुष्य को इतिहास के मुख्य प्रवाह में खड़ा करने का निर्णय लिया है। जिसका मनुष्यत्व पूरी तरह से नकार दिया गया था, उसका आत्मभान जागृत करने के लिए और उसकी अस्मिता के निर्माण का काम स्वतन्त्रता की सूक्तियाँ और समता के स्रोत गाने वाले इस युग ने ही खुद अपने हाथों में लिया है। भूतकाल में जिसे कोई अधिकार नहीं था, उसके पैरों पर पूरा भविष्य डालने की मनीषा इस युग ने अपने मन में ठान रखी है। इस युग की धड़कन का साहित्यिक आविष्कार दलित, आदिवासी, ग्रामीण लेखक, कवियों को करना चाहिए। यह एक बहुत बड़ा आवाहन है और इसे उन्हें स्वीकारना पड़ेगा। उनके पास किसी भी प्रकार की साहित्यिक परम्परा नहीं है और न ही वे सांस्कृतिक उत्तराधिकारी हैं—यह बात सही है, फिर भी उन्हें यह आवाहन स्वीकारने के लिए सामने आना चाहिए। वे सामने आएँगे तो उन्हें एक अलग अन्तःशक्ति का साक्षात्कार हो सकेगा।

प्रस्थापित मराठी साहित्य में जाति व्यवस्था के कारण पिसे हुए सामान्य लोगों का प्रतिबिम्ब अधिकतर दिखाई नहीं देता। निचले स्तर से जकड़े हुए लोगों के दुःखों को, आशा और आकांक्षाओं को स्थान नहीं मिल सका और इसलिए मराठी साहित्य को व्यापकता प्राप्त नहीं हो सकी। यह जातिभेद का ही परिणाम था, ऐसा ही कहना ठीक होगा। परिणामतः आज तक मराठी साहित्य को 'एक आयामी' (वन डायमेन्शनल) साहित्य का स्वरूप प्राप्त हुआ है। वि. वा. शिरवाडकर ने इस वास्तविकता को सही शब्दों में रखा है। वे कहते हैं—**'आधुनिक मराठी साहित्य सवर्ण जाति का साहित्य है'**—ऐसा कहने में कोई बुराई नहीं है। अर्थात् मेरा ऐसा मानना नहीं है कि सवर्ण जाति के लोगों का यह अपराध है। जिनको लिखना आता है, उन्होंने लिखा। अंग्रेजी राज आने के पूर्व ही ज्ञान के प्रदेश में ब्राह्मण, प्रभु, सारस्वत इत्यादि जातियाँ अग्रसर थीं, इसी वजह से पश्चिमी ज्ञान का प्रसाद भी उन्हीं के हाथों में आया। तब किसी को भी दोष देने का प्रश्न ही नहीं। जो दोष नहीं, महादोष है, वह समाज रचना के अन्तर्भाग में फैला हुआ है परन्तु इसी वजह से यहाँ के साहित्य के विकास में जबरदस्त रुकावट आयी, इसे नकार नहीं सकते। पिछले सौ सालों के ललित साहित्य में एक ही तरह का रूप देखने को मिलता है, ऐसा आक्षेप बार-बार लगाया जाता है। जिस परिस्थिति की मैंने कल्पना की, क्या उस परिस्थिति में ऐसा होना अपरिहार्य नहीं है? हमारे

लेखकों के चारों ओर जन्म से ही जातीयता का वातावरण विद्यमान रहता है। इसी कारण अपनी जगह से समग्र समाज जीवन का यथार्थ दर्शन उन्हें कभी हुआ ही नहीं। वैसे ही इन लोगों की प्रतिभा भी जातिभेद की सीमा के नजदीक अपाहिज होती है। (साहित्यातील परतत्व : कुसुमाग्रज, पृ. 68) हमारी सामाजिक, आर्थिक और सांस्कृतिक बीमारी की जड़ें जाति भेद पर आधारित समाज रचना में हैं। इस जाति भेद ने सभी जातियों के चारों ओर दीवारें डाली हैं। मुर्गीघर रचने का ही काम अभी तक हम लोग करते आये हैं। इस मुर्गीघर में बँटवारा कर के जीने वाले समाज को स्वतन्त्रता की हवा स्पर्श नहीं कर सकती। ऐसे समाज में कोई रूसो या व्हॉल्टेर पैदा होना मुश्किल है। जातिभेद की दीवारें हमें तोड़नी जरूरी है। सवर्णों के चारों ओर जातिभेद की जैसी दीवार डाली गई हैं, वैसे ही तथाकथित नीच वर्णवालों के चारों ओर भी दीवारें डाली गई हैं। वह तोड़ने का आवाहन दलित-घुमक्कड़, आदिवासी, ग्रामीण लेखकों को स्वीकारना चाहिए।

जातिभेद की मंजिल जमींदोज़ कैसे करनी है—यही प्रश्न है। आज तक इस मंजिल के ऊँचे तबके में जीने वाले समाज में ही लेखक कवि जन्म लेते थे। आज निचले स्तर के समाज में भी लेखक कवि पैदा हो रहे हैं। नीचे के तबके में जीने वाले समाज का अनुभव भी आविष्कृत होना चाहिए और वह हो रहा है। उसकी गन्ध अलग है और रंग भी अलग ही है, पर हमारी समाज रचना की बहुमंज़िली इमारत वैसी ही स्थायी और मजबूत रहने वाली हो, तो नीचे की मंजिल के लेखक कवि की प्रतिभा अपाहिज हो जाएगी। समाज जीवन का यथार्थ दर्शन उनको भी कहाँ से प्राप्त हो सकता है? और इसलिए जातिभेद रूपी आडम्बर के फल में ब्रह्माण्ड का रहस्य ढूँढ़ने का कर्मकाण्ड करने में कितना समय बरबाद करना है? जातीयता हमारी समाज-रचना की विषग्रन्थी है। उसे निकालना पड़ेगा। सवर्णों ने अपनी जाति का अहंकार जान-बूझ कर पूरे अहसास के साथ सँभाला है। निचली जाति की अस्मिता अज्ञानता के स्तर में नीचे छिप कर बैठी है। आत्मभावना की प्रक्रिया से अस्मिता जागृत होती है, और होना आवश्यक है। अस्मिता के मार्ग पर अहंकार एक खाई बन जाती है। पर उसे लाँघकर आगे गए बगैर सभी समाज इकाइयों को एक साथ बाँधने वाली सामूहिक ऐसी अस्मिता का निर्माण हम नहीं कर सकेंगे—इसका ध्यान नहीं रहेगा तो हमारी यात्रा दिशाहीन हो जाएगी। रास्ता भी पैरों के नीचे से निकल जाएगा और जिस जगह पर जाना हमने तय किया है, वह जगह भी आँखों के रास्ते से लुप्त हो जाएगी। दलित-आदिवासी, घुमक्कड़, ग्रामीण लेखकों को यह बात ध्यान में रखना जरूरी है कि सवर्णों ने जातिभेद का उपयोग शस्त्र के रूप में किया। इस वास्तविकता के कारण दलितों का शोषण हुआ। शूद्रों का तो पूर्णतः अमानुषीकरण हुआ। उस शोषण के विरुद्ध और अमानुषीकरण के विरुद्ध विद्रोह पुकारना जरूरी था और है। उस विद्रोह को महात्मा फुले ने प्रथम दिशा दी और शाहू महाराज ने

भी उसके खिलाफ जाने की हरी झण्डी दिखाई और डॉ. आम्बेडकर ने तो उनके खिलाफ युद्ध की जम कर तैयारी की। उस विद्रोह का आविष्कार दलित साहित्य में बड़ी मात्रा में हो रहा है और होना चाहिए। विद्रोह का स्पर्श कम-अधिक मात्रा में आदिवासी, ग्रामीण और अन्य उपेक्षित समाज इकाइयों के लेखकों को भी होगा और होना चाहिए क्योंकि वे भी विषमता के भोगी हैं। मराठी साहित्य को, मराठी समाज को, मराठी मानसिकता को जातिभेद से बन्धनमुक्त करना ही प्रस्थापित और विस्थापित, इस दोनों वर्गों के लेखकों का तथा विचारकों का प्रमुख कर्तव्य बनता है। इस देश की आर्थिक विषमता के लिए यहाँ की जाति व्यवस्था बड़ी मात्रा में कारणीभूत है और इसलिए वर्ग-लड़ाई में वर्गीय संघर्ष का दर्शन होता है। जाति व्यवस्था को नकारने का अर्थ आर्थिक, सामाजिक और सांस्कृतिक विषमता को नकारना है। दलित-आदिवासी-ग्रामीण लेखकों को जाति-व्यवस्था की वास्तविकता को ध्यान में लेना चाहिए। चातुर्वर्ण्य और उनका परिपोष करने वाली प्रथा परम्परा को नकारना पड़ेगा। चातुर्वर्ण्य को सैद्धान्तिक बुनियाद देने वाले ग्रन्थ नकारने पड़ेंगे। चातुर्वर्ण्य ने वरिष्ठ जाति के हाथों में वर्ण वर्चस्ववाद दिया, इसे भुलाया नहीं जा सकता है। इस वर्णवर्चस्ववाद ने ही इस देश की अनेक समाज इकाइयों को अस्पृश्य ठहराया।

जातिभेद नकारने का कार्य ग्रामीण लेखकों को अधिक जिम्मेदारी के साथ करना पड़ेगा, क्योंकि उनके बन्धन ग्रामीण विभागों में अधिक मजबूती से खड़े हैं। जातिभेद से जाति कलह का स्वरूप गाँवों में ही अधिक रूप में आया है। दलितों पर होने वाले अत्याचार ग्रामीण विभागों में बढ़ते ही जा रहे हैं। गाँव, मोहल्ले को बाँटने वाले नगरद्वार भूतकाल की सारी कुरूपता को लिए हुए बुरी हालत में अभी भी खड़े हैं। उस नगरद्वार को नष्ट करना पड़ेगा। उसके अस्तित्व से निर्माण होने वाली मानसिकता को बदलता जरूरी है। गाँव की व्यवस्था बुरी ही नहीं होती, अपितु वह बुरी ही है। गाँव में परम्परा से चलते आ रहे व्यवसाय पूरी तरह से डूब गये। परन्तु किसी समय में विविध व्यवसायों पर आधारित जातियाँ अलबत्ता वैसी ही कायम हैं। गाँव के बारा बलुतेदार कब के उद्ध्वस्त हुए हैं। बारिश के भरोसे खेती करने वाले छोटे किसान गरीबी की दलदल में गले तक फंसे हुए दिखते हैं। उनकी शुष्क जिन्दगी की गाँठ अकाल के साथ बाँधी गई है। आदिवासी और घुमक्कड़ी, विमुक्त जाति के दुःखों को आवाज देने वाले शब्द तो हमारे लेखक, कवियों को अभी तक मिले नहीं। 'स्वतन्त्रता का क्या हुआ?' 'हमारे हाथ में क्या आया'—इस तरह की आवाजों की गूँज हम सुनते हैं। उनके पास न गाँव है, न नगरद्वार। गाँव में घर नहीं, और जंगल में खेत नहीं, ऐसा उनकी अवस्था है। नंगे पैरों से वे चलते हैं, पर पैरों तले की जमीन उनकी नहीं। आदिवासी तो इस देश के मूल मालिक हैं। वह इस देश के सही भूमिपुत्र हैं। नेटिव सन्स हैं। पर इस देश ने उन लोगों पर दरिद्रता

और अमानुषिकता का बोझ लाद दिया है। पैरों के तले की मिट्टी पर भी उनका अधिकार नहीं, आसमान उनका है, पर वहाँ तक उनके हाथ पहुँच नहीं सकते। प्रस्थापित संस्कृति ने उन लोगों पर सौ बरसों का 'बनवास' थोप दिया। तड़पते हुए उनके दुःखों को शब्दों के माध्यम से अभिव्यक्त कर देने वाला कोई कवि अभी तक सामने नहीं आया। उन्हीं में से शायद कोई कवि जन्म लेगा।

कोई समाज या समाज-इकाई कितनी भी पीछे रहे, गरीबी और अज्ञान में तड़पती रहे, वह पूरी तरह सांस्कृतिक वातावरण में नहीं जीती। अपनी कोशिशों से प्रत्येक समाज संगीत, नृत्य, कहानी और गीत निर्माण करके एक तरह का सांस्कृतिक पर्यावरण अपने चारों ओर तैयार करता है। खुद के मिथक वह तैयार करता है और उन मिथकों पर आधारित मानवी सुख-दुखों का, विश्व के रहस्यों का, स्त्री-पुरुष सम्बन्धों का और समस्त विराट विश्व के मानवी अस्तित्व का अर्थ ढूँढने का प्रयत्न वह करता है। वैसे तो विभिन्न भाषा-बोली का निर्माण भी ऐसे ही बिखरे हुए आदिम जीवन जीने वाले मानव समूह से ही हआ है। इन सभी घटनाओं से साहित्य और संस्कृति का जन्म होता है। वस्तुतः साहित्य-संस्कृति के बगैर कोई भी मानव समूह या समाज इकाई जी नहीं सकती। साहित्य-संस्कृति की अनिवार्यता में ही साहित्य का निर्माण हुआ है। शब्द की सहायता से ही मनुष्य खुद के जीवन को 'अक्षर' बनाने का प्रयत्न करता है। पर जब निरक्षर समाज के हाथ में 'अक्षरबेला' आती है, तब वह खुद के सिर पर संस्कृति की छाया का निर्माण करता है। जब उसे पढ़ने का मौका मिलता है, ज्ञान के साधन प्राप्त होते हैं, तब उसकी प्रतिभा निखरती है, फलती और फूलती है। अपने देश के बहुसंख्य लोगों को ऐसा मौका मिला नहीं था। आज मिल गया है और इस नवसाक्षर वर्ग के सभी लोगों को अपने अस्तित्व का तथा अधिकारों का अहसास है। दलित, आदिवासी, ग्रामीण—ये समाज, इकाइयाँ आज इतिहास के नये मोड़ पर खड़े हैं। अपने अस्तित्व की वे अभी खोज कर रहे हैं। उनका साहित्य उनकी अस्मिता की खोज का माध्यम है, यह हमें समझ लेना चाहिए।

समाज़ का यह तबका अभी जागृत हो रहा है। उस तबके से पहली बार लेखक वर्ग तैयार हो रहे हैं। दलित साहित्य, ग्रामीण साहित्य, आदिवासी साहित्य, स्त्रीमुक्तिवादी साहित्य इ. नाम को धारण करके विभिन्न साहित्य आन्दोलन महाराष्ट्र में निर्माण हुए हैं। प्रस्थापित समाज के साहित्य और संस्कृति के विरोध में उसका निषेध दर्शाना स्वाभाविक है। विद्रोह का शंखनाद पुकारना भी स्वाभाविक है। जिस समाज व्यवस्था ने दलित, पद दलितों का जीवन पशु से भी बदतर बना दिया, उस समाज व्यवस्था के विरुद्ध निषेध दर्शाना और विद्रोह करना, यह अटल है। तथापि इस समाज व्यवस्था के स्थान पर नयी समाज व्यवस्था की प्रतिस्थापना करने की जिम्मेदारी हमारे ऊपर है, इसका ध्यान भी इस आन्दोलन को रखना

होगा। स्वातन्त्र्य, समता, न्याय व बन्धुत्व—इन तत्त्वों पर या मूल्यों पर ही कल के समाज की संरचना हमें करनी होगी, इसे हम भूल नहीं सकते। दलित, आदिवासी, ग्रामीण लेखकों को भविष्य के बिम्बों की रचना खुद करनी चाहिए। कल के समाज के बिम्ब खड़ा करना—यह साहित्यिक आन्दोलन का कर्तव्य भी बनता है। यह 'कमिटमेण्ट' ध्यान में रख कर ही साहित्य निर्मिति करनी पड़ेगी। ललित साहित्य के साथ वैचारिक साहित्य का भी बड़े पैमाने पर निर्माण होना जरूरी है।

कई समाज इकाइयों को जातिभेद पर आधारित समाज व्यवस्था के कारण भिन्न-भिन्न कोने में संकुचित जीवन जीना पड़ा और इसलिए आज भिन्न-भिन्न नाम धारण कर के विभिन्न साहित्यिक आन्दोलनों का तथा मंचों का निर्माण हो रहा है। यह प्रक्रिया जल्दी रुकेगी, ऐसा लगता नहीं। कारण, आज सभी समाज वर्ग समान स्तर पर जागृत हो रहे हैं, पर कल वे पूर्णतया स्थापित हो जाएँगे। तब प्रस्थापित धर्म और संस्कृति को वह भी नकार देंगे। निषेध पत्र वे भी लिखेंगे। उनके भी काव्य से विद्रोह की चिंगारियाँ भड़केंगीं। प्रस्थापितों से वे भी अपना हिसाब रौब से पूछेंगे।

'आओ, जला दो इन विषमता की दीवारों को, उदास एकान्त को खत्म करो' ऐसा आवाहन उनकी भी कविता को करना पड़ेगा। विद्रोह के उस पार जाकर सामाजिक तथा सांस्कृतिक पुनर्रचना का काम भी उनको हाथ में लेना पड़ेगा। विभिन्न प्रवाहों को एक साथ आना पड़ेगा। ऐसा जब होगा तब 'सांस्कृतिक चक्र प्रवर्तन' हुआ, ऐसा हम कह सकेंगे।

विभिन्न साहित्यिक प्रवाह और आन्दोलन आज संक्रमण की अवस्था में हैं और इसलिए उनके भिन्न-भिन्न मंच हैं, भिन्न-भिन्न नाम हैं, संक्रमण काल की यह एक तरह की अनिवार्यता भी है। परन्तु यह संक्रमण काल आज नहीं तो कल खत्म होगा। उसे उसके आगे बढ़ना होगा और समता की यात्रा आरम्भ करनी पड़ेगी। अपनी यात्रा ही उस दिशा की है। यह जो अलग-अलग नाम हैं, ये अपनी यात्रा के सूचना फलक हैं—इसका ध्यान हमें रखना होगा। जातिभेद की वजह से विभिन्न दुःख हमारे आँचल में आए हैं। पर उन दुःखों को क्या पुनः जाति-वर्ग के अलग-अलग नाम देने हैं? दुःख यह आखिर दुःख ही होता है। उसकी न जाति होती है, न वर्ण। हमें जो चाहिए वह 'समग्र' परिवर्तन। उस परिवर्तन में से कल का समाज अपना आकार, रूप और गन्ध ग्रहण करेगा। प्रस्थापितों को ऐसे परिवर्तन की ज़रूरत नहीं है, यह बात सत्य है। उसकी ज़रूरत है, दलितों, पद-दलितों को, श्रमिकों, शोषितों को और स्त्री वर्ग को। समग्र परिवर्तन का यह विचार केवल शोषित समाज इकाई के सन्दर्भ में करने से नहीं होगा। सभी शोषित, वंचित, दलित, दुर्बल व विषमताग्रस्त समाज इकाइयों की एकता से तथा संगठित

प्रयत्न से यह 'समग्र' परिवर्तन होगा। दलित, आदिवासी, ग्रामीण लेखकों को इसपर विचार करना अत्यन्त जरूरी है। उस शोषित व विषमग्रस्त समाज इकाई की स्त्री तो अधिक ही शोषित व विषमताग्रस्त है, इसे हम भूल नहीं सकते। समग्र परिवर्तन के लिए सम्पूर्ण लड़ाई की ज़रूरत है, पर उससे लड़ना उतना आसान नहीं। मराठी साहित्य के इतिहास में परिवर्तनवादी पर्व का आरम्भ हो चुका है, पर उसके साथ ही रूढ़ीवादी प्रवृत्तियों ने भी अपनी शुरुआत कर दी है। मराठी साहित्य में रूढ़ीवादी लहर उठ रही है। परिवर्तनवाद की प्रतिक्रिया से ही जान-बूझ कर रूढ़ीवादी की लहर निर्मित की गई है, यह बात सही है। अपना संघर्ष इस रूढ़ीवादी दिशा के विरुद्ध है। इतने बड़े तूफान के विरोध में टिमटिमाती बाती का यह संघर्ष है। इसी को आगे चल कर मशाल बनना है तो इसके लिए परिवर्तनवादी शक्ति की एकता जरूरी है।

रूढ़ीवादी का कोलाहल बहुत ज्यादा बढ़ रहा है। तथापि इस कोलाहल से विचलित होने का कोई कारण नहीं। अपनी नौका सामने किनारे पर लेकर जाने के लिए उसे लगन से तथा एकाग्रता से दिशा देनी चाहिए। दिशा गुम होने का डर न हो। हमारे सामने जगह-जगह पर दीपस्तम्भ खड़े हैं। बुद्ध, शाहू, कबीर, फुले और आम्बेडकर के विचारों की पूजा हमारे आँचल में है। मार्क्स नाम का ध्रुवतारा भी सामने क्षितिज पर तैर रहा है। जातिभेद, धर्मान्धता, वर्ण व्यवस्था और सभी प्रकार की विषमता के विरुद्ध यह लड़ाई है। यह समग्र परिवर्तन की लड़ाई है। इस 'समग्र' परिवर्तन को ही 'संस्कृतिचक्र प्रवर्तन' जैसी संज्ञा मैंने दी है। मूल्य परिवर्तन के बगैर 'संस्कृतिचक्र' घूमेगा नहीं, इसे भी ध्यान में रखने की ज़रूरत है।

अनुवाद : अर्चना भगवान जी थूल, वर्धा

हम कार्यकर्त्ता लेखक हैं

—नारायण सुर्वे

[दलित, आदिवासी और ग्रामीण साहित्य सम्मेलन, वालवा, 1988]

विषमता और शोषण पर निर्भर प्रत्येक देश में दो संस्कृतियों का प्रचलन रहता है और इन दो संस्कृतियों का संघर्ष अनादिकाल से चलता रहा है। अपना देश भी इसका अपवाद नहीं है। इन्हीं में से एक है शोषण पर आधारित संस्कृति। यह उस समय की शासन संस्था को स्वीकार करती है और उनके मूल्यों को जीवन के सभी स्तरों पर प्रस्तुत करती है, हुकूमत करती है; इतना ही नहीं, इसका विस्तार सांस्कृतिक, शैक्षिक, साहित्यिक आदि सभी स्तरों पर दबाव स्वरूप शुरू हो जाता है। अपितु शोषण का स्वीकार करने वाली सत्ताओं को अनुकूल, हानिकारक न होगी इसकी सावधानी उनके मूल्य लेते रहते हैं। दूसरी है इस संस्कृति के विरुद्ध संघर्ष करने वाली संस्कृति जो हमेशा सत्य के साथ रह कर शोषण के विरुद्ध कार्यरत रहती है। वह दबी हुई और विषमता के विरोधी स्वरूप में निरन्तर चलती रहती है। शासन संस्था पर स्वामित्व अथवा सत्ता-सम्पादित लोगों और उनके द्वारा निर्माण किए गए मूल्यों के विरोध में उसकी कश्मकश चलती रहती है; इसे हमें नहीं भूलना चाहिए।

भारतीय स्तर पर सभी क्रान्तिकारक, समाज सुधारक, सभी परिवर्तनवादी शक्तियाँ, राष्ट्रीय स्वतन्त्रता आन्दोलन के सभी प्रगतिशील प्रवाह, सभी वामपन्थी आन्दोलन, सभी सोशलिस्ट और कम्युनिस्ट आन्दोलनों का झगड़ा और उनके द्वारा निर्माण किए गए और निरन्तर किए गए संघर्ष ये सभी इस शोषण-विरोधी संस्कृति का और बदलाव माँगने वाले परिवर्तनवादी आन्दोलनों का महत्त्वपूर्ण हिस्सा है, इसे भी हमें नहीं भूलना चाहिए। राष्ट्रीय स्वतन्त्रता आन्दोलन के नवजागरण काल में खचाखच भरे हुए अंग्रेज रानी के दरबार में, प्रतिष्ठित व्यक्तियों के उस समय के उस उत्सव में, जोतिबा ने ज़रूरतमन्द किसान का वेष परिधान कर सच्चा भारत किस तरह जी रहा है, इसका दर्शन महारानी को कराया

था। इसी जोतिबा ने आगे चल कर न्यायमूर्ति रानडे को ग्रन्थोत्तेजक सभा के बहाने लिखे हुए पत्र में कहा था कि प्रतिनिधित्व किसी का भी रहे, शूद्रादिशूद्रों को अगर वहाँ स्थान नहीं है, तो मुझे उस सभा में आने में कोई दिलचस्पी नहीं है। हमारे घोषणापत्र की शुरुआत उसी पत्र से हुई है, यह भी हमें ध्यान रखना होगा। भारत आजाद होने के बाद भी हमारे संविधान के महान शिल्पकार डॉ. बाबासाहब जी ने भी संविधान लिख कर पूर्ण होने के पश्चात् यह चिन्ता व्यक्त की थी कि इस संविधान का उपयोग दीन-हीन जनता के लिए, दलितों के लिए होगा या नहीं, ऐसी दुविधा में मैं हूँ। उनकी यह वेदना, चिन्ता अथवा भारतीय स्तर पर की उनकी चिन्तन प्रक्रिया, छटपटाती आत्मा की चिन्ता थी। उनकी यही चिन्ता आगे कैसे सच हो गई, यह हम सभी जानते हैं। उसकी दाहकता हम भुगत रहे हैं। कुल मिला कर आगे की सोच को स्वतन्त्रता संग्राम में शामिल वामपन्थी आन्दोलनकारी समझ न सकें, इसे भी यहाँ लिखना जरूरी होगा। देश आजाद होने के बाद सभी समस्याएँ कम होंगी, अपितु वे सहज ही छूट जाएँगी ऐसे भ्रम में ये शक्तियाँ तल्लीन रहीं। मेहनत करने वाली सभी शक्तियों को संघटित करने में उनके असीम त्याग का महत्त्वपूर्ण योगदान रहा है, यह सच्चाई है। कठोर परिश्रम करने वाले इस वर्ग के पास गँवाने जैसा कुछ भी नहीं था। इसलिए उन्हें जीतोगे तो विश्व तुम्हारा ही है, यह समझाना और उन्हें प्रतिकार शक्ति का बल देना जरूरी था। ऐसे आन्दोलन भी संगठित हुए हैं। उनके जय-पराजय का इतिहास भी निर्माण हुआ। किन्तु उसी वक्त हम ऐसे भारतीय समाज में रहते हैं जहाँ जाति, धर्म, वर्ण, ईश्वर की सत्ता अस्तित्व में है; इसका त्याग भी हमको करना होगा, इसके खिलाफ भी हमें लड़ना होगा, यह अगर पढ़ाया गया होता तो एक नया इतिहास इस आन्दोलन से निर्माण हुआ होता। जाति-जाति में विभाजित दलों का अन्त हुआ होता। वर्ग समझ कर, सभी जातियाँ एक होकर अपने अन्याय के खिलाफ लड़ रही थीं, यह बात सच है। इस आर्थिक तथा राजनीतिक लड़ाई में तब जाति शेष नहीं थी और शेष रही भी नहीं थी, यह बात सत्य है, किन्तु इतना ही काफी नहीं था। जातियों में मोर्चेबन्दी यहाँ बड़ी मजबूती से थी। फिर इस लड़ाई के मैदान से विजयी अथवा दो कदम पीछे हट कर इसे वर्ग समझ कर खड़ी हुई उस समय की सही-सही कठोर परिश्रम की भूमिका स्वीकारने वाली सभी स्तर की मण्डली जब अपने-अपने घरों में अथवा कारखानों में अथवा खेती पर अथवा कचहरी में लौटती थी, तब वह फिर जाति के बन्धनों में चली जाती थी, यह भी एक कड़वा सच है।

जाति—यह अत्यन्त गौण विषय है और उसे अन्य जातियों का सम्मान करके ही सँभालना होगा, नहीं तो सम्पूर्ण जीवन बरबाद हो जाता है, कटुता निर्माण हो जाती है, यह बताना आवश्यक होता है। ऐसी ही स्थिति धर्म की है। धर्म

अथवा प्रारब्ध अथवा ईश्वर अब कालबाह्य और संग्रहालय में जमा करने योग्य वस्तु हुई है, इसे भी आज के आधुनिक विश्व और वैज्ञानिक दृष्टिकोण बताने वाले आन्दोलनों को अपने लेखन से अथवा मंच से निरन्तर ध्यानपूर्वक बताना चाहिए था। अर्थात् इनमें से बिल्कुल कुछ भी नहीं हुआ, ऐसा नहीं है; किन्तु वह अतिशय क्षीण रूप में हुआ; वह नगण्य है। अपनी आगे की राह में और कुल मिला कर आन्दोलन की व्यूह रचना में वह बाधा बन कर उपस्थित होगी और जनसमूहों को नंगा करेगी। अपितु उन्हें आपस में लड़ने के लिए खड़ा करेगी, इसका अंदाजा आन्दोलकों को रखना चाहिए था, किन्तु वामपन्थी आन्दोलकों की मानसिकता का कुल मिला कर चित्र ऐसा दिखाई देता है कि उन्हें यहाँ के इतिहास में घटित मूल्यों का, और जाति, धर्म, ईश्वर के पाश में बँधी सत्ता का ठीक से आकलन नहीं हो सका। कुल जनमानस में स्थित विविध प्रवाहों को बाँध कर अटूट बनी हुई प्रवृतियों का ठीक सुराग खोज कर अगर वे आन्दोलन का निर्माण करते तो मुझे लगता है कि इस प्रश्न का उत्तर मिल गया होता। अब ये सभी दुरुस्तियाँ हो रही हैं इसका जिक्र करना भी आवश्यक है। इन सभी कमियों को आन्दोलन से कैसे बाँधा जाए, इसे अब बड़ी चिन्ता से देखा जा रहा है। इसका उदाहरण यानि हाल ही में 'रिडल्स' के सवाल पर जो प्रचण्ड मोर्चा निकाला था, उस मोर्चे में इन सभी वामपन्थी आन्दोलनों ने अपना योगदान पहले नम्बर का रखा था; नामान्तर के प्रश्न पर निकले हुए सत्याग्रही दलों के विभिन्न मोर्चों में जो सहभाग दिखाई दिया, वह फिर एक बार विषमता विरोधी सच्ची लड़ाई में खुद की भूमिका निष्ठा से निभाने का और उसके लिए संघर्ष की भूमिका लेने का था। यह जो घटित हो रहा है, वह अर्थपूर्ण है। इन घटनाओं की एक निर्णायक कीमत भी है।

ऐसे विचारों को लेकर आगे चलने वाले आन्दोलन समग्र विश्वभर में शुरू हुए हैं। कभी वैचारिक स्वरूप में तो कभी कृति स्वरूप में। हम संसार से बहुत दूर हैं, अथवा 'हम भले और हमारी संस्कृति भली' ऐसा कहने के दिन कब के इतिहास में जमा हो चुके हैं, इसे हमें ध्यान में रखना चाहिए। आधुनिक तकनीकी विज्ञान से विश्व अधिक नजदीक आ रहा है। स्वयं अमेरिका को भी वर्णभेद विरोधी आन्दोलन, वंशवाद विरोधी और शस्त्रास्त्र स्पर्धा विरोधी आन्दोलन और शान्ति आन्दोलनों का सामना करना पड़ रहा है, तो जैसे समाजवादी जगत की अग्रदूत मानी जाने वाली भूमि में भी विचारों की नई लड़ाई शुरू हुई है। रूसी समाज को पूर्ण मुक्ति मिलनी चाहिए और नये निर्माण की पुनर्रचना करके समाजवादी समाज रचना को अधिक पुख्ता और मानवीय नींव पर खड़ा होना चाहिए। यह इसके पीछे का महत्त्वपूर्ण विचार है। अमेरिकन समाज का समाजवाद विरोध और रूसी समाज की रुकावट समाप्त करके शुद्ध और वस्तुनिष्ठ, सचमुच शास्त्रीय दृष्टि से मानव स्वतन्त्रता के लिए आन्तरिक विरोध—ये दो भिन्न बातें

हैं, इसे भी ध्यान रखना आवश्यक है। एक तरफ अमेरिका में पूर्ण साम्राज्यवादी सत्ता है, तो रूस में समाजवादी शासन होने के बावजूद गलत निर्णयों के कारण निर्माण हुए सवालों को सुलझाने की प्रवृति—यही वह अन्तर्विरोध है।

इसके विपरीत भारत में एक अलग ही गतिशून्य वातावरण है। हमें आजाद हुए चालीस साल हुए हैं, फिर भी बहुत व्यापक राजनीतिक परिवर्तन नहीं हुए हैं। शोषण और छल के सभी प्रकार निरन्तर चल रहे हैं। कानून का निर्माण हुआ, यह सच है; किन्तु वह सत्ताधारियों की ही तरफ से रहेगा, ऐसी व्यवस्था बनाई गई है। अमीर वर्ग को आज भी इस देश में छूट है, तो आम जनता के दैनिक जीवन में डर भयानक रूप से बढ़ रहा है। विघटनवादी, पुनरुज्जीवनवादी, जाति की श्रेष्ठता और धर्म के नाम पर दंगे, मारपीट करने वाली शक्तियाँ खुलेआम घूम रही हैं और शासक वर्ग तथा उनकी कई संघटनाएँ उन्हें संरक्षण दे रही हैं, ऐसा दृश्य भी कदम-कदम पर दिखाई देता है। इसकी विरोधी शक्तियाँ बिखरी हुई और कमजोर हुई हैं। इसके सम्बन्ध में महाराष्ट्र का एक ताजा उदाहरण बताता हूँ। 'तमस' इस उपन्यास से सम्बन्धित निर्माण हुए बवाल को याद कीजिए। एक प्रगतिशील पंजाबी लेखक भीष्म साहनी द्वारा लिखित यह उपन्यास था और इसका विषय देश-विभाजन था। यह उपन्यास साहित्य अकादेमी द्वारा सम्मानित था। फिर भी जातिवादी संस्थाओं ने हंगामा खड़ा कर दिया। महाराष्ट्र में भी इसका असर दिखाई दिया। इस आन्दोलन को महाराष्ट्र में अत्यल्प प्रतिसाद मिला था। अतः अदालत ने ही इस मामले को रोक दिया तब जा कर यह मामला खत्म हो गया। ये इतनी दुर्बल अवस्था क्यों हो गई, यह भी सोचने लायक सवाल है। फिर भी।

आप कहेंगे, यह साहित्य का मंच है, तब आप आरम्भ में ही इतनी बड़ी भूमिका क्यों बाँध रहे हो! मित्रों, वैसा नहीं है। आरम्भ में बत्तियाँ जलाए बिना आगे उजियाला नहीं दिखेगा। हम सिर्फ आरामदायक गप्पें लड़ाने हेतु यहाँ इकट्ठा नहीं हुए हैं। हम सब का एक पैर आने वाले भीषण संघर्ष में और दूसरा संस्कृति के क्षेत्र में अटका हुआ है। हम कार्यकर्ता लेखक हैं, कार्यकर्ता विचारक हैं और कार्यकर्ता और जनता की भिन्न-भिन्न संघटनाओं में काम करने वाले शीर्ष लड़ाकू हैं। यह हमारी नैतिक जिम्मेदारी ही है कि जिस जगत और जिस सच्चाई में हम साँस लेते हैं, घूमते हैं, संघर्ष करते हैं, उस के ताने-बाने, जानकारी सभी इकट्ठा कर के फिर आगे बढ़ने वाले कदमों में अधिक हिम्मत ला देते हैं, ज्यादा हिम्मत से चलते हैं। हम अत्यल्प प्रकाश देने वालों में से नहीं हैं। सर्वदूर और सर्वकालिक सत्य के लिए चल रही लड़ाई में मिल कर, वहाँ पैर रौंद कर, उसकी खोज करनी चाहिए। वैश्विक स्तर पर चल रहे परिवर्तनों का, नये-नये वैज्ञानिक विचारों का, सांस्कृतिक संचितों का यही मूलाधार अपनी भूमिका मजबूत करने के लिए प्रमाणबद्ध माना जाता है। सच्चे प्रगतिशील सांस्कृतिक मूल्यों के लिए, मानवी

संस्कृति के संरक्षण हेतु, और सुरक्षा के लिए और यहाँ-वहाँ से सरकार के खिलाफ और छल-कपट के विरोध में लड़ाई लड़ने वाला आदमी एक ही है। यह बीजमन्त्र एक बार हमारे ध्यान में आ गया कि यह तिनका वैश्विक स्तर पर समानरूप में कैसे हुआ है, यह समझ में आ जाता है और तभी विश्व बंधुत्व की घोषणा सार्थक होगी। फिर हम अकेले ही हैं अपितु हम ही इस प्रथम जंग को छेड़ रहे हैं, ऐसा भ्रम हमें नहीं होगा। हमारे जैसे और कई दक्षिण अफ्रीका में, चिली में, ब्रह्मदेश में, बांग्लादेश में अथवा अन्य जगहों पर भिन्न-भिन्न प्रदेशों में गुलामी की शृंखलाओं को तोड़ने की लड़ाई लड़ रहे हैं। और यही हमारी सच्ची समानता और भाईचारे की निशानी है।

हम सम्वेदनशील, क्रियाशील विचारक और लेखक-लेखिका हैं। जीवन के सभी आयामों के निर्माणों के हम गवाह हैं, हिस्सेदार हैं। हम तटस्थता की भूमिका नहीं लेंगे। सृजन के क्षणों में, उस पवित्र और सुन्दर कृति के निर्माण के समय कुछ पल हमें तटस्थ रहना आवश्यक है, इसे नकारा नहीं जा सकता। सृजन प्रसंग में जीवन के सभी प्रवहमान क्षण ठीक उसी रूप में नहीं ठहर सकते। उनमें से महत्त्वपूर्ण और हृदयद्रावक क्षणों में जब हम भी हिल उठते हैं तब आवेग को एक विलक्षण गति प्राप्त होती है। शब्द उन्हें अथवा हममें से जो हिल उठे हैं उन्हें निरन्तर ढकेलते रहते हैं। उस समय तटस्थ रह कर घटनाओं का सम्वेदनशील और सापेक्ष दृष्टि से अर्थ लगाना कलाकार के लिए आवश्यक हो जाता है। मुझे लगता है कि इसमें दो राय नहीं होनी चाहिए। किन्तु आस-पास के भीषण प्रसंगों से बुरी तरह से पिसते समय भोगी जाने वाली घटनाओं के प्रसंगों में केवल तटस्थता जानलेवा सिद्ध होती है, हम जैसे जीवन-संघर्ष में अटके हुए, दायित्व निभाने वाले विचारक अथवा कार्यकर्ता लेखक के लिए यह असम्भव है। जीवन की ओर मात्र उदासी और निराशा से देखने की प्रवृत्ति की जड़ों में जो कई कारणों की सम्भावनाएँ हैं, लगता है उन्हीं में से यह उदासी बनाम निराशा (मराठी रचनाकारों में) एक कारण रहा होगा। नहीं तो मराठी प्रदेश में भी इतनी उथल-पुथल हुई, सम्पूर्ण जनमानस अलग-अलग आन्दोलनों और संघर्ष से भरा होने के बावजूद इसका कहीं भी पुख्ता और व्यापक चित्रण न मिलने का क्या यही कारण होगा, ऐसी आशंका निर्माण होती है। जीवन के समग्र संघर्ष में लेखक एक निरीक्षक की भूमिका में खड़ा रहता है; सच तो यह है कि खुद को न्यौछावर किये बिना उसमें वह आन्तरिक नमी कैसे आएगी?

और एक ऐसा ही अहम सवाल यह है कि जीवन को बदलने वाले क्रान्तिकारी विचार। घटित होने वाली सामाजिक और राजनीतिक परिवर्तनों की वस्तुनिष्ठ गति, उसका लक्ष्य और उसके सम्बन्ध में आकलन करने वाली शक्तियों का तथा इन मूलगामी विचारों का और कलाकृतियों के रूपों का क्या कुछ परस्पर सम्बन्ध है? इन

सबका कलाकृति में रूपान्तर करते समय उस प्रतिभाशाली में सामर्थ्य की हिम्मत किस प्रकार आती है? इसे हम किस तरह समझने वाले हैं, यह सही सवाल है। अन्ततः हमारा चिन्तन कलाकृति का रूप कैसे लेगा, यह सही सवाल है। एक बात सच है कि जब कोई क्रान्तिकारी अथवा मूलगामी विचार समाजमन को पकड़ लेता है, तब सही मायने में उसकी पूर्तता हेतु यथार्थ विचारों की ओर सभी कलाप्रकारों के उद्‌भावनाओं की सम्भावना निर्माण हो जाती है और वे विचार यथार्थ और वस्तुनिष्ठ परिवर्तन करने वाले हो जाते हैं। यह समाज गति का ही एक नियम है। एक अवस्था बदल कर दूसरी अवस्था में जाते समय का काल कभी सौम्य तो कभी रौद्र रूप लेकर शुरू होता है। तभी उसकी प्राप्ति के लिए सशस्त्र आन्दोलन की सम्भावना रहती है। वह उस समय कैसे घटित होगा, उसकी मात्र सम्भावना ही हम बता सकते हैं, क्योंकि उस कालखण्ड में समाजमन के गति की प्रक्रियाएँ व्यक्त होती हैं और उनकी प्राप्ति हेतु आन्दोलन खड़ा हो जाता है।

किन्तु काल का भी एक शास्त्र है। उसका अपना भी एक इतिहास है, नियम है। ये नियम और शास्त्र सामान्यतः भविष्य की सम्भावनाओं, संयुक्त कलाकृतियों को जन्म देते-देते विकसित होते हैं। ऐसा भी जांच-पड़ताल के बाद समझ में आया है। अतः सभी कलाओं का उद्‌भव समाजगति के उद्‌भव से हुआ है फिर भी कलाकृति को समझ कर उसके भीतर रहने वाली और प्रतीत होने वाली अपितु समग्र मानव जाति के आचार-विचारों का वह प्रतिबिम्ब है, ऐसा मानकर उसका स्वतन्त्र अस्तित्व ध्यान में रखकर मूल्यांकन करना होगा। कलाकृति द्वारा सभी मानवीय सम्भावनाओं को व्यापक रूप में व्यक्त करके उसने श्रेष्ठ कला रूप कैसे सिद्ध किया और वह निरन्तर लचीली होकर कैसे गतिमान होती रही है, इसे भी देखना होगा। संक्षेप में हमें बहुत ही लचीली भूमिका से दुराग्रह छोड़ कर इन्हीं कलारूपों को आगे प्रस्तुत करना चाहिए; जीवन की सार्थकता को कलाकृति जैसी अभिव्यक्ति देती है, वैसे ही जीवन की निरर्थकता को भी वह उतनी ही परिपूर्णता से प्रस्तुत करती रहेगी; इसलिए मुझे लगता है इर्दगिर्द के साहित्य की ओर, अथवा पूर्वनिर्मित साहित्य कलारूपों की ओर हमें अधिक खुली आँखों से और अधिक समीक्षात्मक दृष्टि से देखना आवश्यक है। जो स्वीकार्य है, उसे स्वीकारना ठीक है; क्योंकि इन कलाकृतियों का जन्म भी हमारे इतिहास का एक महत्त्वपूर्ण अंग था, इसे भूलना न होगा।

हम जैसे उन्नत इतिहास से बँधे हुए हैं वैसे ही कलाकृतियों की उन्नत विरासत से भी बँधे हुए हैं, अपितु इसे अपनी धरोहर मान कर, स्वीकार कर इसमें का उथलापन त्याग कर निश्चल उन्नत रूपों को स्वीकारना मानो अपने नये उन्नत विचारों को और कृतियों को एक मजबूत आधार पर खड़ा करने जैसे ही होगा। हमारे सौभाग्य से भारतीय और मराठी साहित्य में धरोहर का अभाव नहीं है। धरोहर

के रूप में हम भारतीय स्तर पर इसे जैसे प्रेमचन्द के, टैगोर के, शरदबाबू के, तिरूल्लूर अथवा सुब्रह्मण्यम भारती के रूप में खोजते हैं, वैसे ही इसे ज्ञानेश्वर, तुकाराम, केशवसुत, हरिभाऊ, कुसुमाग्रज और मर्ढेकर आदि के रूप में मान्य करते हैं, यह हमारे लिए सद्भाग्य और उचित बात है। उन्नत धरोहर यह किसी एक गुट अथवा ज्ञाता के अथवा राष्ट्र के भी अधिकारों में नहीं रहता, वह तो समग्र मानवता के आन्दोलन से और चिन्तन की परम्परा से सार्वत्रिक रहता है। यह विचार, यह कलाकृति अथवा यह चित्र अथवा संगीत यह उस राष्ट्र के धरोहर का भी यदि महत्त्वपूर्ण हिस्सा बन जाए तभी वह अन्तरराष्ट्रीय स्तर पर सभी को अपना लगता है। उसका कारण भी यही है। इसीलिए फुले, आम्बेडकर और मार्क्स के विचार सभी को अपनी अमूल्य निधि लगते हैं।

हम दलित, आदिवासी, ग्रामीण, जनवादी, स्त्रीमुक्तिवादी आदि प्रगतिशील और मुख्य प्रवाहों को एकत्र करके उन्हें एक ही मंच पर ला रहे हैं, यह घटना ऐतिहासिक है; मैंने यह आरम्भ में कह दिया है। वास्तव में इतिहास द्वारा ही और कुल मिलाकर जीवन के दबाव ने हमें अब अधिक उन्नत दिशा की ओर मुड़ जाने का आदेश दिया है। निरन्तर गति से लक्ष्य की ओर तरक्की करते रहना, राह की सभी दिक्कतों पर विजय पाकर उसमें से भी रास्ता निकाल कर नदी की यात्रा जैसे कलकल प्रवाहमान होती है, वैसा ही जीवन की गति का भी है। वैश्विक परिस्थिति का झुकाव भी ऐसा ही है। इस प्रकार अधिक और अधिकाधिक गतिमान होकर सभी को बाँहों में समेटते चलो, काम की ओर झुक जाओ, यही सन्देश है। ये सब हम स्वयं के स्वानुभव से पढ़ते, देखते और बनाते जा रहे हैं। यह उधार की सम्वेदना नहीं अथवा किसी की आदत से मजबूर अथवा किसी की बासी पूँजी पर चलने जैसा नहीं है। वैसे मेहनत की पूँजी अपने पास मजबूती से है ही। यह अपनी और आने वाले क्रान्तिकारी समय की सही आवश्यकता, अत्यन्त वस्तुनिष्ठ तकाजा है, यह अपना सच्चा स्मरण है।

सम्पूर्ण भारत में भी दलित, आदिवासी, ग्रामीण, प्रगतिशील और स्त्रीमुक्तिवादी अथवा जनवादी और उनकी संघटनाओं के रूप में चलने वाली संस्थाएँ हैं, फिर भी उन्हें हम सब एक हो जाएँ, विचारों का आदान-प्रदान करें, ऐसा अब भी जरूरी नहीं लगता है। सिर्फ महाराष्ट्र में ही यह चित्र बहुत परिणामकारक रूप में और वस्तुनिष्ठ भूमिका से खड़ा हुआ दिखाई देता है। इसका कारण क्या हो सकता है? महाराष्ट्र में राजनीतिक, सामाजिक, आर्थिक और सांस्कृतिक आन्दोलन की परम्परा रही है और उसका विवेचन मैंने किया ही है।

वैसे भी दलित साहित्य ने प्रथम यहाँ जो ऐतिहासिक संघर्ष किया है और कर रहा है और सृजन के सभी भविष्यकालीन रास्तों को खोल दिया है, इसका भी कारण यही है। मराठी संस्कृति कह कर जिसका ढिंढोरा पीटा जाता था, उससे

दरारें पड़ी हैं। पुरानी संकल्पनाओं के व्यूह और मूल्यों के गिरे हुए यूरोपीय सीमाओं को सँवारने वालों को वे स्वयं कौन से संसार में विचर रहे हैं, यह समझ में आ रहा है। यह एक गतिमान ऐतिहासिक कार्य था। वह इस सदी के छठे दशक में महाराष्ट्र में ही पहले शुरू हुआ। अंचल और आंचलिक साहित्य एक स्वतन्त्र इकाई और अस्मिता दर्शाते हुए इसके ही साथ आगे आ गया। आदिवासी समाज का नवशिक्षित युवा वर्ग भी पीछे कैसे रह गया? स्त्री-मुक्ति आन्दोलन की भिन्न-भिन्न संघटनाएँ निर्माण हुईं। फिर भी सूत्र एक ही था। स्त्री की स्वतन्त्र अस्मिता, सामाजिक समता की लड़ाई में महिलाएँ भी पीछे नहीं रही हैं। वे भी अग्र भूमिका लेने के लिए तैयार हैं। नारियाँ यानी आधा भारत हैं आदि प्रश्नों की चर्चा शुरू हो गई। इसकी ही सांस्कृतिक सन्तान 'लड़की हुई', यह लोकनाट्य और उसे मिलने वाला सार्वत्रिक लोकश्रय, यह भी प्रथम ही दिखाई दे रहा है।

यह सब घटित हो रहा है और ऐसा ही आगे होना चाहिए। इसलिए तो फिर उसे अधिक प्रौढ़ता से, लचीलेपन से और मौलिकता न गँवा कर विकसित होना चाहिए। फिर भी मेरे द्वारा किए जाने वाले इन सम्वादों में मैंने कई प्रतिष्ठित लेखकों का (हम में से) नाम निर्देश नहीं किया है। इनको महाराष्ट्र ने सम्मानित किया ही है। इनकी कलाकृतियों की कीर्ति सर्वदूर फैली हुई है। इनमें से कइयों को भारतीय स्तर पर, कईयों को विदेशी भाषा में अनूदित होने का सम्मान भी मिला हुआ है। इन रचनाओं ने सफेदपोश समाज को ही आकर्षित नहीं किया है, बल्कि भारतीय भाषाओं की अन्य भाषा बहनों के विश्व में भी इस विषय पर घमासान चर्चा शुरू कर दी है। यह सच है, किन्तु इसके अलावा बड़ी बात स्वीकार की जा रही है वह यह कि अपना ही भाई उसे भाषा मिलते ही, लिपि का अर्थ समझते ही उसमें से अभिजात प्रतिभा फटाफट कैसे बोलने लगी और उसकी कलाकृति में यह जो जीवन आनन्द, दबा हुआ था वह उमड़कर कैसे आया? किसी भी प्रकार की कला की परम्परा के न रहते हुए यह वर्ग दलित आदिवासी ग्रामीण समाज और उसकी युवा प्रतिभा, ये युवा प्रतिभा उनके जीवन का निश्चित लक्ष्य जिन्दा शब्दों द्वारा कैसे प्रस्तुत करने लगे हैं, यह देखकर आश्चर्य हुआ। कलाकारों की कुण्डलियों का लेखा-जोखा, उन्हें आवश्यक सभी सुख सुविधाएँ, उनके विषय में रक्षित रायों को जबरदस्त सदमा पहुँचा। इतिहास भी बड़ा शरारती है। उसने यह सब बड़ी सूक्ष्मता से देखा, देख लिया और इसलिए उनके पैरों तले की छिपी चादर सरकाई और अपने पास लेकर बिछाई और निकट आकर उसके कान में कहा, 'मित्रो, अब आपका समय है' और फिर मैदान के बाहर निकल कर कोने में खड़ा होकर हँसते हुए अपना खेल देख रहा है, गौर से देख रहा है; किन्तु उसके द्वारा दिए गए अवसर का योग्य उपयोग नहीं लिया जाए तो अपने पैरों तले की छिपी चादर रहेगी ही, इसका मुझे भरोसा नहीं लगता है। और इस इतिहास नामक समीक्षक ने वैसे किसी को भी सहूलियत दे दी अथवा

बख़्श दिया है, इसका प्रमाण भी नहीं है। इसलिए कृपया आपसे यह चुटकुला मनोरंजन हेतु कह रहा हूँ ऐसा न समझिए, तो उसके पीछे का गम्भीर अर्थ ध्यान में लीजिए।

बेहतरीन प्रतिभावानों की खोज निरन्तर लेते रहना हमारे लिए आवश्यक है, बहुत अच्छी रचनाएँ सच्चे अर्थों में इतिहास निर्माण करती हैं, और वे पथप्रदर्शक होती हैं जैसे बाह्य संसार में उनका जन्म हुआ है तो उनका स्वागत करना चाहिए कुल मिलाकर अपने साहित्यिक और कलात्मक मूल्यांकन की दृष्टि से भी यह फायदेमन्द है। बेहतरीन कला निरन्तर सभी आलोचकों को और कला शास्त्रज्ञों को चकमा देती रहती है। उसके सन्दर्भ में अथवा उसके ही कारण वादविवादों के जगत् में उथल-पुथल मच जाती है। यह भी इसी प्रसंग में कहना पड़ता है।

वैसे आज तक विश्व में अथवा भारतीय स्तर पर अथवा अपने महाराष्ट्र स्तर पर भी कुल मिलाकर कलात्मक शास्त्र के सम्बन्ध में अथवा कला के मूल्यांकन हेतु अथवा उसी की ऐतिहासिकता का सन्दर्भ कहने के सद्‌हेतु सम्बन्ध में हमें सिर्फ पूर्वग्रह रखकर बर्ताव करना हितकारक नहीं है। क्योंकि ये कला विचार भिन्न-भिन्न समूहों, व्यक्तियों और उस प्राप्त परिस्थितियों के सन्दर्भ में जिस वक्त प्रस्तुत किए गए होंगे, इनकी समीक्षा करके उसमें से फेंकने योग्य हिस्सा पहले ही समाप्त हुआ होगा और उसके कुछ मूलभूत, मूलाधार पेश करने वाले सिद्धान्त अब भी दृढ़ता से बने रहते हैं अथवा कभी-कभी हमें भी वे पूरक अथवा सोचने के लिए मजबूर करते हैं इस सच को भी नकारा नहीं जा सकता। सौन्दर्यशास्त्र का भी ऐसा ही है। इसके बारे में भी हमें सही सोचकर ही उसे पेश करना होगा। हमारा आग्रह विवेकपूर्ण होना चाहिए, किन्तु केवल पूर्वग्रह नहीं। वह केवल कलास्वरूप शास्त्रों के बारे में ही नहीं। कुल मिला कर राजनीतिक और सामाजिक मतभेदों के बारे में भी है।

आप कहेंगे, यह भला आदमी मौका मिलते ही चाहे जितनी अनावश्यक बातें कर रहा है। किन्तु वैसा नहीं है। नहीं तो वो उधर वहाँ पैरोंतले में छिपी चादर खींचने के लिए इतिहास बैठा हुआ है; यह मुझे भी ज्ञात है; किन्तु यह अवसर आप ने दिया और सामने तो सभी मेरे ही आदमी हैं। लेखक, पाठक हैं; उनके साथ सम्वाद करने के लिए मैंने कह दिया है।

अर्थात् मैं जो बोल रहा हूँ यह मेरा अपना स्वयं का निरीक्षण है। उसमें कम-ज्यादा होगा ही। एक आदमी के आकलन की परिसीमा यदि छोटी अथवा बड़ी रहेगी तो भी सार्वजनिक मंच पर नियन्त्रण रखना जरूरी है। इस सम्बन्ध में हमारे केशवसुतजी ने कहा है कि, 'विश्व का विस्तार कितना? जिसके उसके सिर जितना।' यह चेतावनी मैंने स्मरण कर रखी है।

फिर भी मैं इच्छा प्रकट कर रहा हूँ कि मित्रो! भविष्यकाल अपने कन्धों पर

मोर्चा लेकर आने वाला है। इसलिए हम सभी अपने कन्धे अधिक चौड़े, अधिक मजबूत और अधिक शक्तिशाली बनाएँगे, अपनी दृष्टि ज्यादा पारदर्शी बनाएँगे। क्षितिज के उस ओर फैले सभी क्षितिज देखने वाली दृष्टि, संसार के विराट रहस्य स्वयं में समा जाएँ, नया संसार निर्माण करें ऐसी दृष्टि! हम ही इस धरती के सच्चे वारिस हैं। उसमें आदमी जैसा सुन्दर और पवित्र शब्द दूसरा नहीं है, इसे निरन्तर स्मरण में रखेंगे। इतिहास ने और हमारे महान विचारकों ने और उनकी सर्वोत्कृष्ट रचनाओं ने सदैव आदमी की मुक्ति को ही स्वीकार किया है। हम इस विजय यात्रा में शामिल हो रहे हैं। हम प्रकाश यात्री हैं, दिशाओं के सभी दरवाजे सूरजमुखी कर देने वाले हैं। एक बड़ी जिम्मेदारी अपने कन्धों पर है और वह सहने की शक्ति भी अपने पंखों में है; इसलिए हम अधिक समझदारी, अधिक सचेत और अधिक सुन्दर मानवी परिवर्तन के कार्य में सम्मिलित है।

अनुवाद : डॉ. सदानन्द का. भोसले, पुणें

सभी शोषितों को समझ लेना होगा

—वामन निम्बालकर

[दलित साहित्य सम्मेलन, चंद्रपुर, 1989]

दलित साहित्य जगत का एक सृजनात्मक कवि एवं सामाजिक कार्यकर्ता होने के नाते मैं साहित्य सृजन के आन्दोलन को प्रबोधनकारी आन्दोलन समझता हूँ। इस आन्दोलन को डॉ. बाबासाहब आम्बेडकर, महात्मा जोतिबा फुले तथा तथागत बुद्ध इन महामानवों के दर्शन ठोस नींव के रूप में प्राप्त हो जाने के कारण युग प्रबोधन का यह आन्दोलन युगप्रवर्तन का आन्दोलन बन गया। यह आन्दोलन यहाँ के सामाजिक, आर्थिक एवं अन्य सभी विषमताओं और शोषण के विरोध का आन्दोलन है। हजारों सालों के भारतीय इतिहास के पन्ने शोषण के काले अक्षरों से भरे पड़े हैं। यह शोषण इतना जटिल और इतना क्लिष्ट है अथवा इसे इतना क्लिष्ट किया गया है कि कभी वह सामाजिक, आर्थिक, सांस्कृतिक लगता है तो कभी शैक्षिक, किन्तु सच्चे अर्थों में इस पूरे शोषण की नींव समाज में व्याप्त विषमता है, जिस पर आर्थिक शोषणों की मंजिलें खड़ी की गई हैं। ऐसे इस शोषण के किले के इर्द गिर्द देवी-देवताओं और धर्म रूपी महा कठिन दीवारों का पहरा खड़ा किया गया दिखता है। इस महा भयंकर किले में हम हजारों सालों से कैद थे और आज भी हैं। ज्ञानरूपी प्रकाश तो केवल उच्च जातियों के लोगों तक ही सीमित था। इस विषमता के खण्डहर से हमें बचाने के लिए महात्मा जोतिबा फुले, आगरकर, गाडगे महाराज और राजर्षि शाहू महाराज आदि महापुरुषों ने अपने जीवन का प्रत्येक क्षण न्योछावर कर दिया। लेकिन डॉ. बाबासाहब आम्बेडकर ने अपनी प्रतिभा तथा दर्शन से इस खण्डहर को उद्ध्वस्त करने के लिए सुरंगें बिछाईं।

डॉ. बाबासाहब आम्बेडकर का सम्पूर्ण जीवन मानवमुक्ति संग्राम का प्रतीक है। हजारों वर्षों से जो ज्ञानार्जन, अर्थार्जन से वंचित थे तथा जिन्हें दैन्य, दास्य, लाचारी के अलावा कोई किसी भी प्रकार का अधिकार नहीं था, ऐसी पाषाण स्थिति में पड़े समाज की जागृति कर उनमें स्वाभिमान की ज्योति जला दी तथा उन्हें

ज्ञानार्जन करने के लिए प्रोत्साहित किया। इसके लिए अपने पैंसठ साल के जीवन में डॉ. बाबासाहब आम्बेडकर ने दिन-रात पसीना एक किया। पलभर भी विश्राम नहीं किया। एक ओर जातिवादी तथा धार्मिकता के ठेकेदार तो दूसरी ओर गरीबों के खून से पेट भरने वाले सामन्ती मानसिकतावाले साहूकार तो तीसरी ओर रूढ़िवादी, रूढ़ीवादी तथा स्वार्थी राजनैतिक लोगों से डॉ. बाबासाहब आम्बेडकर अकेले लड़ रहे थे। विज्ञानवादी, बुद्धिवादी, जड़वादी आदि प्रकारों को अपनाकर डॉ. बाबासाहब आम्बेडकर ने अपने आन्दोलन की दिशा स्पष्ट की। यह संग्राम जीवन मूल्यों के लिए था। एक तरफ यह आन्दोलन सामाजिक, आर्थिक विषमताओं का विरोधी था तो दूसरी तरफ समानता, बंधुता एवं न्याय के पक्ष में था। इसके लिए उन्होंने देवी-देवता, धर्म, कर्मकाण्ड, अध्यात्म आदि के सन्दर्भ में असहमति दर्ज कर समाज में विषमता फैलाने वाले विषवृक्ष की जड़ों पर प्रहार किया। इसलिए डॉ. बाबासाहब आम्बेडकर प्रथम विद्रोही लेखक हुए। उन्होंने शब्द-शक्ति को पहचाना था। इस मृतप्रायः समाज को जागृत करने के लिए इस शब्दशक्ति का उपयोग उन्होंने किया। दलितों की मुक्ति एवं शक्ति के लिए उन्होंने अपने जीवन का हर पल दलित क्रान्ति को समर्पित कर दिया। दलितों के उत्थान के लिए बाबासाहब ने उनके हाथों में भौतिकवादी, विज्ञानवादी, नीतिवादी अर्थात् मानवतावादी मशाल दी। बाबासाहब ने हीन-दीन, दलित व्यक्ति की प्रगति का आलेख प्रस्तुत किया। इस मानव मुक्ति के आन्दोलन ने भारतीय दलितों की दिशा बदल दी। इस आन्दोलन ने दलितों को गतिमान जीवन जीने के लिए प्रेरित किया। आशा और प्रेरणा दी। इसी प्रेरणा से दलित साहित्य का जन्म हुआ।

दलित-साहित्य दलित सम्वेदना से उपजा है। वह नकार और स्वीकार का साहित्य है। दलित साहित्य देवी-देवताओं, धर्म, आत्मा, कर्मकाण्ड, चमत्कार आदि का प्रखरता से विरोध करता है। दलित साहित्य एक ओर वर्ण और वर्गवाद का प्रखरता से विरोध करता है तो दूसरी ओर समानता, समरूपता तथा नीतिमान प्रवृत्तियों का स्वीकार भी करता है। यह केन्द्र में मनुष्य को रखकर प्रगति का आलेख प्रस्तुत करता है। इसके लिए वह समानता, स्वतन्त्रता, बंधुता, न्याय, प्रज्ञा, शील और करुणा आदि मानव मूल्यों का ठोस रूप में समर्थन करता है। दलित साहित्य समाजवादी, जीवनवादी, नीतिवादी, जड़वादी, भूमिका को लेकर अस्तित्व में आया है। दलित साहित्यकारों की भूमिका ऊपरी सतह पर भले ही नकारात्मक दिखती हो तो भी इस नकारात्मकता के मूल में नवनिर्माण का दृष्टिकोण स्पष्ट रूप से दृष्टिगोचर होता है। इसी वजह से दलित साहित्य मराठी साहित्य से निश्चित रूप से भिन्न है। इसकी ऊँचाई, व्याप्ति और परिधि को मराठी साहित्य के उन पारम्परिक मानदण्डों से नापा नहीं जा सकता। वह एक भाषा तक सीमित नहीं है। दलित साहित्य प्रवाह किसी भी भाषा में समाविष्ट हो सकता है, ऐसी

घोषणा करना सही होगा। दलित साहित्य विश्व की तमाम शोषित जनता का विचार करता है और उनके पक्ष में खड़ा रहता है। उनके मुक्ति संग्राम के क्रान्तिगीत वह गाता है।

मनुष्य की आरती के गीत गाने वाले साहित्य को ग्रामीण, शहरी, आदिवासी आदि में विभाजित नहीं किया जा सकता। जो मनुष्य समता के लिए लड़ रहे थे, और लड़ रहे हैं, मानवमुक्ति संग्राम के क्रान्ति गीत गा रहे थे और गा रहे हैं, वे सभी 'दलित वर्ग' के हैं, ऐसी उसकी व्यापकता है। कुछ मित्र इस 'दलित' शब्द से ही डरते हैं। वे उसकी जगह जनवादी, ग्रामीण, आदिवासी आदि शब्दों का प्रयोग करके खुद को अलगाते हैं। उन सभी से मेरा एक निवेदन है और विनम्र शब्दों में है कि दलित शब्द जाति वाचक न होकर वह कल के शोषित और आज के संघर्षशील समाज का प्रतीक है तथा उसी अर्थ में हम उसका प्रयोग करते हैं। उससे अगर संघर्ष की धार भोथरी हो जाती है, संकुचित हो जाती है तो कल दलित साहित्यकार 'दलित साहित्य' इस शब्द को फेंककर 'फुले-आम्बेडकर विचारधारा साहित्य' आदि शब्दों का प्रयोग करेंगे।

दलित साहित्य मानवतावाद की रचना नए सिरे से करता है तथा विश्व को उसकी पहचान करा देता है। यद्यपि साहित्यकारों ने काल्पनिक साहित्य को जीवित रखने का प्रयास किया है। लेकिन आज हम मनुष्य को जीवित रखने के लिए साहित्य का प्रयोग कर रहे हैं। उन्होंने केवल साहित्य को सुन्दर बताया। लेकिन दलित साहित्य पूरे समाज को सुन्दर बनाना चाहता है। उन्होंने कलावादी, काल्पनिक साहित्य का सम्मान किया। लेकिन दलित साहित्यकार मानवता की शुद्धता के लिए कला और साहित्य का प्रयोग कर रहा हैं। दलित साहित्य भूतकालीन जीवन का सम्मान करने की अपेक्षा उसका तिरस्कार एवं धिक्कार करता है। भविष्य के काल्पनिक सौन्दर्य पर उसका विश्वास नहीं है। दलित साहित्य भूत-भविष्य की अपेक्षा वर्तमान से प्रकाशित है। जिनके हाथ में वर्तमान नहीं, उनका भविष्य अन्धकारमय होता है, ऐसा हमारा मानना है। उज्ज्वल भविष्य के लिए वर्तमान से भयमुक्त, तर्कनिष्ठ एवं विवेकशील जीवन जीना महत्त्वपूर्ण और आवश्यक है-इस पर दलित साहित्यकार का पूर्ण विश्वास है। दलित साहित्यकार भूतकाल का पहरेदार नहीं वरन् वह वर्तमान का शिल्पकार, संविधानकार एवं भविष्य के मार्गदर्शक है। क्योंकि वह आम्बेडकर के विचारों एवं दर्शन से प्रभावित हैं। यह दर्शन मनुष्य को मनुष्य बनाना चाहता है। आपसी बंधुत्व सिखाता है। केवल भारतीय होना ही नहीं तो गर्व से कहना भी है कि 'हम भारतीय हैं।' आम्बेडकर के दर्शन का मूल सार मानवतावाद और राष्ट्रवाद है। कुछ लोग इस देश के व्यक्तियों को एक रस्सी से बाँधकर उन्हें एक करने निकले हैं। जैसे कुछ लोग धर्म की डोर से, कुछ क्षेत्रीय सीमा की तो कुछ वंश, धन, जाति, पन्थ आदि

के डोरे से मनुष्य को बाँधना चाहते हैं। लेकिन इन सभी डोरों को आम्बेडकरी राष्ट्रवाद की तीक्ष्ण धार से काट कर हम सब को बंधनमुक्त करेंगे तथा बंधनमुक्त समाज को आम्बेडकरी सूर्यप्रकाश से सम्यक रूप से प्रकाशमान करेंगे। इस प्रकाश में सबको नहलाकर देश को प्रकाशमान बनायेंगे।

कुछ भ्रष्ट लोग धर्म के नाम पर मतों की भीख माँगने निकले हैं। उनको मत तो मिलेंगे लेकिन वे धर्म के नाम पर राष्ट्र को एक संघ नहीं बना सकते। उससे राष्ट्र कभी शक्ति सम्पन्न नहीं होगा। धर्म का आग्रह जनतन्त्र के पेड़ को काटना है अथवा उसमें एकात्मता की खाद डालकर उसे सींचना है, इस पर भी गम्भीर रूप से विचार करने का समय आ गया है।

इस देश को आजादी मिले चालीस साल हो गए लेकिन हमारा संघर्ष अभी शुरू ही है। आजादी के पहले हमारी लड़ाई विदेशियों के साथ थी लेकिन आजादी के बाद हमारी लड़ाई अपनों से है। चालीस साल पहले हमें राजनीतिक स्वतन्त्रता प्राप्त हुई लेकिन हजारों वर्षों से हमें सामाजिक स्वातन्त्र्य नहीं मिल पाया। जो समाज सामाजिक और मानसिक स्वातन्त्र्य नहीं पा सका वह समाज अपने राष्ट्र का स्वातन्त्र्य कितने दिनों तक टिका पायेगा? यह प्रश्न सदैव हमारे सामने खड़ा होता है। अब तो हिंदुत्ववादी आदि तमाम शक्तियाँ जाति के नाम पर देश के टुकड़े करना चाहती हैं। वह आक्रामक हो गई हैं। ऐसे समय में लेखक होने के नाते हमारा कुछ कर्तव्य बनता है कि नहीं? मुझे लगता है हमारे लेखक होने से कुछ होने वाला नहीं वरन् हमें कार्यकर्ता के रूप में कार्य करना पड़ेगा तथा कार्यकर्ता को केवल कार्यकर्ता न होकर कवि, लेखक के समान दृष्टि प्रदान करनी पड़ेगी। मेरे भाइयो, हम आज तूफ़ान में खडे हैं। इसी कारण हमें केवल लेखक या कार्यकर्ता न रहकर अपने आपको ज्वालामुखी के समान उद्वेलित करना चाहिए। क्योंकि आज हमारे चारों तरफ अग्नि प्रज्वलित हो उठी है। उस धधकती आग से अपनों को तथा परायों को बचाना है। हमें शान्त रहकर केवल प्रेक्षक की भूमिका नहीं निभानी है।

आज जिन लोगों ने वर्ण, धर्म, जाति के नाम पर लोकतन्त्र के विचारप्रवाह को संकुचित और अशुद्ध बनाने की कसम खाई है, हमें भी राष्ट्र की एकात्मता, एकसंघता, समता आदि के लिए अपने सर्वस्व को न्योछावर करना होगा। इस देश का सुन्दर, आकर्षक और स्वस्थ रूप देखने की हमारी इच्छा है। उसके लिए दलितों का सर्वांगीण विकास होना जरूरी है। यहाँ जब दलित सशक्त होगा, तभी देश बलवान होगा अगर दलित कमजोर रहा तो देश का स्वातन्त्र्य अन्धकार की गहराई में दम तोड़ देगा। लोकतन्त्र का नामोनिशान मिट जाएगा। यद्यपि हमारे सामने मराठवाड़ा विश्वविद्यालय के नाम विस्तार का प्रश्न है। जब तक मराठवाड़ा विश्वविद्यालय का नाम विस्तार नहीं होगा तब तक अर्थहीन जनतन्त्र का डंका बजता रहेगा। क्योंकि नामकरण का प्रस्ताव विधानमंडल के दोनों सदनों में

सर्वसहमति से पारित हो चुका है। नामकरण से दलितों के प्रश्न हल नहीं होंगे लेकिन नामकरण यहाँ की जातिवादी मानसिकता को परखने का मानदण्ड है, वरन् उसका द्योतक ही है—ऐसा हमारा स्पष्ट रूप से कहना है।

आज भी मानवता के शत्रु दलितों, शोषितों पर आक्रमण कर रहे हैं। डॉ. बाबासाहब आम्बेडकर के पुतले को अपमानित कर के तथा इसी प्रकार के अन्य कृत्यों के माध्यम से अपने हर्ष को वे व्यक्त करते आ रहे हैं। यह अमानवीयता की अवस्था कब खत्म होगी? ऐसे लोग देश को धर्म की शराब पिलाकर उसे नशे में रख रहे हैं। वे देश को नशे में पागल, कमजोर और निष्प्रभ देखना चाहते हैं। हम इस देश को एकसंघ देखना चाहते हैं। वे हमारे देश के और टुकड़े करने पर तुले हुए हैं।

इस विघटनकारी मानसिकता के लोगों के पास अपनी इच्छा पूर्ति के लिए धन, सम्पत्ति तथा धार्मिकता से ग्रसित ऐसे लोग हैं, जिनका मस्तिष्क धर्मांधता से भ्रष्ट हो चुका है। आस्तिकता मनुष्य की प्रगति में अवरोध निर्माण करने का कार्य करती है। नास्तिकता मनुष्य को प्रगति की ओर ले जाती है। नास्तिकता सम्यक क्रान्ति की गाड़ी को गति प्रदान करने वाला गियर है। नास्तिकता के महत्त्व को तथा उसके महत्त्वपूर्ण उपयोग को समाज की प्रत्येक इकाई को समझना पड़ेगा। अर्थात् यह कार्य कठिन है। यह कार्य करने वाले व्यक्ति अल्पसंख्यक ही होंगे। लेकिन इसके लिए कोई विकल्प नहीं है। आस्तिकता मनुष्य के भीतर के प्रकाश को खण्डित करने वाला तीर है तथा नास्तिकता उसे शुरू करने वाला तीर है। किसी भी अच्छे कार्य का विमोचन करने के लिए कुछ ही लोग होते हैं। कुछ समय पश्चात उसका अनुगामित्व बढ़ता है।

इस लड़ाई में सभी शोषित वर्गों की साझेदारी होगी। उसी प्रकार सभी पिछड़ी जनजातियों, आदिवासी तथा स्त्रियों आदि का समावेश होना आवश्यक है। स्त्रियाँ तो इस देश में सबसे अधिक शोषित हैं। उनकी सामाजिक और मानसिक स्वतन्त्रता के लिए विशेष प्रयत्न करने पड़ेंगे। उन्हें भी इस आन्दोलन में सहभागी करना पड़ेगा। उनकी अस्मिता आज जाग उठी है। उन्होंने खुद का मार्ग ढूँढ़ने के लिए भिन्न-भिन्न संघटनाओं तथा आन्दोलनों को साकार किया है। उनकी कार्यक्षमता की सक्रिय सहायता करनी होगी।

दलित साहित्य सभी प्रकार से पल्लवित हो उठा है। कविता, कथा समृद्धि की ओर अग्रसर है। उपन्यास, नाटक आदि की गति कम होने के बावजूद वे आगे बढ़ रहे हैं। दलित आत्मकथा एवं मराठी आत्मकथा में जरा भी समानता नहीं है। साहित्य की अलग विधा के रूप में यह विकसित हो रही है, ऐसा कहना गलत नहीं होगा। लक्ष्मण माने, दया पवार, लक्ष्मण गायकवाड़ ('उपरा', 'बलुंत' तथा 'उचल्या') आदि कृतियों ने पुरस्कार प्राप्त कर नए आदर्श स्थापित किए हैं।

भूतकालीन जीवन के क्रूर सत्य का सुराग ढूँढने वाली दलित आत्मकथाएँ

धधकती हुई आग के कुण्डे हैं। इन आत्मकथाओं ने अपने लिए कुछ प्रश्न भी उपस्थित किए हैं। अपने जख्मों को उकेरे इन कृतियों को पढ़ते समय हृदय भर आता है। पाठक खून के आँसू बहाता है। भूतकाल की हमारी मन्दगति, लाचारी तथा हमारे माँ, बहनों की बेइज्जती, जानलेवा गरीबी, पशु समान जिया हुआ जीवन यह नग्न सत्य पढ़ते और बताते समय घिन आती है, सम्वेदनशील मन तैश में आ जाता है और गुस्सा असहनीय हो जाता है। ऐसा वीभत्स जीवन जिया नहीं जाता। ऐसा लगता है सबको चिल्ला कर कहूँ कि बन्द करो ये सब!

दलित कविता समृद्धि और समृद्धि की ओर अग्रेसित है। इसकी गति प्रगति में परिवर्तन होकर गुलमोहर जैसी वह पल्लवित होकर आग उगलने लगी है। 'उत्थानगुंफा', 'गोलपीठा', 'उत्खनन' तथा 'गावकुसाबाहेरील कविता' आदि काव्य संग्रह मील के पत्थर साबित हुए हैं। इनमें से कई कविताओं के अलग-अलग भाषाओं में अनुवाद भी हुए हैं। पाठ्यक्रमों में, विश्वविद्यालय के स्तर तक इसे अन्तर्भुत करना आवश्यक लगा है। कई अनुसंधानकर्ताओं ने इन विषयों पर पीएच.डी. की उपाधि भी हासिल की है और कर रहे हैं। उसी तेजी के साथ दलित कविताओं का विकास भी हो रहा है। इसके अलावा कई काव्य संग्रह प्रकाशित हो चुके हैं। दलित कविता का अध्ययन करते समय उन्हें हम नजरअंदाज नहीं कर सकते। लेकिन ये संग्रह अपने आप को समय की अग्निपरीक्षा में उत्तीर्ण कर पाते हैं या नहीं, यह देखना है। दलित कविता का खून का रिश्ता आम्बेडकर की प्रेरणा से, विचारों से होने के कारण वह विद्रोह की ज्वालामुखी बन गई है। अतः विषमता के विरुद्ध वह बन्दूक की गोली से कम नहीं है। मनुष्य को मनुष्यत्त्व प्रदान करने के लिए कभी पानी, कभी आग और सोये हुए को जगाने के लिए सवेरा भी बन जाती है।

बाबुराव बागुल की कथाओं की उड़ान सात समन्दर पार कर चुकी है। बाबुराव के कथा के नायक तूफान प्रेमी हैं। उनके पास आम्बेडकर के विचारों का शस्त्र संगह है। वे स्वस्थ न रहकर सामाजिक असमानता के विरुद्ध लड़ने को तत्पर हैं। बाबुराव बागुल के अतिरिक्त अण्णाभाऊ साठे, शंकरराव खरात, योगिराज वाघमारे, सुखराम हिवराले, वामन होवाल, योगेन्द्र मेश्राम, अमिताभ, बंधु माधव, प्रकाश ओंकार खरात तथा दयानन्द म्हस्के आदि कथाकारों ने अपनी कलम को तेज और धारदार बनाया है। सम्पन्न दलित कहानियों के वे पहले सम्मानित कहानीकार हैं।

नाटक एक अत्यन्त महत्त्वपूर्ण क्षेत्र है और वह दलित नाट्यकृतियों के माध्यम से गतिमान हुआ है। राष्ट्र-प्रेम, सामाजिक-दायित्व, बाबासाहब की तार्किकता एवं बुद्धीप्रमाण्य आदि रचनात्मक गुणों से दलित नाट्यकृतियाँ अत्यन्त प्रभावपूर्ण सिद्ध हो रही हैं। दलित कलाकारों ने अपनी प्रतिभा एवं अभिनय प्रतिभा के आधार पर समर्थ कलाकृतियों को जीवन प्रदान किया है। प्रा. दत्ता भगत, प्रभाकर दुपारे, प्रेमानन्द गज्वी, भि. शि. शिन्दे, टेक्सास गायकवाड, प्रा. अविनाश डोलस,

कमलाकर डहाट आदि ने इस क्षेत्र में अपनी स्वतन्त्र पहचान बना ली है।

हाल ही में दलित साहित्य पर अश्लीलता का आरोप हुआ है। दलित साहित्य को अश्लीलता एवं लैंगिकता मान्य नहीं है। कुछ लोग सस्ती प्रसिद्धि के लिए बाजार में लैंगिकता की दुकान खोल रहे होंगे तो उनका रिश्ता आम्बेडकर के विचारों से अपने आप टूट जाएगा। इस साहित्य का प्राण ही नैतिकता है।

भाइयो! अन्य पिछड़े वर्ग के आरक्षण के विरोध में, गुजरात, बिहार में आन्दोलन हो चुके हैं आज भी कुछ जातीयवादी और कट्‌टरपन्थी लोग बीच-बीच में कुछ-न-कुछ कहते रहते हैं। उन्हें आरक्षण क्यों नहीं दिया है, उसका प्रतिशत क्या है, वह पूरा होता है या नहीं, आरक्षण किसे-किसे दिया जाता है आदि के सन्दर्भ में उठने वाले प्रश्नों का उनका अध्ययन नहीं के बराबर होता है। गलतफहमी और अध्ययन न होने के कारण वे इस आरक्षण का विरोध कर रहे हैं। संविधान के अनुसार दिया जाने वाला आरक्षण, आरक्षण न होकर कमजोर भारतीय समाज विशेष को सशक्त बनाने का प्रयास है बल्कि सबको समान बनाने का रास्ता, ऐसा उसका स्वरूप है। यह उनका अधिकार है, उसका विरोध करने का अर्थ राष्ट्र को सशक्त होने से रोकना है। इस यथार्थ को विरोधियों को समझाना होगा।

केन्द्र सरकार को बौद्ध आरक्षण का प्रश्न भी जल्द ही हल कर देना चाहिए। हजारों वर्षों से वर्ण व्यवस्था की चपेट में अटके हुए लोग तथा उसकी वजह से सामाजिक और आर्थिक दृष्टिकोण से पिछड़े लोग ही आज के बौद्ध हैं। बौद्ध विचारों को अपनाने से उनमें एकदम से कैसे परिवर्तन हो सकता है।

भाइयो! सामाजिक समता के जन्मदाता महात्मा जोतिबा फुले के खिलाफ विष उगलने वाला लेखन जिसने किया उसका अस्तित्व एक टके का भी नहीं है। इस लेखन में तर्कसंगति, कठोर अनुसंधान या परिपक्व विचार होते तो हम उसके लेखन स्वातन्त्र्य का समर्थन करते और उसे आधार देते। लेकिन वह केवल नीच ही नहीं घृणास्पद तथा गाली-गलौज करने वाला, पूर्वाग्रहों से पीड़ित और आधारहीन लेखन है। इस प्रकार की प्रवृति राष्ट्रद्रोही और सामज घातक है। गांगल, बेहरे इस प्रवृत्ति से पूरी तरह बाधित हैं, यही सिद्ध होता है क्योंकि उन्होंने यह लेखन एवं उसका प्रकाशन जान-बूझ कर किया है। अपने मन के जहर को उगलते रहना इन लोगों की खास शैली है। उन्हें सामाजिक परिवर्तन नहीं चाहिए। परम्परा, जातीयता और धर्म के नाम पर आपस में लड़ाना और अपना वर्चस्व कायम रखना—यही उनकी नित की चाल है। उनकी इस चाल को उलटाने से काम नहीं चलेगा। तो इस प्रवृत्ति की जड़ पर वार करने की आवश्कयता है।

मैंने पहले ही कहा है कि हम लेखन स्वातन्त्र्य, भाषण स्वातन्त्र्य अर्थात् अभिव्यक्ति स्वातन्त्र्य के समर्थक हैं। पर अन्ध समर्थक नहीं हैं। डॉ. बाबासाहब के 'रिडल्स' की ओर से हम क्यों खड़े हैं? सफदर हाशमी की हत्या का हम

धिक्कार क्यों करते हैं? इन प्रश्नों का उत्तर यह है कि मानव समाज के हित हेतु सामाजिक असमानता को दूर करने के लिए तर्कपूर्ण शोध कार्य करने वाले लेखकों को, कलाकारों को अभिव्यक्ति स्वातन्त्र्य होना चाहिए।

बंधुओ! दलित साहित्य का भविष्य उज्ज्वल है। दलित लेखकों की पहली पीढ़ी ने दलित साहित्य को विश्व स्तर पर पहुँचाया। उसके स्वरूप को और भूमिका को सिद्ध किया। प्रत्येक पीढ़ी इसी प्रकार कदम बढ़ाते हुए चले तो दलित साहित्य कभी पीछे नहीं रहेगा। यह प्रतिज्ञा आज और कल के साहित्यकारों को करनी चाहिए, यह हमारी इच्छा है।

और इन लेखकों को प्रोत्साहित करने हेतु, खुलकर अभिव्यक्ति करने हेतु दलित साहित्य और कला को आगे बढ़ाने हेतु महाराष्ट्र शासन को चाहिए कि वह दलित साहित्य अकादमी की स्थापना करे। इस अकादमी के माध्यम से दलित साहित्य, दलित रंगमंच तथा अन्य ललित कलाओं को मजबूत आधार मिलेगा। इसके कारण उपेक्षित और भी समृद्ध होगा।

डॉ. बाबासाहब आम्बेडकर की जन्म शताब्दी 1991 में आ रही है। उसके साथ ही महात्मा फुले की निर्वाण शताब्दी 1990 में आ रही है। इसलिए सरकार इन दोनों वर्षों को सामाजिक परिवर्तन के नाम से घोषित करे ऐसा मेरा आग्रह है। इन कार्यक्रमों को सफलता से सम्पन्न करने के लिए अभी से शुरुआत करनी चाहिए। इसके लिए विचारकों, कलाकारों, विशेषज्ञों और साहित्यिकों की एक समिति गठित करनी होगी। मुम्बई, नागपुर, पुणे, औरंगाबाद आदि स्थानों पर संकुलों का निर्माण करना होगा। इन संकुलों में साहित्य कलाओं का ही अध्ययन होगा। कला, साहित्य-सृजन एवं अनुसन्धान की प्रगति के लिए प्रोत्साहन मिलेगा। इस शुभ अवसर पर सरकार को चाहिए कि वह मराठवाड़ा विश्वविद्यालय का नाम डॉ. बाबासाहब आम्बेडकर विश्वविद्यालय कर दे, ऐसी विनम्र विनती मैं करता हूँ।

वृद्ध दलित लोक कलाकारों की एक सूची सरकार को तैयार करवानी चाहिए और जन्मतिथि की शर्त न रखकर उन सबको अपनी जीविका का निर्वाह करने के लिए मानदेय देना चाहिए।

दलित साहित्य एवं कला जीवनदायी मानसिकता लेकर प्रगटती है। सामाजिक समानता के नैतिक मूल्यों को अपनाने के कारण भारतीय लोकतन्त्र सशक्त होने के हेतु दलित साहित्य का उपयोग होगा, ऐसा मुझे लगता है।

भारतीय साहित्य-विश्व में भारत और महाराष्ट्र सरकार जिसकी हिफाजत करे, ऐसी महत्ता दलित साहित्य की है। इसके लिए सभी स्तरों पर से इसकी वृद्धि के लिए प्रयत्न होने आवश्यक हैं, ऐसा मेरा विनम्र निवेदन है।

अनुवादः सन्तोष पोल, वर्धा

स्वतंत्रता के अहसास की तरह अन्य कोई तीव्रतम अहसास क्या संभव है?

—लक्ष्मण माने

[महाराष्ट्र दलित साहित्य सम्मेलन, महाड़, 1989]

अभी-अभी तो घुमन्तू जनजातियों को शब्द मिले हैं। वहाँ भी विद्रोह की चिंगारी सुलग रही है। यह चिंगारी इसी चूल्हे की आग है। यह मैं हेतुतः कह रहा हूँ इसीलिए कि यहाँ कुछ लोगों का अलग चूल्हा डालने का प्रयास चल रहा है। मैं उन मित्रों से कहना चाहता हूँ कि अपना अलग गुट, अलग झोपड़ी अपने ही विनाश का कारण बन चुकी है। अभी-अभी जिन आदिवासी भाइयों ने मुझे आदिवासी साहित्य सम्मेलन के अध्यक्ष के रूप में बुलाया था, उन्हें मैंने यही बात कही है और आपको भी यही कहना चाहता हूँ कि ये सारे आदिवासी अपने भाई हैं। अपनी बावड़ी एक है। रहने, खाने-पीने और अन्य समस्याओं का कुनबा एक है इसीलिए अपना नेटवर्क भी एक ही होना चाहिए। अपने ही भाइयों को यह मंच उनका अपना नहीं लगता तब इस बात को लेकर हमें अन्तर्मुख हो जाना चाहिए। वर्गवाद, वर्णवाद, वर्णवर्चस्व के विरुद्ध नारेबाजी आसान है पर अपने ही घर के लोगों को अपने मंच के प्रति लगाव न हो तब मामले की गम्भीरता को समझना चाहिए। यदि कोई कहे अब हम मुक्त हैं तो यह विचार सरासर गलत होगा। किसी का सम्पूर्ण शरीर महारोग से जर्जर हो जाए और वह शरीर के किसी एक अवयव की सलामती चाहे तो कितना हास्यास्पद लगेगा। बात कुछ ऐसी ही है। अब हमें साहित्यिक स्तर पर शोषित पीड़ितों को लेकर अलग-अलग गुटों और रास्तों, चोर रास्तों का विचार त्याग देना चाहिए। स्त्रियों, शूद्रों तथा दलितों का पृथक-पृथक मंच दलित संघठन शक्ति में दरार पैदा करेगा। इस पर हमें गम्भीरता से विचार करना चाहिए।

रोटी, कपड़ा और मकान जैसी बुनियादी आवश्यकताओं के लिए आक्रोश करने वाली ग्रामीण जनता जिन्हें सम्वेदनशीलता से देखने वाले हम सब लेखक कलाकार यहीं के हैं। इसी मिट्टी से हमारा नाता जुड़ा हुआ है। विद्रोह और नकार

की घण्टी बजाने वाले हम दुख और दरिद्रता, देश और धर्म तथा अज्ञान और शोषण को खुलेआम नकारते हैं। आम आदमी को केन्द्रबिन्दु मान कर आन्दोलन और विद्रोह के बल पर अपने अज्ञानी भाइयों को अज्ञान से मुक्त करने का प्रयास हम कर रहे हैं। शहरों में बसी झोंपड़ियाँ उनकी अभावग्रस्त स्थिति का प्रमाण हैं। श्रद्धा से माथा टेकने के लिए भी इन जनजातियों को जगह नहीं है। जिनके अस्तित्व को व्यवस्था ने नकारा था अब वे उसे प्राप्त करने के लिए संघर्ष कर रहे हैं।

जनजाग्रति हेतु रास्ते-चौराहे पर खेले जाने वाले नुक्कड़ नाटकों से भी सैकड़ों मील दूर हैं ये लोग। परम पूज्य डॉ. बाबासाहब आम्बेडकरजी का नाम लेते हैं। उनके संविधान को वन्दन करते हैं, परन्तु संविधान में निहित अधिकारों से हमें प्रताड़ित किया जा रहा है। इसीलिए हमारा सैकड़ों-सहस्त्रों की संख्या वाला दल 'विशेष' की गिनती में नहीं है। हम 'राष्ट्र' ही नहीं हैं तब 'नागरिकत्व' का प्रश्न कहाँ? रोटी, कपड़ा और मकान एवं स्वास्थ्य और शिक्षा जैसी बुनियादी सुविधाओं से भी हम वंचित हैं। आज भी हमारी माता-बहनें रास्ते पर बच्चे को जन्म देती हैं या बच्चे पैदा करने के लिए जेल जाना सुरक्षित समझती हैं। जिस देश में गर्भवती महिला को बच्चे जनने के लिए जेल जैसी जगह सुरक्षित लगती हो वहाँ उनकी अनेक पीढ़ियाँ बरबाद हो जाती हैं। गुनहगार होने का कलंक माथे पर लिए वे जीते हैं। मित्रो! यह अस्पृश्यता की भयावह स्थिति मन को बेचैन कर देती है। उसे समझने की कोशिश कीजिए। जिनकी आँखें वर्ण व्यवस्था ने बन्द कर दी थीं, उस सन्दर्भ में अब कोई शिकायत नहीं क्योंकि उन्होंने शेर की खाल ओढ़ ली थी परन्तु कसक इस बात की है कि हम कभी साहित्य के नायक नहीं बन सके।

क्या हमारी प्रतिभा बहुआयामी है? यदि नहीं तो क्यों नहीं है? क्यों हमें अपनी आँखों को अपने पैरों तले की सुलगती हुई आग दिखाई नहीं देती? क्या दुःख को भी जाति-पाति का भेदभाव होता है? फुले-आम्बेडकरवादी हम कहीं अपनी ही जाति में कैद तो नहीं हो रहे हैं? 'जो न देखे रवि वह देखे कवि' की प्रखर प्रतिभा के धनी हम, क्या अपनी जाति की दीवार तोड़ सकते हैं? किसी ने यह दीवार तोड़ी ऐसी बात भी नहीं; परन्तु इसे तोड़ने वाले विरले ही रहे। आण्णाभाऊ साठे, शंकरराव खरात जैसे कुछ नाम इस सन्दर्भ में जरूर लिए जा सकते हैं। साहित्यकार, कवि का मन सार्वभौम होता है न? उसका व्यक्तित्व प्रगल्भ एवं विकसित होता है न? साहित्य का व्यवहार जीवननिष्ठ एवं वस्तुनिष्ठ होता है न? उसकी व्यापकता बहुस्तरीय होती है न? फिर यह परकाया प्रवेश का बल हम में क्यों नहीं है? उसके लिए की जाने वाली साधना हम क्यों नहीं कर सकते? दलित साहित्य की कविता और अन्य विधागत कथन जिस प्रभाव के साथ हैं; वह प्रभाव उपन्यासों में क्यों नहीं है? बात कहाँ रुक गई है? क्या हमारे अध्ययन का दायरा छोटा है? क्या हम में वह जिद

नहीं है? क्या हमारे अभिव्यक्ति की अकुलाहट कमजोर है या अपने ही द्वारा परकाया प्रवेश पर की गई बन्दी? कुछ भी हो, भले ही उपन्यास लेखन की कोशिश हम करते रहे हैं पर प्रभावपूर्ण उपन्यास का सर्जन हम से नहीं हुआ है। मित्रो! हमारे समाज को निज की अनुभूति जब से हुई उसी समय से हमें भाषा का सामर्थ्य भी प्राप्त हुआ है। मराठी के ख्यातिलब्ध आलोचक रा. ग. जाधव का कहना है—'शब्द और स्वातन्त्र्य दोनों हाथ में हाथ मिलाए नित्य अपना मार्गदर्शन करते रहते हैं। दलित समाज युगों से पिछड़ा रहा इसीलिए उन्हें भाषा-स्वातन्त्र्य का लाभ नहीं मिला। वह तथाकथित बैलगाड़ी की संस्कृति के पीछे जानवरों-सा चलता रहा। उन्हें जीभ थी, श्वास नलिका थी, कण्ठ था पर उनका वाच्चेन्द्रिय बन्द था। उन्हें सुख-दुःख की सम्वेदना थी, आशा-आकांक्षा थी पर उसे अभिव्यक्त करने वाली भाषा छीन ली गई थी। यह स्थिति जब बदल गई तब स्वातन्त्र्य और भाषा, दोनों एक रूप होकर प्रस्फुटित हुए हैं। दलित साहित्य का उदय दलित साहित्यकारों के उदर से हुआ है। कवि नामदेव ढसाल कहते हैं—

मैं तुम्हें गालियाँ देता हूँ, तुम्हारे ग्रन्थ को गालियाँ देता हूँ
तुम्हारी संस्कृति को गालियाँ देता हूँ
तुम्हारी पाखण्डी वृत्ति को गालियाँ देता हूँ
मैं यह सब नहीं कहने वाला था
पर मेरे हाथ जागृत हुए हैं......
उम्र के सयानेपन के समय के पहले।

(गोलपीठा पृ.21)

अब हम आजाद हुए हैं। इन्हीं आजाद हाथों से सब कुछ तौलने की प्रेरणा हमें प्रेरित करती है। यह प्रेरणा दलित भाषा की प्रेरणा है जिसे आजादी का परिणाम कहा जा सकता है। तीव्रतम भावना की उत्कट-अभिव्यक्ति नित्य ही काव्य-भाषा के माध्यम से व्यक्त हुई है; और आजाद होने की तीव्रतम अनुभूति से बढ़कर अन्य कोई अनुभूति श्रेष्ठतम नहीं हो सकती। (निळी पहाट पृ. 37)

मित्रो! पहला उत्कट उद्गार काव्य-भाषा से ही प्रकट हुआ है। काव्य-भाषा विमुक्त अवस्था की आदि और अन्तिम साँस है। आजादी के बिना व्यक्ति-मुक्ति का विचार सम्भव ही नहीं। दलित साहित्य का विकास और विस्तार गद्य की विविध धाराओं से भले ही प्रतीत होता हो पर उसकी आत्मा तो काव्य में ही पाई जाती है क्योंकि दलित साहित्य का उदय व्यक्ति स्वातन्त्र्य से जुड़ा है। (नीळी पहाट पृ.38) मुक्त एवं उत्कट ज्वालाग्रही भाषा-शब्दों का प्रवाहमयी प्रयोग दलित साहित्य में पाया जाता है। उनके प्रथम दर्शन से अनेक विद्वान आश्चर्यचकित हुए थे। अनेकों से यह प्रवाह सहा न गया। अनेकों ने तो उस पर अश्लील होने का आरोप लगाया। किसी को उबासियाँ आने लगीं तो किसी ने नाक बन्द कर ली,

पर दलित साहित्य का प्रवाह रुका नहीं बल्कि और चौड़ा होता गया। दलित कवियों ने अपने अस्तित्व के लिए मुक्त कण्ठ से गाना पसन्द किया। नामदेव ढसाल की यह काव्य-पक्तियाँ देखें–

अँधकार ने सूर्य देखा तब शब्दों ने हुँकार भरी
यह नरकमय यातना हमें कब तक सहनी है?
इस बन्द कटघरे में सांस अवरुद्ध होती है
आज तक नष्टचर्य के गटर में
कीड़े-मकोड़े-सा रहते-रहते बुरा लगता है...

मुक्त छन्द की संजीवनी ने हमे जीवनदान दिया है। हम से छल-कपट एवं दुर्व्यवहार करने वाले आतताइयों के पापों का घट भर गया है।

वामन निबांलकर लिखते हैं-

शब्दों से सुलग जाते हैं घर-द्वार,
देश और मनुष्य भी।
शब्द बुझाते हैं आग भी
शब्दों से सुलगते हुए मनुष्य की।
शब्द न होते तो नहीं निकल पाती
आँसुओं की चिंगारियाँ
अपितु न बहाया गया होता आँसुओं का प्रवाह
नहीं आया होता पास कोई
न गया होता दूर कोई
शब्द न होते तो।

(गावकुसाबाहेरील की कविता है)

मित्रो! यह पीड़ानुभूति का भाव विध्वंस के लिए नहीं बल्कि संगठित होकर कार्य करने के लिए है। शब्द और आजादी के गीत गाने वाले अर्जुन डांगले लिखते हैं–

वे जीते हैं
साहित्य का इतिहास बनाने के लिए
हम जीते हैं
युग के इतिहास का निर्माण करने के लिए!

इस प्रकार अनेक कवि छन्द से मुक्त होकर लिख रहे हैं। चोखा काम्बले का 'पीपलपान' वेश्या की व्यथा को मुखरित करता है। वैसे तो झोंपड़पट्टी में रहने वाले लोगों की व्यथा का चित्रण दलित काव्य में काफी मात्रा में हुआ है। चाहे वहाँ रहने वाले हिन्दू हों या ईसाई, मुस्लिम। ये सब हाशिये के बाहर के लोग

हैं। बन्धनों के कटघरे तोड़ने के लिए वे छटपटा रहे हैं। 'भूखे कंगालों का जुलूस लिए तू गाता चल' का आवाहन अर्जुन डांगले उन्हें दे रहे हैं।

आज दलित काव्य का विविध अंगों से विकास हो रहा है। बहुत-सी बातें भी हो रही हैं। 'गोलपीठा' के नामदेव ढसाल और 'गाण्डू बगीचा' के नामदेव ढसाल की काव्य यात्रा को देखते हैं तो मन दुःखी होता है। प्रतिभा तो प्रतिभा ही होती है परन्तु नित्य कमर के नीचे की भाषा का प्रयोग कविकर्म का एकमात्र लक्ष्य नहीं होना चाहिए। गंदला पानी अब प्रवाहित हो चुका है। साफ-सुथरे पानी में अब सब कुछ स्पष्ट दिखाई देने लगा है। केशव मेश्राम, फ. मु. शिन्दे, बापूराव जगलाप, त्र्यम्बक सपकाले, उर्मिला पवार आदि युवा कवियों की कविताओं को देखने पर महसूस होता है कि अब हमारी कविता प्रौढ़त्व की ओर अग्रसर है। इनकी कविताओं में आक्रोश तो है पर छाती पीटकर जोर से हाय-हाय करने की वृत्ति नहीं है। प्रा. यशवन्त मनोहर से लेकर प्रकाश घोडके की काव्य यात्रा को देखने के पश्चात् यकीन होता है कि अब दलित कविता प्रौढ़ता का अनुगमन करने लगी है। आयुष्यमति ज्योति लांजेवार की यह कविता देखें—

अरे बदन भरकर वस्त्र भले ही न दो।
पर वस्त्र हरण करने वालों के हाथ तो काट दो।

दलित साहित्य में लेखिकाओं की संख्या अल्प है, पर जो हैं उनमें कुमुद पावडे, सुगन्धा शेण्डे, हिरा बन्सोड, ज्योति लांजेवार आदि का स्थान महत्त्वपूर्ण है। वे मराठी दलित वाङ्मय को समृद्ध करने में अपना योग दे रही हैं।

दलित कविता के बाद आत्मकथाओं का प्रभाव मराठी साहित्य में बन रहा है और वह आज भी बरकरार है। 'यादों के पन्छी' मेरी पसन्द की आत्मकथा है। ऐसे और भी दो-चार के नाम लिए जा सकते हैं परन्तु मैं पसन्द-नापसन्द की मुहर नहीं लगाना चाहता। आत्मकथा लेखन की होड़-सी लगी है और भावों की पुनरावृत्ति होने लगी है। मजे की बात तो यह है कि हमारे कुछ आत्मकथा लेखक मित्र यों ही आत्मकथा का विस्तार करते हैं, और तथाकथित प्रस्थापित समीक्षक बन्धु उनके लेखन को कला की कसौटी पर कसने की कोशिश करते हैं। जिन्होंने आत्मकथाएँ लिखी हैं वे नेता हैं पर लेखन कला से परिचित नहीं हैं किन्तु लिखने की चाह है। वे लिखते भी हैं पर प्रसिद्धि नहीं मिलती। अब उन्हें संगठन की सूझने लगती है, परन्तु संगठन और आन्दोलन दोनों जगह विकृत स्पर्धा चल रही है। बात यह है कि जिन्हें लिखना आता है वे जरूर लिखें परन्तु उनमें सहजता हो, स्फूर्ति हो क्योंकि सृजन का बाजार मछलियों के बाजार-सा नहीं होता। सृजन के बाजार में वे जब टिक नहीं पाते तब षड्यन्त्रकारी बन गिरने-गिराने का कार्यक्रम चलाते हैं और आन्दोलन बिखर जाता है। दुर्भाग्य ऐसा कि इस बिखराव

का कलंक किसी एक व्यक्ति के माथे पर न लगकर संगठन एवं आन्दोलन के माथे पर लग जाता है। 'परिणाम चाहे जो भी हो, चुनाव में मैं खड़ा रहूँगा ही' ऐसी विकृत मानसिकता आन्दोलन को क्या दे सकती है? चुनाव के अवसर पर ऐसे कुकुरमुत्ता टाइप नेताओं को नियन्त्रण में रखना बड़ा मुश्किल हो जाता है। पाण्डुलिपियों का ढेर वे लेकर आएँगे और प्रकाशन के लिए कहेंगे या यूँ कहें धमकाएँगे। प्रकाशक न मिलने पर नाराज हो जाएँगे, गाली-गलौज करेंगे। कहेंगे तुम बदमाश हो, इसे छपाओ ही नहीं वरन् प्रसिद्धि भी दिलाओ और हो सके तो फोर्ड फाउण्डेशन की सुविधा उपलब्ध करवाओ। इनकी बात न मानें तो समझिए आप मर गए। फिर क्या सी. आइ. ए. और क्या के. जी. बी., दुनियाभर के सभी एजेण्टों से लेकर माँ-बहन तक की गाली-गलौज से उद्धार करने में कोई कसर नहीं छोड़ेंगे। ऐसा सभी करते हैं, यह सच नहीं परन्तु ऐसे करने वालों की संख्या कम नहीं है।

इस वर्ष का साहित्यिक पुरस्कार किसे मिलना चाहिए? क्या करें कुछ सूझता ही नहीं है। कार्यकर्ताओं के मुख से ऐसे वाक्य सुनकर आश्चर्य होता है। फेलोशिप, स्कॉलरशिप जैसे शब्दों का अर्थ जिन्हें नहीं समझता है वे केवल शब्द का अर्थ जानकर बड़ी गड़बड़ी करने लगते हैं। फेलोशिप की खबर समाचार-पत्र में पढ़कर मेरा एक रिश्तेदार दो-चार समाचार-पत्रों का बण्डल लेकर मेरे पास आया और कहने लगा कितने मिले हैं? मैंने कहा—दो लाख! यह सुनकर उसे गुस्सा आया और तेवर बदलकर कहने लगा कि क्यों झूठ बोलता है? सच कहो न। मैंने सच कहने की कोशिश की परन्तु उसे यकीन नहीं हुआ। पास के समाचार-पत्रों के बण्डल खोलकर गिनती करते हुए कहने लगा देख कितने लाख हैं? सकाल-दो लाख, केसरी-दो लाख, इस तरह सात समाचार-पत्रों में छपी खबर को जोड़कर पॉच-पच्चीस लाख का हिसाब लगाते हुए कहने लगा-'तुझे क्या लगता है ये सारे रुपये तू हजम कर पाएगा?' उसका यह अज्ञान था कि ये सारे रुपये जाति के लिए मिले हैं। फेलोशिप का अर्थ इसे मालूम नहीं था परन्तु खर्च को न मानने वाले भी अपनी सुविधा से अर्थ निकालते हैं। परिणामतः अनेकों की गालियों खानी पड़ती हैं।

कविता जरूर लिखिए परन्तु दूसरों की भी पढ़ना सीखिए, कुछ सुधार कीजिए। ऐसा सुझाव दें तो कहेंगे...इसे क्या समझता है? मित्रो! हमारे पास कहने के लिए तो सागर-सी गहरी अनुभूति है, पर क्या केवल अनुभूति होना ही हमारे लिए पर्याप्त है? उसे अभिव्यक्त करने के लिए सम्वेदनशील मन और प्रखर प्रतिभा तथा निरन्तर अभ्यास की ज़रूरत होती है। साहित्य सहज साध्य कला नहीं है बल्कि परिश्रम साध्य है। साहित्यकार होने को दुकान पर टँगे बोर्ड की भाँति नहीं लगाया जा सकता। उसके लिए आन्तरिक ऊर्जा चाहिए। माँ के स्तन से दूध का फूटना जैसा सहज होता है कुछ ऐसी ही बात साहित्य-सृजन की है। यह

कोई मदारी का खेल नहीं। इसीलिए इसमें स्पर्धा भी नहीं हो सकती और न ही दो साहित्यकारों की कृति की तुलना। यदि कोई करते भी हैं तो डूबती नाव ठीक-ठाक कहने जैसे बात होगी। ऐसी प्रतिकूल स्थिति में अहंकार के गर्त में फंसे हम लोग समीक्षा क्या खाक लिखेंगे? यदि लिखते हैं तो अपनी पीठ स्वयं ठोक लेने जैसी होगी।

समीक्षा का उषा काल होगा कि नहीं; निर्भयता से समीक्षा की जाएगी या नहीं ये सारी बातें आज नहीं की जा सकतीं क्योंकि आज हम अपने आप को कुछ बेहतर समझ रहे हैं। पूर्वाग्रह रहित होकर तटस्थता से जब तक किसी साहित्य कृति की ओर देखने की हमारी दृष्टि विकसित नहीं होगी तब तक सही समीक्षा कैसे सम्भव होगी? हमारी अनेक स्त्रियों को इस बात का भय है कि ऐसा होने पर मार-पीट हो जाएगी। लोग हल्ला-गुल्ला मचा देंगे। यह सच है कि साहित्य को व्यावहारिक दृष्टि से नहीं आँकना चाहिए। परन्तु समीक्षा के लिए अति भावुक या अति कठोर होना भी व्यवहार्य नहीं होता।

आत्मकथा के बाद दलित साहित्य में महत्वपूर्ण की विधा दलित नाटक है। आज की स्थिति में मराठी नाटकों का दौर बड़ा कमजोर रहा है। हिंसाचार, लैंगिक विकास का भड़कीला चित्रण तथा टेलीविजन और सिनेमा के आक्रमण से मराठी रंगमंच ह्रासोन्मुख हो चुका है। इसके लिए उच्चवर्गीय समाज की बदलती अभिरुचि भी कुछ सीमा तक जिम्मेदार कही जा सकती है। ऐसी स्थिति में हम अपने रंगमंच को अलग से स्थापित करने जा रहे हैं। निम्नवर्गीय अनपढ़, गंवार प्रेक्षक ही हमारा आधार है। हमारे नाटकों का उद्देश्य मात्र मनोरंजन न होकर समाज प्रबोधन होगा। शोषितों-पीड़ितों को सजग करना इसका लक्ष्य होगा। समाज की अपनी पीड़ा एवं दर्द को मुखर करने के लिए हमें अपनी रंगभूमि चाहिए। इसीलिए तो प्रस्थापित रंगभूमि को दलित साहित्य नकारता है। मराठी नाटकों को हम ही जीवनदान दे सकते हैं क्योंकि हमारी जड़ें इस मिट्‌टी की गहराई तक पहुँची हुई हैं। भारुड़ से तमाशा तक और गोंधल से काकड़ आरती तक लोक कलाओं का वैभव सम्पन्न इतिहास हमारा है। इसके अतिरिक्त सत्यशोधक जलसों, पथनाट्‌यों, लोकनाटयों, मेलों का समाज प्रबोधन में अलग महत्त्व रहा है। ये सारे नाट्‌य प्रकार मुक्त होने से इनमें मंचन के लिए न रंगमंच और न ही नेपथ्य प्रकाश की आवश्यकता होती थी। इसीलिए इनके प्रयोग चौराहों, नुक्कड़ों एवं दलितों की बस्ती में खुलेआम होते थे। किसन फागुजी बन्दसोड़ कृत 'सन्त चोखामेला' नाटक को दलितों की प्रथम नाट्‌यकृति होने का बहुमान दिया जाता है।

दलित रंगभूमि में प्रा. दत्ता भगत का विशेष महत्त्व है। उनका नाटक 'रास्ते चोर-रास्ते' तथा एकांकी संग्रह 'आवर्त' पुरस्कार प्राप्त कृतियाँ हैं। उनके अलावा शिल्पा सुम्ब्रीकर का 'नारी और पति', प्रकाश त्रिभुवन का 'रुको, राम राज्य आ

रहा है', टेक्सास गायकवाड़ का (आम्ही देशाचे मारेकरी), भि. शि. शिन्दे का 'अन्धकार के गर्भ में' आदि नाटक विशेष उल्लेखनीय हैं। दलित रंगमंच के विकास में इन सारे नाटकों का विशेष योगदान रहा है। इस बात की मुझे अत्यधिक प्रसन्नता है। दलित रंगमंच आज की सामाजिक आवश्यकता है। किसी भी रंगमंच के कलाकार, नाटककार, निर्माता, दिग्दर्शक और प्रेक्षक उसके आधार होते हैं। स्थानाभाव के कारण यहाँ उन सब का उल्लेख करना असम्भव है।

बन्धुमाधव, अण्णाभाऊ साठे, ना. रा. शेण्डे, शंकरराव खरात, केशव मेश्राम, बाबूराव बागुल आदि कथा-लेखकों के लेखन से दलित कथा क्षेत्र का सही मायने में विकास हुआ है। 'मैंने जब जाति छुपाई थी' यह बाबूराव बागुल की कथा आज भी दलित कथा क्षेत्र में महत्त्वपूर्ण समझी जाती है। नये दलित कहानीकारों ने पूर्वप्रस्थापित कहानीकारों की तुलना में अच्छी कहानियाँ लिखी हैं। इस सन्दर्भ में योगिराज वाघमारे का कहना है-1965-68 के आस-पास के नये रचनाकारों की पीढ़ी ने अण्णाभाऊ साठे से अपने सृजन कार्य में संघर्ष एवं जूझने की वृत्ति प्राप्त की है तो शंकरराव खरात से सामाजिक कमिटमेण्ट तथा भाऊकता जैसे गुणों को ग्रहण किया है और बन्धुमाधव एवं बाबूराव बागुल से विद्रोह एवं आक्रामकता।

वैचारिक लेखन क्षेत्र में डॉ. जनार्दन वाघमारे का कार्य विशेष उल्लेखनीय है। उनके नीग्रो साहित्य ने दलितों की पीड़ा को विश्व स्तर तक पहुँचाने का अनोखा कार्य किया है। रा. ग. जाधव, डॉ. रावसाहब कसबे, कुमुद पावडे, डॉ. गंगाधर पानतावणे, बाबूराव बागुल, दया पवार, वामन निबांलकर, ताराचन्द खाण्डेकर, केशव मेश्राम आदि विद्वानों का वैचारिक साहित्य परिवर्तनवादी विचारों को पुष्ट करने में सहयोग दे रहा है। दलित साहित्य परिवर्तनवादी विचारों को महत्त्व देता है। इस परिवर्तन के आन्दोलन में सब कुछ ठीक-ठाक चल रहा है, ऐसा भी नहीं है बल्कि बहुत कुछ बिगड़ा हुआ विकृत रूप में इसमें है। व्यक्तिगत स्वार्थ और अहंकार के कारण आन्दोलन का बल क्षीण हो रहा है। लाभ के लिए अनेक नेतागण लाचार एवं बेबस दिखाई देते हैं। हमारा प्रत्येक नेता प्रति बाबासाहब है। परन्तु शासनकर्ताओं की भेदनीति से अपरिचित हमारे सत्तालोलुप दलित नेता व्याधिग्रस्त रुग्ण की तरह राजनीति समाजनीति, अर्थनीति और सांस्कृतिक आन्दोलनों में अपना अस्तित्व दर्ज करते हैं। थोड़ा कुछ लिखा कि विश्वख्याति की तमन्ना के लिए घूमते हैं। फिर भी मैं निराशावादी नहीं हूँ। सामान्य दलित आज जागृत हुआ है। वह इन नेताओं की औकात को भली-भाँति जानता है। वह अपने विवेक के बल पर सही गलत को पहचानने लगा है। न वह अपने कर्तव्य को भूला है और न ही अपना विवेकी सन्तुलन खो बैठा है। सन्तुलन तो खो चुके हैं पढ़े-लिखे लोग और नेतागण जिसकी हर चाल से वह वाकिफ है। चाहे रिडल्स का मसला हो या नामान्तर की लड़ाई, वह बराबर अपना मोर्चा सँभाले चल रहा है। ऐसी यह

भीमशक्ति भीमकाय है। इसीलिए मुझे तनिक भी भय नहीं लगता। चिन्ता तो बिल्कुल नहीं है। यह सामान्य भीम सैनिक ही हमारी आशा की किरण है। वही फुले-आम्बेडकर की विडम्बनाओं का बदला लेगा। हम चाहे अपनी पीठ कितनी ही ठोक लें पर फुले-आम्बेडकर का सच्चा अनुयायी वही है। आवश्यकता पड़ने पर वही साहित्यकारों, कलाकारों, नेताओं और तथाकथित कार्यकर्ताओं को सुधारेगा, मार्गदर्शन करेगा क्योंकि उसने अपना ईमान नहीं बेचा है और न ही पढ़े-लिखों की तरह फुले-आम्बेडकर को नीलाम किया है।

आम्बेडकारी आन्दोलन के लिए जान कुर्बान करने वाला यह सामान्य व्यक्ति कल की सम्यक क्रान्ति का नेतृत्व करेगा। इसीलिए हम पढ़े-लिखे व्हाईट-कॉलर लोगों को फुले-आम्बेडकर के इस अनुयायी को समझ लेना चाहिए। जब तक यह नहीं होगा तब तक हमारे आन्दोलन को गति नहीं मिलेगी। यदि हम संगठित कार्य करें तो प्रतिगामी जातिवादी चाहे कितनी ही गर्जना करे, अब घड़ी की सुइयों को उल्टा घुमाना उन्हें सम्भव नहीं होगा क्योंकि क्रान्ति के पद्चिह्न अब दलितों-पीड़ितों के घर तक पहुँच गए हैं। 'हगन हट' में रहने वालों को भी शब्दों के सामर्थ्य का पता लग गया है। मित्रो! आम आदमी के उत्थान के लिए जिन्होंने विद्रोह किया था और सम्यक क्रान्ति का सपना देखा था उन शब्दों के सामर्थ्य को हमें समझना होगा।

अनुवाद : डॉ. बी. एन. भालेराव, पुणे

मध्यवर्गीय दर्शकों के सिवा मराठी नाटकों का दर्शक नहीं बदला

–**अविनाश डोलस**

[दलित नाट्य सम्मेलन, नान्देड, 1990]

ऐसा नजर आता है महाराष्ट्र के कई नाट्य रसिक, समीक्षक तथा अध्येता मराठी रंगमंच की तुलना में ही दलित रंगमंच के प्रति सोचते हैं। इसी कारण वे दलित रंगमंच को भी जाने-अनजाने में मराठी भाषा तक मर्यादित करते हैं, ऐसा एक चित्र आज उपस्थित हुआ है। यह कुछ ठीक नहीं। इसमें से कई गड़बड़ियाँ होने की सम्भावनाएँ नजर आती हैं। उदाहरणार्थ, इस प्रकार के विशेष-भाषी नाटकों की तरह दलित नाटकों को भी मानने से उसे खुद-ब-खुद एक सीमित स्वरूप प्राप्त होता है। इसी कारण कई बार दलित नाटकों को मराठी रंगमंच का एक अंग माना जाता है अथवा मराठी रंगमंच के विरोध में खड़ा नाटक माना जाता है–ऐसा मेरा मत है। एक व्यापक विचारधारा का समर्थन पाकर खड़े होने वाले इस नाटक को, आन्दोलन को, हम एक चौखट में बंदिस्त कर उसे अछूत बनाते हैं, ऐसा मुझे लगता है। डॉ. बाबासाहब आम्बेडकर या जोतिबा फुले के विचारों की जान-बूझकर उपेक्षा करना, उन्हें निरन्तर 'केवल दलित नेता' के नाम से सम्बोधित करना आदि में जो दृष्टिकोण हम अपना रहे हैं वही दृष्टिकोण 'दलित नाटकों' के प्रति मेरे कुछ अध्येता मित्र अपना रहे हैं, ऐसा लगता है। ऐसा अगर वे जान-बूझकर नहीं कर रहे हैं तो भी कुल मिलाकर इस आन्दोलन की ओर, नाटकों की ओर देखने की संस्कारी-दृष्टि के कारण ही ऐसा हो रहा होगा। लेकिन जिस ढंग से दलित नाटकों के प्रति सोचा जा रहा है, वह मुझे स्वीकार्य नहीं है, इतना अलबत्ता निश्चित है।

इसी बहाने एक मौलिक प्रश्न ही मैं आपसे पूछना चाहता हूँ। कलाविष्कारों के बारे में सोचते समय कि अमुक कला अलग है या कला प्रकार भिन्न है ऐसा भी हम क्यों मानते हैं? किस आधार पर हम इस अलगपन को कहते हैं? अथवा वह अलगाव क्या केवल उस कलाविष्कार तक ही सीमित होता है? मुझे लगता है, इस प्रश्न के

उत्तर में ही आम्बेडकर प्रेरित नाटकों का अलगपन अलग से कहने की आवश्यकता महसूस न हो, इसलिए कुछ बातें मैं आपकी दृष्टि में लाना चाहता हूँ।

मित्रो, कोई कला केवल कला नहीं होती। उसे जीवन-सन्दर्भ के बिना कोई अर्थ ही प्राप्त नहीं हो सकता। कला—फिर वह साहित्य हो या नाटक, नृत्य, कारीगरी, संगीत हो, कला अन्ततः जीवन-सन्दर्भ में ही व्यक्त होती है। 'जीवन-सम्बन्धी चिन्तन ही उसमें से व्यक्त होता है' यह अगर सच है तो फिर उसमें भिन्नता क्यों होती है? ऐसा मुझे नहीं लगता कि यह भिन्नता केवल उनकी अभिव्यक्ति की भिन्नता पर आधारित होती है। वह भिन्नता होती है, उस कला-निर्मिती के पीछे जो कलाकार है, उसकी जीवन-विषयक दृष्टि के कारण। जीवन की सफलता की अवधारणा में होती है। मनुष्य के सामने निरन्तर यह प्रश्न उपस्थित होता है कि 'इस जीवन को सार्थक कैसे बनायेंगे?' उसकी निरन्तर यही चिन्ता होती है कि मेरे जीवन को अर्थपूर्णता कैसे और कब प्राप्त होगी? इसके उत्तर उपलब्ध दर्शनशास्त्र में हैं। इसके उत्तर कला में या कलाविष्कारों में नहीं मिलते। ये उत्तर हैं विविध दार्शनिकों के जीवन सम्बन्धी चिन्तन में। कला की अपेक्षा यह क्षेत्र बुद्धि का है। दार्शनिकों ने इस सम्बन्ध में अलग-अलग विचार व्यक्त किये हैं। इनमें धर्म संस्थापक तथा उसके दार्शनिकों के विचारों का बहुत बड़ा प्रभाव समाज की मानसिकता पर तथा कलाकारों पर पड़ा है। इसे हम विस्मृत कर नहीं सकते। जीवन जीने के मार्ग कौन-से? आदर्श कौन सा, इस सम्बन्ध में एक कल्पना कई बार उनसे हम लेते रहते हैं। वह प्रत्यक्ष अगर नहीं लेते तो भी परम्परा, संस्कृति के माध्यम से वह हम तक आती ही है। उसी कारण जीवन सार्थकता पा लेता है-ऐसा हम कई बार कहते हैं। उस समय 'जीवन की सफलता की अवधारणा' जब पूरे समूह की एक जैसी ही होती है तब भिन्नता निर्माण होने की सम्भावना नहीं होती। भिन्नता बिल्कुल नहीं होती, ऐसा कहें तो भी चलेगा। पर जीवन की सफलता की अवधारणा में भिन्नता आ जाए तो उसी में से निर्मित जीवन विषयक दृष्टिकोण तथा जीवन विषयक बोध में भी भिन्नता, अलगाव आता है। ऐसी भिन्नता सर्वप्रथम वैचारिक स्तर पर आती है फिर वह जीवन में, व्यवहार में आती है और फिर उसी का आविष्कार कलाविष्कारों में होता रहता है। कला के आशय में, आविष्कार में भिन्नता आती है। भिन्नता की तलाश करते समय या स्पष्ट करते समय जीवन की सफलता का अथवा जीवन विषयक दृष्टिकोण का विचार होना आवश्यक है। आम्बेडकरीय प्रेरणा के नाटक अलग ही होते हैं। यह कहते समय आम्बेडकर के अनुयायी या उनके विचारों-आन्दोलनों में से निर्मित सामूहिक-मन का जीवन विषयक दृष्टिकोण बदला है, वह पारम्परिक विचारों में से निकले जीवन विषयक दृष्टिकोण की अपेक्षा अलग है। उस समूह की खुद की 'जीवन की सफलता की अवधारणा' भी अलग है। उनका कला के रूपों में होने वाला आविष्कार भी स्वाभावतः पारम्परिक आविष्कारों की अपेक्षा अलग है।

इसमें आम्बेडकरी नाटकों के अलगपन की जड़ें छिपी हुई हैं। इसी कारण हम दलित नाटक अलग है, ऐसा कहते रहते हैं। इस सन्दर्भ को ध्यान में रखें तो दलित नाटक तथा दलितों द्वारा शुरू किए गए आन्दोलन की एक योग्य तथा न्याय पद्धति सिद्ध हो सकती है, ऐसी मुझे आशा है।

इस विषय में और विस्तार के साथ बोलना आवश्यक है, इसका अहसास मुझे है। दलित नाटकों की निर्मिति के सम्बन्ध में बोलते समय इन बातों को सोदाहरण स्पष्ट करने का मैं प्रयत्न करने वाला हूँ। बाद के तीन दशकों में उसने आन्दोलन तथा वैचारिकता से भारतीय मन में प्रचण्ड झंझावात का निर्माण किया। 1956 की बौद्ध-धम्म स्वीकृति ने इस भारतीय मन की परम्पराओं को तोड़ने का तथा जीवन के कल्याण का एक दृष्टिकोण प्राप्त करा दिया। इसके बाद यहाँ बड़े पैमाने पर सांस्कृतिक संघर्ष शुरू हुए। इस संघर्ष का केन्द्र महाराष्ट्र की भूमि रही है। नया विचार, नयी समझ के साथ एक समाज अस्तित्व में आया। अद्भुत मानसिक दृढ़ता पर आधारित यह समूह नया रास्ता स्वीकार कर रहा था। जीवन की सफलता की उनकी अवधारणा अब पारलौकिकता में साकार होने वाली नहीं रही। वह थी यही—'बहुजन हिताय बहुजन सुखाय' में। वह थी 'अत्त दीपो भव' में। स्वर्ग, आत्मा, भगवान, उनके अवतार कर्म, पाप आदि को उन्होंने नकारा था। नियति और तकदीर, ये दो शब्द उनके जीवन कोश से बहिष्कृत हो गये थे। उनके जीवन में उपस्थित प्रश्नों के उत्तर इसी जीवन में चाहिए थे। इसके लिए पुनर्जन्म पर आधारित धर्म को उन्होंने नकारा था। इसी कारण स्वभावतः पारम्परिक पद्धति से जीने वाले, पारलौकिक सुखों के लिए, पुण्य प्राप्ति के लिए ईश्वर की उपासना में जीवन की सार्थकता मानने वाले समाज के साथ उनका वैचारिक, सांस्कृतिक संघर्ष शुरू हुआ। इसके लिए खुद की जीवन विषयक दृष्टि के अनुसार जीने की पद्धति को उन्होंने खोज निकाला, पारम्परिक समाज की जीवन की सफलता की अवधारणा से भिन्न अपनी अवधारणा के अनुसार वह यथार्थ को गौर से निहारने लगा। इनका कलाविष्कार उनके साहित्य में, गीतों में होने लगा। छठे-सातवें दशक में तो कहानी-काव्य में व्यक्त होने लगा। इसे वह 'दलित-साहित्य', 'आम्बेडकरी-प्रेरणा का साहित्य' के नाम से सम्बोधित करने लगा। उसी रूप में सातवें-आठवें दशक में नाटकों में वह व्यक्त होने लगा। इसे ही वह दलित-नाटक, आम्बेडकर प्रेरित नाटक कहने लगा।

इसलिए कुछ उदाहरण के द्वारा मुझे लगता है, मुझे जो कहना है वह अधिक स्पष्ट होगा। ईसाई और हिन्दू धर्म के दर्शन में जीवन की सफलता पुनर्जन्म में है। इस समय के जीवन में स्वर्ग-प्राप्ति के लिए अधिकाधिक पुण्य कमाना ही जीवन का लक्ष्य निर्धारित है। उत्तम इन्सान कौन? जो अधिक पुण्यवान है, वह। इसके लिए वह परोपकार भी करता है। ईश्वर का भजन-पूजन करता है। पाप-पुण्य का लेखा-जोखा 'ऊपरवाला' करता है इसलिए जो इस जन्म में सम्भव नहीं हुआ

वह कम-से-कम अगले जन्म में करने की इच्छा रखता है। वह खुद को नियति के हाथ की गुड़िया मानता है। बुरा हुआ तो वह नियति की शरण में आता है। भाग्य में लिखा बदल नहीं सकते, यही खुद को समझाता है। तकदीर को दोष देता है। जीवन की ओर देखने का उसका यही दृष्टिकोण उसके जीवन में, आचरण में, बोलने में जिस प्रकार व्यक्त होता है उसी प्रकार वह उसके कला रूपों में, साहित्य में, नाटकों में व्यक्त होता है। इसलिए संस्कृत शाकुन्तल में शकुन्तला के दुःख का उत्तर उसकी क्षमता के परे था। अथवा शेक्सपियर के नाटकों में मॅकबेथ, किंग लिअर, सीजर-की नियति के आगे कुछ नहीं चलती। महाभारत के चरित्रों को भी एक सीमा के बाद कर्ता-धर्ता जो कोई है उसके हाथों का साधन बनना पड़ता है। भाग्य-लिखित टाल नहीं सकते, इसलिए गड़करी की 'सिन्धू' देव-ब्राह्मणों के सम्मुख ली गयी 'शपथ' तोड़ नहीं सकती। तो अत्रे की नायिका 'गृहत्याग' के बाद भी 'पति तो परमेश्वर है' कहकर घर लौट आती है। कत्ल की स्वीकृति देकर भी प्रायश्चित न करने वाले भाई को 'जहन्नुम में जाय' ऐसा बोलना पड़ता है, ऐसे बहुत से उदाहरण दे सकते हैं। इन सबमें से उनका जीवन दृष्टिकोण ही व्यक्त होता है। भारतीय रंगमंच पर त्रासदी के नाटकों का प्रचलन क्यों नही रहा? कुछ अपवाद छोड़कर! वे ग्रीक और अंग्रेजी रंगमंच पर क्यों आये? इस प्रश्न का उत्तर उनके नाट्य दृष्टिकोण के साथ-साथ उनके जीवन विषयक दृष्टिकोण में ही ढूँढ़ना पड़ता है, यह भी इसी कारण।

इस अवसर पर एक और बात कहनी चाहिए। ऐसा मुझे लगता है कि जिस समय दर्शन के क्षेत्र में नया विचार, नया दृष्टिकोण या जीवन सम्बन्धी अलग विचार प्रस्तुत किया जाता है, बाद में वह विचार वैचारिक लेखों में अधिकाधिक व्यक्त होता है। फिर वह वैचारिक स्तर से व्यावहारिक स्तर पर आता है। जीवन में उसे अंगीकृत करने के बाद, जो कुछ नयी अवधारणा बनती है, उसका नया रूप, नयी समझ सर्वप्रथम भाषा के माध्यम से व्यक्त होने लगती है। फिर वह कलाओं में—कहानी, उपन्यास, नाटक, चलचित्रों में व्यक्त होते हैं। इस प्रणाली पर अगर विचार करें तो नये विचारों को अर्थपूर्ण ढंग से व्यक्त करने के लिए तथा लोगों तक पहुँचाने के लिए पारम्परिक भाषा तथा अभिव्यक्ति के ढंग में दिक्कतों का अहसास होता है। इसके लिए कई बार उसे रूढ़ अर्थ द्योतक शब्दों को टाल कर नये शब्दों की निर्मिति करनी पड़ती है। कभी-कभी भाषा ही एक विचार-दर्शन की द्योतक बनने से, उसके अनेक शब्दों की उत्पत्ति विशिष्ट् प्रकार की होने से प्रसंगानुसार दूसरी भाषा में अपने नये विचार व्यक्त करना आवश्यक लगता है। इसी कारण अनेक बार जीवन विषयक दृष्टिकोण व्यक्त करने वाला विचार भी उसकी खुद की अभिव्यक्ति की खोज में होता है। पारम्परिक साधन उसे निरुपयोगी लगते हैं अथवा पर्याप्त नहीं लगते। इसी कारण वह उसे टालता

है अथवा बड़े पैमाने पर तोड़-फोड़ कर अपना अस्तित्व सिद्ध करने का प्रयत्न करता है। उन्हें टाल कर नये साधनों का उपयोग तथा निर्माण करता है। भगवान बुद्ध ने पारम्परिक भाषा में विचार व्यक्त करने के बजाए पालि भाषा में अपने दर्शन को प्रस्तुत किया। इसके पीछे कई कारणों में से 'नयी' अभिव्यक्ति की तलाश' यह भी एक महत्त्वपूर्ण कारण होगा, ऐसा मुझे लगता है। म. जोतिबा फुले ने, 'सत्यशोधक धर्म' स्थापित करने के बाद पारम्परिक 'तमाशा' इस नाट्य प्रकार में अपने विचार व्यक्त करने के बजाय 'सत्यशोधक तमाशा' इस नयी अवधारणा की तथा नाट्य प्रकाश की जमीन क्यों अपनायी? इसका उत्तर भी मेरे विचारों का समर्थन करेगा। इतना ही नहीं, तमाशा यह नाट्य प्रकार लोकप्रिय होने के बावजूद बाबासाहब ने आन्दोलन के अपने नव-विचारों के वहन के साधन के रूप में तमाशा को स्वीकृति नहीं दी, अपितु उसके लिए स्वतन्त्र रूप से 'जलसा' इस नाट्य-विधा का आविष्कार किया—ये उदाहरण मैं इसलिए दे रहा हूँ कि नव-विचार जैसे नयी समझ लेकर आता है, ठीक इसी प्रकार वह अपने विचार को समझकर व्यक्त करने के लिए नयी भाषा, नया कला प्रकार, नई नाट्य-विधा भी साथ लेकर आता है। यही इतिहास है। दलित नाटक खुद के एक रूप की तलाश कर रहा है। इसमें निहित नव-विचार, नयी समझ की अभिव्यक्ति, सांस्कृतिक आवश्यकता आदि को स्वीकार कर उसी दृष्टि से दलित नाटकों के अपूर्व रूप को जानना होगा, ऐसा आपसे मेरा अनुरोध है। इसके लिए दत्ता भगत का 'आवर्त', 'अश्मक', अविनाश डोलस का 'गाव नसलेला गाव', प्रकाश त्रिभुवन का 'थाम्बा, रामराज्य येतंय', शिल्पा मुम्ब्रीस्कर का 'झाडाझडती', प्रेमानन्द गज्वी का 'घोटभर पाणी', योगीराज वाघमारे का 'अगा जे घडलेच नाही', इ. मो. नारनवरे का 'विद्रोहाचे पाणी', अध्ययन योग्य रचनाएँ हैं।

इसी विचार छोर को पकड़कर दलित नाटकों में ताकतवर हो रहे नाट्य प्रकारों के सम्बन्ध में बोलता हूँ। दलित नाटक खुद की अभिव्यक्ति की तलाश कर रहे हैं, ऐसा जब मैं कहता हूँ तब विगत पाँच-छह वर्षों में जो नये-नये प्रयोग हुए हैं, वे मेरी नजरों में हैं। 'नुक्कड़' नाटक यह उनमें से एक प्रयत्न है। दलित नाटकों के सन्दर्भ में कहा जाए तो 'नुक्कड़' नाटक यह विदर्भ में सर्वाधिक जड़ पकड़ चुका है। संजय जीवने, अमर रामटेके जैसे अनेक नामों का इस आन्दोलन में उल्लेख कर सकते हैं। इन सबका मैं अभिनन्दन करता हूँ। इन कलाकारों-लेखकों ने और उनकी नाट्य संस्थाओं ने 'उत्सव', 'शहर', 'आण्डेल स्त्री 80', 'वस्ती' आदि अनेक नुक्कड़ नाटकों के सुवर्ण महोत्सवी प्रयोग प्रस्तुत किये हैं। उनकी यात्रा शतक की ओर अग्रसर है। कम-से-कम सामग्री, दैनन्दिन वेशभूषा के सिवा और कुछ होता ही नहीं, पाँच-दस कलाकार—इतनी कम आवश्यकताओं के कारण दलित नाट्य-आन्दोलन में नुक्कड़ नाटक यह सबसे निकट का तथा सुविधापूर्ण

प्रकार लगें तो आश्चर्य की बात नहीं।

'नुक्कड़ नाटक' के सन्दर्भ में कुछ स्पष्टीकरण करना मुझे आवश्यक लगता है। दलित नाटकों के सम्बन्ध में विचार करते समय मील का पत्थर साबित होने वाला एक नाट्य महोत्सव दलित थिएटर ने 8 और 9 नवम्बर 1982 को औरंगाबाद में आयोजित किया था। इस महोत्सव में 'दलित रंगमंच : दिशा तथा संकल्पना' इस संगोष्ठी में अलग-अलग भाषणों में, व्याख्यानों में, आलेखों में कुछ अध्ययनशील विद्वानों ने दलित नुक्कड़ नाटक के सन्दर्भ में बोलते हुए कहा था कि 'नुक्कड़ नाटक' यह दलित नाटकों की परम्परा नहीं है।' अथवा विदेशी Street-Play का अनुकरण कर ही ये लोग नुक्कड़ नाटक कर रहे हैं। इस प्रकार के मत व्यक्त किये थे। ऐसी धारणा व्यक्त करना शायद दलित रंगमंच की विकास यात्रा के प्रति अज्ञान का प्रतीक है अथवा जल्दबाजी में निकाला हुआ निष्कर्ष है, ऐसा मेरा दृष्टिकोण है। इसी कारण इस सम्बन्ध में बोलना मैं आवश्यक समझता हूँ। नाट्य प्रयोग प्रस्तुत करने वाले जो कोई भी कलाकार हैं—उन्हें यह बात तो मंजूर होगी ही कि अपने विचारों को प्रभावशाली ढंग से आम आदमी तक पहुँचाना हो तो नुक्कड़ नाटक एक प्रभावपूर्ण माध्यम है। इसी कारण दलित आन्दोलन को वह खुद का माध्यम लगना स्वाभाविक है। इसलिए वह नकल नहीं है। जिनके पास कुछ भी नहीं—ऐसे असंख्य कलाकारों का वह एक हथियार है। और दूसरी बात, वह सम्पूर्ण भारतीय है। अगर उसकी परम्परा होगी ही तो वह केवल भारतीय ही। क्योंकि नाटक प्रोसेनियम थिएटर में मंचित करने की पद्धति का ज्ञान हमें अंग्रेजों के भारत आगमन के बाद ही हुआ है। नाटक के लिए विशेष थिएटर की निर्मिति उसके बाद ही शुरू हुई है। तब तक हमारे सभी कला-प्रकारों का प्रदर्शन एरिया थिएटर में होता रहा है। सड़कों पर नाट्य अभिनय कर के आस-पास के लोगों को देखने के लिए प्रेरित करना, भीड़ जमा करना—यही हमारी परम्परा है। इसी कारण नुक्कड़ नाटक यह मूलतः भारतीय है। जिन्दगी में असली आभास निर्माण करने वाले नाटकों के कारण भारतीय नाटक को भूलने वाले दर्शकों को फिर से भारतीय नाटकों की ओर लाने वाला यह नाट्य प्रकार है। उसकी ताकत का पता उत्पल दत्त द्वारा प्रदर्शित किये गए बांग्ला-भाषा के नुक्कड़ नाटकों से लग सकता है। आजकल आन्ध्र प्रदेश तथा महाराष्ट्र में दलित रंगमंच Street Play के बहाने कुल मिलाकर नाटक विधा को ही नया आकार दे सकता है। यही बात यहाँ स्पष्ट करना जरूरी है। इसीलिए यह स्पष्टीकरण करता हूँ। आम्बेडकर की प्रेरणा से प्राप्त हुए नये जीवन-मूल्यों की तलाश से निर्मित यह अभिव्यक्ति एक अनुसन्धान का प्रकार है, ऐसा मुझे लगता है।

यहाँ इस विवेचन के माध्यम से एक और बात की ओर मैं आपका ध्यान आकर्षित करना चाहता हूँ कि आम्बेडकर प्रेरित इन नाटकों की वास्तविकता को

हमें देखना होगा। जब इन नाटकों के सम्बन्ध में कोई अध्ययनशील, समीक्षक, पत्रकार कुछ लिखता है या बोलता है तब कई बार ऐसा लगा कि उनको इस आन्दोलन की पृष्ठभूमि का कुछ भी पता नहीं है। इसलिए वे इस नाटक पर अमुक-तमुक नाटक का प्रभाव है, अमुक नाटक का अनुकरण हो रहा है—इस ढंग से अपना मत व्यक्त करते हैं। इसमें समाज निर्मित दो भिन्न जीवनानुभवों का, संस्कारों का भी बहुत बड़ा हाथ होता है। इसी कारण यह नकल असल लगने की सम्भावना है और असल नकल लगने की सम्भावना है। इतना ही नहीं बल्कि असली कलाकृति का, अभिनय का, हँसी-मजाक का अनुभव विशिष्ट समाज में, विशेष जाति में जन्म लेने के कारण देखने, सुनने को न मिलने की संभावना अधिक है। जिसने तमाशा नहीं देखा है उसे लोकनाट्य असल लगने की सम्भावना है। जिन्होंने दादू इंदुरीकर का 'तमाशा' देखा नहीं है, उन्हें उनकी नकल करने वाला दादा कोण्डके ही श्रेष्ठ लगने का खतरा है। यह घपला कला का नहीं है बल्कि विशिष्ट जाति में पैदा होने के कारण हमारे अपने अनुभवों पर अनजाने में आई सीमा का है। इसी कारण गाँव-देहातों में जो तमाशा होता है, उस तमाशा में नचनिया का काम करने वाला नचनिया जिन्होंने देखा नहीं उन्हें बालगन्धर्व का स्त्री-रूप मोहित करता है। लेकिन बालगन्धर्व तथा स्त्री-रूप धारण करने वाला वह नचनिया, इसमें साम्य हमें दिखाई नहीं देता। जिस बालगन्धर्व को अधिकांश लोगों ने देखा नहीं, सुना नहीं, वह प्रतिष्ठित और शोभनीय सिद्ध होता है। पर असंख्य बालगन्धर्वों के बारे में कोई कुछ बोलता ही नहीं। उनके नाम भी दर्ज नहीं करवाए गये। इस बात पर गौर करने से यह स्पष्ट हो जाता है कि जाति-व्यवस्था में संस्कारित हुए मन का कला से सम्बन्धित ज्ञान भी संकुचित कर के रखा गया है। किसी एक कला प्रकार का रसास्वाद करना हो तो अनुभव के स्तर अगर एक न हों तब रसभंग होने की सम्भावना अधिक होती है। इसलिए एक समुदाय को श्रेष्ठ लगने वाला नाटक अन्यों को नकल महसूस होने का खतरा है। मुझे खुद को लोकनाट्य देखते समय वह तमाशा की नकल होने के कारण उसका रसास्वादन करने में निरन्तर कष्ट उठाने पड़ते हैं। तो मेरा पड़ोसी दर्शक जिसने कभी तमाशा देखा ही नहीं, उसे लोकनाट्य की अनुभूति से विलक्षण आनन्द की प्राप्ति होती है। यह दोनों के भीतर की समृद्ध अनुभूति की कम-अधिक मात्रा का हिस्सा है। इसलिए जो नकल है उसे असल मानकर देखते हैं। इसके लिए समृद्ध अनुभूति की ओर कलाकारों का झुकाव होना चाहिए, ऐसा मेरा विचार है। दलित नाटकों के सम्बन्ध में जब कोई कुछ विचार व्यक्त करने लगता है तब इस बात का तर्क सम्मत विवेचन करना महत्त्वपूर्ण है।

दलित नाटकों की परम्परा तथा पारम्परिक नाटकों की परंपरा में निकट का भी सम्बन्ध नहीं है-ऐसा कहें तो चलता है। मेरा मुद्दा स्पष्ट करने के लिए मैं

महाराष्ट्र के मराठी-भाषी नाटक तथा महाराष्ट्र के दलित नाटक, इन दोनों के बीच के सम्बन्धों का स्पष्टीकरण करना चाहता हूँ। महाराष्ट्र का यह अनुभव अन्य प्रदेशों में उस भाषिक नाटकों के सन्दर्भ में ऐसा ही होगा। एकाध अपवाद होगे भी। लेकिन अधिकांश जगह इन दोनों में विशेष सम्बन्ध नहीं है, ऐसा ही चित्र हमें नजर आयेगा। दलित नाटक प्रस्तुत करने वाले कलाकार, लेखक, निर्देशक मराठी नाटकों के दर्शक नहीं हैं। मराठी नाटकों की अपेक्षा वे हिन्दी फिल्मों के दर्शक हैं। बहुत कुछ हुआ तो वे तमाशा, जलसा के दर्शक हैं। इसके लिए अन्य कारणों के साथ-साथ उनकी आर्थिक परिस्थिति भी जिम्मेदार है। बीस-चालीस रूपये एक नाटक देखने के लिए खर्च करने की उनकी माली हालत नहीं है। अगर हो तो भी वह उसके बदले में चार-फिल्में देखना अधिक पसन्द करेगा। नाटक का तो वह मूलतः दर्शक ही नहीं है।

इस कारण इनका नाटक उसे अपना लगना सम्भव नहीं है। इसका अनुकरण करने की सम्भावना तो बहुत दूर की बात है। यह एक दृष्टि से अच्छी बात है क्योंकि उसे जो नया निर्माण करना है वह उसे जैसा आ जाएगा वैसे गढ़ना अधिक ठीक होता है। प्रादेशिक भाषा के नाटकों का प्रभाव उस पर न होने से अनुकरण तथा दबाव के घेरे से वह बाहर खड़ा रह सकता है। नये नाटकों के लिए, समृद्ध अभिनय के लिए, प्रयोग के लिए यह एक दृष्टि से फायदेमन्द ही हो सकता है। मराठी नाटकों की परम्परा वैसे तो संकुचित दृष्टि ही रखती आयी है। कारण कुछ भी रहे हो तो भी यह नाटक सही अर्थों में मराठी मनुष्य का नाटक बन नहीं सका। लेखक, निर्देशक, कलाकार और दर्शक सजातीय होने के कारण उनके नाटक उस जातीय दृष्टि के पार नहीं जा सके। मध्यवर्गीय दर्शकों के सिवा इस नाटक के दर्शक नहीं बदले। एक जाति द्वारा उसी जाति के दर्शकों के लिए प्रस्तुत किये गए नाट्य प्रयोग, इतना ही उसका सही स्वरूप है। इसमें से एक इकाई अगर बदल जाए तो उस नाटक को अलग डायमेन्शन मिल सकता है, यह जब्बार पटेल के उहादरण से हमें नजर आयेगा। जब्बार की सीमा स्वीकार करते हुए ही यह कथन केवल सनसनीखेज बनाने के लिए मैं कह गया, कृपया इस ओर ध्यान दें। उसकी वास्तविकता केवल आपके सम्मुख रखूँ, इतना ही मेरा लक्ष्य है। पारंपरिक मराठी नाटक का भी एक योगदान है, इस बात को मैं नकारता नहीं हूँ। मराठी नाटकों के इस पारंपरिक रूप का अनुकरण दलित नाटकों में किया जाता है, या इन नाटकों का प्रभाव दलित नाटकों पर है यह कहना कितना साहसिक हो सकता है, यह आपके ध्यान में आएगा।

आज टी. वी. प्रसार माध्यम के कारण अनेक नाटक 'अपारम्परिक दर्शकों' तक पहुँचने की सम्भावना है। इससे लेखक और कलाकार दर्शकों तक जाएँगे भी लेकिन वे दूरदर्शन के माध्यम के द्वारा वे पहुँचने के कारण फिल्मी कलाकार और

ये कलाकार इनकी तुलना के सन्दर्भ दर्शकों तक जाने वाले हैं। इस बदलाव का उल्लेख भी यहाँ करना आवश्यक लगता है। सूचना-विस्फोट के इस युग में नये माध्यमों द्वारा नाटक दर्शकों तक जाएगा भी, लेकिन वह सूचना के स्वरूप तक ही सीमित रहने वाला है।

इसी क्रम में एक यह प्रश्न उपस्थित हो सकता है, कि नाटक किसके लिए? 'दर्शकों के लिए' यह उसका उत्तर होगा। तो यह दर्शक कौन-सा? उसकी रुचि कैसी है? इन प्रश्नों को खोजना जरूरी है। दलित नाटकों को भी अपना दर्शक कौन-सा है, यह निश्चित करना है। क्योंकि अन्य कला-प्रकारों में दर्शकों की भूमिका महत्त्वपूर्ण नहीं होती, परन्तु यहाँ दर्शकों की भूमिका महत्त्वपूर्ण है। दर्शकों की ज़रूरत, पसन्द-नापसन्द, उनकी स्थायी रुचि, उनके सामाजिक स्तर के साथ-साथ वैचारिक दृढ़ता में से बनी मानसिकता पर नाटकों की सफलता-असफलता आधारित होती है। दर्शकों की इस इकाई का थोड़ा-बहुत परिणाम नाट्य लेखक, कलाकार, निर्देशक आदि पर होने की सम्भावना होती है। इसके उदाहरण के रूप में मैं फिर मराठी नाटक का जिक्र करता हूँ जिसे आप सभी जानते हैं। एक समय ऐसा था जब मराठी नाटक दर्शकों के बजाए उपलब्ध गानप्रिय श्रोताओं के कारण 'संगीत महफिल' बन गया था। बालगन्धर्व के नाटक देखने के लिए कोई नहीं जाता था बल्कि उनके द्वारा गाये गीत सुनने के लिए लोग जाते थे। एक ही गीत अलस्सुबह तक बार-बार गाया जाता था। खाडिलकर जैसे नाट्य लेखक भी 'मानापमान' नाटक लिखते हैं तथा बालगन्धर्व और श्रोताओं के लिए खींच-खांच कर पद्य रचना करते हैं। पदों के लिए देवल को भी अपने 'फाल्गुनराव' इस गद्य नाटक का रूपान्तर 'संगीत संशय कल्लोल' में करना पड़ा था। वह मूलतः नाटक ही नहीं था। वह थी गायन की महफिल। मराठी दर्शकों की रुचि का एक और उदाहरण यहाँ दर्ज करता हूँ। इब्सन जैसे यथार्थवादी नाटककार के 'Doll's House' का रूपान्तर अत्रे ने 'घराबाहेर' किया। उसमें मूल इब्सन की नायिका नोरा पति को छोड़कर घर से निकल पड़ती है। लेकिन तत्कालीन मराठी-मानसिकता को पति छोड़कर जाने वाली नायिका की कल्पना भी सहन करना असम्भव था इसलिए अत्रे को 'घराबाहेर' इस नाटक में घर छोड़कर जाने वाली नायिका पति के पास लौट आती है, ऐसा आभास निर्माण करना पड़ा है। कहने की बात इतनी ही है कि नाटक के सन्दर्भ में दर्शक कितना महत्त्वपूर्ण हिस्सा है, इसे हमें ध्यान में रखना होगा।

दलित नाटकों के सन्दर्भ में भी यही दर्शक महत्त्वपूर्ण सिद्ध होने वाला है। दलित नाटक केवल दलित दर्शकों के लिए है या गैर दलितों के लिए है, इस पर विचार करना आवश्यक है। दर्शकों का पूर्वानुमान करके ही नाट्य-लेखन तथा प्रयोग किए जाने की सम्भावना अधिक है। केवल दलित-दर्शक केन्द्र में रखने

से दलित नाटक 'उन' दर्शकों को पसन्द आने वाला नाटक हो सकता है। मोटे तौर पर इस नाटक का विषय 'दलित-सवर्ण' संघर्ष ऐसा हो सकता है। इतना ही नहीं, सवर्ण दुष्ट और दलित सृष्ट ऐसी भी नुकीली दृष्टि से नाट्य-लेखन होने की सम्भावना है। इसके विपरीत गैर दलित दर्शक केन्द्र में रखने से दलितों के अत्याचार का चित्र उपस्थित कर, उनकी सहानुभूति पाना तथा उन्हें दलितों के सन्दर्भ में सोचने के लिए प्रवृत्त करने का प्रयत्न होना आवश्यक है। इसलिए दलित नाटक लिखने वाले लेखकों को तथा प्रस्तुत करने वाले निर्देशक-कलाकारों को इस बात पर विचार करना आवश्यक है। फिलहाल तो दलित नाटककारों को एक समूह विशेष के दर्शकों के लिए नाटक न लिखते हुए सबके लिए नाटक लिखे ऐसा ही प्रयत्न होना चाहिए। दलित-समस्या उनका केन्द्र बिन्दु बने तो भी यह एक मनुष्य का संघर्ष है, वह भी उसे प्रिय लगने वाले एक मानवीय मूल्य के लिए है, ऐसा दृष्टिकोण होना चाहिए। जाति, धर्म, सम्प्रदाय का उन समस्याओं से सम्बन्ध होने के बावजूद मानव की मुक्ति के लिए भरसक प्रयत्न करने वाला नाटक सिद्ध हो। इसी दृष्टि से उसकी रचना करना ही स्वाभाविक सिद्ध होगा। इसके लिए दलित-गैर-दलित, इन दोनों समूहों तक नाटक पहुँचेगा, यही देखना चाहिए। विचार जाति, धर्म और देश-निरपेक्ष होते हैं। इसे हमें यहाँ ध्यान में रखना चाहिए। आज तो दलित-नाटकों में नायक-नायिका का दुःख, उनकी घेरा बन्दी किसी एक व्यक्ति की नहीं बल्कि एक सामूहिक मन की है यह भी यहाँ स्पष्ट करना है।

आज दर्शकों की दृष्टि से देखें तो दलित नाटक कहाँ है? दलित और गैर दलित, इन दोनों दर्शकों के लिए नाटक लिखे गये हैं ऐसा हमें नजर आता है। उनमें से कुछ नाटकों का मैं केवल जिक्र करना चाहता हूँ या उल्लेख करता हूँ। प्रा. दत्ता भगत का 'आवर्त', टेक्सास गायकवाड़ का 'आम्ही देशाचे मारेकरी', भगवान सवाई का 'मरण वरात', प्रा. रुस्तुत अचलखाम्ब का 'कैफियत', प्रेमानन्द गज्वी का 'देवनवरी', 'तनमाजोरी' आदि नाट्य रचनाएँ दलित दर्शकों के बजाए गैर दलित दर्शकों को ही ज्यादा अपील करने वाली हैं। इतना ही नहीं, 'आवर्त' के नाट्य प्रयोग को दलित बस्तियों में विशेष प्रतिसाद मिल नहीं पाया। इसके विपरीत 'पुराना कुछ नहीं' का ही संकेत यहाँ से मिला है। प्रेमानन्द गज्वी, म. भि. चिटणीस के एकांकियों में भी गैर दलितों को आवाहन करने की भावना व्यक्त होती रही है। दूसरी ओर, टेक्सास गायकवाड की 'जलवा' अमर रामटेके की एकांकिका खास करके दलित दर्शकों को सम्मुख रखकर लिखी गयी है—ऐसा मुझे लगता है। इसके आगे जाकर मैं यह कहना चाहता हूँ कि आज दलित रंगमंच के जो केन्द्र कार्यरत हैं तथा इनके द्वारा समय-समय पर प्रस्तुत किये गए नाटकों की ओर देखने के बाद यह स्पष्ट हो जाता है कि वहाँ के लेखकों पर तथा प्रस्तुत

करने वाले कलाकारों पर, नाट्य प्रयोगों पर वहाँ के स्थानिक दर्शकों का प्रभाव परिलक्षित होता है। उदाहरण के रूप में, इस प्रकार प्रस्तुत होने वाले नाटकों का स्वरूप दलित दर्शकों के कारण अभी भी शौकिया तथा स्वागतिक रहा है। 'देशाचे मारेकरी' इस नाटक का यहाँ अपवाद करना चाहिए। इसलिए हमारे लोग नाटक लिखते हैं, प्रस्तुत करते हैं यही बात उन दर्शकों को अपूर्व, अद्‌भुत लगती है। इसलिए कोई कलाकार मंच पर 'जयभीम' कहता है तो तालियों की गड़गड़ाहट होती है। इसमें से दलित नाटकों को बाहर निकालना आवश्यक है। नागपुर केन्द्र के नाटकों में बहुत विविधता नजर आती है। लेकिन नुक्कड़ नाटक पर अधिक बल होने के कारण तथा वहाँ का दर्शक एकांकिका देखने का आदी होने के कारण-एक ही एकांकी में अनेक विषय ठीक ढंग से पेश करना तथा उसे अधिकाधिक माईम के रूप में प्रस्तुत करना इस ओर उनका झुकाव बढ़ता जा रहा है। इसका प्रभाव प्रभाकर दुपारे, अमर रामटेके के एकांकी लेखन पर हुआ है, ऐसा स्पष्ट नजर आता है। नान्देड तथा औरंगाबाद में दलित नाटकों को प्राप्त दर्शक, दर्शक के साथ-साथ समीक्षक भी होने के कारण वहाँ प्रस्तुत होने वाले नाटकों की प्रवृत्ति वैचारिक नाटकों की ओर अधिक झुकी होती है। प्रा. भगत का 'अश्मक', प्रकाश त्रिभुवन का 'थाम्बा, रामराज्य येतंय', 'सत्यमेव जयते', प्रा. त्र्यम्बक महाजन द्वारा रूपांतरिक 'म्यूलेटो', इसी प्रकार के उदाहरण हैं। दर्शक तैयार न होने के कारण नासिक-मुम्बई के प्रकाश गायकवाड़, प्रा. विट्ठल शिन्दे, सुरेश गांगुर्डे की नाट्य संस्थाओं को नाटक के चयन के लिए और प्रस्तुतिकरण के लिए कलाबाजी करनी पड़ रही है। कोल्हापुर-सतारा में तो आज भी सुर प्राप्त नहीं हो सका। इन सभी उदाहरणों में 'दर्शकों द्वारा निभायी गयी भूमिका' कहकर दलित नाट्य आन्दोलन के सम्बन्ध में सजगता दिखाना आवश्यक है, इतना ही कहकर मैं रुकता हूँ।

इसी बहाने फिर एक बार प्रादेशिक भाषा के नाटकों के बारे में विचार करने से यह स्पष्ट हो जाता है कि उपलब्ध दर्शकों की आवश्यकताओं के अनुसार वे नाटकों का निर्माण करते हैं तथा उसी आवश्यकता के अनुसार उन्हें प्रस्तुत भी करते हैं। मूलतः जीवन में कुछ कहने लायक नहीं है। मध्यवर्गीय जीवन में पुनरुक्ति हो रही है। उनका दर्शक मध्यम वर्ग का ही है। मध्यवर्ग को इस बात का दुःख है कि हमें जो करना चाहिए वह हम कर नहीं सकते, जैसा जीना चाहिए वैसा जी नहीं सकते। तो दूसरी ओर इस वर्ग में उनके पास जो नहीं है उसका विलक्षण आकर्षण उनमें है। वह बेफिक्र होकर जी नहीं सकता इसलिए बेफिक्री से जीने वाले मनुष्य के प्रति उसमें आकर्षण होता है। उसे आज कुछ तो सेन्सेशनल लगने वाला ऐसा कुछ चाहिए। उसके विचार से दलित मनुष्य के जीने में यही बेफिक्रता, स्वच्छन्दता, थ्रिल है। वैसा तो वे जी नहीं सकते लेकिन जीने

की इच्छा है, ऐसी एक विचित्र अवस्था में वह फँसा है। प्रादेशिक भाषा के नाटक उसकी इस मानसिक भूख को मिटाने का प्रयत्न करते हैं। इसलिए मराठी नाटकों में ऐसे विषय लेकर, यथार्थ ढंग का सेट लगाकर एक आभास निर्माण किया जाता है। प्रयोजन के अनुसार मराठी नाटकों की निर्मिति की जाती है। हिंसा, सनसनीखेज, विकृत लगने वाली बातों की परिधि में ये नाटक चक्कर काटते हुए नजर आते हैं। जयन्त दलवी, विजय तेण्डुलकर आदि के नाटक इन्हीं आवश्यकताओं से निर्माण हुए हैं। इनके नाटकों के चरित्र अक्सर समाज के निम्न वर्ग के हैं। दलित जीवन पर, दलित स्त्री पर नाटक लिखने के पीछे उनकी यही प्रेरणा है। आज दलित जीवन पर ये जो 'पुरुष', 'कन्यादान', 'कमला' जैसे नाटक लिखे जा रहे हैं, उसका कारण दलितों के प्रति प्रेम-भावना नहीं बल्कि उनके जीवन में गैर दलितों को महसूस होने वाली सनसनी, बेफिक्री और थ्रिल ही है। यह मध्यवर्गियों के टाईमपास के लिए किया गया इन्तजाम है। कुछ न करते हुए कम परिश्रम में उसे रिझाने के लिए साधन चाहिए, इसलिए वह मूल उस्ताद करीमखाँ का गीत सुनने की बजाए गजल सुनकर जानकार होने का आभास निर्माण करता है। शाब्दिक स्वर रचना कर वह जीने का भ्रम निर्माण करता है। वैसे ही वह मौलिक प्रश्न की ओर न देखते हुए थ्रिल निर्माण करने वाली वस्तु समझकर दलित नाटकों की ओर देखता है, इसे हमें ध्यान में रखना चाहिए।

अपने यहाँ प्रचलित आर्ट फिल्म के नाम से पहचाने जाने वाले सिनेमा के सम्बन्ध में भी यही कह सकते हैं। स्त्री-पुरुष के सम्बन्धों को लेकर एक निश्चित ऐसे स्वप्न के साथ जीने वाले मध्यवर्गीय को घटिया तथा हिंसक स्त्री-पुरुष सम्भोग का एक आकर्षण होता है। इसलिए वे आदिवासी, दलित को साधन के रूप में उपयोग कर थ्रिल के लिए आदिवासी तथा दलित स्त्री-पुरुषों के भड़कीले मिलन का चित्रण और सीधे नायिका के नहाने से लेकर सोने तक का चित्रण किया जाता है। ऐसे मध्यवर्गियों के सपने वे आदिवासी, दलितों पर लादते हैं—इसे हमें समझ लेना चाहिए। इसी कारण दलित नाटकों की, सिनेमा की निर्मित करते समय हमें इस प्रकार की बातों से सजग रहना चाहिए।

बातचीत की धुन में भूल जाऊँगा, इसलिए एक बात का जिक्र यहाँ करता हूँ कि हमें ऐसा दिखाई देता है कि पूरे विश्व में औद्योगिकीकरण के कारण शहरी लोगों के प्रश्न बिकट बनते जा रहे हैं। पूरे विश्व के साहित्य में वे चित्रित हो रहे हैं। इसलिए चिरकालीन मानवीय-व्यवस्था का पतन हो रहा है, ऐसा लगता है। जो खुद को ऊँचा समझ लेते हैं उनमें यह पतन का अनुपात अधिक होता है। इस मूल्य व्यवस्था को बनाए रखना उनके बस की बात नहीं है। ऐसी परिस्थिति में इस व्यवस्था को निम्नवर्गीय लोग विशेषतः गरीब, दलित, आदिवासी इसे बनाए रखते हैं—ऐसा दिखाई देता है। उनकी ओर देखने के बाद ऐसा लगता

है कि कुछ चिरन्तन मानवीय मूल्य हैं जिनके कारण इस पतनावस्था को रोका जा सकता है। इसकी पुष्टि के लिए 'शाकुन्तलम' इस संस्कृत नाटक के प्रसंग का उदाहरण देता हूँ। जिसने प्रेम किया वह राजा शकुन्तला को भूल जाता है। शकुन्तला का पुत्र उसी का है, यह कहने के बाद भी वह मानने के लिए तैयार नहीं होता। वह राजा है, ये ऋषि कन्या है। जिस मछुआरे को इसमें कुछ लाभ है, न नुकसान वह मछली के पेट से निकली अँगूठी राजा को लौटाता है। अँगूठी लौटानी ही चाहिए ऐसा कुछ बन्धन नहीं है फिर भी वह उसे राजा को देता है। यह उसकी ईमानदारी है। जहाँ हर कोई अप्रमाणिक है वहाँ वह अलग दिखाई देता है। इस नाटक के उदाहरण की तरह दलित इन्सान की प्रामाणिकता के अनेक उदाहरण दन्तकथाओं में से दे सकते हैं। चिरन्तन मानवीय व्यवस्था का पतन रोकने की विशेष जिम्मेदारी है दलित नाटककारों की, यह इस बहाने आप ध्यान में रखें, ऐसा मैं आवाहन करता हूँ।

कुल मिलाकर इन सभी बातों की ओर आपका ध्यान जाए, ऐसी मेरी इच्छा है। इस प्रकार के नाटकों की उद्भावना मूलतः रमणीय कल्पना पर आधारित है, यह आपकी समझ में आ गया होगा। गैर दलितों के द्वारा लिखित नाटकों में दलित आदिवासी पात्र ये अपवादस्वरूप होते हैं। मराठी साहित्य में जिन नाटकों को हम मेनस्ट्रीम के नाम से सम्बोधित करते हैं, वे मूलतः कल्पनारम्य ही हैं। सही अर्थों में यथार्थ का प्रतिपादन करने वाले, इस जमीन के प्रश्नों पर लिखे जाने वाले नाटक दलित नाटक ही हैं, इसे मैं यहाँ अधिकृत रूप में कहना चाहता हूँ।

नुक्कड़ नाटक के सन्दर्भ में बोलते समय मैंने कहा था कि वह असली भारतीय नाटक है। इसी बहाने दलित या आम्बेडकर प्रेरित नाटकों की परम्परा का भी अवलोकन करना चाहिए ऐसा मुझे लगता है। दलित नाटक वैसे देखा जाए तो शाश्वत स्वदेशी नाटक है, ऐसा कहना अनुचित नहीं होगा। इस नाटक की निर्मिति मूलतः एक विचारधारा के प्रसार के लिए हुई है। मुझे जो अहसास हुआ, मेरी जो समझ बनी, वह अन्यों तक पहुँचाना मेरी नैतिक जिम्मेदारी है। ऐसी एक प्रस्तावना इन नाटकों के पीछे रही है। आम्बेडकरीय विचारधारा से अवगत दृष्टिकोण इन नाटकों के माध्यम से व्यक्त करने की कोशिश उसकी रही है। तीव्रता से और प्रबलता से अभिव्यक्त करने के लिए वह इस माध्यम का उपयोग कर रहा है। इसके लिए वह अभिव्यक्ति की तलाश कर रहा है। म. फुले के 'तृतीय रत्न' इस नाटक से आज के 'सत्यशोधक तमाशा' तक उसने प्रयत्न किया है। 'तमाशा' की मुक्त नाट्य शैली का प्रयोग उसने 'आम्बेडकरी जलसा' के लिए किया है। दलित नाटकों के उद्भव का पता लगाना हो तो, उसे 'जलसा' के भीतर ही खोजना होगा। 'जलसा' यह उसके विचारों की, अभिव्यक्ति की स्वतन्त्र निर्मिति है। प्रस्थापित तथा रूढ़ परम्परा की बजाए अपने यहाँ लोककला की एक जन परम्परा रही है। लोककला की यह परम्परा मूलतः

प्रतीकात्मक है। इस लोककला में ही तमाशा, सत्यशोधक तमाशा तथा उनमें से ही आम्बेडकरी जलसा और जलसा के माध्यम से ही आज का अम्बेडकर प्रेरित नाटक-दलित नाटक का जन्म हुआ है। दलित नाटकों के आन्दोलन के साथ-साथ चलने वाली यह स्वदेशी परम्परा है। यह परम्परा नयी विचारधारा, नयी आविष्कार शैली में व्यक्त हो रही है, ऐसा हमें दिखाई देता है। दूसरी ओर मराठी नाटकों की परम्परा डेढ़ सौ वर्षों की है। अंग्रेजों के आने के बाद उनकी नकल करते हुए मराठी रंगमंच बना। बुकिश नाटकों का Impact अगर अपनी ओर के प्रादेशिक-भाषी नाटकों के रंगमंच पर न होता तो रंगमंच भी लोककला के अंग से विकसित हुआ होता, ऐसा कहना योग्य लगता है। मराठी नाटकों पर प्रकाश डालें तो स्पष्ट होगा कि जब मराठी नाटकों ने बुकिश नाटकों की परम्परा को नकारा तभी ये नाटक हिट होने के अनेक उदाहरण हैं। 'घासीराम कोतवाल' में इस डेढ़ सौ वर्षों की परम्परा को नकारा गया है-यह यहाँ दर्ज करने की इच्छा है। इसलिए दलित नाटकों की परम्परा बुकिश नाटकों की परम्परा के बजाए पूर्णतः भारतीय है, स्वतन्त्र है, उसका बहुत बड़ा इतिहास भी है।

यहाँ लोककलाओं का उल्लेख हुआ है, इसलिए कुछ बातों पर विचार करना जरूरी लगता है। दलित नाटक केवल लोककला के ढंग से ही प्रदर्शित हो, ऐसा मेरा कहना नहीं है। विचारधारा के प्रसार के लिए स्वदेशी विदेशी माध्यम वर्ज्य करना, ऐसा आज कोई भी नहीं कहेगा। दलित नाटककारों, कलाकारों को किसी एक आविष्कार पद्धति के साथ ही चिपककर रहना चाहिए, ऐसा भी नहीं है। मेरा महत्त्वपूर्ण मुद्दा लोककलाओं के इस्तेमाल को लेकर है। लोककलाओं पर आज की प्रासंगिकता के सम्बन्ध में विचार होना चाहिए। लोककला और आम्बेडकरीय चेतना-दोनों में जमीन आसमान का अन्तर है। ईश्वर, धर्म के उस पार देखने वाला रेशनल मनुष्य आज लोककलाओं की भूतकालीन प्रेरणा को स्वीकार नहीं करेगा, यह तो साफ जाहिर है। लोककला मूलतः एक विधि है। उपासना का वह एक ढंग है। उसका धार्मिक, सामाजिक, आर्थिक सन्दर्भ है। जाति का भी सन्दर्भ पक्का दृढ़ है। आज का समाज इसके विरोध में खड़ा हुआ है। केवल उसमें नाटकीयता है इसलिए उसका स्वीकार तथा उसका पुनरुत्थान कर नहीं सकते। ईश्वर, विधि, जाति, परम्परा आदि उसमें चिपके हुए हैं। यह चिपका हुआ भाग निकालकर नाटक में उस पद्धति का प्रयोग नये सन्दर्भों में, नये अर्थों के साथ किस प्रकार कर सकते हैं, इसे दलित नाटककारों को, कलाकारों को देखना जरूरी है। इसी दृष्टि से 'गाव नसलेला गाव', 'आवर्त', 'थाम्बा-रामराज्य येतंय', 'झाड़ाझडती' आदि नाटकों के लेखकों ने तथा जिन निर्देशकों ने इन्हें रंगमंच पर प्रस्तुत किया है, उनका प्रायोगिक दृष्टिकोण देखने लायक है। इससे बढ़कर लोककलाओं को महत्त्व देने की गलती अपनी तरफ से न हो-ऐसा मुझे कहना है। समाज का

मार्गक्रमण यह हमेशा आगे की ओर, विकास की ओर गतिशील होता है। पीछे मुड़कर चलें नहीं, इतना ही यहाँ कहता हूँ।

आज इतना सब कुछ होते हुए भी नाट्य आन्दोलन के लिए कुछ बातों की आवश्यकता है। एक ओर नये-नये नाटककार उभरकर आ रहे हैं, नयी संस्थाओं का उदय हो रहा है। लेकिन किसी एक नाटक को लेकर उसके देशभर में, कम-से-कम महाराष्ट्र में कोई नाट्य संस्था प्रयोग कर रही है, ऐसा चित्र मुझे नजर नहीं आता। दलित नाट्य परिषद ने इस दिशा में प्रयत्न किया है लेकिन कुछ अपवाद छोड़कर इस ढंग से प्रयत्न होने आवश्यक हैं। अपने नाटक के लिए नाटय संस्था न्यायसंगत हो-ऐसा किसी भी लेखक को लगता है। उस दृष्टि से उसे भरोसा दिलाने वाली नाट्य संस्थाएँ नहीं हैं। इन नाट्य संस्थाओं को अपना लक्ष्य स्पष्ट करना चाहिए। यही नाट्य संस्था मेरे नाटक को न्याय दे सकती है, मेरे नाटक की कद्र कर सकती है, ऐसा महसूस हुए बिना नाट्य लेखक भी नये-नये नाटक लिखने का उत्साह नहीं दिखाएगा। आज दलित थिएटर औरंगाबाद, दलित रंगभूमि पुणे और आव्हान दिल्ली-इन तीन नाट्य संस्थाओं का अपवाद छोड़ दें तो अन्य संस्थाओं की ओर लेखक अधिक गंभीरता से देखता ही नहीं। इन दो-तीन संस्थाओं ने विगत दो-तीन वर्षों में अपने नामानुरूप नाटक नहीं दिये-यह भी चलते-चलते कहने की इच्छा है।

नाटक एक दृश्य-श्रव्य माध्यम है। इसमें से व्यक्त होने के लिए उस पर अपनी हुकूमत चाहिए। उसकी तोड़-फोड़ करके नया कुछ निर्माण करने के लिए अध्ययन की आवश्कयता है। मैं क्या कहता हूँ या करता हूँ वह अन्ततः दर्शकों तक पहुँचता है कि नहीं, यही मूलभूत या बुनियादी विषय है। परम्पराओं को नकार रहे हैं इसलिए ओर दुर्लक्ष्य करके नहीं चलेगा। नाटक की प्रस्तुति करते समय, अपनी यह निर्मिति लोगों के सामने पेश करते समय, वह उतना ही आकर्षक और परिपूर्ण होना चाहिए। इस विषम में Concession माँगना उचित नहीं है। प्रशंसा का पहलू अलग करके, नाटक के रूप में किसी को अपने नाटक की समीक्षा करनी हो तो खुद आगे बढ़ना चाहिए। नाटक की संहिता से लेकर अभिनय, सम्वाद, प्रस्तुति, स्पेस, टाइम—इन सभी बातों का विचार करके, कड़ी मेहनत करके नाटक स्टेज पर या लोगों के सामने आना चाहिए। हम क्या प्रस्तुत कर रहे हैं, इसकी स्पष्ट समझ तथा भूमिका हमारे निर्देशक-कलाकारों के पास होनी आवश्यक है। इसके लिए नाटकीय-तन्त्र अवगत करने चाहिए। आज प्रकाश, नेपथ्य, संगीत आदि विषयों में अज्ञानी रहकर काम नहीं चलेगा।

सम्मेलन के अवसर पर दलित नाटकों की प्रस्तुतिकरण के कुछ प्रयोग होने आवश्यक हैं। विभिन्न प्रयोगों की सहायता से उस समस्या की, प्रश्न की तीव्रता दर्शकों तक पहुँचानी चाहिए। इसके लिए पारम्परिक पद्धति के प्रस्तुतिकरण में,

अभिनय में नये-नये प्रयोग करने की आवश्कयता है। यहाँ एक बात ध्यान में रखनी है कि जब मैं प्रयोग करने की आवश्यकता है, ऐसा कहता हूँ, तब मराठी नाटक के प्रायोगिक नाटकों से उसका सम्बन्ध जोड़ने का मोह किसी को होने की सम्भावना है। लेकिन यहाँ केवल प्रयोग के लिए प्रयोग होना चाहिए-ऐसा मेरा उद्देश्य नहीं है। नाटक के आशय की आवश्कयता है इसलिए प्रयोग होना चाहिए, यह कहना है। केवल नया प्रयोग न हो, बल्कि उस नाटक की आवश्यकता के अनुसार प्रयोग होना चाहिए। मेरा मुद्दा स्पष्ट करने के लिए मेरे ही एक नाटक का उदाहरण आपके सम्मुख रखता हूँ। 'गाव नसलेला गाव' इस नाटक की विषयवस्तु देखें। नारनवरे की 'नरबली' यह कठोर सत्य है। नारनवरे को जिस हिंस्र पद्धति से मारा जाता है वह पद्धति ही इतनी जंगली है कि उसे किसी भी प्रकार से स्टेज करने की सोचें तो भी उसके भीतर की क्रूरता को मैं स्टेज पर कर नहीं पा रहा था। उसके लिए आदिमानव का नृत्य दिखाकर उस कार्य की तीव्रता (Intensity) ला सकेंगे, ऐसा भी नहीं लगता। उसके लिए वह रूपक तथा अभिनय की विशेषता संयमी-अभिनय की, पूरी कल्पना ही नकारते हुए, मुझे मंचोन्मुख दर्शकों को बेचैन करने वाले अभिनय की आवश्यकता महसूस होती है। इसके लिए नये नाटकों के साथ-साथ नव-पद्धति के प्रतीकात्मक अभिनय को अंगीकृत करना होता है। इस सन्दर्भ में स्वतन्त्र रूप से विचार करने की मेरी तैयारी है। एक ही व्याख्यान में सबकुछ कहना सम्भव है, ऐसा मुझे भी नहीं लगता, इसलिए इस बात को यहीं रोकता हूँ।

आज दलित नाट्य-आन्दोलन की एक और आवश्यकता है, वह है नाट्य-समीक्षकों की। दलित नाटकों को न्याय मिलेगा-ऐसे समीक्षकों की आज आवश्यकता महसूस होती है। कई लेखकों, निर्देशकों, कलाकारों से बहस करते समय उन्होंने इस सम्बन्ध में अनुभूति की कमी की ओर संकेत किया है। आज दलित नाटकों पर लिखने वाले जो कुछ समीक्षक हैं, वे दलित नाटकों की समृद्धि के लिए आवश्यक परीक्षण कर नहीं रहे। सामान्यतः इन नाटकों पर कोई नहीं लिखता। लिखा है तो बहुत थोड़ा, मामूली लिखा जाता है। दलित नाटकों का परीक्षण नाटक के रूप में किसी ने किया तो वह स्वागत योग्य है। लेकिन ऐसा भी किया नहीं जाता। फिर केवल उत्साहवर्धक दो शब्द लिख कर कुछ लोग मुक्त हो जाते हैं। परन्तु इससे नाटक पर सर्वांगीण विचार नहीं होता। लेखक, निर्देशक, कलाकारों को सन्तोष नहीं मिलता। इस की पूर्णता के लिए 'दलित-नाट्य-आन्दोलन' को अपने खुद के नाट्य समीक्षक तैयार करने होंगे-ऐसा मैं आग्रह करता हूँ। नाट्य आन्दोलन से सम्बन्धित मेरे दोस्तों को यह जिम्मेदारी अपने कन्धों पर लेनी चाहिए। इतना ही नहीं, अपने नाटक का परीक्षण-स्पष्टीकरण खुद ही करने की आवश्यकता है। इसके कुछ कारण भी हैं। इस सन्दर्भ में 'दलित थिएटर' औरंगाबाद

द्वारा प्रस्तुत किया गया प्रकाश त्रिभुवन का 'थाम्बा रामराज्य येतंय' नाटक के सम्बन्ध में मेरा अनुभव आपके सम्मुख रखता हूँ। इस नाटक ने दलित नाटक को राष्ट्रीय स्तर तक पहुँचाया। इस नाटक का प्रयोग विश्वविख्यात प्रायोगिक नाटकों के बुजुर्ग व्यक्ति, महाभारत के निर्देशक पीटर ब्रुक को पसन्द आया। तब उसने 'National School of Drama' दिल्ली में जाहिर तौर पर कहा–'I was very excited by the skill and vitality of the performance. I felt the conviction that comes from a reality that reached me even though I could not understand the words.' इन शब्दों में अपनी राय व्यक्त की है-उस नाटक के सम्बन्ध में, नाट्य प्रयोग के सम्बन्ध में। मराठी नाटक होते हुए भी मराठी समीक्षकों ने भी (गो. पु. देशपाण्डे का अपवाद छोड़कर) इस पर एक शब्द में भी अच्छा-बुरा नहीं लिखा। दिल्ली के सभी अंग्रेजी, हिन्दी समाचार पत्रों में, अन्य भाषा-भाषी समीक्षकों ने इस नाटक पर लिखा है। लेकिन महाराष्ट्र के सभी नाट्य-प्रेमी लोग इस सम्बन्ध में कुछ बोलते-लिखते नहीं है। महाराष्ट्र में केवल हमारे ही पास नाट्यशास्त्र विभाग है, ऐसा कहते हुए, शान से अकड़ने वाले नाट्यशास्त्र विभाग ने भी इस पर एक शब्द नहीं कहा। इसे नाटक के प्रति उदासीनता कहें या जाति संस्था में पोषित अहंकार कहें? और ऐसे ये लोग मराठी में विश्वकोश लिख रहे हैं और 'थाम्बा, रामराज्य येतंय' के लेखक के रूप में साफ-साफ प्रा. भगत का नाम छपवा रहे हैं। दूसरा एक अनुभव इसी नाटक के सन्दर्भ में कहता हूँ। इस नाटक के अन्त में इसके नायक आनन्द को खत्म किया जाता है। यह नाटक एक ही समय पर तीन स्तरों पर विकसित होता है। मराठी नाटकों की दृष्टि से यह स्थिति बहुत महत्त्वपूर्ण होकर भी इस विषय पर कोई नहीं बोल पाया। आनन्द अन्त में मर गया है। वह जमीन पर औंधा पड़ा है। वह अपने दोनों हाथ फैलाता है। एक पैर का आखिरी हिस्सा दूसरे पैर पर रखता है। इस प्रकार का पोज़ मैंने उसे दिया था। इस प्रतीक का मैंने प्रयोग किया था। लेकिन यह प्रतीक किसी भी समीक्षक तक पहुँच नहीं पाया। शायद क्रॉस पर चढ़ाये गये ईसा मसीह अपने नहीं हैं इसलिए यह उन तक नहीं पहुँचा होगा। तथाकथित समीक्षकों की, नाटकों पर डॉक्टरेट की उपाधि पाकर शान दिखाने वालों की यह अवस्था है। प्रा. दत्ता भगत के 'अश्मक' में निहित श्रमण संस्कृति के सम्बन्ध में भी ऐसा ही हो सकता है। इसलिए मैं कहता हूँ कि खुद के नाटकों, प्रतीकों का स्पष्टीकरण नाटककार को ही करना जरूरी है। जिन्हें सन्दर्भों की जानकारी नहीं है उन समीक्षकों की ओर से दलित नाटक को न्याय मिलेगा, ऐसा मुझे नहीं लगता। इसलिए खुद ही इस आन्दोलन की, नाट्य प्रदर्शनों की समीक्षा करना आवश्यक है। आलोचक भी खुद ही बनें, यह इस आन्दोलन की आवश्यकता है।

दोस्तो, नया इतिहास रचने वाली पीढ़ी के आप गवाह हैं। इसलिए आपके

आन्दोलन का इतिहास आपके कलाविष्कारों का इतिहास है। आम्बेडकर पूर्व युग का जैसा इतिहास है, वैसा ही वह आम्बेडकरोत्तर युग का भी इतिहास है।

जाति-व्यवस्था के कारण दलित, आदिवासी समाज को अपनी कलाओं का निर्माण खुद को ही करना पड़ रहा है। उन्हें प्रस्तुत करना भी पड़ रहा है। यहाँ एक बात का स्पष्टीकरण मैं देना चाहता हूँ कि Creativity भी एक मूलभूत उद्भावना है। सौन्दर्य दृष्टि भी मानव को जन्मजात प्राप्त है। उसमें एकाध समाज अगड़ा और पिछड़ा यह भेद हो नहीं सकता। शिक्षा की भनक न रखने वाली आदिवासी महिला अपने घर के सामने रँगोली सजाती है, दीवारों पर चित्र निकालती है, चूल्हे की सजावट विशिष्ट ढंग से करती है, घर में वस्तुओं का रख-रखाव, आंगन की सजावट जिस ढंग से करती है उसमें उसकी सौन्दर्यदृष्टि और सृजनशीलता होती है। यह भी Creativity का ही एक हिस्सा है। ये सभी ध्यान में रखकर ही मैं आगे का विवेचन कर रहा हूँ। मूलतः अपने भीतर की सृजनशक्ति की अभिव्यक्ति समाज किसी-न-किसी रूप में करता ही है। जाति-व्यवस्था के कारण उसकी इस सृजनशीलता को अप्रतिष्ठित माना गया है। फिर भी वह गीत रचता था, गाता था, संगीत में रममाण होता था। दूसरी ओर मनु कहता था कि कलाएँ शूद्रों की हैं। इसलिए सभी कलाएँ भी शूद्र मानी जाती थीं। यही इतिहास है। उसे यहाँ कथन करने की आवश्यकता नहीं है।

कहने का मुद्दा यह है कि गाँव के बाहर की बस्ती में, पहाड़ों-घाटियों में यह समाज श्रम के बाद अलग-अलग कलाओं में, संगीत में, गानों में, नृत्यों में तल्लीन होता था। तमाशा में, मेलों में व्यस्त होता रहा। अंग्रेजों के जमाने में वह उपजीविका के लिए शहरों की ओर बढ़ने लगा। वहीं बस्ती बनाकर रहने लगा। उसका जीवन बदल गया था पर वह मन से गाँव के खेलों में ही रममाण होता रहा। इसके लिए स्वाँग, भेस, तमाशा, गाना ऐसा ही कुछ करता रहा। बाद में अंग्रेजों के कारण नाटकों की ओर आकर्षित हुआ। तमाशे का खेल वह करने लगा। महाभारत, रामायण, पुराणों में से स्वाँग लेकर वह उसे प्रस्तुत करने लगा। मराठी में इ.स. 1885 के किर्लोस्कर के नाट्य-युग में उनके नाटक उनकी बस्तियों में होते रहे इसके प्रमाण उपलब्ध हैं। इस युग में उनकी सांस्कृतिक कामना इसी ढंग से पूरी होती थी। आगे 'वीरचन्द्रसेन' यह नाटक मुम्बई के महार-समूह ने खेला था, इसके भी प्रमाण उपलब्ध हैं। यह युग मराठी रंगमंच पर बालगन्धर्व के समानान्तर का युग है। महार-नाटक मण्डल ने 1920 के आस-पास मोरेश्वर ताम्बे लिखित 'महार की बहू' (महाराची सून) यह बुकिश नाटक प्रस्तुत किया। यह समस्या प्रधान नाटक है। उसके नाट्य प्रयोग मुम्बई, पुणे, दापोली आदि स्थानों पर टिकट लगाकर छात्रावास की सहायता के लिए किये गये। 1940 में घनश्याम तलवलकर द्वारा इस नाटक का निर्देशन करने के प्रमाण उपलब्ध हैं।

इस युग की महत्त्वपूर्ण विशेषता बाबासाहब के आन्दोलन का वाहक बनकर उत्पन्न हुआ आम्बेडकरी जलसा। तमाशा के नाट्य गीतों का प्रयोग करके प्रबोधन करने वाला यह नाट्य प्रकार, चर्चा, सवाल-जवाब के माध्यम से आम्बेडकरीय विचार लोगों तक पहुँचाता है। भीमराव, कर्डक इस 'जलसा' के निर्माता रहे। केरुबुवा गायकवाड़ तथा घेगड़े के जलसे यानि आम्बेडकरी आन्दोलन के लुभावने दिन थे। उनकी पोटली से ही आज के दलित नाटक निकले हैं। आन्दोलन जैसे-जैसे स्थिर होता गया, स्थायी होता गया, वैसे-वैसे जलसे स्थिरता पाते गये। आन्दोलन की एक अवस्था में से गायन पार्टियों का जन्म हुआ। गीत-संगीत, सिनेमा की लय पर गीत चलते रहे। यही गीत-गायन आगे मुख्यतः 1960 के बाद के आन्दोलन की अभिव्यक्ति का हिस्सा बना। नयी पीढ़ी सुशिक्षित हुई। वह नाटकों की ओर आकर्षित हुई।

1960 के बाद सामान्यतः दलित आम्बेडकरी आन्दोलन का केन्द्रबिन्दु औरंगाबाद बना। दलित छात्रों के प्रथम सांस्कृतिक केन्द्र के रूप में मिलिन्द कॉलेज को पहचाना जाने लगा। पूरे महाराष्ट्र के दूर-दराज के युवा छात्र शिक्षा के बहाने यहाँ एकत्रित हो गये। अपनी संस्था, अपना कॉलेज यह एक नया नजरिया इस बहाने यहाँ निवास करने लगा। आम्बेडकरी आन्दोलन को पहली बार यहाँ ऐकेडमिक स्वरूप प्राप्त हुआ। एक संयुक्त परिवार का रूप ही नागसेनवन को प्राप्त हुआ। एक ही संस्कार में ढले इन युवाओं की गर्जना, नये सन्दर्भ और नयी समझ के साथ यहाँ प्रतिबिम्बित होने लगी। प्रभाकर वराले की बौद्ध धर्म पर आधारित 'सिद्धार्थ गौतम' संगीति का जन्म 1965 में यहीं हुआ। खुद की तलाश करने वाली कविता की यहाँ अभिव्यक्ति होती रही। उसी समय बाबासाहब के स्पर्श से पुनीत हुई यह भूमि नव्य-हुँकार से गर्भधारण कर रही थी। दलित नाट्य-साहित्य का वह ऐतिहासिक क्षण भी इसी भूमि का है। 1955 में बाबासाहब मिलिन्द कॉलेज की गैदरिंग के प्रमुख अतिथि के रूप में आये थे। प्राचार्य म. भि. चिटणीस उस समय के मिलिन्द के प्राचार्य थे। गैदरिंग में छात्रों-अध्यापकों ने प्रस्तुत किये नाट्य प्रयोग बाबासाहब ने देखे और प्राचार्य को बुलाकर कहने लगे-'अरे मनोहर, ये किस प्रकार के नाटक प्रस्तुत कर रहे हैं? इसकी बजाय अपने जीवन से सम्बन्धित विषयों पर छात्रों को नाटक लिखने के लिए कहो, और उन्हें कहो कि वे ही नाटक गैदरिंग में प्रस्तुत करें।' दलित नाटक किस प्रकार के हों? इस सम्बन्ध में यह ऐतिहासिक वक्तव्य खुद बाबासाहब के शब्दों में प्राचार्य चिटणीस ने छात्रों को बुलाकर कहा। दलित जीवन पर नाटकों की रचना करो-ऐसे कहा। फिर भी नाटक किसी ने लिखा नहीं। वह रिपोर्ट लेकर प्राचार्य बाबासाहब से मिले। 'बाबा, किसी ने उस प्रकार का नाटक नहीं लिखा।' ऐसा उन्होंने उन्हें कहा। 'तो फिर तू ही लिख' ऐसा आग्रह उन्होंने प्राचार्य चिटणीस से किया। उस समय उन्होंने 'युग-यात्रा' लिख दिया। वह गैदरिंग में

प्रस्तुत किया गया। अध्यापक-छात्रों ने उसे प्रदर्शित किया। डॉ. वानखेड़े ने उसमें 'नभोवक्ता' का रोल निभाया। भालचन्द्र वराले, प्रभाकर वराले, माने आदि उस समय के छात्रों ने उसमें अभिनय किया था। 1956 में नागपुर की दीक्षा भूमि पर इस पहले दलित नाटक का प्रस्तुतिकरण बाबासाहब की उपस्थिति में किया गया। लाखों लोगों ने दर्शक बनकर इस नाटक को देखा। यह कितना बड़ा इतिहास है। नागपुर के नाट्य प्रयोगों में ही आज के उद्घाटक डॉ. भालचन्द्र फड़के ने नभोवक्ता का रोल किया था। इस ऐतिहासिक प्रसंग के गवाह आज अपने साथ हैं। यह सबसे बड़ा आनन्द का क्षण है।

इसके बाद यह परम्परा आगे बढ़ नहीं सकी। सुखराम हिवराले, भगवान भटकर, शंकर वाघमारे, वसन्त देसाई, नरेश इंगले, देवदत्त म्हात्रे, वामन लिम्बालकर आदि ने कुछ नाटकों का प्रस्तुतिकरण किया है। लेकिन उनमें दलित समस्या प्रधान समस्या बहुत कम ही रही है। इसी बीच नागपुर में डॉ. प्रभाकर गणवीर, खोब्रागडे आदि ने कुछ एकांकिकाएँ लिखकर प्रस्तुत कीं। फिर भी इस सांस्कृतिक आन्दोलन का केन्द्र मिलिन्द कॉलेज ही रहा। डॉ. वानखेड़े ने यही सूत्र अपनाकर 1968 के आस-पास विद्रोही साहित्य की प्रस्तावना रखकर सांस्कृतिक संघर्ष का आरम्भ किया। आज का दलित साहित्य यह उसी का अहसास है। मिलिन्द कॉलेज की जमीन से ही आम्बेडकरी अभिव्यक्ति का जन्म हुआ है।

नाटकों के सन्दर्भ में 1956 से 1970 यह कालावधि इन्तजार में बीत गयी है। दलित साहित्य की चर्चा में 'दलित नाटक होना चाहिए' ऐसा आग्रह हुआ लेकिन नाटकों को कुछ राह नहीं मिली। फिर 1961 में प्राचार्य चिटणीस ने खण्डित प्रयोगों को नये रूप में करने का नियोजन किया। छात्रों द्वारा एकांकिका लिखकर, छात्रों द्वारा ही उसे प्रस्तुत करने का प्रयत्न किया गया। इसी नियोजन के कारण दस-दस एकांकिकाएँ, मिलिन्द की गैदरिंग में प्रस्तुत होने लगीं। अविनाश डोलस की 'आहुती', 'कालोखाचे कैदी', अशोक अहिरे, बाबुराव गायकवाड़, प्रकाश त्रिभुवन आदि की एकांकियाँ तथा नाटकों के प्रयोग रंगमंच के माध्यम होने लगे। इनके प्रयोग होते रहे पर मुद्रित पुस्तकें बाहर नहीं आयीं। लेकिन ये नाटक महाराष्ट्र के कोने-कोने तक पहुँच गये। जिन्होंने गाँवों-गाँवों इन एकांकिकाओं के प्रदर्शन देखे थे, उन्होंने जैसे बन पड़ा वैसे उत्स्फूर्तता से प्रदर्शन किये। आगे 1975-76 में मेरा लिखा 'गाव नसलेल गाव' यह नाटक गैदरिंग में प्रस्तुत किया गया तथा दलित नाटकों को एक भारी भरकम रास्ता मिल गया। दूसरे अ. भा. दलित नाट्य सम्मेलन (मुम्बई) में यह नाटक 'दलित नाटक अलग हो सकते हैं क्या?' इस संगोष्ठी का प्रात्यक्षिक बन गया। गं. बा. सरदार, डॉ. वानखेड़े, भास्करराव जाधव, प्राचार्य चिटणीस आदि गणमान्य व्यक्तियों ने इसका स्वागत किया। शेष इतिहास आप सब जानते हैं। वह कहना योग्य नहीं होगा। पर इतना

ही कहता हूँ कि दलित थिएटर द्वारा प्रस्तुत किये हुए इन प्रदर्शनों में दलित रंगमंच ने, आम्बेडकर प्रेरित नाटकों ने बल प्राप्त किया। बाद में धड़ल्ले से नयी-नयी नाट्य संस्थाएँ उदाहरण पुणे की 'दलित रंगभूमि', संगमनेर की 'नवनिर्माण', नागपुर की 'पैन्थर्स' आदि खड़ी हो गयीं। ये फिर से इसलिए कहना है कि मिलिन्द ने हमें यह नाटक दिया है। उसके प्रति ऋण व्यक्त करना, इतना ही। आगे यहाँ के दलित थिएटर ने 'थाम्बा! रामराज्य येतंय' इस नाटक का चित्रिकरण करके डॉ. जब्बार पटेल ने उसका उल्लेख 'सांस्कृतिक महाराष्ट्र में नयी आशा' के रूप में किया है। उनकी नाटकाधारित फिल्म में, नाटक के विकास में, इस नाटक को Latest कहा गया है। उनके इस सहकार्य के लिए मैं उनका आभार व्यक्त करना चाहता हूँ।

दोस्तो, जाते-जाते कुछ नाट्यविषयक आवश्यक बातों का निर्देश करता हूँ। आम्बेडकरी आन्दोलन अनेक स्थितियों से गुजरा है। आन्दोलन की यात्रा आपके सामने है। समाज में सुशिक्षितों की होने वाली दमघोंटू स्थिति का अहसास आपको है। अपने ही निकट के लोग कुछ सम्बन्ध बदलकर जीना चाहते हैं, यह आप सभी जानते हैं। सिंह जैसी गर्जना करने वाले भी किस प्रकार निष्प्रभ हो रहे हैं, इसे भी आप देखते आ रहे हैं। मनुष्यों के भीतर का अपनापन कहीं तो खोता जा रहा है, ऐसा लगता है। इन प्रसंगों के भी हम ही गवाह हैं। बौद्ध कहलाते समय वह भार सहन होगा या नहीं, इस विचार से हम कभी चिन्तित नहीं हुए। कभी बेचैन नहीं हुए। अन्तरजातीय, धर्मीय विवाह के क्षणों में स्वागत करते समय हमें अनेक विकट प्रसगों में से रास्ता निकालना पड़ा है। लेकिन इन बातों को हम नाट्य रूप देकर नाटक लिख नहीं सके। अपवाद कोई होगा, यह स्वीकार करके भी ऐसा हम कह सकते हैं। नामान्तर के हिंसाचार में अनुभूत विविध अंगों का विश्लेषण तथा उसकी खोज हमने विशेष रूप से नहीं की। (नामान्तर से सम्बोधित नाटक उपलब्ध हैं, यह जानता हूँ।) चरागाह के प्रकरणों में दी हुई टक्कर, उसमें के नाट्य पर आपका ध्यान खींचा नहीं गया। दलित-दलितान्र्गत संघर्ष, दादासाहेब गायकवाड़, शान्ताबाई दाणी, बैरिस्टर खोब्रागडे, सोनुले हरिहरराव, गाँधी-आम्बेडकर, आम्बेडकर-नेहरु, बुद्ध-आनन्द, शंकराचार्य-बुद्ध, पोचीराम, उसका छोकरा, ऐसे अनगिनत विषय आपके इन्तजार में हैं। उनको आप निराश नहीं करेंगे, यही विश्वास यहाँ व्यक्त करता हूँ।

केवल मोटे तौर पर अन्याय, दरिद्रता का चित्रण, सवर्ण विरुद्ध दलित यही विषय नाटकों के नहीं हैं इसे आप सम्पूर्ण विश्व को दिखा देंगे। मानव के प्रति व्यक्त करुणा को, प्रेम को व्यक्त करने के लिए हम नाटकों का सृजन करते हैं, यह आज फिर से एक बार ऊँची आवाज में लोगों से कहें।

अन्त में एक महत्त्वपूर्ण मुद्दा उठाकर मैं विराम लेता हूँ। दलित नाटकों में हमें अपने विचारों के प्रतीकों (Symbol) का प्रयोग करना आवश्यक है। इसलिए विचारों

के साथ-साथ कुछ प्रतीक, बिम्ब, प्रतिमाएँ नाटकों में लाने चाहिए, ऐसा मुझे लगता है। इसके लिए जातक कथा, बुद्ध-जीवन के प्रसंग, तथा आन्दोलन की अनेक घटनाओं को प्रतीक का रूप देकर नाटक को नया-सन्दर्भ-अर्थ प्राप्त करा दे सकते हैं।

बुद्ध के जीवन का एक प्रसंग मैं इस बहाने आपसे कहना चाहता हूँ। भगवान बुद्ध शब्दों की अपेक्षा कई बार हाव-भाव द्वारा अपने विचार प्रगट करते थे। इसी सम्बन्ध में एक प्रसंग है। यह प्रसंग 'फुलाचे प्रवचन' के नाम से प्रसिद्ध है।

किसी समय 1500 भिक्षु भगवन्त का प्रवचन सुनने के लिए आये थे। भगवान बुद्ध प्रवचन नहीं करते, वे सिर्फ खुद लाये हुए फूलों को हाथों में रखकर हाथ ऊँचा करके वे फूल लोगों को दिखाकर रुक जाते हैं। भिक्षुओं को कुछ अर्थबोध नहीं होता, वे कशमकश में पड़ते हैं। इनमें केवल एक भिक्षु कश्यप ही हँसता है। बुद्ध उसकी ओर देखकर हँसते हैं। प्रसंग समाप्त होता है। यह एक मूक अभिनय द्वारा प्रस्तुत किया हुआ नाट्य ही है। कश्यप जो अर्थ समझता है वह मैं आपको बताता हूँ। फूल दिखाना याने बुद्ध के सन्देश में सुगन्ध है। यह हमें लोगों तक पहुँचाना है। यह उसका एक अर्थ है। और यह फूल जैसे अनित्य है, वैसे ही जीवन अनित्य है—यह दूसरा अर्थ।

अनुवाद : डॉ. नीलकण्ठ उस्तुरे, लातूर

दलित लेखकों को बौद्ध साहित्य में निहित आदर्श की खोज करनी चाहिए

–भाऊ लोखण्डे

[दलित साहित्य सम्मेलन, नागपुर, 1991]

केवल शब्दों से लथपथ भाषा का उपयोग करके शब्दों की कसरत करना या शब्द के 'बाल की खाल' निकालना इसी में सार्थकता है, ऐसा नहीं समझना चाहिए। इस उँगली की थूक उस उँगली पर लगाने जैसी शब्द चालाकी अथवा शब्द तस्करी नहीं करनी चाहिए। दुर्बोध बिम्बों और क्लिष्ट शब्दों का प्रयोग करने भर से हमारी असीम समस्याओं और अपार वेदनाओं को व्यक्त करना असम्भव है। इसलिए अनुभूतियों के साथ प्रामाणिक रहकर ही हमें लिखना चाहिए। भगवान बुद्ध ने कहा था, 'मैंने जो अनुभव किया है, वही मैं कहता हूँ।' 'यं मया सामं दिट्ठं तमहं वदामि।' सन्त कबीर ने तो पण्डितों को स्पष्ट रूप से ही कहा था–'तू कहता कागज की लेखी। मैं कहता अंखियन की देखी ॥'

कलतक राजा-महाराजाओं, सेनापति, इत्यादि उच्चवर्गीय ब्राह्मण या फिर क्षत्रिय साहित्य के नायक होते थे। उनके लिए देववाणी संस्कृत दासी के समान आरक्षित रहती थी। दूसरों को मनाई थी। राजा की पटरानी होने पर भी उसे संस्कृत नाटकों में संस्कृत में बोलने की मनाही थी। उसे प्राकृत में ही बोलना पड़ता था। शूद्रा-तिशूद्र पात्रों के होठों का स्पर्श होते ही देववाणी अपवित्र हो जाती थी। कहने को कहते हैं कि राजा की गलती साधारण शूद्र अथवा कम ओहदेवाले भी निकालते थे। 'न तथा बाधते राजा यथा बधाति बाधते' यह पंक्ति संस्कृत भाषा और साहित्य सामान्य जनों तक पहुँचायी जानी थी इसलिए दिखावे के लिए कही गयी। लेकिन सत्य यह है कि मसखरा या विदूषक उच्चवर्गीय ही होता था इसलिए वह संस्कृत में ही बोलता था। लेकिन पटरानी राजा की अर्धांगिनी होते हुए भी संस्कृत का उच्चारण नहीं कर सकती थी। अब संस्कृत का अभ्यास करते समय संस्कृत की छाया को हम प्रयोग में ला सकते हैं। भगवान बुद्ध के उदय के बाद जो

हायब्रिड संस्कृत अथवा बुद्धिस्ट संस्कृत का उदय हुआ उस पर ऐसा कोई बन्धन नहीं था। ब्राह्मणों से लेकर शूद्रों तक सभी पात्र संस्कृत का समान रूप से उपयोग कर सकते थे। लेकिन आज वेदोपनिषद और वर्णजाति भेद का वायरस फैलाने वाली मनुस्मृति कई विश्वविद्यालयों में पढ़ायी जाती है। पर बौद्ध संस्कृत साहित्य जो अतुलनीय साहित्य है उस पर बहिष्कार डाला जाता है! अश्वघोष का 'बुद्धचरित', 'सौन्दरनन्द' महाकाव्य, आर्यवेद का 'जातक माला', आचार्य शनिदेव का 'बोधिरचर्यावतार' संस्कृत पाठ्यक्रम में बिल्कुल ही दिखाई नहीं देते। ऐसा क्यों? भारतीय इतिहास में पहली बार बुद्ध ने संस्कृत को त्यागकर साधारण लोगों की बोली-भाषा का प्रयोग धर्मोपदेश के लिए किया था। क्योंकि तब तक संस्कृत भाषा उच्चवर्णियों की कैद में थी। विशिष्ट जाति की वह दासी बन गयी थी इसलिए धर्मज्ञान या साहित्यचर्चा किसी भी वर्णहीन दलित-शोषित शूद्र की दहलीज़ तक जा ही नहीं सकती थी। अभी हाल ही में पण्डित मालवीय की पोती और स्वयं बाबासाहब आम्बेडकर संस्कृत सीख नहीं पाये थे। सबसे पहले भगवान बुद्ध ने पालि अथवा मागधी बोली के द्वारा साधारण लोगों तक धर्मज्ञान को पहुँचाया। इस तरह प्राकृत भाषा का प्रयोग कर इस यात्रा का आरम्भ बुद्ध से शुरू होकर सिद्धनाथ गुफाओं में से होते हुए हमारे वारकरी नामदेव, तुकाराम, चोखामेला, एकनाथ और सन्त ज्ञानदेव के पण्ढरपुर में आकर रुक गयी। अब यही परम्परा दलित साहित्य में साकार हो रही है। पूणें की शुद्ध मराठी भाषा में ही साहित्य निर्मित होनी चाहिए, ऐसा आग्रह नहीं होना चाहिए। व-हाडी, खानदेशी अथवा आहिराणी, आदिवासियों की बंजारा और गोण्डी बोलीभाषा में भी साहित्य निर्मित करने के लिए किसी प्रकार का संकोच नहीं होना चाहिए। दीन-दलित जनता के राजा शाहू महाराज स्वयं साधारण लोगों की बोली में बोलते थे और अपने बच्चों से कहा करते थे कि साधारण प्रजा की भाषा में ही हमें बोलना चाहिए। जो भाषा प्रजा की वही राजा की—ऐसा उनका कानून था। महात्मा जोतिबा फुले भी स्वयं साधारण महार-मातंग-चमार और किसानों की समझ में आए ऐसी ही भाषा में बोलते थे और लिखते थे। चिपलुणकर शास्त्री उनकी वर्तनी की भूलें जाँचते ही रह गये और सामाजिक आन्दोलन के चक्रवात के तूफान में गायब भी हुए। अमेरिका के नीग्रो ने 'ब्लैक पॉवर' की अस्मिता से 'ब्लैक इज ब्यूटिफुल' इस नयी अवधारणा को जन्म दिया और वैश्विक मान्यता प्राप्त की। खुद का 'ब्लैक थिएटर' खड़ा करके 'जॉज़ संगीत' साकार किया—उसे विश्वभर में जनप्रिय किया। परिणामतः अमेरिका की गोरी लड़कियाँ काले व्यक्ति पर फिदा होने लगीं। दलित साहित्य को भी साहित्य शास्त्रीय परम्परागत नियमों और निष्कर्षों की परवाह न करते हुए अपनी सौन्दर्यशास्त्र विषयक कल्पना और अपना शिल्प तैयार करना चाहिए। इसके लिए बौद्ध, पालि और संस्कृत साहित्य की मदद लेनी होगी।

'दलित साहित्य इकहरा और नीरस बनता जा रहा है', 'दलित साहित्य में उन्हीं बातों को दोहराया जाता है'; 'दलित साहित्य चक्र में फँसा हुआ है—इसे बाहर निकालना है'—ऐसी मृगजाल के समान चकमा देने वाली मिथ्या चालबाजी से हमें डरना या सिटपिटाना नहीं चाहिए। हजारों सालों से केवल वेदोपनिषद, रामायण, महाभारत के आख्यान और कथोपकथन पर पुष्ट होने वाले नाटक, कहानियाँ और उपन्यासों के आकाश को छूने वाले मध्यवर्गीय रूढ़ीवादी हाथी के दाँतों से बने मीनार में....नहीं, काँच के घर में ये समीक्षक 'लेडी ऑफ शेलॅट' जैसे अपनी खिड़की से बाहर की दुनिया देखे बगैर ही अथवा उस जीवन की ओर झाँके बिना ही हम पर पत्थरों की वर्षा करते आ रहे हैं। जिसका कुछ जलता है उसी को आँच लगती है। 'घायल की गति, दूजा क्या जाने रे' यही सच है। ज्ञानकोशकार श्री. व्य. केतकर ने उपन्यास लिखा है, 'ब्राह्मणकन्या' तेण्डुलकर ने नाटक लिखा वह भी 'कन्यादान'। ब्राह्मणकन्या के शहीद होने का वर्णन करने के लिए ही उपन्यास लिखा गया है! 'पुरुष' नाटक भी इसी मकसद से दिखा गया है। किन्तु 'बलुंत' की किसी स्त्री या पुरुष का अपवादात्मक अनैतिक जीवन जैसे दलित जीवन की प्रतिनिधिक मिसाल नहीं हो सकती, वैसे ही 'सुकन्या' की ब्राह्मण कन्या का पति भी दलित समाज का प्रतिनिधि नहीं हो सकता। यह प्रकारान्तर से नियम सिद्ध करने की हाथ की सफाई अथवा ब्राह्मण की धूर्तता है। इसलिए कल तक ही नहीं आज भी जिन्होंने कला, कला के लिए है—ऐसी बांझ, विकृति की सोच छोड़ी नहीं है, उनको दलितों के दहकते जीवन के सच्चे अनुभवों को इकहरी, पुनरुक्ति से भरा आवर्तनग्रस्त, आक्रोश करने वाला बावलापन कहने का क्या हक है? अपने व्यक्तिगत, सामाजिक अथवा वर्गीय या जातीय स्वार्थी हेतु के लिए साहित्य को जिन्होंने अपनी आवश्यकतानुसार, सुविधानुसार उपयोग किया हो उनको सौन्दर्यशास्त्र अथवा शिल्प के नामपर इतना हंगामा करने की कोई ज़रूरत नहीं है और उस ओर ध्यान देने की हमें भी ज़रूरत नहीं है। जिनके दर्शन हेतु हमें खून बहाकर भी सफलता नहीं मिली वे देवता हमें पूजनीय और अनुकरणीय क्यों लगें? हमें अपने अनुभवों को प्रामाणिकता से और दिल को छू लेने वाले और यथार्थ को ठीक ढंग से अभिव्यक्त करने आना चाहिए। इसके लिए हमें विविध भाषाओं के साहित्य के साथ-साथ पाली, संस्कृत, बौद्धसाहित्य का भी बहुत अधिक अध्ययन करना होगा।

दलित लेखक को अपने नायक की खोज करनी पड़ेगी। या तो नये सिरे से उसका निर्माण करना होगा। आर्य के पहले यहाँ पर नाग लोगों की बस्ती थी। नाग और आर्यों में घमासान युद्ध हुआ। इसमें विजयी आर्यों ने नागों को दास बना दिया। इस घटना से दलित लेखकों को नये पुराणकथाओं के लिए नायक-नायिकाएँ मिल सकती हैं। बुद्ध, उनका जीवनचरित्र, उनकी महान शिष्य-शिष्याएँ, उपासक-उपासिका, बौद्धधर्म, यक्ष-किन्नर, गन्धर्व-मार, बलीराजा के अलावा जातककथाओं से भी नये

मिथकों, पुराणों और कहानियों का सृजन किया जा सकता है। महापण्डित राहुल सांकृत्यायन द्वारा लिखा गया 'किन्नरदेश', 'वोल्गा से गंगा' का आदर्श आँखों के सामने रखकर रचनाएँ लिखी जा सकती हैं।

साहित्य का सबसे प्रभावशाली माध्यम है–नाटक। उसमें दृष्टि और कान, इन दोनों इन्द्रियों द्वारा सीधे अन्तरात्मा पर प्रभाव डालने की शक्ति होती है। महाराष्ट्र में तमाशा यह माध्यम दालितों में पहले से ही प्रचलित था। 'बामन के घर में लिखना और महारों के घर में गाना' यह कहावत इसका सबूत है। महात्मा फुले प्रणीत सत्यशोधक जलसाकारों ने तो लोकनाट्य के इस माध्यम द्वारा बहुजन समाज में अभूतपूर्व नयी चेतना निर्माण की थी। कालिदास से पहले भारत में नाटक निर्मिति का श्रेय भदन्त अश्वघोष नामक बौद्धभिक्षु को जाता है। सारिपुत्र प्रकरण नामक सारिपुत्र के (बुद्ध का पट शिष्य) जीवन पर यह नाटक लिखा गया है। उसी को 'शारद्वतीपुत्र' प्रकरण ऐसा कहा जाता है। यह छोटा सा प्रकरण-नाटक उन्हीं के नाम पर गिना जाता है। उसमें सभी प्रकार के पात्रों का अर्थात् चोर, लुच्चा, लफंगा, विट, गणिका, विदूषक, वेश्या, शराबी आदि को समाविष्ट किया गया है। डॉ. किथ इसको गणिका रूपक का Hetaera Drama कहते हैं। इस नौ अंकवाले प्रकरण नाटक में धर्मसेनापति सारिपुत्र और महामोग्गल्लन द्वारा बौद्धधर्म के स्वीकार के ऐतिहासिक प्रसंग का चित्रण है। भदन्त अश्वघोष स्वयं संगीतकार थे। उन्होंने इकतारा जैसा वाद्य तैयार किया था। वे गाँव-गाँव, चौराहा-चौराहा पर अपने फनकारों के साथ जाते थे और बौद्धधर्म का प्रचार करते थे। उनकी कविताएँ बहुत ही लोकप्रिय हुई थीं। आधुनिक नुक्कड़ नाटक की अवधारणा की भारतीय जड़ें यहाँ पर खोजनी चाहिए।

नीग्रो के ब्लैक थिएटर के ढंग पर हमने 'दलित रंगभूमि' खड़ी की है। नुक्कड़ नाटकों के हम सफलता से प्रयोग कर रहे है। म. भि. चिटणीस, दत्ता भगत, टेक्सास गायकवाड़, प्रभाकर दुपारे, हेमन्त खेब्रागड़े, प्रेमानन्द गज्वी, अविनाश डोळस आदि ने अपनी जोरदार कोशिशों से दलित रंगभूमि को ख्याति दिलाई है।

एक समय ऐसा था कि डॉ. बाबासाहब आम्बेडकर के मूकनायक का विज्ञापन लोकमान्य तिलक का 'केसरी' अखबार छापने के लिए तैयार न था। पैसों के साथ यह विज्ञापन वापिस भिजवाया गया था। डॉ. बाबासाहब कहते हैं, 'पहले मुझे प्रसिद्धि देने के लिए तैयार नहीं थे, अब साक्षात्कार का आग्रह कर रहे हैं।' उस युग में पत्रकारिता का मतलब था-खास लोगों के लिए रखा हुआ-चरागाह! दलित पत्रकार मिलना मुश्किल था लेकिन अब दलित पत्रकार मण्डलियों ने भी अपना अलग स्थान निर्माण किया है।

अब विचार स्वाधीनता के अथवा शोध पत्रकारिता के या अनुसंधान के नाम पर दलित बहुजनों की चेतना देने वाले फुले-शाहू-आम्बेडकर जी का अवमूल्यन

करने की बेकार की कोशिश गांगल पंथीय कर रहे हैं। राष्ट्रीय नेताओं की हत्या कर बदनाम करने वाले समाजकण्टक, राष्ट्रद्रोहियों को गौरवान्वित करने के लिए अपने आपको भाग्यशाली समझ रहे हैं।

धर्म के आधार पर अल्पसंख्यकों और दलित आदिवासियों को डराने का षड़यन्त्र प्रतिक्रियावादी कर रहे हैं। ऐसी हरकतों का बौद्धिक स्तर से मुकाबला करने की आवश्यकता है। नहीं तो भारतीय संविधान का कोई महत्त्व ही नहीं रहेगा। रथयात्रा निकालकर, मस्जिद पर चढ़कर, मण्डल को कमण्डल में डुबाकर, क्रिकेट के मैदान पर मिट्टी का तेल डालकर, उसे उखाडकर वे स्वेच्छाचार करेंगे और हमें पूँछ डालकर बैठना पड़ेगा? वे मस्जिद को तोड़ने की कोशिश करेंगे और बौद्धगया के मन्दिर पर भी कब्जा करेंगे। उन्हें जैसी धर्म स्वतन्त्रता चाहिए वैसी सभी को चाहिए। बुद्ध गया के मन्दिर से महन्त का पण्डा का अपने लिंग-पिण्डी के साथ निकल जाना चाहिए। "आन्ध्र प्रदेश के गुण्टूर जिले में बुद्ध स्थान का रूपान्तरण हिन्दू मन्दिर में किया गया है।" यह अगर सच है और बौद्धों को अगर वहीं बुद्ध-स्थान चाहिए तो उन्हें उसे वापस करना भी जरूरी है।' ऐसा बालासाहब देवरस ने 30 अक्तूबर 1988 में 'तरुण भारत' दैनिक पत्र में कहा था। यह केदारनाथ, जगन्नाथपुरी, अयोध्या, मथुरा, नागार्जुन पहाड़ी, रामटेक इतना ही नहीं तो पाण्डव गुफा, नासिक और पण्ढरपूर के बारे में भी यही, सच है। फिर क्या हम ये सब छोड़ देंगे? नकारार्थी उत्तर हो तो अयोध्या और मथुरा के बारे में हम किस मुँह से बोल सकते हैं? हमें स्वतन्त्रता का उपभोग लेना है तो क्या दूसरों को यह अधिकार नहीं है? एक ओर अल्पसंख्यकों को राष्ट्रीय बहाव में शामिल होने के लिए कहना और दूसरी ओर हिन्दूराष्ट्र का ढिंढोरा पिटवाना! हिन्दुत्व को ही राष्ट्रीयत्व कहना यह सब पाखण्ड है।

आज हम अपने जीवन की ओर, कर्तव्य की ओर, संस्कृति की ओर नजरअन्दाज कर रहे हैं और जीवन मूल्य तथा सांस्कृतिक मूल्य कैसे झुलस गये हैं—इसका डरावना चित्रण सामने खड़ा कर रहे हैं। हमें तुरन्त सावधान रहकर जीवन तथा सांस्कृतिक मूल्यों की परवरिश करनी चाहिए। उन्हें तेजस्वी, कान्तियुक्त बनाना चाहिए। उनको बढ़ाना चाहिए। शहर में रहते हुए हमें अपने देहाती भाइयों को नहीं भूलना चाहिए।

दलित साहित्य के प्रेरणा स्रोत डॉ. बाबासाहब आम्बेडकर जी दीन-दलितों के लिए रात-दिन सोचा करते थे। वे ऐसे कार्य को राष्ट्र कार्य ही मानते थे। राष्ट्रहित की विस्मृति उनको गलती से भी नहीं होती थी। राष्ट्र जीवन की याद दिलाते हुए बाबासाहब कहते थे—'आज राष्ट्र जीवन और समाज जीवन को प्रकट करने वाला साहित्यशास्त्र निर्माण नहीं हो रहा है। इस स्वतन्त्र राष्ट्र को एकात्मता और भाईचारे की बहुत अधिक आवश्यकता है। एकात्मता और बन्धुता में अपने

राष्ट्र का निचोड़ होना चाहिए। इसके अभाव में जोरदार संघर्षशक्ति निर्माण नहीं होगी। इसीलिए साहित्य-कला से भी मानवतावादी शास्त्र निर्माण होना आवश्यक है। उसके लिए साहित्य क्षेत्र में राष्ट्र के लिए उपयुक्त क्रान्ति की लहरें उठनी चाहिए।' राष्ट्रभक्ति और राष्ट्रैक्य की सोच यह दलित साहित्य आन्दोलन की रीढ़ की हड्डी है। राष्ट्रभक्ति का पाठ हमें किसी से सीखने की आवश्यकता नहीं है। इस महान राष्ट्र के भविष्यकालीन विकास के लिए और सामाजिक, आर्थिक तथा राजनीतिक संरचना के अन्तिम ढांचे के लिए मेरे मन में कोई संदेह नहीं है। हम सामाजिक, आर्थिक और राजनीतिक दृष्टि से विभक्त हैं। हम आपस में लड़ रहे हैं। अनेक प्रकार के अनाजों और दालों को एक साथ पीसकर, उस आटे को तलकर बनाए गए नमकीन की तरह हम हैं। फिर भी ऐसा होते हुए भी मुझे पूरा भरोसा है कि परिस्थिति में परिवर्तन लाने से कोई भी ताकत इस राष्ट्र की एकता में बाधा नहीं डाल सकती। विभिन्न जातियाँ और धर्म होते हुए भी हम किसी न किसी रूप में एक राष्ट्र बनेंगे, ऐसा कहते हुए मुझे कोई संकोच नहीं लगता है। हमारी समस्या अन्त में मंज़िल के सम्बन्ध में नहीं है। भिन्न-भिन्न विचारधारा, बिखरे हुए लोग अर्थात् इस खिचड़ी समाज को कोई एक निर्णय लेकर उस पर चलना चाहिए, जिससे एकता निर्माण होगी, यही हमारी असली समस्या है। ऐसा बाबासाहब आम्बेडकर कहते हैं।

आज महाराष्ट्र के देहातों में भगवा उठाते हुए धर्मान्ध मनोवृत्ति के एकाधिकारशाही हिन्दू औरों पर आतंक निर्माण करने का प्रयास कर रहे हैं। पिंपरी देशमुख और सावनेर के घाव, उध्वस्त हुए घरों की राख ओढ़कर बैठे हुए हैं। मोवाड़ की पूरी तरह से उध्वस्त जिन्दगानी मायूस नजरों से देख रही है। गाँवों में भारत की आत्मा रहती है फिर भी यहाँ अंधे युग की अँधेर नगरी बसी हुई है। इसीलिए बाबासाहब ने गाँव को केन्द्र स्थान पर न रखते व्यक्ति विकास को केन्द्रीय माना था। क्योंकि इने-गिने दलितों की झोपड़ियाँ गाँव में सत्ता और अमीर सवर्ण जमींदारों के इशारों पर लाचार होकर जी रही हैं। पिंपरी देशमुख का साबणे आज भी बाबासाहब के संकेत की याद अपने कत्ल से दे रहा है। बाबासाहब कहते हैं-'जब तक भूमिहीन और गृहहीन दलित गाँव छोड़कर शहर में नहीं आएगा, तब तक उसका जीवन नहीं सुधरेगा तथा अत्याचार और अन्याय से भी उसे मुक्ति नहीं मिलेगी। गाँव में रहने वाले हमारे लोगों का अपने पूर्वजों का गाँव छोड़ने का मोह छूट नहीं रहा है। उनको ऐसा लगता है कि यहाँ हमारी रोटी है। लेकिन रोटी से अधिक अहम् है स्वाभिमान! जिस गाँव में उनके साथ कुत्ते जैसा बर्ताव किया जाता है, पग-पग पर अपमानित होना पड़ता है और अपमानित होकर स्वाभिमानशून्य जीवन जीना पड़ता है ऐसा गाँव किस काम का? देहात में जीने वाले इन अछूतों को वहाँ से निकलकर जहाँ कहीं पर शहर के पास ऊसर जमीन होगी उस पर

कब्जा करके नये गाँव का निर्माण कर स्वाभिमान से मानवता का जीवन जीना होगा। वहाँ पर नये समाज की निर्मिति करनी है। वहाँ के सारे काम उनको ही करने चाहिए। ऐसे गाँव में कोई उनको अछूत कहकर अपमानित नहीं करेगा।'

शहर के सुशिक्षित दलित युवकों को भयानक बेरोजगारी का दुःख झेलना पड़ रहा है। ये युवक 'नॉट फाउण्ड सूटेबल' के ब्रह्मास्त्र से यौवन में ही बूढ़े दिखाई देते हैं। 'पान ठेला' अथवा 'रामपुरी' ये दो ही पर्याय उनके सामने हैं। एम्पलायमेण्ट की कतार भी आगे बढ़ती नहीं है। कॉलेज और विश्वविद्यालय में वैधानिक रूप से अस्पृश्यता शासन करती है। विज्ञापन अथवा सिलेक्शन को अदालत में अगर चैलेंज किया जाए तो फिर सिलेक्शन जिनका हुआ है ऐसों का लिफाफा परमानेंट सील हो जाता है और उनका सब कुछ ऑलवेल शुरू रहता है। सिंगल पोस्ट, आइसोलेटेड पोस्ट आरक्षित रह ही नहीं सकती ऐसा पासवान केस का सुप्रीम अदालत का फ़ैसला रिजर्वेशन के ताबूत का अन्तिम कील बन रहा है। फिर भी उसके भी विरोध में जाकर आर्ग्युमेण्ट करके सही बात सामने रखकर न्याय देलेवाले न्यायमूर्ति बाबासाहब के आन्दोलन ने पैदा किए हैं। किन्तु वे, अकेले अपवाद हैं। दूसरी ओर 'भीड़ में शत्रु के साथ मिले हुए रामशास्त्री' जैसी भयप्रद अवस्था है। समाज का क्वालिफाइड युवक परेशान है। ऐसे विषय हमारे साहित्य के विषय होने चाहिए। धन्तोली, बजाजनगर, रामदासपेठ का एक भी युवक-युवती बेरोजगारी से परेशान नहीं है। लेकिन ये दलित, आदिवासी युवक सायकिल रिक्शा या रामपुरी चढ़ाने के लिए मजबूर हो रहे हैं। कविताओं में से इसका विश्लेषण आना चाहिए, चर्चा होनी चाहिए। इन पर कहानी लिखनी चाहिए।

आरक्षण पूरा किए बगैर अनुदान न देने का सिद्धान्त होते हुए भी विदर्भ के तीस महाविद्यालयों में दलित, आदिवासी प्राध्यापक क्यों नहीं मिलते हैं? नागपुर की ऐसी अवस्था है। एक तो आरक्षण पूरा नहीं करते और अगर-स्थान भर देने के बाद भी स्थायी होने की संभावना हो तो दो साल पूरे होने से पहले ही टर्मिनेट किया जाता है। शैक्षिक, निजी और शासकीय क्षेत्रों में चला आ रहा यह अपराध हम रचनाकारों को नाटक, नुक्कड नाट्य तथा कथा-कविताओं के माध्यम से भण्डाफोड़ कर न्याय माँगना चाहिए। हम कम-से-कम सोचने-समझने वाले अराजनीतिक लोग क्षुद्र मतभेदों से दूर रखकर संघठित रूप से अन्याय को दूर कर सकते हैं। समाज और देश के उत्थान में हमें पहल करनी चाहिए। इसके अतिरिक्त अब हमारे पास कोई चारा ही नहीं है।

अनुवाद : डॉ. अरुणा गं. लोखण्डे, औरंगाबाद

जाति-प्रथा समाप्ति हेतु दलित रंगमंच का उदय

–रामनाथ चव्हाण

[दलित नाट्य सम्मेलन, नासिक, 1992]

बंधुओ, परिवर्तन का हथियार लेकर जन्मे इस रंगमंच के दलित नाटकों का स्वरूप शुरुआती दौर में भड़कीला एवं दिल दहलाने वाला था। जिनको दिन-रात केवल मनोरंजन की आदत थी ऐसे सवर्ण मराठी श्रोताओं को ऐसे भड़काऊ, दिल दहलाने वाले दलित नाटक पहले-पहले अच्छे नहीं लगे। अच्छे न लगना भी स्वाभाविक था। इस प्रकार के जीवन्त, यथार्थपरक एवं सोचने को मजबूर करने वाले नाटक कैसे अच्छे लगेंगे? जिसे हम मराठी रंगमंच कहते हैं, उस रंगमंच ने मराठी श्रोताओं के लिए मनोरंजन और घरेलू नाटकों के अलावा नाटकों की एक अलग दुनिया भी बनाई। जिसका निर्माण हम लोगों ने किया है इसका कभी अहसास कराने का प्रयास नहीं किया। उनको वैसी ज़रूरत भी महसूस नहीं हुई। उनको वैसी ज़रूरत भी क्यों महसूस हो? उनके नाटक निर्माण का मूल उद्देश्य ही मनोरंजन है। अमीरों के सुख-चैन के लिए निर्मित हुए मराठी रंगमंच ने पौराणिक और कुछ ऐतिहासिक नाटकों का मंचन कर के लोगों का मनोरंजन करते हुए राजा-महाराजाओं का प्रतिनिधित्व किया। आम आदमी के जीवन-मृत्यु को जगह नहीं दी। ऐसे कल्पनाशील मराठी रंगमंच की सौ-डेढ़ सौ वर्षों की परम्परा के नाटकों की मुख्य प्रवाहधारा से दलित रंगमंच अलग है। वह मानवी मूल्यों को संरक्षित करने वाला है। इन्सान को इन्सान बनाने वाला है और फुले, आम्बेडकर के स्वातन्त्र्य, समता और बन्धुत्व के मूल्यों को संरक्षित करने वाला है। ऐसा होते हुए भी यहाँ के नाट्यकर्मियों ने कहा 'दलितों ने अपना अलग चूल्हा जलाया है' और यह सच भी है। और यह चूल्हा है यहाँ के दलित उपेक्षितों के लिए। परम्परा से प्रताड़ित, अत्याचारियों के लिए यह जब उनके ध्यान में आया, तब वे कहने लगे, 'दलित रंगमंच ने अब अलग चूल्हा लगाया है' यह चूल्हा सामान्य नहीं है। इस चूल्हे पर जो पक रहा है वह अनजाना है। यह हमें जँचने वाला नहीं है। इसका स्वाद और गंध अपनी परम्परागत रुचि को

बदलने वाला है, और इसका अनुभव शुरुआती दौर में श्रोताओं को आया भी है। दलित रंगमंच के अलग चूल्हे पर परोसे गए दलित नाटकों के कारण कुछ लोगों ने शुरुआती दौर में उन्हें नजरअंदाज किया। उन्होंने दलित नाटकों को अलग-अलग विशेषण लगाए। दलित नाटक भड़कीला हैं। उसमें कला का अभाव है। वे प्रचार करने वाले हैं। अकारण हल्ला मचाने वाले हैं। उसमें विद्रोह, त्याग, गुस्सा बहुत ज्यादा है। उसमें का रोना सुना नहीं जाता, अत्याचार देखा नहीं जाता और अन्त में दलित नाटक, नाटक नहीं हैं ऐसा कहकर दलित रंगमंच को नकारने का भी प्रयास उन्होंने किया।

बंधुओ, जिन्हें वास्तविक सत्य देखने की आदत नहीं है, या किसी भारी-भरकम वाहन के नीचे आई औरत को रोना चाहिए, लेकिन ताल-सुर में रोना चाहिए ऐसी जिनकी अपेक्षा है, ऐसे लोग दलित नाटकों को कैसे देख पाएँगे? दलित रंगमंच के लेखक के नाते मैं आपको बताना चाहता हूँ कि दलित नाटक क्रान्तिकारी हैं लेकिन वह इस मिट्टी से विद्रोह करने वाला नहीं हैं। वे कट्टर हैं, लेकिन कड़ुवा सच बोलने वाले हैं, दिल दहलाने वाले हैं। किन्तु झूठे नहीं हैं। इनके सृजन के मूल में, लेखन के मूल में यहाँ के समाज-परिवर्तन की आकांक्षा है, जाति-व्यवस्था को नष्ट करना और राष्ट्र-एकता का विचार है। इस प्रकार का विचार देते समय समाज-व्यवस्था को तोड़ना-मरोड़ना जरूरी है। जो विचार प्रस्तुत करना है, उसका प्रचार तो करना ही पड़ेगा। यहाँ की जाति-व्यवस्था की मजबूत चौखट पर भारी प्रहार किए बिना जाति-व्यवस्था की प्रथा नष्ट नहीं होने वाली है। उसे नष्ट करने हेतु दलित रंगमंच का उदय हुआ है।

वर्तमान में खुद को प्रगतिशील, परिवर्तनवादी कहलाने का फैशन शुरू हुआ है। अगर आप ऐसा नहीं करेंगे तो लोग आपको सामन्तवादी, जातिवादी कहेंगे। इस डर के कारण यह सब हो रहा है। इसमें किसी दलित बंधु को घर बुलाना, चाय देना, कभी-कभी जान-बूझकर उसके घर जाकर चाय पीना या कभी-कभार उसके डिब्बे का थोड़ा-सा खाना खाना—यह हुआ व्यक्तिगत स्तर पर। सामाजिक स्तर पर इसका स्वरूप अलग है। साल में एक बार संक्रान्ति के दिन दलित बस्ती में जाकर तिल-गुड़ बाँटना, या रक्षा बन्धन के दिन दलितों के हाथों में राखी बांधना, दलित युवक जैसे बोलेंगे, वैसे ही उसकी हाँ में हाँ मिलाना। अगर उसने जाति-प्रथा पर हल्ला बोल दिया तो वह अत्यावश्यक था ऐसा कहना, हिन्दू परम्परा का विरोध क़रे तो उसकी आज अत्यावश्यकता है ऐसा कहना, समानता के लिए जिद पकड़े तो उसके लिए भी प्रयास चल रहा है-ऐसा कहना। किन्तु बाद में हमेशा की तरह परम्परा की चद्दर ओढ़े जीवन जीना। इस तरह के षड़यन्त्र से क्या इस देश में समानता आयेगी?

मित्रो, दलित रंगमंच के सन्दर्भ में कुछ लोग मुझे हमेशा कहते हैं—'आपके

नाटकों का यह आन्दोलन आदि ठीक है, किन्तु बार-बार यह दलित-दलित सुना नहीं जाता। ज़रूरत हो तो रंगमंच को अलग रहने दो। उसके पीछे लगाया हुआ दलित शब्द निकाल दीजिए। क्योंकि रंगमंच दलित हो ही नहीं सकता आदि।'

देखिए, कैसा मजाक है? ऐसा कहने वाले लोगों को यहाँ का व्यक्ति दलित हो तो चलेगा, यहाँ की जाति-प्रथा चलेगी, छुआछूत चलेगी, लेकिन दलित शब्द नहीं चलेगा। इसका मतलब बच्चे को जन्म तो देना लेकिन उसके अस्तित्व को नकारना, ऐसा अनैतिक व्यवहार करने वाले हमें नीतिमत्ता की बात सिखा रहे हैं। इनको मैं कहना चाहता हूँ, 'जब तक इस देश में जाति-प्रथा है, छुआछूत है, तब तक 'दलित' शब्द रहेगा क्योंकि दलित यहाँ की जाति-प्रथा एवं विषमता की सन्तान है। हिन्दू धर्मप्रथाओं ने उसे जन्म दिया है। जिस दिन यह प्रथा बदल जाएगी, जाति समाप्त हो जाएगी और सारा समाज सामाजिक समानता की पृष्ठभूमि पर जीएगा, तब यह दलित शब्द अपने-आप कट जाएगा।' दलित रंगमंच के शुरुआती दौर के कुछ नाटक देखकर कुछ सवर्ण लोगों ने कहा, 'आप पर अन्याय हुआ, यह सच है। आपको उपेक्षित रखा गया, सामाजिक न्याय से दूर रखा गया, यह भी सच है। किन्तु यह सब हमारे पूर्वजों के हाथों हुआ है। इसकी सजा हमें क्यों दे रहे हो?' अपना कहना स्पष्ट करने हेतु कुछ लोगों ने वाल्या-कोली (वाल्मीकि) का उदाहरण दिया। उन्होंने कहा, 'वाल्या-कोली ने पाप किये थे, निरपराधों का खून किया था, उसकी सजा उसके परिवार को क्यों दी जाए?'

देखिए, यह भी कैसा मजाक है? पूर्वजों के पापों की जिम्मेदारी खुद नहीं लेते, किन्तु पाप की परम्परा जारी रखना चाहते हैं। ऐसे लोग वाल्मीकि का उदाहरण देकर खुद का समर्थन करना चाहते हैं। ऐसे अज्ञानी लोगों को मैं कहना चाहता हूँ कि वाल्मीकि ने पाप किए किन्तु उसके परिवारवालों ने उसकी जिम्मेदारी नहीं ली, उसका पाप उसके ही सिर पर रखा। उसके पाप की परम्परा उसके परिवारवालों ने आगे नहीं चलायी। लेकिन आप परम्परा चला रहे हैं। इसलिए यह सजा आपको देना जरूरी है।

मित्रो, जिनको यहाँ के लोगों की जीवन-व्यथा का अहसास नहीं है, उन पर लगाये गए अमानवीय छुआछूत की चिन्ता जिन्हें नहीं है, इन्सान का इन्सान के रूप में कुछ सम्मान होता है यह जिन्हें मान्य नहीं, ऐसे लोगों को, इन्सान की पीड़ा को, उनके दुःख को, उनके उपेक्षित जीवन को रखने वाले दलित नाटक को कैसे सह सकेंगे? इस प्रकार के नाटक आज दलित रंगमंच पर मौजूद हैं। फुले-आम्बेडकर के प्रगतिशील विचारधारा पर ये नाटक दृढ़ता लिए खड़े हैं, इसे अब नकारा नहीं जा सकता। दलित रंगमंच के बिना रंगमंच का इतिहास पूरा नहीं हो सकता। इतना ही नहीं, दलित रंगमंच के अस्तित्व का विचार इतिहास को

स्वतन्त्र रूप में करना होगा।

दलित रंगमंच के सन्दर्भ में महाराष्ट्र के कुछ विद्वान महाराष्ट्र की लोककलाओं का विशेष सन्दर्भ देते हैं। खासकर पोतराज, मरिआई, कड़क लक्ष्मी और वाध्या मुरली जैसी अन्धश्रद्धा का प्रचार एवं प्रसार करने वाली उपेक्षित कलाओं में, दलित रंगमंच की जड़ें खोजने का प्रयास करते हैं। मेरा मत है कि उपर्युक्त कलाओं का दलित रंगमंच से सम्बन्ध जोड़ने का मतलब रंगमंच की प्रेरणा और उद्देश्य को बारूद लगाने जैसा है। पोतराज, कड़क लक्ष्मी—इन कलाओं को मैं लोककला नहीं मानता। यहाँ की जाति-व्यवस्था द्वारा की गई वह भयावह छुआछूत है।

पुणे-मुम्बई जैसे शिक्षा और संस्कृति के गढ़ माने जाने वाले शहरों में कुछ सवर्ण लोग पोतराज या तत्सम कलाओं की नकल करके उसे महाराष्ट्र की लोककला बताकर इस दुर्भाग्य को सम्मान देने का ऐसे में प्रयास कर रहे हैं। मतलब मूल कलाकार उपेक्षित और नकलकार प्रतिष्ठित ऐसा चित्र आज दिख रहा है। वास्तव में देखा जाए तो पोतराज, मरिआई, गोंधली, वाध्या मुरली, इन कलाओं को जीवित रखने वाले और जीने वाले दलित हैं किन्तु उनको इस व्यवस्था ने इन्सान के रूप में सम्मान नहीं दिया है।

एक ओर यह कहना कि कला की कोई जाति नहीं होती और दूसरी ओर जान-बूझकर ऐसी कलाओं को उस-उस जाति तक सीमित रखना, जाति के व्यवसायानुसार उनका भी उसी जाति में उत्तराधिकारी निर्माण करना—इस प्रकार के प्रयास आज भी महाराष्ट्र में चल रहे हैं। नकल के जरिए पुरानी परन्तु गलत प्रथाओं को पुनर्जीवन देना और उसका समर्थन करने का सोच-समझकर प्रयास किया जा रहा है और इस प्रयास को मीडिया सहयोग दे रहा है। इस पर दलित रगमंच को गम्भीरता से सोचना चाहिए।

पीढ़ी-दर-पीढ़ी अन्धश्रद्धा पर जीने वाला और देवी के हवाले से अपना जीवन व्यवहार करने वाला या घर-घर भीख माँगकर घूमने वाला पोतराज या पीढ़ियों से खंडोबा के नाम पर नाच-गाने कर असुरक्षित जीवन जीने वाली मुरली जिसके सन्दर्भ में गाँव में एक कहावत प्रसिद्ध है 'औरत भगवान की परन्तु बांट कर खाएगा गाँव' यह कहावत कहावत नहीं बल्कि सच्चाई है। पोतराज और वाध्या मुरली को ये तथाकथित ऊँचे लोग महाराष्ट्र की लोककला कहकर अपने हिसाब से उनका इस्तेमाल करते हैं। ऐसे लोगों से मैं पूछता हूँ कि अगर उपर्युक्त कला महाराष्ट्र की लोककला है, कला की धरोहर है तो फिर उसको जीवित रखने हेतु किसी सवर्ण ने क्या अपना कोई लड़का मरिआई को पोतराज के रूप में छोड़ा है? वाध्या मुरली की कला की जीवन्तता हेतु अपनी किसी लड़की को क्या मुरली के रूप में छोड़ेंगे?

मित्रो, यहाँ की परम्परा दूसरों के ऊपर निर्भर होकर जीने वाली और जगाने वाली है। इस परम्परा का फायदा हम लेंगे, इसके सभी फायदे हमारे ही होंगे। हम

ही इस परम्परा के मालिक एवं ठेकेदार होंगे? आप सिर्फ इसको ढोने वाले होंगे। बैल की गर्दन पर रखे झूल जैसी अत्याचारी परम्परा लोककला के नाम पर यहाँ के दलित की गरदन पर रखी है। इस परम्परा को नकारते हुए उसके नीचे दबे हुए, पिसे हुए उपेक्षित दलित व्यक्ति को हमें मुक्त करना है। वाध्या मुरली, पोतराज या कड़क लक्ष्मी की उपेक्षा ही रंगमंच के नाटकों का विषय होना चाहिए। उनमें स्थित इन्सानियत को हमें ललकारना चाहिए, ऐसा मुझे लगता है।

कुछ लोग कहते हैं, नाटक के माध्यम से क्या कभी बदलाव अथवा सुधार हुआ है? अगर ऐसा होता तो राम गणेश गडकरी का 'एकच प्याला' नाटक देखकर लोगों ने कब की शराब छोड़ दी होती। इन लोगों को मुझे बताना है कि नाटक के जरिये बदलाव और सुधार हो सकता है, बदलाव की इच्छा तो हो ही सकती है, इस पर हमारा भरोसा है। आप किसके लिए लिखते हैं, किस लिए लिखते हैं, यह आपके उद्देश्य पर निर्भर है। 1983 की एक घटना बताता हूँ। 'बायको मी देवाची' में मुरली (भगवान के नाम पर नाचने वाली युवा अछूत लड़की) की समस्या पर आधारित मेरी एकांकिका मेरे पूना के दिग्दर्शक मित्र, ज्ञानेश्वर भोसले ने खण्डोबा (ग्रामीण देवता का नाम) को छोड़े हुए एक मुरली (लड़की) को नाटक में मुख्य भूमिका देकर पुणे के भरत-नाट्य मन्दिर में इस एकांकी को प्रस्तुत किया था। उस समय थिएटर में मेरे पड़ोस में उस लड़की की माँ अपनी लड़की नाटक में कैसा अभिनय करती है, इसे देखने बैठी थी। मंच पर यह घटना चल रही थी कि बलात्कार से जन्मी मुरली की लड़की को ईश्वर के नाम से छोड़ने की बात हो रही है, या ईश्वर से उसकी शादी की तैयारी हो रही है। मुरली इसके लिए तैयार नहीं होती। तब उसे मजबूर करने की कोशिश की जाती है। अगर उसकी लड़की की शादी ईश्वर से नहीं होगी तो गाँव पर खण्डोबा का प्रकोप होगा-ऐसा लोग बताते हैं। तब मुरली अपनी लड़की को लेकर खण्डोबा के मन्दिर में जाती है और खण्डोबा से, भगवान से प्रश्न करती है। 'खण्डोबा, मेरी माँ से तूने शादी की, उसकी मैं लड़की हूँ। माता के रिश्ते से तू मेरा बाप है। हम दोनों में पिता-पुत्री का रिश्ता है। ऐसी स्थिति में तूने मेरे साथ भी शादी की अब मुझे एक लड़की हुई, उसका तू नाना है और रिश्ते से तू मेरा पिता है। क्या तू तेरी पोती से शादी करेगा? क्या मेरी लड़की से शादी करेगा? एक ही समय माता-लड़की और पोती से शादी करने का यह कौन सा तरीका है? मुझे जवाब चाहिए'—ऐसा कहकर वह खण्डोबा से सवाल करती है और अपनी लड़की की शादी लगाने से इन्कार करती है।

उपर्युक्त प्रसंग को देखते हुए मेरे पड़ोस में बैठी हुई मुरली की माँ काफी परेशान हो गयी। नाटक खत्म होने के बाद उसने मुझसे कहा, 'यह सवाल हमारे मन में कभी आया ही नहीं। मैंने भी खण्डोबा से शादी की और नाटक में काम करने वाली मेरी लड़की ने भी खण्डोबा से शादी की है। हम माँ-बेटी सौतन हो

गए। आपका यह नाटक देखकर मेरी आँख खुल गयी। मैं मेरी लड़की को अब मुरली के रूप में नहीं नचाऊँगी।'

नाटक देखकर मुरली की माँ पर हुआ यह प्रभाव दलित नाटक का अभिप्रेत परिणाम है और यह सफल है। इस तरह दलित नाटक देखकर प्रभावित होने के कई उदाहरण मैं आपको दे सकता हूँ। गडकरी के 'एकच प्याला' नाटक का उदाहरण देकर दलित रंगमंच का मजाक उड़ाने वालों से मुझे कहना है, 'दलित नाटक प्रश्न लेकर जन्मे हैं, वे उत्तर देकर जाएँगे।'

मित्रो, दलित रंगमंच का नाटक केवल सामाजिक प्रश्न निर्माण करने वाला नहीं है बल्कि वह एक पथ दिखाने वाला है। आपको सोचने को मजबूर करने वाला है। इस नाटक का सम्बन्ध हम क्रान्तिकारी फुले के 'तीसरे रत्न' नाटक से जोड़ने वाले हैं। फुले के सत्यशोधक जलसे से जोड़ने वाले हैं। दलित रंगमंच की प्रेरणा महाराष्ट्र की लोककला नहीं है। वह प्रेरणा, फुले-आम्बेडकर के वैचारिक नाटकों की है, ग्रामीण अंचलों में मनोरंजन के साधन के रूप में तमाशा (जलसा) को अनेक वर्षों से देखा जाता है। जिस समय तमाशा यह कला, महार-मांग जाति के अलावा अन्य जाति में नहीं गयी थी, ऊँची जाति के लोग तमाशा में कलाकार के रूप में कार्य करने के लिए तैयार नहीं थे। महाराष्ट्र में एक कहावत प्रचलित है, 'बामन के घर लिखना, काश्तकार के घर अनाज, और महार के घर गाना'। यह कहावत सच है, किन्तु बामन के लेखन को जो सामाजिक प्रतिष्ठा है, वह महारों के घर के नाच-गाने को कभी नहीं मिली। क्योंकि समाज व्यवस्था में कलाकारों की कला की प्रतिष्ठा उनकी जाति के आधार पर निर्भर है। मुझे यह खासतौर पर यहाँ बताना है।

तमाशा—इस कला को प्रस्थापित समाज ने कभी प्रतिष्ठा मिलने ही नहीं दिया। तमाशा पाप है, ऐसा प्रचार कर के तमाशा को बदनाम किया गया। जैसे-जैसे समय बदलता गया, वैसे-वैसे समय के साथ सन्दर्भ भी बदलते गए। तमाशा के खेल में समयानुसार और लोगों की रुचि के अनुरूप बदलाव होते गए। ढोलक, हार्मोनियम और तुनतुना की जगह लोकनाट्य इस नए नाम से यह ग्रामीण भागों में प्रसिद्ध हुआ किन्तु तमाशा का कलाकार वैसा ही रहा। उसकी हालत या सामाजिक प्रतिष्ठा में कोई फर्क नहीं हुआ। उस समय मंच पर नाचने वाली महिला आज भी नाचने वाली के रूप में जानी जाती है। रात में तमाशा में राजा की भूमिका करने वाला राजा सुबह बीड़ी तक खरीद नहीं सकता। यह स्थिति आज भी है। रोजी-रोटी का सवाल उसे परेशान कर देता है। तमाशा में नृत्य करने वाली महिला को अपनी इज्जत बचाने हेतु पुलिस से संरक्षण माँगना पड़ता है। राष्ट्रपति द्वारा सम्मानित विठाबाई नारायणगावकर को इस तरह पुलिस की मदद माँगनी पड़ी। यह स्थिति है दलित एवं पिछड़े वर्ग के तमाशा कलाकारों की। यह

स्थिति इसी प्रस्थापित समाज व्यवस्था की देन है। इसलिए तमाशा कलाकारों के उपेक्षित जीवन का वास्तविक चित्र दलित रंगमंच पर आना चाहिए। लोगों के सामने उसे रखना चाहिए।

तमाशा के नाम में परिवर्तन करने से या उसे आधुनिक बनाने से देखने वालों का नजरिया बदला नहीं है। तमाशा में जो परिवर्तन हुआ है वह मात्र इतना ही कि पिछड़े वर्ग की महिला तमाशा में नृत्य करे तो वह 'नाचने वाली' और उच्च वर्ग की महिला नृत्य करे तो वह 'नृत्यांगना'।

मुझे ऐसा लगता है, जिस कला के कारण अछूतों का अपमान हुआ है, उनकी उपेक्षा की गई है ऐसी कला को उन्हें छोड़ देना चाहिए। समाज में कला के रूप में तमाशा की प्रतिष्ठा नहीं है। तमाशा कलाकारों को प्रतिष्ठा नहीं है। तमाशा कलाकार की तरफ लोग आज भी तुच्छता और हीनता की दृष्टि से देखते हैं। तमाशा परिवर्तन का माध्यम न होकर मनोरंजन करने वाला रोजी-रोटी का व्यवसाय है। इस माध्यम द्वारा परिवर्तन को स्वीकारने की मानसिकता लोगों में नहीं है। समाज में परिवर्तन लाने का यह माध्यम नहीं हो सकता, ऐसा मेरा मानना है।

पिछले कुछ सालों से समाज के सभी वर्गों में चेतना का नया अंकुर उभर कर आ रहा है। दलित, उपेक्षित, पिछड़ा वर्ग और वेश्याएँ, देवदासी, आदिवासी एवं रोजी-रोटी हेतु सदियों से अपना जीवन पीठ पर लादकर गाँव की सीमा के बाहर भटकने वाली जातियों में फुले-आम्बेडकर के विचारों से चेतना आती जा रही है। आज उन्हें खुद के अस्तित्व का साक्षात्कार होने लगा है। इस वर्ग से नया नेतृत्व सामने आ रहा है, कार्यकर्ता निर्मित हो रहे हैं। खुद की आत्मकथाएँ लिखकर समाज की गरीबी, दरिद्रता, उपेक्षित जीवन को सामने लाने का प्रयास किया जा रहा है।

ऐसे समाज के अनेक लेखक, कार्यकर्ताओं के नाम बतलाए जा सकते हैं। मुझे ऐसा लगता है, अब इन लेखकों को नाट्य-लेखन की ओर मुड़ जाना चाहिए। साहित्य में इनकी आत्मकथाओं को इतनी प्रसिद्धि मिली है, कि इनके नाटकों को भी लोकप्रियता मिलने की सम्भावना मुझे लगती है। नाटक विधा की ताकत अन्य ललित लेखन से अधिक प्रभाव पैदा करने वाली है। एक ही समय अनेकों को अन्तरमुख करने वाली शक्ति इसमें है। आदमी को तत्काल बोलने के लिए विवश करने वाली यह विधा है।

घुमक्कड़ी जातियों, अति पिछड़ों एवं आदिवासियों की पीड़ा, वेदना को दलित रंगमंच पर जगह देनी चाहिए। उनकी आवाज इस माध्यम से गुंजनी चाहिए। जाति व्यवस्था एवं परम्परा के बोझ से घुटन महसूस करने वालों को खुली हवा मिलनी चाहिए। हाशिए पर पड़ा मजदूर, गांव का उपेक्षित, जिसे यहाँ की व्यवस्था ने नकारा, उस पर अन्याय किया, उन सबको दलित रंगमंच अपना लगना चाहिए। वह पिछड़े वर्ग का हो या अति पिछड़े वर्ग का आदिवासी हो या

माली-मराठा समाज का खेतीहार मजदूर, ब्राह्मणों में कोई उपेक्षित किरबन्त, मुस्लिम, ईसाई, सिख समाज में जो पिछड़े हैं-इन सभी के उपेक्षित जीवन को सामने लाने की जिम्मेदारी दलित लेखक पर है।

उपर्युक्त सन्दर्भ में मुझे लोकशायर अण्णाभाऊ साठे की याद आती है। उन्होंने साहित्य की अनेक विधाओं में लेखन किया है। उनके कहानी और उपन्यास के नायक सभी वर्गों में से हैं। उनके लेखन में नाटयात्मकता है। इसलिए उनका साहित्य एक उपेक्षित द्वारा अन्य उपेक्षितों के जीवन का अक्षर शिल्प है। इस नाट्य शिल्प को दलित नाटकों के ढाँचे में ढालने का प्रयास दलित लेखकों को करना चाहिए।

प्रेमानन्द गज्वी ने ऐसे प्रयास किये हैं। ब्राह्मर्ण वर्ग में उपेक्षित, किरवन्त ब्राह्मण (मृत्यु के बाद के कर्मकाण्डों को करने वाला, ब्राह्मणों की एक उपजाति)। इस उपजाति की यातना को वे समर्थता से सामने लाए हैं। उनके 'एक घूँट पानी', 'ईश्वर वधु', 'तनमाजोरी' और 'जय-जय रघुवीर समर्थ' ये नाटक ऐसे ही समाज की वास्तविक सच्चाई को सामने रखने वाले नाटक हैं। मुझे विश्वास है, पीढ़ियों से ये विस्थापित आज नहीं तो कल प्रस्थापितों का चेहरा बदले बगैर नहीं मानेंगे।

मित्रो, भाषण की शुरुआत में मैंने कहा था, 'दलित रंगमंच अब प्रौढ़ हो गया है, और यह सच भी है।' इस प्रौढ़ आयु के दौरान की यात्रा भूतकाल की कुछ निर्णायक घटनाओं की तो है ही, इसके अलावा रंगमंच को पूर्णत्व प्रदान करने वाली भी यह यात्रा है। इस यात्रा के एक राहगीर के नाते मैं कहूँगा, 'रंगमंच की प्रौढ़ता के साथ-साथ इस रंगमंच के दलित लेखकों के कुछ-एक नाटक भी प्रौढ़ और परिपूर्ण हो गए हैं।' वाटा पलवाटा (दत्ता भगत, 'तनमाजोरी', 'किरवन्त' (प्रेमानन्द गज्वी), 'बामणबाड़ा' (रामनाथ चव्हाण) इन नाटकों के कारण मराठी आलोचकों को भी इनकी मान्य करनी पड़ी है। साथ ही मराठी दर्शकों ने भी इन नाटकों को स्वीकारा है। ऐसे नाटकों को अब वे देखने लगे हैं।

रंगमंच के शुरुआती दौर में जिन मराठी आलोचकों ने, विद्वानों ने दलित नाटकों के बारे में बिना वजह आक्षेप लिए थे, उन्हें मिटाने का कार्य उपर्युक्त नाटकों ने किया है। आज मराठी रंगमंच पर नाटक ससम्मान मंचित हो रहे हैं। इन नाटकों से मराठी रंगमंच को एक अलग विषय की पहचान हुई, और रंगमंच की भूमिका का विस्तार भी हुआ। इसलिए मात्र मनोरंजन का उद्देश्य आँखों के सामने रखकर नाटक प्रस्तुत करने वाले व्यवसायिक मराठी रंगमंच पर 'झुलवा', 'कोण म्हणंत टक्का दिला', 'चार चौघी', 'छाया' आदि मराठी के लिए अपरिचित विषयों पर सामाजिक सच्चाई का चित्रण करने वाले वैचारिक नाटकों का नया दौर अभी-अभी शुरू हुआ है। मैं तो यह कहूँगा कि 'इस दौर के नाटकों को निष्कण्टक रास्ता देने का कार्य प्रथमतः दलित रंगमंच ने क़िया है।'

मित्रो, दलित रंगमंच के सामने सामाजिक चुनौतियाँ तो हैं ही, साथ में उग्र रूप से आर्थिक चुनौतियाँ भी हैं। आपको पता है कि इन्सान सभी बातों का नाटक कर सकता है, पैसों का नहीं। इसलिए पैसों के अभाव में दलित नाट्य संस्थाओं को अच्छे नाटक प्रस्तुत करना कठिन होता जा रहा है। मुझे ऐसा लगता है कि रंगमंच का यह आन्दोलन जीवित रहना चाहिए, फलना-फूलना चाहिए, इसलिये दलितों में से जो अमीर हैं उन्हें अपनी कमाई में से कुछ हिस्सा रंगमंच को देना चाहिए, ऐसा इस अवसर पर मैं आपसे निवेदन करता हूँ।

नाट्य मंचन से पैसा खड़ा करना चाहिए ऐसा कुछ लोग कहते हैं, किन्तु रंगमंच के लिए यह सम्भव होगा ही, ऐसा मैं नहीं कहूँगा। उसके जो कुछ अलग कारण हैं, उनमें से एक कारण यह है कि दलितों द्वारा दलितों के लिए निर्माण किए गए नाटक वे पैसे देकर क्यों देखें? गालियाँ सुनने के लिए टिकट निकालना है क्या, ऐसा सवर्ण श्रोताओं का कहना है। इसलिए सवर्ण इन नाटकों को ज्यादा भीड़ नहीं करते, और टिकट निकालकर नाटक देखना अपने बजट में सम्भव नहीं इसलिए दलित दर्शक टिकट खिड़की पर जाते नहीं, यह सच्चाई है। मुझे लगता है यह स्थिति हमें बदलनी चाहिए। दलित रंगमंच के कार्यकर्ता एवं नाट्य संस्थाओं को इस पर सोचना चाहिए।

पुणे-मुम्बई के कुछ लोग कहते हैं कि दलित रंगमंच का आन्दोलन अब रुक गया है। यह सच नहीं है। पुणे-मुम्बई में नाटक अगर होने लगें तो आन्दोलन चल रहा है और नहीं हो रहे हैं तो बन्द-ऐसा नहीं कह सकते। महाराष्ट्र में स्थित छोटी-बड़ी दलित नाट्य संस्थाएँ अपनी क्षमता के अनुसार नाटक निर्माण कर रही हैं। इस सन्दर्भ में औरंगाबाद के दलित नाट्य सभागृह का जिक्र करना जरूरी है। सन्दर्भ, विषय और प्रॉडक्शन के तौर पर उन्होंने काफी अच्छे नाटक मराठवाड़ा में प्रस्तुत किए हैं। पिछले वर्ष पुणे के कला मंच ने ग्रामीण इलाके में नुक्कड़ नाटक के सौ-पचासों प्रदर्शन किए हैं। सोलापुर के समता थिएटर ने इसी प्रकार पूरे जिले में 'नुक्कड़' नाटक प्रस्तुत करके चेतना जगाई। तो संगमनेर के संग्राम थिएटर ने 'चक्र' और 'आसुड' नाटक के सफल प्रदर्शन किए हैं। राज्य नाट्य स्पर्धा और कामगार कल्याण मण्डल की स्पर्धाओं में नागपुर के दलित रंगमंच ने अच्छी सफलता प्राप्त की है।

मित्रो, मुझे यह जरूर बताना चाहिए कि फुले-आम्बेडकर के विचारों से प्रभावित होकर यहाँ के मनुष्य को बदलने वाले रंगमंच का कार्यक्षेत्र केवल महाराष्ट्र तक सीमित नहीं है। उसने राज्य की सीमा को पार किया है-यह आपको इस अवसर पर बता दूँ। परिवर्तन के विचार से उत्साहित दलित लेखक, कलाकार और दलित नाट्य संस्थाएँ बड़े उत्साह से कार्य कर रही हैं। उदाहरणस्वरूप बीकानेर के इकबाल हुसैन, 'आयाम' नाट्य संस्था के डॉ. रामानन्द, तमिलनाडु स्थित पैन्थर थियेटर्स और सभी जाति-धर्म के लेखकों-कलाकारों का कर्नाटक स्थित दलित 'कला मंच' आदि दलित नाट्य

संस्थाएँ फुले-आम्बेडकर के परिवर्तन का विचार नाटकों, पथनाट्यों आदि माध्यम से दलित उपेक्षितों तक पहुँचा रहे हैं, समाज-जागृति का कार्य कर रहे हैं।

मित्रो, दलित नाट्य आन्दोलन के विस्तार हेतु अनेक दलित लेखकों, कलाकारों, विद्वानों ने अपना योगदान दिया है उसी तरह गैर दलित मराठी नाट्य आलोचक और आम्बेडकर के विचारों की प्रेरणा को स्वीकारने वाले कुछ विद्वानों ने दलित रंगमंच के विकास हेतु प्रामाणिक प्रयास किए हैं। विशेषतः पुणे के डॉ. भालचन्द्र फड़के जैसे वरिष्ठ विद्वान, साहित्यिक, आलोचक ने तमाम जनता को केवल दलित रंगमंच की पहचान ही नहीं करा दी, अपितु उसके उदय से लेकर विकास तक निष्ठा और प्रेमपूर्वक एक कर्तव्य के रूप में साथ भी दिया। महाराष्ट्र के इस रंगमंच से सम्बन्धित आन्दोलन को समुद्र पार ले जाने का कार्य भी फडके सर ने किया। दलित लेखकों, कलाकारों का मार्गदर्शन करके उनको परिपूर्ण बनाने का कार्य भी उन्होंने किया है।

मित्रो, दलित रंगमंच के सन्दर्भ में जिनका नाम लिए बगैर आदर का यह पन्ना पूर्ण नहीं हो सकता वे आदरणीय विद्वान, साहित्यिक और रंगमंच के मार्गदर्शक डॉ. गंगाधर पानतावणे जी ने दलित रंगमंच के लिए लिखे गए एकपात्री नाटकों की पहचान 'अस्मितादर्श' पत्रिका के माध्यम से सम्पूर्ण महाराष्ट्र को करा दी। रंगमंच की विकास यात्रा में उनका योगदान बहुत ही महत्त्वपूर्ण है-ऐसा मैं मानता हूँ।

मित्रो, दलित रंगमंच का उद्देश्य मात्र नाटकों का निर्माण नहीं है। सामाजिक परिवर्तन के साधन के रूप में आस-पास घटित होने वाली घटनाओं का ध्यान भी रखना है। आज देश में सामाजिक एवं आर्थिक विषमता से सम्बन्धित बेचैनी बड़े पैमाने पर बढ़ रही है। यह बेचैनी हिन्दू धर्म की देन है, जिन्होंने सदियों से दलित पीढ़ियों को उद्ध्वस्त किया, उपेक्षित रखा, ऐसे दलितों की यह बेचैनी है। ऐसी स्थिति में भी फुले-आम्बेडकर के विचारों से प्रेरित जनता ने इस सामाजिक पिछड़ेपन की बेचैनी से ऊपर उठकर मनुष्य की स्वतन्त्रता और सामाजिक समता के प्रकाशमय शिखर की ओर जाने का प्रयास किया है। किसी भी प्रकार के रक्त संहार के बगैर बाबासाहब को अपेक्षित सामाजिक, शैक्षिक, आर्थिक और राजकीय समता एवं मानवी स्वातन्त्र्य प्रस्थापित करने का प्रयास दलित जनता कर रही है। किन्तु देश में चल रही वर्तमान स्थिति को देखते हुए यह कार्य करना काफी कठिन है। मित्रो, इस राह के फुले-आम्बेडकर जैसे क्रान्तिकारकों को हाथ के पंजे में छिपाने की कोशिश करने वाले जैसे जुगनू हैं, वैसे उनके कार्य का दुष्प्रचार करने वाले, उनके बारे में बुद्धि-भेद करने वाले पोथीपन्थी भी हैं। फुले-आम्बेडकर को हिन्दुत्ववादी कहकर, असमानता को समता की वेशभूषा पहनाकर वे मैदान में उतार रहे हैं।

मित्रो, फुले-आम्बेडकर की प्रतिमा को रथ पर घुमाने से, उनके चित्र संसद के सेन्ट्रल हॉल में लगाने से इस देश के दलित उपेक्षितों को न न्याय मिलेगा

और न सामाजिक समता आएगी। इस भ्रम में कोई रहे इसका कोई कारण नहीं है। यह फुले-आम्बेडकर के जन्म शताब्दी वर्ष ने आपको बताया है। इस शताब्दी वर्ष में देश के अलग-अलग हिस्सों में दलित आदिवासियों पर किए गये अन्याय, अत्याचार देखने पर ऐसा लगता है यह शताब्दी वर्ष सामाजिक समता हेतु मनाया गया था दलितों पर अत्याचार करने हेतु, इस तरह की आशंकाएँ पैदा होने तक इस देश में ऐसी अनेक घटनाएँ घटित हुई हैं। बिहार, मध्यप्रदेश, उत्तर प्रदेश इन राज्यों में दलितों पर भयानक अत्याचार किए गये हैं। उनको काट दिया गया, जिन्दा जला दिया, महाराष्ट्र में महिलाओं पर सामुहिक बलात्कार किए गए, मन्दिर के पास आए दलित कोतवाल को मन्दिर अमंगल कर दिया इसलिए उसकी हत्या भयानक रूप से कर दी गई। अम्बेडकर के विचारों से स्वाभिमान से जीने वाले एक परिवार के लड़के की और उसके पिता की हत्या की गई और हरित क्रान्ति के नाम पर आदिवासियों के साथ बुरा व्यवहार किया जा रहा है। शताब्दी वर्ष के बहाने ऐसी अनेक घटनाएँ घटित हो चुकी हैं।

मुझे लगता है, फुले-आम्बेडकर का चित्र लगाकर या उनके नाम का उठते-बैठते जयघोष कर के सड़क पर आ सकते हैं, किन्तु फुले-आम्बेडकर के सपनों का भारत निर्माण नहीं कर सकते।

मित्रो, फुले-आम्बेडकर के सपनों का भारत निर्माण करने के लिए केवल हिन्दू धर्म के दलित नहीं, इस देश के मुस्लिम, ईसाई, सिख इन धर्मों के दलित उपेक्षितों को भी इकट्ठा होने की आवश्यकता है। महाराष्ट्र में रिडल्स के माध्यम से करीब आए लाखों लोगों को पुनः जोड़ने की ज़रूरत है। इनको जोड़ने का कार्य दलित रंगमंच के लेखक, कलाकार स्वीकार करेंगे, ऐसा मुझे विश्वास है।

मित्रो, हमने 21वी सदी की ओर पहल की है, किन्तु हमारी जीवन पद्धति में आज भी मध्य युग के कुछ विचार शेष हैं। हमारे एक हाथ में संगणक है तो दूसरे हाथ में त्रिशूल।

ऐसी असंगत स्थिति में हम 21वीं सदी में कैसे पहुँचेगे? देश में एक ओर प्रगतिशीलता, समता, बंधुता और न्याय प्रस्थापित करने का प्रयास जारी है तो दूसरी ओर प्रतिकूल शक्तियाँ, विषमता, दहशतवाद और शत्रुत्व को बढ़ावा दे रही हैं। ईश्वर, धर्म और मस्जिद के नाम पर लोगों को मध्ययुग में ढकेला जा रहा है। पुरोहितवाद को पुनर्जीवित करके भोली-भाली, गरीब जनता को हिन्दुत्ववाद के अँधेरे में ढकेला जा रहा है। इस पर गम्भीरता से सोचना चाहिए ऐसा मुझे लगता है।

अनुवाद : शैलेष कदम मरजी, वर्धा

दलित लेखक की भूमिका एक पहरेदार की हो

–लक्ष्मण गायकवाड़

[अस्मितादर्श लेखक-पाठक सम्मेलन, यवतमाल, 1993]

स्वातन्त्र्योत्तर काल में दलित-साहित्य तथा दलित अभियान, दोनों एक साथ चल रह थे। परन्तु आज दलित-साहित्य एवं दलित अभियान, दोनों ग्रहण लगने की स्थिति में आ पहुँचे हैं। इन दलित अभियानों में भी अलगाव के बीज बोए गए हैं। परिणामतः दलित अभियान में हमें अनेक प्रकार के गुट दिखाई दे रहे हैं। अतः दलित-साहित्य और दलित अभियान म. फुले तथा डॉ. बाबासाहब आम्बेडकर के महान विचारों की परम्परा को आगे बढ़ाएँगे या नहीं, इस बात की शंका उत्पन्न होने लगी है। अब तो चारों ओर हमें लाचारी और समझौते का जीवन दिखाई दे रहा है। अतः इन परिस्थितियों में प्रत्येक दलित-साहित्यकार का यह कर्तव्य बन जाता है कि वह अपने प्रभावपूर्ण लेखन की सहायता से मनुष्य का मन सुसंस्कृत करें। म. फुले तथा डॉ. आम्बेडकर द्वारा प्रस्तुत किए गए महान विचारों को साथ लिए यह समाज किस प्रकार मार्गक्रमण करेगा आदि बातों का विचार भी समाज को करना होगा क्योंकि यहाँ की जाति-व्यवस्था, धर्मान्धता तथा जातिवादी शक्ति कहीं फुले, आम्बेडकर के विचारों को निगल न ले। दलित-अभियान को इन बातों पर भी ध्यान देना होगा। यदि हम इन बातों पर ध्यान दे पाए तो आने वाले समय में फुले-आम्बेडकर के विचारों में निहित सुसंस्कृत एवं सुशिक्षित समाज का निर्माण कर पाएँगे।

इस देश में चातुर्वर्ण्य व्यवस्था के बीज इतनी अतल गहराई तक बोए गए हैं कि उस व्यवस्था को उखाड़ फेंकना किसी के बस की बात नहीं है। परिणामतः भारतीय समाज अधिकाधिक जातीयवादी, अन्धश्रद्धालु तथा दैववादी बनता जा रहा है। इसी कारण नव निर्मित समाज की गति इन अन्धश्रद्धाओं के कारण धीमी पड़ती जा रही है। जातीयवादी परम्परा से यह समाज इस प्रकार चिपका हुआ है कि स्वयं की भलाई को भी वह समझ नहीं पा रहा है जिसका महत्त्वपूर्ण कारण यही रहा

है कि मनुष्य जन्म से लेकर मरते दम तक ईश्वर, धर्म आदि भ्रामक कल्पनाओं के भरोसे जीता रहता है। अतः अपने भाग्य को कोसते हुए तकदीर का भोग समझकर आने वाले महासंकटों से जूझता रहता है। इन संकटों से संयम, जिद और बहादुरी से लड़ने की ताकत उसमें नहीं है। अतः अन्धविश्वासों के कारण निर्मित इस मनुष्य की यह असमर्थता सिद्ध होती है। एक प्रकार की मानसिक गुलामी के बीज समाज में बोये गए हैं। यहाँ का मनुष्य दैववादी होने के कारण अन्याय के विरोध में लड़ने की ताकत मृत ज्वालामुखी के समान सुप्तावस्था में चली गई है। इसी कारण भारतवर्ष में क्रान्ति के लिए पोषक वातावरण निर्मित न हो पाया। विशेषतः हिन्दू धर्म में स्थित अनेक अन्धश्रद्धाएँ, रूढ़ि-परम्पराएँ तथा जातीवाद मानवी मूल्यों के लिए घातक सिद्ध हुए हैं। हिन्दू धर्म में अनेक समाज-सुधारक, सन्त, समाज-सेवक बहुत बड़ी मात्रा में हो गए हैं, परन्तु जातीयता के घेरे में फँसे हुए समाज-मानस पर उनके विचारों का रत्तीभर भी असर न हुआ। जिन महान सन्तों ने इस समाज में परिवर्तन लाने के प्रयास किए हैं तथा विचारों में परिवर्तन लाने की कोशिश की है, उन्हें अनन्त अवहेलना एवं यातनाओं को सहना पड़ा है और यही हिन्दू धर्मियों का इतिहास रहा है। आज जब हम इतिहास के पन्नों को पलटने लगते हैं तो हमें इस बात का अहसास होता है कि यथार्थ रूप में इन सन्तों के विचार कितने महान थे। इन समाज-सुधारकों में उनकी मृत्यु के पश्चात ही उनमें देवत्व की प्रतिष्ठा की गई, इतना ही नहीं बल्कि उनके बुत बनाकर उनकी महिमा का गुणगान भी किया गया। परन्तु समाज-परिवर्तन की दृष्टि से प्रस्तुत किए गए इन समाज सेवकों के विचारों को सनातनी एवं ब्राह्मणवादी लोगों ने समाज-मानस तक पहुँचने न दिया। कारण यह रहा है कि यह समाज चातुर्वर्ण्यव्यवस्था का गुलाम सदा के लिए बना रहे। परिणामतः लाखों आदिवासी तथा खानाबदोश जनजाति के लोग आज भी समाज परिवर्तन से कोसों दूर रहे हैं। आज भी घुमक्कड़ जनजातियाँ, रात और दिन अपार कष्टों को सहने वाले वड़ार, पाथरवट जमात के लोगों के साथ हिन्दू धर्म आज भी बुरी तरह से व्यवहार करता है। अपने ही बच्चों को कभी-कभार गालियाँ देते समय कहते हैं-'क्यों रे! इन काले-कलूटे वड्डरों (पत्थर फोड़ने वाली एक जाति) की तरह क्यों दिखाई दे रहा है?' अथवा इस प्रकार से कहा जाता है कि 'सुबह तेली का मुँह न देखें या उस नाई का मुँह न देखें'। हिन्दू धर्म में आज भी यह अनिष्ट प्रथाएँ रूढ़ हैं। और इस रूढ़िग्रस्त समाज को इस बात का कतई दुःख भी नहीं है। यह हमारे लिए खेदजनक बात रही है।

डकलवार समाज के लोग जब गाँव में आते हैं तो उन्हें मातंग समाज की ओर से दाना-पानी देने की व्यवस्था की जाती है क्योंकि गाँव के किसी भी कोने को स्पर्श करने की इजाजत इन्हें नहीं दी जाती। समाज में इनका स्थान और उनकी प्रतिष्ठा यही है कि वे सुअरों के झुण्ड को साथ लिए एक गाँव से दूसरे गाँव घुमाते हुए ले

जाएँ, गाँव में भटकते रहें। यहीं तक उनका काम सीमित रहा है। मातंग समाज तथा डकलवार समाज, दोनों समाज-सुधार से वंचित रहे हैं। इनका अनपढ़ और अज्ञानी जीवन हिन्दू धर्म की अनेक जातियों की तरह अमानवीय एवं पशुतुल्य जीवन का प्रतीक रहा है। अन्धश्रद्धा के कारण इन लोगों का जीवन कष्टदायी और दुःखदायी रहा है। आज भी वे यातनाओं से भरा दरिद्र जीवन जी रहे हैं। इस प्रकार जीवन की यातनाओं को सहना उनकी मजबूरी बन गई है। इन सारी रूढ़ि-परम्पराओं के विरोध में संघर्ष करने का साहस यह समाज कभी न कर पाएगा। हम लोग इस बात से परिचित हैं कि आज भी यहाँ का ब्राह्मणवादी मनुष्य तथा उच्चवर्गीय नेता सत्ता में बने रहने के लिए दलितों की दयनीय अवस्था को बनाए रखने हेतु प्रयत्नशील रहा है क्योंकि इसी बात में उसका हित समाया हुआ है। उन्हें इस बात का अहसास हमेशा होता रहा है कि दलित-समाज में यदि नए विचारों के कारण क्रान्ति की भावना उत्पन्न हो गई तो हमारी अर्थात् प्रस्थापितों की प्रतिष्ठा, सम्मान, और सत्ता को खतरा पहुँच सकता है। वर्तमान समय में घटित कुछ उदाहरण इस बात के प्रमाण हैं। पिछड़ी हुई जनजातियों के लोगों के लिए आरक्षित सीटें रखी जाएँ तथा इस विषय में स्वतन्त्र रूप में अध्ययन किया जाए ताकि वे सामाजिक प्रबोधन द्वारा नवनिर्मित समाज का सृजन कर सकें। डॉ. बाबासाहब आम्बेडकर की यही इच्छा थी। परन्तु भारत में बसने वाले जातीयता के ठेकेदार, ब्राह्मणवादी विचारों से प्रवृत्त होने वाले लोग ईश्वर और धर्म की आड़ में पिछड़ा समाज इसी प्रकार से चातुर्वर्ण्य व्यवस्था में पिसता रहे इसलिए विविध प्रकार के धार्मिक एवं दैववादी कार्यक्रमों को आयोजित करते रहे हैं ताकि यह समाज जिस अवस्था में जी रहा है उसी अवस्था में स्थायी रूप से रहे इस के लिए भी प्रयास किए जाते हैं। अन्य पिछड़े हुए बहुजन समाज से कहा जाता है कि यदि तुम मोक्ष की प्राप्ति चाहते हो और अपना उद्धार करना चाहते हो, या फिर उच्चवर्गियों में जन्म लेकर अपनी अनेक पीढ़ियों का उद्धार करना चाहते हो तो तुम्हें गंगाजल के दर्शन करने होंगे तथा सर पर ईंटें रखकर अयोध्या के लिए प्रस्थान करना होगा। इन सारी बातों के लिए गंगाजल-यात्रा निकाली जाती है और गंगा का पानी घर-घर में पहुँचाया जाता है। शिला-पूजन के कार्यक्रमों को आयोजित किया जाता है। अर्थात् बहुजन समाज को सामाजिक उद्धार से कुछ दूरी पर रखते हुए उन्हें सपनों की दुनिया में जीना सिखा देते हैं। इसी प्रकार सनातनी लोगों द्वारा बहुजन समाज की बलि दी जाती रही है। इस बात का ज्वलन्त उदाहरण है 'मण्डल आयोग'। मण्डल-आयोग जारी होने के साथ ही यहाँ के उच्चवर्गीय तथा ब्राह्मणवादी समाज के मन में यह भय उत्पन्न हुआ कि सम्पूर्ण भारतवर्ष में अन्य पिछड़ी हुई जनजातियों के समाज का राज्य स्थापित होगा। अतः हमारी सत्ता को चोट पहुँचेगी तथा हमारी सत्ता का आसन डगमगाने लगेगा और प्रतिष्ठा को भी चोट पहुँचेगी। इसी कारण मण्डल-आयोग के सन्दर्भ में इन लोगों ने अनेक रुकावटें पैदा कीं।

धर्मांध-शक्तिवादी लोगों ने राम-मन्दिर निर्माण करने का ढोंग रचते हुए उसकी आड़ में जातीवाद को बढ़ावा दिया है। अतः राम रहीम एक हैं की धार्मिक भावना को राममन्दिर तथा बाबरी मस्जिद प्रकरण से अच्छी-खासी ठेस पहुँची है।

हिन्दू-मुसलमानों में वैमनस्य की भावना निर्माण की गई है। बाबरी मस्जिद और राम मन्दिर से जुड़ी धार्मिक भावना से सम्बन्धित प्रश्नों को उछाला जाता है तथा मण्डल आयोग के समर्थनार्थ जुड़ी हुई संघर्षमयी शक्ति को, जातीयवादी शक्ति द्वारा राम नाम की आड़ में हिन्दू-मुस्लिम दंगा-फसादों की ओर मोड़ दिया जाता है जिसके लिए कभी रथ यात्रा निकाली जाती है, तो कभी शिला-पूजन किया जाता है। फिर राम-मन्दिर बनवाने के नाम पर बहुजन-समाज के हाथों को एक अलग दिशा में मोड़ देते हुए, इस सामाजिक परिवर्तन अभियान को (मण्डल-आयोग अभियान) रोकने का काम इनके द्वारा किया गया। बाबरी मस्जिद को तोड़कर राम मन्दिर बनवाने की योजना सब कुछ सोच-विचार कर ही बनाई गयी थी और यह कार्य बाबासाहब आम्बेडकर की जयन्ती के सुअवसर पर कार्यान्वित होने के पीछे धर्मांध शक्तियों के लोगों का हाथ निश्चित रूप में रहा है। कारण यह था कि वे इस देश के संविधान को ही अमान्य कर रहे थे। हमारे देश में जब-जब सामाजिक-सुधार को लेकर प्रश्न निर्माण हुए, उस समय यह चातुर्वर्ण्य व्यवस्था चारों दिशाओं से अपने बल प्रयोग द्वारा जोश के साथ सामाजिक सुधारवादी प्रक्रिया को ध्वस्त करने के प्रयास करती रही है। यहाँ के धर्मांध एवं जातिवादी लोगों द्वारा किए गए प्रयास इतिहास में आज भी हमें दिखाई देते हैं।

इस चातुर्वर्ण्य व्यवस्था में जीने वाला समाज आज इतना धूर्त है कि समाज-सुधारकों का उनके जीते जी विरोध प्रकट करता है और उनकी मृत्यु के पश्चात उनके बुत बनाकर उनको पूजने लगता है। उन्हें देवत्व की प्राप्ति करा देता है। परन्तु उनके विचारों से समाज को वंचित रखता है।

आज हमारे समाज में निरक्षता यदि बढ़ती गई तो शायद आज के कुछ धूर्त ठेकेदार डॉ. बाबासाहब आम्बेडकर तथा म. फुले के साथ मनुस्मृति को भी रखते हुए जुलूस निकालेंगे। इतना ही नहीं, रूढ़ीवादी संगठनाएँ समरसता के नाम पर लाखों-करोड़ों रुपयों को खर्च करते हुए फुले-आम्बेडकर के जुलूस निकालते रहे हैं। इन लोगों को वे ईश्वर भी बना सकते हैं। अतः आगत समय में इस प्रकार की बाजारू पूंजीवादी शिक्षा पद्धति की शुरुआत अगर हो जाए तो अन्धश्रद्धा के कारण निर्मित रूढ़ीवादी शक्तियाँ इस समाज में फुले तथा आम्बेडकर के विचारों को समाप्त कर देने का काम भी करेंगी। इस बात का भय आज मुझे सता रहा है। इसी कारण हमारा यह सर्वप्रथम कर्तव्य बनता है कि हमारे समाज सुधारकों की विचारधारा को समाप्त न होने दिया जाए। जिसके लिए हमारे जैसे लेखकों को समयानुसार चल रही तत्कालीन कुप्रथाओं को समाप्त करने के लिए अपनी

लेखनी की धार को जागृत रखना होगा।

जिस समय हमारे समाज को खतरा पहुँच रहा है, उस समय हमारे साहित्यकारों को रखवाली का काम करना चाहिए। आज यह कार्य असम्भव सा होता जा रहा है क्योंकि आज यहाँ पूँजीवादी विचारधारा को साथ लेकर चलने वाली पद्धति प्रस्थापित होने जा रही है। इन सारी बातों के लिए राजनीतिक लोग ही जिम्मेदार रहे हैं। अपने हित-सम्बन्धों को बनाए रखने के लिए हर एक नेता अपने समाज को अज्ञानी एवं अशिक्षित बनाए रखना चाहता है। जिसके कारण वोट-बैंक की गठरी उसके पीछे ही रहे। इसी कारण समाज में हमें इस बात के दूरवर्ती परिणाम दिखाई दे रहे हैं। अतः साहित्यकारों को इन बातों पर सूक्ष्म दृष्टि से ध्यान देने की आवश्यकता है। हम देखते हैं कि स्वतन्त्रता के पश्चात् कभी न दिखाई देने वाली एक विषमता की खाई हमारे समाज में निर्मित हुई है। एक ओर कुछ लोग अपने बिल्ली-कुत्तों पर मनचाहे लाखों-करोड़ों रुपये खर्च कर रहे है तो दूसरी ओर बिना औषधि, अन्न-पानी के लोग रास्ते पर ही दम तोड़ रहे है। दलित तथा महिलाओं पर होने वाले अत्याचार दिन-ब-दिन बढ़ते जा रहे हैं। दलितों की अस्मिता तथा नामान्तर के प्रश्न को राजनीतिक लोगों ने जान-बूझकर त्रिशंकु की स्थिति में छोड़ दिया है। समझौते की इस राजनीति में दलित अभियान हीन-दीन होता दिखाई दे रहा है। फुले-आम्बेडकरजी के सपनों में समाहित समता, स्वातन्त्र्य, बंधुता आदि बातों पर आधारित देश निर्माण के लिए दलित-साहित्यिक तथा दलित अभियान को इस समाज व्यवस्था में पहरेदार की भूमिका अदा करनी होगी।

स्वतन्त्रता प्राप्ति के 45 वर्षों के पश्चात् हमारे देश में अस्पृश्यता निवारण सप्ताह धूमधाम से मनाया जाता है। यथार्थ रूप में हमारे देश को लगा हुआ एक कलंक (दाग) है। यहाँ जो मनुष्य झाड़ू लगाता है, खेतों में परिश्रम कर कष्टों को सहता है, मल-मूत्र साफ करने वाले सफाई कामगारों के नाम यहाँ नहीं लिए जाते। न उनके काम को यहाँ प्रतिष्ठा प्राप्त हुई है। परन्तु यही काम कोई नेता यदि कर लेता है तो उसका नाम इतिहास में अमर हो जाता है। उस नेता को महात्मा के नाम से सम्बोधित किया जाता है। परन्तु प्रति दिन इसी काम में कार्यरत लोगों को समाज तुच्छ और हीन दृष्टि से देखता है। ऐसा क्यों? गणित के इस तालमेल को हम अभी तक समझ नहीं पाये हैं। इस देश में कठिन परिश्रम तथा शारीरिक काम करने वाले लोगों को जान-बूझकर हीन दर्जा दिया जाता है। इस संसार में जहाँ कहीं भी कठोर शारीरिक परिश्रम करने वाले मनुष्यों को ऊँचा दर्जा दिया गया, वह देश अधिकाधिक बलवान होता गया। परन्तु जिस देश में परिश्रम तथा कड़ी शारीरिक मेहनत करने वाले मनुष्य के श्रम को हीन दर्जा दिया जाता है, वह देश आज भी भूखा और कंगाल ही रहा है। अतः इस प्रकार से निर्मित सवालों पर दलित साहित्यकारों को सामाजिक प्रबोधन से ओत-प्रोत लेखन कार्य करने की आवश्यकता आज अधिक मात्रा में

महसूस हो रही है। आज मुझे इस बात का अहसास हो रहा है कि दलित अभियान की फूट नीति तथा धर्मांध शक्तियों के बढ़ते प्रभाव के कारण अल्पसंख्यकों पर होने वाले अन्याय और अत्याचारों में बढ़ोतरी हो रही है। यथार्थ रूप में किसी भी अल्पसंख्यकों पर होने वाले ये अत्याचार सभी प्रकार के अल्पसंख्यकों पर किए गए अन्याय और अत्याचार हैं। इस बात की गहराई को समझते हुए जब अल्पसंख्यक और खानाबदोश जनजातियों के लोग संगठित होकर सामाजिक दृष्टिकोण से आगे बढ़ने के प्रयास करते हैं, तो उस समय सभी धर्मों के अनेक कट्टर प्रवाह एक साथ शामिल होकर अल्पसंख्यकों के हित में सोची गई बातों को धोखा पहुँचाते रहे हैं। और इस प्रक्रिया की शुरुआत आज इस देश में हुई है। हाल ही में घटित उदाहरण यदि लिया जाए तो हमारी समझ में यह बात आ जाती है कि यहाँ पर रहने वाले अल्पसंख्यक मुसलमानों को जान-बूझकर विभाजित करने के प्रयास कट्टर धर्मांध शक्तियों द्वारा किए जा रहे हैं। और मुसलमानों पर किए जाने वाले अन्याय-अत्याचार सुनियोजित ढंग से जान-बूझकर किए जाते हैं। मुसलमानों के सन्दर्भ में सहेतुक संशय की स्थितियों को निर्मित करने का काम कुछ रूढ़ीवादी शक्तियों द्वारा निरन्तर किया जा रहा है। गहराई में जाकर यदि हम इस बात पर सोच-विचार करते हैं तो पता चलता है कि शोर मचाने वाले लोग ही विदेश से पैसा इकट्ठा कर अपने ही देश में अनेक प्रकार के गैरकानूनी काम करते हुए दिखाई देते हैं जिसके कारण इस देश की प्रतिष्ठा को धोखा पहुँच रहा है। इस प्रकार के राष्ट्र-विघातक काम करने वाले ये लोग राष्ट्र के प्रति निष्ठा और आदर की भाषा को अपनाते हैं। अतः इन कुप्रवृत्तियों को समाप्त करने के लिए दलित साहित्यकारों को दलित अभियान के माध्यम से कार्य करना होगा। साथ ही इस पाखण्डी प्रदर्शन प्रिय प्रवृत्ति के विरोध में पूरी मजबूती के साथ खड़े रहना है। आज हम देख रहे हैं कि धर्मांध शक्तिशाली लोग सारी बातों को जानते हुए भी, अल्पसंख्यकों की संख्या काफी कुछ होते हुए भी, उनकी शक्ति को संगठित होने नहीं देते। इस शक्ति को विघटित करने के प्रयास राजनीतिक लोगों द्वारा भी किए जाते हैं। आज हम देख रहे हैं कि दीन-दलितों की सामाजिक सेवा करने की आड़ में कुछ संगठन पाखण्ड प्रदर्शन की प्रवृत्ति को अपना रहे हैं।

मराठवाड़ा विभाग में साबणे नामक एक युवा कार्यकर्ता डॉ. बाबासाहब आम्बेडकर का बुत बनाकर उनकी जयन्ति मनाना चाहता था। परन्तु उसे अपनी इस हरकत के लिए तीव्र परिणाम भुगतने पड़े हैं। इस युवा कार्यकर्ता को पिंपरी-देशमुख गाँव में पत्थरों से मार-मार कर ठिकाने लगाया गया तो दूसरी ओर लातूर जिले के गोथला गाँव में काम्बले परिवार के सदस्य अन्य समाज के साथ आगे बढ़ने के प्रयास कर रहे थे। उस समय इस परिवार के लोगों को मनुस्मृति के आदेशानुसार पत्थरों से मारा गया और उन्हें पशुओं के समान यातनाएँ देते हुए

मार डाला गया। वास्तविकता तो यह है कि इस प्रकार के अपराधी कानून के शिकंजों से छूटकर फिर से अन्याय और अत्याचार करने के लाइसेंस को साथ ले आते हैं। आज की वर्तमान स्थिति के हालात यही हैं कि दलित समाज या आदिवासी समाज का कार्य करने वाले कार्यकताओं को पुलिस कार्रवाई में मार दिया जाता है। अर्थात आज उन्हें जीते-जी मारने के प्रयास शुरू हुआ है। मकसद यही रहा है कि समाज जहाँ था वहीं रहे ताकि रूढ़ीवादी तथा राजनीतिक लोगों के हित सुरक्षित रहें। आज कुछ रूढ़ीवादी विचारक फुले तथा आम्बेडकर के नाम का लाभ उठाते हुए प्रगतिशीलता के बुरके की आड़ में फुले-आम्बेडकर के विचारों को तथा समाज को समाप्त करने की कोशिश में लगे हुए हैं। इस बात का पर्दाफाश अब हो गया है। अतः दलित साहित्यकार तथा दलित अभियान के सामने यह एक नई चुनौती खड़ी है। आज हम देख रहे हैं कि हमारे समाज में अनेक मानवी-मूल्यों का ह्रास हो रहा है जिसके कारण अनेक प्रश्न-चिन्ह हमारे आस-पास निर्मित हुए हैं।

दोस्तो! इस विषय के सन्दर्भ में कितनी ही बातें क्यों न की जाएँ, उतनी कम ही होंगी। आज हमें हमारे समाज के लिए बस इतना ही करना है कि विश्व की महान विभूतियों ने वैज्ञानिक दृष्टिकोण को अपनाते हुए मानवी मूल्यों के सन्दर्भ में जो विचार प्रकट किए हैं उन सारे विचारों को आत्मसात करते हुए नव-समाज निर्मिति के लिए साहित्यकारों को अपनी लेखनी की धार को प्रभावपूर्ण बनाना होगा क्योंकि धर्म से बढ़कर मनुष्य श्रेष्ठ है। अतः इस प्रकार के मानवीयता के विचारों को लोगों तक पहुँचाने का कार्य करना होगा। जो समाज कालानुसार वैज्ञानिक दृष्टिकोण को अपनाते हुए अपने में बदलाव लाने के लिए तैयार होता है, वह निरन्तर प्रगति के मार्ग पर आगे बढ़ता है। इसीलिए आज हम सब का यह कर्तव्य बनता है कि जाति-धर्मों से परे जाकर मानवी मूल्यों की रक्षा करते हुए म. फुले तथा आम्बेडकरजी के विचारों से प्रेरित हो लोगों को संगठित करने का कार्य करते रहें।

अनुवाद : **प्रा. डॉ. सुनन्दा मग्गीरवार**, लातूर

क्या दलित साहित्य आवर्तन में फंस गया है?

–प्रेमानन्द गज्वी

[अस्मितादर्श लेखक-पाठक समारोह, चन्द्रपुर, 1994]

दलित साहित्य आवर्त में नहीं फंसा है–ऐसा मैंने चार-पाँच वर्षों पूर्व कहा था। परन्तु आज दलित-साहित्य आवर्त में फंस गया है, ऐसी चिल्लाहट चारों ओर से मेरे कानों पर टकरा रही है, तब मैं अपने ही उस वक्तव्य पर गम्भीरता से विचार करता हूँ और तब मुझे महसूस होता है कि जिसे हम आम्बेडकरी प्रेरणा का साहित्य कहते हैं क्या वह साहित्य सचमुच आम्बेडकरी प्रेरणा का साहित्य है? केवल 30-35 वर्षों के कालखण्ड में आम्बेडकरी प्रेरणा आवर्त में फंस जाए, क्या इतनी वह बाँझ है?

साहित्य में मैं चार 'क' को महत्त्वपूर्ण मानता हूँ। पहला 'क' कविता का, दूसरा 'क' कथा (कहानी), तीसरा 'क' कादम्बरी (उपन्यास), और अन्तिम 'क' नाटक भी विशिष्ट है। 'क' से शुरूआत (कविता) और 'क' से ही समापन (नाटक)। जिस साहित्य में ये चारों 'क' अपनी भीतरी विशिष्टता से चैतन्यमय हो जाते हैं, उसे साहित्य को मैं पूर्ण साहित्य मानता हूँ और जो लेखक इन चारों 'क' का विशिष्टता के साथ लेखन करता है, उसे मैं निपुण, कुशल साहित्यकार मानता हूँ। इन चारों विधाओं के अलावा निबन्ध, यात्रा वर्णन, आत्मकथन, वैचारिक आज जो जो साहित्य हैं, उसे मैं इन चार 'क' का उपसाहित्य मानता हूँ। इस प्रकार के दृष्टिकोण से दलित साहित्य की ओर देखने से क्या दिखलाई देगा?

कविता भरपूर मात्रा में लिखी जा रही है जैसे धरती पर घास उग आती है, उस प्रकार। कवियों के नाम गिनने में मुझे परेशानी तो होगी ही पर नाम सुनकर आप भी परेशान हो जाएँगे, इतने नाम मुझे दिखलाई दे रहे हैं। जिन्होंने सचमुच अपनी एक स्वतन्त्र ऐसी मुद्रा प्रतिबिम्बित की, ऐसे पहली पीढ़ी के नामदेव ढसाल, नारायण सुर्वे, यशवन्त मनोहर, त्र्यम्बक सपकाले और नई पीढ़ी में भुजंग मेश्राम, लोकनाथ यशवन्त ये मुझे महत्त्वपूर्ण कवि लगते हैं। शेष कवि इन कवियों की छाया में धुँधले पड़ जाते हैं। खुद नामदेव ढसाल भी बाद की इंदिरा गांधी की

अपनी कविता में गोलपीठा (उनका पहला काव्यसंग्रह) की छाया में धुँधला गए हैं और प्रियदर्शनी के पैरों पर लोटने के बाद तो वे केवल नामरूप में ही शेष रह गए हैं। बावजूद उनकी इस सीमा के उनकी कविता को लाँघ जानेवाला नया कवि दृष्टि पथ में नहीं है, यह वास्तविकता है।

दलित-कहानी, दलित-कविता की तरह भरपूर मात्रा में लिखी नहीं जाती, फिर भी मुझे इसमें अनेक नाम दिखलाई देते हैं। बाबुराव बागुल, योगीराज वाघमारे, वामन होवाल, डॉ. अमिताभ, उर्मिला पवार। जो स्थिति कविता के क्षेत्र में रही है, वही कहानी के क्षेत्र में भी है। बाबुराव बागुल की कहानी के आगे दलित कहानी जा नहीं पाई है। डॉ. अमिताभ की 'सत्यकाम वल्द जबाली' इस कहानी को पढ़ने वालों को अमिताभ की ताकत का पता चल सकता है परन्तु वे खुद इस कहानी के आगे नहीं जा पाए हैं। वामन व्होवाल अपने प्रभावपूर्ण कथाकथन के कारण अत्यन्त लोकप्रिय हैं परन्तु 'मजल्याचं घर' जैसी अपवादात्मक कहानी छोड़ दें तो शेष कहानियाँ मानो वे कथावाचन के लिए ही लिख रहे हैं, ऐसा लगता है। कहानी लेखन और कथाकथन ये दो भिन्न बातें हैं। इसे शायद वे भूल गए हैं। दलित कहानी को आश्वस्त करने वाला एक ही नाम मुझे दिखाई देता है और वह है-योगीराज वाघमारे का। काल के अनुसार दौड़ने वाला यह कहानीकार है।

उपन्यास क्षेत्र में तो गहरा सन्नाटा है। 'सूड' (प्रतिशोध), 'शुद्र' जैसे उपन्यास, उपन्यास न होकर लघु उपन्यास हैं। अण्णाभाऊ साठे का 'फकीरा' उल्लेखनीय उपन्यास है। जिसका उल्लेख अक्सर किया नहीं जाता वह केशव मेश्राम का उपन्यास 'पोखरण' है। बस, शेष सब आनन्द ही आनन्द!

अब शेष रहा है अन्तिम 'क' नाटक। 1988 में सम्पन्न हुए नागपुर के चौथे अखिल भारतीय दलित नाट्य सम्मेलन के अध्यक्ष पद पर से बोलते समय मैंने दलित नाटक का भविष्य उज्ज्वल है, ऐसा कहा था। परन्तु मात्र पाँच वर्षों में मेरी भविष्यवाणी गलत साबित हुई है। वास्तविकता यह है कि दलित रंगमंच के स्वतन्त्र नाट्य सम्मेलन हो रहे हैं, बावजूद इसके दलित रंगमंच खड़ा नहीं हो सका है-ऐसी स्थिति है। प्रा. दत्ता भगत, भि. शि. शिन्दे, रामनाथ चव्हाण, प्रकाश त्रिभुवन, प्रभाकर दुपारे—यही पुराने नाम दिखाई दे रहे हैं। नए नाटककारों को कहाँ खोजें? पुराने भी कहाँ लिख रहे हैं? जिनसे उम्मीद की जाए-ऐसे दत्ता भगत भी वाटा-पलवाटा के बाद लिख नहीं रहे हैं।

दलित साहित्य के ये चार 'क' मुझे जैसे दिखलाई दिए, नीर क्षीर विवेक से मैंने उसे आपके सम्मुख प्रस्तुत किया है। परन्तु अपनी भीतरी विशिष्टता से सभी का ध्यान आकृष्ट कर लेने वाली आत्मकथाओं का क्या—ऐसा आपका प्रश्न हो सकता है। आत्मकथा के सम्बन्ध में कुछ कहने के पूर्व मैं इस सम्बन्ध में कुछ बातें दर्ज करना चाहूँगा।

डॉ. आम्बेडकर की ग्रन्थ सम्पदा विपुल हैं। भाषण है। अग्रलेख हैं। परन्तु इन सब विचारों में से डॉ. आम्बेडकर के विचारों का 'आम्बेडकरवाद' सिद्ध करने हेतु सैद्धान्तिक प्रस्तुति आज तक किसी ने नहीं की है। समाज विचार, अर्थ विचार, राजनीतिक विचार—ऐसी फुटकर प्रस्तुति अनेकों ने की है। परन्तु गम्भीर विचार करने के लिए विवश करने वाला आम्बेडकर के विचारों का भाष्यकार मुझे कहीं भी दिखलाई नहीं देता। आम्बेडकरी प्रेरणा के साहित्य में यह बहुत बड़ी कमी है।

दूसरा महत्त्वपूर्ण मुद्दा। जो साहित्यिक जन्म से दलित नहीं हैं, परन्तु दलित जीवन चित्र जिनके साहित्य में मिलते हैं, उन पर गम्भीरता के साथ इस मंच पर विचार क्यों नही किया जाता? दलितों ने, दलितों का, दलितों के लिए—क्या आपको इतना ही सीमित लक्ष्य है?

तीसरी बात, जान-बूझकर मैं यहाँ दर्ज कर रहा हूँ। वह यह है कि स्त्रीवादी साहित्य के सन्दर्भ में, मैं स्त्रीवादी साहित्य का गम्भीर पाठक हूँ। वे कुछ गम्भीरता से कहना चाहती हैं, यह महत्त्वपूर्ण घटना है। स्त्री-मुक्ति की लड़ाई में दलित सहित्यिकों को पूरी आत्मीयता और गम्भीरता से हिस्सा लेना चाहिए। पर ऐसा होता नहीं है। ऐसा क्यों? स्त्रीवादी साहित्यिकों को इस पर विचार करना चाहिए। स्त्रीवादी साहित्यिकों को मुक्ति चाहिए। पर किससे? पुरुषों से अथवा सड़े हुए सांस्कृतिक मूल्यों से? दहेज की समस्या, सास-बहू के झगड़े, इसी में स्त्रीवादी साहित्य फंस गया है। सांस्कृतिक मूल्यों द्वारा निर्मित किए गए स्त्री के हीनत्व सम्बन्धी किसी भी प्रकार का विचार स्त्री-मुक्ति साहित्य ने नहीं किया है। जैसे ब्राह्मण समाज में यज्ञोपवीत संस्कार केवल लड़कों के लिए ही है। लड़कियों के लिए यह संस्कार निषिद्ध है। इसके विरोध से स्त्री-मुक्तिवादी साहित्यिकों ने क्या कभी एक शब्द भी लिखा या कहा है? स्त्रीत्व को हीन बतलाने वाली प्रथाएँ जब तक समाज में हैं, तब तक स्त्री-मुक्ति एक दिवास्वप्न ही होगा। वास्तव में स्त्रियों के प्रश्न और दलितों के प्रश्न एक जैसे हैं। मनुष्य को हीनत्व बहाल करने वाले सांस्कृतिक मूल्यों से इन्हें मुक्ति चाहिए।

मैंने जान-बूझकर कुछ भिन्न मुद्दों का उल्लेख यहाँ किया है। डॉ. आम्बेडकर के विचारों की सैद्धान्तिक प्रस्तुति, गैर दलितों का दलित साहित्य और स्त्री-मुक्ति का साहित्य—इनका केनवास बहुत व्यापक है। परन्तु आत्मकथाओं के प्रकाश में यह पूरा धुंधला जाता है इसलिए इन मुद्दों की चर्चा मैंने पहले की।

तो आत्मकथाएँ! दया पवार की बलुत (हिन्दी में 'अछूत') आयी, काफी चर्चा हुई। लक्ष्मण माने की 'उपरा' आयी। यह भी चर्चित रही। ये दोनों आत्मकथाएँ फोर्ड फाउण्डेशन की सहायता से शुरू हुए ग्रन्थाली प्रकाशन से आयीं थी। ग्रन्थाली द्वारा प्रकाशित इन दोनों आत्मकथाओं को फोर्ड फाउण्डेशन से अनुदान प्राप्त हुआ और सारा वातावरण फोर्ड फाउण्डेशन मय हो गया। जो कोई भी आत्मकथा लिखने

लगा, फोर्ड फाउण्डेशन के सपने देखने लगा और आगे चलकर तो 'जैसी मांग वैसी आपूर्ति' इस पद्धति से पुरुषों की आयीं वैसी स्त्रियों की भी आत्मकथाएँ प्रकाश में आयीं।

आत्मकथा लिखने वाले लेखकों का ऐसा दावा है कि उन्होंने इन आत्मकथाओं में दलितों के दुःखों का, भुगतने का चित्रण तो किया ही है, वह इस प्रकार किया है कि उससे दलितों के भूतकालीन जीवन का इतिहास भी सामने आए। परन्तु इन दिनों कुछ लोग एक अलग ही विचार प्रस्तुत कर रहे हैं। वे कह रहे हैं कि 'अगर हम अपनी आत्मकथा को उपन्यास कहते हैं, तो उस ओर कोई ध्यान ही नहीं देता'। इस वक्तव्य का सीधा अर्थ यह है कि इन लेखकों ने उपन्यास को आत्मकथा कहकर पाठकों से धोखाधड़ी की है। और अब दूसरी बार आत्मकथा मूलतः उपन्यास हैं ऐसा कहकर फिर से धोखाधड़ी कर रहे हैं, क्योंकि आत्मकथा साहित्य का उप प्रकार है, इसे वे समझ गए हैं। और इसी कारण साहित्य के उन चार 'क' में समाविष्ट होने हेतु वे अब अपनी आत्मकथाओं को उपन्यास कह रहे हैं।

ये आत्मकथाएँ बलुत (अछूत), उपरा (पराया), बेरड, आठवणीचे पक्षी (यादों के पन्छी) ऐसी अनेक साहित्य कृतियों ने मुझे एक भिन्न अनुभव दिया है। परन्तु इन्हीं आत्मकथाओं में साहित्य आवर्तन ने फंस गया है, इसका पहला अहसास भी मुझे करा दिया है।

इन सभी आवर्तनों की जानकारी हमारे समीक्षकों को कैसे ध्यान में नहीं आई और ध्यान में आने के बावजूद 'तेरी भी चुप और मेरी भी चुप' कहते हुए खामोश क्यों हो गए? 'आप जो भी लिखेंगे, वह साहित्य ही होगा।' ऐसी भूमिका दलित साहित्य समीक्षकों ने ली थी। यह भूमिका आरम्भ में नवागतों के प्रोत्साहन हेतु ठीक हो तो भी इस अति प्रोत्साहन के कडुवे फल आज सब को भोगने पड़ रहे हैं। ऐसे समय रा. ग. जाधव की सम्पूर्ण समीक्षा अधिक अर्थपूर्ण लगती है। बावजूद इसके यह प्रश्न शेष रह ही जाता है कि इस आवर्तन का करेंगे क्या? और मन में यह प्रश्न उभरता है जिसे हम आम्बेडकरी प्रेरणा का साहित्य कहते हैं, क्या वह सचमुच आम्बेडकरी प्रेरणा का साहित्य है? केवल 30-35 वर्षों में आम्बेडकरी प्रेरणा आवर्तन में फंस जाए, क्या वह इतनी बाँझ है क्या? आम्बेडकरी विचार दसों दिशाओं में व्याप्त होकर भी शेष रह जाएगा-इतना वह सम्पन्न है तो फिर उसकी प्रेरणा से निर्मित साहित्य आवर्तन में कैसे फंस सकता है? सच्चा कारण तो यह है कि हम नादान हैं। आम्बेडकरी प्रेरणा को ही हम ठीक से समझ नहीं पाए हैं।

1960 के दशक में जन्म लिए दलित साहित्य ने वेदना, नकार, विद्रोह—इन त्रिसूत्रों को स्वीकार किया है। परन्तु इसमें कौन-सी विशेष बात है? वास्तव में इस वेदना, नकार, विद्रोह की जड़ें डॉ. आम्बेडकर के 1927 के महाड़ के चवदार तालाब

का सत्यागृह में छिपी हैं। प्यास से व्याकुल ओठों को अंजुली भर पानी उपलब्ध न कराने वाली उस निर्दयी संस्कृति को याद कीजिए। कोई तो पानी देगा, इस आशा से कुएँ पर घण्टों प्रतीक्षारत चेहरों की याद कीजिए। पानी तो प्रकृति की देन है। परन्तु उसे भी स्वछन्द से न पी पाना, यह 'वेदना' 'डॉ. आम्बेडकर के भीतर से उठी। यह भीतर से निकली 'वेदना' ही दलित साहित्य का पहला सूत्र है। इसी महाड़ सत्याग्रह के समय मनुष्यता को रौंदने वाली मनुस्मृति को उन्होंने नकारा और 'नकार' यह दूसरा सूत्र उन्होंने हमारे हाथों में दिया। और मनुस्मृति को वहीं पर जलाकर लाखों दिलों में विद्रोह की चिंगारी फैला दी। यही विद्रोह दलित साहित्य का तीसरा सूत्र है।

वेदना, नकार और विद्रोह की मशाल को हाथ में लेकर दलित साहित्य पूरी शक्ति के साथ लिखा जाने लगा। परन्तु केवल 30-35 वर्षों में ही इस साहित्य में पुनरावृत्ति होने लगी। ऐसा हो क्यों रहा है, इस पर कोई भी विचार करने को तैयार नहीं था। शायद विचार करने के लिए समय नहीं मिल रहा होगा। क्योंकि मैं दलित कहानी का जन्मदाता, मैं कविता का उद्गाता, पहली आत्मकथा मेरी, मैं उसका प्रवर्तक, मैंने इसे तैयार किया, मैंने उसकी पुस्तक का नामकरण किया, मैं ही बुद्धिमान वह मूर्ख–इसे तय करने में ही ये लोग मशगूल रहे। अपने-अपने गुट खड़े किए गए। आम्बेडकरी प्रेरणा के बोर्ड सजने-धजने लगे। अपने-अपने गुटों के सम्मेलन होने लगे और हमारे साहित्यकार कभी इस गुट में तो कभी उस गुट में दौड़ने लगे। इस अवसर का फायदा उठाते हुए कुछ दलित मार्क्सवादी साहित्यिकों ने मार्क्सवादी प्रेरणा का एक बोर्ड आम्बेडकरी प्रेरणा के साहित्य में घुसा दिया। 'दुनिया के मजदूरों एक हो जाओ' के वजन पर 'दुनिया के दलितो एक हो जाओ' की मुनादी दी गई। किसी मिल के सभी मजदूरों को तक जो संगठित नहीं कर पाए वे विश्व के दलितों को संगठित करने निकले और जब उन्होंने देखा कि यह सम्भव नहीं है तब ये दलित मार्क्सवादी (इनसे बुलवाने वाला अलग ही है) कहने लगे–

'डॉ. आम्बेडकर हो या मार्क्स, दोनों को मानव-कल्याण ही अभिप्रेत था, और इसीलिए थोड़ा-सा आम्बेडकर देंगे, थोड़ा-सा मार्क्स। मनुष्यजाति को शान्तिमय जीवन की ओर लेकर निकले आम्बेडकरी प्रेरणा के नीले रंग के साथ बन्दूक की नली से रक्त बहाकर मनुष्य का कल्याण होता है-ऐसा कहने वाले मार्क्स का लाल रंग?' नीला और लाल, इन दो स्वतन्त्र रंगों को मिला देने से कौन-सा रंग प्राप्त हो जाता है, इसका अहसास भी इन लोगों को रहा नहीं। ऐसा अहसास होने के पूर्व ही एक बुरी घटना हुई। विश्व के नक्शे पर से मार्क्स गायब हुआ।

वेदना, नकार और विद्रोह के शस्त्र जिनके हाथों में हैं, ऐसे साहित्यिक मित्रो, आप लिखते हैं वेदना का साहित्य। परन्तु मात्र वेदना किस काम की? आप लिखते हैं नकार का साहित्य। परन्तु केवल नकार से क्या साध्य होगा? आप

लिखते हैं विद्रोह का साहित्य। परन्तु केवल विद्रोह से क्या हाथ लगने वाला है? और इसी कारण इन प्रश्नों का सूत्रबद्ध विचार डॉ. आम्बेडकर ने पहले ही किया है। वेदना, नकार, विद्रोह के परे एक चिरन्तन मूल्य है, जो सम्पूर्ण मानवता का कल्याण कर सकता है। वह मूल्य था केवल गौतम बुद्ध की करुणा में और उसे साध्य किया डॉ. आम्बेडकर ने 'धम्मचक्र प्रवर्तन' से। बुद्ध की करुणा—यह आम्बेडकरी प्रेरणा का चौथा सूत्र है और वह है शान्तचित्त अर्धोन्मीलित समाधिस्त बुद्ध की तरह निर्मल, निष्पाप! इस चौथे सूत्र को समझे बगैर हमारा इस आवर्तन से बाहर निकलना केवल असम्भव है।

करुणा के इस सूत्र को समझ लेते समय विश्वभर के साहित्य पर एक दृष्टि डालनी होगी। विश्व का सर्वश्रेष्ठ ऐसा साहित्य करुणा से ओत-प्रोत है। इस करुणा को आत्मसात किए बगैर सर्वोत्तम साहित्य का निर्माण केवल असम्भव है। विश्वप्रसिद्ध मेक्सिम गोर्की की 'माँ' बुद्ध की अपरम्पार करुणा का एक महान प्रतीक है, इतना ही यहाँ कहना चाहूँगा।

करुणा पर विचार कीजिए। परन्तु करुणा को करुणा ही बनाए रखिए। उसको कारुण्य मत बनाइए। करुणा जब क़ारुण्य का रूप धारण करती है वह भक्तिमार्ग का कीचड़ रौंदने लगती है। सच देखा जाए तो सन्त साहित्य बुद्ध की करुणा का साहित्य है। 'विश्व कल्याण हेतु सन्त-महात्माओं का जन्म' इसका क्या अर्थ है? विश्व का कल्याण तो बुद्ध का मूलमन्त्र है। परन्तु हमारे सन्तों ने करुणा को कारुण्य के पैरों तले रौंदकर भक्तिमार्ग को प्रशस्त किया और कहा, 'जैसे ईश्वर ने रखा है, वैसे ही रहना, जीना चाहिए।' (मराठी के सन्त का एक वचन) इस प्रकार का दर्शन करुणा को स्वीकार्य नहीं। मानवी मूल्यों की प्रतिष्ठा हेतु लड़ने वाले आम्बेडकरजी को तो यह कतई स्वीकार्य नहीं। फिर यह करुणा है तो कैसी?

यह करुणा है ईश्वर के अस्तित्व को नकारने वाली। यह करुणा है दुःख, दैन्य, दरिद्रता, भाग्यवाद, अन्धश्रद्धा को दफना देने वाली। यह करुणा है मनुष्य की मनुष्यता को जगाने वाली। फिर यह मनुष्य ईसाई हो, मुसलमान, हिन्दू अथवा बौद्ध, विमुक्त अथवा आदिवासी, काला या गोरा, स्त्री या पुरुष, कोई भी। यह करुणा है मनुष्य को स्वयं प्रकाशित होने के लिए कहने वाली। सौ प्रतिशत विज्ञाननिष्ठ। सच कहता हूँ, करुणा का विकल्प नहीं। जिन्हें यह करुणा प्राप्त होगी वे ही होंगे स्वामी इस जगत् के। क्योंकि इसके रास्ते से ही स्वतन्त्रता और विश्व बन्धुत्व की मंगल दायक सुबह आने वाली है। यही तो डॉ. आम्बेडकर का स्वप्न था। उनके गुरु फुले, कबीर, बुद्ध का भी यही स्वप्न था। हमारा भी यही स्वप्न है, तो फिर हम ही हमारा रास्ता रोककर क्यों बैठे हैं?

अनुवाद : सूर्यनारायण रणसुभे, लातूर

साहित्य सर्जन का व्यापार घटिया दर्जे का नहीं है

—नामदेव ढसाल

[दलित साहित्य सम्मेलन, लातूर, 1995]

साम्प्रदायिक राजनीतिज्ञों द्वारा चलाए गए सांस्कृतिक दादागिरी के समय ही यह दलित साहित्य सम्मेलन हो रहा है। दलित साहित्य के मूल्यांकन सम्बन्धी लेखा-जोखा देने के पूर्व ही यह साहित्य जिस वैचारिक सिद्धान्त पर खड़ा है, उस सिद्धान्त पर प्रहार कर उसे खत्म कर देने का कार्य दक्षिणपन्थी प्रतिगामी शक्तियों ने शुरू किया है, उस ओर मैं आपका ध्यान आकृष्ट करना चाहता हूँ।

सांस्कृतिक उन्माद के जोश में आकर साम्प्रदायिक शक्तियों ने 6 दिसम्बर 1992 को बाबरी मस्जिद तोड़कर देश को गृह युद्ध के चक्र में फँसा दिया है। मुझ पर तथा आप पर इस दहशत की, जबरदस्ती की परिस्थिति लादकर मेरे-आपके अस्तित्व और सृजनशीलता की विधायकता को भी खतरा पहुँचाया है।

आर्यों के पूर्व अनार्य-द्रविड़ इस देश के मूल (original) लोग थे। आर्यों के बाद शक, हूण, मोंगल, तुर्की, इरानी, अफगानी आए। वांशिकता की दृष्टि से देखा जाए तो आज विश्व में कहीं पर भी मानवी-समुदाय शुद्ध रूप में मिल नहीं पाएगा। सभी जातियों का, देशों का मानवी समुदाय के वांशिक मिश्रण में रूपान्तर हो चुका है। देशस्य ब्राह्मणों में आदि द्रविड़ों की विशेषताएँ मिलेंगी और कोंकणस्य ब्राह्मणों में अफगान-इरानी वंश के लक्षण दिखलाई देंगे। शुद्ध स्वरूप के रक्त के ये रिश्ते किसी उपखण्ड से शुरू होते हैं और फिर सम्मिश्रण होकर कहीं भी पहुँच जाते हैं।

इसी क्रम में सिन्धु संस्कृति में स्थित 'स' का 'ह' कब हुआ और उसका रुपान्तरण अतार्किक हिन्दुत्व के दुराभियान में कब हुआ, यह सब मनोरंजक है।

तिलक ने 'आर्किक्ट होम इन वेदाज' में आर्य उत्तर ध्रुव की ओर से आए थे—ऐसा कहा है। आर्यों की रूढ़ि-परम्परा का संशोधित संस्करण ही आज के साम्प्रदायिकवादी हैं। वास्तव में आर्य आए यहाँ पर बाहर से। इस कारण उन्हें ओपरे, परदेसी कहना चाहिए और उनके साम्प्रदायिक वंशजों को भी। परन्तु मानव

वंश शास्त्र के नियम ज्ञात होने के कारण प्रत्यक्षतः हम ऐसा समझते नहीं। हजारों वर्षों से इस देश में वांशिक मिश्रण होते गए हैं। इस कम्पोजिट कल्चर से ही आज की समाज संस्कृति निर्मित हुई है।

विश्व के चार प्रमुख धर्म तथा दस हजार जातियाँ-इनमें हमारा समाज बँटा हुआ है। यह मिश्रण ही हमारी आज की संस्कृति है। उसका एकतरफा अहंकार इन सम्प्रदायवादियों ने अपने भीतर तैयार कर देश में दहशत तथा प्रतिशोध की राजनीति को हिंसा की ताकत पर शुरू किया है।

भूतकाल में जुल्म करने वाले कुछ मुसलमानों ने, कुछ शासनकर्ताओं ने जो गलतियाँ कीं, ये साम्प्रदायिकवादी आज उसका बदला लेना चाहते हैं। इस प्रतिशोध या बदले के लिए ही इन्होंने मुसलमानों को अपना तथा देश का काल्पनिक शत्रु घोषित कर आज के मुसलमानों को तकलीफ देना शुरू किया है। बाबरी मस्जिद इसी प्रतिशोध की भावना से ढहाई गई। बाबरी मस्जिद को ढहाने के मूल में इनकी सत्ता की राजनीति निहित थी। धर्माभिमान के लिए हम चाहे जो कर सकते हैं इसे बाबरी मस्जिद ढहाकर उन्होंने हिन्दुओं को बतला दिया। ऐसा करते हुए उन्होंने हिन्दू वोट बैंक को भी पक्का कर लिया।

बाबरी मस्जिद को ढहाने के बाद देशभर में धार्मिक दंगे शुरू हुए। उनसे हमारी राजधानी भी बची नहीं। वास्तविक रूप में ये दंगे गृहयुद्ध के छोटे-से रूप ही थे। हिन्दू-मुसलमान इन दोनों ओर के प्रतिक्रियावादियों ने जिस क्रूरता का प्रदर्शन किया, उसका इतिहास में कोई जोड़ नहीं। इन दंगों में जो मानवी संहार हुआ, माँ-बहनों की लुटी हुई इज्जतें, जीवित-वित्त की हानि कल्पना के परे थी। मनुष्य कितना हिंसक हो सकता है, इसके उदाहरण के रूप में ये दंगे थे।

मध्ययुगीन तथा प्राचीन इतिहास की ओर निष्पक्षता से अगर देखें तो तैमूरलंग, अलाउद्दीन खिलजी, औरंगजेब जितने ही अन्यायी और उतना ही जुल्म करने वाले क्या हिन्दू राजा नहीं थे? मुसलमानों के शासन-काल में हिन्दुओं के साथ बौद्ध-जैनों के मन्दिर भी ढहाए गए। उनके अनुयायियों में प्रतिशोध की बुद्धि निर्माण नहीं हुई यह इस देश का सौभाग्य था। आठ सौ वर्षों में मुसलमानी शासन के प्रति गुस्सा व्यक्त करना और इस हेतु आज के मुसलमानों को जिम्मेदार ठहराना यह कहाँ तक न्याय संगत है? इस देश के अल्पसंख्यक समाज का एक हिस्सा अछूत समाज है और दूसरा मुसलमान! आज के मुसलमान समाज के 90 प्रतिशत लोग और उनके पूर्वज आरम्भ में अस्पृश्य ही थे। कायदेआजम जिन्ना के परदादा के दादा (जिन्ना के पूर्व छह पीढ़ियाँ) सूरत के एक अछूत थे। देश-विभाजन का सारा गुस्सा और उसकी सजा केवल मुसलमानों को ही क्यों देते हैं? नेहरू और सरदार पटेल को क्यों नहीं देते?

इस राज्य में स्थित बांग्ला देशी मुसलमानों को निकाल बाहर करने का आज

की सरकार का निर्णय, गोवंश हत्या बन्दी करने की उनकी चालें, एकतरफा समान नागरिक कानून लाने की उनकी भाषा, अल्पसंख्यकों से सम्बन्धित उनकी नीति आगे चलकर कैसी रहेगी, इसका संकेत देती हैं। मुसलमानों के बाद अब उनका लक्ष्य 'दलित' हो गए हैं।

नाम-विस्तार का विरोध करना, वैधानिक नीति-नियमों से बने दलितों की सुरक्षा से सम्बन्धित 'अट्रासिटिज एक्ट' रद्द करने का प्रयत्न अथवा आरक्षित स्थानों के सम्बन्ध में इनकी नीति-इन्हें देखने पर यह स्पष्ट है कि दलितों के सम्बन्ध में इनकी नीति आक्रामक ही रहेगी।

जनतन्त्र में बहुसंख्यक और अल्पससंख्यक में स्थित अन्तर्विरोध का रिश्ता जनतान्त्रिक विचार तथा मनुष्य मन की नैतिकता पर अवलम्बित होता है। इस नैतिकता के बन्धनों का पालन जब बहुसंख्यक समाज नहीं करता और अल्पसंख्यकों से अन्यायपूर्ण तथा जुल्म से भरा आचरण करता है, तब यह रिश्ता निर्धारित होता है। अल्पसंख्यक समाज के साथ जनतान्त्रिक मूल्य भी खतरे में आ जाते हैं। पाँच हजार वर्ष की जड़ जंजाल संस्कृति का जिन हिन्दू प्रतिक्रियावादियों को दुरभिमान है, वे ही इस साम्प्रदायिक आग को लगाने में आगे हैं। कर्म सिद्धान्त, पुनर्जन्म, मोक्ष, ब्रह्मात्मा, पिछले जन्म के पाप-पुण्यों की कल्पनाएँ, वेद-संहिता, वृत्ति, स्मृति, उपनिषद, वेदान्त-ये स्थितिवादियों के शक्ति स्थान हैं। इन्हीं विचारों ने शूद्र-अतिशूद्रों और स्त्रियों को स्वातन्त्र्योत्तर काल में संविधान निर्माण होने तक गुलामी में रखा था। प्रस्थापित त्रैवर्णिकों की ठेकेदारी खड़ी करने वाली यह दुष्ट पद्धति स्वतन्त्रता के पचास वर्षों में धीरे-धीरे क्यों न हो, चरमराने लगी और त्रैवर्णिकों की ठेकेदारी को धक्का पहुँच गया। यह सारा चमत्कार समाजवादी जनतन्त्र की दूरदृष्टि का था। पुनरुज्जीवनवादी भड़क गए इसी बात से। और इसी कारण उन्होंने इस देश में साम्प्रदायिकवादी संघर्ष शुरू किया और काल प्रवाह में समाप्त जाने वाले वर्णाधिष्ठित महत्त्व को फिर से प्राप्त कर लेने का प्रयत्न शुरू किया।

पुराण कथा में तीर लगकर घायल हुए क्रौंच पक्षी को देखकर जिस संस्कृति में महाकाव्य का जन्म होता है, उसी संस्कृति के मेलोड्राटिक नाटकों को देखकर अश्रु बहाने वाली परम्परा तथा उसी परम्परा से उधार का प्रेम लेकर रोने वाला लेखक वर्ग सांप्रदायिक दंगों के समय भयभीत होकर घड़ियाली अश्रु बहा रहा था। मौन रहकर इस हिंसाचार को स्वीकृति ही दे रहा था। मुट्ठीभर दलित साहित्यिकों ने (जिनमें मैं भी हूँ।) इस हिंसाचार के विरोध में सार्वजनिक स्तर पर प्रतिक्रियाएँ दी हैं। स्वातन्त्र्यपूर्व तथा स्वातन्त्र्योत्तर काल में जो धार्मिक दंगे करवाए गए, उन सबमें हिंसाचार करवाने वाली पशुवत प्रवृत्तियों पर दोष लगाकर और उनका पर्दाफाश करने काम तथा उस मानसिकता को बदलने का काम मराठी लेखकों ने कभी किया ही नहीं। आज भी वे इस हिंसाचार के समर्थन में ही हैं। वास्तविक

रूप में यह सांस्कृतिक अधःपतन ही है। इस अधःपतन के कारणों को हम स्थूल राजनीति में खोजते हैं। भ्रष्टाचार से लेकर खुले बाजार की अर्थव्यवस्था की संज्ञा से इसकी संगति लगाने की कोशिश करते हैं। यह सब घटित हुआ क्योंकि आज प्रगतिशील आन्दोलन निष्प्रभ तथा निष्क्रिय हो गए हैं।

मार्क्स ने एक स्थान पर लिखा है कि अर्थव्यवस्था बदल गई तो संस्कृति भी अपने आप बदल जाती है। देश की स्वतन्त्रता के बाद मिश्रित अर्थव्यवस्था को तत्कालीन सरकार ने पूँजीवादी हित सम्बन्धों को बाधा न पहुँचे, इस रूप में कार्यान्वित किया। उसमें से अर्ध-सामन्ती, अर्ध-पूँजीवादी स्वरूप का समाज निर्माण हो गया। मुट्ठी भर लोगों के हाथों में उत्पादन के साधन केन्द्रित हुए। यह सब होने के बावजूद संस्कृति में किंचित-सा भी परिवर्तन नहीं हुआ। मानसिकता अलबत्ता, भाग्यवादी, कर्मवादी ही रही। इस सबकी समीक्षा महात्मा जोतिबा फुले, डॉ. बाबासाहब आम्बेडकरजी ने गम्भीरता से की है। इस वैचारिक दूरदृष्टि को स्वीकृति देना तो दूर, इन नेताओं के विचारों का अपमान करने का काम इन लोगों ने शुरू किया है। वाम-प्रगतिशील आन्दोलन के यश-अपयश के कारणों को खोजने की आज सर्वाधिक ज़रूरत है। वाम-आन्दोलन को आत्मटीका की, आत्मबोध की ज़रूरत है। इस वाम आन्दोलन के नेतृत्व ने साठ के दशक के बाद इस देश में केवल सत्ता-सम्पादन का एक सूत्री कार्यक्रम ही कार्यान्वित किया। मजदूर-आन्दोलन के साथ-साथ भूमिहीन, खेतिहर-मजदूर, आदिवासी, दलित के वर्ण-वर्ग अन्त के अहसासों को बढ़ाते हुए मोर्चे खड़े नहीं किए। भौतिक शोषण के विरोध में निर्णायक लड़ाई नहीं लड़ी। चुनावी मोर्चों में उन्होंने दक्षिणपन्थी प्रतिगामी पार्टियों को मोर्चे में शामिल कर लिया और उन्हें प्रतिष्ठित किया। जनता पार्टी, जनता दल और उनके मोर्चों की कार्यपद्धति इसी प्रकार के प्रयोग रहे हैं।

वाम-आन्दोलन में स्थित ब्राह्मणी नेतृत्व की यह करामात थी। वाम आन्दोलन का नेतृत्व अगर निचली जाति के किसी दूरदृष्टि रखने वाले नेता के हाथों में होता तो सम्भवतः ऐसा घटित नहीं होता। वाम आन्दोलन के कम्युनिष्ट समाजवादियों में स्थित अन्तरर्विरोध को नजरअंदाज नहीं कर सकते। रूस ढह जाने के कारण यह अन्तर्विरोध दूसरी सीमा पर जा पहुँचा।

भारतीय राजनीति में कम्युनिस्टों के समीकरण निरन्तर गलत होते गए। समाजवादियों के गणित कुछ अंशों तक ठीक चल रहे थे, परन्तु उनका आन्दोलन तीन हिस्सों में बँट गया। अन्तर्राष्ट्रीय संज्ञाएँ समाजवादी आन्दोलन में रही थीं। आरम्भ में समाजवादी मार्किसस्ट थे। बाद में वे लिबरल कम्युनिस्ट हो गए।

उत्पादन शक्ति, उत्पादन सम्बन्ध के संघर्ष से वर्ग संघर्ष निर्मित होता है। यूरोप इस संघर्ष तक आ पहुँचा है, इसे डॉ. राममनोहर लोहिया कह रहे थे। परन्तु वाम आन्दोलन ने इस दूरदृष्टि रखने वाले नेतृत्व को स्वीकृति नहीं दी। एशिया-अफ्रीका

खण्ड की परिस्थिति मार्क्स के आकलन के परे थी। ॲडम स्मिथ के विरोध में और हेगल के आगे जानेवाले आर्थिक सिद्धान्त मार्क्स ने बनाए। यह वैचारिक प्रक्रिया लिनीयर पद्धति की थी।

आज प्रगतिशील राजनीति ऐसे मुकाम पर पहुँच चुकी है कि वहाँ से पीछे लौटने के लिए जगह ही नहीं है।

मनुष्य-इतिहास वर्ग-जाति के अवकाश में तैर रहा है। वर्ग जब मजबूत हो जाते हैं, तब उनका जाति में रूपान्तरण होता है। जाति जब लचीली होती है तभी उसका वर्ग में रूपान्तरण होता है।

उत्पादन के हित सम्बन्धों से, साधनों से जाति अन्तर्गत तथा तैयार वर्ग अन्तर्गत स्तर होने लगते हैं, वर्ग-जाति से सम्बन्धित लोग उत्पादनों से बाँध दिए जाते हैं और इसी कारण वे जाति-वर्ग के अन्तर्गत विभाजित होने लगते हैं। इस दुष्ट क्रिया को कर्मफल के सिद्धान्त का आधार होता है। यह जब तक टूटेगा नहीं, तब तक नया कुछ घटित नहीं होगा। कम्युनिस्टों को अभिप्रेत शासन विहीन समाज तथा समाजवादियों को अभिप्रेत विश्व सरकार-संसद् यह अन्ततः स्वप्न ही साबित हुआ है। एक तिहाई गोरों की दुनिया, दो-तिहाई कालों की दुनिया इन दोनों से जिनका भ्रम टूट गया है, ऐसा एक तीसरा गुट।

इम्युनिअरल माऊनिअर हो अथवा लिझाब्लम्म अफ्रीका द्वीप, परिवर्तन के चिह्न फ्रांझ फेनान तक जाते हैं। एशिया द्वीप के परिवर्तन हेतु डॉ. बाबासाहब आम्बेडकरजी के विचारों के सिवा दूसरा कोई विकल्प शेष नहीं है। आज महायुद्ध खत्म हुए हैं परन्तु उसमें से उपजी भीषणता वैसी ही शेष है। मित्र राष्ट्र, नव स्वतन्त्र राष्ट्र, उसमें से विकसित महासत्ता और उनमें स्थित शीतयुद्ध स्वाहा होकर उनमें से साम्राज्यवादी देश विजयी हुए हैं।

खत्म हो जाने वाली बीसवीं शती का यह राजनीतिक यथार्थ है। हमारा देश अविकसित राष्ट्रों में आता है। पचास वर्ष के मजदूर-आन्दोलन के बाद भी मजदूर वर्ग को वर्ग का आशय समझ में नहीं आया है। यह मजदूर जाति, भाषा, रुढ़ियाँ, प्रदेश इसमें विभाजित है। वाम-आन्दोलन ने दलित वर्ग की लुंपेन प्रोतेतरी के रूप में संभावना की। दलित-वर्ग मजदूर वर्ग की अपेक्षा वर्ग-आशय की दृष्टि से अधिक जागृत है। भारत की सम्पूर्ण क्रान्ति का वह अग्रणी सैनिक है। मजदूर वर्ग की अपेक्षा वाम-विचारों को अपनी पोथी में आबद्ध समीकरणों को आज बदल लेना चाहिए और जीवन के सभी स्तरों पर संघर्ष तेज करना चाहिए। आज का यह दलित साहित्य सम्मेलन, मुझे लगता है कि इसी हेतु एक सांस्कृतिक चिंगारी है।

मराठी साहित्य की चौखट बद्धता के विरोध में समर्थ उच्चारण दलित साहित्य की अभिव्यक्ति का है। आज यही अभिव्यक्ति सर्जनशीलता की विधायक

दूरदृष्टि समाप्त कर कुण्ठित गति के गड्ढे में डुबकियाँ लगा रही है। अछूतों के माथे पर लगाए गए नियति के शाप के विरोध में अक्षर साहित्य द्वारा अभिव्यक्त विलक्षण विद्रोह ही दलित-साहित्य है। इतनी कम अवधि में वह दोषों से जर्जर हो जाए, इस पर आश्चर्य होता है। जहाँ साहित्य सृजन की वैचारिक भूमि समृद्ध है और वह अभिव्यक्ति को प्रगल्भ करने वाली है, वहाँ ऐसा क्यों हो रहा है? दलित साहित्य में सामान्य स्तर की फसल बहुत आई है। उदाहरण के लिए अगर दस लोग होंगे, तो उनमें से चार-छः कवि-लेखक आदि होते हैं। 'ह' से 'ट' को जोड़ने वाले के नीचे 'फ' लिखने पर कविता होती है। वर्णनात्मकता हो तो कहानी-उपन्यास होता है ऐसी इनकी समझ है। साहित्य के प्रति उनकी भोली-भाली समझ का मजाक मुझे उड़ाना नहीं है परन्तु जितना वे समझते हैं, उतना साहित्य का व्यापार सस्ते स्तर का नहीं है।

इसका यह अर्थ नहीं कि वे प्रस्थापितों के सौन्दर्यशास्त्र का अध्ययन करते बैठें और उसके उपरान्त ही लिखने बैठें। साहित्य-सृजन के क्षेत्र में स्थित सभी बाधाओं को दलित साहित्य द्वारा नकार दिए जाने के कारण ही अपने भीतरी सृजन से ही नये साहित्यिक मूल्य तथा सौन्दर्य को वे प्रस्थापित कर सके हैं। लेखक-कवि लाख-दो लाख में से एक होता है-ऐसी स्थापनाओं पर मेरा कतई विश्वास नहीं है। बावजूद इस सबके मेरा यह स्पष्ट मत है कि ललित कला साहित्य निर्माण का व्यापार इतना सस्ते स्तर का नहीं है।

मेरे इस वक्तव्य को नये लेखकों को दहशत के रूप में लेना नहीं चाहिए। उन्हें आज नये उन्मेष को, नये साहित्यविष्कार को अभिव्यक्त करने की ज़रूरत है। सात सौ वर्षों की साहित्य परम्परा के इतिहास को अगर परखेंगे तो यह स्पष्ट होगा कि कुल मराठी साहित्य में उगलियों पर गिने जाएँ इतने ही लेखक-कवि साहित्यिक मूल्यों की रक्षा कर पाए हैं। शेष सभी रद्दी चीजें हैं। दलित साहित्य भी इसके लिए अपवाद नहीं है। फुले-आम्बेडकर से दलित साहित्य आन्दोलन की शुरुआत हुई। इधर के साढ़े तीन दशकों में यह आन्दोलन भव्य परिमाण की दिशा में बढ़ता रहा है। बावजूद इसके ये दो दिग्गज नेता (फुले-आम्बेडकर) छोड़ दें तो दलित साहित्यिकों में जिनके नाम लिए जाएँ ऐसे हाथों की उंगलियों पर गिने जा सकने वाले लेखक-कवि हैं। प्रस्थापितों के साहित्यिकों ने अमृत के साथ स्पर्धा कर जीतने की बात कही, परन्तु इस नई स्पर्धा में जीत पाए मुट्ठीभर साहित्यिक ही।

Aesthetic or Literary Judgment इन तथाकथित मूल्यों के अनुषंग से साहित्यिक आन्दोलन की सफलता को 'आँकने' की एक दुष्ट पद्धति हमारे यहाँ रही है। जिम्मेदारी के प्रति प्रतिबद्धता, वैचारिक तथा साहित्यिक मूल्यों की वैचारिक प्रगल्भता को दृष्टि में रखकर साहित्य समीक्षा की पद्धति हमारे यहाँ नहीं है। बीसवीं सदी के साहित्यिक क्षेत्र के एक चिन्तक सार्त्र का कहना है कि

'साहित्य का स्वरूप समाज निर्धारित करता है।" उसका यह वक्तव्य मुझे आज के सन्दर्भ में युक्तिसंगत लगता है। एमिल झोला जैसा लेखक इससे भी आगे जाकर यह वक्तव्य देता है कि 'साहित्य के मूल में दर्शन के प्रश्न होते हैं।' साहित्यिक वाद-अवधारणा की दृष्टि से लेखकों की पीढ़ियों का कालखण्ड कभी वर्ष-दो वर्षों का, कभी दशक का, तो कभी कालातीत भी होता है। कला-साहित्य के वादों की दृष्टि से बहिणाबाई, तुकाराम, ज्ञानेश्वर और कुछ दलित साहित्यिकों को सन्दर्भ छोड़ दें तो मराठी साहित्य में दूसरा कुछ नया नहीं है। वेद-संहिता के कला मूल्यों का अहंकार बनाए रखते हुए आज भी कला साहित्य पर उसी दृष्टि से विचार किया जाता है। संस्कृत से आया हुआ (और द्रविड़ भाषा-संस्कृति में दृष्टिगोचर हुए आदिम अभिजातवाद को नकारते हुए) अभिजातवाद और यूरोपीय संज्ञा से आया हुआ भ्रष्ट रोमांटिस्ज्म इसी के दुष्टचक्र में मराठी साहित्य घूम रहा है। वह आज तक मनुष्य यथार्थ के यहाँ लौटा नहीं है। सन्तों के बाद इस प्रस्थापित कालबाह्य साहित्य मूल्यों के किले पर लघु-पत्रिकाओं ने आक्रमण कर साहित्य मूल्यों को प्रस्थापित करने का प्रयत्न किया। परन्तु वे भी विवक्षित स्तर को लांघने के आगे जा नहीं पाए। आधुनिक सम्वेदना का साहित्य-व्यवहार अनुभवाधिष्ठित है। इस अनुभव को लेने की विशिष्ट विभिन्न पद्धतियाँ हैं। जाति, धर्म, भाषा, प्रदेश इनमें वे बँट जाती हैं।

षड्विकार के आरोह-अवरोह में स्थित अहंकार, ग्रन्थियाँ द्वेष बनाए रखने वाले समाज में तो वे अधिक ही भयावह होती हैं। प्रस्थापितों की आँखें सत्यम्, शिवम्, सुन्दरम् के आगे देख नहीं पातीं। असत्य का, अशिव का, कुरूपता का तथा नवरस में स्थित वीभत्सता का उन्हें नॉशिया है। विभिन्न ग्रन्थियों से वे पीड़ित हैं। साहित्य-सृजन के अहसासों की सजगता मानवी विशुद्ध सम्वेदनाओं से आक्रान्त होती रहती है—इस पर इन लोगों का विश्वास ही नहीं है। मराठी साहित्य में इस अर्थ से सृजन हुआ ही नहीं, ऐसी बात नहीं। जो हुआ है वह बहुत थोड़ा ही हुआ है, ऐसी वास्तविकता है।

मराठी साहित्य में सौन्दर्यवाद, अभिजातवाद, रहस्यवाद, यथार्थवाद, दादावाद, अतियथार्थवाद, अभिव्यक्तिवाद, अस्तित्ववाद, मार्क्सवाद, रूपवाद, संरचनावाद तथा मनोविशेषणात्मकता की दृष्टि से थोड़ा बहुत साहित्य सृजन हुआ है, इसमें कोई सन्देह नहीं। परन्तु वह ठोस रूप में नहीं है। भाऊ पाध्ये जैसा लेखक अल्पलक्षी अस्तित्ववादी होता है। अतियथार्थवाद की संज्ञा को स्वीकारने वाले भालचन्द्र नेमाड़े, अरुण कोलटकर जैसे लेखक एक ही पुस्तक में समाप्त हो जाते हैं। चित्रकला के क्षेत्र का कोई पिकासो, सेझान वादों की सभी प्रक्रियाओं पर सृजन कर, विभिन्न-प्रकार के प्रयोग करने हुए निपुण हो जाते हैं। उनमें स्वछन्दवाद के, यथार्थवाद के अभिजातवाद के, अस्तित्ववाद के सभी लक्षण मिलने लगते हैं।

आधुनिक जीवन में स्थित लय, गति, सत्य को निर्धारित करने वाली निर्णायक इकाई विज्ञान तथा प्रोद्योगिकी के सर्वव्यापी अन्तर्विरोधों के प्रभाव से कला-साहित्य सृजन को बढ़ावा मिलेगा।

'आधुनिक' शब्द प्रवृत्तिवाचक संज्ञा है। वह लेखक-कलाकार की विशिष्टता को, शैली और आशय को सूचित करती है। भूतकाल के, परम्परा के बन्धनों को नकारते हुए यह अपने वर्तमान से, सामाजिक घटनाओं से, विचारधारा से तादात्म्य प्राप्त कर लेती है। स्वच्छन्दतावाद के परस्पर विरोध का सिरा अमूर्तवाद की ओर जाता है तो अमूर्तवाद का सिरा आदिम प्रागैतिहासिक कला अहसास के यहाँ जाता है। ये प्रक्रियाएँ यूरोप-अमेरिका में निरन्तर चलती रहती हैं। आधुनिक संस्कृति के प्रदूषण, महायुद्ध, उनकी आण्विक इच्छाओं का हो-हल्ला, उपभोक्तावाद तथा बाजार की स्पर्घा की पब रेस्टोरेण्टी ब्रॉथेल की नंगी संस्कृति भी अपने मूल स्वरूप को साँप जैसे अपनी केंचुल को निकाल फेंकता है, वैसे फेंक रही है।

विश्व-साहित्य ललित कलाओं की दुनिया वहाँ एक दूसरे के साथ हाथ मिलाकर घटित होती रहती हैं। इन उत्थानों का घोषणापत्र वहाँ कोई कवि लिखता है अथवा कोई चित्रकार। इन सारे प्रयोगों, प्रक्रियाओं का जन्म स्थान कभी रूस होता है तो कभी जर्मनी, तो कभी फ्राँस। ग्रीक-रोमन संस्कृति में से शिल्प चित्र, कविता के माध्यम से वहाँ इम्प्रेशालिज्म, निओं इम्प्रेशालिज्म, सिम्बेलिजम्-सिंथेटिज्म, फॉसीज्म, क्यूविज्म, फ़्यूरिज्म करते-करते बौहाउस तक पहुँचता है। उसमें बाद में आया हुआ पॉप आर्ट झॉप और रॅप आर्ट जुड़ते जाते हैं। मराठी में ऐसा नहीं होता। इस आधुनिकता से दलित साहित्य को तटस्थ नहीं रहना चाहिए। दलित साहित्य के नकार, विद्रोह और वैज्ञानिक दृष्टि—इन संज्ञाओं का पिछले साढ़े तीन दशकों में क्या हुआ? दलित साहित्य का नकार विधायकता को स्वीकार करते हुए नहीं दिखलाई देता। विद्रोह के बाद नये के निर्माण की ज़िद उसमें नहीं है। वैज्ञानिक दृष्टि से वह अप-टू-डेट नहीं। यह सारा कहाँ से और कैसे निर्माण हुआ? कहीं हमारे लक्ष्य में तो इसके कारण नहीं हैं? विज्ञान का आग्रह करते-करते दलित साहित्यिक रहस्यवादी, अज्ञेयवादी हो जाते हैं। जिस समता-बन्धुता के तत्त्वों की, विचारों की नींव उसके साहित्य को होती है, वे ही लोग जनआन्दोलनों के अनुभवों से खुद को तटस्थ रखकर बाँझ भाष्यकार हो जाते हैं। भूत-वर्तमान-भविष्य में स्थित सुर-असुर की सिम्फनी वे बना नहीं सकते। आधुनिकता के सन्दर्भ में उनमें अतीत की निष्क्रियता आ जाती है। उनमें स्थित जो सही, पुराना या अतीत है, वह उन सबको प्रकाशित कर सकता है, पर वे उसे बन्द करके रख देते हैं। व्यष्टि-समष्टि, सृष्टि-षड्-विकार-वाद-दर्शन इन सबके केन्द्र में अन्ततः मनुष्य है। बहिर्मुख-अन्तर्मुख अहसासों में इस मनुष्य को ही अगर घटा दिया जाए तो फिर सार्थक साहित्य-सृजन ही सम्भव नहीं है। मनुष्य में जो कुछ भी अच्छा-बुरा है, उसे लेखक को स्वीकारना चाहिए। मनुष्य

जीवन का, प्रकृति का, षड्विकारों का सम्पूर्ण इतिहास उसे आत्म प्रत्यय के अहसास की ओर विकसित करते हुए ले जाना चाहिए। अगर यह करना है तो उन सबका समग्र विचार उसे अपनी अभिव्यक्ति में परिष्कृत करना चाहिए। तभी अपने आस-पास की अँधेरे से सनी दुनिया को वह बदल सकता है। आज पुनरुज्जीवनवादी (प्रतिक्रियावादी), साम्प्रदायिक शक्तियाँ इस मार्ग में बाधा बनकर खड़ी हैं। उन्हें संस्कृत में स्थित अभिजनवाद, अद्वेत-वेदान्त और चैतन्यवाद का भ्रम विकसित कर साहित्य के नये प्रवाह को रोकना है। ऐसा पिछले पाँच हजार वर्षों से घटित हो रहा है। इस कारण कुल भारतीय साहित्य ही व्यक्तिवादी, आत्मनिष्ठ अहसासों से दूषित हो चुका है। इस दूषित स्थिति का इलाज समष्टि का दर्शन है।

इस प्रयोग को करने हेतु दलित साहित्यिकों को खुद को सक्षम बना लेना चाहिए। मगर ऐसा न हो पाया, तो इनका भी साहित्य मनोरंजनवादियों से भिन्न नहीं होगा। इनकी मूल भूमि बड़ी उर्वरा है। सृजन की नयी फसल उन्हें लेनी चाहिए। यह वैचारिक लड़ाई दलित साहित्यिकों के खण्डित व्यक्तित्त्व को भी खत्म कर सकेगी।

अनुवाद : डॉ. सूर्यनारायण रणसुभे, लातूर

मराठी साहित्य को विश्व साहित्य की पंक्ति में बिठाने का सामर्थ्य दलित साहित्य में है

–अरुण साधु

[परिवर्तन साहित्य सम्मेलन, कोल्हापुर, 1995]

मानव इतिहास के एक अद्‌भुत संक्रमण काल के हम साक्षी हैं। परिवर्तन का इतना तीव्र प्रवाह मनुष्य ने शायद ही अनुभव किया हो। आज इक्कीसवीं सदी की दहलीज पर खड़े होकर हम जिस नयी दुनिया को देख रहे हैं वह दुनिया हमारे दादा-परदादाओं की दुनिया से काफी अलग है। केवल पिछली सदी के परिवर्तन को देखें तो यह परिवर्तन इतना क्रान्तिकारी एवं विस्मयकारी है कि मानव का पूर्व इतिहास और परिवर्तन इसके सामने छोटा लगने लगता है। खासकर द्वितीय विश्वयुद्ध के बाद यह परिवर्तन-चक्र अधिक तेजी से घूमने लगा है।

यह परिवर्तन भौतिक, सामाजिक, आर्थिक, राजनीतिक, वैचारिक और मूल्यात्मक भी है। भौतिक परिवर्तन की बात क्या करें, इसे तो आज के दैनंदिन जीवन में अनुभव किया जा सकता है। सम्पर्क तथा यातायात के साधनों का विकास अपने चरम पर है। आज सभी भौतिक चीजें सामान्य व्यक्ति की पहुँच में हैं जो कभी मुट्ठीभर धनी लोगों के पास हुआ करती थीं।

साम्राज्यवाद नष्ट हो गया, उपनिवेशवाद भी खत्म हो गया। साम्यवादी सल्तनतें भी आयीं और चली गयीं। आज वैश्विक राजनीति में कोई भी राष्ट्र जोर जबरदस्ती से अन्य राष्ट्रों पर हुकूमत नहीं चला सकता। जुल्म, शोषण, अन्याय-अत्याचार जैसे शब्द विश्व-राजनीति में वर्ज्य हो गए हैं। पिछले पचास साल पहले इन शब्दों का महत्त्व था किन्तु आज यह समाप्त हो रहा है। मानवीय इतिहास के क्रान्तिकारी परिवर्तन का यही प्रमाण है।

मूल्यों की नयी संकल्पनाएँ बन रही हैं। मनुष्य समूहों को स्वयं निर्णय का अधिकार प्राप्त हो रहा है। मानवाधिकार के सन्दर्भ में वैश्विक जनमत इतना सम्वेदनशील हो रहा है कि किसी राष्ट्र पर अन्याय होता देख अन्य देश उसकी

मदद को दौड़ पड़ते हैं। संयुक्त राष्ट्रसंघ द्वारा अपनाया गया मानवधिकारों का घोषणापत्र (एजेण्डा) इसी प्रगतिशील परिवर्तन का प्रतीक है। परिवर्तन की दिशा हमेशा मानवता की रक्षा में उन्नयनशील रही है।

इस परिवर्तन के आनन्दोत्सव में रमते हुए भी हमें यह सोचना चाहिए कि क्या यह बदलाव सकारात्मक है? परिवर्तन के बावजूद आज भी अन्याय, अत्याचार, शोषण दिखाई देता है। दूसरों पर अधिकार जतलाने की प्रवृत्ति सनातन है, अतः वह प्रत्यक्ष या परोक्ष रूप में चलती ही रहेगी और दास्यमुक्ति के आन्दोलन भी बराबर होते रहेंगे। वैसे भी संघर्ष के बिना समाज में गति कैसे रहेगी? समाज चलाने के लिए व्यवस्था की ज़रूरत होती है और शासन व्यवस्था आते ही सत्ता तथा जनता में अन्तसंघर्ष अटल है। मार्क्स प्रणीत शासन व्यवस्था में बिना किसी सत्ता के राष्ट्र चलाने की बात थी किन्तु यह कल्पना व्यावहारिक नहीं बन पाई। इसी कमी को पूरा करने के लिए डॉ. आम्बेडकर ने मूल्यवादी और विज्ञान युग से सुसंगत ऐसे बौद्ध धर्म के महत्त्व को बताया।

गौतम बुद्ध, मो. पैगम्बर, ईसामसीह—ये सभी अन्यायकारी समाज व्यवस्था को झुठलाकर नयी आदर्श समाज व्यवस्था का सपना सजाने वाले विद्रोही थे। इन्होंने अपनी कल्पना और कृति से दुनिया में परिवर्तन लाने का प्रयास किया। इनके साथ ही अनेकों विचारकों ने परिवर्तन की गति को बनाए रखा। कार्लमार्क्स और महात्मा गाँधी जैसे कुछ नाम यहाँ विशेष रूप से लेने चाहिए। महाराष्ट्र की ही बात करें तो जोतिबा फुले, आम्बेडकर, रानडे, आगरकर जैसे विचारकों ने परिवर्तन कार्य चलाया। फ्रांसीसी क्रान्ति, रूसी क्रान्ति, भारत का स्वतन्त्रता आन्दोलन, वियतनाम का संघर्ष और नेल्सन मण्डेला की अगुवाई में दक्षिण अफ्रीका ने वंशिक गुलामी पर किया करारा प्रहार, ये सभी मानवीय परिवर्तनों को समृद्ध करने वाली घटनाएँ हैं।

इन परिवर्तनों को भौतिक और प्रौद्योगिकी के विकास से अधिक गति मिली। विनोबा भावे ने विश्व निर्माण के लिए तीन परिवर्तनों को महत्त्वपूर्ण माना है—विज्ञान, आत्मज्ञान और साहित्य। विज्ञान से मात्र भौतिक विकास होता है, ऐसा नहीं है बल्कि उससे मानसिक और सामाजिक परिवर्तन भी होता है। कबीलों के युग से लेकर, खेती-जमींदारी और आज के विशाल औद्योगिकरण से जो सामाजिक विस्तार हुआ है वह विज्ञान की ही देन है। विकास के साथ-साथ कई सारे अन्धविश्वास भी साँप के केंचुल के समान समाज से छूटते गए। अब जाति-व्यवस्था है भी तो केवल मानसिक और राजनीतिक स्तर पर है।

कोई यह भी सोच सकता है कि मैं परिवर्तन के जिस रंगीन चित्र को बना रहा हूँ वह यथार्थ से दूर है। लेकिन यह बात अवास्तविक नहीं है। वैज्ञानिक विकास ने ही मनुष्य को शूद्रता से मुक्त किया है। इसके बावजूद आज भी दुनिया अस्थिरता के भंवर में फँसी हुई है।

नैतिकता की प्राचीन मान्यताएँ टूट रही हैं, किन्तु उस जगह नयी मूल्यव्यवस्था अभी बन नहीं पायी है। क्योंकि राजनीतिक स्तर पर मानवाधिकार की जो स्थापना हुई है वैसी स्थापना हमारी परिवार संस्था में, स्त्री-पुरुष सम्बन्धों की नीति व्यवस्था में, मालिक-नौकर, ज्येष्ठ-कनिष्ठ सम्बन्धों में नहीं हो पायी है। परिणामतः एक असमंजस की स्थिति बनी हुई है। यह दो युगों के संधिकाल का परिणाम है। जॉन केनेथ गालब्रेथ अमेरिकी भाष्यकार इसी कारण इस युग को 'अनिश्चितता का युग' कहता है। व्यक्ति का सामाजिक स्थान, उसकी भूमिकाएँ, व्यवहार-आचरण के नियम, धार्मिक निषेध इत्यादि की बेड़ियाँ प्रत्येक व्यक्ति को बाँधे रखती थीं इसीलिए समाज-व्यवहार में निश्चितता बनी थी। शोषितों को शोषण का अहसास नहीं था क्योंकि उसने व्यवस्था का स्वीकार किया था। आज ये जंजीरें टूट रही हैं इसीलिए अनिश्चितता बन रही है।

मनुष्य ने मनुष्य को समाप्त करने के लिए शस्त्र बनाए, यह भी वैज्ञानिक प्रगति का ही परिणाम है। किन्तु इस एक नकारात्मक चीज को लेकर सारे विज्ञान को गाली देना युक्ति-संगत नहीं है।

दोस्तो, हम यहाँ परिवर्तनवादी साहित्य पर चर्चा करने आए हैं। साहित्य को परिवर्तनवादी कहा गया इसीलिए बहस कुछ साहित्येतर बातों की ओर चली गई। वस्तुतः साहित्य को परिवर्तन का साधन माना जाता है इस दृष्टि से अनायास ही परिवर्तन को प्रथम और साहित्य को दोयम स्थान प्राप्त होता है। किन्तु यह विवाद का मुद्दा है, अतः मैं इसे टालता हूँ। किन्तु एक बात है कि मनुष्य के जीवन के समग्र निरीक्षण से उसके अर्थ और प्रयोजन को जानना ही साहित्य की मूल प्रेरणा होती है। इससे मनोरंजन, भाषिक तथा सांस्कृतिक सम्वर्धन भी होता है। इसीलिए साहित्य केवल स्वान्तःसुखाय की चीज न होकर सामाजिक परिवर्तन का साधन भी है। कला, कला के लिए या जीवन के लिए, इस विवाद ने पहले ही मराठी साहित्य का बड़ा नुकसान किया है।

हम यहाँ परिवर्तनवादी साहित्य पर बात करने आए हैं इसलिए परिवर्तन का मेरा व्यापक दृष्टिकोण बताना चाहूँगा। अपने आपको परिवर्तनवादी साहित्यकार समझने वाले लेखक-कवियों को अपनी पीड़ाओं को, समस्याओं को चित्रित करते समय परिवर्तन के व्यापक लक्ष्य को प्राप्त करना चाहिए, ऐसा मुझे लगता है। विद्रोह का प्रयोजन केवल दुःख को चित्रित करना, दमनशक्ति के विरुद्ध शिकायत करना, अन्याय के खिलाफ जोर आजमाइश करना, ऐतिहासिक प्रताड़ना को आवाज देना यहाँ तक ही सीमित न होकर बदले हुए नवीन मूल्यों की स्थापना करना भी होना चाहिए। वैसे भी सृजनात्मकता का परिमाण अगर न हो तो विद्रोह अपूर्ण-सा लगने लगता है। मनुष्य जीवन को सुन्दर रूप देने का विचार स्वीकारने के बाद नैतिक-सामाजिक मूल्यों की खाई को किस प्रकार पाट दिया जाए इसकी जिम्मेदारी

अब परिवर्तनवादी साहित्य पर आ गई है। अपने सीमित समूहों के दुःख चित्रण के साथ ही वैश्विक परिवर्तन का विचार रखें—तभी साहित्यिक परिवर्तन सफल होगा। यह जिम्मा जिन्होंने लिया वे ही साहित्यिक इस चुनौती को स्वीकार सकेंगे।

बदलती दुनिया में मानव समूहों के आपसी अन्तर्विरोध की ओर अनदेखी नहीं करनी चाहिए। मनुष्य की प्रगति में दिखलाई देने वाली ये संस्था मनुष्य मन को सम्वेदनशील कर देती है। 1969 की बात ही लीजिए! एक तरफ मनुष्य ने चाँद पर कदम रखकर विज्ञान की जीत का जश्न मनाया तो दूसरी ओर विकसित कहे जाने वाले महाराष्ट्र के लोग उस वर्ष अकाल से जूझ रहे थे। लोटाभर पानी के लिए मीलों चलकर जाना पड़ता था। अगले ही साल मराठवाड़ा क्षेत्र के एक गाँव में बारिश के दिनों में कुएँ के पानी के लिए दलितों को बहिष्कृत किया गया और मजबूरन गटर का पानी पीकर 10-15 लोगों ने अपनी जान गँवाई। यह घटना मुझे विज्ञान युग का अँधेरा कोना लगी जिसे मैंने अपने 'बहिष्कृत' उपन्यास में चित्रित किया है। इस उपन्यास को मनुष्य के चंद्र-विजय की पृष्ठभूमि अलबत्ता मैं दे नहीं सका।

यातायात के तमाम साधनों के बावजूद आज भी दुनिया के कई गाँव अँधेरे में हैं। कोई घटना हो जाए तो तुरन्त इलेक्ट्रॉनिक मीडिया किसी भी कोने तक पहुँच जाता है। इतना विकास तो हमने कर लिया किन्तु वर्ष भर स्वच्छ पेयजल की आपूर्ति करें, ऐसी व्यवस्था न गाँव-देहातों में है और न शहरों में। विज्ञान की मदद से यह सब सम्भव है। चाहें तो पूरी आबादी को रोटी, कपड़ा और मकान दिलाया जा सकता है किन्तु यह हो नहीं रहा। इस दिशा में जन चेतना को जगाने का दायित्व भी परिवर्तनवादी साहित्य पर आ पड़ता है।

आज अर्थव्यवस्था का वैश्वीकरण हो रहा है। नयी आर्थिक रचना में बाजार ही केन्द्रीय शक्ति है। इसके कारण दुनिया भर में प्रतियोगिता का माहौल बना हुआ है। इस स्पर्धा में जो देश अधिक से अधिक बाजार में पैर जमाएगा, वही बलशाली कहलाएगा। किन्तु आर्थिक विषमता से भरे हमारे देश में कितने लोग इस वैश्वीकरण से विकसित होंगे, इसमें सन्देह है। गरीब अधिक गरीब होते जाएंगे और अमीरों की अमीरी बढ़ती जाएगी, इसकी ज्यादा सम्भावना है। अगर ऐसा होगा तो संघर्ष की स्थिति बन जाएगी। इसीलिए यहाँ परिवर्तन की लड़ाई दो स्तरों पर लड़नी होगी। एक आन्दोलन के रास्ते विद्रोह और दूसरा देश के "Have Not" वर्ग को संगठित कर उन्हें वैश्विक विकास के प्रवाह में लाना। आज के परिवर्तनवादी साहित्य को इस ओर भी देखना होगा।

मित्रो, परिवर्तनवादी साहित्य अर्थात् 'दलित साहित्य' ऐसी कइयों की सोच होगी, यह गलत भी नहीं है। किन्तु दलित-साहित्य ही परिवर्तनवादी साहित्य है ऐसा आग्रह आप नहीं करेंगे ऐसी आशा है। इसलिए परिवर्तनवादी साहित्य का यह रथ

कैसे आगे बढ़ रहा है, इसे अनेकों सन्दर्भों के साथ बताने की चेष्टा मैं कर रहा हूँ।

दलितों का साहित्य परिवर्तन की प्रेरणा से ही उपजा है, इसमें सन्देह नहीं। अभावग्रस्त समाज की आकांक्षाएँ प्रथम सृजनशील साहित्य के माध्यम से प्रस्फुटित होती हैं। 'अन्याय पर प्रहार कर बदल दे दुनिया को' इस भाव से दलित साहित्य अवतरित हुआ है। इसी लिए मराठी दलित साहित्य को भारतीय परिवर्तन साहित्य में शीर्ष स्थान प्राप्त है। एक शोषित, पीड़ित, अभावग्रस्त को परिवर्तन की जितनी ज्वलन्त इच्छा होती है उतनी अन्य व्यक्ति को नहीं होती, यह बात साफ है।

दलित साहित्य आन्दोलन केवल साहित्यिक ही नहीं बल्कि राजनीतिक, सांस्कृतिक और सामाजिक भी है। इसलिए दलित साहित्य के साहित्यिक मूल्यांकन के लिए शुद्ध साहित्यिक सौन्दर्य की परम्परागत कसौटियाँ जगाना न्यायसंगत न होगा। इसीलिए दलित साहित्य का विचार करते समय आम्बेडकर पूर्व और आम्बेडकरोतर साहित्य के दलित आन्दोलन में हुए योगदान की चर्चा करना मैं उचित समझता हूँ।

सर्वप्रथम कहना होगा कि दलित साहित्य को समाज के सांस्कृतिक इतिहास और वर्गीय राजनीति की जितनी पृष्ठभूमि मिली है, उतनी गैर दलित साहित्य को प्रायः नहीं मिली है। सामाजिक शोषण और अन्याय के विदारक यथार्थ की भूमि पर यह साहित्य खड़ा है। आम्बेडकर के पश्चात अनेक कारणों से जब दलित-अस्मिता की लड़ाई क्षीण होती जा रही थी, तब इसी साहित्य ने लड़खड़ाते हुए आन्दोलन का हाथ थामे रखा, उसमें नयी चेतना, नयी जिजीविषा को डाला। इससे दलित आन्दोलन में नये उत्साह का संचार हुआ।

दलित साहित्य आधुनिक मराठी साहित्य में नयी सोच को लाया। ऐसी भावभूमि और कटु जीवनानुभवों का दर्शन कराया जिसे मुख्य साहित्य प्रवाह ने कभी सोचा ही नहीं था। मराठी भाषा के बर्फ हुए पानी को प्रवाहमय बनाया। मृत्युशैया पर पड़ी भाषा में नयी जान डाल दी। समग्र मराठी साहित्य की अनुभूति का विस्तार कर उसे ज्वलन्त यथार्थ की पृष्ठभूमि प्रदान की। इससे मराठी भाषा और मराठी साहित्य, दोनों में क्रान्तिकारी परिवर्तन आए।

दलित साहित्य के महत्त्वपूर्ण योगदान को मानने के बाद अब यह साहित्य वास्तव में कितना सच्चा और परिवर्तनवादी है, इसकी निष्पक्ष रूप से चर्चा होना जरूरी है। साथ ही, साहित्यिक दृष्टि से वह कसौटी (पारम्परिक कसौटी नहीं) पर कितना खरा उतर पाता है इसका मूल्यांकन भी होना जरूरी है। दलित साहित्य ने पहला प्रहार तो जबरदस्त कर दिया किन्तु क्या यह आन्दोलन वैश्विक परिवर्तन की ताकत भी रखता है या नहीं, इसकी जाँच भी यहाँ जरूरी है।

यह जाँच करते समय हमें फिर से आम्बेडकरोत्तर दलित आन्दोलन की ओर देखना होगा। डॉ. आम्बेडकर के पश्चात बहुत समय तक दलित आन्दोलन ठण्डा

पड़ गया था। दलित पैंथर के उदय से इस आन्दोलन में नया जोश आया जिससे आन्दोलन और साहित्य, दोनों में नयी प्रेरणा का संचार हुआ। पैंथर के क्रान्तिकारी एजेण्डे ने इसे नयी गति दी जिससे परिवर्तन का मानो विस्फोट-सा हो गया।

आगे जल्द ही पैंथर में फूट पड़ी और दलितों के भी विभिन्न गुट बन गए। इसके बाद मराठवाडा विश्वविद्याल का नाम परिवर्तन जैसे आन्दोलन हुए लेकिन गुटबाजी के कारण आन्दोलन इतना क्षतिग्रस्त हुआ कि उसकी सृजनशीलता और परिवर्तन की ताकत मानो खत्म होती गयी। दलित पैंथर द्वारा दागे गए अग्निबाण ने आकाश में छलांग तो लगायी किन्तु वह अस्त्र अपने लक्ष्य से भटककर बीच में नष्ट हो गया। शायद इस मिसाइल में ईंधन कम पड़ गया हो, बाहरी वातावरण के दबाव को यह अस्त्र सह नहीं पाया हो और नष्ट हो गया हो।

यह मंच दलित पैंथर के यश-अपयश की मीमांसा करने के लिए नहीं है। पैंथर ने क्रान्ति की दहाड़ तो लगायी किन्तु वह बहादुर शेर की दहाड़ न होकर घायल शेर की विवश पुकार साबित हुई। पैंथर की क्रान्ति की कल्पना परिवर्तनवादी भले ही हो किन्तु व्यवहार्य नहीं थी। उसके पास परिवर्तन का कोई विस्तृत ढांचा नहीं था, वैचारिक नींव मजबूत नहीं थी। जो वैचारिक एजेण्डा प्रकाशित किया गया था, उससे भी सारे दलित-समूह सर्वथा सहमत नहीं थे। राजनीतिक-सामाजिक परिवर्तन की इस लड़ाई में निरन्तरता नहीं थी। रचनात्मक दूरदृष्टि का अभाव था। कोई भी आन्दोलन दो स्तरों पर लड़ा जाता है, एक सड़कों पर उतरकर प्रतिरोध के स्तर पर और दूसरा मानसिक-वैचारिक स्तर पर। स्वयं डॉ. आम्बेडकर का भी सड़क पर के आन्दोलनों में ज्यादा विश्वास नहीं था। उन्होंने जिन आन्दोलनों को सड़क पर आकर चलाया उसमें शान्तिपूर्ण तरीका अपनाया। गौतम बुद्ध, लेनिन, माओ आदि ने भी अपने आन्दोलन बौद्धिक स्तर पर ज्यादा चलाए सिवाय शक्ति प्रदर्शन के।

डॉ. आम्बेडकर ने सामाजिक, सांस्कृतिक तथा शैक्षिक क्षेत्र में प्रचण्ड रचनात्मक संगठन बाँधने का कार्य किया। 1960 से 1985 के बीच इसके लिए बड़े अवसर उपलब्ध थे। किन्तु इन आन्दोलनों ने रास्तों पर उतरकर प्रतिरोध करने से आगे कुछ नहीं किया। अस्पृश्यता निवारण के लिए उन्होंने रचनात्मक आन्दोलनों को आधार बनाया। सामाजिक समानता की लड़ाई से प्राप्त अधिकारों के बल पर दलित समाज संगठित होकर शैक्षिक, सामाजिक तथा सांस्कृतिक आदि हर क्षेत्र में अपना विकास करे, प्रत्येक ज्ञान के क्षेत्र में अपना स्थान निर्माण करे और पूरी तरह से अपने पैरों पर खड़ा हो जाए, यही उनके संघर्ष का उद्देश्य था। स्त्रियों को सक्रिय आन्दोलन में उतारकर उन्हें भी अपने विकास का अवसर प्रदान कराया। हिन्दू समाज द्वारा शोषित दलित समाज आज इस स्थिति में खड़ा है कि वह चाहे तो वह समूची मानव-जाति का सांस्कृतिक नेतृत्व कर सकता है। बौद्ध धर्म को स्वीकारने के पीछे उनकी यही नीति थी कि दलितत्त्व से मुक्ति मिले और एक ऐसे धर्म की ध्वजा कन्धे

पर हो जो आधुनिक विज्ञान युग से नाता रखता हो। समता का चोला पहने यह समाज वैश्विक स्तर पर अपनी ध्वजा लहराए, यही उनकी अपेक्षा थी।

डॉ. बाबासाहब के जाने के बाद इन दलित आन्दोलनों ने इस दिशा में क्या प्रयास किए, यह भी देखा जाना चाहिए। इन आन्दोलनों ने रचनात्मकता और विवेकशीलता की ओर कम ही ध्यान दिया। जो दलित परिवार पढ़-लिखकर सुधर गए उन्होंने आन्दोलन से पल्ला झाड़ लिया। दलित लड़कों में पढ़ने की, आगे जाने की उत्कण्ठा होती है। विभिन्न क्षेत्रों में रुचि रखने वाले लड़कों को चुनकर अपने-अपने क्षेत्रों में उन्हें विकास के अवसर प्रदान करना समाज का दायित्व होता है। अनेक अभावग्रस्त समूह यह कार्य करते हैं, दलितों ने तो यह भी नहीं किया। अपने समूह के विकास के बारे में सोचना बुरी बात नहीं होती। यहाँ 'ब्राह्मण' समाज का उदाहरण दूँ तो शायद बहुतों को अच्छा नहीं लगेगा। आज यह समाज सुस्थिति में भले ही दिखता हो किन्तु चालीस-पचास साल पहले इनका एक बड़ा वर्ग आर्थिक दृष्टि से काफी कमजोर था। विद्यार्थी शिक्षा के लिए गाँव-कस्बों से शहरों में आते, जहाँ-तहाँ रहकर, भिक्षा माँगकर अपना गुजारा करते। ऐसा विद्यार्थी पढ़-लिखकर बड़ा हो जाए तो एक वचन जरूर लेता है कि अपने जैसे संघर्षशील किसी विद्यार्थी को अपने खर्च से वह पढ़ाएगा और अपने इस उदार कर्म का कोई प्रचार नहीं करेगा। विद्यार्थी कुछ बन जाने के बाद इस ऋण को चुकाता। मेरे समय के बहुत से बच्चे इस तरह से पढ़ते थे। किन्तु एक बात है कि ऐसी मदद प्रायः स्वजातीय व्यक्ति को ही मिलती थी। आज भी यह परम्परा ब्राह्मणों में होगी। शिक्षा का अवसर मिलते ही समाज का ऋण मानकर उसे चुकाया जाता है। आज भी मारवाड़ी, सिन्धी, उडुपी, शेट्टी, पंजाबी आदि समाजों में ऐसी प्रथा है। इससे समाज के हर व्यक्ति को स्वयं विकास का उचित अवसर मिलता है।

कुछ अपवाद छोड़ दें तो बहुत से दलितों ने यह पद्धति भी नहीं अपनायी। दलित लड़कों में संगीत, चित्रकला आदि की जन्मजात प्रज्ञा होती है किन्तु उन्हें विकास के अवसर नहीं मिल पाते हैं। डॉ. आम्बेडकर ने दलितों को शुद्ध मराठी बोलने सिखाया था। आज दलितों में अच्छी-खासी साहित्यिक मराठी का प्रयोग दिखने लगा है। अपने संवैधानिक अधिकारों के बल पर समाज के नये युवा वर्ग को सांस्कृतिक क्षेत्र में भी शिखर स्थान पर लाया जा सकता था किन्तु दलित आन्दोलनों का इस ओर ध्यान नहीं गया। केवल सड़कों पर आकर, तोड़फोड़ करके, चिल्लाकर प्रतिरोध जताना—यही दलित आन्दोलन और दलित सुधार का अन्तिम मार्ग नहीं हो सकता। अब भी समय है, दलितों द्वारा स्थापित उनकी शिक्षा संस्थाओं को इस ओर ध्यान देना चाहिए।

दलित आन्दोलनों की असफलता, उनकी त्रुटियाँ दिखाना बहुतों को अच्छा नहीं लगेगा किन्तु दलित आन्दोलन तथा साहित्य आपस में इतने जुड़े हुए हैं कि

दोनों को अलग करके देखना कठिन है। दलित आन्दोलनों के समान ही आधुनिक दलित साहित्य भी रचनात्मक बुनावट से हट रहा है। दलितत्त्व की दीवारों को लाँघकर वैश्विक मानवता के साथ तादात्म्य स्थापित करना हो तो दलित आन्दोलनों को और साहित्य को सकारात्मक सोच रखनी होगी।

समाज के सबसे पिछड़े तबके से आए दलित साहित्यकारों को समाज की ओर देखने की जो अनुभव सिद्ध दृष्टि प्राप्त हुई है वह अन्य साहित्यिकों के पास कहाँ? इतर प्रदेशों के समान ही मराठी समाज भी जाति-धर्म-पन्थों में बँटा हुआ है। इसीलिए सामान्य व्यक्ति के समान ही साहित्य की भी किसी-न-किसी समाज, क्षेत्र, जाति के सीमित दायरे में दृष्टि बन जाती है। ऐसे में दलित साहित्य की जिम्मेदारी अधिक बढ़ जाती है क्योंकि यह समाज के कई ऐसे अँधेरे कोनों को उजाले में लाया है जिसे मुख्य साहित्य देख नहीं पाया था। अब उसे सम्पूर्ण समाज एवं अखिल मानव जाति की उन्नति का विचार करना चाहिए। इसीलिए मराठी साहित्य की आज की पारम्परिक दहलीज को लाँघकर उसे विश्व साहित्य की पंक्ति में ले जाने का सामर्थ्य दलित साहित्य में है।

इसके लिए उन्हें कविता और दुःखभरी आत्मकथाओं से आगे चलकर अब चिन्तनशील काव्य, कहानी तथा उपन्यास आदि की ओर आगे बढ़ना चाहिए। दलित साहित्य ने अपने समकालीन साहित्य को एक झटका-सा दे दिया था किन्तु एक ही ढर्रे पर लिखी गयी कई आत्मकथाओं में प्रायः अनुकरण वृत्ति ज्यादा दिखायी देती है। इसीलिए अपनी दहकती जीवनानुभूतियों को सम्पूर्ण समाज के व्यापक फलक पर रखकर उसे उपन्यास में बिठाया जाए तो मराठी को कई श्रेष्ठ उपन्यास मिल जाएँगे।

दलित साहित्य पर टीका-टिप्पणी कर मैं अपनी मर्यादा लाँघ रहा हूँ, इसका अन्दाजा है। गैर दलित रसिक पाठक अगर दलित साहित्य की समीक्षा करे फिर वह चाहे जितना निष्पक्ष रहे लेकिन दलित साहित्यकार इसे पसन्द नहीं करते। ऐसी आलोचनाएँ कितनी भी तर्कपूर्ण हों उन्हें क्रोध का सामना करना पड़ता है। यह बात दलित-साहित्य के लिए हानिकारक है।

दलित साहित्य क्रान्तिकारी था लेकिन उसमें त्रुटियाँ थीं, इस तथ्य को स्वीकारना होगा। कुछ दलित साहित्यकार तथा समीक्षक यह साहस कर रहे हैं लेकिन कुछ लेखक आज भी अपने दलितत्त्व से चिपके रहकर उसी आक्रामक लेखन को जारी रखे हुए हैं। शुरुवाती दौर में यह आक्रामकता जरूरी भी थी। इसी से दलित साहित्य आकर्षण का कारण बना। लेकिन आगे चलकर यह जोश ठण्डा होता गया। आज दलित साहित्य को चिन्तनशील एवं सर्वसमावेशी बनने की ओर आगे बढ़ना चाहिए।

साहित्य में ब्राह्मण साहित्य, दलित साहित्य, ग्रामीण अथवा शहरी साहित्य

जैसा वर्गीकरण देख मैं असमंजस में पड़ जाता हूँ। साहित्य के सूक्ष्म अध्ययन के लिए एक बार इसे माना जा सकता है किन्तु साहित्य तो साहित्य ही है। अध्ययन हेतु किए गए वर्गों को पन्थों में बाँटना नहीं चाहिए। केवल स्वानुभव कथन भी एक अच्छा साहित्यिक दस्तावेज माना जा सकता है अगर उसमें यथार्थदर्शी पृष्ठभूमि हो, जैसे-'आठवणीचे पक्षी', 'सांगत्ये एका', 'उपरा', 'बलुत', 'स्मृतिचित्रे' आदि। लेकिन केवल व्यक्तिगत आत्मकेन्द्रित अनुभवगत कथन श्रेष्ठ उपन्यास नहीं बना सकते। कलाकार को परकाया प्रवेश से विश्व को समझना पड़ता है। दलित साहित्यकारों को चाहिए कि वे सवर्ण मानसिकता समझ लें और फिर अपने अनुभव उनसे जोड़कर उन्हें देखना चाहिए। तब लेखन की व्यापकता बढ़ेगी। 'सवर्ण मानसिकता' का प्रयोग केवल उदाहरण स्वरूप कर रहा हूँ, यहाँ बात व्यापक दृष्टि रखने की है।

मैं अक्सर खुद से पूछता हूँ कि मैं क्यों लिखता हूँ? पहला कारण है मुझे लिखने की तीव्र इच्छा होती है इसलिए। लेखन के पीछे की प्रेरणा, ध्येय, उद्देश्य आदि सब बातें दोयम हैं। इस विश्व के कुछ पहलुओं के प्रति अपनी समझ को व्यक्त करने के लिए लेखक लिखता है। लेखक, कवि क्यों लिखता है, इस पर विचार करें तो साहित्य का यह बँटवारा कितना गलत है और कितना सही पता चलेगा। प्रतिभा और सर्जनशीलता केवल लेखक-कवियों की बपौती नहीं है। नयी खोज करने वाला वैज्ञानिक, नयी तकनीकी के बल पर समग्र मानव के हित के लिए संघर्षरत उद्योगपति, बाँध और भवन बनाने वाला बिल्डर, विद्यार्थी गढ़ने वाला शिक्षक, घर चलाने वाली गृहिणी—ये सभी प्रतिभाशाली सर्जक ही हैं। यही स्वयम्भू सर्जनशीलता विश्व का ढाँचा तैयार करने में प्रयत्नशील होती है। सभी कलाएँ इसी प्राथमिक सृजनशीलता के काँधे से दुनिया देखती हैं। कलाकार की कला द्वारा जब समाज सुधार, मानव-मूल्यों की बात और अखिल समाज की उन्नति की बात प्रकट होती है तब कलाकार भी निर्माता बनता है, ऐसी मेरी धारणा है। अतः यहाँ साहित्य ही नहीं, कलाओं का भी बँटवारा करना उचित नहीं है।

मेरे हिसाब से लेखन और अभिव्यक्ति की प्रक्रिया ही अपने आप में जटिल है। मनुष्य किसलिए जीता है और विशेष प्रकार से ही क्यों जीता है, इन प्रश्नों के समान ही यह भी एक यक्ष प्रश्न है। मनुष्य रोटी कमाने के लिए लिखता है, अपनी महत्त्वाकाँक्षा पूरी करने के लिए लिखता है, स्वजनों के प्रेम के लिए लिखता है, इन सवालों से लेकर जीवन के उद्देश्य की खोज, व्यक्ति और समाज के सम्बन्ध को समझना, समाज के मूल्य और विश्व को बदलना—इन सभी उद्देश्यों की पूर्ति के लिए लेखक लिखता है। कभी-कभी उसका उद्देश्य शुद्ध मनोरंजन भी हो सकता हैं। अपनी सोच और जीवन पद्धति को औरों की सोच के साथ बिठाकर वह आकलन भी करता है। अपनी सोच कितनी नवीन, प्रभावपूर्ण और उचित है,

इसका दर्शन भी लेखन के माध्यम से होता है। मैं से लेकर समाज तक पहुँचना, अपनी अभिव्यक्ति से किसी और के हृदय की सरगम छेड़ना यही अभिव्यक्ति की अन्तिम सफलता होती है।

एक और बात बताए बिना रह नहीं पाऊँगा। मनुष्य ही नहीं, वरन् सारी सृष्टि ही जीवन का आनन्द भोगती है। इस दुनिया में सहस्त्रों दुःख, कठिनाइयाँ, अन्याय-अत्याचार, दरिद्रता, क्रूरता के होते हुए भी मनुष्य इस पृथ्वी पर जमीन का एक टुकड़ा लेकर उस पर अपने सपनों का आशियाना बनाना चाहता है। आस-पास की निराशाजनक चीज को देखकर भी उसकी सोच सकारात्मक है। प्रतिकूल परिस्थितियों पर मात करके ही वह एक ॲमिबा से लेकर आज के विश्वमानव तक की यात्रा पूरी कर सका है।

शोषितों को अपने ऐतिहासिक शोषण की जानकारी होनी चाहिए। अपने शोषण के विरोध में टूट पड़ना भी स्वाभाविक है। किन्तु इन प्रतिरोधी कलाकारों को अपने दुःख चित्रण से आगे जाकर जीवन के नये उत्साह, नयी उम्मीदों के चित्र भी बनाने चाहिए।

मन को चुभने वाला एक अन्तिम मुद्दा यहाँ रखकर इस लम्बे वक्तव्य को विराम दूँगा। यह बात मराठी भाषा की बात है। मराठी भाषा का संवर्धन और विकास कर उसे ज्ञानभाषा बनाने में दलित और निचले तबके के ही हित जुड़े हैं क्योंकि यही वर्ग आगे तक इस भाषा पर निर्भर रहेगा। क्योंकि अभिजात वर्ग जो कि अक्सर मराठी के अस्तित्व की बातें करता है उसका अपना जीवन इससे प्रभावित नहीं होगा। मैं स्वयं शायद इस अभिजात वर्ग से आता हूँ क्योंकि मैंने भी अंग्रेजी से ही रोटी कमायी है। इस वर्ग की आज की पीढ़ी कब की विदेशों में स्थायी हो गई है। इस नयी कौम में अब पीढ़ी दर पीढ़ी मातृभूमि-मातृभाषा का आकर्षण घटता जा रहा है। ऐसी स्थिति में मराठी के सिवा जिनका जीवन नहीं चल पाएगा ऐसे ग्रामीण, दलित और सामान्य तबके के लोगों को ही अपनी 'मराठी' के रक्षण और संवर्धन के लिए प्रयास करने होंगे।

मैं अंग्रेजी की बुराई नहीं करता क्योंकि वह एक सुन्दर एवं समृद्ध भाषा है। वह विश्व की सम्पर्क भाषा है। द्वितीय भाषा के रूप में अंग्रेजी जरूर सीखनी चाहिए। बच्चों की प्राथमिक शिक्षा मातृभाषा के माध्यम से हो तो उसकी समझ अधिक विकसित होती है क्योंकि बच्चा जिस प्रदेश में रहता है, उसकी अपनी भाषा के माध्यम से समाज और आस-पास की सभी चीजों को जीवन्त रूप से ग्रहण करता है। यहाँ कोल्हापुर, सोलापुर जैसी सामान्य जगहों पर भी अंग्रेजी स्कूलों की बाढ़-सी आ गई है। ये स्कूल, ये पढ़ाई हमारे बच्चों का बहुत नुकसान कर रहे हैं। आज केवल अंग्रेजी पर अवलम्बित्व होने के कारण अपनी ही भूमि में अंग्रेजी न जानने वालों को नीचा देखा जाता है।

महाराष्ट्र सरकार भाषा संवर्धन के कार्य में लगी है किन्तु जब तक सरकार और आम आदमी के बीच सारे व्यवहार मराठी के माध्यम से न हों तब तक ये सारे प्रयास निरर्थक हैं। मराठीभाषी व्यक्ति अपने ही राज्य में जब किसी अजनबी से मिलता है तो सीधे हिन्दी अथवा अंग्रेजी में बात करता है। पुणे, मुम्बई, औरंगाबाद जैसी कई बड़ी जगहों पर बाजार की भाषा हिन्दी है। विदर्भ ने तो मराठी को कब का गँवा दिया है। इसका एकमात्र कारण है आत्मविश्वास की कमी। ऐसे में केवल सरकारी खर्च से भाषा जीवन्त नहीं रह पाएगी।

मराठी की रक्षा और संवर्धन के लिए सरकार को भाषा की निश्चित योजना बनाकर उस पर अमल करना होगा। इसके लिए दृढ़ इच्छाशक्ति की ज़रूरत है। सम्पूर्ण देश में एक निश्चित और सुनियोजित भाषानीति बनानी होगी। इससे भी अधिक जरूरी है कि मराठी व्यक्ति को मराठी बोलने का साहस करना होगा।

केवल मुम्बई के मराठी लोगों द्वारा अपने सारे व्यवहार मराठी के माध्यम से करने का अगर निश्चय किया जाए तभी मुम्बई पर मराठी की छाप पड़ेगी। पिछले 25 वर्षों से मुम्बई पर शिवसेना का राज है। फिर भी मराठी लड़कों को बाबू या चपरासी की नौकरियाँ दिलाने से ज्यादा कुछ काम नहीं हो पाया है। मराठी भाषी लोगों में भाषागत आत्मविश्वास पैदा करने में वह असफल रही है। उल्टे इससे महाराष्ट्र ही बदनाम हुआ और भाषिक संकीर्णता के लिए वह जाना जाने लगा। वैसे भी महाराष्ट्र भाषिक मामले में उदार और सहिष्णु (अर्थात डरपोक) प्रान्त है।

शुक्र है, आज भी भाषिक मामलों में महाराष्ट्र के ग्रामीण, दलित तथा सामान्य वर्गों में यह न्यूनता बोध दिखाई नहीं देता है। गुजरात, केरल, तमिलनाडु, कर्नाटक आदि राज्यों में ऐसा न्यूनताबोध कभी नहीं दिखता है। बंगाल की ही बात लें। वह चाहे जितना अंग्रेजी के प्रभाव में हो किन्तु दो बंगाली जब भी बाहर कहीं मिलते हैं तो निःसंकोच वे बांग्ला में बात करेंगे। इन प्रदेशों के उच्च विद्याविभूषित लोग राज्य से बाहर भी सभा-सम्मेलनों में मिलेंगे तो अपनी भाषाओं में बात करते हैं। अब जितनी जल्दी हो सके, उतनी जल्दी मराठीभाषी को भी अपनी भाषा का निःसंकोच प्रयोग करना चाहिए क्योंकि धीरे-धीरे मराठी व्यक्ति मराठी पढ़ना बन्द करेगा तो हम जैसे (सो.कॉल्ड) लेखक-कवियों का क्या होगा?

अनुवाद : प्रवीण इंदुरकर, नई दिल्ली

* नामातरः—औरंगाबाद के मराठवाड़ा विश्वविद्यालय का नाम डॉ. बाबासाहब आंबेडकर के नाम पर बदले जाने हेतु एक बड़ा राजनीतिक आन्दोलन हुआ जिसे महाराष्ट्र में 'नामान्तर-आन्दोलन' कहा जाता है।

फुले-आम्बेडकर ही दलित साहित्य की प्रेरणा

–अरुण काम्बले

[आम्बेडकरी साहित्य सम्मेलन, वर्धा, 1996]

ऋग्वेद में आर्यों ने इन्द्र से की प्रार्थना में कहा है कि हे इन्द्र! हमारे शत्रु के नगर उद्ध्वस्त करने का सामर्थ्य तू हमें दे। हे इन्द्र! हमारे शत्रुओं द्वारा निर्माण किए तालाबों को तोड़ने का बल तू हमें दे। हमारो शत्रुओं के अन्न-भंडारों को फोड़ने का, उनकी भार्याओं पर बलात्कार करने का साहस तू हमें दे। उनकी सन्तानों और भार्याओं को ठगने का बल तू हमें दे। (ऋग्वेद 4:22:10, 2:12:10, 1;36:14, 1:5:3, 7:19:5) ऐसी 'मंगलमय प्रार्थनाएँ' की गई हैं। मानव जाति का यह अमूल्य धन भ्रान्तियों और प्रमादों से भरा हुआ है, ऐसा तर्कतीर्थ लक्ष्मण शास्त्री जोशीजी ने कहा है। डॉ. आम्बेडकर कहते हैं 'Vedas are the worthless set of books' वैदिक धर्म गंवार समाज का था–ऐसा तर्कतीर्थ लक्ष्मण शास्त्री जोशी का भी मत रहा है।

आर्यों-अनार्यों का सांस्कृतिक संघर्ष जिस भूमि में घटित हुआ वह विदर्भ की यही ऐतिहासिक पावन भूमि है। नाग उस ऐतिहासिक लड़ाई का प्रतीक है। इन भूमिपुत्रों की भाषा 'मराठी' थी। मराठी भाषा का आदिम रूप महार जाति के लोगों की बोली में आज भी दिखाई देता है। इस बोली को संकलित तथा सम्पादित करना जरूरी है। विदर्भ के श्रेष्ठ इतिहास संशोधक श्री प्र.रा. देशमुख का आर्य-अनार्यों से सम्बन्धित अनुसंधान अधिक महत्त्वपूर्ण है। सिन्धु लिपि की खोज का दावा उन्होंने मृत्युपूर्व किया था। यह दावा अगर सही साबित हो जाए तो यह खोज वैश्विक दृष्टि से महत्त्वपूर्ण होगी। इस प्रकार श्री. प्र. रा. देशमुख की खोज की ओर देखना अत्यन्त महत्त्वपूर्ण होगा। इस ओर मैं सभी विद्वतजनों का ध्यान आकर्षित करना चाहूँगा।

महाराष्ट्र में आज ज्ञान की दुरावस्था दिखाई देती है। अण्ट-शण्ट लिखकर समाचार पत्रों के सम्पादक होकर 'वाचस्पति' कहलाने वाले विद्वान यहाँ कई मिलेंगे लेकिन डॉ. आम्बेडकर, महात्मा फुले, तिलक, इतिहासाचार्य राजवाडे, धर्मशास्त्रकार काणे के ज्ञान के साथ उनकी तुलना किंचित भी नहीं हो सकती। एक दूसरे का

स्वागत कर, पुरस्कारों की खैरात आपस में बाँटने वाले तथाकथित विद्वान, समीक्षक, लेखक, संशोधक ढेरों मिल जाएँगे। इन गुटों को अथवा चाण्डाल-चौकड़ी को पद पर से अवकाश-ग्रहण करने के 5-10 वर्षो बाद कोई इन्हें पानी देने वाला भी नहीं मिलेगा, इसका अहसास इन्हें नहीं है, ऐसा नहीं। फिर भी बहती गंगा में डुबकी लगाने का इनका काम जारी ही है। अपना और पत्रकारिता का उपयोग वे इसी कार्य के लिए कर रहे हैं। ऐसे पत्रकारों के सम्बन्ध में डॉ. बाबासाहब आम्बेडकर कहते हैं कि 'मराठी' पत्रकारों का धन्धा ये केवल नौटंकियों का धन्धा है।...मराठी के कई समाचार पत्र अज्ञानी लोगों को मूर्ख बनाने के कारखाने हैं।

मैं यह निश्चित रूप से कहना चाहता हूँ कि महाराष्ट्र की विद्वत्ता महाराष्ट्र के, महारों के और मराठी भाषा के उद्‌गम का अनुसंधान करने में अधिक सहायता प्रदान नहीं कर सकी। महारों के आद्‌य दैवतों को थलोबा (स्थल देवता) और मरीआई (महारों की माँ) का इस दृष्टि से अध्ययन होना चाहिए। 'पोतराज'*[1] यह महारों की दुर्दशा का प्रतीक है। महारों की चावडी को तक्क्या कहा जाता है। इस शब्द का उद्‌गम 'तख्त' शब्द से हुआ था या 'तक्षक' नाग से इस सम्बन्ध में मतभेद हैं। लेकिन एक समय वह महारों के वैभव का प्रतीक थी। नासिक परिसर में महारों के वसाहत को राजवाड़ा कहा जाता है। 'गाँव संग महारवाड़ा' यह कहावत भी परिपूर्ण होती है।

इन शूर अछूत योद्धाओं के, नागवंशीय महारों के, इस राष्ट्र, महाराष्ट्र में विदर्भ की नागभूमि वर्धा में इस तीसरे ऐतिहासिक अखिल भारतीय आम्बेडकरी साहित्य सम्मेलन का आयोजन किया जा रहा है। इसके लिए मैं आप सभी को धन्यवाद देता हूँ।

यह जागृति का ही लक्षण है कि दिन-ब-दिन साहित्य सम्मेलनों का आयोजन हो रहा है। ग्रामीण मराठी साहित्य सम्मेलन, विभागीय मराठी साहित्य सम्मेलन, स्त्रियों का साहित्य सम्मेलन, दलित, आदिवासी स्त्रियों का साहित्य सम्मेलन, आदिवासी साहित्य सम्मेलन, ईसाइयों का साहित्य सम्मेलन, मुस्लिम-मराठी साहित्य सम्मेलन, युवा साहित्य सम्मेलन, कामगार साहित्य सम्मेलन ऐसे कई साहित्य सम्मेलनों के कलश ही भरते जा रहे हैं। रामदास*[2] के शब्दों में कहा जाए तो 'कविता गवता जैसी उदंड माजली...' यही कह सकते हैं। इन साहित्य सम्मेलनों के अध्यक्ष भी सज-धज कर बैठी दुल्हन की तरह ही होते हैं। कई अध्यक्ष ऐसे भी होते हैं जिन्हें अध्यक्षीय भाषण तक लिखना नहीं आता। ये कौन लोग लिखते हैं इसकी जाँच भी होनी चाहिए। साहित्य सम्मलनों के अध्यक्षों का चुनाव करने वाला विशिष्ट गुट साहित्य जगत के निठल्लों का जमावड़ा ही है।

दलित, आदिवासी, बहुजन साहित्य सम्मेलनों के अध्यक्षों में भी यह गुण समाहित हो चुका है। एक ही व्यक्ति तीन-तीन साहित्य सम्मेलनों का अध्यक्ष होता है। इनके अध्यक्षीय भाषण भी पहले ही तैयार होते हैं। यह भी कहा जाता है कि कुछ अध्यक्षों के अध्यक्षीय भाषण लिखने का ठेका भी कुछ समीक्षकों को मिल जाता

है। ऐसे कई उदाहरण मिलते हैं जहाँ अध्यक्ष बनने के लिए कितने सेंत-बैंत लगाए जाते हैं, जो देखने योग्य हैं। ऐसे सम्मेलनों में साहित्य, कला, संस्कृति सम्बन्धी चर्चा कहाँ होगी? इन सार्वजनिक यात्राओं को मेला या उर्स कह सकते हैं। इन मेलों या उर्सों के पीर, ग्राम दैवत, शंकराचार्य और पण्डित कौन होंगे यह बताने की आवश्यकता नहीं है। इन साहित्य सम्मेलनों के सामान्य कोटि के भाषण उनकी साहित्य विषयक समझ, वैचारिक क्षेत्र की, गुणवत्ता की निदर्शक हैं। राज्यकर्ताओं से धन जमा करने के लिए उनकी छत्र-छाया में होने वाले ये साहित्य सम्मेलन जानवरों को बाँधने की धर्मशालाएँ हैं।

देश में आज जातिवादी और धर्मशक्ति की ताकतें बढ़ रही हैं। जातिवादी और धर्मांध शक्ति के लोग महाराष्ट्र की सत्ता में हैं। इन शासनकर्ताओं के सत्ता में आने के तुरन्त बाद अनुसूचित जाति जमाति-प्रतिबन्धक कानून के अन्तर्गत मराठावाड़ा विश्वविद्यालय आन्दोलन में दलितों पर अत्याचार करने वाले 1100 गुण्डों पर जो अभियोग थे, उन्हें वापिस लेने का फैसला किया गया। श्रीकृष्ण आयोग रद्द किया गया, फुले-आम्बेडकर-गाँधी-नेहरू की प्रतिमाओं को मन्त्रालय से निकाला गया, गोहत्या प्रतिबन्धक कानून लाकर मोची बन्धुओं, कई कारीगरों का धन्धा चौपट किया गया और अपनी अवैज्ञानिक वृत्ति का दर्शन कराया। सावरकर का 'गाय—एक उपयुक्त पशु' यह लेख खुद को सावरकरवादी कहने वाले इन अहंकारी लोगों ने शायद नहीं पढ़ा होगा। बाबरी मस्जिद को तहस-नहस कर देश में साम्प्रदायिक युद्ध शुरू कर रहे ये दरिन्दे अब दिल्ली पर भगवा झण्डा फहराने और डॉ. आम्बेडकर द्वारा लिखित भारतीय संविधान बदलने की बात रहे हैं। लोकसभा का चुनाव अभी सम्पन्न हुआ। इन रूढ़ीवादी शक्तियों की शक्ति का पता चला। मनु के इन उत्तराधिकारियों को, पेशवाओं के वंशजों को और ब्राह्मणों के हस्तकों की विचारधारा को तहस-नहस करना फुले-आम्बेडकरी विचारधारा को प्रमाण मानने वालों का मैं प्रथम कर्तव्य समझता हूँ।

पेशवाई समाप्त करने के लिए महार सैनिकों का एक आघात ही प्रमुख कारण रहा। 2 जनवरी, 1818 में भीमा-कोरेगाव में पेशवाओं और ब्रिटिशों के बीच हुआ युद्ध ही पेशवाई का मृत्यु आलेख साबित हुआ। इस लड़ाई में महार सैनिकों का कार्य असाधारण रहा। प्रतिकूल स्थिति में ब्रिटिशों की ओर से लड़कर उन्होंने निर्णायक जीत हासिल कराई। और अछूतों का भयावह अपमान करने वाले पेशवाओं को आखिरी सबक सिखाया। महार सैनिकों के इस पराक्रम के लिए ब्रिटिशों द्वारा निर्माण किया गया यह स्मारक आज भी शहीद महार सैनिकों के नाम के साथ बड़े रुतबे से खड़ा है। पेशवायी का यह मृत्युलेख हमारी राशि मेष न होकर सिंह है यही बता रहा है। सुप्रसिद्ध इतिहासकार टॉट ने 1818 में हुए भीमा-कोरेगाव की लड़ाई का वर्णन 'हिन्दी थर्मापिली' इन शब्दों

में किया है। मध्य विभाग के कमिश्नर मित्र एल. जे. माउण्टफोर्ड ने इस लड़ाई के सम्बन्ध में कहा 'पौर्वात्य देशों में जितने भी पराक्रम किए गए उनमें कोरेगाँव का पराक्रम सर्वश्रेष्ठ है।'

शूद्रातिशूद्रों को जब-जब मौका मिला, तब-तब उन्होंने अपने सामर्थ्य का परिचय प्रमाणों के साथ स्थापित किया है। 'Pen is more mighter than sword' इस वाक्य का सही प्रत्यय हमें इतिहास में दिखाई पड़ता है। फ्रेंच राज्यक्रान्ति के मूल में रूसो और वॉल्टेयर द्वारा की गई साहित्यिक और वैचारिक क्रान्ति थी। रूसी क्रान्ति के मूल में कार्ल मार्क्स के क्रान्तिकारी साहित्य का हाथ रहा। धनुष से निकलने वाले तीर के समान लेनिन की लेखनी से विचारों के शब्द निकले हुए दिखाई देते हैं। मार्क्स, माओ, अंकल, हो चि मिन्ह, तथागत् गौतम बुद्ध, येशु ख्रिस्त–ये सभी क्रान्तिकारी तथा धर्म संस्थापक मूल में साहित्यिक और कवि रहे हैं।

महाराष्ट्र में चोखामेला, तुकाराम, गोरा कुम्भार, ज्ञानेश्वर, ज्ञानदेव, जनाबाई, कान्होपात्रा, सावतामाली, सेना न्हावी, वारकरी सम्प्रदाय व भागवत धर्म के ये सभी प्रचारक साहित्यिक ही थे। डॉ. बाबासाहब आम्बेडकर को पूछा गया कि आप किस बात को अधिक महत्त्व देंगे। उन्होंने कहा 'I would do literary work' उनके द्वारा रचित विश्वप्रसिद्ध ग्रन्थ इसके प्रमाण हैं। महात्मा फुले मूलतः साहित्यिक थे, इसका प्रमाण उनके द्वारा रचित 'अखण्ड' मराठी कविता की प्रथम कृति है। उन्हीं के द्वारा रचित 'तृतीय रत्न' मराठी सामाजिक नाटक की प्रथम कृति है। उनकी चिरस्मरणीय कृतियों में 'गुलामगिरी', 'सार्वजनिक सत्यधर्म पुस्तिका' रही है। महात्मा फुले द्वारा रचित 'छत्रपति शिवाजी महाराज का पोवाडा' या फिर ग्रन्थकार सभा से सम्बन्धित 'घालमोठ्या दादा' न्या. रानडे से सम्बन्धित अतिशुद्ध मराठी में लिखे गए पत्र, भारत तथा महाराष्ट्र में परिवर्तन की सोच रखने वाले सभी भारतीयों को कण्ठस्थ करना चाहिए। इस ऐतिहासिक परिवर्तन की सोच को आज भी मराठी साहित्यिक मूल रूप से नहीं पढ़ पाये। मैं यह सूचित करना उचित समझता हूँ कि 1920-1950 के कालखण्ड को सामान्यजनों का कालखण्ड कहने वाली कुसुमावती देशपाण्डे अतिसामान्य साहित्यकार थीं यह आज सिद्ध हो चुका है। इसी कालखण्ड में डॉ. आम्बेडकर जी ने 'मूकनायक' पत्र आरम्भ किया था। गैर ब्राह्मण आन्दोलनकारियों ने अपनी साहित्य सम्पदा को इस काल में जन्म दिया। केलकर तथा सावरकर का साहित्य इसी कालखण्ड में लिखा गया। इसी कालखण्ड में गाँधीजी के नेतृत्व में स्वतन्त्रता आन्दोलन की शुरुआत होकर उनके विचारों का प्रभाव मराठी साहित्य पर दिखाई दिया। इन ब्राह्मणी मध्यमवर्गीय पारम्परिक तथा प्रस्थापित मराठी इतिहास अनुसंधाताओं को साहित्य का युग प्रवर्तकत्व अपरिचित ही था, यह कहना ही उचित होगा।

'पद्य पंक्तियों की नाव नियति ने हमें दी, अब इसके आधार विश्व को कर देंगे सपाट' इन पंक्तियों के रचनाकार केशवसुत की प्रशस्ति गाने वाले समीक्षक और विद्वानों को फुले-आम्बेडकर के युग-प्रवर्तक कार्यों की दखल लेना ब्राह्मणी मानसिकता के चलते सम्भव नहीं था। विश्व में संस्कृति की वृद्धि और उसके विकास का कार्य साहित्य ने ही किया है। डॉ. बाबासाहब द्वारा की गई महान सांस्कृतिक क्रान्ति (The great revolution) का श्रेय भी साहित्य को ही है। डॉ. आम्बेडकर के शब्दों में कहा जाए तो सांस्कृतिक क्रान्ति राजनीतिक क्रान्ति से पहले होती है। छत्रपति शिवाजी महाराज ने जो राज्यक्रान्ति की उसका श्रेय सन्तों द्वारा की गयी सांस्कृतिक क्रान्ति को दिया जाता है। इसमें कोई सन्देह नहीं कि सन्तों द्वारा की गयी इस सांस्कृतिक क्रान्ति के केन्द्र में साहित्य ही रहा है। बाबासाहब के सिद्धान्तों की ओर आपका ध्यान आकर्षित कर मैं यह संकेत करना चाहता हूँ कि 'नव शिक्षित बौद्धो, अब बुद्धि और लेखनी (Brain and Pen) इन दो साधनों का उपयोग भविष्य में युग परिवर्तन के लिए किया जाना चाहिए।'

'चार बच्चों के जन्म के उपरान्त मुझे जितना आनन्द प्राप्त होता, उतना ही आनन्द मेरी एक किताब प्रकाशित होने के बाद मुझे होता है।' यह वाक्य डॉ. बाबासाहब आम्बेडकर जी का है। साहित्य के अन्तर्गत वैचारिक साहित्य का भी समावेश हो—ऐसा उनका आग्रह था। हैदराबाद में हुए मराठी साहित्य सम्मेलन में बोलते हुए उन्होंने यह विचार प्रगट किया था।

Knowledge is power (ज्ञान ही शक्ति है) बाबासाहब की इस उक्ति का अर्थ शायद अब तक हमारी समझ के बाहर है। आधे-अधूरे ज्ञान से ज्ञानी हुए तथाकथित विद्वान, अशिक्षित, अल्पशिक्षित नेतृत्व आम्बेडकरी आन्दोलन के शीर्षस्थान पर दिखाई दे रहा है। मराठवाड़ा विश्वविद्यालय के नाम परिवर्तन का विरोध करने वाला भ्रष्टाचारी, गंवार नेतृत्व बाबासाहब के विचारों और कर्तव्यों से प्रेरणा लेकर चलने वाले आम्बेडकर जी के आन्दोलनकारियों के सिर पर बैठा हो यह इस आन्दोलन की सबसे बड़ी त्रासदी है। आज बाबासाहब होते तो जिन्हें वे अपने आस-पास भी मण्डराने न देते ऐसे विश्वासघाती, अप्रबुद्ध, राजनीतिज्ञ, दूरदृष्टि न रखने वाला, संकुचित, जातीयवादी नेतृत्व आज राजनीति और साहित्य में दिखाई दे रहा है। ऐसे लोगों के नेतृत्व को खत्म किए बगैर महाराष्ट्र और देश में फुले-आम्बेडकर जी की अपेक्षित क्रान्ति सम्भव नहीं है।

बाबासाहब द्वारा की गई जाति विषयक मीमांसा अत्यन्त महत्त्वपूर्ण है। किसी भी दिशा से आकर जातीयता का यह राक्षस आपके मार्ग में रुकावट पैदा कर सकता है। जाति व्यवस्था को नष्ट किए बगैर समाजवाद या साम्यवाद केवल असम्भव ही नहीं, मात्र एक दिवास्वप्न ही है, इस कटु सत्य को डॉ. आम्बेडकर जी ने 1936 में लिखी अपनी किताब 'Annihiliation of Caste' इस बीज ग्रन्थ

में सैद्धान्तिक रूप से प्रतिपादित किया है। डॉ. आम्बेडकर द्वारा की गई जातीयता की मीमांसा केवल एक अपूर्व घटना है। जातीयता की इतनी सूक्ष्म मीमांसा करने वाले पण्डित डॉ. बाबासाहब थे। विश्वमंच पर शोषितों का नेतृत्व जिन महान विद्वानों ने किया उसमें डॉ. आम्बेडकर का स्थान अद्वितीय है। निम्न तबके की किसी भी लड़ाई में इस प्रकार का प्रबल और सिद्ध नेतृत्व आज तक निर्माण नहीं हो सका है। बौद्धिक महानता डॉ. आम्बेडकर के नेतृत्व की सबसे महत्त्वपूर्ण बात है। ऐसा नेतृत्व न तो अफ्रीका की अफ्रो अमेरिकन (Black) या जापान की बुराकुमीन (अस्पृश्य और आदिवासी जापानी समूह) को प्राप्त हो सका है। यही कारण है कि विश्व की कमजोर इकाइयाँ, काले लोग (Black) बुराकुमीन और वंशिक दृष्टि से पिछड़े, उपेक्षित लोगों को डॉ. बाबासाहब का नेतृत्व प्रेरणादायी सिद्ध हो सकता है। राष्ट्रपति भवन में डॉ. बाबासाहब आम्बेडकर जन्मशताब्दि समिति की ओर से हो रहे भूतपूर्व प्रधानमन्त्री विश्वनाथ प्रताप सिंह के स्वागत समारोह में डॉ. नेल्सन मण्डेला ने कहा था कि 'दक्षिण अफ्रीका का संविधान जब तैयार होगा उस समय डॉ. आम्बेडकर द्वारा लिखित भारतीय संविधान के मूलभूत तत्त्वों को हम हमारे संविधान में अन्तर्भूत करेंगे।' केवल नेल्सन मण्डेला ही नहीं, रूस के भूतपूर्व राष्ट्राध्यक्ष मिखाईल गोर्बाचोव ने भी विशेष रूप से डॉ. आम्बेडकर के सभी साहित्यिक खण्डों का अध्ययन किया था। विश्व की विविध भाषाओं में डॉ. बाबासाहब के साहित्य का अनुवाद हो चुका है। विश्व की कई भाषाओं में हुए उनके चरित्र ग्रन्थ को लोकप्रियता प्राप्त हुई है।

आज भारत की सभी राजनीतिक पार्टियों को और पूरे समाज को डॉ. आम्बेडकर का व्यक्तित्व और नेतृत्व महत्त्वपूर्ण प्रतीत होता है। मेरा यह कहना है कि केवल व्यक्ति पूजा अर्थहीन है। डॉ. बाबासाहब मूर्तिपूजक न होकर मूर्ति-भंजक थे। 'I am no worshiper of Idols, I believe breaking them' 'रानडे, गाँधी और जिन्ना' इस ग्रन्थ में उन्होंने लिखा है कि 'नेता की पराजय का कारण उसके अनुयायी ही होते हैं।' इन वचनों की यथार्थता का अनुभव आज होने लगा है। डॉ. आम्बेडकर के नाम से उर्स आयोजन करने वाले उनकी जयन्ती मनाने वाले, उनकी प्रतिमाओं की प्रतिस्थापना कर उनके विचारों और तत्त्वों का खून कर रहे दरिन्दे हर गली में नजर आ रहे हैं। ऐसा ही नेता डॉ. आम्बेडकर के विचारों को नेस्तानाबूत कर जातीयतावादी और धर्मांध शक्तियों के मूलभूतवादियों को शक्ति प्रदान करने की कृष्ण क्रीड़ा करने लगे हैं। डॉ. आम्बेडकर के नाम से प्रचलित यह गुट ही नेतृत्व कर रहा है। डॉ. आम्बेडकर के आन्दोलन की इससे बड़ी त्रासदी और क्या होगी? इस अवसरवादी, भ्रष्टाचारी नेतृत्व को हमेशा के लिए नेस्तानाबूत करना ही आम्बेडकर आन्दोलन के लिए उपकारक सिद्ध होगा। आन्दोलन का विकास इसके बगैर हो नहीं पाएगा।

'रानडे, गाँधी और जिना' के सम्बन्ध में अपने ऐतिहासिक वक्तव्य में डॉ. बाबासाहब ने कहा था कि 'रानडे दार्शनिक थे, दूरदृष्टि वाले थे, केवल राजनीतिज्ञ ही नहीं थे।' गाँधी और रानडे युग की तुलना करते हुए आम्बेडकर ने ('Federation Vès Freedom') इस ग्रन्थ में स्पष्ट रूप से कहा है कि 'आगरकर, रानडे, गोखले, तिलक के युग में लोग बौद्धिकता को अधिक महत्त्व दिया करते थे। गाँधी युग अन्दरूनी दरवाजा (इनर व्हॉइस) को महत्त्व देता है। वैज्ञानिकता का विरोधी, अन्धश्रद्धा और शब्द प्रामाण्य को महत्त्व देने वाला तथा यन्त्रों का विरोध-यह इस युग की विशेषता है।' इसलिए आम्बेडकर, गाँधीयुग को 'dark age of India' (भारत का अन्धायुग) से सम्बोधित करते हैं। गाँधी और जिन्ना के नेतृत्व का विरोध करते हुए डॉ. आम्बेडकर ने कहा—'मैं व्यक्तिपूजा का विरोधी हूँ। व्यक्ति पूजा मुझे अमान्य है। कोई भी स्त्री अपने चरित्र का बलिदान देकर किसी पुरुष के साथ कृतज्ञ नहीं हो सकती और कोई भी देश अपनी स्वतन्त्रता का बलिदान देकर दूसरे राष्ट्र के साथ कृतज्ञ नहीं हो सकता।'

आम्बेडकर की प्रेरणा से निर्माण हुए साहित्य में कहाँ तक आम्बेडकर के विचारों का प्रभाव है—यह जान लेना भी महत्त्वपूर्ण होगा। कई बार यह भी देखा गया है कि अशिक्षित, अर्धशिक्षित और अप्रबुद्ध लोगों द्वारा लिखा गया साहित्य पुरस्कार प्राप्त कर जाता है। इनमें से कइयों को वर्णमाला तक ठीक से लिखनी नहीं आती। इन्हें कौन लिखकर देता है? इनमें विचार किसके होते हैं? इस पर भी विचार करना जरूरी है। अपने आश्रितों की संख्या बढ़ा रहे ये तथाकथित विद्वान आम्बेडकरी साहित्य, आम्बेडकरी विचार और आम्बेडकरी आन्दोलनों का अति नुकसान कर रहे हैं। इसलिए दलित साहित्य की प्रेरणा मार्क्सवादी है, गाँधीवादी है यह प्रचार भी किया जा रहा है। बौद्धिक विचार कर रहे इन विचारकों को चावल में से निकाले गए कंकड़ों की तरह निकाल कर फेंक देना जरूरी है। इन तथाकथित साहित्यकारों की लेखनी में आम्बेडकरी विचारों और आत्मानुभूति की प्रगल्भता का प्रत्यय नहीं होता। मध्य वर्गीय पाठकों को खुश करने के लिए, उनके मनोरंजन के लिए लिखा गया यह सस्ता साहित्य (Popular literature) है। इन मनोरंजनवादी लेखकों में आज के दलित साहित्यकारों का समावेश किया जा सकता है। इसलिए इन्हें फोर्ड फाउण्डेशन से शिष्यवृत्ति या साहित्य अकादेमी का पुरस्कार दिया जाता है।

आत्मवृत और कविताओं की भरमार दलित साहित्य में दिखाई पड़ती है। कुछ गुणात्मक कृतियों को छोड़ दिया जाए तो अधिकतर लेखन औरों की कृतियों का अनुकरण ही होता है। कुछ लेखकों ने तो लेखन का कारखाना ही शुरू किया है। हर रोज कुछ-न-कुछ लिखना चाहिए, इस लोकोक्ति के अनुसार सफेद पर काला-बनाने का काम किया जा रहा है। प्रिन्ट की गलतियाँ, सन्दर्भ की गलतियाँ,

गलत एवं झूठे अवतरण—इन सभी की भीड़ इनके लेखन में दिखाई देती है। इस उद्योग के चलते हम साहित्य जगत का किस प्रकार नुकसान कर रहे हैं—इस बात की सम्वेदना इन अप्रबुद्धों को नहीं है। 'ना मूलं लिखते किंचित' इस संस्कृत उक्ति की याद आपको दिलाना चाहूँगा। निश्चित ही उसमें अपवाद भी हैं। प्र. ई. सोनकाम्बले द्वारा 'आठवणीचे पक्षी' अण्णाभाऊ साठे का साहित्य (सम्पूर्ण नहीं), सुधाकर गायकवाड़ का 'शूद्र' उपन्यास इस विषय पर का वैचारिक लेखन, बाबूराव बागुल द्वारा लिखित 'सूड', वामन कर्डक के गीत तथा नामदेव ढसाल की कविताएँ इन्हें अपवाद रूप में लिया जा सकता है। इसी के साथ किसान फागू बनसोडे, हिरा बनसोडे, भुजंग मेश्राम, प्रा. केशव मेश्राम, प्रज्ञा पवार, प्रकाश जाधव ये भी अपवाद रूप में हैं।

नाट्य रूप में आम्बेडकरी साहित्य काफी कम मात्रा में दिखाई देता है। तमाशा और शाहिरी की अतिसमृद्ध परम्परा यहाँ रही है। इनका आधुनिकीकरण करने के बजाय प्रस्थापितों का और मध्य वर्गीयों का अनुकरण निभाने की आदत दलित साहित्यिकारों की रही है। दलित नाटक मुख्य रूप से मध्य वर्गीय प्रेक्षकों पर आश्रित है। हार्लेम में जिस प्रकार काले लोगों ने अपना रंगमच निर्माण किया उसी प्रकार का रंगमंच निर्माण करने की ज़रूरत है।

तमाशा और शाहिरी यह हमारी जन्मजात कलाएँ हैं। यह समृद्ध परम्परा हमें छोड़नी नहीं चाहिए। 'जिसका अपना इतिहास नहीं होता वह इतिहास निर्माण नही कर सकता' आम्बेडकर के इस वचन की मुझे बराबर याद आती है। तमाशा इस रूप का हमें अच्छी तरह उपयोग करना चाहिए। 12वीं शताब्दी से पूर्व, ज्ञानेश्वर से भी पूर्व (ज्ञानेश्वरी में तमाशा का उल्लेख है) यह कला अस्तित्व में थी। इस कला के जनक दलित, शोषित हैं, इस ओर ध्यान देकर उस पर विशेष कार्य करना आवश्यक है।

आज यहाँ मैं आम्बेडकरी शाहीरों का गौरव करना उचित समझता हूँ। इनके द्वारा किया गया कार्य महत्त्वपूर्ण है। आज के दलित, बौद्ध, आम्बेडकरी साहित्यकारों की तुलना में आम्बेडरी शाहीरों की साहित्य सेवा लाख गुना मूल्यवान है।

'बहिष्कृत भारत' में पत्र लेखन करने वाले आम्बेडकरी समाज के प्रथम पत्र लेखक खण्डनाक राजनाक इनामदार (कलम्बी), कृष्णा नायकु सुतार (शिक्षक कलम्बी) इन दो महत्त्वपूर्ण लेखकों का परिचय दलित साहित्य पर प्रबन्ध लिख रहे या लिख चुके अध्येताओं को भी शायद ही हो। कृष्णा नायकु सुतार ने महत्त्वपूर्ण ग्रन्थलेखन भी किया है। इनके द्वारा लिखा गया 'सम्राट अशोक का चरित्र' अध्येताओं द्वारा उपेक्षित ही रहा है। आम्बेडकरी आन्दोलन के इन आरम्भिक जीवनीकारों के लेखन की खोज करना अध्येताओं के सम्मुख एक बड़ी चुनौती है।

दलित स्त्रियों द्वारा लिखे गए साहित्य का अभाव दिखाई देता है। आम्बेडकरी

आन्दोलन की मिनान्बल शिवराज, शान्ताबाई दाणी, कौसल्या नन्देश्वर बैसन्त्री आदि स्त्रियों के कर्तव्य का आलेख शब्दबद्ध करना जरूरी है। डॉ. आम्बेडकर द्वारा स्थापित जनता पत्रों की प्रबन्धन समिति में दो स्त्रियों का समावेश था। नागपुर की दलित वर्ग परिषद में स्त्रियों को सम्बोधित कर अपने भाषण में डॉ. आम्बेडकर ने कहा है कि किसी भी समाज की सांस्कृतिक ऊँचाई उस समाज में स्थित स्त्रियों के स्थान पर निर्भर है। 'हिन्दू स्त्रियों की उन्नति तथा अवनति' इस शोध निबन्ध में बाबासाहब ने हिन्दू स्त्रियों की अवनति का कारण हिन्दू समाज व्यवस्था, जाति-प्रथा, धर्म नियमों को माना है। 'न स्त्री स्वातन्त्र्यम अर्हति' मनु के इस वचन को हिन्दू कोड बिल में समाप्त करने वाले डॉ आम्बेडकर भारतीय स्त्री-मुक्ति का इतिहास लिखने वाले प्रथम व्यक्ति हैं। बाबासाहब द्वारा स्थापित राजनैतिक पार्टियों के नेताओं के अध्यक्षीय मण्डल में स्त्रियों को स्थान नहीं दिया जा रहा है, इस ओर भी मैं आपका ध्यान आकर्षित करना चाहूँगा। ऐसे व्यक्तियों को बाबासाहब के नाम पर जीने का कोई हक नहीं है। आम्बेडकरी साहित्य आन्दोलन में स्त्रियों के कर्तव्य विशेष लक्षणीय हैं। महाराष्ट्र की शान्ताबाई कृष्णाजी काम्बले, मुक्ता सर्वगौड, नजुबाई गावीत, शान्ताबाई दाणी, बेबी काम्बले, कुमुद पावडे इनके द्वारा लिखे गए आत्मवृत्तों का और संस्मरणों का निश्चित ही महत्त्व है। भारतीय परिदृश्य में दलित, शोषित, स्त्रियों द्वारा लिखे गए ये प्रथम आत्मवृत्त हैं। इस परिदृश्य में इन आत्मवृत्तों पर अब तक किसी भी प्रकार का अध्ययन नहीं किया गया। वैश्विक स्तर पर इन आत्मवृत्तों पर अनुसंधान हुए हैं। शान्ताबाई काम्बले द्वारा लिखित आत्मवृत्त का अंग्रेजी और फ्रेंच भाषा में अनुवाद हो चुका है। 'नाजुका' यह मालिका दूरदर्शन पर काफी लोकप्रिय रही, इस बात का प्रमुख रूप से उल्लेख करूँगा। डॉ. आम्बेडकर द्वारा 'डॉ. आम्बेडकराच्या सहवासात' यह डॉ. आम्बेडकर के जीवन पर लिखा ग्रन्थ भी उपेक्षित है। स्वयं बाबासाहब के हस्ताक्षरों में लिखे गए 'प्रेमपत्र' इस ग्रन्थ के भूषण हैं। बाबासाहब के ललित व्यक्तितत्त्व को ये प्रेमपत्र प्रकाशित कर रहे हैं। यह ग्रन्थ ऐतिहासिक दस्तावेज है। खैरमोडे, धनंजय कीर, डॉ. भालचन्द्र फडके, बी. सी. काम्बले द्वारा मेहनत के साथ लिखे गए बाबासाहब के चरित्र महत्त्वपूर्ण हैं। बाबासाहब के सम्बन्ध में आज नई जानकारियाँ प्राप्त हो रही हैं। उनके साहित्य के 13 खण्ड उपलबध हैं जिसमें आज तक प्रकाशित उनके सम्पूर्ण साहित्य का समावेश है। उनका 'वेटिंग फॉर व्हिसा' यह आत्मचरित्र भी प्रसिद्ध है। उनके द्वारा रचित सम्पूर्ण मराठी साहित्य संशोधित रूप में कुछ रोज पूर्व ही प्रकाशित हो चुका है। डॉ. आम्बेडकर के कई लाख पत्र अब सम्पादित हो रहे हैं। पुनः बृहद्कार सम्पूर्ण चरित्र लिखना आवश्यक है। बाबासाहब के विचारों, कार्यों पर नये सिरे से अनुसंधान करना आज की आवश्यकता है। 'जीवन्त बाबासाहब से मृत आम्बेडकर अधिक प्रभावपूर्ण सिद्ध होंगे।' एन.

शिवराज के इस वक्तव्य का अनुभव आज हो रहा है। ऐसे वक्त उनके एक नहीं, कई चरित्र ग्रन्थों का निर्माण होना जरूरी है। एक व्यक्ति के रूप में डॉ. आम्बेडकर के ललित व्यक्तित्त्व का चित्रण होना जरूरी है। इन दिनों मैं डॉ. आम्बेडकर का अभिनव बृहद् चरित्र लिख रहा हूँ।

महाराष्ट्र के सन्त साहित्य की उदारमतवादी जनतांत्रिक परम्परा रही है। उन्नीसवीं तथा बीसवीं शताब्दी के सामाजिक प्रबोधन के आन्दोलन मे इसकी पृष्ठभूमि है। यह होते हुए भी अधिकतर मराठी साहित्य केवल कागजी संकुचित मध्य वर्गीय और ब्राह्मणी मानसिकता से व्याप्त दिखाई देता है। ऐसे साढ़े तीन प्रतिशत के साहित्य को कौन-से साहित्य का जीवन दर्शन प्राप्त होगा, भगवान जाने। परिवर्तनवादी सामर्थ्य का साहित्य इसमें ढूँढने पर भी नहीं मिलेगा। इसी साहित्य को सम्बोधित कर डॉ. आम्बेडकर ने 'इस दौर में लिखा जा रहा साहित्य ब्राह्मणी साहित्य है' ऐसा बॅ. जयकर से चर्चा करते समय कहा था।

सन्त साहित्य के अध्ययन को एक नई प्रेरणा प्राप्त हो चुकी है। सन्त साहित्य का नए रूप से आकलन और आस्वादन कर सकते हैं। यह करते समय इसे समझना आवश्यक होगा कि यह साहित्य युग प्रवर्तक है, समतावादी है या यथार्थवादी है? दलित साहित्य को सन्त साहित्य से प्रेरणा प्राप्त करनी चाहिए। ज्ञानेश्वर रचित 'पसायदान' को यूनो के घोषणापत्र के रूप में स्वीकारा जाए ऐसी मांग करनेवाले अपनी नासमझी का, खोखलेपन का प्रदर्शन कर रहे हैं।

'इन सन्तों ने महाराष्ट्र को बरबाद कर दिया' यह कहने वाले इतिहासाचार्य राजवाडे और 'भजन में एकी और भोजन में बेकी' या 'सन्त साहित्य में क्या लिखा है, आवाज देकर कहता है तुका, नाम लिए बिना न चुप रहो तुम, नाम लेकर क्या होगा अपना' यह कहने वाले आम्बेडकर की याद सन्त साहित्य का समर्थन करने वाले जन को हो, बस यही कहना चाहूँगा।

कहावतें, लोकोक्तियाँ, मुहावरे, गालियों से भी साहित्यिक सांस्कृतिक धन प्राप्त होता है। कुछ गालियाँ तो दोहों के समान ही होती हैं तो कुछ दोहे गालियों के समान हो जाते हैं। इस दृष्टिकोण से गालियों, मुहावरों, कहावतों का अध्ययन करना जरूरी है। इस प्रकार का अध्ययन विदर्भ के सिद्धकवि विट्ठल वाघ ने किया है। विस्तृत रूप में इस विषय में अनुसंधान होना आवश्यक है।

बोलियों का भी विशेष रूप से अध्ययन नहीं हो सका है। कई बोलियाँ अब तक लिखित रूप से शब्दबद्ध नहीं हो पाई हैं। इन्हें संकलित करना आवश्यक है। महार, मांग, धनगर, कोली, आदिवासियों की बोली के शब्दों का जतन तथा संवर्धन करना तथा उनके कोश निर्माण करना आज का जरूरी कार्य है। गोंधली, भराडी, वाध्या, पोतराज आदि संस्कृति के उपासकों की साहित्य सम्पदा का जतन करना, उनका अध्ययन करना जरूरी है। इससे कई बातों की

ओर संकेत हमें मिल सकता है। संस्कृतियों का संवाहक बनना यानी लोकसंस्कृतियों का उपासक बनना है। दलित साहित्य के अध्येता के लिए इस प्रकार की बोलियों के संकलन की, शब्दकोशों की आवश्यकता है। गालियों से संस्कृति की नाड़ी हमें तुरन्त मिल जाएगी। हमारे हर्ष-विमर्ष, क्रीड़ा कर्म आदि पर प्रकाश फेंकने का एक अत्यन्त महत्त्वपूर्ण साधन ये गालियाँ हैं। ब्रिटिशों ने, पश्चिमी विद्वानों ने, ईसाई धर्म उपदेशकों ने हमारी संस्कृति का, जातियों का, भाषा-बोली का, व्याकरण, शब्द संग्रहों का अध्ययन किया उतने बड़े पैमाने पर उनके बाद शायद ही उस पर शोध किया गया होगा। अतः यह उनका हम पर कर्ज ही है। आज के हमारे साहित्य के अध्येता इतनी निचली मानसिकता से भरे हुए हैं कि महाराष्ट्र के बाहर गुजरात या आन्ध्र प्रदेश में किस प्रकार का साहित्य लिखा जा रहा है, वहाँ कैसी उठा-पटक शुरू है, इस बात की रत्तीभर जानकारी नहीं रखते। इंग्लैण्ड, अमरीका में क्या चल रहा है इस बात की कण-कण की जानकारी इन्हें होती है। पश्चिम के रंग इन में रंगे साहित्यकारों के कारण केवल महाराष्ट्र की ही नहीं, पूरे देश के भाषा साहित्य की हानि हो रही है।

Philosophy decays, life is everygreen ऐसा कहा जाता है। ठीक इसी प्रकार पहले साहित्य बाद में समीक्षा 'ड्रीप ऑफ अ क्विअर फेलो' इस नए साहित्य की शुरुआत के रूप में पहचाने जाने वाले प्रसिद्ध ग्रन्थ में दोस्तोव्यस्की कहता है 'Life is greater then knowledge of Life' 'पहले समीक्षा फिर उस आधार' पर लिखा साहित्य तृतीय या चतुर्थ श्रेणी का साहित्य होगा। संस्कृत काव्यशास्त्र ने संस्कृत साहित्य का काफी नुकसान किया है। आज पश्चिमात्यों की दृष्टि से कालबाह्य हुए पाश्चात्य साहित्यशास्त्र पढ़कर मराठी साहित्य की समीक्षा करने वाले, उसे पढ़ाने वाले समीक्षक मराठी तथा अन्य भाषाओं के साहित्य की अपरिमित हानि कर रहे हैं—स्पष्ट है। दलित साहित्य, स्त्रीवादी साहित्य, आम्बेडकरी साहित्य उपेक्षित जनसमूहों का साहित्य है। हमारा यह साहित्य इतना समृद्ध है कि वह अपने साहित्यशास्त्र को जन्म देगा। ग्रीक साहित्य शास्त्र, पश्चिमी साहित्यशास्त्र, संस्कृत साहित्यशास्त्र, मराठी साहित्यशास्त्र इसी के द्योतक हैं तो आम्बेडकरी, दलित, ग्रामीण या उपेक्षित साहित्य का स्वतन्त्र साहित्यशास्त्र क्यों निर्माण नहीं हो सकता? निश्चित रूप से यह हो सकता है। पहले साहित्य फिर समीक्षा या साहित्यशास्त्र—इस सम्बन्ध में जल्दबाजी न हो, बस यही कह सकता हूँ।

भारतीय स्तर पर आम्बेडकरी साहित्य की प्रगति आश्चार्य जनक है। कई वर्षों पूर्व ही आम्बेडकरी साहित्य का अनुवाद हिन्दी जगत में महत्त्वपूर्ण साबित हुआ है। चन्द्रिका प्रसाद जिज्ञासु का इस सम्बन्ध में गौरवपूर्ण उल्लेख जरूरी है। पंजाब में 'भीम पत्रिका' के सम्पादक एल. आर. बाली ने महत्त्वपूर्ण कार्य किया। इसी के साथ डी.सी. अहीर, डी. के. बेसंत्री, भगवानदास, डॉ. जाटव आदि का नाम भी महत्त्वपूर्ण

है। अब हिन्दी में कविता, कथा आदि ललित लेखन भी भारी मात्रा में लिखा जा रहा है। ओमप्रकाश वाल्मीकि जैसे समर्थ कथाकार, मोहनदास नैमिशराय जैसे आत्मकथा लेखक, (अपने-अपने पिंजडे) डॉ. बाबासाहब की पत्रकारिता पर डॉक्टरेट प्राप्त कर लेखन करने वाले श्योराज सिंह बेचैन हिन्दी साहित्य जगत में प्रमुख हैं।

दक्षिण भारतीय साहित्य लेखन में आन्ध्र प्रदेश का स्थान ऊपरी रहा है। डॉ. बोय भिमण्णा ने सम्पूर्ण भारत में आम्बेडकरी साहित्य आन्दोलन में रहते हुए पहली बार साहित्य अकादमी का सम्मान और डॉक्टरेट की उपाधि प्राप्त की। इनका 'आम्बेडकर सुप्रभातम' काव्य महत्त्वपूर्ण है। 'शिव सोशॅलिज्म' नामक इनका ग्रन्थ भी विद्‌वत जगत् में सराहनीय रहा है। 'जेअुसा' नाम के आन्ध्र के दलित महाकवि की जन्म शताब्दी हाल ही में मनाई गई। इनका नाम आन्ध्र साहित्य में सम्मान से लिया जाता है। डॉ. बोज्जतरकम्, डॉ. विजया भारती द्वारा की गई साहित्य सेवा उल्लेखनीय है। 'कर्नाटक दलित कृति समिति' और 'दलित संघर्ष समिति' के माध्यम से आम्बेडकरी आंदोलन तथा साहित्य का प्रचार प्रसार बड़ी मात्रा में हुआ। ये दोनों संस्थाएँ प्रमुख रूप से भारतीय दलित पैंथर से प्रेरणा लेकर स्थापित हुईं। 'दलित महासभा' यह आन्ध्र की प्रमुख संघटना भी दलित पैंथर से प्रेरणा लेकर ही निर्माण हुई। बिहार, उत्तरप्रदेश की दलित सेना का (अध्यक्ष-रामविलास पासवान) गठन भी दलित पैंथर की प्रेरणा से ही हुआ। कर्नाटक में देवनूर महादेवन, सिद्धलिंगय्या, राजशेखर, डॉ. एन. डी. काम्बले, डॉ. झवेरिया ने महत्त्वपूर्ण साहित्य निर्माण किया। कन्नड़ साहित्य के सन्दर्भ में मुझे मेरे मित्र तथा भूतपूर्व मन्त्री बी. बसवलिंगप्पा की विशेष रूप से याद आती है। कर्नाटक के आम्बेडकरी आन्दोलन में उनका योगदान महत्त्वपूर्ण है। पारम्परिक कन्नड़ साहित्य को भूसा साहित्य कह देने से उनका मन्त्रीपद चला गया था। तमिलनाडु में भी आम्बेडकरी साहित्य का महत्त्वपूर्ण स्थान है। प्राचार्य थंगराजन इस सम्बन्ध में विशेष रूप से कार्य कर चुके हैं।

गुजरात आम्बेडकरी साहित्य आन्दोलन और आम्बेडकरी आन्दोलन आरम्भ से आगे है। महाराष्ट्र दलित पैंथर की स्थापना के उपरान्त पहली बार गुजरात में दलित पैंथर की स्थापना हुई। नीरज पटेल द्वारा गुजराती तथा अंग्रेजी में लिखी कविताएँ महत्त्वपूर्ण हैं। उनकी 'कास्ट सर्टिफिकेट' कविता को काफी सराहना मिली। 'जागृतीकार' पालेकर के पुत्र सुभाष पालेकर का कार्य गुजरात के दलित आन्दोलन में महत्त्वपूर्ण है। वालखीभाई पटेल, भिखुभाई वणकर, जोसेफ मक्वाणा, शेखरभाई पटेल, जयंत बालकृष्ण आनन्द आदि का कार्य उल्लेखनीय है। कई विश्वविद्यालयों में आम्बेडकरी साहित्य अध्ययन हेतु रखा गया है। गुजराती दलित साहित्य की यह सफलता है। आम्बेडकरी आन्दोलन में पंजाब का महत्त्वपूर्ण स्थान है। बाबासाहब के निकटवर्ती सहकारी नानकचन्द रत्तू, सोहनलाल शास्त्री पंजाब के ही हैं। एल.आर. बाली ने बाबासाहब आम्बेडकर के साहित्य का हिन्दी अनुवाद कई वर्ष पूर्व ही पूर्ण किया है।

'जय भीम' इस पत्रिका का सम्पादन कार्य भी प्रभावी रूप से वे करते हैं। 'आम्बेडकरइज़्म' यह ग्रन्थ भी महत्त्वपूर्ण है। युवा लेखकों में सन्तोष बिरदी महत्त्वपूर्ण है। बहुजन समाज पार्टी के नेता कांशीराम पंजाब के है जिनका 'चमचा एज' नामक राजनीतिक उपन्यास प्रसिद्ध है।

डॉ. आम्बेडकर के साहित्य का भारत सरकार के समाजकल्याण विभाग की ओर से हिन्दी में अनुवाद हो रहा है। इसके खण्ड कम कीमत में उपलब्ध हैं। इस साहित्य के प्रभाव के कारण हिन्दी साहित्य जगत में विलक्षण क्रान्ति हो चुकी है। 'फाउण्ड पोएट्री' नाम का काव्य प्रकार अंग्रेजी साहित्य में मिलता है। बाबासाहब के साहित्य में कविताओं की खोज करने का महत्त्वपूर्ण प्रयास कुछ अध्येताओं ने किया है। हिन्दी की प्रसिद्ध पत्रिका 'हंस' में दलित साहित्य की कई कृतियाँ प्रकाशित हो रही हैं। मराठी दलित साहित्य की कई कृतियाँ हिन्दी में अनुवादित हो रही हैं। हिन्दी के दलित साहित्य में ओमप्रकाश वाल्मीकी, कंवल भारती, एन-सिंह, मलखान सिंह, श्यौराज सिंह 'बेचैन', तेजसिंह, मोहनदास नैमिशराय, कुसुम मेघवाल, दयानन्द बटोही, जयप्रकाश कर्दम, सोहनपाल सुमनाक्षर, रमणिका गुप्ता, सूरजपाल चौहान, इत्यादि महत्त्वपूर्ण कवि-लेखकों का समावेश होता है।

आज भारतीय साहित्य जगत् में आम्बेडकरी प्रणाली के साहित्य का महत्त्वपूर्ण स्थान है। आगे चलकर यही भारतीय साहित्य की पहचान बन सकता है। अमेरिकन विश्वविद्यालयों में आम्बेडकरी साहित्य पर अनुसंधान हो रहा है। ऐलिनार झेलियट, गेल ऑम्वेट, जयश्री टर्नर-गोखले, बार्बरा जोशी आलोक मुखर्जी, अरुणप्रभा मुखर्जी का इस सम्बन्ध में महत्त्वपूर्ण कार्य है।

इंग्लैण्ड, अमेरिका में लाखों की संख्या में आम्बेडकरवादी जा बसे हैं। 'विज़न' जैसी संस्था चला रहे लक्ष्मी बेरवा, आम्बेडकर मेमोरियल ट्रस्ट के गौतम चक्रवर्ती, कृष्णा गमरे, योगेश वन्हाडे, मधुकर काम्बले इन आन्दोलनों में महत्त्वपूर्ण भूमिका निभा रहे हैं। लन्दन के निडलैण्ड परिसर में भारी मात्रा में दलित निवास कर रहें हैं। भारत के पूर्वास्पृश्यों की व्यथा-वेदना 'युनो' के मानवी अधिकार आयोग तक ले जाने का कार्य इन लोगों ने किया है।

दलित साहित्य के अंग्रेजी अनुवाद भी प्रसिद्ध हो रहे हैं। 'एन एन्थॉलॉजी ऑफ दलित लिटरेचर' को मुल्कराज आनन्द और एलियर झोलियट ने सम्पादित किया है। 'पॉयझंड ब्रेड' अर्जुन डांगले द्वारा सम्पादित इस एन्थॉलॉजी का उल्लेख जरूरी समझता हूँ। जे. मायकेल महान की कांटे पर री इंडियन लिटरेचर यह पुस्तक भी दलित साहित्य के अध्ययन की दृष्टि से महत्त्वपूर्ण है।

आम्बेडकरी साहित्य का पश्चिमी जगत में क्या महत्त्व है, इसका एक उदाहरण देना आवश्यक है। दिलीप चित्रे के पिता पुरुषोत्तम चित्रे ने 1973 में प्रकाशित 'टाइम्स वीकली' का दलित साहित्य विशेषांक मुझसे माँगा और कहा कि

दिलीप को अमेरिकन विश्वविद्यालयों में इस विषय पर व्याख्यान देना है। उन्होंने तुकाराम महाराज पर व्याख्यान देने चाहा परन्तु छात्रों ने दलित साहित्य पर व्याख्यान देने के लिए कहा। दिलीप के पास दलित साहित्य सम्बन्धित सामग्री नहीं है इसलिए मुझे यह अंक चाहिए। 'तुका सेज़' का सम्पादन करने वाले दिलीप चित्रे की इससे बड़ी त्रासदी और क्या होगी?

आज का भारतीय साहित्य प्रमुख रूप से दलितों, आदिवासियों, विमुक्त जनजातियों, स्त्रियों, ग्रामीण मजदूरों, उपेक्षितों आदि समूहों का साहित्य है। यह साहित्य फुले-आम्बेडकर की तत्त्व प्रणाली के प्रभाव से उपजा हुआ है। इस साहित्य में व्यक्त अनुभूति विश्व की किसी भी मानवीय अनुभूतियों की कथाओं को विस्तृत और प्रबुद्ध करने वाली ही है। इस कारण यह साहित्य मानव मुक्ति का साहित्य है।

अनुवाद : प्रकाश अ. काम्बले, वर्धा

सन्दर्भ

1. दुर्दम्य अवस्था में भीख माँगकर जीने वाला व्यक्ति।
2. सन्त कवि।

शतक के सन्धिकाल का साहित्य-धर्म

–रा. ग. जाधव

[अस्मितादर्श लेखक-पाठक सम्मेलन, देगलूर, 1996]

साहित्य सम्मेलन का अध्यक्ष होना और अध्यक्ष के रूप में बोलना मुझे जंचता नहीं। एक साहित्यप्रेमी कहकर और उस प्रेम के कर्तव्यों और हकों का बोध रखकर मैं साहित्य के सम्बन्ध में कुछ बोल लेता हूँ। साहित्य के भीतर का मनुष्य समझकर, एक 'इनसाइडर' समझकर, मैं सोच सकता हूँ, साहित्य के बाहर का आदमी समझकर नहीं। बढ़ती उम्र के साथ-साथ एक समझदार उम्र से पढ़ते आये हुए साहित्य की वजह से मेरा व्यक्तिगत निजी जीवन भी जाने-अनजाने कहीं-न-कहीं विकसित होता गया, इसका भी मुझे बोध है। यह बढ़ती हुई दुनिया सच्चे लोगों की, उनके प्राकृतिक, भौतिक परिसरों और भावनाओं की दुनिया है। वे साक्षात् प्रत्यक्ष और वास्तव रूप के हैं। वे सगुण-साकार, इन्द्रियगोचर, दिखने वाली–जीने वाली, विकसित होने वाली, हमेशा खिलने वाली-फूलने वाली, सूखने वाली यह दुनिया है। सच तो यह है कि साहित्य की वजह से मनुष्य का लौकिक विश्व विशाल होता जाता है और लौकिकता, मृण्मयता यही मनुष्य संस्कृति का एकमात्र सच है। लौकिकता, यह पृथ्वी की केवल देह ही नहीं, उसका वह प्राण भी है। मनुष्यों की लौकिकता भी एक सजीव सत्य है। मैं दर्शन का आदमी नहीं हूँ, धार्मिक भी नहीं, इसलिए दर्शन और धर्म के मिलने से मनुष्य की दुनिया का विस्तार कहाँ तक हो सकता है, यह बताने का अनुभव और अधिकार मुझे नहीं है। तब कोई भी धर्म और किसी भी दार्शनिक का दर्शन मनुष्य को मनुष्य समझकर पूरी प्रतिष्ठा देता है कि नहीं, इस सम्बन्ध में मुझे आशंका है। मनुष्य और मनुष्य जीवन का स्वत्व और अस्मिता होती है अथवा उसे बहाल करना उचित होता है, इसे सीधे स्वीकार करने के लिए धर्म और दर्शन मुश्किल से राजी होते हैं। मनुष्यों की आयडेण्टिटी, उसका स्वयं का होना लौकिकता है, यह उनको मान्य नहीं होता। मनुष्यों का सुख-दुःख, उनका यश-अपयश, उनकी

असहायता और उत्सुकता, उसकी पराधीनता और पतनप्रवणता, उसका कल्याण और उसकी सार्थकता—इन सभी विषयों से धर्म और दर्शन भरे रहते हैं। यह भी सच है कि वे उसके उद्धार और मुक्ति के लिए उत्सुक रहते हैं। लेकिन इसके लिए वे मनुष्य के वास्तविक जीने का संकोच करते हैं, उसको उसके मन के और दुनिया के छोटे-से खण्डहर पर खड़ा रहने के लिए कहते हैं। व्यापक और विविधतापूर्ण सृष्टि के लिए किसी एक मठ में, किसी एक मन्दिर में, किसी एक मस्जिद में, चर्च में या तो किसी एक स्तूपविहार में उसे 'लघु' बनाकर ले जाते हैं। मनुष्य की इस भव्य सृष्टि की आँखों के पीछे से एक सम्भाव्य अलौकिक सृष्टि का एक आकर्षक पर्याय निर्माण करते हैं। मनुष्य की स्वायत्तता, अस्मिता, स्वयंपूर्णता, स्वाभिमान को धर्म-दार्शनिकों ने भरोसा दिया होगा, लेकिन विश्वास की गवाही कभी नहीं दी।

साहित्य इस प्रकार की गवाही जाने-अनजाने में मनुष्य को देता है। साहित्य ने हमेशा मनुष्यों को मनुष्य के रूप में रखने का प्रयत्न किया है। मनुष्यों की प्रतिष्ठा प्रारम्भ से ही साहित्य ने सम्भालकर रखी है। मनुष्यों को मनुष्यों के नजदीक लाने का प्रयास उसने किया है। मानवी समाज के इतिहास में मनुष्यों को जोड़ने का, मनुष्यत्व का विचार करने का, स्थलकालनिरपेक्ष होकर मनुष्य शृंखला को जोड़ने का काम साहित्य ने किया है। मनुष्य समाज के साहित्य का इतिहास यही मनुष्यों का मूल (सही-सही) है, क्योंकि वह मनुष्यों की मनुष्यता निर्माण करने वाली एकमात्र इकाई है। मनुष्यों की आरती सिर्फ साहित्य ने उतारी है, धर्म-दर्शनों ने नहीं! मनुष्यों को विशाल वैश्विक पहचान केवल साहित्य ने ही दी है। मनुष्यों के सच्चे सपने साहित्य ने ही देखे हैं। साहित्य ही मनुष्यत्व के अत्यन्त शुद्ध तत्त्वों का एकमात्र प्रतीक है, बिम्ब है।

'एक तिल सभी मिलकर खाएँ
मनुष्यों पर ही करें गीतों की रचना
मनुष्य के गीत गाएँ मनुष्य ही....'

ऐसी उदात्त भावना एक कवि ही कर सकता है। धर्म-दर्शन भी एक तिल को सभी मिल-बांट कर खाएँ यही बता सकते हैं, लेकिन उसके मूल में मनुष्यों के प्रति श्रद्धा ही न हो तो वह मनुष्यों के लिए एक विकल्प ही रह जाता है। धर्म, दर्शनों ने मनुष्यों की आरती कभी भी मन से नहीं उतारी, उन्होंने मनुष्यों पर कभी विश्वास भी नहीं जतलाया।

मैं साहित्य को सब कुछ मानता हूँ। मेरी जीवनभर की साहित्य-यात्रा मुझे यही समझाती आयी है कि सब कुछ अगर धर्म है तो साहित्य ही मेरा धर्म है। इस साहित्य धर्म का सच्चा उपासक एक ही समय एक विशिष्ट मानव और एक विशाल विश्वमानव भी होता है। तब वह रा. ग. जाधव भी रहता है और उसी समय वह नामदेव ढसाल, दिलीप चित्रे, नामदेव और तुकाराम, केशवसुत और मर्ढेकर—इन सब

में रहता है। वह गुलिवर्स ट्रेव्हल्स का भी होता है, ब्रदर्स कारामाझॉव्ह का होता है, वेस्ट लैण्ड का भी हो जाता है। वह वैदिक ऋषियों का होता है, चार्वाक का होता है, जातक-कथाओं का होता है और फाउस्ट का भी। वह भूतकाल का होता है और वर्तमानकाल से भविष्यकाल का भी। वह आफ्रो-एशियाई होता है, यूरो-अमेरिकन होता है और चन्द्र-सूर्य का भी। उसकी ताकत ऐसे ही फैलती जाती है, और उसमें वह परिपूर्ण विश्वात्मक होता जाता है। मित्रो, साहित्यधर्मी समझकर मैं जिन अर्थों में आपके सामने खड़ा हूँ और जिस तरह यहाँ खड़ा हूँ उसी तरह मैं वहाँ, उस पार सभी घरों के दरवाजे पर खड़ा हूँ। इस व्यापक साहित्य-धर्म के बारे में सच कहें तो मैं आपको कुछ बताऊँ, ऐसी कोई ज़रूरत तो नहीं है। आप सभी साहित्य-प्रेमी हैं, इसी प्रेम को धर्म बनाने की आकांक्षाओं से आप सभी भाग-दौड़ कर रहे हैं। साहित्य-धर्म का कोई एक प्रचारक नहीं होता है, परमेश्वर नहीं, न कोई धर्मग्रन्थ। चार पंक्तियों की कविता भी अपना धर्मग्रन्थ बन सकती है और किसी अज्ञात अँधेरी नगरी के बाहर का कोई लेखक भी धर्मपुरुष हो सकता है। साहित्य-धर्म, यह केवल एक मुक्त मानवधर्म है। इस दुनिया में अगर कभी समता, एकता और सामंजस्य निर्माण भी हुआ तो वह सिर्फ साहित्य-धर्म की धुरी पर हो सकता है। साहित्य की भाषा उसकी असली भाषा नहीं होती। साहित्य की असली भाषा तो उसकी अनुभूति ही है। वह अनुभूति नैतिकता के मूल्यांकन की होती है। यह भी सच है कि धर्म-दर्शन की भी भाषा यही होती है, लेकिन इस भाषा से मनुष्यों की आत्मकेन्द्रीयता में वृद्धि होती है। उलटे साहित्य की भाषा से लोगों के व्यक्तित्त्व का विकास बहुआयामी होता है और जिस विद्यमान पर्यावरण में हम सभी जीते हैं, जिस पर्यावरण में हम साहित्य-धर्म संभाल रहे हैं, उस पर्यावरण में मनुष्य के व्यक्तित्त्व का विकास बहुआयामी होने की अपेक्षा जटिल होने लगता है क्योंकि मनुष्य संस्कृति का यह बहुआयामी विकास आज संकुचित होता जा रहा है और इस संकोच की बाह्य प्रक्रिया में अपने बोध का, अपनी सम्वेदनशीलता का, अपनी विस्तारित विश्वभावनाओं का, अपने साहित्य धर्म का संकोच न हो, साहित्य-धर्म अप्रासंगिक न हो इसकी चिन्ता करना जरूरी है। साहित्य-प्रेम को और साहित्य-धर्म को ऐतिहासिक चुनौतियों की बीसवीं शताब्दी ने तीव्रता से याद दिलाई है। अपने लेखन द्वारा चुनौतियों का अहसास करा दिया जाएगा, इसे हमारे कवि-लेखकों को याद रखना चाहिए और उन्हें पढ़नेवाले हम सभी पाठकों को उन चुनातियों का अहसास की अपने मन में रखना चाहिए—ऐसा मुझे लगता है।

'अस्मितादर्श' के इस साहित्य सम्मेलन में अपनी उपस्थिति दर्ज करते हुए मुझे तीस-पैंतीस वर्ष पूर्व के औरंगाबाद के नागसेनवन का परिसर याद आता है। उस समय वहाँ साहित्य के बीज उगने लगे थे, खिलने लगे थे। इन बीजों से पिछले तीस-पैंतीस सालों में पेड़-पौधे हो गए हैं। कविता, आत्मकथा, उपन्यास, कहानी, नाटक, वैचारिक साहित्य, अनुसंधान साहित्य, समीक्षा आदि प्रकारों में से एक

प्रभावपूर्ण साहित्य प्रवाह कल-कल बहने लगा। मुझे व्यक्तिगत रूप से इन सभी लेखन प्रकारों के सम्बन्ध में समाधान होता है, असमाधान भी है, लेकिन असावधान कम है और वह लेखक-कवियों के सम्बन्ध में कम है, पाठक-समीक्षकों के सम्बन्ध में अधिक है। मराठी के पुराने प्रतिष्ठित साहित्यिकों और समीक्षकों ने अपने ज्ञान का, अनुभव का पूरा लाभ थोड़ी आत्मीयता से भी नये लेखकों को होने नहीं दिया। सच्चे स्नेह और आस्था से इस नये प्रवाह के प्रति प्यार के चार शब्द भी नहीं सुनाए। भाग-दौड़ करने वाले इन साहित्यकारों में से कोई भी 'श्यामची आई' (श्याम की माँ) नहीं हो सका। इन नये साहित्यकारों के गृहपाठ और साहित्यपाठ को पूर्ण रूप से, मन से पढ़ने के बाद उनकी पीठ थपथपाने वाले अथवा कान पकड़ने वाले स्नेही मास्टर जी अथवा गम्भीर समीक्षक कोई नहीं मिला। औपचारिक शब्दों में और अभिप्राय के नये-पुराने तरीके से स्वागत हुआ और ऐसे नाटकीय स्वागत समारम्भ को वे भूले भी नहीं जिसमें अपनेपन की मात्रा दिखावा थी। नये प्रवाह की सही जाँच करने के बजाए उन्होंने उसकी उल्टी जाँच की। साहित्य के नये शुरुआती भागों में डरते-डरते कदम रखने वाले नये मनों से उन्होंने जटिल-से-जटिल प्रश्न पूछे और बड़ी-बड़ी प्रश्नमंजुषाओं को उनके सामने सुलझाने को रख दिया। सर्वेक्षण और संख्याओं का दबाव खड़ा किया। इन नये सर्जनशील मनों को खिलने के बजाए प्रतिष्ठितों ने उनकी उम्मीदों को जाने-अनजाने निरर्थक ठहराकर, विविध दिशाओं से विस्तारित होने वाली तरंगों को काँटों की सीमा में बाँध दिया। सर्जनशील साहित्य की प्रकृति और प्रक्रिया का इतना विशाल अज्ञान खुद को समझदार समझने वाला दूसरा कोई भी सुसंस्कृत साहित्य-धर्मी समाज ने आज तक प्रगट नहीं किया होगा। तथाकथित चिन्ताग्रस्त समीक्षकों का एक गुट इन नये दलित लेखकों-कवियों को बहाल करके अनचाही चिन्ताओं का भार उन पर लादकर सम्माननीय, प्रतिष्ठित मराठी अध्येताओं ने खुद को चिन्तामुक्त करा दिया। इस गुट में किसी ने मेरा भी समावेश किया हो तो उस पर आपत्ति करने का नैतिक अधिकार मुझे नहीं है।

मुख्य रूप से जिस व्यापक मराठी समाज के लिए नये दलित मराठी साहित्य का जन्म हुआ, उस समाज ने भी अपनी प्रतिक्रिया खुलकर नहीं दी। दलित साहित्य दलित समाज के अपराधी भाव को जगाने के लिए लिखा जा रहा है, इसे ही नजरअन्दाज किया गया। दलित कवि-लेखकों को केवल 'मैं-हम' का आत्माविष्कार नहीं करना था, बल्कि 'आप-तुम' और 'वह और वह' का भी आविष्कार करना था। दलितों को समझने के साथ-साथ गैर दलित को भी समझाने-बूझाने के लिए इस साहित्य का संघर्ष था। जिस समाज की केवल पहली दूसरी पीढ़ी ही साक्षर हो रही थी, उस दलित समाज के लिए ही नये दलित साहित्य का आविष्कार हुआ है, ऐसी समझ साहित्यिक अज्ञान और पिछड़ेपन का प्रमाण है, इसे यहाँ अलग से बताने की ज़रूरत नहीं। नये दलित साहित्य का

पठन-मनन यह साहित्य के बाह्य प्रभावों के दबावों के कारण ही होता रहा, शुद्ध साहित्यिक प्रवृति से नहीं, इस प्रकार का उस समय का चित्र था। यह एक राजनीति थी, साहित्यनीति नहीं। पाठ्य-पुस्तकों, स्कूलों और विश्वविद्यालयों के पाठ्यक्रमों में दलित साहित्य, विद्यार्जन और अर्थार्जन इस व्यावहारिक शृंखला से बाँध दिया गया। अकादमिक पुस्तकों की ज़रूरतों से और अर्थशून्य प्रश्नों से उनका पठन-पाठन प्रासंगिक हुआ। साहित्य की राजनीति में प्रतिष्ठित अध्येता अपनी चिन्तामुक्त निश्चिन्तता अबाधित रखने में सफल हुए।

गाँधीवाद, मार्क्सवाद, आम्बेडकरवाद, परिवर्तनवाद, साहित्य सिद्धान्त, सौन्दर्यशास्त्र, क्रान्तिवाद, धम्मवाद, राष्ट्रवाद, उपनिवेशवाद, सांस्कृतिक प्रभुत्व—इन जैसे बड़े-बड़े विषयों को सामने रखकर एक नयी दलित सर्जनशीलता को मराठी के बड़े विद्वतजनों ने थोड़ा-बहुत भ्रम में रखा। इन सभी महाचर्चाओं में सर्जनशीलता के मुख्य विषय को ही बाहर फेंक दिया गया और फिर भी ऐसी महाचर्चा का मतलब समीक्षा ऐसा आभास निर्माण कर नये कवि-लेखकों का जीवन परिचय कराने के बजाए प्रणाली-परिचय और समीक्षा परिचय करा दिया गया। विचारकों और समीक्षकों के प्रति अवहेलनाओं की भावना मुझमें नहीं है। मुझे उनके प्रति आदर भी है, लेकिन अच्छे विचार और अच्छी समीक्षा से साहित्य ज्यादा अच्छा बनता है और सही दिशा दिखाता है। गलत समीक्षा यह अच्छे साहित्य को बुरा और बुरे साहित्य को अच्छा बनाती है। उसके अच्छे-बुरे का प्रभाव भी गलत हो जाता है। नये लेखक कवियों को समीक्षा का सही-गलत प्रभाव जानने का अनुभव नहीं रहता, और वैसे भी उनकी वैसी मनःस्थिति भी नहीं रहती। दलित लेखक-कवियों पर नकारी गई परम्परा का जितना दबाव नहीं रहता, उतना दबाव प्रणाली और समीक्षा का होता है और वह आज तक टिका हुआ है, यह बड़ी चिन्ता की बात है। साठ के दशक के समय शिष्टाचारी और चिन्ताओं से घिरे विचार-विमर्श से, कामचलाऊ चर्चाओं से नये दलित लेखकों को एक ही समय झूठा समाधान और भ्रमित असमाधान का हिस्सेदार बनाकर रख दिया। इससे सच्चे सर्जनात्मक साहित्य का रास्ता धुंधला हो गया।

आधुनिक साहित्य की और समीक्षा की प्रदीर्घ ऐसी परम्परा जिनके यहाँ है ऐसे मराठी समाज में एक भी अध्येता आगे बढ़कर यह नहीं बता सकता कि नारायण सुर्वे, नामदेव ढसाल, इनके जैसे सभी नये लेखक अपने समाज में स्थित दलितत्त्व के विभिन्न रूप एक जैसी तीव्र भावना से अनुभव कर रहे हैं। साठ के दशक के बाद पहले मोड़ पर अगर ऐसा कहा गया होता तो मराठी दलित साहित्य बाह्यप्रेरित पिंजरे में अटका नहीं रहता; और ऐसा हमने नहीं किया। खुद को, समाज और नये सर्जनशील मनों को हम समझा नहीं पाए। इसका कारण यही कि हमारी साहित्यिक-संस्कृति प्रगल्भ और गम्भीर नहीं है। ऐसे संकुचित, तथा सत्य की अपेक्षा सुरक्षा को ही महत्त्व देने तथा औरों को मूर्ख बनाने की होशियारी दिखाने वालों

की संस्कृति के समर्थकों को सम्बोधित करते हुए कोई एक भालचन्द्र नेमाडे जब 'नासमझ या मूर्ख समीक्षक' इन शब्दों का प्रयोग करते हैं, तब उनके मूल में स्थित दर्द और व्यथा को हम समझ सकते हैं।

बीती हुई बातों को निकालकर उसे बार-बार दोहराने से कोई फायदा नहीं है, यह सच है और मुझे भी ऐसा ही लगता है। साठ के दशक में प्रगट होकर पिछले तीस-पैंतीस सालों में जो दलित साहित्य निर्माण हुआ है, उसी सन्दर्भ में मुझमें जो थोड़ी-सी बेचैनी है, उसे मैं आपके सम्मुख रखना चाहता था। साठ के दशक के बाद और आज तक कुल मराठी साहित्य और साथ ही साथ दलित साहित्य भी स्तरीय और महत्त्वपूर्ण लगता है। शायद उसमें उतनी महानता भी नहीं होगी लेकिन महानता के चिह्न उसमें जरूर हैं। दलित साहित्य ने मराठी साहित्य को और पूरे भारतीय साहित्य को एक नयी आयडेण्टिटी, एक नया स्वरूप दिया है। इण्डोलॉजी या भारतविद्या के यूरोपीय विद्वानों द्वारा प्रचारित की गई संकुचित अवधारणा को दलित साहित्य ने नया यथार्थ परिमाण बहाल किया है। हमारे समाज के 'इनसायडर' और 'आऊटसायडर' की देशी अवधारणाओं को पूरे प्रभावों के साथ नष्ट कर दिया गया। दलितत्त्व को और अस्तित्ववाद के अहसास को अपनी धरती से, यहाँ से उठाया गया है। लेखक-कवियों को सन्तुष्ट नहीं रहना चाहिए और सच्चा लेखक-कवि शायद ही कभी सन्तुष्ट होता हो। सच्ची साहित्यिक संस्कृति भी शायद ही सन्तुष्ट रहती है लेकिन एक साहित्यप्रेमी और एक साहित्यधर्मी समझकर मैं और मेरे जैसे सैकड़ों लोग मराठी साहित्य और दलित साहित्य के सम्बन्ध में बार-बार शिकायत करने वाले नहीं हैं। लेखक-कवियों की आन्तरिक असन्तुष्टि शुद्ध रहे और उसे बनाए रखें। समाज को चाहिए कि उसमें वह अपनी असन्तुष्टता को मिलाकर उसे शक्तिसंपन्न न का करें, ऐसा मुझे लगता है।

अभी यहाँ मेरे सम्मुख साठ के आगे के दशक का मराठी दलित और दलितेत्तर साहित्य नहीं है। मेरे सामने आज के मराठी लेखक-कवि हैं। अपने ये युवा लेखक जिस पर्यावरण में जी रहे हैं; उनके सर्जनात्मक आत्मबोध को जानने के लिए मैं उत्सुक हूँ। साहित्य निर्माण के सम्बन्ध में उनके 'कन्सर्न', उनकी आस्था और रिश्ते किस प्रकार के हैं, उनके मन-मस्तिष्क पर, सम्वेदनशीलता पर, किन बातों का प्रभाव है। इन प्रभावों में से अभिव्यक्ति हेतु वे किस प्रकार अपना रास्ता ढूँढ रहे हैं, इस खोज में वे अपनी साहित्यिक पूर्व परम्पराओं का अन्वय किस प्रकार जोड़ रहे हैं, जीने की यथार्थता का अपनी सर्जनशीलता से किस प्रकार तालमेल रख रहे हैं, उनके साहित्यिक ख्वाब कौन से हैं और साहित्यिक साधन कौन से हैं और किस प्रकार की साधना वे कर रहे हैं; संस्थापकों के साथ उनके सम्बन्ध किस प्रकार के हैं, उनके सामाजिक सम्बन्धों और बोध का स्वरूप किस प्रकार का है, इस प्रकार के प्रश्नों में मुझे रुचि है। समीक्षा के उद्देश्य और क्षेत्र

व्यापक और विभिन्न प्रकार के हैं, यह तो हम जानते ही हैं। साहित्य निर्माण के पूर्व की समीक्षा और निर्माण के बाद की समीक्षा ऐसे-दो प्रकार हम मान लें तो मेरी आज की मनःस्थिति इस निर्माण के पूर्व की ओर झुकी हुई और कुछ अपरिहार्य-सी झुकी हुई है, यह यहाँ बताना जरूरी है। इसके अलावा निर्माणपूर्व समीक्षा कुछ स्वाभाविकता से जिस व्यापक परिप्रेक्ष्य में साहित्य-साहित्यिक-समाज-संस्कृति के परस्पर सम्बन्धों का हाल जान लेती है, उतनी ही सहजता से लेखन पश्चात की समीक्षा उसी परिप्रेक्ष्य में ही की जाती है, इसकी गारंटी नहीं। कारण शुद्ध साहित्यिक प्ररिप्रेक्ष्य का पर्याय लेखन पश्चात् समीक्षा को उपलब्ध होता है। बावजूद इसके वह पूरा नहीं होता। सच्चे साहित्यिक मूल्यों से समीक्षा व्यवहार करना तो आता ही है लेकिन जन्म लेने वाले, गर्भावस्था में रहने वाले समाज की सर्जनशीलता के मूल बीजों की हर तरह से देखभाल करना, शुद्ध साहित्यिक मूल्यों को अथवा मूल्यों से संभव नहीं आता।

आधुनिक साहित्य के रूप में विकसित होने वाली समाज की सर्जनशीलता के बीजों को मैं अधिक महत्त्व देता हूँ और देता भी आया हूँ। यह सर्जनशीलता पूरे समाज की सम्पत्ति, वह 'वेल्थ ऑफ नेशन' होती है। प्रत्यक्ष सर्जन के अभाव में सर्जनशीलता है—यह कैसे माना जाए? इस प्रश्न का उत्तर, समाज के मानक साहित्य की धाराओं के साथ-साथ प्राचीन काल से समानान्तर चल रहे लोक साहित्य ने पहले ही दिया है। अंकुरित होने वाले पौधों का जतन करना, निगरानी रखना, कुएँ का अथवा बारिश का पानी उन पौधों तक कैसे पहुँचता है, इस पर ध्यान रखना होगा। ज़रूरत हो तो अपनी प्यास को त्यागकर अपने मुँह का प्याला उनके ओठों से लगाना और यह भी नहीं हो सका तो कम-से-कम उनके लिए दो आँसू बहाना—ये सभी बातें मुझे समीक्षा के कर्तव्य ही लगते हैं। अगर कोई कहे कि यह तो साहित्य समीक्षा है ही नहीं तो भी मैं इसे स्वीकार करूँगा या तो फिर यह संस्कृति की समीक्षा है ऐसा कहकर प्रताड़ित भी किया जाए तो भी चलेगा।

अपने अन्तिम चार कदमों को पूरी करने वाली इस बीसवीं सदी ने मनुष्य संस्कृति के विशाल इतिहास के साथ जितना खिलवाड़ किया है उतना किसी भी कालखण्ड में नहीं किया होगा। मनुष्य को गरीबी की चरम सीमा पर इस सदी ने लाकर रख दिया है। इस सदी ने मनुष्य संस्कृति को इतना दरिद्र और कंगाल कर छोड़ा है कि अमीरी-गरीबी का रंगरूप ही पूरी तरह से अजनबी बना दिया गया है। मैं निराशावादी नहीं हूँ। प्रलय का मसीहा बनूँ, ऐसा मुझे और मेरे जैसे सैकड़ों लोगों को आज भी नहीं लगता; लेकिन आशावाद को, कल के सपनों को, कल के सूर्य-चन्द्र को युगों तक खड़े रहने के लिए एक छोटी-सी जगह भी इस सदी ने नहीं रखी है। हम लोगों की आस्था, आशा इतनी अस्थिर होते हुए भी, वह किसी-न-किसी रूप में है, यही एकमात्र भरोसा है। साहित्य मनुष्य की प्रतिसृष्टि

होती है, उसी तरह भाषा इस प्रतिसृष्टि का साधन और उसकी सामग्री होती है, और यह प्रतिसृष्टि और उसकी साधन सामग्री आज तक के अनेक प्रलयों का सामना सफलता के साथ करते हुए खड़ी है। यह प्रतिसृष्टि अपने साध्य साधनों के साथ चिरन्तन है, यह तो हम सभी जानते ही हैं। इस प्रकार के अपने साहित्य प्रेम को, साहित्य श्रद्धा को विलक्षण रूप से बेचैन करने वाले एक 'अन्तःसात्विक पर्यावरण' (इथॉस) का इस बीसवीं शताब्दी ने जाते-जाते निर्माण किया है।

विद्यमान जीवन के भौतिक और सांस्कृतिक पर्यावरण में एक किनारे से दूसरे किनारे तक हरियाली नहीं है। एक किनारे पर घना अँधेरा छाया हुआ है। विज्ञान और तकनीकी ज्ञान के कारण ईश्वर की लीला से भी अधिक अद्भुत लगने वाले सुखदायक चमत्कारों की एक सुन्दर सृष्टि एक किनारे पर है तो दूसरे किनारे पर इस विज्ञानमय विश्व को क्षणभर में नष्ट करने के लिए पूरी तैयारी से कुछ देश खड़े हैं। एक किनारे पर चूस-चूसकर दुबली होती जा रही वसुन्धरा कराहते हुए है तो दूसरे किनारे पर अनन्त आकाश में दूसरी वसुन्धरा की खोज जारी है। एक ओर धार्मिक कल्पनाओं की अन्तिम क्रिया चल रही है तो दूसरी ओर उसी का राज्याभिषेक भी किया जा रहा है। देश-विदेश के बुद्धिमान लोग एक तट पर वैश्विक मानवता के भव्य गीतों की रचना कर रहे हैं तो दूसरे तट पर अपनी-अपनी अस्मिता के छोटे-छोटे गीत गाए जा रहे हैं। जीने के मूलभूत हकों को पूरा करने के लिए एक तरफ लोग एक-दूसरे को आवाज दे रहे हैं, सहयोग कर रहे हैं तो दूसरी तरफ मृत्यु के हकों को मूलभूत करने हेतु निर्दयी हत्याचक्र चल रहे हैं।

विद्यमान पर्यावरण का यह ब्रह्माण्ड प्रत्येक मनुष्य के, व्यक्ति और समाज के पिण्ड में जैसा का तैसा अस्तित्व में है। बूँदों-बूँदों का बही तालाब है, प्रत्येक प्राण में उसी प्रकार का शिवत्व है। मेक्रोकॉझम और मायक्रोकॉझम इतने हू-ब-हू हैं। हमारा व्यक्तिजीवन, पारिवारिक जीवन, सामाजिक और सांस्कृतिक जीवन परस्पर विरोधी किनारों के बीच से बह रहा है। किसी भी प्रकार से सम्वेदनशील मन का काला-नीला झरना इन किनारों के बीच से आसानी से बाहर निकलना मुश्किल है।

वैज्ञानिक उपलब्धियों ने इस विशाल भूगोल को एक देहात में रूपान्तरित कर दिया है, यह विश्व एक गाँव बन गया है। इस भौगोलिक संकोच के कारण एक तरफ विश्वमानव, विश्वसमाज ऐसी कल्पनाएँ रूढ़ होती जा रही हैं। आन्तर-सांस्कृतिकता-सांस्कृतिक सापेक्षतावाद का जप करना जारी है और फिर भी मनुष्यों के बीच में लड़ाई भी जारी है। देश के संरक्षण ने प्रत्येक देश का सबसे बड़ा आर्थिक हिस्सा छीन लिया है। देश, धर्म, समाज के तथाकथित प्रेम पर और निष्ठाओं पर भ्रष्टाचार ने कालिख पोत दी है।

इस प्रकार के पर्यावरण में सर्जनशील आत्मा को घने कोहरे में से अभिव्यक्ति

का रास्ता खोजना पड़ रहा है। संगत और विसंगत, वास्तविक और काल्पनिक, सत्यता और सत्याभास, निकट का और दूर का, भीतर का और बाहर का, नीचे का और ऊपर का, सीधा या टेढ़ा दृश्य बनाम् यथार्थ, भावनावश-भावनाहीन, देशी-विदेशी, स्त्रीत्व-पुरुषत्व, प्रगति-दुर्गति, क्षणिक और चिरन्तन जैसे इन काले और सफेद रंगों की तरह आज तक साफ दिखाई देने वाली परस्पर विरोधी कल्पनाएँ और अवधारणाएँ आज धीरे-धीरे अस्पष्ट और अजनबी हो गई हैं। क्या सचमुच में धर्म एक नशा था? क्या भौतिकवादी प्रणालियाँ मुक्तिदाता थीं? समता, स्वतन्त्रता, बन्धुता, न्याय–ये मूल्य क्या प्रत्यक्ष आचरण में आएंगे? स्वतंत्र यह किस चिडिया का नाम है? कल तक ये उद्धारक और समाज सुधारक आने वाले कल के लिए, मेरे और समाज के जीने के लिए कहाँ तक सहायता कर सकते हैं? दलित एक दरवाजे से बाहर जा रहा है तो दूसरे दरवाजे से वापिस आ रहा है; वर्ण व्यवस्था समाप्त हो गई है अथवा फिर नये सिरे से नये रूप में वह आ रही है, अपनी परम्पराओं की गुत्थियों से किस तरह सही दिशा पकड़नी है और उस दिशा को पकड़ते समय आने वाली गुत्थियों की अड़चनों से किस तरह छुटकारा पाया जा सकता है, इस मशीनी और तकनीकी युग की भीड़ में और विश्वासघातियों की स्पर्धाओं में मेरे जीवन का सम्बन्ध दूसरों से और दूसरे मूल्यों से किस तरह और कहाँ तक लगाना है–इस तरह के सैकड़ों प्रश्नों से आज के सम्वेदनशील दिलों को चोट पहुँची है। समाज और साहित्य ने अपनी मातृभाषा गुम कर दी है।

इन प्रश्नों के प्रलयों में प्रतिभाशाली मन नहीं बहेगा, इस पर मेरी अपार श्रद्धा है। इस श्रद्धा को मनुष्य संस्कृति के इतिहास का और शुद्ध साहित्य धर्म की अमर परम्पराओं का समर्थन प्राप्त है। साहित्य ने इन प्रश्न-प्रलयों की चुनौतियों को स्वीकार किया है और उसे पूरा भी करके दिखाया है। ज्ञानदेव से लेकर नामदेव ढसाल तक चली आयी मराठी साहित्य परम्परा प्रमुख रूप से नकार की और विद्रोह की रही है। प्रश्नों के प्रलयकाल से यह परम्परा अपना रास्ता निकालते हुए आई है।

इस विद्यमान काल में सामान्य रूप से महसूस होने वाला तीव्र भाव मनुष्य जीवन की सुरक्षितता से सम्बन्धित है, सुख और सामंजस्य है, समता, स्वतन्त्रता, बँधुता, न्याय के हैं। एक सुसंस्कृत जीवनशैली के सम्पादन का यह प्रश्न है। इन सारे प्रभावों को आज-कल के लेखक-कवि टाल भी नहीं सकते, यह सच है। सच तो यह भी है कि व्यक्ति अनुसार, समूह अनुसार, देश अनुसार इन प्रभावों का कम-अधिक मात्रा में तीव्र होते जाना स्वाभाविक भी हैं। राष्ट्रीय दृष्टि से हम अमरीका से अधिक असुरक्षित हैं। हमारे सामान्य वर्ग के भाइयों से अधिक मध्यवर्गीय और उच्चवर्गीय भाइयों को लगने वाली असुरक्षितता अधिक बड़ी और भयावह होगी, यह साफ है, क्योंकि सामान्य वर्ग के लोगों को असुरक्षितता की यह आदत परम्परा के

कारण बहुत पहले से लग चुकी है। अहमदनगर के मराठी साहित्य सम्मेलन के अध्यक्ष और श्रेष्ठ उपन्यासकार ना. स. इनामदार प्रतिष्ठितों की बस्ती में रहते हैं। यहाँ आधी रात में चोर आए थे इसलिए वे बहुत बेचैन हुए। अपने इस समाज में मनुष्य कितना असुरक्षित हो गया है, इस अनुभव से एक दर्शन ही उनके दिमाग में उमड़ने-घुमड़ने लगा। परन्तु अछूत समाज सैकड़ों वर्षों से असुरक्षितता में जीता आया है। उनका दर्शन प्रस्तुत करने के लिए फुले-आम्बेडकर की राह देखनी पड़ी। वैज्ञानिक मशीनी और तकनीकी युग का प्रभाव भी व्यक्ति-वर्ग अनुसार कम-अधिक मात्रा में स्वागताई अथवा निषेधार्ह होता है। सामान्य श्रमिकों को दूरदर्शन ही एकमात्र मनोरंजन का साधन उपलबध होता है और वे उसका स्वागत करते हैं तो उच्चवर्गीय लोगों को वह इतना जरूरी नहीं लगता। परिवर्तन की ज़रूरत नाकारे वर्ग को (Have nots) ज्यादा होती है और प्रस्थापित वर्ग को उतनी ज्यादा नहीं होती है। भ्रम, निराशा, विफलता, निरर्थकता का बोध जिस प्रकार अच्छाई से बुराई की तरफ जाने वालों को होता है, ठीक उसी तरह बुराई से अच्छाई की ओर आने वालों को नहीं हो सकता। वर्तमान काल में प्रश्नों का स्थूल स्वरूप एक जैसा होते हुए भी उनके प्रभावों का स्वीकार और अर्थ, व्यक्ति और वर्ग पर अलग-अलग तरीके से होने वाला है, यह स्पष्ट है।

आज-कल के दलित और गैर दलित लेखक-कवियों की दृष्टि से इस प्रश्नांकित पर्यावरण का प्रश्न महत्त्वपूर्ण साबित होने वाला है। क्रूरतम हिंसा, धार्मिक दम्भ और सत्ता के प्रति अनबुझ प्यास, सब स्तरों पर का भ्रष्टाचार, प्राकृतिक संपत्ति का भयावह ह्रास, नारीवाद की नयी सम्वेदना, उपनिवेशवाद के ढलते प्रभावों के चिह्न, व्यक्ति जीवन और सांस्कृतिक जीवन में बढ़ती राजनीति, अस्मिता का ह्रास, आदर्शों का अवमूल्यन, मनुष्यता का बढ़ता अकाल, कदम-कदम पर अंगारों से भरी हुई पगडण्डियाँ—इन सभी के प्रभावों में आने वाला सर्जनशील मन अभिव्यक्ति के रास्तों को खोजने वाला है। व्यक्तिगत समझ के अनुसार इन रास्तों को परखने की उसे आजादी मिलनी चाहिए। देश में एक मानक राजनीतिक संविधान है फिर भी उसमें समय-समय पर संशोधन करना जरूरी हो जाता है। संविधान इतिहास प्रेरित होता है। समाज की ऐतिहासिक दृष्टि से जरूरी मूल्यों को उसमें समावेश करना पड़ता है। इतिहास या ऐतिहासिकता परिवर्तनशील होती है और इन परिवर्तनों के साथ चलना जरूरी होता है। साहित्य क्षेत्र में प्रत्येक नयी पीढ़ी खुद का स्वतन्त्र साहित्य-संविधान सिद्ध करना चाहती है। ऐतिहासिकता की प्रेरणा सामाजिक परिवर्तनों की ज़रूरतों की तरह साहित्यिक परिवर्तनों की ज़रूरतों का निर्माण करती है।

उन्नीसवीं सदी के दशक में समाज, साहित्य और साहित्यिक जिस ऐतिहासिक पर्यावरण में थे, वह पर्यावरण अब बदल चुका है। संवेग, सम्वेदन और संवेदक—इन

त्रिपिटकों में फर्क पड़ रहा है। इस बदलते पर्यावरण का सामना करने के सिवा आजकल के दलित-गैर दलित के प्रतिभाशालियों के सम्मुख अन्य विकल्प नहीं है। यह परिवर्तन सभी प्रकार के हैं। वे राजनीतिक, आर्थिक, सांस्कृतिक, सामाजिक—इन सभी क्षेत्रों के हैं। बाह्य भौतिक क्षेत्रों के साथ भावनिक, वैचारिक इकाइयाँ भी इस परिवर्तन में समाविष्ट हो जाती हैं। यह तकरीबन तीन पीढ़ियों का कालखण्ड है और आज के अत्यन्त गतिमान समय में यह कालखण्ड व्यापक और गहरे प्रभावों का होना चाहिए, यह भी अपरिहार्य है। दलित साहित्य के इस मंच पर बोलते समय उसकी पृष्ठभूमि का विचार मन में न आए, यह सम्भव ही नहीं।

महात्मा फुले और आम्बेडकर के रूप में दलित साहित्य को एक विरासत मिली है। पारम्परिक मानसिकता को बदलना और उस मानसिकता को स्वातन्त्र्य, समता, बन्धुता और न्याय—इन मूल्यों की ओर मोड़ने की यह विरासत है। पारम्परिक मानसिकता बदलने के कार्य में तटस्थता की ज़रूरत होती है। सफलता-असफलता के बादल आते जाते रहते हैं। इसके लिए दृढ़ मनोधैर्य की आवश्यकता होती है। इस मानसिक धीरज को डॉ. आम्बेडकर की यह विरासत है। इस विरासत में व्यक्तिपूजा को अवसर नहीं है। पोथी की निष्ठा से अधिक व्यक्ति की प्रतिष्ठा और बुद्धिवाद को उसमें स्थान है। यह वसीयत जातिभेद और उस पर आधारित उच्च-नीचता के निर्मुलन का वादा है। मुख्य रूप से वह भारत और भारतीयता की व्यापक कल्पनाओं को जतन करने वाले, सम्पन्न करने वाले देश की विरासत है। यह विरासत अर्थात् एक मुक्तद्वार है। जगह-जगह पर मठों की स्थापना करके, उसमें पण्डितों के चार पदों का निर्माण कर उन चार महत्त्वाकांक्षी व्यक्तियों को दी गई यह विरासत नहीं है। दीन-दलित, अनाथ-विकलांग, आदिवासी ऐसे सभी सामान्य जनों और जनता की मिली हुई यह विरासत है। दलितों को दलितत्त्व से ऊपर उठना चाहिए। इसके बाद अपने शेष बन्धुओं को भी हाथ देकर ऊपर उठाना चाहिए, इसे बताने वाली यह विरासत है। ज्ञान प्राप्त करते जाना होगा, पुस्तकें पढ़नी होंगी, लिखनी होंगी, ज्ञान-शक्ति सम्पादन करना होगा और इसका लाभ सामान्य बन्धुओं को देना होगा, ऐसी इच्छा रखने वाली यह विरासत है। गैर दलित को इस विरासत का मूल्य कम-अधिक मात्रा में समझ में आया होगा और इस हेतु कम-अधिक समय लगे तो भी उन पर इस विरासत को निभाने की जिम्मेदारी सौंपकर दलितों को निश्चिन्त नहीं बैठना चाहिए। यह विरासत केवल दलितों की और दलितों के लिए ही नहीं है बल्कि वह तो पूरे समाज और देश के लिए है, इसे समझाने की जिम्मेदारी भी इस पीढ़ी पर है। यह कार्य राजनीतिक कार्यकर्त्ताओं पर या नेताओं पर सौंप कर चलने वाला नहीं। वे विरासत की राजनीति कर सकते हैं, राजनीति से इस विरासत को बढ़ा नहीं सकते।

साहित्यिकों को इस दृष्टि से यह काम अधिक मन लगाकर और अधिक प्रभावपूर्ण रूप से करना चाहिए। साहित्यिक आज भी समाज की दृष्टि से विश्वसनीय और प्रभावपूर्ण व्यक्ति हैं। आज तो राजनीतिक भूमिकाओं को शक की निगाहों से देखा जाता है। दलित साहित्यकार, दलित साहित्य को अगर राजनीति से अलग रख पाए तो परिवर्तन का यह माध्यम धीरे-धीरे लेकिन एक साधन के रूप में यकीनन ज्यादा कामयाब हो सकेगा।

इस पृष्ठभूमि और पूर्वभूमि के बीच एक और सन्दर्भ है। यह सन्दर्भ पृथकता का प्राकृतिक बोध और मनुष्य के जीवन जीने की ज़रूरतों से परस्पर सम्बन्धित है।

पृथकता के बोध का अहसास करना और सम्भालना यह प्रत्येक व्यक्ति की, समूह-समाज की स्वाभाविक आवश्यकता है, हम यह जानते ही हैं। स्वत्त्व, अस्मिता नामरूपादि की विशिष्टता का अलगपन आदि बातें मनुष्यों के साथ सभी सजीवों के सम्बन्ध में भी एक समान ही होती हैं। सम्वेदनशील व्यक्ति के और समूह समाज के सम्बन्ध में तो इस स्वत्त्व रूप का बोध तीव्र और व्यापक होता है, इसीलिए पृथकता के बोध का स्तरीकरण होते हुए नजर आता है। मनुष्य जीवन की विविधता और विषमता उपरोक्त बातों की पृथकता के स्तरीकरण के निदर्शक हैं। लेकिन समाज में जीना, देश में जीना, दुनिया में जीना, जीने के इन सभी स्तरों की प्रक्रिया भी पृथकता और एकता के द्वंद्वात्मक सम्बन्धों पर आधारित होती है। मैं अलग भी हूँ और नहीं भी, इन दोहरी भूमिकाओं को मानकर ही किसी भी स्तर पर हम जी सकते हैं। साहित्यधर्म इस द्वंद्वात्मक अनुभूमि का विकास और विस्तार करता है, सम्भवतः उनमें सम्वाद स्थापित करने का प्रयास भी करता है—ऐसा कहना ज्यादा उपयुक्त होगा। साहित्य कभी-कभी स्वत्व और अस्मिता के अलगपन का अधिक सुर अलापता है तो कभी एकता का जप शुरू करता है। पर्यावरण के प्रभाव से जीने का सन्तुलन, बिछुड़ रहा है। इस बिछुड़े हुए सन्तुलन को समतल बनाने का; सरलता, अलगता, भिन्नता और समानता के बीच प्रतितोलक भार लाने का प्रयास वह करता है। पृथकता का बोध जिस तरह निश्चित है, उसी तरह वह परिवर्तनशील भी है। पृथकता का बोध स्वयम्भू मूल्य नहीं है और एकता का बोध भी स्वयम्भू मूल्य नहीं है, इन दोनों को सांस्कृतिक मूल्य देने वाली बात का मतलब ही है—सन्तुलन। केवल दलित साहित्यिकों को ही नहीं बल्कि आज कला के सभी लेखक-कवियों को इस बात का अहसास अपने ऐतिहासिक और पर्यावरण के सन्दर्भ में रखना चाहिए। पृथकता और भिन्नता—ये समर्थन के विषय नहीं हैं यह तो एकता को सम्पूर्ण दृष्टि से सम्पन्न करने का विषय है, क्योंकि पृथकता स्वयं सम्पादित होती रहती है, एकता को अलबत्ता सम्पादित करना पड़ता है।

आज-कल के लेखक-कवियों की, विशेषतः दलित लेखक-कवियों की, पर्यावरण की पृष्ठभूमि और पार्श्वभूमि के सन्दर्भ में एक और बात उल्लेखनीय है। वह

साहित्य के नित्य धर्म और साहित्य के नैमेत्तिक धर्म के बीच के अन्तर के सम्बन्ध में है। लेखक, कवि, उपन्यासकार, समीक्षक इन जैसी साहित्यिक भूमिकाओं की आज भी अपने समाज में एक विशेष प्रकार की प्रतिष्ठा है। समाज में इस तरह अनेक भूमिकाएँ प्रतिष्ठित होने पर भी उनमें से कई भूमिकाओं के सम्बन्ध में समाज के मन में विकल्प और संदेह देखने को मिलता है। ऐसी स्थिति सदैव से लेखक-कवियों के सम्बन्ध में नहीं है। इसी कारण लोग हम कवि-लेखकों की ओर प्रशंसा से देखें, ऐसा लगना स्वाभाविक है। कवि-लेखक होने में व्यावहारिक, आर्थिक, हित सम्बन्ध बने नहीं रहते इसलिए साहित्य क्षेत्र आज भी भ्रष्टाचार का स्थान नहीं बन पाया तथा केवल प्रतिष्ठा प्राप्ति की प्रेरणा से साहित्य सृजन नहीं होता। न इससे प्रतिष्ठा बनी रहती है और न उसका प्रयोजन साध्य हो पाता है, इसे ध्यान में रखना जरूरी है।

इस प्रकार के सृजन के साथ ही एक प्रकार की व्यक्तिगत या सामाजिक प्रभावपूर्ण प्रेरणा से नैमित्तिक साहित्य का निर्माण होता है। दलित साहित्य में पिछले तीस-पैंतीस वर्षों में इस प्रकार का लेखन काफी हो गया है। कुछ एक काव्य संग्रह, कुछ एक आत्मकथाएँ, कुछ एक कहानी-संकलनों का और लेखों का संग्रह निर्माण करके ये लेखक रुके हुए दिखाई देते हैं। इस प्रकार के नैमित्तिक लेखन का मूल्य महत्त्वपूर्ण होता है। साहित्य की यह एक प्रकार की नैमित्तिकता मुझे दलित साहित्य प्रवाह का एक अर्थपूर्ण वैशिष्ट्य लगता है, क्योंकि इसके मूल में व्यक्ति मन की बेचैनी और सामाजिक सम्वेदना का बोध महत्त्वपूर्ण है। कंजारभट वर्ग का एक लेखक एक आत्मकथा लिखने के बाद रुक गया। इसमें से मुझे उसका लिखते रहना, यह उसके रुक जाने की अपेक्षा बहुत महत्त्वपूर्ण लगता है।

साहित्य का धर्म नित्य और नैमेतिक, इन दोनों रूपों से व्यक्त हो सकता है। नित्य साहित्यधर्म यह एक समग्र भूमिका है। वह सभी को सम्भव होगा या सम्भव करना होगा, ऐसी अपेक्षा हम क्यों रखें? इसलिए इसके आगे भी नैमेत्तिक लेखन होना चाहिए और नित्य साहित्य धर्म की उपासना भी होनी चाहिए। पुस्तकों की संख्या का महत्त्व नहीं है, उसमें स्थित मौलिकता का महत्त्व होता है। नित्य साहित्यधर्म दलितों के सन्दर्भ में थोड़ी देर से आएगा, इसे दलितों की संस्कृति-वंचित पूर्व परम्परा जानने वाले लोगों को अलग से बताने की ज़रूरत नहीं है। लेकिन यह भी याद रखें कि एक ही बार खिलने वाला ब्रह्मकमल भी एक फूल ही है।

दो किनारों पर स्थित दो विश्वों के बीच स्थित अन्तर को, उनकी विशिष्टिता को ही ये दो विश्व ही मिटाते जा रहे हैं। कुछ पल के पूर्व का यथार्थ देखते-देखते जादुई नगरी जैसा अपना रंग-रूप बदल रहा है। इन बदलते क्षणों को किन सम्वेदनाओं से परखा जाए, किन अर्थों में इसे अभिव्यक्त किया जाए—यही समझ में नहीं आ रहा है। ऐसी दुविधा में आज कल की सम्वेदनशीलता पड़ी हुई है। इन क्षणिक पलों के

मायाजाल में मनुष्यों की चिन्ता परम्पराओं का इतिहास, सामाजिकता आदि में स्थित रिश्ते-नाते जर्जर होते जा रहे हैं। क्षणिकता के पूर्वोत्तरकालीन अर्थपूर्ण अन्वय और अर्थ टूटते जा रहे हैं। इस अवस्था में 'क्षणों को पकड़ो' कैच द मोमेन्ट यह किसी को बताने की ज़रूरत नहीं है क्योंकि ये क्षण ही हम सभी को पकड़ रहे हैं। इन क्षणों के प्रभाव से एक दर्शन आविर्भूत हो रहा है। इस काल के इन प्रभावों को सर्जनशील मन टाल नहीं सकता। इसे हमें समझ लेना चाहिए और दोनों को एक और बात समझ लेनी चाहिए कि क्षणों के निषेध से नहीं, नकार से नहीं, उसके स्वीकार से, उससे समरस होकर, उसे जीतकर और आत्मसात करके-जो क्षणिक नहीं है, जो पलभर का नहीं है, जो बूँदों जैसा नहीं है, जो बिन्दी जैसा नहीं है उस निरन्तर का, उस शाश्वत का, उस चिरस्मरणीयता का दर्शन हमें होने वाला है। क्षणिकता की सर्जनशीलता, सम्वेदनशीलता को स्वीकारना, उसकी परवरिश करना और उसे सहना यह समय का तकाजा है और वह साहित्य और समाज और समाज के कायदे-कानून से अधिक प्रभावपूर्ण है।

प्राकृतिक सजीवता का, जैविकता का मनुष्य संस्कृति से जुड़े हुए अटूट बन्धनों का, रिश्तों का, उन रिश्तों की महानता की सम्वेदना को जगाना यह भी आजकल के सम्वेदनशील कवि-लेखकों का एक निरन्तरकालीन कर्तव्य रहेगा। प्राणीसृष्टि, पादपसृष्टि, टीले, नदियाँ, सागर-सरोवरों की भौतिक सृष्टि को हम साम्राज्यवादी नीति के अधीन जाकर काफी तहस-नहस कर चुके हैं। मनुष्यों की मूलभूत प्रवृत्ति ही सम्भवतः उपनिवेशवादी होगी, प्रकृति के साथ किए गए शोषण से ऐसा महसूस होता है। हमारी परम्परा ने वटवृक्ष की पूजा की, उसको सम्मान दिया, अश्वत्थ (पीपल) को दर्शन से सजाया, गाय-बैलों की पुरणपोली से पूजा की, लेकिन वे हमारे भाव जीवन के विषय कभी बन नहीं सके। हमारे सुख-दुःख, हमारे हर्ष-विमर्ष, हमारे विचार, हमारा दर्शन, इनको सजाने के लिए हमने प्रकृति के रूपों का उपयोग किया। अपने स्वप्नों और स्वप्न भूगोल को प्रकृति के रूपों के माध्यम से चित्रित किया। बैल जैसे अभिन्न साथी को कथानक का नायक होने के लिए 1995 तक राह देखनी पड़ी। लेने वाले को लेते-लेते एक दिन देने वाले का हाथ हो जाना चाहिए, ऐसी अवस्था हमने दानवीर प्रकृति की कर दी। हमने प्रकृति के शरीर पर प्रेम किया, आत्मा पर नहीं। समाज और संस्कृति से भी अधिक मूलभूत रिश्ता हमारा प्रकृति के साथ है। साहित्य अगर इन मूलभूत रिश्तों की खोज करेगा, उसको अभिव्यक्त करेगा तो भौतिक और जैविक विज्ञान के अन्धे नियम भी साफ हो जाएंगे। इन आँखों ने प्रकृति के शारीरिक रूपों को और उसकी व्यवस्था को देखा है, लेकिन उसकी जैविकता और मनुष्यों से जुड़े उसके भावनिक रिश्तों को उसने पहचाना ही नहीं।

प्रकृति यह विद्यमान काल की सबसे बड़ी और सबसे पुरानी दलितता है। गरीब ही गरीब का त्राता होता है, यह मनुष्य संस्कृति का असली निष्कर्ष होगा

तो दलित-प्रकृति का दलित प्रतिभा से सहज रिश्ता जुड़ेगा, यह स्पष्ट है।

हास्य की खोज यह उपेक्षित अन्तरंग की खोज है, इसे माटे गुरुजी ने दिखा दिया है। दलित-शोषितों का हास्य दुनिया का सर्वश्रेष्ठ हास्य है। मनुष्य तत्त्व का भेदक लक्षण उसके हँसने में है, उसकी हास्य प्रवृत्ति में छिपा हुआ है, यह हम जानते ही हैं। वेदना, विद्रोह, नकार, परिवर्तन, क्रान्ति इन सबके साथ हास्य का रिश्ता है। हम समझते हैं उतना विरोध उसमें नहीं है। वेदना भी हँस सकती है, विद्रोह की भी एक स्मित रेखा होती है, आँसू भी हँसने के चमत्कार कर सकते हैं, दलित तत्त्वों के हँसते-हँसाते होंठ भी रहते हैं। जो वहाँ नहीं है ऐसा हमें लगता है, वह वहाँ है-ऐसी दृष्टि सृजनशील सम्वेदना की होती है। प्रक्षुब्ध ताण्डवनृत्य में स्मित करने वाले पदन्यासों को यही सम्वदेनशीलता देख सकती है। भयावह तूफानों में भी मन्द हास्य के बाँसुरी की धुन उसे सुनाई देती है। दुःखों से पीड़ित पेड़ को भी मंद स्मित की नाजुक भावना सम्भालने नहीं आती, इसे वह सम्वेदनशीलता जानती है। आजकल के लेखक कवियों को यह बात ध्यान में लेनी जैसी है। यहाँ हास्य-विनोद पर तात्विक प्रवचन मुझे नहीं करना है। दलित साहित्य के क्षेत्र में एक नये 'पुलकित' पर्व का उद्घाटन करने के लिए मैं यह नहीं बता रहा हूँ। मनुष्य को अपनी ओर देखकर, अपनी परम्परा की ओर देखकर रोने जैसा लगे, चिढ़कर-सन्ताप होने जैसा लगे, सब कुछ उद्ध्वस्त करें ऐसा लगे, यह अत्यन्त स्वाभाविक है; लेकिन इसके साथ ही उसे अपनी ओर देखकर, खुद के किये की ओर देखकर, अपनी परम्परा की ओर देखकर हँसने जैसा लगे, यह भी उतना ही स्वाभाविक है। खुद पर हँसना आया तो ही दूसरों को भी मनुष्य हँसा सकता है। हास्य का जन्म खुद की हास्यास्पन्दता से ही होता है। इस 'स्व' की ओर तथा उसके अपने सब कुछ की ओर यह सर्जनशील मन जितनी व्यापक दृष्टि से देखेगा, उतना वह उसमें पूरे लोकजीवन का समावेश करते जाएगा। यह सम्पूर्ण मानव समाज अन्ततः मनुष्यों का है, इसीलिए वह अपना है, ऐसा जब समझेंगे तब खुद की ओर देखकर हँसने की और हँसाने की सैकड़ों दिशाएँ इन लेखक-कवियों को अपने आप दिखाई देने लगेंगी। दलित लेखकों को अपनी अस्मिता का केन्द्र सुरक्षित रखकर भी अपनी अभिव्यक्ति के कैनवस को व्यापक करने की दिशा हास्य की यह उपेक्षित अन्तरंगता दिखा सकेगी। अभिव्यक्ति का कैनवस बढ़ाना ही साहित्य धर्म का काम है। विशेषतः सभी मराठी और दलित साहित्यिकों के सामने समय ने ही ऐसे कार्यों की ज़रूरत का निर्माण किया है। अभिव्यक्ति की परिधि का विस्तार होना यह भी एक बहुत बड़ी सम्भावना है।

विभिन्न साहित्य प्रकार प्रतिभाशालियों के विभिन्न सर्जनशील अहसासों का पालन पोषण करते हैं, यह आपको पता है। अनुभूति का मूल सम्वेदन, उनका मूल्यबोध अर्थात् अहसास, पिंजड़े में स्थित तोता और मनुष्य एक ही अवस्था का

अनुभव करते हैं। लेकिन यह गुलामी है और इस गुलामी का अर्थ, उसका मूल्य मनुष्य समझ सकता है, इसीलिए वह मुक्ति की इच्छा रखता है और प्रयास भी करता है। तोता भी इस सम्बन्ध में स्वतन्त्रता की इच्छा रखता है कि नहीं, यह कैसे बता सकते हैं? उसका पिंजड़े के बाहर का बोलना और पिंजड़े के भीतर का बोलना, इसमें फर्क रहेगा भी लेकिन वह हमें नहीं समझ में आता। साहित्य प्रकार इन अनुभवों के मूल्यांकन की प्रक्रिया से सम्वाद करने वाली अभिव्यक्ति है, इसलिए साहित्य प्रकार में श्रेणी नहीं होती। आत्मकथा कम स्तर की और उपन्यास यह श्रेष्ठ स्तर का, ऐसा नहीं माना जाता। अनुभवों के आशय सूत्रों का मूल्यभाव पूरी तरह शक्ति के साथ व्यक्त करना यह सभी साहित्यकारों का उद्देश्य होता है और वह श्रेणी कल्पना के सम्बन्ध में नहीं है। कविता व्यक्ति के भाव जीवन का पालन पोषण करती है, नाटक उसके नाट्य जीवन का सम्वर्धन करता है, कहानी उसके कहानी रूपों की सम्वेदनाओं का पालन-पोषण करती है। उपन्यास उससे सम्बन्धित सम्वेदनाओं की दुनिया सम्भालता है। एक समय महाकाव्य ने सर्जनशील अहसासों के वे सभी काम अकेले की ताकतों पर पूरे किये। साठ के अन्त में तेजी से प्रगट हुये दलित आत्मकथाओं को पूर्ण रूप से देखा जाए तो मुझे उन प्राचीन महाकाव्यों की याद आती है। इन विशाल और विविध आत्मकथाओं का एक संश्लिष्ट शिल्प किसी एक संगणक द्वारा एकत्रित किया जाए तो वह शिल्प आधुनिक गद्यों का महाकाव्य ही होगा, ऐसा मुझे बार-बार लगता है। इन आत्मकथाओं के मूल में एक जटिल अनुभव की एक सूक्ष्म प्रेरणा है, ऐसा लगता है। किसी समर्थ प्रतिभाशील को सभी दलित आत्मकथाएँ पढ़कर, उन्हें समझकर, चिन्तन-मननपूर्वक उसकी सभी सम्वेदनाओं का अगर उसे साक्षात्कार हुआ, विजन प्राप्त हुआ तो वह जो नया निर्माण करेगा, उसका स्वरूप किसी महाकाव्य जैसा होगा। महाउपन्यास का निर्माण वह कर सकेगा।

सर्जनशील मन का अनुभव सम्पदाओं का अर्थपूर्ण सम्वेदना में रूपान्तर करने वाली धारा का मतलब साहित्य प्रकार है। भावप्रधान सम्वेदना जिस कविता से प्रगट होती है उसकी व्यक्तिविशिष्टता को स्वीकारना, स्वागतार्ह मानना और किसी भी व्यक्तिबाह्य निकर्षो से ऐसी अभिव्यक्ति का संकोच होगा, उस पर दबाव आयेगा, कवि को अपराधी जैसा लगेगा—ऐसा कुछ करना या सुझाव देना उचित नहीं होगा। कविता व्यक्ति धर्म का सुन्दर, बलवान एवं स्वतन्त्र परिपूर्ण रूप है। व्यक्ति को व्यक्ति के रूप में स्वतन्त्रता का घोषणा पत्र देने वाली वह एकमात्र विधा है। कविता में व्यक्ति, व्यक्ति के रूप में जितना आत्मसापेक्ष, आत्मनिष्ठ एवं स्वावलम्बी रह सकता है, उतना साहित्य की अन्य किसी भी विधा में नहीं। मैंने पिछले 15-20 वर्षों में नई कवयित्रियों की कविताओं का आस्वाद ग्रहण किया है। मुझे उनकी कविताओं से स्त्री-मुक्ति के अद्भुत एवं रोंगटे खड़े करने वाले

अनुभव मिले हैं। यहाँ की प्रत्येक कवयित्री एक व्यक्ति के रूप में कितनी स्वतन्त्र है, स्वतन्त्र होकर खुद का भावविश्व कैसे जी रही है, इसका अनुभव मुझे उनकी कविताओं से हुआ। प्रत्यक्ष रूप में स्त्री का व्यक्ति जीवन शायद मुक्त नहीं है, परन्तु यहाँ कविता में वह पूर्णतः मुक्त है। वर्तमान समय में व्यक्ति और व्यक्तित्त्व को खण्डित करने वाली कई इकाइयाँ प्रभावशील हैं। व्यक्ति की खुद से भेंट होना ही काफी मुश्किल हो गया है। व्यक्ति खुद के लिए अजनबी होता जा रहा है। आजकल के लेखक-कवियों को, व्यक्ति को, विखण्डित करने वाली इन इकाइयों का प्रभाव टालना भी मुश्किल होता जा रहा है। ऐसे वातावरण में आजकल की कविताओं और कवियों को अपना व्यक्तिधर्म को बनाए रखना और उसके लिए व्यक्तिबाह्य कानून लाद न लेना, इसकी सावधानी हम सब को बरतनी चाहिए।

कहानी, नाटक, उपन्यास—ये विधाएँ व्यक्तिधर्म के विकास एवं विस्तार से सम्बन्धित हैं। समाज, संस्कृति, मनुष्य व्यवहार, इनसे इन विधाओं का नाता है। विचारधाराएँ, धर्म, दर्शन अथवा राजनीतिक, आर्थिक, सामाजिक उद्देश्य के प्रभाव को भी (लेखकों की कुवत के अनुसार) कम-अधिक मात्रा में इन विधाओं में ग्रहण किया जाता है। साहित्य एवं साहित्य के बारे में सभी सन्दर्भों का सन्तुलन अथवा संघर्ष का द्वंद्वात्मक रिश्ता सनातन है। सर्जनात्मक सम्वेदनशीलता, उसका स्वरूप, उसकी प्रकृति एवं शक्ति आदि के सम्बन्ध में रहस्यात्मकता को बनाए रखना और इस रहस्यात्मकता का फायदा साहित्य और समाज के संघर्ष में साहित्य को दिया जाना, यह सबको स्वीकार्य नहीं होगा। प्रतिभाशक्ति के बहुत से रहस्यों का मनोविश्लेषण शास्त्र ने और सामाजिक विज्ञान ने खोलने का प्रयास किया है। फिर भी धर्म की महान अभिव्यक्तियाँ पूरी तरह रहस्यात्मकता से मुक्त नहीं हुई हैं। ज्ञानेश्वरी, तुकोबा के अभंग, महात्मा फुले का अखण्ड, मर्ढेकर और ढसाल की कविताओं की अभिव्यक्ति विशिष्ट समय में, विशिष्ट स्वरूप में और विशिष्ट सामाजिकता में ही क्यों होती है, इसकी खोज पाना मुश्किल है, इसलिए विद्‌यमान पर्यावरण के सांस्कृतिक, सामाजिक सम्भ्रम, मूल्यविवेक की चिन्ता, अनेक विचार प्रणालियों का या दर्शनों के प्रयोगों का और प्रमेयों का इस शर्त द्वारा किया गया पराजय, इन सभी बातों को ध्यान में लेते हुए, आज और कल के साहित्य निर्माण की सीमाबद्ध चौखट को स्वीकारना या उसे नकारना न्यायोचित होगा ऐसा नहीं लगता। मनुष्यों की भौतिक, भावनिक और आध्यात्मिक ज़रूरतों की पूर्ति के लिए एक प्रकार की व्यवस्था और एक प्रकार की ज़रूरतमन्द क्रमबद्धता को निर्धारित करना और उसको कार्यान्वित करना जरूरी होता है। इस व्यवस्था और प्रक्रिया में उलझे हुए लोगों को इतिहास की परिवर्तनशील प्रेरणाओं का अथवा समाज की गतिमानता का सम्वेदन सापेक्षतः कम होता है या उसकी ओर ध्यान देने तक का समय उनके पास नहीं

होता। इस व्यवस्था से कुछ सुरक्षित अन्तर पर रहकर इस प्रकार का सम्वेदन होने के लिए और उस सम्वेदन का स्वरूप जानने के लिए लेखकों अधिक अनुकलता हो सकती है। केवल कुछ ही लेखकों को यह सम्भव होता है और प्रश्न इन जैसे लेखकों का ही है। व्यक्तिगत रूप से मुझे इस प्रकार के क्रान्तिकारी लेखकों-कवियों का स्वागत हो, ऐसा लगता है। इतना ही नहीं, आज और कल के प्रतिभाशालियों को ऐतिहासिकता का, व्यवस्था और संगति का अनुशासन जितना अटल हो उतने को ही स्वीकारने और उसके परे देखने का और जाने का प्रयास उन्हें करना चाहिए-ऐसा मुझे लगता है। इस दुनिया में पानी की तरह का भीतरी प्रवाहित पानी के बाद केवल साहित्य में है और प्रवाहमयता मनुष्य के जीवन का जीता-जागता लक्षण है।

आज और कल के लेखक-कवियों को भारतीय परिप्रेक्ष्य में आत्मपरीक्षण करने के लिए और अपनी सर्जनशीलता को सम्पन्न करने हेतु सहायता करने के लिए एक नई दिशा अब प्रकाशमान हो रही है। अनेक भारतीय भाषाओं में दलित साहित्य निर्माण हो रहा है। इस निर्माण का और निर्माणकर्ता का अन्तरंग जान लेना बहुत ही उद्‌बोधन पूर्ण रहेगा। लेकिन इस कार्य के लिए अन्य भाषिक साहित्य के मराठी अनुवाद उपलब्ध होने चाहिए। तुलनात्मक साहित्य अध्ययन, यह नई अध्ययन शाखा भारतीय विविध भाषी साहित्य के आदान-प्रदान की प्रक्रिया के कारण ही विकसित हुई है। इन विविध साहित्यों में जो साधर्म्य और वैषम्य है, उसे समझ लेना अति आवश्यक है। इस कार्य के लिए बहुभाषित साहित्य-सम्मेलन चर्चा-सत्रों की सहायता लेना ही उचित होगा। पश्चिमी साहित्य की अवधारणाओं का प्रभाव कम करने के लिए भी भारतीय साहित्य और देशीयता—इन अवधारणाओं को विचार में लेना जरूरी है। अनुवाद करना, वाचन करना—इन आदतों की भी ज़रूरत है। भाषान्तर-साहित्य के कारण नये कवि-लेखकों को तुलनात्मक परिप्रेक्ष्य उपलब्ध होगा और उसके निर्माण के लिए उनका फायदा भी होगा। 'अस्मितादर्श' जैसी पत्रिकाओं में अच्छे अनुवाद नियमित और जरूर आने चाहिए। सभी का बहुभाषिक बनना, यह तो समय की माँग ही है।

पिछले तीस-पैंतीस वर्षों के दौरान विविध प्रकार का विपुल दलित साहित्य और उसकी समीक्षा निर्माण हुई है। केवल साहित्य विचार को ही लें तो इस प्रकार की सौ से भी अधिक पुस्तकों को मैं दर्ज कर सका हूँ अर्थात् यथार्थ में यह संख्या और अधिक हो सकती है। तो फिर प्रकाशित पुस्तकें, महत्त्वपूर्ण लेख, महत्त्वपूर्ण पत्रिकाएँ इनकी विषयानुसार सूची बनाने का कार्य करने की जिम्मेदारी विशेषतः स्नातक स्तर के अध्येता और अध्यापकों की है। हमारे सभी अनुसंधान, हमारी साहित्य, समीक्षा और अन्य प्रकार के अध्ययन, ये उपाधि प्राप्त करने हेतु और वेतन श्रेणी को जोड़कर देखने से जुड़े हुए दिखते हैं। इस कारण एक प्रकार के

कृतक व्यासंग की और झटपट की विद्वता का रूप उन्हें प्राप्त हुआ है। जो सटीक साहित्य दृष्टि और समाज-वैज्ञानिक दृष्टि उनमें होनी चाहिए वह कम दिखती है। दलित साहित्य की सूची का कार्य अधिक तत्परता से और कार्यक्षमता से होने की नितान्त आवश्यकता है।

भाषा वैज्ञानिक और शैली वैज्ञानिक दृष्टि से भी दलित साहित्य के अध्ययन की अच्छी गुंजाइश है लेकिन इस ओर किसी ने ध्यान ही नहीं दिया।

दलित साहित्य का विश्व यह मनुष्य के विश्व के समान पूरे समय का और सब को समटने वाला अखण्ड ऐसा विश्व है। इसके लिए श्रम विभाजन करना भी जरूरी है। दलित साहित्य को अन्य अध्येताओं की तरह इस विश्व के विविध कार्यों की जिम्मेदारी लेने वाले अनेक परिवारों की ज़रूरत है। साहित्य प्रेमियों को इस सम्बन्ध में अपनी-अपनी जिम्मेदारी को उठाना चाहिए।

मित्रो, मुझे जो बताना था, वह सब बता चुका हूँ। मैंने यह जो कहा है, वह अनुभव सम्पन्न होने से अथवा वरिष्ठ होने के अधिकार से नहीं बताया है। वैसे ही सर्वज्ञ समीक्षक या शिक्षक के अधिकार से भी मैंने नहीं कहा है। एक साहित्य-प्रेमी और साहित्यधर्मी सामान्य मनुष्य के नाते ही यह बातचीत आप सभी से मैंने की है। इसे अधिक-से-अधिक एक अनौपचारिक साहित्य चर्चा अथवा अनौपचारिक समीक्षा कह सकते हैं। कम-से-कम आज विविध गुटों में बँटे हुए साहित्यिक क्षेत्र में एकतन्त्री समीक्षा का जुल्म कम करने के लिए ऐसी अनौपचारिक चर्चाओं की अधिक आवश्यकता है, ऐसा मुझे लगता है। लेखक, कवि, समाज वैज्ञानिक, नेता, विचारक, दार्शनिक, डाक्टर, वकील, इन्जीनियर, वैज्ञानिक, युवा आदि सभी को औपचारिक रूप से इकट्ठे होना चाहिए, पुस्तकों के सम्बन्ध में बातचीत होनी चाहिए, लेखन के बारे में चर्चा होनी चाहिए, अपने-अपने अनुभव और अध्ययन के बारे में सम्वाद होने चाहिए। कभी कहानी, कभी कविताओं का पाठ होना चाहिए, काव्यशास्त्र विनोद में रममाण होना चाहिए—ऐसा मुझे लगता है। साहित्य का मतलब केवल लिखना या पढ़ना नहीं है। वह तो जीने की एक पद्धति है। ऐसी जीवन पद्धति जीने के लिए अनौपचारिक संघटनाओं को तैयार कराना जरूरी है। विशेषतः साहित्यिक संस्कृति से जो वंचित थे, ऐसे लेखक-कवियों के लिए ऐसे अनौपचारिक चर्चामण्डलों की नितान्त आवश्यकता है। सृजन के बीजों को अंकुरित होने के लिए और अंकुरित मंजरी पर पत्ते आने के लिए, आवश्यक जीवन-रस इससे उन्हें निश्चित ही प्राप्त होगा।

मित्रो, साहित्य के बारे में जब कभी बोलने का अवसर आता है तो मेरी आँखों के सामने दो प्रतिभाशालियों के शब्द सूर्य-चन्द्र की तरह एक साथ ही दिखाई देने लगते हैं। मेरे भीतर के ये सूर्य-चन्द्र कभी डूबते नहीं, मैं एक ही समय पर दिन और रात का अनुभव करता हूँ। अपने आस-पास के बाहर की दुनिया

में अँधेरा तो आता ही है, यह अँधेरा मुझे भी आँखों से देखना ही पड़ता है, मन से सहना भी पड़ता है, लेकिन मेरे आन्तरिक आँख उस समय भी अलांछित चन्द्र में और तापहीन सूर्य में ही लीन हो जाते हैं। मेरे जीवन की सही जगह तो वही होती है।

तो वे दो प्रतिभावान कवि उनमें से एक हैं, सेण्ट जॉन पर्स। यह नोबेल पुरस्कार विजेता फ्रेंच कवि हैं, वे कहते हैं,

"In this age of nuclear weapons, does the earthenware lamp of poetry still suffice?...Yes if its clay reminds us of our's...And it is enough for the poet to be the guilty conscience of his times." (इन संहारक अण्वस्त्रों के युग में कविता की मिट्टी का दिया मानव को उस मृण्मयता का अहसास कराता रहेगा, इसलिए अपने युग के अपराधी मन को सम्भालना यही कवि का काम है) और दूसरे कवि नामदेव ढसाल लिखते हैं कि

'फिर न हो बचे कूचों से, किसी को भी, न करें गुलामी, न लूट, न रंगों का भेद, न आए मन में तुच्छता का भाव कि, तू, ब्राह्मण, तू क्षत्रिय, तू वैश्य, तू शूद्र कहकर अपमानित न करें।'

रिश्तों को न मानने का, माँ-बहनों को न पहचानने का, आकाश को दादा और जमीन को दादी मानकर उनकी गोद में मिल-जुलकर आनन्द से रहें, ऐसे सचेत कार्य करें कि सूरज-चन्द्रमा भी पड़ें फीके—

'एक तिल सभी जन मिलकर खाएँ,
मनुष्यों पर ही करें गीतों की रचना
मनुष्यों के गीत गाएँ मनुष्य ही....!'

मित्रो! मैं इससे अधिक क्या बोलूँ? प्रत्येक व्यक्ति के दो मन होते हैं, ऐसा युंगसाहब कहकर गए हैं। एक मन व्यक्ति का और दूसरा मन समूह का। मुझे भी ऐसा ही लगता है। सच्चे लेखक-कवियों को भी ऐसे दो मन होने चाहिए और होते भी हैं। उनमें से एक मन मनुष्य की मृण्मयता का धर्म सम्भालने वाला और दूसरा मन उसकी अपराधी वृत्ति के कर्म को झेलता रहता है। मानवी मृण्मयता और आपराधिकता ये बातें सनातन हैं। वे मनुष्य के साथ ही जन्मी हैं और मनुष्य के साथ ही खत्म होंगी। जब तक मनुष्य इस दुनिया में मिट्टी से जन्म लेता रहेगा तथा एक तिल और सात लोग यह प्रमाण टिका रहेगा, जब तक कविता का दिया जलाने वाले और एक तिल को बाँटकर खाने वाले कवि-लेखकों की नितान्त आवश्यकता है। इतना ही नहीं, मृण्मयता और आपराधिकता यह मनुष्य के मूलभूत दलितत्त्व का अंगभूत स्वरूप है। ऐसे इन दो मनों के लेखक-कवियों को दलित नहीं कहेंगे तो और क्या कहेंगे? मनुष्य की मृण्मयता यह एक मूल्य कल्पना है—इसे कला-साहित्य ने ही सिद्ध किया है। इस मृण्मयता के सर्जनशील तत्त्वों

का जतन उन्होंने ही किया है। दलितता, यह मानवी मृण्मयता का दूसरा नाम है; इसलिए एक विशेष अर्थ में प्रतिभा या प्रतिभासम्पन्न यह भी दलित का नाम विस्तार ही है।

शतक के इस सन्धिकाल में साहित्यिक आदिपर्व से, वनपर्व से बाहर निकलकर अब हम उद्योग पर्व में प्रवेश कर रहा है। मेरा जीवन एक महाकाव्य ही है, ऐसा डॉ. आम्बेडकर को एक बार प्रतीत हुआ था। नये उद्‌योग-पर्व के दलित-कवि-लेखकों को अपना काव्य जैसे एक महाजीवन ही हो रहा है, ऐसा अहसास हो, ऐसी मेरी इच्छा है, श्रद्धा भी है।

अनुवाद : अभिजीत अशोक माने, वर्धा

समतावादी प्रबुद्ध रंगमंच

–टेक्सास गायकवाड़

[अखिल भारतीय प्रबुद्ध नाट्य सम्मेलन, पुणे, 1997]

भरतमुनि के नाट्यशास्त्र में इस बात का उल्लेख प्राप्त होता है कि उस काल में ग्राम्य धर्म प्रबल हो जाने के कारण बौद्ध-धर्म, जैन-धर्म 'बहुजनों के धर्म' के रूप में पहचाने जाने लगे थे। अतः उन्हें ग्राम्य-धर्म से सम्बोधित किया गया। यह ग्राम्य-धर्म प्रबल हो जाने के कारण वैदिक धर्म का (ब्राह्मणी) ह्रास होने लगा था। इसी कारण सभी देव (अर्थात ब्राह्मण) बहुत हैरान हो गये थे। अतः सभी देव ब्राह्मणों के मुखिया अर्थात् ब्रह्मदेव के पास बड़ी तत्परता से पहुँचे और उन्होंने ब्रह्मदेव से याचना की कि, 'देवों के वैदिक धर्म का हास हो रहा है और ग्राम्य-धर्म प्रबल होता जा रहा है। अतः ग्राम्य धर्म नष्ट हो जाएँ और वैदिक धर्म का प्रसार हो जाए, इस सन्दर्भ में मनोरंजनात्मक प्रबोधन कला का वरदान हमें प्राप्त हो जिसके द्वारा ग्राम्य-धर्म नष्ट हो जाए और वैदिक धर्म का प्रसार आगे बढ़ता जाए।' देवों की बातों को सुनकर ब्रह्मदेव ने 'तथास्तु' कहा और बड़ी तत्परता से भरतमुनि को बुलाया गया तथा नाट्य-शास्त्र के निर्माण का आदेश भी भरतमुनि को दे दिया गया। उस काल में देव और दानवों (अर्थात ब्राह्मण और राक्षस, बहुजन, ब्राह्मणेतर) में संघर्ष होता रहा है। अतः भरतमुनि ने अपने नाटकों का विषय भी देव और दानवों के बीच का संघर्ष ही रखा है। जिसमें देवों को नीतिमान, शूरवीर, कर्तव्यवान दर्शाया गया तथा दानवों को अर्थात बहुजनों को नीतिहीन, भगोड़े, कपटी, कृतत्व शून्य और बुद्धिहीन कहते हुए प्रस्तुत किया गया। इसी के साथ वैदिक धर्म अर्थात् ब्राह्मणी धर्म को विषमतावादी, जातीयवादी तथा ब्राह्मणत्व की श्रेष्ठता को प्रतिपादित किए जाने वाले दर्शन को नाट्य शास्त्र में बखूबी से ठूँस दिया गया जिसके कारण ब्राह्मणी सत्ता मजबूत हो जाए। इसी के साथ संस्कृति को विकृत रूप प्रदान किया गया।

आचार्य भरतमुनि के नाट्यशास्त्र के लेखन से पूर्व अश्वघोष का नाट्यशास्त्र

अस्तित्व में था। अश्वघोष के नाट्यशास्त्रानुसार उत्कृष्ट नाट्यगृह आज भी बौद्ध गुफाओं में अपना वैभव बिखेरते हुए दिखाई देते हैं। भारत के वैभवशाली सांस्कृतिक प्रतीकों को भरतमुनि की हीन-प्रवृत्ति के गुटों ने अत्यन्त निर्दयतापूर्वक विद्रूप किया और साथ ही अपनी मानसिक विकृति को भी प्रस्तुत किया है। इस प्रकार वैभव सम्पन्न कलाकृतियों पर अपना गैरकानूनी हक जताते हुए यह निन्दनीय प्रकार ब्राह्मणी विकृति के हस्तकों ने किया है। भरतमुनि ने खुद के नाम से नाट्यशास्त्र लिखा है, यह बात सच है परन्तु उन्होंने नाट्यशास्त्र के अन्तर्गत ब्राह्मणी-श्रेष्ठत्व की गुलामी को बहुजनों पर लाद देने की दृष्टि से कुछ बातों को ठूँस दिया है। अन्धश्रद्धा को बढ़ावा देने वाली निरर्थक कथाओं को उसमें ठूँसा गया है। काल्पनिक रंगदेवता की निर्मिति की गई। रंगदेवता की पूजा ब्राह्मणों द्वारा की गई क्योंकि बिना पूजा के नाटक सफल नहीं हो सकता। इस प्रकार की भ्रामक कल्पनाएँ निर्माण करने के लिए भरतमुनि भूले नहीं थे। नटेश्वर का निर्माण इस भावना से हुआ है और उसकी पूजा करना भी अनिवार्य किया गया है। प्रेक्षकों के लिए की गई बैठक व्यवस्था चातुर्वर्ण्य के अनुसार की गई है। जाति वर्णानुसार ब्राह्मण, क्षत्रिय, वैश्य, शूद्र, इस प्रकार चार विभाग प्रेक्षकों के लिए रखे गये। सर्वप्रथम ब्राह्मण, उनके पीछे क्षत्रिय, क्षत्रिय के पीछे वैश्य और सबसे आखिरी में शूद्र! इस प्रकार से नाटकगृह में प्रेक्षकों के लिए बैठक व्यवस्था होनी चाहिए, ऐसा नियम बनाया गया। नाटकों के विषय ब्राह्मण श्रेष्ठत्व सिद्ध करने वाले तथा क्षत्रियों का वर्णन निर्बुद्ध के रूप में चित्रित किया गया है। वैश्य को नीतिहीन और शूद्र को लाचार के रूप में प्रस्तुत किया गया। वर्णाश्रम का पालन करना अर्थात खुद के लिए स्वर्ग-द्वार खुले करने का मार्ग है, ऐसा बताते हुए इस परम्परागत मान्यता को मजबूत रखने का प्रयास किया गया। इस प्रकार अधिकाधिक पाखण्ड, भोंदूगिरी को बढ़ावा देते हुए उसे सहेजकर रखने का प्रयास भरतमुनि ने किया है। इसी कारण अश्वघोष के नाट्यशास्त्र में अनेक निरर्थक कथाओं का समावेश किया गया। अश्वघोष के नाट्यशास्त्र को चुराते हुए भरतमुनि ने अपने ग्रन्थ पर ब्राह्मणी मुलम्मा चढ़ा दिया और प्रत्यक्ष रूप में अश्वघोष के नाट्यशास्त्र को विद्रूप बना दिया। इसी के साथ 'क्रिएटेड बाय भरतमुनि' के नाम से सिक्का जमाते हुए उसे बाजार में ले आए। अतः भरतमुनि के नाट्यशास्त्र में स्थित कपटनीति का अहसास आज हमें हो चुका है। भरतमुनि तथा उनके गुट द्वारा की गई ऊटपटांग बातों से भारत की वैभवशाली परम्परा का ह्रास हुआ है और संस्कृति की जगह विकृति ने ले ली है। आज प्रबुद्ध नाट्य सम्मेलन द्वारा भारत के वैभवशाली सांस्कृतिक पर्व की शुरुआत हो रही है।

जब कभी किसी नये अभियान की शुरुआत होती है तो उस अभियान की सफलता को लेकर मन में अनेक शंकाएँ उत्पन्न हो जाती हैं। इसी कारण अनेक लोग इस नये अभियान से अपने सम्बन्धों को प्रगट करने में शरमाते हैं। परन्तु

जब अभियान को प्रतिष्ठा प्राप्त होने लगती है, उस समय यही लोग यह अहसास जताने की कोशिश करते हैं कि हम लोग ही इस अभियान के सर्वेसर्वा रहे हैं। इस बात को सिद्ध करने का प्रयास भी करते हैं और जिन्होंने प्रत्यक्ष रूप में अभियान की शुरुआत की थी उनका नामोल्लेख भी बखूबी टाल जाते हैं। दलित रंगमंच अभियान के सन्दर्भ में यही बात घटित हुई है।

1979 से पूर्व 'दलित रंगमंच' नाम से कोई आन्दोलन अथवा अभियान का उच्चारण कभी किसी ने नहीं किया था क्योंकि इस शब्द की उत्पत्ति प्रथमतः पुणे में ही हुई थी। इसकी अवधारणा भी टेक्सास गायकवाड़ के दिमाग की उपज रही है और यह वास्तविकता है। इस सन्दर्भ में टेक्सास से चर्चा करने वाले प्रथम साथी रहे हैं आयुष्मान अविनाश आम्बेडकर। दूसरे साथी हैं भि. शि. शिन्दे और तीसरे साथी रहे हैं आयुष्मान मुरलीधर जाधव। इस अभियान के अनुरूप नाट्य संहिता भि. शि. शिंदे से 'काळोखाच्या गर्भात' इस शीर्षक से तैयार करवा लिया गया और 'दलित रंगभूमि अभियान' इस नामोल्लेख के साथ इसे प्रस्तुत किया गया। यह तीन अंकों का नाटक रहा है। 'काळोखाच्या गर्भात' यह प्रथम दलित नाटक रहा है। इससे पूर्व दलित रंगमंच के नाम से अथवा अभियान के सन्दर्भ में कोई योजनाबद्ध हलचल, उपक्रम अथवा कहीं कोई शुरुआत नहीं हुई थी। दलित रंगमंच अभियान को संघटित करना अर्थात अखिल भारतीय नाट्य परिषद की स्थापना करना ही उद्देश्य रहा है। लेखक, अभिनेता, दिग्दर्शक, तकनीकी-प्रशिक्षण शिविर आयोजित कर कलाकार कार्यकर्ताओं को तैयार करना, अखिल भारतीय दलित नाट्य सम्मेलनों को आयोजित करना, दलित रंगमंच पत्रिका के माध्यम से अभियान को दिशा प्राप्त करा देना, बाल-नाट्य, महिला नाट्य विभाग का सूझ-बूझ के साथ निर्माण करते हुए महिला नाटककार/दिग्दर्शक, बाल-नाटककार/दिग्दर्शक आदि को तराशने का कार्य दलित रंगभूमि, पुणे की नाट्यसंस्था द्वारा किया गया है। यदि हम दलित रंगमंच, पुणे की नाट्यसंस्था द्वारा किए गए कार्यों पर नजर डालते हैं तो हमें इस बात का पता चलता है कि महाराष्ट्र में कार्यरत खुद को दलित रंगमंच के प्रमुख मानने वाली संस्थाओं के कार्यों को एक जगह समेटा जाए तो अकेले दलित रंगमंच पुणे द्वारा किया गया कार्य इन संस्थाओं से अधिक भारी भरकम सिद्ध हो जाता है। इस बात से हमें पता चलता है कि आज जो लोग दलित रंगमंच के सन्दर्भ में झूठा इतिहास लिख रहे हैं, वे सच्चे यथार्थ को दबा देना चाहते हैं। परन्तु यह यथार्थ सत्य किसी दिन उजागर हो सामने आ ही जाएगा।

एक अलग रंगमंच की ज़रूरत क्यों?

नाट्यकला में बहुजन समाज के कलाकारों की होने वाली उपेक्षा, यह एक कारण रहा है। इसके अलावा सांस्कृतिक अभियान के अन्तर्गत चल रहा वैचारिक संघर्ष

भी महत्त्वपूर्ण रहा है। प्रस्थापित रंगमंच भरतमुनि तथा उनके नाट्यशास्त्र को प्रमाण मानता है। भरतमुनि के नाट्यशास्त्र में अन्य बातें न होकर केवल ब्राह्मण-श्रेष्ठत्व को प्रस्थापित करना और बहुजन समाज को गुलामी की शृंखला में जकड़कर रखने का एक कुटिल षडयन्त्र रहा है। मनु की जातिव्यवस्था को नाट्यकला के माध्यम से मजबूत बनाना, यही भरतमुनि के नाट्यशास्त्र का सारतत्त्व रहा है। देव तथा दानवों में एक-दूसरे के नाटकों को हल्का दर्जा देने की अर्थात् उन्हें गिराने की कोशिश हुआ करती थी। उस समय में दानवों के नाटकों को देखकर देवताओं को यथार्थ में चक्कर आ रही थी। दानवों के नाटकों को देखकर देव, मूर्च्छित हो रहे थे। दानवों के नाटकों का स्तर श्रेष्ठ था, इस बात को स्वयं भरतमुनि भी स्वीकार करते हैं।

भगवान गौतम बुद्ध की प्रेरणा से वन्दनीय भन्ते अश्वघोषजी ने स्वयं ही सुन्दर ढंग से नाट्यशास्त्र का निर्माण किया था जिसके कारण जनसामान्यों का प्रबोधन भी हुआ है। यह नाट्य शास्त्र बहुत लोकप्रिय रहा है। इसी कारण यह दानवों का (बहुजनों का) नाटक माना गया। इसी अर्थ में अश्वघोष का नाट्यशास्त्र सही अर्थों में बहुजनों का अर्थात हमारा अपना नाट्यशास्त्र कहा गया, जो ब्राह्मणी विचारों के विरोध में रहा है। जातीयतावाद के विरोध में रहा है, बहुजन हिताय और सुखाय रहा है। इसी नाट्यशास्त्र को उसके प्रभावशाली सामर्थ्य के कारण राक्षसी रंगमंच के नामकरण से देवों ने अर्थात ब्राह्मणों ने सम्बोधित किया है। इसके उपरान्त महात्मा फुले का 'तृतीय-रत्न' नाटक दलित रंगमंच के अभियान की बुनियाद को खड़ा करने वाला नाटक रहा है। सत्यशोधक जलसों के द्वारा ईश्वरीय संकल्पनाओं का मजाक उड़ाते हुए मनोरंजनात्मक प्रबोधन करने का कार्य तमाशा कलाकारों द्वारा किया गया। परन्तु इनमें भी भाऊ फक्कड़, अश्वघोष तथा फुले की प्रेरणा से और पट्ठे बापूराव भरतमुनि के विचारों को पल्लवित करने वाले शाहीर के रूप में पहचाने जाते हैं। वास्तविक रूप में कई बार शाहीर पट्ठे बापूरावजी को, शाहिर भाऊ फक्कड़ की ओर से मार खानी पड़ी थी। श्रेष्ठ शाहिर भाऊ फक्कड़ का उल्लेख प्रस्थापित भी करते हैं और ब्राह्मणी विचारों को प्रसारित करने वाले पट्ठे बापूरावजी की आज भी जय-जयकार करते हैं।

डॉ. बाबासाहब आम्बेडकरजी ने अपने समाचार पत्र की शुरुआत 'मूकनायक' से की थी। तदोपरान्त 'बहिष्कृत भारत', 'जनता' और 'प्रबुद्ध-भारत' डॉ. आम्बेडकर का आखिरी समाचार पत्र 'प्रबुद्ध भारत' रहा है। इस देश को डॉ. बाबासाहब आम्बेडकर 'प्रबुद्ध भारत' बनाना चाहते थे। प्रबुद्ध भारत की निर्मिति के पूर्व भारतीय जनता में, 'प्रबुद्ध इन्सानों' का निर्माण करना जरूरी था और यह परिवर्तन प्रबुद्ध रंगमंच की सांस्कृतिक शक्ति द्वारा ही सफल हो पाएगा। अतः 20 मार्च 1991 में 'दलित रंगमंच' को विसर्जित करते हुए 'प्रबुद्ध रंगमंच' की स्थापना की गई।

'दलित' शब्द हिन्दू संकल्पना से जुड़ा हुआ है। 'दलित' शब्द हिन्दू-चौखट की पिछड़ी हुई खानाबदोश जनजातियों की संकल्पना से सम्बन्धित रहा है। 'दलित' शब्द हिन्दुत्व से अपनी पूर्व-परम्परा से जुड़े रिश्तों-नातों को कहता चला आ रहा है। अतः जब तक दलित शब्द रहेगा, तब तक मजबूरी से क्यों न हो, हिन्दुत्व से अर्थात पर्याय रूप में गुलामी के प्रतीक को सहेजना होगा। गुलामी की वैचारिक मानसिकता से जनसामान्य को यदि बाहर निकालना है, तो 'दलित' शब्द को हमेशा-हमेशा के लिए मिटा देना होगा। विश्वरत्न डॉ. बाबासाहब आम्बेडकर की जन्म शताब्दी मनाते समय मेरे तथा सहकारियों के दिमाग में यह ख्याल आए कि डॉ. आम्बेडकर का संघर्ष दलितत्त्व नष्ट करने के लिए था, अस्पृश्यता तथा जातीयता नष्ट करने के लिए था और उन्हीं की जन्मशताब्दी वर्ष को मनाते हुए हम लोग हमारी ही जाति को दलित, महार, मांग, चमार कहते रहेंगे तो यथार्थ रूप में डॉ. बाबासाहब द्वारा चलाए गए अभियान का अपमान कर रहे हैं। अतः अब हमें अपनी जाति-पाँति एवं 'दलितत्त्व' को समाप्त करते हुए डॉ. बाबासाहब आम्बेडकरजी की जन्म शताब्दी को मनाना होगा। ये विचार मन में आए थे। और तदनुसार 12 मार्च 1991 दिन चैत्यभूमि को साक्षी मानकर जातीयता के राक्षस को हम लोगों ने भस्मसात कर दिया और सभी ने प्रतिज्ञा ली कि आज से हमारी जाति भारतीय।

भरतमुनि का नाट्यशास्त्र ब्राह्मण श्रेष्ठत्व को, अन्धश्रद्धा तथा विषमता आदि को प्रसारित करता आ रहा है। इसके विपरीत प्रबुद्ध रंगमंच यह समतावादी, बन्धुत्ववादी, प्रज्ञावादी, स्वतन्त्रतावादी रहा है। जब डॉ. बाबासाहब आम्बेडकर ने अपनी बिरादरी से यह कहा कि गुलामी की निशानियों को छोड़ दो, गाँव के परम्पराबद्ध कामों को करना छोड़ दो तब जात बन्धुओं ने डॉ. बाबासाहब के विरोध में अपना सुर प्रकट करते हुए पूछा था कि 'हमारे पेट पर क्यों लात मार रहे हो? हम लोग क्या खायेंगे?' परन्तु डॉ. बाबासाहब आम्बेडकर के कहने पर उन्हें परम्परागत कामों को छोड़ना पड़ा था। तब कहीं जाकर सामाजिक स्वाभिमान जागृत होने लगा और समाज की प्रगति हुई।

आज तक जिन लोगों का दलित रंगमंच की स्थापना में कोई सहभाग नहीं था परन्तु दलित रंगमंच के माध्यम से जिन्होंने अपना अन्तर्गत स्वार्थ साध लिया था, ऐसी मण्डली दलित रंगमंच के प्रति आग्रही रही है। गुलामी से प्राप्त होने वाले लाभों को छोड़ने के लिए तैयार नहीं है। उनके सामने कोई निश्चित ध्येय न होने के कारण वे सब दिशाहीन मार्ग पर भटक रहे हैं। यथार्थ रूप में ये लोग दलित रंगमंच से जुड़े रहने का प्रदर्शन मात्र करना चाहते हैं।

हमारे समाज में उपनामों के कारण सम्बन्धित व्यक्ति की जाति नजरों के सामने प्रस्तुत हो जाती है। फुले कहने के साथ 'माली', शाहू के साथ 'मराठा'

तथा डॉ. बाबासाहब आम्बेडकर कहने पर 'दलित'। इस प्रकार से हमारी पहचान स्थायी रूप में बन जाती है। इसी कारण जातीयता सम्पूर्णतः नष्ट नहीं होगी और फुले, शाहू तथा आम्बेडकर जी का कार्य सफल नहीं हो पाएगा।

'हम लोग ब्राह्मणों के विरोध में नहीं हैं, ब्राह्मणत्व के विरोध में हैं,' इस प्रकार का सन्देश डॉ. बाबासाहब आम्बेडकर ने हमें दिया है। ब्राह्मणों को हम लोग हमारे शत्रु नहीं मानते, हम लोग ब्राह्मणों से मित्रता बढ़ाना चाहते हैं। ब्राह्मणों से हम नाता जोड़ना चाहते हैं परन्तु हम लोग उनके ब्राह्मणी विचारों की गुलामी कदापि स्वीकार नहीं करेंगे।

हमारे आदर्श रहे हैं—महामानव भगवान बुद्ध व डॉ. बाबासाहब आम्बेडकर, जिन्होंने प्रवाह के विरोध में जाकर क्रान्ति की है। इसी प्रकार हमें भी प्रवाह के विरोध में जाते हुए क्रान्ति करनी है। इस प्रवाह के विरोध में प्रबुद्ध रंगभूमि के कार्यकर्ताओं को उठना है अर्थात क्रान्ति करनी है। भरतमुनि के नाट्यशास्त्र से दूषित हुए भारत को वैभवशाली सांस्कृतिक प्रवाह को, प्रबुद्ध रंगमंच के माध्यम से हम लोग पुनः समृद्धशाली बना रहे हैं। हमारे प्राणप्रिय भारत को एक संघ तथा बलशाली बना रहे हैं।

अनुवाद : डॉ. सुनन्दा मग्गीरवार, लातूर

हमारा लेखन सर्वत्र संचार क्यों नहीं कर पाता?

–योगीराज वाघमारे

[अस्मितादर्श लेखक-पाठक सम्मेलन, मुर्तिजापुर, 1998]

1960 से 1984 इस कालखण्ड को दलित साहित्य के निर्माण का युग कहा जा सकता है। इस काल में जो साहित्य निर्माण हुआ वह मराठी के कलावादी साहित्य के विरुद्ध की गई प्रतिक्रिया थी। इस विद्रोही प्रवाह को वैश्विक मानवी सामाजिक परिवर्तन की परिभाषा प्राप्त थी। उसका किसी भी एक जाति से, भाषा से, प्रान्त से संकुचित नाता नहीं था।

विदर्भ में सामाजिक और शैक्षणिक आन्दोलन ने अपनी नींव अधिक मजबूत बनायी है। देशभर में कहीं भी कुछ हुआ, इससे पहले यही आन्दोलन होता है। मराठावाड़ा विद्यापीठ के नामान्तर का प्रश्न वैदर्भीय युवा और बौद्ध जनता के कारण ही सफल हुआ। प्रा. जोगेन्द्र कवाड़े और उनका लाँगमार्च कौन भूल पाएगा! लोगों में खौलता हुआ खून उन्होंने ही डाला था। मराठावाड़ा-विदर्भ उसी कारण भड़क उठा था। धर्म-परिवर्तन के बाद इतना बड़ा आवेश देखने को नहीं मिला था। नंगे पैर, बिना कुछ खाए, पुलिसिए अत्याचार हो सकते हैं, यह ज्ञात होते हुए भी केवल बाबासाहब के लिए, लौंगमार्च में आगे रहने वाले निरक्षर, दुर्बल लेकिन जिद्दी लोग, औरतें और नामान्तर के नशे में आनन्दित युवा अभिमान के योग्य क्यों न हों? इस तरह के जीने में ही समाज का अस्तित्व होता है। नहीं तो स्थितिशील, जड़वादी किसी भी प्रकार लहर न उठने वाला समाज सही अर्थों में जीवित हो या मृत, क्या फर्क पड़ता है? वह एक समान ही है। विदर्भ ने और बहुत कुछ दिया है। मुझे यह स्पष्ट करना होगा कि वह सामाजिक, धार्मिक और लोकतान्त्रिक मूल्यों के लिए महत्त्वपूर्ण है।

अश्वघोष रामटेक के परिसर में रहकर गया। नागों की मतलब बौद्धों की भूमि नागपुर, बाबासाहब की धम्मदीक्षा से यह भूमि पावनभूमि बन गयी है। तमाम बौद्ध जनता का यह धम्मक्षेत्र बना है। सांस्कृतिक, साहित्यिक, शैक्षणिक धम्म पूर्व आन्दोलन का केन्द्र बन गया है। ज्ञानेश्वर के पूर्व वैदिक धर्म पर प्रहार करने वाले

और उसे आम आदमी तक पहुँचने वाले चक्रधर स्वामी इसी भूमि के हैं। हाथ में झाड़ू और मटका लेकर सफाई करने वाले भजन करने के बाद जितना लोगों ने दिया है उतना ही खाने वाले, पेड़ के नीचे सोने वाले पृथ्वी को माता और आकाश को पिता, ऐसा समझकर, आज यहाँ तो कल वहाँ, ऐसे भ्रमण करने वाले, निरक्षर होते हुए भी मानवजाति का दर्शन बताने वाले गाड़गेबाबा भी इसी भूमि के हैं। उनकी प्रवृति को देखा जाए तो, मुझे लगता है संत गाड़गेबाबा भी बौद्ध भिक्षु परम्परा से ही हैं। अपने लिए कुछ भी नहीं, केवल मटका और शरीर ढकने के लिए पैबन्द वस्त्र और पेड़ के नीचे सोना। लेकिन जनता के मंगलमय जीवन की कामना करने वाला, जनता का दुःख कम हो जाए इसलिए एक गाँव से दूसरे गाँव भ्रमण करने वाला 'भन्ते' मुझे उनमें दिखता है।

मैं आपके सामने कुछ सवाल लेकर आया हूँ और उसका खुलासा इस सम्मेलन में होना चाहिए। उस पर विचार मन्थन होना चाहिए, ऐसा मुझे लगता है। समय तीव्र गति से आगे बढ़ रहा है। हम साहित्यिक इस समय के अनुसार चल रहे हैं या नहीं? गतिशील समय के सन्दर्भ को जोड़कर उस पर हम कथन करेंगे या नहीं? जनतन्त्र के मूल्य प्रतिक्षण पैरों के नीचे रौंदकर उसका स्थान अब रूढ़ीवादियों ने ले लिया है। समाज में फासिस्ट शक्ति प्रबल होती जा रही है। महंगाई दिन-ब-दिन बढ़ रही है और उसका समर्थन भी किया जा रहा है लेकिन आम जनता का जीना बहुत कठिन हुआ है। और हमारा शिक्षित, उपाधि प्राप्त युवक बेरोजगारी की इस आग से झुलस रहा है। उसके पास काम नहीं है। ग्रामीण क्षेत्र में खेती पर आश्रित किसानों के पास भी काम नहीं है। खेतीबाड़ी के बहुत से काम अब यन्त्रों की सहायता से किए जा रहे हैं और इसका असर सबसे पहले किसानों पर होता है। खेती के अच्छे मौसम में किसी तरह खुद का और अपने बाल-बच्चों का गुजारा करता है लेकिन अच्छे मौसम के बाद उनको काम नहीं मिलता। गाँव में काम नहीं मिलता है इसलिए उन्हें शहर की ओर जाना पड़ता है। ऐसे मजदूरों की भीड़ आपको देश के किसी रेलवे स्टेशन, बस स्टैण्ड पर नजर आएगी। उनके साथ अटैची, गठरी या किसी बोरे में बर्तन और घर चलाने के लिए कुछ सामान दिखेगा। आने-जाने वाले किसी को भी दिक्कत न हो इसलिए किसी भी कोने में ये मज़दूर बैठे हुए दिखते हैं। उनके नंगे बच्चे, बिना तेल लगाए हुए स्त्रियों के बाल, पुराने और फटे कपड़े, औरतों और मजदूरों के चेहरों पर दिखने वाली बेचैनी। परेशानी से ग्रस्त उनके चेहरे। दिशाहीन। मजदूरी निश्चित नहीं। कहाँ रहना होगा, कहाँ जाना होगा, कहाँ आश्रय मिलेगा? क्या क्या खाएंगे? प्रचण्ड तनाव के कारण आती-जाती गाड़ियों की तरफ मजदूर बैठा देखता रहता है। ऐसे लोग गाँव और मातृभूमि होते हुए भी लावारिसों की तरह भटकते रहते हैं। बीच-बीच में कहीं से कोई मुनीम गाँव में आता है। ईंट भट्टी में काम करने

के लिए ऐसे लोगों को अपने माल ट्रक से, जीप से ले जाता है। ट्रक ऐसे लोगों से खचाखच भरे दिखते हैं। कभी उनके साथ कोई दुर्घटना भी हो जाती है, कभी पूरा परिवार मर जाता है। रोने के लिए भी कोई नहीं बचता। फिर उनको कैसे दफन करेंगे? शराबी व्यक्ति पर, ट्रक चालक पर कोई भी कार्रवाई नहीं की जाती। और फिर अगले दशहरे के बाद यही मुनीम गाँवों में जाता है। मजदूरों को ले कर आता है। ईंट भट्टों में दम घुट-घुटकर जीते हैं। इन ईंटों से घर, फ्लैट बनाए जाते हैं और मजदूरों के घर बरबाद होते जा रहे हैं। यही बात चीनी कारखाने में काम करने के लिए आए हुए कामगारों पर, किसानों पर, डैम पर काम करने वाले पर लागू होती है। समृद्धि का, हरित क्रान्ति का सपना देखने वाला हमारा देश इनका काला खून देखने के लिए तैयार नहीं है। इनके बच्चों की शिक्षा का और इनके भविष्य का क्या होगा? बाल कामगारों के बारे में कब सोचा जाएगा?

शहर की ओर आए हुए लोगों को भी काम के लिए दर-दर भटकना पड़ता है। लेकिन यह देश इतना विशाल क्यों है? मुझे लगता है इन लोगों को काम की तलाश में भटकने के लिए बहुत जगह चाहिए इसीलिए यह देश इतना बड़ा है। फिर क्या बेवजह ही मुम्बई जैसी महानगरी में देश की विविध जाति के, धर्म के, प्रान्त के, भाषा के लोग आते हैं। हाथ में थैली लेकर कूड़े-कचरे को छानते हुए हजारों लोग, छोटे-छोटे लड़के-लड़कियाँ प्लास्टिक, टूटे-फूटे सामान, काँच, लोहा जमा करने के लिए सूर्य देवता के साथ ही सुबह निकल पड़ते हैं। जिस उम्र में हँसना, खेलना, उछलना-कूदना होता है वहाँ इस उम्र में उनकी हँसी कब की बन्द हो गयी है। जीवन जीने के मोह से जीवित रहना और जीवन भर कूड़े के ढेर खोदना ही इनके नसीब में क्यों आया? एक गन्दा करे और दूसरा उसे और बिगाड़े, यह कहाँ की संस्कृति है? ऐसी संस्कृति को हम कैसे रोकेंगे?

आदिवासी अभी भी बिन कपड़ों का, नंगा है। खाने के लिए कुछ भी नहीं है। विकास के नाम पर उन्हें भूमिहीन किया गया है। सड़क पर कोई ट्रक कब उलटेगा, इसी की वह राह देखता रहता है। फिर उसमें से थोड़ा माल हमें ले जाने के लिए मिलेगा इसकी प्रतीक्षा करने वाला आदिवासी आज भी है। फुटपाथ पर रहने वालों से आधुनिक भारत का निर्माण हो रहा है। झोंपड़पट्टी की गन्दगी में पनपने वाले की तरह भारत वेदनाहीन, भावनाहीन हो रहा है। यह चुनौती आपको लिखने के लिए प्रेरित क्यों नहीं करती? देश के प्रत्येक शहर चौक-चौक पर सुबह से ही पुरुष और औरतें भी बैठी हुई दिखती हैं। उसे मजदूर रोड कहते हैं। हाथ में टेप, हथौड़ा होता है। किसी के पास बढ़ई काम का साहित्य, कुछ लोग रंग देने वाले डिब्बे और ब्रश लेकर बैठे रहते हैं। औरतें कंबल बनाने के लिए हाथ में कपड़ा लेकर कोई काम के लिए बुलाएगा इस आशा से बैठी रहती हैं। आज का दिन अच्छा जाएगा, रोजगार मिलेगा, इस आशा से देखती रहती हैं। सीमेण्ट

और चूने के काम से फटे हुए हाथों और पैरों को काम की ज़रूरत होती है। आँख में चूना जाने से लाल हुई आँखें रोती रहती हैं।

हमारे जैसे समाज की कई इकाइयाँ जागृति और परिवर्तन की कक्षा में आ रही हैं। मन की थकान दूर करने का प्रयास कर रहे हैं। उनमें से कई युवा बाबासाहब आम्बेडकर के प्रभाव में आ रहे हैं। वे अपने समाज के सभा-सम्मेलन, चर्चासत्र आदि का आयोजन कर रहे हैं। वह भी हमारी यात्रा के सहयात्री हैं। रामोशी, श्मशानजोगी, विमुक्तजन, मांग, गारुड़ी, नागवाले, कैकाड़ी, पारधी–ये सभी डॉ. बाबासाहब आम्बेडकर को अपना प्रेरणास्रोत्र मानते हैं। उनको अपना आदर्श मानते हैं। उनके आन्दोलनों में हमें सहयोग करना चाहिए। बौद्धिक, साहित्यिक भावना से सामर्थ्य देना चाहिए। इस कारण मुझे इन समाजों के प्रत्येक आन्दोलन के प्रति आकर्षण है। हममें जो कमियाँ हैं, उन्होंने दूर की हैं। अस्मितादर्श के कारण लेखकों को दिशा मिली है। उनकी कम-से-कम एक तो रचना यहाँ से प्रसिद्ध हुई है।

तो दूसरी ओर एक ऐसा भी दृश्य देखने को मिलता है जो मुझे बड़ा बेचैन करता है। अच्छी शिक्षा प्राप्त कर स्थायी पीढ़ी इस चमकीली दुनिया में बहती जा रही है। खुद के ही जीवन में मशगूल है। मेरा घर, मेरा फ़्लैट, मेरा स्कूटर, मेरे बच्चे और मेरी पत्नी–इसके सिवाय वे कुछ नहीं पहचानते। उनका वाचन, चिन्तन कम है। मेरे जैसा कोई नहीं, ऐसी उनकी सोच है। दरवाजे पर बाबासाहब का फोटो और घर के मन्दिर में बालाजी की प्रतिमा, ये सभी बातें क्रोधजनक हैं। ऐसे अनगिनत लोग समाज में सीखकर तैयार हो रहे हैं। इसका अर्थ यह है कि अब हमें हमारे सभी आन्दोलनों को जाँचकर देखना होगा। दूसरी ओर कर्मचारी वर्ग का स्वाभिमान यदा-कदा ही जागृत हो रहा है। अन्यथा वे भी शान्त रहते हैं। परिसम्वाद और राष्ट्रीय अधिवेशन के सिवाय और आगे कुछ नहीं करते। सच बात तो यह है कि निरक्षर लोगों ने ही इस आन्दोलन को जीवित रखा हे। क्या हम इसे लेकर आत्मपरीक्षण करने वाले हैं? हमारा आन्दोलन फीका पड़ रहा है, ऐसा मैं बेझिझक कह रहा हूँ। हमारी राजनीति अस्थिर है। विभिन्न दलों में वह विभक्त हुई है। इसी कारण वह निराशा के सागर में डूबती जा रही है। बाबासाहब के बाद अच्छा नेतृत्व करने वाला इस समाज में क्यों नहीं निर्माण हो रहा है, इस बारे में सोचना पड़ेगा।

इस सम्बन्ध में हमारे नेताओं को ही सोचना चाहिए। लेकिन वे आदर्शों को भूल गए हैं। प्रेरणा दूसरी पार्टियों ने ली है और वे राज्यकर्ता बने बैठे हैं, इस बात को कोई भी झुठला नहीं सकता।

वर्तमान स्थिति को देखकर हम कह सकते हैं कि हमारी एक फोर्स है। डॉ. बाबासाहब के समय में हमारे समाज की तरफ कोई बुरी नजर से नहीं देख सकता था। लेकिन आज क्या स्थिति है? हमारे नेताओं के नान्देड, औरंगाबाद, पुणे के

प्रदर्शन को देखकर बड़ा दुःख होता है। पार्टी की ऐसी अवस्था क्यों हुई है? दूसरे दलों की अच्छी स्थिति क्यों है?

दलित साहित्य के पहले जलसा बहुत महत्त्वपूर्ण साधन था। आम्बेडकर आन्दोलन के विचार सही अर्थों में जलसाकारों ने ही मनोरंजन के माध्यम से दलित जनता तक पहुँचाए हैं। महात्मा फुले के विचारों का भी इसी माध्यम से प्रसार हुआ था। भीमराव कर्डक के जलसे देखने के बाद बाबासाहब ने जो उद्‌गार निकाले थे, वह सबको ज्ञात ही हैं। 'मेरी दस सभाओं का कार्य जलसे के एक ही प्रदर्शन से हो सकता है।'

पहले दशक में अन्याय के विरुद्ध जैसे बन्दूकों से गोलियों की बरसात होती हो वैसे धुआँधार प्रतिकार की बरसात हुई। चारों दिशाओं से समाज खौल उठा और हमारी कलम तेजस्वी हो उठी।

उस प्रकार का लेखन अब बन्द हो गया है। आजकल के लेखक लेखन में ज्यादा रुचि नहीं ले रहे हैं। वे भी दिशाहीन हुए हैं। स्थितिशीलता में वे रह रहे हैं। पिछली पीढ़ी ने ज्यादातर एक ही कलाकृति से सन्तोष प्राप्त किया है, ऐसा दिखता है। उनके बाद की कलाकृतियाँ क्यों हमारे सामने नहीं आयीं? क्या उनकी प्रतिभा सूख गयी है? क्या उनके लेखन में कुछ रहा ही नहीं है?

हमारी कलम सभी बातों के बारे में क्यों नहीं लिखती? दलित साहित्य को बालसाहित्य से परहेज क्यों है? बाल साहित्य की कमी मुझे अधिक परेशान करती है। बाल साहित्य का लेखन जितना होना चाहिए, उतना हमारे साहित्यकारों ने नहीं किया है। वास्तविक स्थिति देखें तो संस्कारक्षम बालकों के लिए इस साहित्य की नितान्त आवश्यकता है। बालकों की पसन्द, उनकी भावनाएँ इसे हम क्यों नहीं शब्दबद्ध कर पाते? 'मैजिक बॉक्स' या। टी. वी. जैसे माध्यमों ने आक्रमण करके बालकों की स्वतन्त्रता को, उनके भविष्य को ही खत्म कर दिया है। अब तक मराठी साहित्य ने भी बालकों के लिए जो बाल साहित्य दिया है उनमें प्रमुख रूप से परियाँ, घोड़ा, राक्षस, जादू, आकाश, तारे, फूल, लताएँ आदि कल्पनारम्य और आभास निर्माण करने वाले विश्व में ही उन्हें रममाण किया गया है। राजा-रानी की कहानियाँ, जादू की अद्‌भुत कथाएँ या पराक्रमी पुरुषों की कथाएँ—तो उनके पसन्दीदा विषय हैं। लेकिन इन सबके परे जातक कथाएँ, बुद्ध-फुले-आम्बेडकर-राजर्षि शाहू महाराज अथवा हमारे पराक्रमी महापुरुषों की यशोगाथाएँ, विज्ञान युग की कसौटी पर आधारित बालकों को जागृत करने वाले साहित्य को रोचक और रंजक तरीके से रखकर उनकी समझ में आए, ऐसे विचार विश्व को बनाना पड़ेगा। माधव कोण्डविलकर, प्रा. झुंबरलाल काम्बले, सुगन्धकुमार आदि लेखकों ने बालसाहित्य के क्षेत्र में प्रवेश किया है। 'पिसाळलेली भूते' इस बालनाटक में सूर्यकान्त तावडे ने एक अभिनव प्रदर्शन किया है जो बालकों के

साथ बड़े लोगों को भी भाएगा। इस नाटक में राक्षस को क्रूर, विध्वंसक और विकृत स्वरूप में न दिखाकर अत्यन्त आत्मीय और बच्चों के सच्चे मित्र के रूप में दिखाया गया है। इसमें पारम्परिक मूल्य को तोड़ा गया है। यह सबसे बड़ी शक्ति है। उसे विधायक कार्य की ओर किसी तरह से लाया जा सकता है, इस बात का विचार एक नयी पद्धति से साहित्य में लाना चाहिए क्योंकि विध्वंसक, क्रूर, अत्याचारी इस तरह के विडम्बनात्मक रूप में चित्रित राक्षस का स्वरूप सच्चे राक्षस का नहीं है।

किन्तु सच बात तो यह है कि वे हमारे आदि पुरुष और पराक्रमी महायोद्धा थे। राक्षस यानि 'रक्षक'। गाँव और इस देश के। उनके पराक्रम की यशोगाथा साहित्य के माध्यम से हमारे दृष्टिपथ में लाना आवश्यक है। दादा-दादी की कहानियाँ, लोकगीत और कविता, कहानियाँ वैज्ञानिक विचारों के द्वारा अक्षरबद्ध होनी चाहिए, ऐसा मेरा प्रामाणिक मत है।

कविता और आत्मकथाओं ने जिस ऊँचाई को छुआ है, उतनी ऊँचाई साहित्य की किसी भी अन्य विधा को नहीं मिली है। कहानियों का जिस प्रकार विकास हुआ उस प्रकार उपन्यास का विकास नहीं हुआ।

दलित साहित्य में स्त्री-साहित्य बड़े पैमाने पर नहीं आया है। उनकी भावनाओं के आन्दोलन को साहित्य में जिस मात्रा में लाना चाहिए, उस मात्रा में नहीं लाया गया है। स्त्री संस्कृति-संरक्षक और संस्कृति संवर्धक भी होती है। जिस समाज में स्त्री को पुरुषों के समान दर्जा दिया जाता है, उसे पुरुषों के समान महत्त्व दिया जाता है, वहाँ संस्कृति बलशाली होती है। आज भी शिक्षा समाज के प्रत्येक स्तर पर नहीं पहुँची है। अपनी लड़कियों को हमने उच्च शिक्षा नहीं लेने दी। दसवीं पास हुई कि हम उसकी शादी कराकर अपनी जिम्मेदारी से मुक्त होते हैं। उसकी इच्छा-आकांक्षा को बिना देखे उस पर जल्दी ही मातृत्व का बोझ डाल दिया जाता है। आज भी बहुत सी महिलाएँ पुरुषों के वर्चस्व में जकड़कर बन्दी बनकर जीवन जी रही हैं। उनकी व्यथा-वेदनाओं को समाज के सामने लाया गया है? प्रा. कुमुद पावडे ने 'अन्तस्फोट' लिखकर स्त्रियों पर होने वाले अत्याचार को सामने लाया हैं। 'जिणं आमुचं' में बेबी काम्बले ने दलित स्त्रियों की व्यथा को व्यक्त किया है। वह कितनी भयानक परिस्थिति में जीवन जी रही थी इसके बारे में पूरे विस्तार से उनके आत्मकथन में सरल तरीके से किसी भी प्रकार का अभिनिवेश न रखकर रेखांकित किया है। 'माझ्या जीवनाची चित्तरकथा' में शान्ताबाई काम्बले ने भी दलित महिलाओं के दुःखों को उजागर किया है। कथा लेखन के क्षेत्र में सबसे आगे रहनेवाली सौ. उर्मिला पवार उसी जोश से प्रवास वर्णन भी लिख सकती है। कविता लेखन के क्षेत्र में सुगन्धा शेण्डे, हीरा बनसोडे, ज्योति लांजेबार, सुरेखा भगत, प्रजा पवार, सन्ध्या रंगारी आदि सभी के काम उल्लेखनीय हैं।

वैचारिक लेखन करने वालों में प्रा. कुमुद पावडे, प्रा. ज्योति लांजेवार, डॉ. प्रा. अरुण लोखण्डे, प्रा. आशा थोरात, प्रा. सुशीला मूल आदि ने भी इस क्षेत्र में अपनी जगह बनायी है।

हमने नाटक के क्षेत्र में भी प्रवेश किया है। 'दलित रंगभूमि' इस नाम से वह जानी जाती है। दलित समाज में घटित घटनाओं को नाटकों के रूप में रूपान्तरित कर संघर्षमय जीवन बनाने का और मनुष्य के हाथ में मशाल लेकर उसे जगाने का कार्य इस रंगभूमि ने किया हे। भि. शि. शिन्दे, प्रेमानन्द गज्वी, प्रा. दत्ता भगत, रामनाथ चव्हाण, टेक्सास गायकवाड़, इ. मो. नारनवरे, प्रकाश त्रिभुवन, मधुसूदन गायकवाड़ आदि नाटककारों ने दलितों के अहसास को अपने लेखन से और अधिक मजबूत किया है। दलित हैं इसलिए वह केवल दलितों का ही चित्रण करते हैं, ऐसा नहीं है। दलित सीमित नहीं हैं, वह सर्वव्यापी हैं, ऐसा उन्होंने अपने लेखन के द्वारा सिद्ध किया है। इसके बारे में 'किरवंत' का उदाहरण दे सकते हैं। लेकिन नाटकों के प्रदर्शन के लिए हमें 'मोबाइल थिएटर' निर्माण कर हमारे प्रेक्षकों को आकर्षित करना आवश्यक है।

हमारी प्रकाशन की राह को रोक दिया गया है। पुस्तक प्रकाशन के लिए आज भी हमें प्रस्थापित प्रकाशन की ओर जाना पड़ता है। प्रकाशन यह व्यवसाय होने के कारण उनके व्यवहार में जो ठीक रहेगा उसे और खुद के 'अहं' को सम्भालकर ही वे पुस्तकों का प्रकाशन करते हैं। हमारी जी भी चार-पाँच प्रकाशन-संस्थाएँ हैं, उनकी आर्थिक स्थिति ज्यादा अच्छी नहीं है। उनका आर्थिक बल और उसकी व्याप्ति बहुत कम है। इस कारण हमारे प्रकाशक प्रस्थापित प्रकाशकों की स्पर्धा से स्पर्धा नहीं कर सकते। इस कारणवश हमारे लेखकों की पुस्तकें बाजार में ठीक समय पर नहीं आ पातीं और अगर आ भी जाती हैं तो पुस्तक का मूल्य अधिक होने के कारण कोई भी वह पुस्तक खरीदने के लिए तैयार नहीं होता। दलितों में जो मध्यवर्गी हैं, वे अपने ही स्वार्थ की दुनिया में खो जाते हैं, इस कारण उनकी समाज के प्रति जो जिम्मेदारियाँ हैं, उसे वे भूलते जा रहे हैं। प्रकाशकों को उचित समय पर उचित वाचक वर्ग न मिले तो प्रकाशकों पर बड़ी मुसीबत आ जाती है। तो फिर वह प्रकाशक उसी लेखक की दूसरी पुस्तक निकालने के लिए हिम्मत भला कैसे कर पाएगा? इस बात के पीछे यही एकमात्र कारण नहीं है जिसके कारण एक ही लेखक की विविध कला-कृतियाँ हम नहीं देख पाते। लेखक भी प्रेरणाशक्ति न मिलने से निराशमय जीवन जीता है। इसके लिए स्तरीय कलाकृतियों पर में चर्चा, समूह चर्चा होना जरूरी है। सम्बन्धित पुस्तकों का मूल्य-मापन करने वाली समीक्षाएँ प्रकाशित होनी चाहिए। लेखकों की सहकारी प्रकाशन संस्थाएँ निर्माण की जाए तो प्रकाशन को गति मिलेगी।

अन्य भाषाओं में भी दलित साहित्य का प्रवाह गतिमान है। तेलुगु, कन्नड़,

गुजराती, सिन्धी आदि भाषाओं से भी दलित साहित्य का विद्रोह प्रकट हो रहा है। उसका परिचय हमें नहीं है। उनके अनुवाद उपलब्ध नहीं हैं और जो अनुवाद उपलब्ध हैं उनका वाचन हमने किया नहीं है। लेकिन उनका परिचय होना आवश्यक है। हमारे विचारों की दिशा को विस्तृत करने के लिए किसी संस्था द्वारा अन्य भाषिक साहित्यकारों का भी सम्मेलन करना चाहिए। हैदराबाद में डॉ. आम्बेडकर अकादमी ने यह प्रयोग किया था। वैसा प्रयोग दोबारा नहीं किया गया। नये, पुराने सभी लेखकों को उससे जरूर फायदा होगा।

इसके साथ ही बौद्ध दर्शन और बौद्ध साहित्य का अध्ययन अभी रह गया है। उसके आधार पर लेखन करने वाले बहुत कम लेखक हैं। वैचारिक पृष्ठभूमि निर्माण करने वाले और थमे हुए विचारों को गति देने वाले बहुत कम विचारक हैं। बुद्ध धम्म का स्वीकार करने के बाद उसका फायदा सबको देने की जिम्मेदारी अब हमारे सुशिक्षित लोगों पर है। आज भी शादियों में, त्यौहारों में, उत्सवों में बुद्ध वन्दना और पंचशील पठन के सिवा और अधिक कुछ नहीं किया जाता। हर जगह शादी की रस्म अलग-अलग पद्धति से पूरी की जाती है। उसके लिए कुछ निश्चित नियम नहीं किए गए हैं। यह रस्म कितनी देर, किस पद्धति से की जानी चाहिए, किसको करनी चाहिए—कुछ भी निश्चित नहीं किया गया है। बौद्ध साहित्य का परिचय करके देने वाले हैं या नहीं, यह भी एक प्रश्न है।

अन्त में, एक बिन्दु आपके सामने रखकर मैं अपने भाषण को पूर्णविराम दूँगा। हमारे आस-पास होने वाली राजनीतिक घटनाओं का, शासन की नीतियों का हमेशा दूरवर्ती परिणाम होता है। जैसे पिछड़े वर्ग की नौकरी सम्बन्धी नीति हो, भारतीय संविधान के बदल के सम्बन्ध में हो या राजनीतिक नेताओं द्वारा, अधिकारियों द्वारा, कर्मचारियों द्वारा किया गया भ्रष्टाचार हो। वह आर्थिक हो या फिर वैचारिक हो, समाज-स्वास्थ्य खराब करने में, भावनिक एकता बिगाड़ने में सबसे बड़ा सहयोग उसका होता है। गोबेल्स पद्धति के अनुसार किया हुआ प्रचार समाज को उद्ध्वस्त कर देगा। इसे विचारक अथवा लेखक नहीं बताएगा तो और कौन बताएगा? मुझे लगता है दलित लेखकों पर इसकी बहुत बड़ी जिम्मेदारी है।

अनुवाद : कीर्ति पाण्डे, वर्धा

हमें हमारी बन्दूकें स्वयं की ओर घुमानी होंगी

–डॉ. गंगाधर पानतावणे

[अखिल भारतीय प्रबुद्ध नाट्य सम्मेलन, सोलापुर, 1999]

भारत में जितना सामाजिक, धार्मिक, सांस्कृतिक और नैतिक शोषण रहा है और दासता रही है, उतनी विश्व में कहीं पर भी नहीं है। विकलांगता को जहाँ गहना माना जाता है, ऐसा भारत एकमात्र देश है। भारत इस शब्द का अर्थ प्रकाशरत देश ऐसा होने के बावजूद जीवन के सभी क्षेत्रों में इतनी गड़बड़ियाँ शायद ही कहीं हों। हिन्दू समाज-व्यवस्था में अछूत जातियाँ गुलाम थीं। यह अछूत दृश्य होकर भी अदृश्य था। वह सर्वहारा इन्सान था। नकारा हुआ इन्सान था और मुख्य रूप से इन्सानियत का बोझ ढोने वाला दुःखी इन्सान था। अछूत समाज का सर्वहारापन, नकारापन और दुःख-ग्रसता हिन्दू समाज व्यवस्था ने मान्य की थी। उस पर सर्वमान्यता थी। अमेरिका स्थित कालों की गुलामी से ज्यादा भयावह भारत की अछूत व्यवस्था थी और है। उसमें एक प्रकार की निरन्तरता है। सचमुच क्या गुलामी की अपेक्षा अस्पृश्यता कम घातक है? गुलामी अस्पृश्यता की अपेक्षा अधिक मानवीय है?

काले लोग गोरों की अपेक्षा अलग हैं। वैसे अछूत नहीं हैं। गुलामी को धर्म का आधार नहीं है, परन्तु अस्पृश्यता को है। हिन्दू धर्मग्रन्थों ने अस्पृश्यता को नैतिक ही नहीं माना अपितु उसको नैतिकता का स्वरूप प्रदान किया। काले अछूत नहीं हैं। गोरों को इनका कुछ नहीं लगता था। यहाँ अछूतों की छाया भी सवर्णों पर नहीं पड़नी चाहिए। इसी कारण इस देश में सामाजिक न्याय की कल्पना रूढ़ नहीं हो पायी। इसके आगे मानवी अधिकारों का प्रश्न तो दूर रहता है। जिन्होंने अन्याय को ही न्याय माना और पीड़ितों एवं शोषितों, अछूतों का मानसिक एवं शारीरिक छल किया वहाँ न्याय की कल्पना समाप्त न होगी तो क्या होगा? फिर वहाँ अस्मिता कैसे जागृत होगी? और स्वत्त्व को कैसे बढ़ावा मिलेगा? और साहित्य, कला ये तो दूर की बातें हैं। इसके लिए किसी विद्रोही को ही जन्म

लेना चाहिए। अन्धेरे में डूबे हुए को उजाले की ओर ले जाने वाला 'युगन्धर' चाहिए। आँखों में आए आँसुओं को पोंछकर आँसुओं को ज्वालाग्रहित्व कर देने वाला क्रान्तिपुरुष चाहिए। सूर्य से सम्वाद करने के लिए उकसाने वाला स्वतन्त्र एवं स्वयंप्रज्ञ लौहपुरुष चाहिए। मुक्ति का मार्ग दिखाने वाला, ऊँचे स्वर में बोलने वाला बोधिसत्व चाहिए। आत्म पहचान हेतु नीतिमत्ता का बल प्रदान करने वाला कोई महानायक चाहिए। हमारी राशि मेष नहीं बल्कि सिंह है—ऐसी साक्ष देने वाला और हमारे भीतर सुप्तावस्था में स्थित हमारे पराक्रम और शूरवीरता को पुनः नये सिरे से स्पर्श करने वाला योद्धा चाहिए। सैकड़ों वर्षों से अलग रहे समाज को ऐसा योद्धा डॉ. बाबासाहब आम्बेडकर के नाम से मिला और हम लोग प्रकाशमान हो गये। हमें नयी जीवनदृष्टि एवं नयी साहित्य दृष्टि मिली। हम बोलने लगे। शब्दों के साथ जुड़ने लगे। हीनग्रन्थि से मुक्त होकर हमने स्वाभिमान की बाँसुरी बजाई। आशावाद बढ़ा, हमारे ओठों पर विरोध की भाषा आयी। आत्म प्रत्यय का ऊँचा स्वर शब्दबद्ध होने लगा। हम प्रबुद्ध हो गये और साहित्य में नये विश्व का उदय हुआ। उसे हमने 'दलित साहित्य' कहा, 'विद्रोही साहित्य' ऐसा नाम दिया। 'आम्बेडकरवादी साहित्य' कहा, 'प्रबुद्ध साहित्य' का उजाला देखा। हम आम्बेडकरमय हो गए और पुराने मनुष्य-विरोधी दर्शन को हमने नकारा। मनु ने हमें विचलित किया किन्तु भीमराव ने हमें तेजस्विता दी, इसे हम भूले नहीं हैं। 'मुझे इन्जीनिअर्स चाहिए, डॉक्टर्स चाहिए, किन्तु इससे अधिक मुझे साहित्यकार चाहिए'-बाबासाहब के इस विचार से हम प्रभावित हुए और हमारा साहित्य निर्माण हुआ। हमने क्रान्तिकारी कविताएँ लिखीं। हमारा जीवन हमने कहानी जगत के माध्यम से रखा। हमारा जीना उपन्यास का विषय बना। और नाटक तो हमारे समग्र जीवन का आशय था। प्रबुद्ध इन्सान का नाटक अर्थात् आम्बेडकर की जीवनदृष्टि से मानवी मूल्यों का लिया गया शोध। यह इन्सान दलित है, उपेक्षित है, शोषित, हाशिए पर है, दलितत्त्व को नकारने वाला है मित्रों।

यह इन्सान प्रबुद्ध है। प्रबुद्ध अर्थात् परिवर्तन की कसम खाने वाला, प्रबुद्ध अर्थात् स्वयंप्रकाशित, प्रबुद्ध अर्थात् मध्य मार्ग अपनाने वाला, प्रबुद्ध अर्थात् परम्परा का विरोधी, प्रबुद्ध अर्थात् आत्मा को नकार कर प्रस्थापित मूल्यों की हवा का जिसे थोड़ा-सा भी स्पर्श नहीं हुआ है वह प्रबुद्ध। आम्बेडकर के विचारों को शब्द देते हुए चार दशक पहले हमने इसे दलित साहित्य यह संज्ञा दी। उसी में से दलित कविता, दलित कहानी, दलित आत्मकथा, दलित उपन्यास, दलित नाटक और दलित रंगमंच खड़ा हुआ। 'दलित' शब्द का पारम्परिक अर्थ आम्बेडकरवाद की प्रेरणा से लेखन करने वाले साहित्यकारों ने नकारा। अनेक उपेक्षित वर्ग दलित साहित्य निर्माण का झण्डा लेकर खड़े रहे। दलित साहित्य ने ऐतिहासिक अन्धेरे को नकारा और वर्तमानकालीन उजाले को अपनी बाँहों में ले लिया। शब्दों के नये

अर्थ आते रहते हैं। इसलिए किसी ने भी दलित शब्द को जातिवाचक नहीं माना है। यह शब्द चेतना का दर्शक ही है। इसलिए दलित यह शब्द लाचारी को, मजबूरी को वहन करने वाला नहीं है। यह भयावह भूतकाल को गौरवान्वित नहीं करता है। वर्ण व्यवस्था, जातिवाद, अन्धश्रद्धा, विषमता, ईश्वरवाद, धर्मवाद, हिन्दुत्ववाद—इनका समर्थन आम्बेडकरी दर्शन को प्रमाण मानने वाले किसी ने भी नहीं किया, यह खासकर बताना चाहिए। दलित साहित्य को प्रगतिशीलता, क्रान्ति उन्मुखता, विवेक और वैज्ञानिकता मान्य थी। मात्र शब्दकोश में दिए गए 'दलित' शब्द को दलित साहित्यकारों ने अपनाया, यह कहना हास्यास्पद होगा। मजा तो आगे है। जिन लेखकों ने दलित साहित्य यह क्रान्तिकारी साहित्य का नाम है ऐसा अपने ग्रन्थो में, सभाओं में, चर्चाओं में, परिचर्चाओं में कहा था वे ही लेखक आज इस बृहत् नाम की ओर डरे हुए बैल की तरह देख रहे हैं। और एक मजाक ऐसा है कि हम ही सबसे पहले 'आम्बेडकरवादी साहित्य' ऐसा नामकरण कर रहे हैं, ऐसे स्वाभिमान से जो कह रहे हैं, वे ही अपने ग्रन्थों में कुछ साल पूर्व दलित साहित्य से तात्पर्य क्रान्तिकारक, प्रगतिशील और क्रान्तिकारी सर्वहित से है, ऐसा कहते रहे। परिवर्तनकारी साहित्य ही 'दलित साहित्य' है, ऐसी परिभाषा वे करते रहे हैं। और आज वे ही लेखक आम्बेडकरी साहित्य की व्याख्या करते हुए केवल 'दलित' शब्द के बदले आम्बेडकरवादी शब्द का प्रयोग करते हुए अपनी अस्थिर मनःस्थिति का दर्शन कर रहे हैं और नये लेखकों को भी भ्रम में डाल रहे हैं। ऐसे लेखक केवल लेबल बदलना और अपना हक प्रस्थापित करने का झूठा प्रयास करते रहते हैं। इससे ज्यादा कुछ नहीं। ऐसा नामकरण करने के लिए प्रयासरत लेखक कुछ नयी स्थापना कर रहे हैं, ऐसी बात नहीं है या कुछ तत्त्व विशेष की बात कर रह हैं, ऐसी भी कुछ बात नहीं है। इतिहास में अपना नाम रहना चाहिए ऐसी प्रवृत्ति अगर नामकरण के पीछे है, तो साहित्य के क्षेत्र में एक नया भ्रम पैदा करने जैसा है।

किन्तु जहाँ तत्त्वों की स्थापना होगी, उस पर सोचा जा सकेगा। प्रबुद्ध साहित्य, प्रबुद्ध नाट्य सम्मेलन, प्रबुद्ध रंगमंच—इन शब्दप्रयोगों को नकारा नहीं जा सकता, इन शब्दप्रयोगों के पीछे की प्रेरणा और प्रयोजन आम्बेडकर के दर्शन का ही है। टेक्सास गायकवाड जैसा अभिनेता, नाटककार एवं नाट्यदिग्दर्शक जब 'प्रबुद्ध रंगमंच' कहता है तब वह निश्चित तौर पर प्रगतिशील रंगमंच है। भारतीय दलित रंगमंच के पास मनोरंजन और पारिवारिक सीमा के बाहर भी जीवन का कटु सत्य है, भयावह अनुभवदृष्टि है, मनुष्यत्व का अलग विश्व है, इस बात का खास जिक्र करना जरूरी है। नकारे गए इन्सान का यह विद्रोही रंगमंच है। प्रबुद्ध रंगमंच यह नाम भी सही है। अतः नाम के साथ सृजन भी महत्त्वपूर्ण होता है। बल्कि सृजन ही नाम को सार्थक बनाता है। इसलिए पिछले अनुभवों को ध्यान में रखकर आगे के लिए रणनीति बनाना अच्छा होगा। इसमें हम बढ़ा-घटा सकते

हैं। साहित्य निर्माण के क्षेत्र में बढ़ाना-घटाना ही गुणवत्ता का हिसाब रखता है। जिनको यह हिसाब नहीं चाहिए, वे वर्तमान समय के अन्धे समर्थक होते हैं। साहित्य का ऑडिट स्वयं को हमेशा तोलता रहता है। अपनी खुद की आँखों से खुद की ओर देखने का बल साहित्य देता है। औरों की अपेक्षा खुद की आँखों से खुद की ओर देखना ही आम्बेडकरवादी साहित्य दृष्टि है।

सामान्यतः नाटकों सम्बन्धी विचार प्रगट करते हुए आलोचक कहते हैं कि कुछ नाटक केवल पढ़ने के लिए होते हैं, कुछ नाटक प्रदर्शन करने (मंचन) जैसे होते हैं। तो कुछ नाटक प्रदर्शन करने जैसे नहीं होते। सच तो नाटक यह परिपूर्ण साहित्य प्रकार है। साहित्य मूल्य और प्रदर्शनमूल्य, इन दोनों दृष्टियों से आम्बेडकर के दर्शन को स्वीकारे हुए विद्रोही नाटककारों ने नाट्य निर्माण किया है। यह शुरुआत में ही ध्यान में आता है। सामाजिक और सांस्कृतिक प्रश्नों के विषय पर बने नाटक व्यक्तिनिरपेक्ष होते हैं। इसलिए ये समूह मन और समूह जीवन के नाटक होते हैं। किन्तु समूह जीवन पर आधारित विस्फोटक विचार याने विद्रोही और प्रबुद्ध नाटक नहीं है। कई बार नाटककार प्रभावपूर्ण विचारों को पकड़ने में असमर्थ होता है, ऐसा भी अनुभव में आता है। किन्तु व्यक्ति के जीवन से उद्‌घाटित होने वाला जीवन चिन्तन या दर्शन एक साथ प्रस्तुत करने में नाट्यकृति की सफलता होती है। इस दृष्टि से प्रेमानन्द गज्वी, टेक्सास गायकवाड़, रामनाथ चव्हाण, दत्ता भगत, भि. शि. शिन्दे इनकी कुछ नाट्य कृतियों पर विचार किया जा सकता है। समस्यायुक्त नाटकों में हमेशा एक खतरा होता है और वह यह कि ये नाटक प्रभावपूर्ण सम्वादों में अटकते हैं। इसलिए उनमें मंचीय आविष्कार का रूप आता है। मराठी के अनेक नाटकों का यहाँ जिक्र किया जा सकता है। 'एकच प्याला', 'भाऊबन्दकी', 'संन्यस्त खड़ग' ऐसे नाटक किसी-न-किसी मूल्य को मंच के माध्यम से प्रस्तुत करते हैं। मंचन की दृष्टि से उन्हें अच्छी सफलता मिलती भी है। सम्भवतः कलाकार का प्रभाव भी इस पर परिणाम करता है। अच्छा कलाकार और वैचारिक सम्वाद इनके संयोग से भी यह सफलता सम्भव होती होगी, किन्तु यही सफलता 'घोटभर पाणी', 'गाँधी-आम्बेडकर', 'आम्ही देशाचे मारेकरी', 'काळोखाच्या गर्भात', 'वाटा-पळवाटा', 'बामणवाडा', 'कैफियत', 'युग-यात्रा', 'थांबा रामराज्य येतंय' ऐसे नाटकों के सन्दर्भ में क्या यह सम्भव है, 'तृतीय रत्न' या 'युगयात्रा' क्या यह सचमुच आम्बेडकर के सूत्र खोजने वाले नाटक हैं? कुछ लोग 'तृतीय रत्न' को पहला दलित नाटक मानते हैं तो कोई 'युगयात्रा' को पहला दलित नाटक मानते हैं। सच तो यह है कि 'तृतीय रत्न' ब्राह्मण पण्डितों की चालबाजी पर विचार व्यक्त करने वाला नाटक है। 'तृतीय रत्न' में जो सम्वाद हैं, वे किसान परिवार, जोशी एवं ईसाई पादरी के सम्वादों के माध्यम से गरीबी और अज्ञानी जीवन का लाभ उठाने वाले जोशी के षड़यन्त्र और पादरी द्वारा ब्राह्मणों

को फंसाए जाने का वर्णन सम्वादों के माध्यम से व्यक्त हुआ है। 'तृतीय रत्न' का विदूषक अलग से पात्रों के भावों पर और विचारों पर अच्छी टिप्पणी करता है। (गाँधी-आम्बेडकर नाटक के विदूषक की कल्पना इसी से ली गई हो) तब 'तृतीय रत्न' सामाजिक आशय से पूर्ण 'सम्वादक' है, अधिक-से-अधिक सामाजिक सन्दर्भ का मराठी का पहला नाटक कह सकते हैं। 'तृतीय रत्न' यह 1855 का नाटक। किन्तु बिना किसी कारण जिसका सामाजिक नाटक के रूप में बोल-बाला किया जाता है, वह 'शारदा' नाटक 1897 का है। महात्मा फुले—ये आधुनिक काल के पहले सामाजिक नाटककार हैं, इसमें कोई सन्देह नहीं है। शूद्र और शूद्रातिशूद्र ऐसा इस नाटक में सन्दर्भ आया है फिर भी, दलित चेतना के आम्बेडकरी स्रोतों का संकेत इसमें यहाँ नहीं है इसे ध्यान में रखना चाहिए।

मेरे इस कथन से कुछ विद्वान ऐसा कहेंगे कि फुले जी के नाटक और आम्बेडकर का स्रोत क्या यह काल विपर्यास तो नहीं है? तो मुझे स्पष्ट करना चाहिए कि आम्बेडकरी विचारों में स्थित प्रगतिशीलता, विद्रोह और क्रान्तिगर्भता पूरी उत्कटता से जीवन दर्शन में व्यक्त नहीं होते। वैचारिक नाटकों को भावों की उत्कटता से शत्रुत्व का कोई कारण नहीं है। फुले जी ने अपने विचार जैसे काव्य (कविता) के माध्यम से रखे हैं, वैसे ही 'तृतीय रत्न' के माध्यम से भी रखे। नाट्य-रचना उन्हें अपेक्षित नहीं थी तो नाटक के माध्यम से अपने सामाजिक विचार फैलाने की ज़रूरत उन्हें महसूस हो रही थी। विषय और अभिव्यक्ति, इन दोनों की दृष्टि से आम्बेडकर की प्रेरणा से जिन नाटकों का सृजन हुआ है, वे स्रोत 'तृतीय रत्न' में नहीं हैं इसलिए उसे पहला दलित नाटक कहना ठीक नहीं है, ऐसा मुझे लगता है।

'युगयात्रा' यह दृश्यनाटक है। मतलब रामायण काल से डॉ. बाबासाहब के काल तक का दलित जीवन किस तरह से दृश्यांकित हुआ है, इसका इतिहास अनेक पात्रों के जरिए प्रस्तुत किया गया है। इस नाटक का कार्यकाल काफी प्रदीर्घ है। प्राचार्य म. मि. चिटणीस ने इस नाटक को 'उपेक्षित दलितों का जीवन दर्शन' प्रस्तुत करने वाला नाटक कहा है, वह सच है और यह जीवन धीरे-धीरे अनेक पात्रों के माध्यम से व्यक्त होता है। 'तृतीय रत्न' के 'विदूषक' की तरह 'युगयात्रा' के 'नभोवक्ता' ऐतिहासिक स्थल पर विचार रखते हैं। इस नाटक के पात्रों के माध्यम से व्यक्त होने वाले विचार सामाजिक एवं सांस्कृतिक सन्दर्भ के हैं। विचारों का प्रस्तुतिकरण यही इस नाटक का मूल सूत्र होने के नाते एवं कहानी के बन्धन के अभाव में 'युगयात्रा' यह नाटक भावनाओं की चरम अभिव्यक्ति से दूर रहता है। नाटक यह जीवनदर्शन का नाट्यमय रूप है। पृथक ऐसे दृश्यों के माध्यम से दलितों का इतिहास एवं वर्तमान यहाँ प्रस्तुत हुआ है। किन्तु नाटक के प्रसंग और सतत प्रभावशाली पात्रों और व्यक्ति के विरुद्ध व्यक्ति, व्यक्ति के विरुद्ध समाज और एक

व्यक्ति के मन का अन्तर्विरोध, तनाव एवं संघर्ष 'युगयात्रा' में प्रभावपूर्ण रूप से व्यक्त नहीं हुए हैं। इसलिए यह नाटक दलित जीवन के बृहत दुःखों का नाटक नहीं हो सकता, इसलिए इसे पहला दलित नाटक कहना ठीक नहीं है। इसके नाट्य मंचन के समय डॉ. बाबसाहब आम्बेडकर जी की उपस्थिति या नागपुर की दीक्षाभूमि पर पाँच-सात लाख दर्शकों के सम्मुख इस नाटक का मंचन होना ऐतिहासिक है, इसमें कोई सन्देह नहीं है।

'तृतीय रत्न' या 'युगयात्रा' इस नाटक में दलित जीवन के सन्दर्भ हैं, इसको नकार नहीं सकते। किन्तु इसी कारण इन्हें अग्रज का स्थान प्राप्त नहीं होता। अपने 'स्व' की खोज, यह आम्बेडकरी दर्शन से प्रस्तुत होने वाली नाट्यदृष्टि है। नाटक मतलब केवल विचारों का प्रसारण नहीं है। विचार और जीवन के प्रश्नों को आस्थापूर्वक रखने से अथवा समस्याओं का वर्णन करने से नाट्यात्म वस्तु के भीतर का नाट्य समाप्त हो जाता है। वैचारिक और सामाजिक सजगता हेतु वैचारिक निबन्ध यह माध्यम होते हुए, नाटक विधा का आग्रह करना प्रेरणा और उद्देश्य के लिए घातक है। एक बात ज़रूर ध्यान में रखनी है कि जो सामाजिक प्रबोधन का उद्देश्य रखते हुए अथवा कुछ तत्त्वों के प्रचार हेतु जान-बूझकर नाटक के माध्यम से आगे आएँगे वे जीवन-नाट्य का प्रभावपूर्ण दर्शन करवा नहीं सकते। नाटक का प्रभावपूर्ण आशय सहजता से दर्शकों के गले उतरने वाला ही श्रेष्ठ नाटककार होता है। सांस्कृतिक और सामाजिक उद्देश्य पात्रों के और नाट्य प्रसंगों के आधार से रखने वाला ही श्रेष्ठ नाटककार होता है। नाटककार संस्कृति का जानकार होता है। समाज एवं संस्कृति का वह कॉन्ट्रेक्टर नहीं होता किन्तु उसकी नाट्य कृतियों से जाने-अनजाने इन्सान के मनोजगत को बदलने की शक्ति मिलती हो, उसकी भावनाओं और विचार शक्ति को ललकारा जाता हो तो वह नाटक अच्छा नाटक है, ऐसा मुझे लगता है।

प्रभावशाली नाटक प्रभावपूर्ण रंगमंच का आधार होता है और प्रभावपूर्ण रंगमंच अच्छे नाटक के निर्माण हेतु आधार होता है। 'रुको रामराज्य आ रहा है' प्रकाश त्रिभुवन के इस नाटक में स्वार्थी मुखिया के शोषण और न्याय के विरुद्ध चल रहे आनन्द का संघर्ष सर्वमान्य है। आनन्द का संघर्ष मूल्यवान है। संघर्ष करते-करते मिट जाना, यही सामने दीख रहा है। आनन्द की मजबूरन मृत्यु मानो जरूरी है। यह मृत्यु दो संस्कृतियों के संघर्ष का प्रतीक है। नाट्यकार ने नाटक को सांस्कृतिक ऊँचाई पर पहुँचाया है। दशावतारी खेलों का प्रतीकात्मक रूप से इस्तेमाल करते हुए नाटककार ने मानवी सत्य को जिस तरह से प्रस्तुत किया है, वह ताकत ही 'रुको, राम राज्य आ रहा है' इस नाटक की नाट्यात्मकता है। किन्तु इसी प्रकार की प्रभावात्मकता प्रभाकर दुपारे के 'उत्सव' में दिखाई नहीं देती। क्योंकि दलितों के शोषण की अनेक परतें और उससे जुड़ी जटिलता से यह

अधिक बिखर गया है। प्राध्यापक दत्ता भगत के 'वाटा-पलवाटा' में आम्बेडकर के विचारों की तीन पीढ़ियों का वैचारिक संघर्ष और अधिक ठीक-ठाक होना चाहिए था। 'मन्वन्तर' से टेक्सास गायकवाड़ ने अन्तरजातीय विवाह की आवश्यकता को सामाजिक प्रचार-प्रसार से जोड़कर बुद्ध की करुणा की महत्ता प्रस्तुत की है। जिस ताकत से इसे यहाँ प्रस्तुत किया गया है, उसी ताकद से अन्तरजातीय विवाह का यह प्रश्न रामनाथ चव्हाण के 'बामणवाडा' में प्रस्तुत किया गया है। समाज में फैलते इस विषय को चव्हाण नाट्यमय पद्धति से रखते हैं। कमलाकर डहाट जिस तीखेपन से 'नरबलि' को प्रस्तुत करते हैं, वैसे ही उन्होंने साहूकार द्वारा किए गए शोषण को 'हत्याकाण्ड' में नहीं रखा है। प्रेमानन्द गज्वी के 'देवनगरी' में धार्मिक शोषण भयावह होने के बावजूद उसमें कुछ छूट गया है, ऐसा लगता है। उलटे 'तनमाजोरी' के अन्याय एवं अत्याचार के चित्र स्पष्ट, साफ और अधिक भयावह लगते हैं। रा. स्व. संघ प्रवृत्ति में स्थित सनातन विचारों को ध्यान में लेकर विषमता के बीज बोने वाली प्रवृत्ति का विस्फोट 'आम्ही देशाचे मारेकरी' में टेक्सास गायकवाड़ करते हैं तो 'सूर्यास्त' में हेमन्त खोब्रागडे दलित अस्मिता का परिणाम पूछते हुए धन संस्कृति का वस्त्र-हरण करते हैं। दत्ता भगत 'अश्मक' में बौद्ध दर्शन की निरामयता को रखते हैं, तो भि. शि. शिन्दे 'काळोखाच्या गर्भात' में तबाह हुई दलित मानसिकता को रखते हैं। प्रेमानन्द गज्वी ने तात्विक विचारों से संघर्षरत 'गाँधी-आम्बेडकर' को और अधिक प्रभावपूर्ण बनाना चाहिए था। 'रुको, राम राज्य आ रहा है' की तुलना 'एक था राजा' से हो नहीं सकती, इसको प्रकाश त्रिभुवन जी ने मान्य किया है। समाजिक परिवर्तन की इच्छा लिये किन्तु सनातनवादियों के सामने झुकने वाला कलाकार 'झुम्बर' में प्रभाकर दुपारे ने प्रभावशील ढंग से खड़ा किया है, इसमें कोई शक नहीं है। कुछ नाटकों पर पुनर्विचार करते हुए उसमें से सामर्थ्यशाली और सर्वसाधारण पात्रों एवं नाट्य कृतियों के सन्दर्भ में मुझे ज्ञात हुए अर्थ को मैंने यहाँ प्रस्तुत किया है। उनमें से कुछ नाटक प्रसिद्ध हुए। कुछेक प्रभावपूर्ण नाटक के रूप में गौरवान्वित हुए, तो कुछ ने रंगमंच को अधिक मजबूत बनाया, किन्तु कुछ नाटकों ने नाटक सूची को बढ़ाने के अलावा कुछ नहीं किया।

किन्तु इतना सच है कि हमारे नाटक सांस्कृतिक एवं सामाजिक ज़रूरतों के कारण निर्माण होने से, कई बार उनमें से व्यवस्था विरोधी स्वर सामने आए। किन्तु इस विरोध के पीछे इतिहास की करुणा छिपी हुई है। संघर्ष की धार भी है। करुणा और संघर्ष, प्रक्षोभ और आत्मखोज को कलात्मकता और नाट्यात्मकता के स्तर पर ले जाना चुनौतीपूर्ण है और यह चुनौती स्वीकारने हेतु प्रबुद्ध रंगमंच सक्षम है। इसे अतिशयोक्ति न कहते हुए भी प्रतिपादित किया जा सकता है। अखण्ड चलने वाला युद्ध ही जिसके जीवन का मूल भाव हो, ऐसे पीड़ित समाज को रंगमंच का एक बहुत

बड़ा सहारा होता है। यह सहारा 'तमाशा' के रूप में, 'जलसे' के रूप में और बाद में नाटक के रूप में उसे उपलब्ध हुआ है। दलित रंगमंच का वृहत रूप प्रबुद्ध रंगमंच है। इसलिए यह रंगमंच न जाति का झण्डा लेकर खड़ा है, अथवा न जाति का अहंकार लेकर। सामाजिक और सांस्कृतिक अत्यावश्यकता से निर्मित हुआ यह रंगमंच भारतीय रंगमंच की महत्त्वपूर्ण मुद्रा है, इसमें कोई शक नहीं है।

एक दशक पूर्व हमारी नाट्य संस्थाएँ अपनी प्रतिष्ठा को लेकर खड़ी थीं। नाटक प्रसिद्ध हो रहे थे। उनके प्रति एक आकर्षण पैदा हो गया था। नाट्य सम्मेलन हो रहे थे। रंगमंच के अध्येताओं को अन्तरमुख होना पड़ा था। वैचारिक नाटकों को नई दिशा मिल गयी थी। हमारा रंगमंच बड़ा हुआ था। हमारे नाटक प्रौढ़ और परिपूर्ण हैं, ऐसा हम गर्व से कहते थे। आलोचकों को हमने चुनौती दी थी। हमारा रंगमंच अब सीमा पार विस्तारित हुआ है, ऐसा दावा हम कर रहे थे। एक अद्भुत खुशी में हमारी लेखक मण्डली थी। इसलिए हमारे नाटककार मित्रों को आश्वासक राहत मिली थी। किन्तु क्या यह खुशी पलभर की है? इस चिन्ता में मेरे जैसे अनेक नाटककर्मी मित्र घिर चुके हैं। लेखन में निरन्तरता चाहिए इसलिए कुछ भी लिखने का मतलब नहीं है। लेखन में ताजगी चाहिए, नैराश्य को दूर भागना चाहिए। हमारे लेखकों पर हमेशा एक टिप्पणी की जाती है कि ये लेखक एक ही किताब में समाप्त हो जाते हैं। उनके जीवन अनुभव एक ही साहित्य-विधा में समाप्त हो जाते हैं। कुछ हद तक यह सच भी है। आज के हमारे कुछ लेखक 'मुख पूंजी' पर ही जी रहे हैं। जितना कुछ लिखा उतना बहुत है, यही जिन्दगीभर चल जाएगा। स्वास्थ्य ठीक रहेगा, ऐसी गलतफहमी लेकर जीने वाले लेखकों को उनका साहित्यिक भविष्य समझ में नहीं आ रहा है-ऐसा नहीं है। किन्तु हमारे प्रश्न समाप्त हुए हैं, हमें जो रखना था वह रख चुके हैं। यह क्रम सम्पूर्ण लेखन जगत् पर काली छाया प्रसारित करने का कार्य कर रहा है। प्रेमानन्द गज्वी जैसे अपवादात्मक लेखक को छोड़ दिया जाए तो हमारा नाटक कहाँ है, ऐसा लगने लगता है। क्या हमारे अनुभव खो गये हैं? क्या हमारी सम्वेदनाएँ फ्रीज हो गयी हैं? क्या हम प्रस्थापित हुए हैं? क्या हम स्वस्थ और आलसी हो गये हैं? रंगमंच के क्षेत्र में कुछ समय खलबली हो, क्या इसीलिए हमने नाटक का आन्दोलन छेड़ा था? क्या हम हमारे कर्तव्य को भूल गये हैं? क्या सामाजिक और राजनीतिक जीवन की दो दिशाएँ हम नाटककारों को नैराश्य में ढकेल रही हैं? यह सारे प्रश्न आज सोचने के लिए मजबूर कर रहे हैं। डॉ. बाबासाहब आम्बेडकर हमारी ऊर्जा के केन्द्र हैं-ऐसा कहते हैं तो फिर नाटक के क्षेत्र में हम उत्साहित क्यों नहीं है, यह प्रश्न मेरे मन में उभर आता है। चूंकि मैं आम्बेडकरवादी लेखक होने के नाते और फिर लगता है कि नाट्य लेखन हेतु आज भी अनेक विषय हमें पुकार रहे हैं। आग के पास जाने के पहले आँच का

पता कैसे चलेगा? आराम की जिन्दगी से बाहर आये बिना पुनः एक बार जीवन नाटक का अनुभव कैसे आएगा? हमारे जीवन के अनुभव हमारी नाट्यकृति के माध्यम से पूर्ण रूप से सामने आए नहीं हैं। विरोध के आगे भी जिन्दगी का एक बहुत बड़ा विश्व है जिन्होंने हमें नकारा उन्हें हमने नकारा। विद्रोह की कटुता का हमने दर्शन दिया।

किन्तु मित्रो, जीवन की यात्रा अखण्ड है। हम जन्म लेते हैं तो अनेक प्रश्न लेकर, हम जीते हैं तो अनेक प्रश्नों का सामना करते हुए। सबसे दबाए हुए समाज के प्रश्न कभी समाप्त नहीं होते। उनका संघर्ष कभी खत्म नहीं होता। 'Prestige and power will come through strugtle' बाबासाहब के इस कथन में शाश्वत मूल्य है। एक प्रश्न खत्म होते ही दूसरा प्रश्न निर्माण होता है और हम स्वयं एक प्रश्न बन जाते हैं। ऐसा कच्चा द्रव्य हमारे समस्त जीवन में है। आम्बेडकर की दृष्टि से उस पर पुनः विचार करने की ज़रूरत है। कलाकार को जीवन सत्य की खोज करनी होती है क्योंकि यह खोज कभी खत्म नहीं होती। कलाकार एक तरह से अनुसन्धानकर्ता होता है। हमारे नाट्य कर्मियों को आराम की जिन्दगी छोड़कर जीवनानुभवों के विभिन्न क्षेत्रों को पुनः देखना चाहिए। हमारा ऊर्जा स्रोत कभी न बुझने वाला है, इस बात का दृढ़ निश्चय दुबारा करना चाहिए। पुनः एक बार मन्वन्तर घटित होना चाहिए। 'ब्राह्मण की हवेली' पुनः एक बार डरनी चाहिए। 'रुकों, राम राज्य आ रहा है' के बदले रुको, हम आ रहे हैं-ऐसा आत्मविश्वासपूर्वक कहना चाहिए। जीवन के रास्तों, चोर रास्तों को पुनः एक बार गौर से देखना चाहिए। 'अँधेरे के गर्भ' में तेज सूर्य किरणों को पुनः खोजना चाहिए। समुद्र के पार जाने का विश्वास पुनः एक बार जगाना चाहिए। 'किरवन्तों' की खोज के साथ 'कीर्तिवन्तों' की भी खोज होनी चाहिए। बाहरी दुनिया की आवाज बढ़ रही है। वे अधिक तेज हो रहे हैं। सभ्यता और संस्कृति पर आक्रमण बढ़ रहे हैं। हमारी ऊँचाइयों को नीचे गिराने का षड्यन्त्र रचा जा रहा है। हमारी ऊर्जा का केन्द्र समाप्त करने का षड्यन्त्र रचा जा रहा है। यह तो हमारे नाट्य कर्मियों के लिए चुनौती है। ये चुनौतियाँ हमारे जीवन अनुभवों को ललकार रही हैं। हम नाट्यकर्मियों को पुनः एक बार नई दृष्टि लेकर सक्रिय होना चाहिए।

कई अनुभव क्षेत्र हमारी प्रतीक्षा कर रहे हैं। अच्छी त्रासद एकांकियाँ, अच्छी कामेन्द्रियाँ हमें चाहिए। वर्ण, जाति, अछूतपन, अन्याय, बहिष्कार आदि हिन्दू मूल्यों से जुड़े प्रश्नों का विचार हमारे नाटकों में आना चाहिए। उसे वास्तविकता का अनुभवी रूप भी प्राप्त हुआ है। अब हमें हमारी बन्दूकें स्वयं की ओर घुमानी पड़ेंगी। व्यक्ति और परिवार के संघर्ष, विरोध, अन्तर्विरोध, तनाव, बाहरी शक्ति और खुद की तकलीफें, पुराने और नये के बीच का टकराव, शहरी और ग्रामीण

जीवन का संघर्ष, आम्बेडकर विचारों में स्थित 'मैं' और पुराने 'मैं' की मानसिकता, इसके कारण होने वाला मुद्दों का ह्रास—ऐसे कितने तो विषय जीवन्त रूप में नाटककार के सम्मुख खड़े हैं।

और मित्रों, क्या दलित व्यक्तियों को हमेशा क्रोध में ही रहना चाहिए? क्या उसे आँखों की भाषा पढ़नी नहीं चाहिए? खुद से तथा औरों से लड़ने वाले व्यक्तियों के जीवन में क्या प्रेम के क्षण आते ही नहीं हैं या दलित, शोषित, उपेक्षित व्यक्तियों को क्या कभी प्रेम व्यक्त ही नहीं करना चाहिए? प्रेम का शुरुआती, सुन्दर अनुभव देने वाले नाटक अभी तक निर्माण नहीं हुए। कृतज्ञ, झूठी काल्पनिक प्रेम की प्रस्तुति हमें नहीं चाहिए। आम्बेडकरी ऊर्जा केन्द्र के व्यक्ति जैसे कुशल योद्धा होते हैं, वैसे प्रेम युद्ध में भी वे अपनी प्रतिष्ठा को निश्चित रूप से संभालें। आम्बेडकरी विचारों की भावना से ओत-प्रोत प्रेम के नाटक आने चाहिए। जीने के लिए हमेशा लड़ने वाले इन्सान की जिन्दगी में प्रेम के अनुभव कैसे होंगे? मराठी के काल्पनिक प्रेम के नाटक हमें नहीं चाहिए। जीवन की सच्चाई और प्रेम के अनुभव की सच्चाई, इनका दर्शन करने वाले नाटक हमारी प्रतीक्षा में हैं।

मुझे मंजूर है कि हमारा जीवन हमेशा कठिनाइयों से गुजरता रहा है इसलिए हमारा जीवन जब साहित्य का विषय होता है, तब उसमें स्थित गम्भीरता कम नहीं होती। हमारा जीवन हमेशा प्रश्न चिह्नों की तरह रहा है। हमारे सभी सृजनात्मक लेखन से इसका अनुभव आता है। हमारा नाटक भी इसके लिए अपवाद नहीं है। इसलिए मुझे हमेशा लगता रहा है व्यंग्य और हास्य की शैली में हमारा जीवन-नाटक क्यों न चित्रित हो? भारतीय जीवन, व्यवस्था, नाकाबन्दी, झूठी प्रतिष्ठा, अन्धश्रद्धा, सांस्कृतिक दिखावा, सांस्कृतिक दहशतवाद, सामाजिक एवं धार्मिक सत्ता की कल्पना, दलितों के जीवन का बाहरी रूप और अन्दर की सच्चाई और इनका व्यंग्यात्मक दर्शन हमारे नाटकों का विषय क्यों नहीं हो सकता? यह बहुत ही कठिन कार्य है यह मैं जानता हूँ किन्तु इस कठिनता पर विजय प्राप्त करना जरूरी है। वामन होवाल जैसे वरिष्ठ कहानीकार ने विनोद शैली से, व्यंग्यात्मक दृष्टि से भारतीय जीवन की और दलितों के जीवन की व्यंग्यात्मकता का दर्शन करवाया है। व्यंग्यात्मक दर्शन यह केवल हँसने-हँसाने का निदर्शक नहीं होता है। गुदगुदी करने वाला भालू जैसा यह प्रकार है। हँसते-हँसते लोग खून से लथपथ हो जाते हैं। व्यंग्यात्मक विनोद का शस्त्र हाथ में लेकर नाट्य लेखन करने वाला नाटक कलाकार अभी तक हमारे पास नहीं है। कोई प्रतिभाशाली नाटककार इस चुनौती को स्वीकार कर सकता है। व्यंग्यात्मक विनोद गम्भीर होता है। उसके रास्ते जाने का मतलब अपनी साहित्यिक शक्ति को चुनौती देना है। ऐसा विनोद बुमरैंग जैसा होता है। इसमें खुद पर पलट वार होने का खतरा ज्यादा होता है। विसंगति

से विनोद सम्भव हो जाता है, ऐसा कहते हैं किन्तु विसंगति से व्यंग्य निर्माण का रास्ता खुला हो जाता है। हमारे नाटककारों ने इस चुनौती को महसूस किया है और एक महत्त्वपूर्ण घटना की ओर मैं आपका ध्यान खींचना चाहता हूँ। नाट्य लेखन के क्षेत्र में हमने खड़े रहने का प्रयास किया। किन्तु हमें इस परिवर्तन धारा का नाट्यलोचक नहीं मिला, इस यथार्थ को नकार नहीं सकते। नाट्य संहिता के पीछे से नाट्य आलोचक को आना चाहिए, गैर दलित नाट्य आलोचक, दलित, आम्बेडकरवादी या प्रबुद्ध नाट्य लेखन को न्याय दे सकते हैं-ऐसा नहीं लगता, और ऐसा न्याय आज तक नहीं मिला है। नाट्य संहिता या नाट्य मंचन, इन दोनों का मूल्यांकन अत्यावश्यक है। आस्वादक हो या मूल्यात्मक-पर आलोचना होना जरूरी है। मुझे यहाँ समाचारपत्रीय आलोचना अभिप्रेत नहीं है। कई बार ऐसा होता है कि जिस जीवन के सन्दर्भ समझ में नहीं आये या जिस जीवन सम्बन्धी पूर्वग्रह हैं, उस जीवन सम्बन्धी नाट्य कृति का प्रामाणिक मूल्यांकन होना सम्भव नहीं है। जिन नाट्यकृतियों के अन्तरंग में सामाजिक सच्चाई है उस नाट्य कृति की ओर नकारात्मक दृष्टि से देखने पर किसी भी प्रकार की आलोचना नहीं हो सकती। कई बार ऐसा भी घटित होता है कि इन नाट्य कृतियों का जान बूझकर जिक्र नहीं किया जाता। इस सन्दर्भ से जुड़ी एक घटना बताता हूँ। साधारणतः सात-आठ वर्ष पूर्व प्रेमानन्द गज्वी के एकपात्री नाटकों के दस साल पूर्ण होने के उपलक्ष्य में दो दिन के चर्चासत्र का आयोजन किया गया था। उद्घाटन पर प्रसिद्ध नाट्य आलोचक व्याख्याता माधव मनोहर ने मराठी के एकपात्री नाटकों पर लम्बा भाषण दिया। रत्नाकर मतकरी के नाट्य लेखन का खास जिक्र किया गया। अन्यों का भी जिक्र किया। किन्तु जिनके एकपात्री नाटकों का कार्यक्रम था, उनका उल्लेख गलती से भी नहीं किया गया जैसे प्रेमानन्द गज्वी नामक नाटककार उनकी याद में न हो। समापन के समय मैंने इस बात का उल्लेख किया और अपनी नापसन्दी दर्ज की। जान-बूझकर उल्लेख न करना एक विकृत मानसिकता है, ऐसा मुझे लगता है। मात्र साहित्य के क्षेत्र में ऐसा नहीं है, अन्य क्षेत्रों में भी यह प्रवृत्ति है। डॉ. बाबासाहब आम्बेडकर भी इस बात से आहत हुए थे, वहाँ अन्यों की क्या बात, और इसलिए हमें हमारे नाट्य आलोचक चाहिए।

नाट्य आलोचना, इस शब्द का प्रयोग मुख्यतः नाट्य मंचन से सम्बन्धित है किन्तु नाट्य संहिता और नाट्य मंचन, इन दोनों रूपों में दलित और प्रबुद्ध रंगमंच से सम्बन्धित साहित्यिक कृतियों पर विचार अत्यावश्यक है। आलोचना में कथावस्तु जैसी महत्त्वपूर्ण होती है, उससे अधिक नाट्यकृति के अन्तर्गत स्थित संगति की और उसी के माध्यम से रंगमंचीय आविष्कार की समीक्षा होना जरूरी है।

दलित नाटक हो या प्रबुद्ध नाटक हो, उसमें सांस्कृतिक एवं सामाजिक

सन्दर्भ अन्तर्भूत होने के कारण आलोचकों को सांस्कृतिक एवं सामाजिक ज्ञान होना जरूरी है। उसके बगैर सूक्ष्मता से नाटक का ज्ञान सम्भव नहीं है और नाट्यकृति का सटीक विश्लेषण भी सम्भव नहीं है। इन दोनों बातों की ओर आलोचकों को सहानुभूति एवं आरक्षण की दृष्टि से नहीं देखना चाहिए। साहित्य से अलग निष्कर्षों का विचार यहाँ अमान्य है। साहित्यिक गुणवत्ता यही आलोचना का निकष होना चाहिए। किन्तु पूर्वाग्रह यह साहित्यिक निकष का आधार नहीं होना चाहिए। हिन्दूत्ववाद को नकारने वाला नाटक 'जातीयवादी' नाटक होता है—ऐसा आग्रह करना मानसिक बीमारी का लक्षण है। मानवी समझ यही नाट्य आलोचना का निकष मुझे मान्य है। नाट्यकृतियों की मानवी सम्वेदना, वृत्ति-प्रवृत्ति, नाट्यशैली, मंचन क्षमता और कला का ज्ञान यही नाट्य संहिता और नाट्य मंचन की समीक्षा के मूल्य हैं। टीका-टिप्पणी और पूर्वाग्रह नाट्य आलोचना के लिए हमेशा घातक हैं। परिवर्तनवादी नाट्य आलोचकों को भावनावश न होते हुए अत्यधिक वस्तुनिष्ठ होना होगा। नाटक किस प्रकार सुन्दर है, इसका विश्लेषण करके उन्हें बताना चाहिए, उससे भी अधिक उस नाटक में प्रस्तुत मनुष्य कैसा सुन्दर है, इसे भी बताना चाहिए। क्योंकि इतिहास में उसे गलत ढंग से रखा गया है। वह टूट चुका है। उसका अस्तित्व नहीं है। किन्तु अब स्वयंप्रकाशित इन्सान का इन्सान के रूप में मौजूद मूल्य कैसा सुन्दर है, नाट्य कृतियों के माध्यम से उसकी की गई खोज—यही परिवर्तनवादी आलोचना की प्रामाणिकता होगी।

मित्रों, हमारा नाटक एवं हमारा रंगमंच ज्यादा-से-ज्यादा प्रभावशाली होने की ज़रूरत है। प्रसिद्ध उपन्यासकार जेम्स बॉल्डविन ने कहा था 'Play is a confession in a more naked way than a novel' हमारे नाटक भारतीय रंगमंच को नया आयाम देने वाले हैं। मैं तो यह कहूँगा कि, सच्चे अर्थों में भारतीय रंगमंच का चेहरा अत्यधिक तेजस्वी करने की क्षमता 'प्रबुद्ध' रंगमंच में है क्योंकि यह रंगमंच रूढ़ीवादी नहीं है। मूल्यों की स्थापना ही उसका लक्ष्य है इसलिए प्रबुद्ध रंगमंच पर अनेक जिम्मेदारियाँ हैं। अच्छे कलाकार, अच्छे दिग्दर्शक, अच्छे नेपथ्यकार, अच्छे संगीतकार—ये ही रंगमंच का निर्माण करने वाले हैं। पूर्व के प्रयत्नों की ओर हीनता से नहीं देखा जा सकता। ये प्रयत्न प्रेरणादायी हैं, इसका ध्यान रखना होगा। डॉ. बाबासाहब आम्बेडकर ने 'मुझे मातृभूमि नहीं है' ऐसा कहा था किन्तु इसके साथ इस देश की संस्कृति के विनाशक के रूप में मुझे मेरा नाम नहीं चाहिए, ऐसा भी कहा था। इसका अन्वयार्थ सभी सृजनकर्ताओं को लगाने की अत्यावश्यकता है। वंचितों की दुनिया कभी सुखी नहीं होती इसलिए उनका साहित्यिक जगत् भी सुखी नहीं होता। किन्तु अभिव्यक्ति की स्वतन्त्रता शृंखलाओं को फटाफट तोड़ देती है। हमारा जीवन एक प्रयोगशाला है। नाटक यह हमारी प्रयोगशाला का अतिशय प्रभावपूर्ण रूप है। इसलिए इस प्रयोगशाला की इकाईयाँ

हमारी हैं। इनकी भाषा, बोली, अभिव्यक्ति स्वाभाविक होगी। स्वाभाविकता में भी एक नाट्य होता है। यह नाट्य जिसको पकड़ने आएगा वही सच्चा कलाकार। उसकी कला निर्मिति उतनी ही स्वाभाविक होगी।

हमारी नाट्यकृतियाँ और हमारा रंगमंच निर्भय अभिव्यक्ति का माध्यम हो। प्रस्थापितों की स्तुति हेतु हमें हाथ फैलाने नहीं हैं। प्रस्थापितों द्वारा हमारे नाट्य व्यवहार को सहयोग मिल जाए तो ठीक है, नहीं मिला तो भी ठीक है क्योंकि हमारा नाटक हमारे मन का है, हमारे जीवन के सुख-दुःखों का है। हमारे मन में स्थित प्रस्थापित को हमें मिटाना है। 'मुक्त प्रबुद्ध' यह हमारी प्रतिज्ञा है। इसके पूर्व जैसा कि मैंने कहा है वंचित समाज को रंगमंच बहुत बड़ा आधार होता है क्योंकि सैकड़ों व्यक्तियों के भीतर दबी आवाज और शब्द इसमें से बाहर आते हैं। हमारे नाटक और हमारा रंगमंच यह एक युद्ध है। हमारी 'अस्मिता' इस युद्ध का दूसरा नाम है। इसलिए हमारा युद्ध निरन्तर चलने वाला है।

अनुवाद : शैलेश कदम माजी, वर्धा

कला को जीवन से और जीने से दूर रखने वाले विचारों से हमें सावधानी बरतनी होगी

—वाहरू सोनवणे

[विद्रोही साहित्य सम्मेलन, कोल्हापुर, 2000]

पीढ़ी-दर-पीढ़ी अतिदुर्गम हिस्सों में, जंगलों में, कंदराओं में रहकर, कंदमूल खाकर जीवन जीने वाले तथा शिक्षा से वंचित ऐसे निरक्षर आदिवासी समाज में मेरा जन्म हुआ। अब तक जंगली, वनवासी कहकर अपमानित किए गए, अन्याय-अत्याचार और दुःखों के पर्वतों के नीचे दबे हुए जिस समाज को नकारा गया, ऐसे आदिवासी समाज के एक आदिवासी कवि पर, दूसरे विद्रोही साहित्य सम्मेलन की जिम्मेदारी डालकर जो विश्वास आपने मेरे प्रति व्यक्त किया है, उसे देख मेरा मन भर आया है।

कोल्हापुर में आयोजित इस दूसरे विद्रोही मराठी साहित्य सम्मेलन के अध्यक्ष के रूप में मुझे चुना गया है, यह खबर एक समाचार पत्र में प्रकाशित हुई। उस समाचार को पढ़कर एक पत्रकार हमारे गाँव गया। हमारे गाँव का मतलब झोपड़ियों का समूह। पत्रकार पहले मेरे घर आया। घर पर मेरा लड़का था। लड़के से उसने कुछ सवाल पूछे। बाद में वह पत्रकार टूटी-फूटी झोपड़ियों में जाकर आदिवासी बंधुओं को इकट्ठा कर पूछने लगा कि 'ये वाहरू सोनवणे कहाँ हैं? क्या करते हैं?' इन प्रश्नों के उत्तर गाँववालों ने ठीक से दिए। पत्रकार ने गाँववालों से पूछा, 'वाहरु सोनवणे कोल्हापुर में होने वाले दूसरे विद्रोही साहित्य सम्मेलन के अध्यक्ष बन गए हैं। क्या आपको कुछ जानकारी है? आपको कैसा लगता है?' साहित्य सम्मेलन किस चिड़िया का नाम है, इसकी कल्पना आदिवासियों को है नहीं इस कारण वे यह नहीं समझ पा रहे थे कि इस समाचार को सुनकर आनन्द व्यक्त किया जाए अथवा दुख! ऐसी अवस्था है हमारे इस आदिवासी समाज की। यहाँ इस पर विचार होना चाहिए कि आदिवासी समाज को शिक्षा के अधिकार से वंचित रखकर साहित्य की अवधारणा की समझ से उनको किसने दूर रखा? उस व्यवस्था का नाम क्या है?

इस समाज का दुःख, आनन्द, गुस्सा, समाधान, आशा-आकांक्षा, भाव-भावना

व्यक्त करने के पारम्परिक साधन कौन-से रहे हैं? विवाह, उत्सव आदि अवसरों पर स्फूर्तता से गाये गए गीत, पारम्परिक पद्धति से कथा कहने वालों से रात-रात भर चलने वाली कथा-कथन पद्धति, जीवन का दर्शन तथा मनोरंजन करने वाले गाँव दिवाली के नाटक, लयबद्ध बेहोशी में चलने वाले समूह गीत, ढोलक की आवाज पर रात कैसे बीत जाती है, इसका अहसास खत्म कर देने वाले समूह नृत्य, असंख्य वाद्य, बाँसुरी का सुर, ढोलक की ताल तथा रोडाली की मधुर धुन यह है। आदिवासियों के साहित्य का जीवन्त सम्बन्ध उनके अपने जीने के साथ है। इस साहित्य को वे पीढ़ी-दर-पीढ़ी सुरक्षित रख सके हैं। ऐसे इस साहित्य के माध्यम से अपने जीवन के सुख-दुख, क्रोध-समाधान, खुशी की भाव-भावनाएँ व्यक्त कर सांस्कृतिक जीवन जीने वाले आदिवासी समाज में मेरा जन्म हुआ। स्लेट-पेन्सिल लेकर स्कूल गया। कुछ पढ़ता रहा। शिक्षा समाप्त हुई, घर आया। माँ-बाप तथा भाइयों के साथ काम पर गया। नौकरी की आशा से आदिवासी नेता अम्बरसिंह महाराज के पास गया। उस काल में अर्थात् 1970 में आदिवासियों पर होने वाले अन्याय-अत्याचारों की करुण कहानियाँ महाभयंकर थीं। अम्बरसिंह महाराज ने मुझे ये घटनाएँ बतलाईं। नौकरी हेतु लिखा मेरी प्रार्थनापत्र अलग रखकर अंबरसिंह महाराज ने मुझसे हिन्दी में कहा, 'जिस समाज में तुमने जन्म लिया है, उस समाज को अन्याय-अत्याचार की धधकती अंगार में गिराया गया है और यह समाज हाथ फैलाकर चिल्ला रहा है, कि भैय्या बचाओ, लेकिन जिसमें बचाने की क्षमता है, वह इस तरह नौकरी के नशे में धुत्त!' महाराज के ये शब्द सुनकर मैं हैरान हो गया। और उनके साथ काम करने का निर्णय मैंने किया। और मैं दलित, आदिवासी, श्रमिक आन्दोलन का कार्यकर्ता बन गया। 1978 में खेतीहर मजदूरों की सामाजिक और आर्थिक दशा कैसे थी? प्रातःकाल चार बजे से काम पर उपस्थित रहना और रात में 9-10 बजे घर वापिस। अत्यन्त कम मजदूरी और लगातार श्रम कार्य। बावजूद इसके, कदम-कदम पर अपमान और अन्याय को सहते हुए जीना। मालिकों को पैसों की मस्ती थी। इस मस्ती के जोर पर वे बलात्कार को पचा लेते। मामूली कारणों से अथवा कारणहीन खेतीहर मजदूरों की पिटाई करते। कुंवारी लड़की गर्भवती हो जाए तो किसी से पूछताछ करने की मनाही। इस प्रकार के भयंकर आतंक के नीचे जीवन जीने वाले लोगों के आन्दोलन में मैंने खुद को झोंक दिया। आन्दोलन का यह जीवन जीते समय काफी कुछ सहना पड़ा, भोगना पड़ा। इसी में से किसी दिन मेरी पहली कविता 'भिकोरी' का जनम हुआ। इस कविता का मराठी अनुवाद (यहाँ उस मराठी से हिन्दी में अनुवाद) दे रहा हूँ।

'यह ऐसा कैसा जीवन है रे।'
ऐसा सवाल कोई पूछे कि
गाल लाल हो जाते हैं।

अगर कुछ दूसरी प्रतिक्रिया हो तो
वे जेल भिजवा देते हैं।
वे कुछ भी करें
एक शब्द का भी उच्चारण हम नहीं कर सकते
उनके विरुद्ध!
नहीं सह पा रहे हैं, तो वहाँ से निकल जाना
चाहिए
जो देखा है, उसे भूल जाना चाहिए
अगर प्राणों पर बात आ रही हो तो
गाँव छोड़कर निकल जाना चाहिए
चुपचाप!
चुपचाप कुछ भी सहन करना पड़ता था।
और इसीलिए अबका जमाना अच्छा है,
गरीबों के लिए!

इस तरह कविता के क्षेत्र में मैंने अपना पहला कदम रखा और कविताएँ करते-करते मैं कवि हो गया। 'गोधड़' नायक मेरा पहला काव्य संग्रह प्रकाशित हुआ।

मेरे साथ अनेक आदिवासी कवि अपनी-अपनी जगह अपने दुःखों को, वेदनाओं को, अपनी कविताओं के माध्यम से व्यक्त कर रहे थे। आदिवासी कवि कृष्ण कुमार चांदेकर अपनी कविता में कहते हैं-

नंगी अवस्था में जब हम जंगलों में घूम रहे थे,
तब हमारे पीछे कैमरे दौड़ रहे थे,
जब हमने अस्मिता के लिए विद्रोह किया,
तब पुलिस हमारे पीछे लगी थी।

तो एक आदिवासी कवयित्री अपनी एक कविता में लिखती है-

'सखे, मुझे यह बता, हम कब तक लजाती रहेंगी?
चौक-चौक में, दूर रास्ते पर,
शस्त्र लिए ठेकेदार हमारी प्रतीक्षा में खड़ा है
उसके द्वारा उठाए गए शस्त्रों को अब हम छीन लेंगी,
आग उगलता वह सूर्य क्या किसी के लिए रुक सकता है?
पूर्व से पश्चिम की ओर जाते हुए क्या वह कभी रोया है?
तो फिर हम ही क्यों रोयें?
यह लो धधकती मशाल
मैं निकली हूँ, अब निकलो तुम भी!'

साहित्य संस्कृति का जतन करता है, अस्मिता जगाता है, स्वाभिमान विकसित करता है। साहित्य समाज-जीवन का दर्पण है। जीवन का दर्शन कराता है, जीवन को दिशा देता है, गति देता है, साहित्य समाज जीवन के निर्माण का प्रभावपूर्ण साधन है, और इसी कारण हम आदिवासी साहित्यिक साहित्य सृजन करते समय इस पर विचार करते हैं कि हमारे जीवन के निर्माण के लिए क्या किसी ने कुछ प्रयत्न किए हैं? इन प्रयत्नों को देखने के लिए ही हम इतिहास पढ़ते हैं, वर्तमान की ओर देखते हैं, तब हमारे घ्यान में आ जाता है कि इतिहास में तो हमें राक्षस कहकर हमारी हत्या की गई है। चातुर्वर्ण्य की रक्षा के लिए राम ने त्राटिका का वध किया। शिक्षा का अधिकार छीनकर एकलव्य का अंगूठा लेकर आदिवासियों का अपमान किया गया। स्वतन्त्रता की लड़ाई में अंग्रेजों के खिलाफ लड़ने वाला बिहार का बिरसा मुण्डा, मध्यप्रदेश का तन्टया भिल्ल, मराशाहू का खाज्या नाईक, रामदास महाराज, भागोजी नाईक, उपाजी नाईक ऐसे अनेक नाम लिए जा सकते हैं। इन आदिवासी क्रान्तिवीरों ने भारत के स्वतन्त्रता संग्राम में महत्त्वपूर्ण योगदान दिया है। फांसी पर भी गए। परन्तु उनके पराक्रम के इतिहास को प्रस्थापित इतिहासकारों ने नकारा है। इस प्रकार इतिहास ने हम पर बहुत अन्याय किया है। पाठ्य पुस्तकों में भी हम खुद को ढूँढ़ते हैं। इतिहास की पाठ्य पुस्तकों में हम आदिवासी वीरों के नाम खोजते हैं परन्तु इतिहास के प्रश्नों पर आदिवासी वीरों के नाम नहीं मिलते। तब मुझे ऐसा लगता है कि प्रस्थापित इतिहासकार युद्ध में अपनी ओर से लड़ने वाले सैनिक की तारीफ करते तथा शत्रु का इतिहास लिखते ही नहीं। ऐसा एक दृष्टिकोण होता है। फिर प्रस्थापित इतिहासकारों ने क्या हमें अपना शत्रु समझा? इसीलिए क्या आदिवासियों का इतिहास नहीं लिखा गया?

पाठ्यपुस्तकों पर दृष्टि डालें तो क्या दिखता है? कक्षा चौथी की एक पुस्तक में तो भील चोरी करते हैं, ऐसा उल्लेख है। तो फिर क्या भील ही चोरी करते हैं और क्या चोरी नहीं करते हैं, अतः कुछ काम नहीं करते? भील चोरी करते हैं-इस वक्तव्य का बाल मन पर क्या परिणाम होता होगा? अन्य छात्रों की इन आदिवासी छात्रों के प्रति क्या भावना निर्माण होगी? उन छात्रों की ओर देखने का दृष्टिकोण क्या हो सकता है। इस सम्बन्ध में कोई विचार नहीं हुआ है। कुछ वर्षों पहले महाराष्ट्र के एक विश्वविद्यालय में महाविद्यालयीन छात्रों के अध्ययन हेतु 'झड़ीचे दिवस' (वर्षा के दिन) यह पुस्तक निर्धारित की गई थी। यह पुस्तक आदिवासी जीवन पर है। इस पुस्तक में लिखा गया है कि आदिवासी नदी के प्रवाह में मछली पकड़ता है और आदिवासी युवतियाँ नदी में नहाती हैं। तो इस लेखक को क्या दिखलाई दिया कि नदी में नहाने वाली आदिवासी लड़कियों की खुली जांघें, नंगा शरीर, स्तन आदि यह सम्पूर्ण वर्णन आदिवासियों का अपमान करने वाला है। इस अन्याय के विरोध में आदिवासी छात्र संगठन ने आन्दोलन छेड़ा और विश्वविद्यालय

को यह पुस्तक पाठ्यपुस्तक में से हटानी पड़ी।

आज आदिवासियों के घरों में आदिवासी देवता की अपेक्षा हिन्दुओं के रामकृष्ण, मुसलमानों के पीर, ईसाई के ईसा मसीह मिलेंगे परन्तु वागदेव, डांगन्या देव, रानी काजल के साथ-साथ भारत के विभिन्न विभागों के आदिवासियों के देवी-देवताओं के चित्र नहीं मिलेंगे। इसका कारण यही है कि आदिवासी देवी-देवताओं को नष्ट कर देने का व्यवस्थित प्रचलन यहाँ चल रहा है।

आदिवासी की कुलदेवता 'याहामोगी' के सम्बन्ध में विश्व हिन्दू परिषदवाले कह रहे हैं कि याहामोगी और जगदम्बा—ये दो देवियाँ न होकर एक ही हैं—और इसी कारण आदिवासी कुलदेवता 'याहामोगी' का नामकरण जगदम्बा कर देने की घोषणा विश्व हिन्दू परिषद ने की। तब आदिवासी छात्र संगठन तथा आदिवासी समाज ने इसका कड़ा विरोध किया और विश्व हिन्दू परिषद के इस षड़यन्त्र को उजागर किया। हमारा कहना था कि 'याहामोगी और जगदम्बा अगर एक ही हैं तो भारत भर की जगदम्बाओं को 'याहामोगी' का नाम दे दीजिए जिस पर वे वैसा करने वाले नहीं है। क्योंकि इस देवी की पूजा आदिवासी पुजारी की ओर से आदिवासी विधियों से करनी पड़ेगी। इसी तरह एक और प्रसंग था, आदिवासी की पावरा उपजाति में 'इंदल' की पूजा करते हैं। उनका कहना था कि सत्यनारायण और इंदल एक ही हैं। इस प्रकार की बातें फैलाकर आदिवासियों के हिन्दुकरण की प्रक्रिया जारी है।

आदिवासी हिन्दू नहीं हैं। हिन्दू कोड बिल आदिवासियों पर लागू नहीं है। इसे यहाँ पर ध्यान में रखना चाहिए। आदिवासियों को 'वनवासी' कहकर आदिवासियों का अस्तित्व ही नष्ट करने का प्रयास जारी है। विश्व हिन्दू परिषदवालों ने 23-12-1988 को अक्कलकुवा (महाराष्ट्र) में 'हिन्दू मेला' आयोजित किया। इस मेले में आदिवासियों को 'वनवासी' के रूप में सम्बोधित किए जाने पर आदिवासी छात्र संगठन तथा आदिवासी एकता परिषद के कार्यकर्ताओं ने जोरदार विरोध किया, निषेध किया तथा विश्व हिन्दू परिषदवालों को तथा उन सभी को जो आदिवासियों को वनवासी सम्बोधित कर रहे थे, माफी मांगने के लिए विवश किया। इस प्रकार से यह संघर्ष जारी है। 'आदिवासी' यह कोई विशिष्टि जाति नहीं है, फिर भी उसे जाति का प्रमाणपत्र निकालना पड़ता है। जाति का प्रमाणपत्र निकालते समय, हिन्दू भील, हिन्दू पावरा ऐसा उस फार्म पर लिख लिया जाता है। इतना ही नहीं, हमें आज भी आदिवासी के रूप में स्वतन्त्र पहचान प्राप्त नहीं है। संविधान में भी हमें अनुसूचित जाति के रूप में दर्ज किया गया है। वास्तविकता यह है कि इसमें हमारी शेड्यूल ट्राइब की बजाए 'आदिवासी' के रूप में हमारी पहचान हो—ऐसी मांग जागृत आदिवासी समाज की है।

आज तक हमारे जीवन के बारे में वे ही कहते आए। उन्होंने जैसे कहा

और जो भी कहा, उस प्रकार से हम जीते रहे। इस जीवन को जीते समय अनेक प्रश्न उठ खड़े हो गए। हमारे स्वाभिमान को ठेस पहुँची, हमें दबाया गया। इन प्रश्नों से जूझते समय हमारे जीवन पर हमारा ही अधिकार, जीवन कैसे जीएँ, कैसे आचरण करें इससे सम्बन्धित निर्णय अब हम ही लेंगे, पूरी दृढ़ता से हम आगे बढ़ना चाहते हैं। इसके लिए हमें प्रस्थापितों की अनुमति लेने की ज़रूरत नहीं है। किसी भी प्रकार की शिक्षा द्रोणाचार्य ने एकलव्य को नहीं दी थी, फिर भी हम भोले-भाले एकलव्य को, प्रस्थापित द्रोणाचार्य को गुरु करने की ज़रूरत पड़ी। गुरुदक्षिणा के नाम पर द्रोणाचार्य ने एकलव्य का अंगूठा काट लिया-इससे बोध लेकर हम सजग हो गए हैं। हमें अपमानित करने वालों से हम कहना चाहते हैं कि अब हम एकलव्य की मानसिकता से बाहर आ चुके हैं। और इसी कारण विद्रोही साहित्य को प्रस्थापितों की स्वीकृति की ज़रूरत नहीं है।

कुछ पढ़े-लिखे आदिवासी युवक नौकरी में रम गए हैं, समाज के प्रति उदासीनता बतला रहे हैं तो कुछ युवक-युवतियाँ इसके परे जरूर समाज के प्रति गम्भीरता से विचार कर रहे हैं। पढ़ा-लिखा आदिवासी साहित्य में नायकत्व की अपनी भूमिका को खोज रहा है। साहित्य में आदिवासियों का जो प्रतिबिम्ब अंकित हुआ है, क्या वह आदिवासियों को न्याय देने वाला है? इस प्रकार की दृष्टि रखकर नई पीढ़ी का शिक्षित पुस्तक में अपनी अस्मिता खोजकर, अपने हाथों से लिख रहा है और अपने दुःखों को, व्रिद्रोह को लिपिबद्ध करते जा रहा है।

अब तक आदिवासियों के सन्दर्भ में काफी पुस्तकें प्रकाशित हुई हैं। उनमें दुर्गा भागवत, नागगौड, सुदाग जाधव, इन्दुताई परुलेकर, अनुताई वाघ, दीनानाथ मनोहर, जगदीश गोडबोले, कॉ. शरद पाटील, डॉ. गेल आम्व्हेट आदि का जो मूलतः आदिवासी नहीं हैं-समावेश है। इनमें से कुछ ने आदिवासियों के साहित्यिक-सामाजिक आन्दोलन को गति देने के लिए, तो कुछ ने आदिवासियों पर शोध कर उपाधि प्राप्त करते हेतु, तो कुछ ने आर्थिक प्राप्ति हेतु, तो कुछ ने केवल साहित्य-सृजन हेतु ग्रन्थों का निर्माण किया है। ये लेखक चूंकि आदिवासी नहीं हैं, इस कारण उनके लेंखन में आदिवासी जीवन के तनाव, भावनाएँ, मानसिक संघर्ष, आनन्द, मोक्ष आदि को न्याय मिलना सम्भव ही नहीं था।

प्रस्थापितों का साहित्य किनका प्रतिनिधित्व करता है? किन मूल्यों की रक्षा वह करता है? उन्हें कौन-सी संस्कृति यहाँ पर लानी है? ये प्रश्न ही हम उनसे बार-बार पूछ रहे हैं। मराठी ग्रन्थकार सभा का जो निमन्त्रण पत्र न्यायमूर्ति रानडे ने जोतिबा फुले को भेजा था, उसका उत्तर देते समय जोतिबा फुले ने यही प्रश्न पूछे थे।

आपने रणजीत देसाई का 'स्वामी' उपन्यास पढ़ा होगा। सती प्रथा का उदात्तीकरण करने वाले इस उपन्यास को पढ़कर मैं बेचैन हुआ। स्त्रियों की दासता का समर्थन इस स्त्री मुक्ति के काल में करने की हिम्मत दिखाना वास्तव में

मनुवादी मनोवृत्ति का ही यह उदाहरण है। ठीक इसी प्रकार बाजीराव पेशवा की स्त्री लम्पटता का समर्थन ना. स. इनामदार इस लेखक ने किया है। स्त्री-पुरुष विषमता के मूल्यों को अंकित करने वाले इन लेखकों को 'प्रस्थापित ब्राह्मणी' न कहें तो और क्या कहें?

दबे हुए समाज के तबकों के पुरुषों को तू दलित है, तू गन्दा है, तू कमीना है, ऐसे शब्दों का उच्चारण कर अगर अपमानित किया जाता है तो उस पुरुष का स्वाभिमान आत्मसम्मान प्रताड़ित हो जाएगा। तू स्त्री है, पुरुष की गुलाम है, घर का चूल्हा और बच्चा देखने का काम उस पर अगर लादा जाए और उसे निरन्तर अपमानित किया जाए, और इस अपमान के विरोध में वह विद्रोह कर अपने और कुल स्त्री-जाति के आत्मसम्मान हेतु आन्दोलन शुरू कर नहीं रही हो तो स्त्री की इस आत्मसम्मान की लड़ाई में कितने पुरुष सहयोग देंगे?

पानी भरना, घर की सफाई करना, रोटियाँ सेंकना—ये काम स्त्री के हैं और ये काम निकृष्ट हैं; पर यहाँ हम ध्यान में रखें कि गर्भधारण करना इतना ही काम स्त्री का स्त्री रूप में है। सफाई करना, पानी भरना, रोटियाँ सेंकना आदि काम स्त्री पर लादे गए हैं।

ऐतिहासिक उपन्यास हो कि इतिहास लेखन, यहाँ के श्रमिकों पर हमेशा अन्याय ही हुआ है। इन दिनों स्वतन्त्रता संग्राम का इतिहास केवल तिलक, आगरकर, गाँधी इन तक सीमित रखकर ही कहा जाता है। क्राँतिसिंह नाना पाटील के नेतृत्व के अन्तर्गत लड़ी गई प्रति-सरकार की लड़ाई को न्याय नहीं मिल सका है, इसे आप जानते ही हैं। हमारे आदिवासी स्वतन्त्रता संग्राम में सक्रिय वीरों के सम्बन्ध में भी यही हुआ। जब तिलक और सावरकर स्वतन्त्रता के लिए लड़ रहे थे तो उस समय आदिवासी का क्या घास छील रहे थे? फिर उनके सम्बन्ध में पुस्तकों में उल्लेख क्यों नहीं? तन्ट्या भील, खाज्या नाईक, बिरसा मुण्डा, रुमाला नाईक इन आदिवासी स्वतन्त्रता-संग्राम के वीरों ने जो संघर्ष किया, उनके इस संघर्ष को, त्याग-बलिदान को दर्ज ही नहीं किया गया। यह किस मनोवृत्ति का सूचक है?

निरन्तर अनुल्लेख से उपेक्षा करते जाना अथवा अपमानित करना अथवा हँसी-मजाक उड़ाना यह प्रस्थापितों का गुण-विशेष है। उनका हास्य-विनोदी साहित्य पढ़कर देखिए। उसमें ग्रामीणों का, किसानों का, आदिवासियों का निरन्तर मजाक उड़ाया जाता है। ग्रामीण, अशिक्षित, श्रमिकों का मजाक उड़ाना यही हास्य-विनोद है, ऐसा उन्हें लगता है। आदिवासियों के अज्ञान को लेकर उनका ऐसा ही मजाक उड़ाने में प्रस्थापित लेखक खुद को धन्य मानते हैं। हम बहुजन क्या उनके मजाक के विषय हैं? अलबत्ता प्रस्थापित लेखक ऐसा ही समझते हैं।

कला को जीवन से, जीने से तोड़ने वाले विचारों से हमें सजग रहना चाहिए। इन लोगों ने साहित्य क्षेत्र में ब्राह्मणी, पूँजीवादी तथा पुरुष समाज मूल्यों

की, संस्कृति की आराधना की है। इस प्रकार का साहित्य श्रमिकों का हो ही नहीं सकता। चिन्ता की बात केवल इतनी ही है कि हमारे बीच के कुछ साहित्यकार इन प्रस्थापितों की हाँ में हाँ मिला रहे हैं।

महात्मा फुले से प्रेरणा लेने वाले सत्यशोधक जलसे, इन्हीं सत्यबोधक जलसों में शुरू हुए आम्बेडकरी जलसों ने आज तक बहुजनों की मौखिक परम्परा में महत्त्वपूर्ण योगदान दिया है। आम्बेडकरी साहित्य वामनदादा कर्डक, भीमराव कर्डक, राजानन्द गडपायले, ये दलित साहित्य की परम्परा में प्रमुख हैं। अण्णाभाऊ साठे, अमरशेख और गव्हाणकर इस तीन कम्युनिस्ट शाहीरों ने संयुक्त महाराष्ट्र के संघर्ष के बहाने शाहीरी परम्परा की क्रान्तिकारी अभिव्यक्ति जनता के सम्मुख प्रस्तुत की।

1980 के दशक में ग्रामीण साहित्यान्लोदन शुरू हुआ। इस साहित्य ने किसानों और खेतिहर मजदूरों के दुःखों को पाठकों के सम्मुख रखा। परन्तु इस आन्दोलन का नेतृत्व करने वाले वैचारिक स्तर पर कमजोर पड़ गए, परिणामस्वरूप यह साहित्य आन्दोलन भटकता गया। इसी समय साहित्यिक भी लिखने लगे। (1980) मौखिक परम्परा को शब्द रूप देते हुए लिखित साहित्य के निकषों से संघर्ष करते हुए आदिवासी साहित्यिकों ने मराठी साहित्य को एक नया मोड़ दिया। इन आदिवासी लेखकों की पहली पीढ़ी में मेरे साथ भुजंग मेश्राम, विनायक तुकाराम जैसे कवि और नजुबाई गावित जैसी उपन्यास लेखिका का समावेश होता है।

विकसित होने वाला हमारा दुःख, आनन्द, सुख, इच्छा, आकांक्षा आदि को शब्द रूप देने की इच्छा रखने वाले इस साहित्य-प्रवाह को मंच पर लाने का प्रयत्न कामरेड शरद पाटील, बाबूराव बागुल, रावसाहेब कसबे आदि ने किया। हमारे लेखन में भी आवर्तन की सम्भावना है। वैसा हो न पाए, इस लिए सभी साहित्य-प्रवाहों में विचारों की अभिव्यक्ति का आदान-प्रदान होना जरूरी है। इस दृष्टि से दलित आदिवासी-ग्रामीण संयुक्त मंच उपयुक्त है। शरद पाटील ने अब्राह्मणी साहित्य का सौन्दर्यशास्त्र, यशवन्त मनोहर ने आम्बेडकरी प्रेरणा का सौन्दर्यशास्त्र, भारत पाटणकर ने श्रमिक जाति-जमाती का सौन्दर्यशास्त्र तथा मेरे द्वारा लिखा अब्राह्मणी सौन्दर्यशास्त्र पर के निषेध—इन पुस्तकों और लेखों के कारण मराठी में सौन्दयशास्त्र पर नई चर्चा शुरू हुई है। इस कारण बीच के कालखण्ड में दलित, आदिवासी, ग्रामीण साहित्य में आए हुए आवर्तन पर रोक लग गई। बावजूद इसके, प्रतिक्रियावादियों की ओर से होने वाले राजनीतिक आक्रमणों के विरोध में राजनीतिक आन्दोलन, आत्मसम्मान तथा अस्मिता से सम्बन्धित आन्दोलन जब तक खड़े नहीं हो पाते तब तक साहित्य आन्दोलनों पर कुछ सीमाएँ तो आ ही जाएँगी। इस पृष्ठभूमि पर मुस्लिम मराठी साहित्य, विभिन्न जातियों की स्त्रियों द्वारा लिखा गया स्त्रीवादी साहित्य, ईसाई मराठी साहित्य—इन साहित्य और बोली-भाषा में स्थित मौखिक परम्परा में, प्रवाहों में मिलाप

होकर विद्रोही महाप्रवाह तैयार होने का यह कालखण्ड है।

संविधान के पुनर्विचार हेतु आज भा.ज.पा. सरकार आयोग की नियुक्ति कर रही है। भाजपा की इस सत्ता में डॉ. आम्बेडकर पर कीचड़ उछालने वाले अरुण शौरी जैसे लोग सहभागी हैं–इस पर इसे विशेष ध्यान देना चाहिए। जिन्होंने कभी भी ब्रिटिश साम्राज्यवाद के विरोध में संघर्ष नहीं किया अथवा उनके विरुद्ध चल रहे आन्दोलन में जो सहभागी नहीं हुए ऐसे राष्ट्रीय स्वयंसेवक संघ के लोग भा. ज.पा. की वैचारिक चौखट की दिशा निर्धारित कर रहे हैं। वास्तव में भारतीय संविधान यह धर्मनिरपेक्षता, समता, स्वातन्त्र्य, बँधुता तथा सामाजिक न्याय के मूल्य पर खड़ा है। उसे समाजवाद का आधार देने का प्रयत्न भी हुआ।

स्वतन्त्रता आन्दोलन की पृष्ठभूमि पर डॉ. आम्बेडकर जी द्वारा लिखे गए संविधान की चौखट को ही बदल देने का षड्यन्त्र संघ, भा.ज.पा. कर रहे हैं। इस देश के सभी समतावादियों को, स्त्रियों को, बहुजनों को इसका निषेध करना चाहिए। जातिवादियों के इस कुटिल षड्यन्त्र को नाकाम कर देना चाहिए। क्योंकि संविधान की पुनर्रचना का मुद्दा आगे कर ये धर्मान्ध, जातिवादी लोग मनुवादी विषम समाज रचना फिर से लाना चाह रहे हैं। उनके धर्म संसद की प्रस्थापना को हमें उलटा देना चाहिए। विचार करने की प्रकिया से रा. स्व. संघ तथा उनसे सम्बन्धित संगठनों का शायद सम्बन्ध ही नहीं है।

'वॉटर' फिल्म में वाराणसी परिसर में स्थित विधवाओं की समस्याओं को रखने का प्रयत्न था। वास्तव में 19वीं शती के परिवर्तनवादी आन्दोलनों में फुले, आगरकर, रानडे ओर राममोहन राय ने जिस प्रश्न को उठाया था, वह प्रश्न आज भी अस्तित्व में है, यह इस बहाने विश्व के सम्मुख आ रहा था और मनुवादी नहीं चाहते थे कि ऐसा हो। इन विधवाओं का लैंगिक शोषण अगर बाहर आ जाता तो पुरुष सत्ता को धक्का पहुँचेगा–इस भावना से हिन्दुत्ववादी परेशान थे। और हमेशा की तरह धर्म का मुद्दा आगे कर 'वॉटर' के फिल्मीकरण को रोक देने का घृणास्पद प्रयत्न उन्होंने किया। इस घटना का निषेध करने वालों को अभिव्यक्ति की स्वतन्त्रता के साथ-साथ स्त्री, जातिव्यवस्था, पूँजीवाद–शोषण-व्यवस्था के इन सन्दर्भों को भी ध्यान में लेना जरूरी है। मात्र अभिव्यक्ति स्वतन्त्रता का मुद्दा सन्दर्भ रहित पद्धति में प्रस्तुत करने से लड़ाई आगे जाने वाली नहीं है–इसे कृपया ध्यान में लें।

स्वतन्त्रता के पचास वर्षों बाद भी आरक्षण का कार्यान्वियन ईमानदारी से हो नहीं पाया। आरक्षण का अभी ठीक से लाभ भी नहीं उठा पाए थे कि उसके विरोध में हो हल्ला मचाया जा रहा है। केन्द्र में भाजपा सरकार आने के बाद तो इस हो हल्ले को मानो सरकार की स्वीकृति ही मिल गई। इधर उच्च न्यायालय ने भी मेडिकल, इन्जीनियर शिक्षा में तथा नौकरियों में स्थित आरक्षण को रोकने का आदेश दिया है। जनतान्त्रिक तत्त्वों की दृष्टि से तथा संविधान के विरोध में यह

कृत्य है। सभी समतावादियों को इसका निषेध करना चाहिए तथा अपने हकों को सुरक्षित रखने की दृष्टि से भी तुरन्त यह यत्न करना होगा। विकास का अर्थ अगर दलित-आदिवासी किसान और श्रमिक की बलि लेना है तो ही ऐसा किया जा सकता है।

ठीक इसी प्रकार मुस्लिम-बोहरा समाज सुधारक तथा प्रगतिशील विचारक डॉ. असगर अली इंजीनियर पर बोहरा धर्मगुरु समर्थकों ने जो हमला किया, उसका भी इस सम्मेलन के मंच में मैं निषेध करता हूँ। ठीक इसी प्रकार शिक्षा के क्षेत्र में रा. स्व. संघ के समर्थक जो हस्तक्षेप कर रहे हैं, और उसी के एक हिस्से के रूप में प्रसिद्ध इतिहास संशोधन डॉ. के. एम. पन्नीकर के नेतृत्व में भारतीय स्वतन्त्रता संग्राम के इतिहास लेखन की जो परियोजना शुरू हुई है, उसे भाजपा के केन्द्रीय शिक्षा मन्त्री ने जो दिशा दी है, उसका भी इस मंच से मैं धिक्कार करता हूँ, निषेध करता हूँ और आप सबको भी इसका निषेध करने हेतु आह्वान करता हूँ।

जातिवादियों के हमले केवल फिल्म और नाटक तक ही सीमित नहीं हैं। रमाबाई आम्बेडकर नगर में ग्यारह दलितों की जिस पद्धति से गोलियाँ चलाकर हत्या की गई, इसका आप सबको पता है ही। कभी मुस्लिम विरोधी, कभी ईसाई विरोधी तो कभी किसान विरोधी और कभी दलित-विरोधी द्वेष भावनाओं को बनाए रखना, यही हिन्दुत्ववादियों की नीति है।

साहिर लुधियानवी का एक गीत मुझे याद आता है—

आज अगर खामोश रहे
तो कल सन्नाटा छाएगा,
हर बस्ती को आग लगेगी,
हर बस्ती जल जाएगी,
सन्नाटे के पीछे से एक आवाज
यह आएगी
कोई नहीं है, कोई नहीं है।

अनुवाद : डॉ. सूर्यनारायण रणसुभे, लातूर

●●●